HELENA DE TRÓIA

DEUSA, PRINCESA E PROSTITUTA

BETTANY HUGHES

HELENA DE TRÓIA

DEUSA, PRINCESA E PROSTITUTA

Tradução de
S. DUARTE

2ª edição

EDITORA RECORD
RIO DE JANEIRO • SÃO PAULO
2025

CIP-BRASIL. CATALOGAÇÃO-NA-FONTE
SINDICATO NACIONAL DOS EDITORES DE LIVROS, RJ

Hughes, Bettany
H888H   Helena de Tróia / Bettany Hughes; tradução S. Duarte. –
2ª ed. - Rio de Janeiro: Record, 2025.

Tradução de: Helen of Troy
ISBN 978-85-01-07866-7

1. Helena de Tróia (Mitologia grega). I. Título.

CDD: 398.352
09-0987.   CDU: 398.22

Título original em inglês:
HELEN OF TROY

Direitos exclusivos de publicação em língua portuguesa para o Brasil
adquiridos pela
EDITORA RECORD LTDA.
Rua Argentina 171 – 20921-380 Rio de Janeiro, RJ – Tel.: 2585-2000
que se reserva a propriedade literária desta tradução

Impresso no Brasil

ISBN 978-85-01-07866-7

EDITORA AFILIADA

Para minha mãe e meu pai,
que me ensinaram tudo.

E para Adrian, Sorrel e May,
que ainda me ensinam muita coisa.

SUMÁRIO

SEXTA PARTE
EROS E ÉRIS

SÉTIMA PARTE
TRÓIA CHAMA

OITAVA PARTE
O CERCO DE TRÓIA

NONA PARTE
HELENA IMORTAL

DÉCIMA PARTE
O ROSTO QUE FEZ ZARPAREM MIL NAVIOS

APÊNDICES

ILUSTRAÇÕES

Mapas

Todos os mapas foram desenhados por Henry Buglass, *Institute of Archaeology and Antiquity, Universidade de Birmingham.*

1 O mundo micenense; *2* Lacônia, Argólida e Grécia Central: Principais povoações micenenses e vestígios de estradas; *3* O mundo hitita (Mapa I, 'O mundo dos Hititas' retirado de *Life and Society in the Hittite World,* de Trevor Bryce, 2002, com permissão da Oxford University Press); *4* Tróa da na Idade do Bronze tardia; *5* Rotas comerciais da Idade do Bronze no Mediterrâneo; *6* Itinerário de Helena no Mediterrâneo oriental e localização dos sítios de seu culto.

Ilustrações

1 Nascimento de Helena. Vaso *krater* da Campânia em forma de sino, com figuras vermelhas, *c.* 340 a.C. Caivano Painter (Museu Nacional de Nápoles); *2* As ruínas de Tróia. Manuscrito, século XV d.C. De *Liber insularum archipelagi,* de Cristoforo Buondelmonti (© Biblioteca Apostólica Vaticana, Roma); *3* Pintura mural do centro de culto em Micenas, *c.* 1250 a.C. Pena e tinta, com reconstrução parcial (© Diana Wardle); *4* Figura feminina montada em terracota, oferenda votiva. Pena e tinta, reconstrução, final do século IV / início do século III a.C. (Trabalho artístico © Melanie Stéiner; estatueta original, Museu de Esparta); *5* Frasco de perfume inscrito com dedicatória a Helena. *Aribalo* de bronze, *c.* 675 a.C. Encontrado no *Menelaion,* 1975 (Museu de Esparta, foto cortesia de H.W Catling); *6* Espelho com cabo em forma de mulher nua. Bronze, *c.* 540 a.c. (Coleção Nacional de Antigüidades, Museu de Munique); *7* e *8* Rapto de Helena por Teseu. *Aríbalo* protocorintiano, frasco de perfume, *c.* 680 a.C. (Museu do Louvre, © foto RMN/ © Hervé Lewandowski); *9* Deusa de Micenas. Figura em terracota, *c.* 1300 a.c., depositada no centro de culto em Micenas *c.* 1230 a.c. (© Arquivo de Micenas, Universidade de Birmingham); *10* Figura feminina micenense a cavalo. Terracota, (?) século XIII a.c. Diz-se haver sido encontrada num túmulo em Mesogeia, Ática (Coleção Stathatos, Museu Arqueológico Nacional, Atenas); *11* Leão agachado. Marfim, depositado em 1230 a.c., do centro de culto em Micenas (© Arquivo de Micenas, Universidade de Birmingham); *12 Kourotrophos*, figura com criança e guarda-sol. Argila, *c.* 1300 a.c. Da câmara mortuária 80 em Micenas (Museu Arqueológico Nacional, Atenas); *13* 'Tesouro de Príamo'. Foto, 1874. Artefatos, *c.* 2500 a.c., da escavação de Heinrich Schliemann em Tróia. (Reproduzido em *Trojanische Altertümer* [1874], Leipzig); *14* O rei Príamo encontra Helena de Tróia. Manuscrito, 1470 d.C. De *Chronique Universelle* de Jean de Courcy (© Foto SCALA, Florença/ Biblioteca Pierpont Morgan, Nova York); *15* Casamento de Páris e Helena. Manuscrito, meados do século XIV d.C. De *Historia destructionis Troiae* de Guido delle Colonne, 1287 d.C. (Fondation Martin Bodmer, Genebra); *16* Condutor de carro de combate micenense. Reconstrução em aquarela de uma decoração do século XIII a.c. do *Megaron* em Pilos. Piet de Jong, 1955 (Cortesia da Universidade de Cincinnati); *17* Adaga de caça a leões. Bronze entalhado com ouro, nigela e eletro, *c.* 1550 a.C., encontrado na tumba vertical IV, Círculo de Túmulos A em Micenas (Museu Arqueológico Nacional, Atenas); *18* Linear B, Tábua Un 1314. Argila, *c.* 1200 a.C. Do Palácio de Nestor em Pilos (Museu Arqueológico Nacional, Atenas); *19 Helena de Tróia*. Óleo sobre tela, 1898. Evelyn De Morgan (Centro De Morgan, Londres/Biblioteca de Arte Bridgeman, Londres); *20* Confrontação de Helena e Páris. Fragmento *calyx-crater* da Ática, fundo branco, *c.* 450 a.C. (Museu de Arte de Cincinnati); *21 Helena de Tróia*. Óleo sobre painel, 1867. Frederick Sandys (Museus Nacionais de Liverpool/Galeria de Arte Walker Art); *22* Helena. Óleo sobre tela, 1881. Sir Edward John Poynter. (Galeria de Arte de New South Wales/ Foto de Brenton McGeachie para AGNSW); *23* Imagem de capa de *The Private Life of Helen of Troy*, de John Erskine. Ilustração de Earle Bergey, 1952 (Biblioteca Popular, nº 147 [1947, Reimpresso 1952]); *24* A Violação de Leda. Relevo em mármore, data desconhecida (Museu Britânico); *25 Zeuxis escolhendo as modelos para a imagem de Helena dentre as moças de Croton*. Óleo sobre tela,

1789. André-François Vincent (Museu do Louvre, © Foto RMN © René Gabrielle Ojéda); *26* Zeuxis pintando uma estátua de Helena. Manuscrito, 1282 a.C. Da *Retórica* de Cícero, Escola Francesa (Biblioteca de Arte Bridgeman/Museu Condé, França); *27* 'A Cidadela Real de Micenas' e *28* 'O Portal do Leão em Micenas'. Obra de Donato Spedaliere, de *Cidadelas micenenses c.* 1350-1200 a.C. (*Fortaleza 22*) de N. Fields e D. Spedaliere (Osprey Publishing [2004], © Osprey Publishing); *29* Tróia, século XIII a.c. Reconstrução por computador, Hans Jansen (© Hans Jansen, Universidade de Tübingen, *Troia Project*); *30* Reconstrução do Portão Sul de Tróia *c.* 1250 a.C. Aquarela, acrílico e guache. Christophe Haussner, 2004 (© Christophe Haussner); *31* Ruínas de um palácio real em Büyükkale, *c.* 1260 a.C. Fotografia aérea de Ayse Seeher (Cortesia da Escavações em Hattusa); *32* O *megaron* em Pilos. Reconstrução em aquarela de Piet de Jong, 1955 (Cortesia da Universidade de Cincinnati); *33* Anel de sinete. Ouro, século XV-XIII a.c. Tesouro da Acrópole de Micenas (Museu Arqueológico Nacional, Atenas); *34* Alfinete com cabeça em cristal de rocha. Bronze, final do século XVII a.C. Retirado de escavação no Círculo de Túmulos B em Micenas (Museu Arqueológico Nacional, Atenas); *35* Figura de 'Clitemnestra'. Terracota, feita *c.* 1300 a.C., depositada *c.* 1230 a.C. Encontrada no centro de culto em Micenas (© E.B. French); *36* Mortalha fúnebre. Folha de ouro, segunda metade de 1600 a.C. Do Túmulo Vertical III, Círculo de Túmulos A em Micenas (Museu Arqueológico Nacional, Atenas); *37* Mulher carregando um *pixis* (estojo de cosméticos). Transposição gráfica de um fragmento de afresco encontrado no palácio em Tirinto, *c.* 1300 a.C. Obra de Gilliéron (Museu Arqueológico Nacional, Atenas); *38* Apanhadora de açafrão: jovem com vestimenta minoana Afresco, *c.* 1600 a.C., de 'Xeste 3' em Acrotiri, Tera (Sociedade Arqueológica Grega); *39* Apanhadora de açafrão, Afresco, *c.* 1600 a.C., de 'Xeste 3' em Acrotiri, Tera (Sociedade Arqueológica Grega); *40* Mulher madura. Afresco, *c.* 1600 a.C., da 'Casa das Damas' em Acrotiri, Tera (Sociedade Arqueológica Grega); *41* Crianças lutando boxe. Afresco, *c.* 1600 a.C., da 'Casa do Oeste' em Acrotiri, Tera (Museu Arqueológico Nacional, Atenas); *42* Cabeça de homem jovem. Marfim, depositado *c.* 1300 a.C., centro de culto em Micenas (Museu de Micenas, © Arquivo de Micenas); *43* Jovem dançarina espartana. Bronze, *c.* 550-520 a.C. Encontrada em Prizren, Sérvia; possivelmente feita em Esparta ou proximidades (Museu Britânico); *44 Jovens espartanos fazendo exercícios*. Óleo sobre tela, 1860. Edgar Degas (© 2005 Galeria Nacional); *45* Éris, Deusa da Discórdia. Interior de taça da Ática, com figura em negro, *c.* 560 a.C. (© *bpk*/Coleção de Antigüidades,

Museus Nacionais de Berlim/foto de Ingrid Geske); *46 O rapto de Helena.* Têmpera de ovo sobre madeira, atribuído a Zanobi Strozzi, *c.* 1450 (© 2005, Galeria Nacional); *47* Safo: nº 47, Fragmento 16, *c.* 600 a.C. Cópia em papiro, final do século I/início do século II d.C. (Biblioteca Bodleian, Universidade de Oxford); *48* Detalhe de *O rapto de Helena.* Óleo sobre cobre, meados do século XVIII. Johann Georg Platzer, (Coleção Wallace); *49 L'enlèvement d'Hélène.* Óleo sobre madeira, *c.* 1470. Liberale da Verona (Museu do Louvre, © foto RMN, © René-Gabriel Ojéda); *50 O rapto de Helena.* Têmpera de ovo sobre madeira, *c.* 1450. Mestre do Julgamento de Páris (© 2005, Galeria Nacional); *51* Mulher/deusa micenense. Argamassa calcária, *c.* 1300 a.C. Encontrada próximo ao centro de culto em Micenas (Museu Arqueológico Nacional, Atenas); *52 A toilette de Helena.* Óleo sobre tela, 1914. Bryson Burroughs (Museu de Arte Walters, Baltimore); *53* O sacrifício de Ifigênia. Manuscrito, século XV d.C. Do *Recueil* de Raoul Lefevre (Biblioteca Nacional, Paris); *54* 'Neoptólemo vence Príamo. Ânfora com figura em negro, 540 a.C., feita em Atenas (Museu Britânico); *55* O rapto de Cassandra. Vaso com figura em vermelho, Ática, *c.* 430 a.C. Museu do Louvre, © Foto RMN/© Hervé Lewandowski); *56* O Assassinato de Cassandra. Folha de bronze batido, de uma caixa ou móvel de madeira, 675-650 a.C. (Museu Arqueológico Nacional, Atenas) *57* Menelau e Helena. Ânfora com figuras vermelhas, 470-450 a.C., feito em Atenas (Museu Britânico); *58* Nêmesis e companheira, ânfora vermelha da Ática, 530 a.C. (© *bpk*/ Coleção da Antigüidade, Museus Nacionais de Berlim); *59 Construção do cavalo de Tróia.* Óleo sobre tela, c. 1760. Giovanni Domenico Tiepolo (© 2005 Galeria Nacional); *60 Helena no portão esceano.* Óleo sobre tela, c. 1880. Gustave Moreau (foto © RMN, Museu Gustave Moreau, Paris; legenda: *Eurípides, Helena* de George Seferis, tradução de E. Keeley e P. Sherrard, de *George Seferis: Complete Poems* (1995), Princeton University Press; *61 Helen Recognising Telemachus, Son of Odysseus.* Óleo sobre painel, 1795. Jean-Jacques Lagrenée (Museu Estatal Hermitage, S. Petersburgo); *62* Trono Ludovisi: O nascimento de Afrodite. Escultura em pedra, 460-450 a.C. Encontrado em 1887 no terreno de uma mansão em Roma, hoje demolida. (© Foto SCALA, Florença, Museu Nacional de Roma); *63* Figura negra *mastos* (taça em forma de seio). Argila, feita em Atenas 520-500 a.C. retirada de escavação na Etrúria (Museu Britânico); *64* Estátua *kore.* Mármore, c. século II d.C. Escavação no Estádio Romano, Samaria em 1932 (foto © 2005 Fundo de Exploração da Palestina, Londres; Museu Arqueológico Rockefeller); *65* Elmos dos Dióscuros. Pedra calcária, entalhe em relevo, data desconhecida. Escavação no Templo *Kore* Romano por Eliezer Sukenik em 1931

(© 2005 Fundo de Exploração da Palestina, Londres); *66* Representação de máscara teatral. Pedra, séculos I e II d.C. (Museu Britânico); *67 Elizabeth I e as três deusas.* Óleo sobre painel, 1569. Hans Eworth (Coleção Real © 2005, Sua Majestade Rainha Elizabeth II); *68 O círculo dos luxuriosos.* Pena e tinta e aquarela e lápis sobre papel, 1824-1827. William Blake (© Museu e Galeria de Arte de Birmingham); *69* Músico de lira. Reconstrução em aquarela de um afresco do século XIII a.c., do *Megaron* em Pilos. Piet de Jong, 1955 (Cortesia da Universidade de Cincinnati).

AGRADECIMENTOS POR TEXTOS

Registro com gratidão a permissão para reproduzir o material das seguintes traduções: J. Balmer, de *Safo: Poems & Fragments* (1992) Bloodaxe Books; C. E. Boer, de *Homeric Hymn to the Earth* (1980), Spring Publications; D. A. Campbell, reimpresso por permissão dos editores e membros da diretoria da Biblioteca Clássica Loeb, de *Greek Lyric: Volume 1*, Loeb Classical Library® volume 142, tradução de David A. Campbell, p. 73, Cambridge, Mass.: Harvard University Press, copyright © 1982 do presidente e membros do Harvard College. The Loeb Classical Library ® é uma marca registrada do presidente e membros do Harvard College; M. Davies, de *The Epic Cycle* (1989), Bristol Classical Press por gentil permissão de Gerald Duckworth & Co. Ltd.; R. Fagles, excertos esparsos da *Ilíada* de Homero, tradução de Robert Fagles, © 1990 por Robert Fagles. Usado mediante permissão de Viking Penguin, divisão do Penguin Group (USA) Inc.; excertos esparsos da *Odisséia* de Homero, tradução de Robert Fagles, copyright © 1996 de Robert Fagles. Usado mediante permissão de Viking Penguin, divisão de Penguin Group (USA) Inc., e de Gerald Duckworth & Co. Ltd.; A. E. Galyon, de *The Art of Versification* (1980), Iowa State University Press/ Blackwell Publishing; H.J. Magoulias, reimpresso de Harry J. Magoulias (trad.) *O City of Byzantium: Annals of Niketas Choniates*, p. 360 © 1984 The Wayne State University Press, com permissão da Wayne State University Press; A. M. Miller, de *Greek Lyric: an anthology in translation* (1996), reimpresso por gentil permissão de Hackett Publishing Company, Inc. todos os direitos reservados; W. H. Parker, de *Priapea: Poems for a Phallic God* (1988), Routledge; P. H. Young de *The Printed Homer: A 3000 Year Publishing and Translation History of the Iliad and the Odyssey* © 2003 Philip H. Young, reimpresso mediante permissão de McFarland & Company, Inc., Box 611, Jefferson NC 28640, www.mcfarlandpub.com; P. Vellacott, de *Euripides' Orestes and other plays* (1972), Penguin; N. Wright de Joseph de Exeter, *Trojan War*, reproduzido mediante gentil permissão do tradutor.

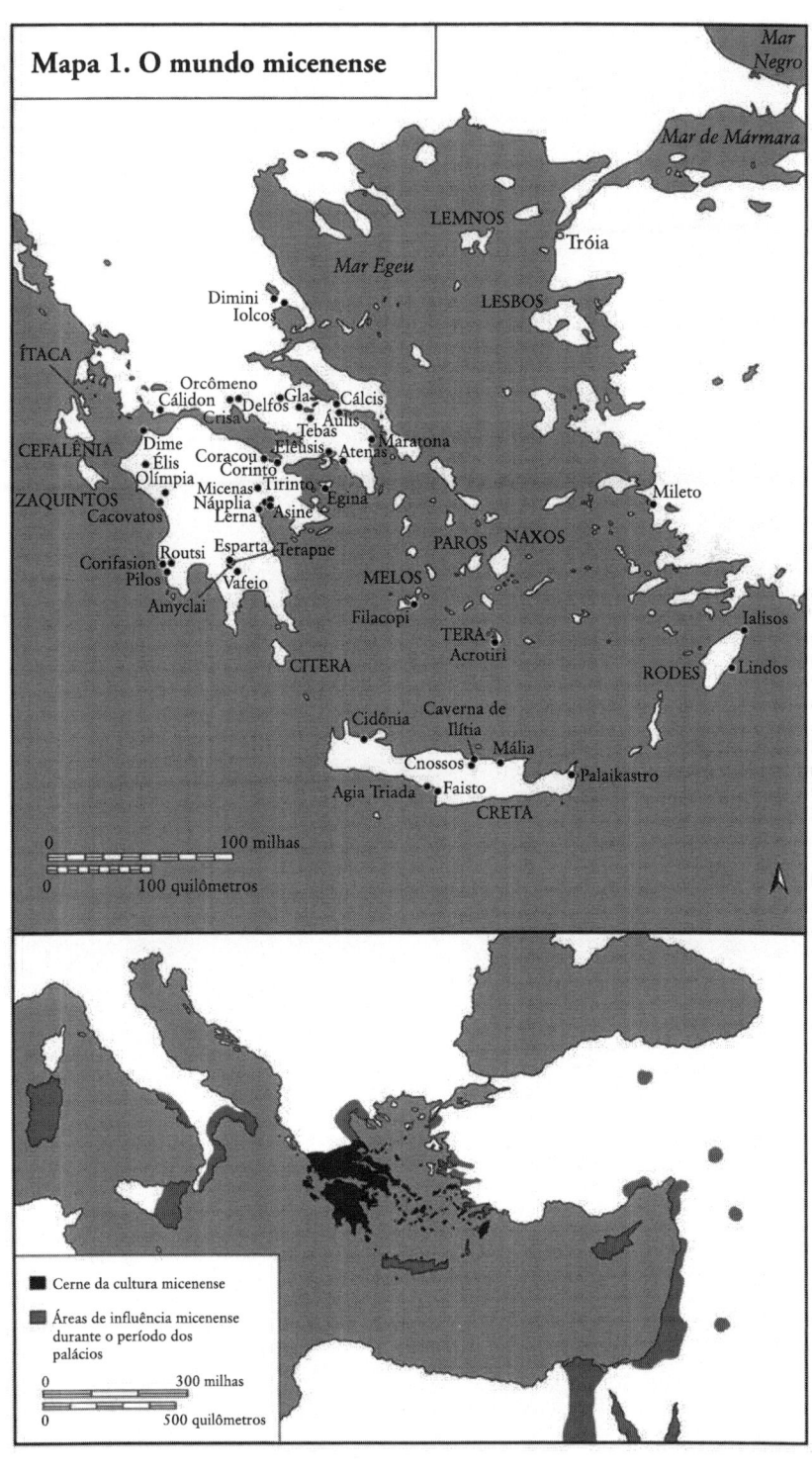

Mapa 1. O mundo micenense

Mar Negro

Mar de Mármara

LEMNOS

Tróia

Mar Egeu

LESBOS

Dimini
Iolcos

ÍTACA

Orcômeno
Cálidon • Gla Cálcis
Crisa Delfos Áulis
Tebas
CEFALÊNIA Dime Coracou Eleusis Maratona
Élis Corinto Atenas
Olímpia Micenas Tirinto
ZAQUINTOS Cacovatos Náuplia Egina Mileto
Lerna Asine

Routsi Esparta Terapne PAROS NAXOS
Corifasion Pilos Vafeio MELOS
Amyclai Filacopi
Ialisos
TERA
CITERA Acrotiri
RODES Lindos

Cidônia Caverna de
Ilítia
Mália
Cnossos
Agia Triada Faisto Palaikastro
CRETA

0   100 milhas
0   100 quilômetros

■ Cerne da cultura micenense
■ Áreas de influência micenense
durante o período dos
palácios

0   300 milhas
0   500 quilômetros

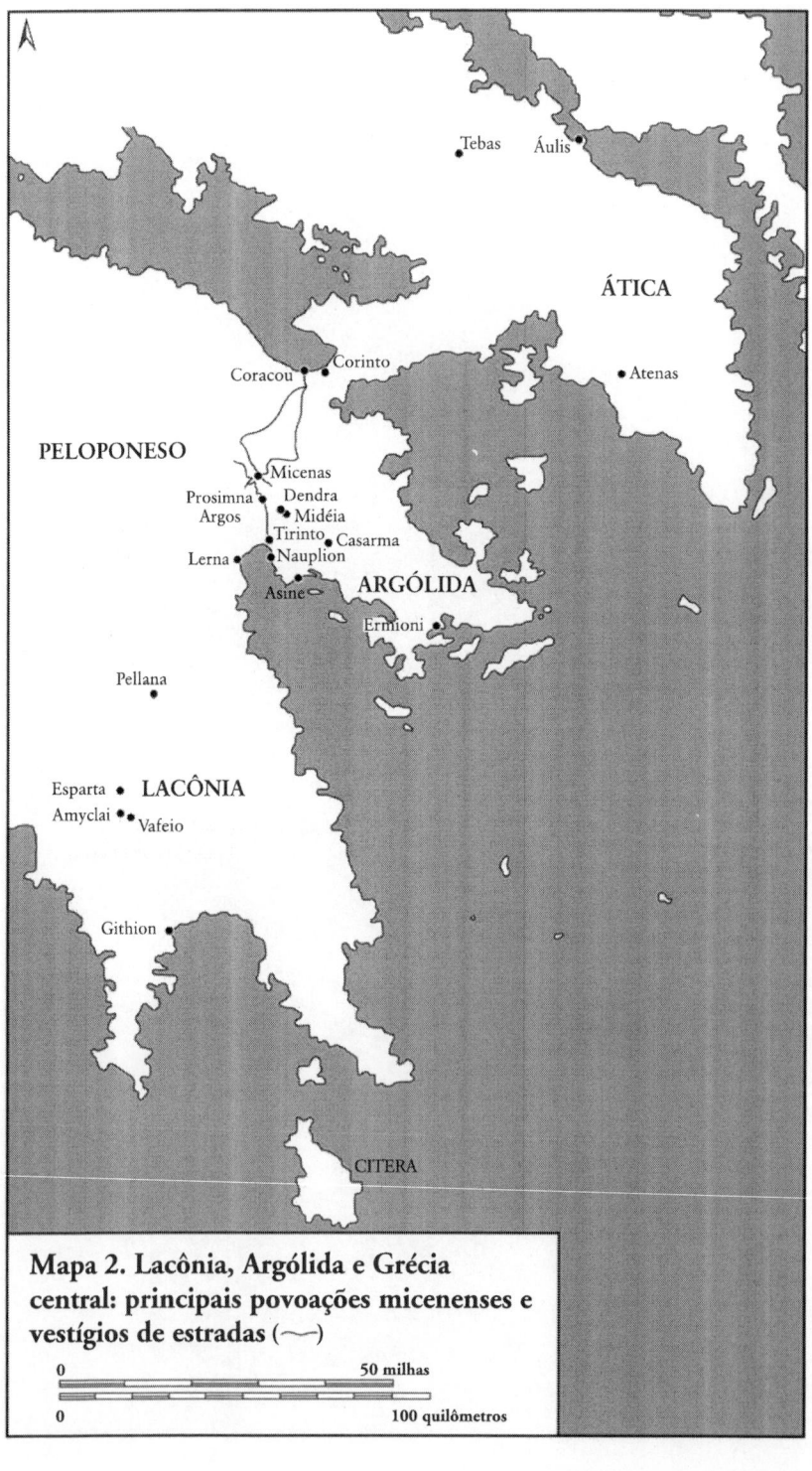

Mapa 2. Lacônia, Argólida e Grécia central: principais povoações micenenses e vestígios de estradas (⌒)

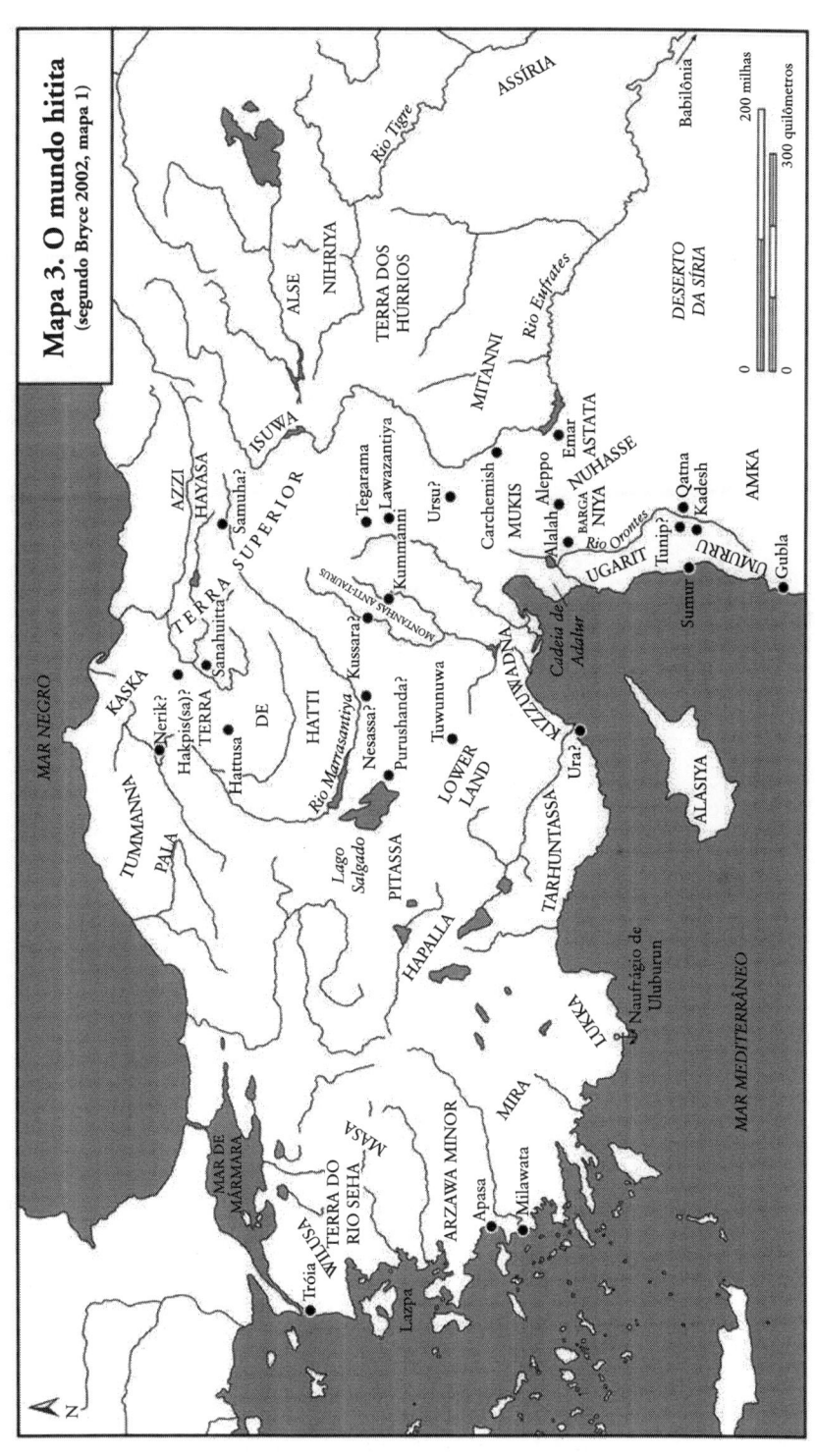

Mapa 3. O mundo hitita
(segundo Bryce 2002, mapa 1)

MAR NEGRO

ASSÍRIA

Rio Tigre

Babilônia

200 milhas

300 quilômetros

NIHRIYA

ALSE

TERRA DOS HÚRRIOS

Rio Eufrates

DESERTO DA SÍRIA

AZZI

HAYASA

ISUWA

MITANNI

Samuha?

TERRA SUPERIOR

Tegarama

Lawazantiya

Ursu?

Carchemish

MUKIS

Emar

ASTATA

NUHASSE

AMKA

Sanahuitta?

Kummanni

Alalah Aleppo

BARGA NIYA

Qatna

Kadesh

KASKA

TERRA DE HATTI

MONTANHAS ANTI-TAURUS

Kussara?

Rio Orontes

Tunip?

UGARIT

Cadeia de Adahir

Gubla

Nerik?

Hakpis(sa)?

Hattusa

Rio Marrassantiya

Nesassa?

Purushanda?

Tuwunuwa

Sumur

UMURRU

ALASIYA

TUMMANNA

PALA

Lago Salgado

LOWER LAND

KIZZUWADNA

Ura?

TARHUNTASSA

PITASSA

HAPALLA

Naufrágio de Uluburun

MAR DE MARMARA

WILUSA

TERRA DO RIO SEHA

MASA

LUKKA

Tróia

Lazpa

ARZAWA MINOR

Apasa

MIRA

Milawata

MAR MEDITERRÂNEO

N

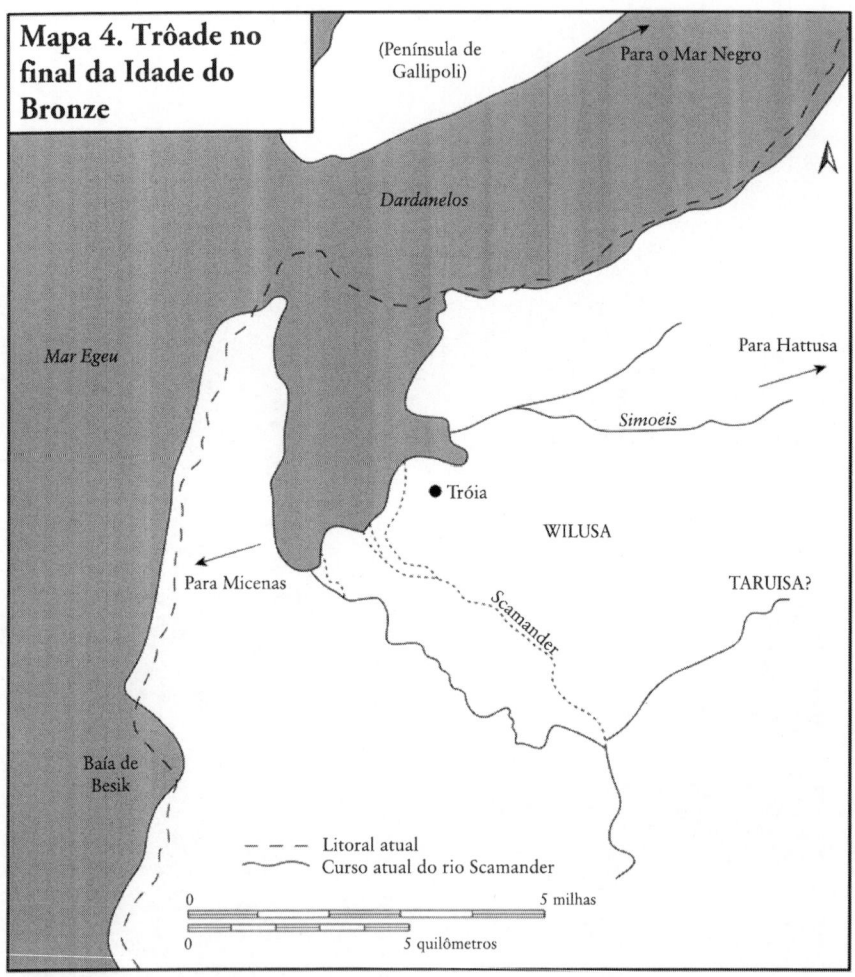

Mapa 4. Trôade no final da Idade do Bronze

(Península de Gallipoli)

Para o Mar Negro

Dardanelos

Mar Egeu

Para Hattusa

Simoeis

● Tróia

WILUSA

Para Micenas

Scamander

TARUISA?

Baía de Besik

– – – Litoral atual
——— Curso atual do rio Scamander

0   5 milhas

0   5 quilômetros

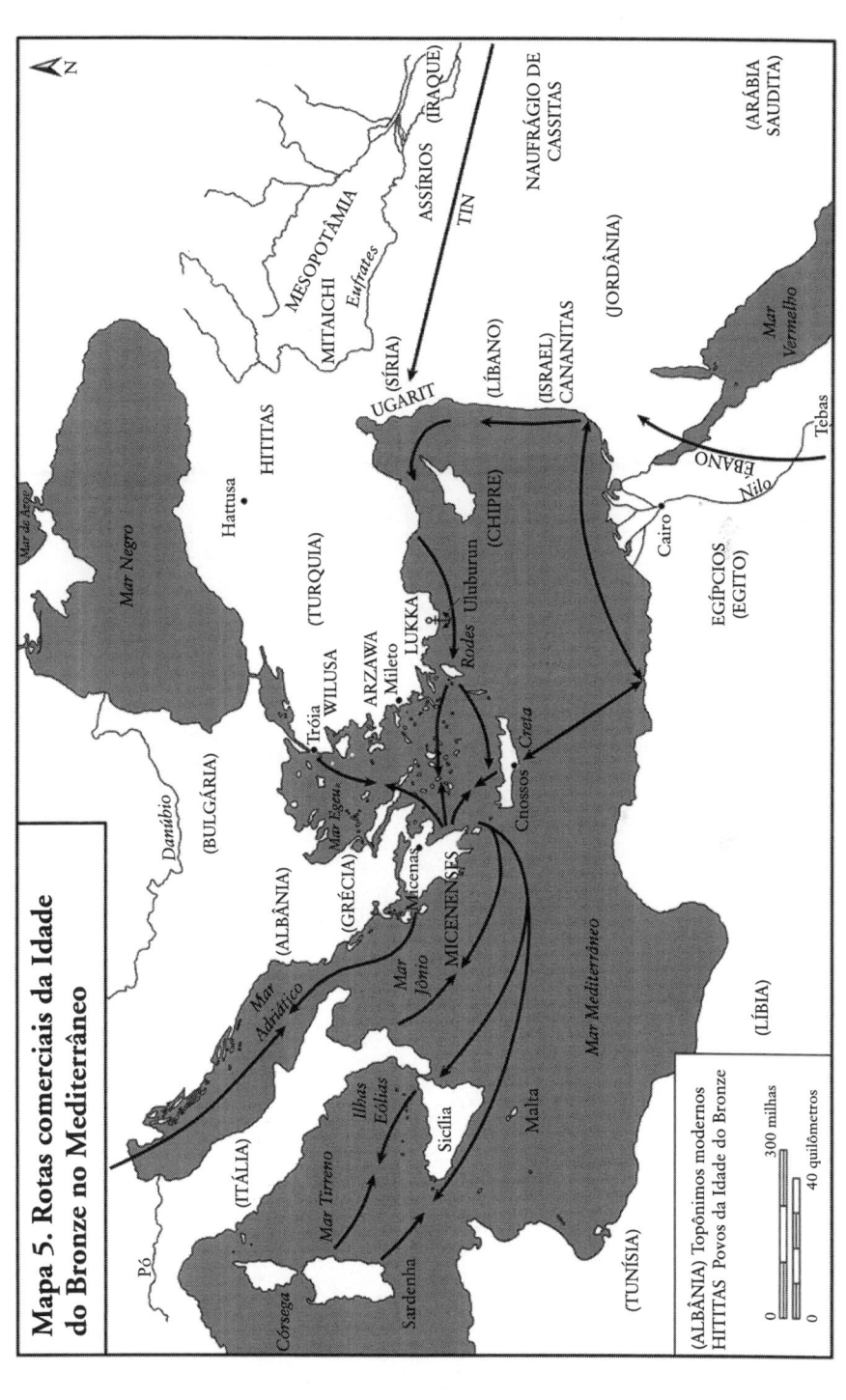

Mapa 5. Rotas comerciais da Idade do Bronze no Mediterrâneo

(ARÁBIA SAUDITA)

Mar Vermelho

(JORDÂNIA)

NAUFRÁGIO DE CASSITAS

TIN

ASSÍRIOS (IRAQUE)

MESOPOTÂMIA

Eufrates

MITAICHI

(SÍRIA)

UGARIT

(LÍBANO)

(ISRAEL) CANANITAS

(CHIPRE)

Tebas

LÍBANO

Nilo

Cairo

EGÍPCIOS (EGITO)

HITITAS

Hattusa

Mar de Azov

Mar Negro

(TURQUIA)

(BULGÁRIA)

Danúbio

WILUSA

Tróia

ARZAWA

Mileto

LUKKA

Uluburun

Rodes

Creta

Cnossos

Mar Egeu

(ALBÂNIA)

(GRÉCIA)

Micenas

MICENENSES

Mar Adriático

Mar Jônio

Mar Mediterrâneo

(LÍBIA)

Ilhas Eólias

Sicília

Malta

(TUNÍSIA)

Pó

Córsega

Mar Tirreno

Sardenha

(ITÁLIA)

(ALBÂNIA) Topônimos modernos
HITITAS Povos da Idade do Bronze

300 milhas

40 quilômetros

0

0

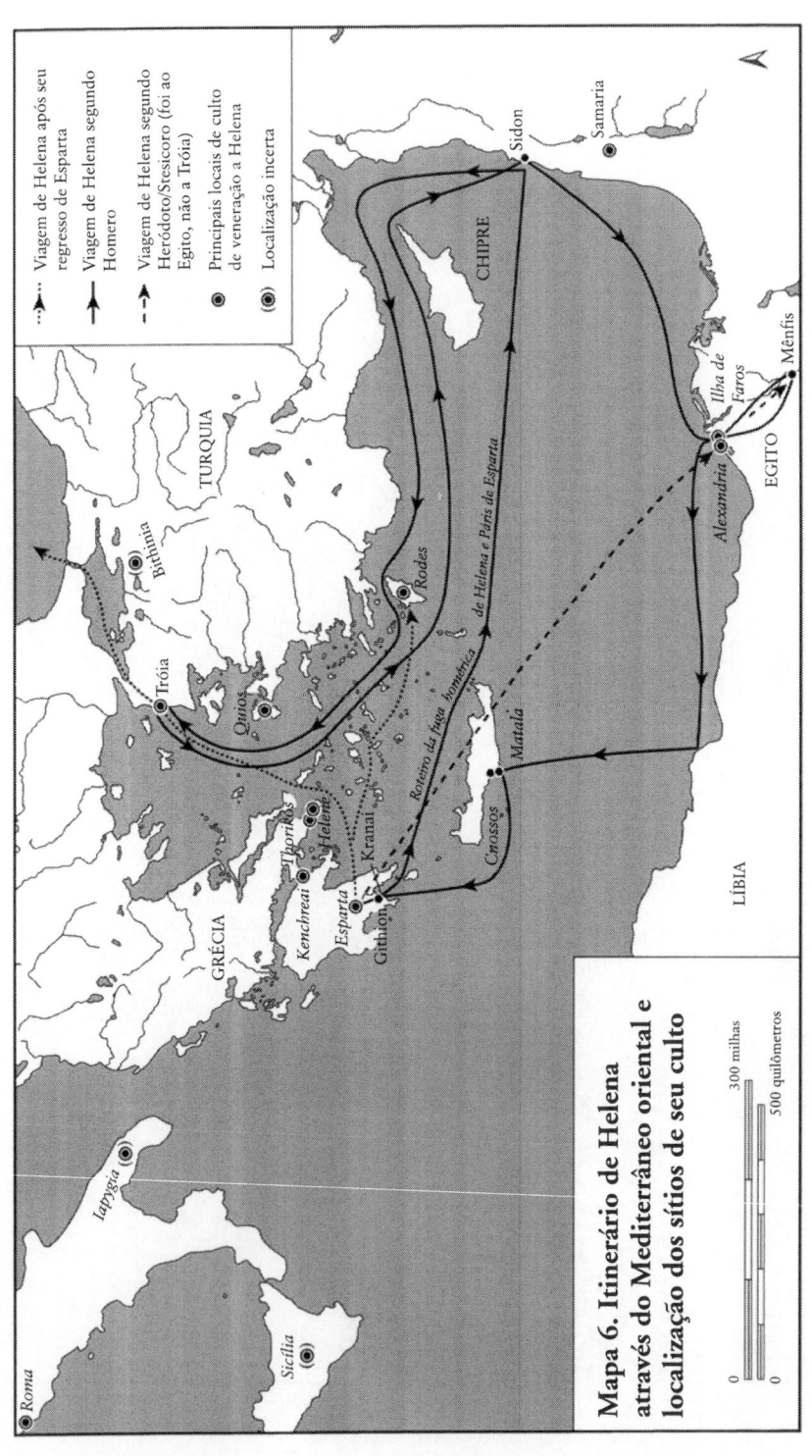

Mapa 6. Itinerário de Helena através do Mediterrâneo oriental e localização dos sítios de seu culto

Viagem de Helena após seu regresso de Esparta

Viagem de Helena segundo Homero

Viagem de Helena segundo Heródoto/Stesícoro (foi ao Egito, não a Tróia)

Principais locais de culto de veneração a Helena

Localização incerta

GRÉCIA

TURQUIA

CHIPRE

EGITO

LÍBIA

Roma

Iapýgia

Sicília

Bithínia

Tróia

Quíos

Therapne

Kenchreai

Esparta

Gíthion

Kranai

Rodes

Crossos

Matala

Roteiro da fuga homérica

de Helena e Páris de Esparta

Alexandria

Ilha de Faros

Ménfis

Sidon

Samaria

300 milhas

500 quilômetros

CRONOLOGIA

Todas as datas anteriores a 500 a.c. são aproximadas, exceto quando indicado.

	CRETA — IDADE DO BRONZE
2000 a.c.	Início do período minoano médio (MM)
	MM I e II — Construção dos Antigos Palácios em Cnossos e outras partes, destruídos em 1700 a.c. por terremotos
1700 a.c.	MM III — Construção de novos palácios
1600 a.c.	Início do período minoano tardio (LM)
1425-1370 a.c.	LM II-IIIA1 Uso da escrita Linear B em Cnossos. Início do domínio do mar Egeu por Micenas e influência sobre a cultura de Minos
1370 a.c.	Destruição do palácio em Cnossos
	GRÉCIA — IDADE DO BRONZE
1600 a.c.	Início do período heládico tardio (LH)
	Círculos de túmulos A e B em Micenas
? 1550 a.c.	Erupção de Tera/Santorini

1525-1450 a.C.	(LH IIA)
	Construção dos primeiros *tolos* e câmaras mortuárias em Micenas
1450-1410 a.C.	(LH IIB)
	Achado de panóplia de guerreiros próximo a Midéia, a "armadura de Dendra"
1410-1370 a.C.	(LH IIIAI)
	Construção do Tesouro de Atreu em Micenas
1370-1300 a.C.	(LH IIIA2)
	Naufrágio de Uluburun
	Construção do Túmulo de Clitemnestra em Micenas
1300-1200 a.C.	(LH IIIBI)
	? Guerras de Tróia? aprox. 1275 a.C.-1180 a.C.
	Afresco "Dama de Micenas" da Casa do Centro de Culto do Sumo Sacerdote, em Micenas
	Tábuas de escrita Linear B existentes, encontradas em sítios arqueológicos na Grécia continental, datadas de aprox. 1200 a.C.
	Indícios de destruição em assentamentos de palácios de Micenas

O MUNDO HITITA

1400 a.C.	Primeiras menções a Wilusa (Tróia) e a Ahhiyawa (Grécia) em textos hititas. Esplendor do império hitita
1360 a.C.	Manual de treinamento de cavalos escrito por Kikkuli

1300 a.C.	Reino de Alaksandu em Wilusa, correspondência: o "tratado de Alaksandu"
1275 a.C.	Batalha de Kadesh entre o faraó egípcio Ramsés II e o Grande Rei de Hatti
1275-1250 a.C.	Destruição de Tróia VIh
1275-1180 a.C.	Guerra de Tróia?
1250 a.C.	"Carta de Tawagalawa" enviada ao rei de Ahhiyawa
(aprox. 1265-1240 a.C.)	Reino de Hattusili III em Hattusa, com a rainha Puduhepa
1230 a.C.	Crise entre os estados hititas de Ugarit e Amuru devido à aliança matrimonial
1223 a.C.	Última menção a Ahhiyawa em texto hitita
1200 a.C.	Última menção a Wilusa em texto hitita
1175 a.C.	Colapso do império hitita

'IDADE DAS TREVAS' DA GRÉCIA

1100-800 a.C.	Abandono das cidadelas de Micenas; aparente desaparecimento da alfabetização
1000 a.C.	Assentamento de povos dóricos em Esparta e Lacônia

GRÉCIA ARCAICA

800 a.C.	Expansão de Esparta, inclusive assentamentos em Amyclai
700 a.C.	Registro escrito dos poemas épicos de Homero, a *Ilíada* e a *Odisséia*

650 a.C.	Composição dos poemas do Ciclo Épico, inclusive *Cípria*
650 a.C.	Composição das obras de Hesíodo — *Os trabalhos e os dias, Teogonia, Catálogo das mulheres e Eoiae*
	"Templo de Helena" ou Menelaion: santuário dedicado a Helena e Menelau em Terapne, Esparta
650-550 a.C.	Composição dos poemas líricos de Safo, Stesicoro, Alceu e Álcman, com Helena como personagem
	Mais antiga deposição conhecida de oferendas votivas a Helena deixadas no Menelaion
650 a.C.	Criação do vaso de Míconos, uma das primeiras imagens sobreviventes de Helena e da Guerra de Tróia
	Reforma da sociedade espartana, atribuída a Licurgo
	GRÉCIA CLÁSSICA
506 a.C.	Invasão da Ática pelos aliados espartanos e da Liga do Peloponeso
500-450 a.C.	Guerras Persas entre gregos e persas
480 a.C.	Batalha das Termópilas
	Visita do rei Xerxes, da Pérsia, a Tróia
500-400 a.C.	Desenvolvimento radical da democracia ateniense e "Idade de Ouro" cultural de Atenas
447 a.C.	Início da construção do Partenon

Composição e representação de peças trágicas de Ésquilo, Sófocles e Eurípides em Atenas, inclusive as que tratam especificamente de Helena ou da história de Tróia:

472 a.C.	*Os persas*, de Ésquilo
458 a.C.	*Agamêmnon*, de Ésquilo
415 a.C.	*As troianas*, de Eurípides
412 a.C.	*Helena*, de Eurípides
411 a.C.	*Lisístrata*, de Aristófanes
408 a.C.	*Orestes*, de Eurípides
aprox. 405 a.C.	*Ifigênia em Áulis*, de Eurípides (póstuma)
431-404 a.C.	Guerra do Peloponeso entre Atenas e Esparta, que resulta em hegemonia espartana na maior parte da Grécia
430 a.C.	*Histórias*, de Heródoto
	História da Guerra do Peloponeso, de Tucídides
400 a.C.	*Elogio de Helena*, de Górgias
390-350 a. C.	Obras filosóficas de Platão, inclusive referência a Helena
370 a.C.	*Elogio de Helena*, de Isócrates
335-322 a.C.	Obras filosóficas de Aristóteles
336-323 a.C.	Conquista de territórios desde a Grécia até a Índia por Alexandre, o Grande
334 a.C.	Visita de Alexandre a Tróia
280 a.C.	Fundação da Biblioteca de Alexandria
270 a.C.	*Epitalâmio para Helena,* de Teócrito, escrito em Alexandria

IMPÉRIO ROMANO

31 a.C.- 14 d.C.	Derrota de Marco Antônio e Cleópatra por Otaviano em Actium Reinado de Otaviano, dali em diante conhecido como Augusto. Início do Império Romano
19 a.C.	Morte de Virgílio e publicação da *Eneida* — relato das viagens de Enéias após a queda de Tróia
Aprox. 25 a.C.- 17 d.C.	Obras de Ovídio, inclusive *A arte de amar, Heroides* e *Metamorfoses*, em muitas das quais Helena é personagem
14-68 d.C.	Dinastia Julio-Claudiana, inclusive os reinados de Tibério (14-37 d.C.), Cláudio (41-54 d.C.) e Nero (54-68 d.C.)
64 d.C.	Incêndio de Roma (Diz-se que o canto de Nero falava da queda de Tróia)
66 d.C.	Alegação de descoberta do relato de Dictis sobre a Guerra de Tróia
69-96 d.C.	Dinastia Flaviana
79 d.C.	Erupção do Vesúvio, que destruiu as cidades de Pompéia e Herculano. Morte de Plínio, o Velho, autor da *História natural*
96-192 d.C.	Era dos Antoninos, inclusive o reinado de Trajano (98-117 d.C.), Adriano (117-138 d.C.) e Marco Aurélio (161-180 d.C.)
160 d.C.	*Guia da Grécia*, de Pausânias
	Obras de Luciano, inclusive *Diálogos dos mortos*
200 d.C.	Obras de autores cristãos, como Irineu, Hipólito, Clemente de Alexandria e Justino Mártir, com testemunho sobre a vida de Simão Mago no século I da era cristã
	Estátua de *kore*/Helena de Samria-Sebaste

	Culto de Simão Mago e Helena em Roma
	Redação do relato de Dictis sobre a Guerra de Tróia
306-337 d.C.	Reinado de Constantino I
	Reconhecimento oficial do cristianismo
(aprox. 300-600 d.C.)	Relato de Dares sobre a Guerra de Tróia?
	Destruição da estátua de *kore*/Helena

ERA MEDIEVAL AO SÉCULO XXI

aprox. 500 d.C.	Colapso do Império Romano do Ocidente
aprox. 700 d.C.	Inscrição do nome de Helena no relato de 132 acontecimentos fundamentais da história do mundo, por Isidoro de Sevilha
1122-1204	Vida de Eleanor de Aquitânia
aprox. 1170 d.C.	Benoît de Sainte-Maure escreve *Roman de Troie* para Eleanor
aprox. 1175 d.C.	*Arte da versificação,* de Mateus de Vendôme
aprox. 1180 d.C.	Finalização do relato *Guerra de Tróia*, de Joseph de Exeter
1204 d.C.	Saque de Constantinopla, destruição da estátua de Helena no Hipódromo
1475 d.C.	Impressão do primeiro livro em inglês, *Recuyell of the Historyes of Troye* (Registro das histórias de Tróia), por William Caxton
1594 d.C.	Registro da primeira representação de *The Tragical History of Dr. Faustus* (A trágica história do Dr. Fausto), de Christopher Marlowe

1864 d.C.	Estréia da opereta *La Belle Hélène* (A bela Helena), de Offenbach
1870 d.C.	Início das escavações de Heinrich Schliemann no sítio de Tróia
1876 d.c.	Escavações de Heinrich Schliemann em Micenas — Túmulo Círculo A
Década de 1880 d.C.	Diversas telas de Gustave Moreau representando Helena, inclusive *Helena nas muralhas de Tróia*
1952-3 d.c.	Decifração e publicação da escrita Linear B por Michael Ventris e John Chadwick
1961 d.C.	Publicação de *Helen in Egypt* (Helena no Egito), de Hilda Doolittle (H.D.)
2004 d.C.	*Troy* (Tróia), de Wolfgang Peterson

PERSONAGENS

ZEUS, rei dos deuses e pai de Helena

LEDA, mulher de Tíndaro e mãe de Helena, possuída por Zeus disfarçado em cisne

TÍNDARO, pai adotivo de Helena e rei de Esparta

HELENA, mulher de Menelau de Esparta, raptada por Páris de Tróia

CASTOR e PÓLUX, irmãos gêmeos de Helena, também chamados "Dióscuros"

CLITEMNESTRA, irmã de Helena e dos Dióscuros, mulher de Agamêmnon

TESEU, rei-herói de Atenas, que tentou raptar Helena

MENELAU, rei de Esparta e marido de Helena

AGAMÊMNON, rei de Micenas e irmão de Menelau

IFIGÊNIA, filha de Clitemnestra e Agamêmnon e, segundo algumas tradições, filha de Helena e Teseu

ILÍTIA, deusa pré-grega do parto e da fertilidade

HERA, deusa esposa de Zeus, que favorecia os gregos na guerra de Tróia

POSÍDON, deus do mar, irmão mais novo de Zeus

PÁRIS, príncipe troiano que raptou Helena em Esparta

PRÍAMO, rei de Tróia e pai de Páris e Heitor

HEITOR, príncipe troiano, irmão de Páris e melhor guerreiro de Tróia

HÉCUBA, rainha de Tróia, mãe de Heitor, Páris e Deífobo

DEÍFOBO, príncipe troiano que se casou com Helena após a morte de Páris

CASSANDRA, irmã de Páris e Heitor, profetisa cuja maldição é nunca ser acreditada

APOLO, protetor divino de Tróia, filho de Zeus e Leto

AFRODITE, deusa do amor sexual, mãe de Enéias, protetora de Tróia e, especialmente, de Páris

ARES, deus da guerra, outro protetor de Tróia, filho de Zeus e Hera

DEUSES GREGOS

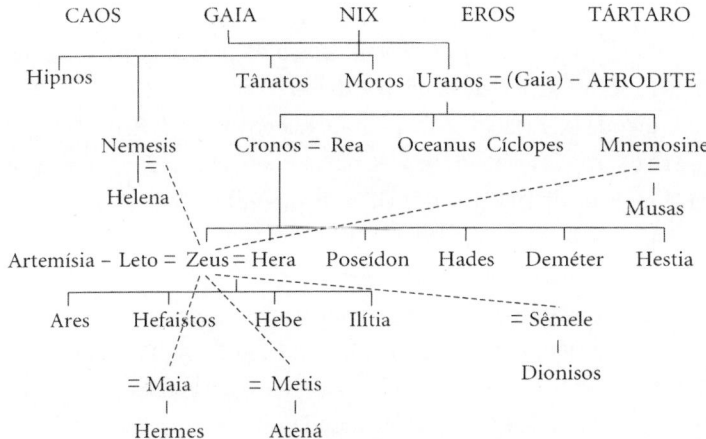

CASA DE TRÓIA

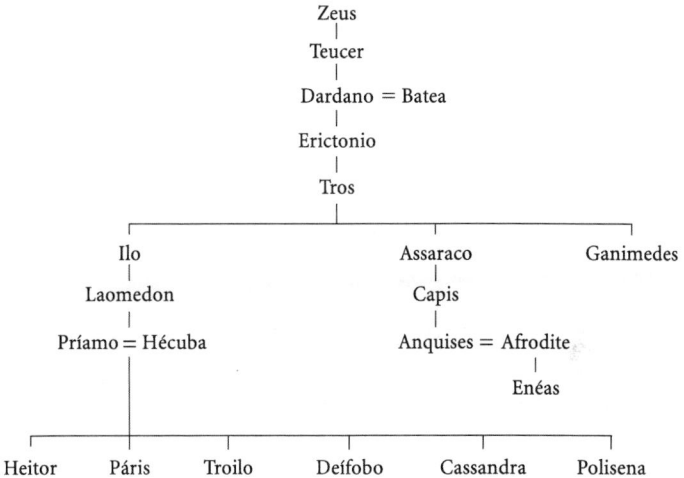

```
                    Zeus
                     |
                   Teucer
                     |
             Dardano = Batea
                     |
                 Erictonio
                     |
                   Tros
     ┌───────────────┴──────────────────────┐
    Ilo                  Assaraco        Ganimedes
     |                      |
  Laomedon                Capis
     |                      |
Príamo = Hécuba      Anquises = Afrodite
     |                            |
     |                          Enéas
┌────┬──────┬──────┬───────┬──────────┬────────┐
Heitor  Páris  Troilo  Deífobo  Cassandra  Polisena
```

CASA DE ATREU E AS TINDAREIDAS

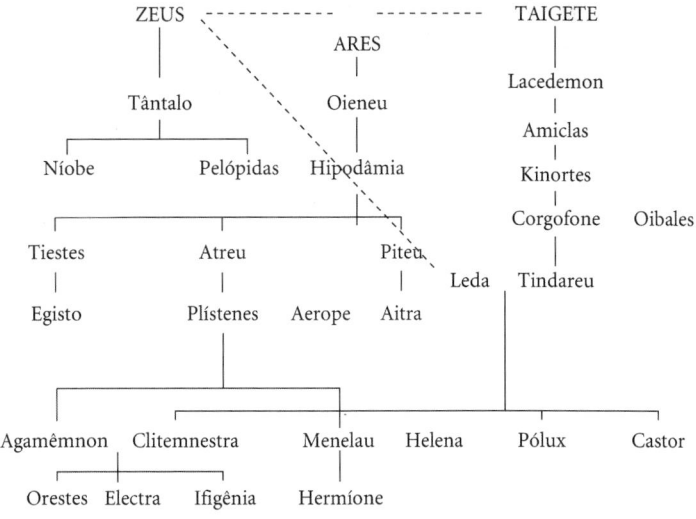

```
      ZEUS - - - - - - - - - - - - - TAIGETE
       |                  ARES          |
       |                   |        Lacedemon
     Tântalo             Oieneu          |
       |                   |         Amiclas
  ┌────┴────┐              |            |
 Níobe   Pelópidas   Hipodâmia       Kinortes
  ┌──────┬──────────────┴────┐          |
       Tiestes  Atreu       Piteu   Corgofone  Oibales
         |        |           |   Leda      |
       Egisto  Plístenes  Aerope  Aitra   Tindareu
              ┌────┴──────────┐
    Agamêmnon  Clitemnestra  Menelau  Helena  Pólux  Castor
      ┌────┬──────┐             |
   Orestes Electra Ifigênia  Hermíone
```

PREFÁCIO E
AGRADECIMENTOS

O ESTUDO DE HELENA como personagem real da história tem sido sempre desprezado. Tanto os historiadores quanto os românticos buscaram entusiasticamente os heróis da Grécia e deixaram de lado as heroínas. Recordar Helena como "a mais bela mulher do mundo" talvez tenha sido uma tentação grande demais, e conservá-la perfeita e insípida tenha sido muito atraente, assim como é decepcionante descobrir a "desejada do mundo"[1] e encontrar defeitos nela. No entanto, existe hoje em dia suficiente volume de pesquisa erudita para que se possa datar a *Ilíada*, o relato de Homero a respeito de Helena, de uma era conhecida como Idade do Bronze tardia (1600 a 1050 a.C.). Acompanhando a vida de uma aristocrata da Idade do Bronze tardia, espero ter conseguido colocar carne nos belos ossos de Helena, dando contexto a um nome que para muitos é absolutamente conhecido, porém estranhamente pouco substantivo.

Como a história de Helena não é apenas uma, mas muitas, repetidas vezes contadas em toda a Europa e no Mediterrâneo oriental, também percorri o território a fim de juntar uma gama promíscua de "Helenas". Não existe um caminho arterial único que conduza à verdade de Helena de Tróia, mas diversos, que se entrelaçam no tempo: Helena ronda o registro histórico, e, quando faltavam fontes escritas, deixei que objetos, a arte e o panorama falassem também. Essa fusão de idéias e coisas, do passado e do presente, é muito grega; para as sociedades antigas em redor do Mediterrâneo, eram indistintas as fronteiras entre o mundo espiritual e o físico, entre a estética e a política. Minha esperança é que este livro seja uma *historia*, no sentido usado pelos antigos: um relato que abrange observação e narrativa, investigação, análise e mito;[2] uma missão física em busca de uma mulher que ficou famosa, acima de tudo, pelo impacto visual que causava sobre as pessoas ao seu redor.

Há certas coisas que não tentei fazer neste livro. Não procuro provar a historicidade da Guerra de Tróia, mas examinar seu contexto histórico e explorar as características de suas causas. Já foram escritas obras eruditas mostrando que Helena era uma deusa da vegetação — mas este livro não é uma delas. Uma investigação definitiva de Helena exigiria muitos volumes; neste livro concentrei-me nos exemplos que me parecem demonstrar, de maneira especialmente vívida, o que ela significou para mulheres e homens durante 28 séculos.

Utilizo a expressão "os gregos" para descrever as pessoas que viveram na Grécia continental e nos territórios gregos, e "anatólios" para os habitantes do que hoje é predominantemente a Turquia asiática.[3] A fim de evitar confusão, as palavras "Grécia", "Creta" e "Turquia" se referem a áreas geográficas e não a entidades políticas. Quando cabia, usei a denominação romana para a Anatólia — Ásia Menor. Na Idade do Bronze, os gregos parecem ter sido chamados por vários nomes: *Achaioí*, *Danaoí* e *Argeioí*, explicando, com toda certeza, por que Homero a eles se refere como Aqueus, Dânaos e Argivos.[4] A esse grupo de povos chamei coletivamente "micenenses", nome que lhes foi dado pela primeira vez no século XIX d.C. "Os antigos" é uma vaga denominação, que aqui se aplica a todos os que viveram entre os séculos VIII a.C. e III d.C., período conhecido como "Antigüidade".

Transliterei todas as palavras gregas, inclusive a versão do grego antigo da Idade do Bronze, a língua "Linear B"; em conseqüência, PA — MA — KO se transformou em *fármaco* ("pequenas coisas úteis", raiz de nossa palavra "farmácia", que tem 3.500 anos de idade). Em geral, latinizei personagens e topônimos da literatura antiga. As palavras do grego moderno receberam tratamento fonético aproximado. As traduções foram feitas por mim, exceto quando indicado.*

---

*O critério da tradução para o português procurou ser o mesmo que o indicado neste parágrafo, com as variações que considerou adequadas ou necessárias. (*N. do T.*)

Fiz referência às obras, antigas e modernas, que utilizei amplamente ou que possam ser de interesse do leitor. Sou grata a muitos estudiosos e aventureiros que me precederam e especialmente àqueles que tiveram a bondade de auxiliar-me neste projeto. Entre eles estão: Peter Ackroyd, Robert Arnott, dr. Bruce Barker-Benfield, professor Jonathan Bate, professora Mary Beard, dra. Lisa Bendall, Rebecca Bennett, professora Julia Boffey, dr. Julian Bowsher, professor Nicholas Boyle, dr. Jerry Brotton, professor Trevor Bryce, dra. Lucilla Burn, Gill Cannell, professor Paul Cartledge, Richard Catling, dr. Hector Catling, Nick Chlebnikowski, dr. Paul Cohen, professor Robin Cormack, Mary Cranitch, dr. James Davidson, professor Jack Davis, professor Wolfgang-Dietrich Niemeier, dr. Aude Doody, Nicole Doueck, professor Christos Doumas, dr. Mark Edwards, Matti e Nicholas Egon, Henry Fajemirokun, dr. Lesley Fitton, dra. Katie Fleming, professor John France, dra. Elizabeth French, professor Simon Goldhill, dr. Nikolaos Gonis, dra. Barbara Graziosi, dr. Myrto Hatzaki, professor David Hawkins, professor John Henderson, Carol Hershenson, professor Simon Hornblower, professor Richard Hunter, dr. Hans Jansen e a equipe de Tübingen que trabalhou em Tróia, dr. Richard Jones, Hari Kakoulakis, dr. Michael Keefer, professor John Killen, dra. Julia Kindt, professor dr. Manfred Korfmann, dr. Silvin Kosak, dra. Olga Krzyszkowska, professora Jennifer Larson, dr. Michael Lane, dra. Miriam Leonard, dra. Maria Liakata, dr. Alistair Logan, professora Deborah Lyons, dra. Laurie Maguire, professor Sturt Manning, professora Rosamund McKitterick, professor Christopher Mee, dr. Daniel Orrells, professora Elisabeth Oy-Marra, professor Thomas G. Palaima, professor Spyros Pavlides, Paul Pollack, professor John Prag, dra. Laura Preston, dr. Cemal Pulak, professor dr. Gilles Quispel, professor George "Rip" Rapp, professor Colin Renfrew, dr. Roman Roth, dra. Deborah Ruscillo, professora Lynne Schepartz, professora Cynthia Shelmerdine, professor Alan Shepherd e dra. Kim Yates, professor James Simpson, dr. Nigel Spivey, professora Jane Taylor, dr. Theodore Spyropoulos, dra. Natalie Tchernetska, professora Bella Vivante, dra. Sofia Voutsaki, dra. Diana Wardle, dr. Kenneth Wardle, professor Peter Warren, rev. Peter Watkins, dr. Michael Wedde, dr. Martin West, dr. Todd Whitelaw, dr. Gotthelf Wiedermann, Michael Wood, dra. Jenny Wormald, dr. Neil Wright e dr. Sofka Zinovieff.

As equipes do Museu Ashmolean, do Museu Britânico, do Museu do Louvre, a Biblioteca da Universidade de Cambridge, da Biblioteca Matthew Parker (Colégio Corpus Christi), a Biblioteca Trinity Hall, a Galeria Nacional da Escócia e a Wilton House foram imensamente prestimosas.

Devo reiterar meus sinceros e especiais agradecimentos a Paul Cartledge por seu apoio excepcional e numerosas revisões; a Ken e Diana Wardle, Trevor Bryce e Lisa Bendall pelo auxílio detalhado e muito além do âmbito do dever, e a Colin Renfrew, Peter Millett, Richard Bradley, Justin Pollard, Lesley Fitton, Sofia Voutsaki, Cynthia Shelmerdine, Jane Taylor, Alistair Logan, Mark Edwards, John France, Julian Bowsher, Laurie Maguire e Bruce Barker-Benfield pela leitura de capítulos ou de todo o manuscrito em forma de rascunho e por contribuir com valiosas sugestões. Diana Wardle produziu em poucas horas as figuras em Linear B que aparecem nas páginas 96 e 113. Ellah Allfrey deu forma elegante ao manuscrito e a dra. Annelise Freisenbruch, minha aliada constante durante os períodos de pesquisa e redação, mostrou-se simplesmente esplêndida.

Obrigada também a Kristan Dowsing pelo café e acima de tudo a Jane, que se dedicou mais a este livro do que a uma coisa extremamente mais importante.

INTRODUÇÃO

Cherchez la Femme

*Il y a une femme dans toutes les affaires; aussitôt qu'on
me fait un rapport, je dis:'Cherchez la femme'.*
Em cada caso há uma mulher; quando me trazem
um relatório, eu digo: "Procurem a mulher."

ALEXANDRE DUMAS, *Les Mohicans de Paris*, 2, 3

NO CORAÇÃO DO PELOPONESO, no centro de Esparta, há uma pequena praça, cheia de palmeiras e roseiras. Mais além do pavimento de
pedras esparsas e por trás de um chafariz caprichoso, fica o Museu de
Esparta. Construído no século XIX, com dinheiro de norte-americanos de
origem grega, o museu já teve dias melhores — antigamente, a pintura devia
ser de cor amarelo ocre, mas agora está refeita e desbotada, cor de manteiga cremosa. Dos dois lados da entrada vêem-se esculturas clássicas, muitas sem membros e faltando a cabeça. Tudo é tranqüilo e desbotado. Dentro,
há poucos artefatos da Grécia pré-histórica, arcaica e clássica: cada qual
especial e precioso à sua maneira, mas as legendas são mínimas e pouco
expressivas: *"Possivelmente do século VI a.C."* ou *"De Terapne, acredita-se
que seja uma oferenda a uma deusa".*[1] Cada vez que vou lá, os guardas estão
amontoados numa sala dos fundos vendo um canal comercial da televisão
grega, e todo o museu fica à minha disposição.

Em minha primeira parada, sempre vou apresentar meus respeitos a
um bloco de pedra calcária de meio metro de altura. Com 2.500 anos de
idade e ladeado por serpentes entalhadas, ele domina uma das salas. A pedra

apresenta, na frente e atrás, serpentes entalhadas. De um lado, um guerreiro abraça carinhosamente uma mocinha. Do outro, o mesmo guerreiro se lança para frente, com a espada apontada para a garganta da mulher, pronto para matar. Mas como a mulher se voltou para ele, o impacto de seu rosto transforma o ataque em um abraço.[2] O homem é Menelau, rei de Esparta, e a mulher é sua rainha, Helena de Tróia.

Helena, *"cuja beleza fez a Grécia tomar as armas / E levou a Tênedos mil navios"*[3] é conhecida há milênios como símbolo de beleza, e também como advertência sobre o terrível poder que a beleza é capaz de desatar. Depois de seu duplo casamento, primeiro com o rei grego Menelau e depois com o príncipe troiano Páris, Helena passou a ser considerada responsável por uma perene inimizade entre o Oriente e o Ocidente. Segundo as fontes gregas escritas a sobreviventes da mais remota antiguidade, ela foi posta na terra por Zeus a fim de livrar o mundo da população supérflua:[4] *" [havia] uma raça divina de homens heróicos... duras guerras e terríveis batalhas destruíram parte deles... [a guerra] os levou em navios pelo grande golfo marinho até Tróia, por causa de Helena, a de belos cabelos."*[5] Durante cerca de três mil anos, ela foi considerada uma perfeita agente de extermínio.

Tão logo começaram a escrever, os ocidentais fizeram de Helena seu tema. Hesíodo, nascido em 700 a.C. e um dos primeiros escritores cujos nomes aparecem na história, foi quem inicialmente registrou "seu amplo renome que se estende por toda a terra"; a poeta Safo descreveu "sua beleza que sobrepuja toda a humanidade".[6] Os qualificativos continuaram, e assim Helena é lembrada até hoje. Ao debater a idéia de quantificação da beleza, a revista *The New Scientist* sugeriu que a unidade de medida deveria ser o *milihelena*.[7] Em El Paso, no Texas, uma firma multimilionária, "Helena de Tróia Ltda.", distribui produtos de beleza em todo o mundo a partir de sua sede modernista, de fachada de metal. O website da empresa atrai com o *slogan*: *"Pareça — e sinta-se — fantástica como Helena de Tróia."* O nome dela é conhecido por todos e ainda é elogiado como padrão áureo da perfeição física.

ⲟⲥⲟⲟ

A pouca distância do algodão-doce e dos prazeres do espetáculo de fantoches *Punch and Judy* no cais de Bournemouth, na costa meridional da Inglaterra, logo no início da trilha ventosa que leva à falésia, ergue-se uma extravagante mansão vitoriana que abriga a coleção Russell-Cotes de arte e curiosidades. Dentro, encontra-se uma tela, pintada por Edwin Long em 1885 e intitulada *As cinco escolhidas*. O cenário do quadro é um ateliê no sul da Itália. Aglomeradas junto a um homem de meia-idade, vêem-se cinco belas criaturas. Uma é loura. Outra, nua a não ser por um colar, tem cabelos ruivos presos por um aro de ouro. Uma morena está de costas, meio despida de seu *quíton*, que se enrosca em seus quadris. Uma jovem de aparência romanesca se curva sobre uma mesa, jogando damas. A quinta, de pele mais escura do que as demais, equilibra ao colo uma lira e tem uma pele de leopardo que lhe cobre as coxas. Todas têm aparência majestosa, porém impassível. O artista as fita com ar de desejo, mas nenhuma está olhando para ele.

A cena trata de um mestre pintor do século V a.C.: Zeuxis, muito requisitado, principalmente na Magna Grécia.[8] Ao lhe ser encomendado um quadro representando Helena de Tróia para o templo de Hera, em Agrigento, na Sicília, Zeuxis achou que somente seria capaz de realizar a tarefa se a cidade lhe fornecesse as cinco jovens mais belas da região para servir de modelo — a soma da beleza delas poderia ao menos aproximar-se da de Helena. O processo seletivo foi iniciado no ginásio da cidade. Observando os rapazes que faziam exercícios, Zeuxis pediu que lhe apresentassem as irmãs dos mais belos entre eles. A convocação se espalhou e as lindas irmãs dos belos rapazes começaram a chegar. Edwin Long criou outro quadro, *A busca da beleza*, que ilustra o que ocorreu em seguida. É uma cena voluptuosa. Nela, Zeuxis faz a "seleção" de seus modelos. Dezenas de mulheres se aglomeram junto a ele, muitas começando a tirar as roupas. Uma está retirando um alfinete para deixar cair os cabelos negro-azulados. Essas jovens tinham de ser visualmente perfeitas, perfeitas em todos os detalhes, se quisessem ser uma segunda Helena.[9] Zeuxis as inspeciona, ansiosamente, apreciando a tarefa que tem em mãos.

Do outro lado do canal da Mancha, no segundo andar do Louvre, em Paris, há outro quadro com Zeuxis tentando pintar outra Helena.[10] A escala dessa pintura do século XVIII é digna do ambiente: é uma coisa imensa, com 4 metros de largura e 3,3 de altura. Ali estão quatro jovens ansiosas — também cada uma delas é um maravilhoso espécimen. Uma loura, com

fita azul nos cabelos e pérolas ao pescoço, está despida, com o sexo preca-
riamente preservado por uma tênue dobra de pano; uma mulher mais velha
a observa, fitando com inveja a carne jovem que está prestes a ser imortalizada. Contudo, o que domina o quadro não é o conjunto de beldades,
mas sim a parte da tela virtualmente vazia, no centro da composição. É ali
que Helena deveria estar: um vácuo que Zeuxis procura desesperada e inu-
tilmente preencher.

Isso porque, naturalmente, a extraordinária ironia a respeito da mais
bela mulher do mundo é a ausência de um rosto. Não existe representação
contemporânea de alguma rainha espartana do século XIII a.c., data
putativa da Guerra de Tróia. As imagens existentes de mulheres da aristocracia grega desse período — a Idade do Bronze tardia — são todas do
mesmo padrão, cópias recicladas de um mesmo gênero. Naquela época, a
arte grega não representava personagens reais. Os escavadores encontraram algumas impressionantes máscaras mortuárias da Era do Bronze,
porém somente de homens. Há alguns preciosos anéis de sinete que pertenceram a aristocratas da época, mas os rostos femininos que neles aparecem são de criaturas abstratas, quase divinas; não são retratos.

Na altura do século VII a.C., o mundo antigo começou a pintar o retrato de Helena ou representar suas formas em pedra, argila ou bronze.[11]
No entanto, trata-se de aproximações estilizadas, simples cópias de modelos — os pintores de vasos, escultores e artistas de afrescos da Grécia e de
Roma utilizavam uma fórmula reconhecida; não possuímos uma representação de Helena que tenha vindo da Antigüidade e seja baseada na realidade. Os depósitos dos museus em todo o mundo ostentam prateleiras
cheias de vasos que mostram Helena em vários momentos da história de
sua vida e em sua evolução como ídolo — Helena menina, Helena rainha,
Helena semideusa, Helena prostituta —, mas todas essas imagens, sem exceção, são inventadas; não revelam Helena como era, mas sim como os homens queriam que ela fosse.

Um destino malvado

Os deuses nos legaram um destino malvado
Para que fôssemos tema dos bardos
Durante muitas gerações.

Helena, na *Ilíada* de Homero[12]

E MBORA HELENA TENHA CHEGADO a ser lembrada devido à pátina de sua beleza, ela é muito mais do que simplesmente um belo rosto. Representa também algo tão poderoso, tão complexo e carismático, que o maior escritor do mundo antigo compôs uma obra-prima épica na qual ela é personagem central. A *Ilíada*, poema épico de 15.693 versos,[13] foi escrita poucas gerações depois da invenção do alfabeto grego,[14] no início do século VIII a.c. Cerca de 30 anos depois, foi a vez da *Odisséia*. Homero revelou ao mundo o que as mulheres semelhantes a Helena seriam capazes de fazer aos homens. Deu ao Ocidente sua primeira e mais influente obra literária. Promoveu Helena a ícone atraente e perturbador.

A poesia de Homero rosna e sussurra. Ele fala de paixão e vingança, dever e deslealdade, de perdas e de amores, apresentando personagens vestidos com pele de lobo e de leopardo: pensam como nós e se vestem como homens das cavernas. Em sua leitura mais básica, a *Ilíada* — que descreve os gregos aqueus e os troianos lutando para possuir Helena — é uma história de amor que leva à maior de todas as separações. Na mais complexa, é uma exploração do relacionamento entre deuses e mortais, mulheres e homens, sexo e violência, dever e desejo, prazer e morte. Indaga por que a humanidade escolhe caminhos que sabe serem destrutivos; por que desejamos o que não temos.

Com a *Ilíada* e a *Odisséia*, encontramos pela primeira vez no Ocidente um confronto de idéias sobre moralidade pessoal. Helena é parte vital dessa indagação porque ela é um paradoxo. Rainha deslumbrante e infiel, destruidora dúplice de lares que causa décadas de sofrimento, ela, mesmo assim, sobrevive ilesa: mistura inescrutável de vontade e sugestividade, intelecto e instinto, debilidade e poder. Criada em uma época anterior à que o bem e o mal fossem considerados entidades distintas, Helena abarca a ambos. É fisicamente perfeita, mas sua perfeição semeia o desastre. É visivelmente perigosa, contudo, os homens não podem evitar amá-la. Entra para o registro histórico como uma mulher que exige comprometimento.

No tempo em que Homero compôs a *Ilíada*, no século VIII a.C., não havia idéias preconcebidas sobre como a sociedade deveria constituir-se ou conduzir-se. Tudo era experimentação. O Mediterrâneo oriental era um imenso laboratório social e político. Durante a vida de Homero e ao longo dos 300 anos após sua morte, os gregos tentaram todo tipo de aventura: tiranias, democracias, acampamentos militares totalitários, utopias protocomunistas. Tudo era válido, mas havia uma constante importante. O sucesso de todas essas experiências era cotejado com as realizações de um passado distante descrito pelos poetas épicos, e em particular por Homero. Essa época cintilante ficou conhecida como "Idade dos Heróis".[15] E a principal figura feminina dessa época heróica foi a rainha de Esparta, *orea Eleni*, "a bela Helena". A história de Helena se tornou, portanto, o padrão por meio do qual o mundo clássico avaliava a si mesmo.

Os heróis (e heroínas) da Idade do Bronze, mortos havia muito, eram vistos como gigantes tanto na mente quanto no corpo e no espírito. Na Grécia e na Roma clássicas, ossos de dinossauros eram exibidos como relíquias dos super-homens e mulheres que se acreditava haverem povoado o passado pré-histórico.[16] Imensos blocos de pedra para construções, restos de fortificações da Idade do Bronze, eram considerados "ciclópicos" porque se presumia que somente gigantes — como os Ciclopes de um só olho — poderiam tê-los colocado em seus lugares.[17] Em Olímpia, uma monstruosa omoplata — que se acreditava haver pertencido a Pélops, bisneto de Hércules — era exibida com profundo respeito em um santuário especialmente construído.[18] Tudo isso era considerado como prova positiva de que os heróis ancestrais dos gregos eram homens e mulheres que mereciam reverência. Em suas vidas maiores do que a realidade, era possível encontrar a expressão última do que significava ser humano.[19]

As palavras de Homero[20] representam a maior aproximação conseguida pelos gregos, pagãos e politeístas, a uma ortodoxia extremamente abrangente e, portanto, as idéias do poeta se tornaram as deles. Para os antigos, as obras do bardo eram canônicas — em muitas partes, a *Ilíada* possuía a autoridade de um texto sagrado. Safo, Platão, Ésquilo, Eurípides e Aristóteles utilizaram o tema de Helena. O conflito em Tróia passou a representar não a guerra que acabaria com todas as demais, mas a guerra inicial. A Helena de Homero se tornou um paradigma para o sexo feminino e para os riscos do envolvente abraço feminino.

Mas Helena não está inteiramente contida nas obras de Homero. A *Ilíada* e a *Odisséia* tratam de apenas uma fração de sua narrativa. Esses dois poemas épicos cobrem somente um curto período (a *Ilíada* nada mais do que 51 dias) de uma vida rica e cheia de acontecimentos. Ao surgir a primeira menção a Helena no Livro 2 da *Ilíada* de Homero, ela não nos é apresentada. O autor presume que os ouvintes já conhecem sua colorida história passada. Embora a presença de Helena seja sentida ao longo de todo o poema — algo que paira nos bastidores, um odiado *casus belli* —, há muita coisa a respeito dela que Homero não nos revela. Sabemos pelas pinturas em vasos e por fragmentos de narrativas que surgem em peças teatrais, poemas ou debates filosóficos, que os homens e mulheres da Antigüidade conheciam bem outros detalhes íntimos da extraordinária história de Helena.

Poemas épicos alternativos prosseguiriam a história contada por Homero. A maior parte há muito se perdeu ou ficou deslocada; é possível montar fragmentariamente alguns deles, e outros somente sobrevivem em seus títulos — obras como *A pequena Ilíada, O saque de Ílion*, a *Volta ao lar* e *Cípria*.[21] Helena está especialmente documentada em *Cípria*, um grupo de poemas compostos pouco depois da morte de Homero.[22] Originalmente, parte de um Ciclo Épico que tratava das origens do mundo e chegava até o fim da Idade dos Heróis, essa coleção de poemas parece haver-se concentrado nos primeiros anos de Helena. Hoje, em fragmentos desconexos, teria sido uma de nossas melhores fontes para a vida de Helena.

⚬⚬⚬

Acompanharei neste livro a sina de Helena, tal como contada por Homero. Explorarei também os indícios proporcionados por aquelas outras fontes menos conhecidas e pela arqueologia — recompondo a história da vida de Helena desde a concepção até o túmulo. Seguirei sua evolução a partir da Idade do Bronze tardia, como pessoa humana, como poder espiritual e como símbolo de beleza sem par e de amor erótico; e atravessarei com ela o Mediterrâneo oriental.

Essa será uma viagem física e também através do tempo. É profética a queixa de Helena na *Ilíada*, de que fora amaldiçoada pelos deuses, transformando-a em "tema dos poetas durante muitas gerações". Helena tem sido amplamente cantada. Em geral, as mulheres foram excluídas do registro histórico, mas Helena faz parte da história escrita. Ela é uma das poucas personalidades femininas sempre frescas que sobreviveram da Antigüidade.[23]

Os romanos afirmavam que sua cidade foi fundada por descendentes de Enéias, um veterano da Guerra de Tróia, e portanto as histórias de Tróia se encontram no cerne da herança recebida por Roma. Os primorosos ciclos de afrescos encomendados pelo megalomaníaco imperador Nero para redecorar a opulenta *Domus Aurea* — sua Casa Dourada — narravam a história da Guerra de Tróia; quando ele dedilhava a lira durante o incêndio de Roma, diz-se que cantava Tróia.[24] Mesmo depois da queda de Roma, quando as dinastias reinantes em toda a Europa competiam entre si a fim de provar que eram as verdadeiras herdeiras do poder romano, as casas reais ligavam suas linhagens diretamente aos heróis de Tróia — homens que se tornaram heróis ao lutar por Helena.

No século VII d.C., em sua obra *Etimologias*, de enorme influência no pensamento medieval, Isidoro de Sevilha considerou o estupro de Helena pelo príncipe troiano Páris um dos momentos que chocaram e pasmaram o mundo. O desempenho militar de Guilherme, o Conquistador contra o rei Haroldo, na invasão da Inglaterra, foi comparado (favoravelmente) por um de seus biógrafos, Guillaume de Poitiers, ao de Agamêmnon ao procurar resgatar a rainha de Esparta: "enquanto Agamêmnon levou dez anos para vencer Tróia, Guilherme precisou de apenas um dia."[25]

Nos mundos antigo e medieval, escribas copiaram cuidadosamente a história de Helena em papiros, e tão logo Caxton levou a imprensa a Westminster, em 1476, a narrativa passou a ser produzida em massa, e foi a base do *Recuyell of the Historyes of Troye*[26] (Coleção das histórias de Tróia), o primeiro livro a ser impresso em língua inglesa. A produção inicial do *Recuyell* foi laboriosa: Caxton levou entre cinco e seis meses para imprimir as mais de 700 páginas do livro, mas, a partir desse momento, Helena passaria a habitar não apenas a imaginação popular, mas também os meios de comunicação em massa.

Dante, Fra Angelico, Chaucer, Leonardo, Marlowe, Shakespeare, Spenser, Dryden, Goethe, Jacques-Louis David, Rossetti, Gladstone, Yeats, Berlioz, Strauss, Rupert Brooke, Camus, Tippett e Ezra Pound, todos eles mantiveram viva a idéia de Helena. As culturas criaram suas próprias Helenas, coerentes com seus ideais de beleza. Ela é irresistível porque é recôndita. Nenhum modelo, nenhum substituto estará jamais à altura. A resposta de Zeuxis foi fabricar uma mistura, mas até mesmo esse amálgama é insatisfatório. Por ser fugidia, Helena permanece atraente. Ela é prodigiosa e faz parte da essência cultural e política do Ocidente.

Em busca de Helena

Chamaram-me Helena. Deixa que conte toda
a verdade sobre o que me aconteceu.

EURÍPIDES, *Helena*[27]

OS AUTORES ANTIGOS NOS DIZEM que Helena viajou amplamente pelo mundo da Idade do Bronze, fazendo ziguezagues pela Grécia, sendo assediada na Anatólia e viajando ao Egito. Acreditavam que após sua morte o espírito dela sobreviveu na paisagem.

No caso de Helena, os lugares são especialmente pertinentes, porque jamais teremos provas textuais, em primeira mão, do som de sua voz. Embora o personagem de Helena derive de uma época que já utilizava a escrita (uma forma antiga do grego, hoje denominada Linear B), as tábuas gravadas nessa língua que sobreviveram até nós — preservadas acidentalmente por terem sido cozidas profundamente pelos mesmos incêndios que destruíram os palácios da Idade do Bronze — tratam de detalhes relativamente corriqueiros da vida na época. Contêm listagens administrativas, inventários de vinhos, vasilhas, cereais, óleos e gado; a cultura material que os guerreiros-governantes controlavam.

A escrita Linear B era utilizada primordialmente para a burocracia. Nas tábuas, até hoje recuperadas, pouco há que possa ser imediatamente reconhecível como voz interior de uma civilização, não existe registro histórico deliberado.[28] Não era uma cultura que empregasse símbolos escritos como forma de expressão emocional. Para isso, foi preciso esperar até que a escrita fosse reintroduzida, por volta da época de Homero, pouco depois do ano 800 a.C. No século XIII a.C., o tempo de Helena, a Grécia ainda se encontrava na pré-história.

Mas a história de Helena é também a de duas civilizações — a dos gregos e a dos troianos. Existem fontes mais nutridas vindas do "outro" lado. Páris, o amante troiano de Helena, ocupou território em Tróada, a região-tampão litorânea, hoje em dia parte da Turquia moderna, que na pré-história compreendia a fímbria da massa territorial da Anatólia dominada pelo grande império hitita. Por volta do século XX, escavações na Turquia central revelaram um tesouro de textos hititas: tratados diplomáticos, tábuas rituais, biografias de monarcas, relatos de comércio e conflitos. Dezenas de milhares de inscrições foram descobertas desde então. Algumas estão entalhadas em rochas e em remotos passos nas montanhas, outras ainda estão sendo retiradas da terra. Muitos fragmentos de tábuas repousam em depósitos de museus, sem terem sido decifrados, desde que foram descobertos em escavações há 100 anos. Cerca de 7 mil fragmentos ainda aguardam publicação: simplesmente não existem estudiosos dos hititas em número suficiente e nem recursos financeiros para a pesquisa necessária para essa tarefa.[29] Esses textos hititas fornecem uma perspectiva oriental sobre a história de Tróia que ainda não foi completamente explorada. Se quisermos entender Helena como mulher real num contexto da Idade do Bronze, tais textos constituem testemunho vital.

⌒☉⌒

Desde que existe registro do tempo, os homens acreditaram em Helena. Acreditaram nela tanto como personagem histórico real quanto como arquétipo de beleza, de feminilidade, de sexo, de perigo. Em minha própria busca de Helena, examinarei não apenas o que ela passou a significar, mas também o que significou para os povos do passado. Explorarei a *práxis* de Helena, tratando de imaginar de que maneira ela era sentida na Antigüidade e mais além, quando homens e mulheres passavam diante de seus santuários, quando observavam as sacerdotisas de seu culto examinarem entranhas sangrentas a fim de descobrir qual era a vontade dela, ou quando rabiscavam *graffiti* licenciosos a seu respeito nos muros de Roma, ouviam políticos e filósofos discorrerem sobre ela em sua retórica e decoravam seus palácios e seus templos com a imagem dela.

Os admiradores (e os detratores) de Helena foram muitos e variados. Freiras medievais se debruçavam sobre uma imaginária troca de cartas de amor entre Helena e Páris oriunda da *Heroides*, escrita por Ovídio — aperfeiçoando suas próprias habilidades em namoros literários por meio de versões do poema que eram passadas clandestinamente a homens fora do convento ou entre as jovens do lado de dentro de seus muros.[30] Na Inglaterra renascentista, os rebeldes davam a suas filhas o nome de "Helena", apesar da reputação divulgada em panfletos de que essa denominação acarretaria desgraça.[31] Na Europa do século XVII, encomendava-se a artistas a decoração de prédios com cenas gigantescas do rapto de Helena. Um dos exemplos, de autoria de Giovanni Francesco Romanelli, ainda sobrevive na velha Bibliothèque Nationale, em Paris. É uma composição horrivelmente atraente, que paira no teto da Galeria Mazarine. No surto neoclássico do final do século XVIII e início do XIX, homens como o filósofo, historiador e dramaturgo Friedrich Schiller utilizaram o nome "Helena" como termo pejorativo, indicando uma rameira, uma mulher promíscua ou imoral.[32] Quem caminhasse pelo bairro de Montmartre em Paris, na década de 1860, se veria em meio a uma multidão boêmia e um ou outro nobre de sangue real, como o príncipe de Gales e o czar da Rússia, todos seguindo em direção ao Théâtre de Variétés para assistir à sensacional opereta de Offenbach, *La Belle Hélène*.[33]

Pinturas sonhadoras do século XIX retrataram Helena, de maneira anacrônica, como beleza grega clássica, loura e de carnes fartas, com vestimenta diáfana. Dezenas de prostitutas se viram escolhidas nas ruas para servir de modelo em telas intituladas "Doce Helena". A rainha de Esparta inspirou alguns dos mais belos poemas do século XX, assim como alguns dos piores. Hoje em dia, há sites na internet que a invocam como poderosa feiticeira branca e outros que a saúdam como primeiro modelo feminino de que há registro. Helena estimula a especulação no sentido mais real — erguer um *speculum*, um espelho, diante de seu rosto a fim de ver que mundos podem ser entrevistos mais além de seu reflexo.

Deusa, princesa, prostituta

Não existe arte em transformar uma deusa em feiticeira, uma
virgem em prostituta, mas a operação oposta, a de conferir
dignidade ao que foi desprezado, tornar desejável o
que foi degradado, exige ou arte ou caráter.

J.-W. GOETHE (de documentos póstumos)[34]

HELENA CAUSA, AO MESMO TEMPO, desconcerto e enlevo à história; somos capazes de rastrear quase três milênios de atitudes ambíguas em relação a ela. É difícil categorizá-la, por uma boa razão; uma busca de Helena através das eras revela três visões distintas, embora entrelaçadas. Quando falamos dela, estamos, na verdade, descrevendo uma trindade.

A Helena mais conhecida é a cintilante e magnífica beldade que vem dos poemas épicos, especialmente a Helena de Homero: a princesa espartana, de paternidade divina, por quem os heróis gregos competiram e que acabou conquistada pela riqueza de Menelau. A rainha que, estimulada pela deusa do amor, Afrodite, acolheu um príncipe troiano em seu leito quando o marido estava ausente, no estrangeiro. A aristocrata obstinada e caprichosa que desertou dos gregos, atravessou o mar Egeu e esperou em Tróia, odiada por todos à sua volta. A exilada que viu heróis sofrerem muitas agonias em seu nome — o ágil Aquiles, o ruivo Menelau, o esperto Ulisses, e Agamêmnon, rei de homens, sem falar, naturalmente, dos varões do lado oriental: Heitor, domador de cavalos, Príamo, senhor de uma gloriosa cidadela, e Páris, com sua cabeleira de radiosos cachos.

Essa era a Helena invejosa que caminhou em volta do cavalo de Tróia, imitando as vozes das esposas gregas, procurando retirar seus antigos compatriotas do artefato eqüino que romperia as muralhas. A adúltera, que após dez anos de tristeza, sofrimento e infidelidade em Tróia, era ainda tão atraente que seu esposo cornudo não teve ânimo para matá-la. A figura enigmática que voltou a Esparta enquanto o cadáver de Páris apodrecia na planície troiana em busca da filha que ficara sem mãe e do leito que deixara esfriar. A criatura — imperfeita e, ainda assim, estranhamente digna — que demonstrara ser a beleza feminina algo ao mesmo tempo temível e desejável.

Mas Helena não era simplesmente um personagem descrito com finura pelos épicos gregos, não apenas uma "deusa do sexo" em termos literários. Era também uma semidivindade, uma heroína, adorada e reverenciada em santuários em todo o Mediterrâneo oriental. Era vista como parte integrante do panorama espiritual. Homens e mulheres faziam oferendas propiciatórias ao seu poder terreno. Em Esparta, era invocada por jovens virgens; no Egito, tinha deveres matrimoniais, velando pelos recém-casados e pelas esposas idosas; e na sociedade etrusca sua forma semivestida era entalhada nas urnas funerárias de mulheres nobres, como companheira valiosa para a jornada à outra vida.[35] Alguns estudiosos acreditam que jamais tenha existido uma Helena mortal, e que, em vez disso, ela seja simplesmente a face humana de uma antiga deusa da natureza, uma deidade maior, um espírito pan-helênico da vegetação e da fertilidade; uma força visceral que trazia consigo tanto a vida quanto a morte.

Além disso, há a *rameira desavergonhada*,[36] a *cadela traiçoeira*,[37] a *megera do Egeu, que teve três maridos e que somente dá à luz filhas mulheres*,[38] a *meretriz*,[39] a bela e libidinosa criatura irresistível para os homens; a fantástica, loura e decorativa Helena, aviltada nos textos teológicos e exibida nas galerias de arte de toda a Europa, um *eidolon* erótico, palavra grega que significa um espírito, uma imagem ou idéia, um ídolo de beleza e sexualidade femininas, tanto cobiçada quanto desprezada.[40]

⚬⚬⚬⚬

Penso que as três encarnações — princesa, deusa e prostituta — tenham tido origem em uma Helena da Idade do Bronze, e que o modelo para a Helena de Tróia tenha sido uma das ricas rainhas espartanas que viveram e morreram na Grécia continental no século XIII a.C., uma mulher que dormia à noite e despertava ao raiar do dia, um ícone de carne e osso, uma aristocrata responsável por *orgia* — ritos secretos e misteriosos de fertilidade —, uma mulher tão bem-dotada, tão venerada, tão poderosa que parecia estar em companhia dos deuses. Uma mortal que ao longo dos séculos se tornou maior do que a vida.

Por ser uma figura de fantasia tão atraente, por deslumbrar a todos em seu caminho, é que Helena torna difícil darmos mais atenção às mulheres mais substantivas que viveram nos palácios da Idade do Bronze no Mediterrâneo oriental. Mas os projetos arqueológicos e históricos em curso mostram que essas mulheres eram proeminentes e importantes: pedaços de tábuas de escrita nos dizem que as aristocratas do sexo feminino eram usadas como moeda diplomática de troca, mercadoria altamente valiosa que passava de um Estado a outro, o equivalente da *Tulipa negra** na Idade do Bronze. No contexto de seu mundo, Helena é uma possibilidade histórica.

No final da Idade do Bronze, o relacionamento entre a Grécia e a Anatólia era complexo, turbulento e intenso. Magnatas de ambos os lados se casavam com mulheres do lado oposto, lutavam pela posse de territórios e se dedicavam ao comércio recíproco. Mergulhadores encontraram barcos mercantes da Idade do Bronze em águas turcas, carregados de mercadorias preciosas, afundados durante a viagem entre a Grécia continental e a Ásia Menor. Cartas oficiais enviadas de um grande líder a outro através do mar Egeu às vezes, são, lisonjeiras e outras vezes cheias de ardente e mal disfarçada fúria. Pilhas de fundas foram descobertas nas muralhas de Tróia. E as civilizações que Helena e Páris representam — a micenense (baseada na Grécia continental) e a dos hititas (que dominavam a maior parte da Turquia e o Oriente Médio), junto com aliados como Tróia — implodiram em uma labareda dramática de guerra e confusão no final do século XIII a.C. No auge de seu poderio, alguém, ou alguma coisa, derrotou esses gigantes.

Aos poucos, as peças do quebra-cabeça vão se ajustando. À medida que novos textos da Idade do Bronze vão sendo traduzidos, mais cultura ma-

---

*Novela de Alexandre Dumas (1824-95) que mescla romance com intriga política. (*N. do T.*)

terial vai sendo recuperada em escavações arqueológicas, o poema épico de Homero, que descreve o conflito entre gregos[41] e troianos, mais se aproxima dos fatos e a história de Helena parece ainda mais verdadeira. As escavações em Tróia ainda não descobriram o cadáver maltratado do príncipe Heitor e nem os restos de um herói semidivino chamado Aquiles, com uma flecha espetada no calcanhar, e nem uma junta da perna do gigantesco cavalo de madeira, miraculosamente preservada em condições anaeróbicas. Isso, provavelmente, não acontecerá. Mas revelaram uma cidade destruída pelo fogo e uma cultura abalada em seus fundamentos. Os hititas e os micenenses foram poderosos, mas desapareceram menos de 100 anos após a data presumida da Guerra de Tróia.[42] O significado de Helena hoje em dia é universal, mas sua história cada vez mais se mostra adequada às circunstâncias do final da Idade do Bronze.

Uma advertência: não foram identificados restos humanos de nenhuma rainha espartana do século XIII. Até que descubramos uma necrópole da Idade do Bronze tardia em Esparta que contenha um esqueleto com suficiente quantidade de DNA não contaminado, ao lado de um rei grego, e ambos os cadáveres estejam vestidos de ouro troiano, num local rodeado por dedicatórias marcadas com "*eleni*" em caracteres da Idade do Bronze, nesse caso, e somente então, poderemos afirmar categoricamente que encontramos nossa Helena humana. E a espera por essa eventualidade quase certamente será interminável.

A pré-história é uma região temporal cheia de dúvidas que até há 150 anos ainda estava soterrada e muda. Mas concebeu uma mulher que se tornou *cause célèbre* da obra mais influente da literatura épica do Ocidente. Conhecemos a história; cabe a nós agora encontrar suas raízes.

Se Helena for uma invenção, uma construção artística, terá sido originalmente construída pela mente pré-histórica; se for real, viveu e amou como uma princesa pré-histórica. A fim de compreender as três Helenas, precisamos começar nossa jornada no mundo pré-histórico. Um mundo alheio, rico e estranho.

PRIMEIRA PARTE

NASCIMENTO DE HELENA NA PRÉ-HISTÓRIA

1

UM PANORAMA PERIGOSO

Subitamente, dos penhascos rochosos da montanha,
Posídon surgiu como a tempestade, em passos rápidos e largos,
E os picos distantes e as árvores majestosas estremeceram
Sob seus pés imortais à passagem do senhor dos mares.

HOMERO, *Ilíada*[1]

PARA COMPREENDER O AGITADO panorama que gerou Helena, devemos começar nossa história a 280 quilômetros a sudeste de Esparta, lugar tradicional de seu nascimento, do outro lado do mar Egeu, na ilha de Tera,[2] no arquipélago das Cíclades. Ali, há mais de 3.500 anos, um acontecimento cataclísmico singular traçou o curso da civilização ocidental.

ᔔᔕᔔᔕ

Entre 1859 e 1869, equipes de operários foram contratadas na ilha de Tera para obter matéria-prima para fabricação de cimento. Eram necessárias enormes quantidades: tratava-se dos trabalhos preparatórios para a construção do canal de Suez. Os trabalhadores buscavam pozolana, um pó de pedra-pomes que, misturado à cal, produz um cimento tão fino que se assemelha ao gesso. Escavavam no lugar adequado. Havia camadas de pedra-pomes com mais de 10 metros de espessura: sinal característico de grande atividade geofísica. A ilha vulcânica de Tera já havia explodido diversas vezes, e, à medida que as escavações se aprofundavam, tornava-se evidente que a erupção mais espetacular tinha sido anterior ao tempo dos romanos, dos gregos clássicos e do próprio Homero. Quando finalmente as picaretas alcançaram a rocha inferior, os trabalhadores haviam percorrido material vulcânico de 3.500 anos de idade até o nível arqueológico da Idade do Bronze no Egeu. O que estava sendo retirado era o resultado de um monstruoso desastre natural.

O panorama de Tera hoje em dia ainda denota a energia de um planeta instável. Quem seguir em um bote para o centro afundado do vulcão terá de esgueirar-se por entre colinas e elevações feitas de lava poeirenta depois do contato com o ar. Ao aproximar-se do meio da cratera, sentirá sob os pés as escorregadias pedras-pomes. O chão ainda exala débeis colunas de fumaça. As trilhas contornam gigantescas rochas, que já foram de pedra derretida e cujos minerais subterrâneos se transformaram em blocos titânicos de melado negro, brilhante e quebradiço. Durante séculos, o panorama de Tera foi um lembrete vívido, dizendo aos antigos que os homens não eram mais do que simples lenha de fogueira diante do furor da terra, do mar e do céu.

Ainda hoje, Tera é um lugar chocante e selvagem — imaginemos o que foi quando o vulcão entrou em erupção cerca de 1550 a.C.[3] Com mais ou menos um mês de antecedência, terremotos devem ter sido o primeiro sinal de que os deuses estavam inquietos. Em seguida, a maciça montanha que se ergue do mar deve ter começado a exalar nuvens de cinzas, toldando o céu com uma mancha negra, uma feia nódoa visível a centenas de quilômetros. Com um brado de pressão liberada, o vapor deve ter escapado em volumosos redemoinhos e jatos fortes. E, em seguida, o *coup de théâtre*: entre 30 e 40 quilômetros de fragmentos de pedra-pomes e cinzas lançados à atmosfera na gigantesca coluna da erupção. O magma escorria pela cratera do vulcão, o fluido piroclástico deixava depósitos de 20 a 50 metros de espessura em certos pontos; tempestades elétricas rasgavam os céus.[4]

Embora tivesse levado apenas três ou quatro dias para o vulcão entrar em erupção, os efeitos foram extensos. A temperatura geral deve ter-se reduzido com a libertação das partículas vulcânicas, bloqueando a radiação do sol para a superfície da terra. No distante lago Golcuk, na cadeia de montanhas Bozdag, na Turquia, 512 quilômetros a nordeste de Tera, foi encontrada uma camada de cinza vulcânica de 12 centímetros de espessura.[5] O interior sedimentar do mar Negro também contém material vindo de Tera. As cinzas devem ter-se espalhado por uma área de 500 mil quilômetros quadrados, matando as colheitas e asfixiando os animais. Depois da erupção vulcânica, vieram outros horrores. A água do mar foi deslocada pelo movimento telúrico e correu para a câmara de magma — a nova caldeira aberta em Tera que afundara a 480 metros abaixo do nível do mar —, e uma onda gigantesca, um tsunami, começou a formar-se, lançando-se contra o litoral da região. Estima-se que o maior dos tsunamis criados pela erupção de Tera — apenas um em uma série de vagalhões — tenha chegado a 12 metros de altura, correndo a uma velocidade bem acima de 160 quilômetros por hora.[6] A apenas 111 quilômetros de distância dali, a costa norte de Creta foi fortemente afetada. Próximo ao palácio de Mália, que na Idade do Bronze ficava na ilha, foram encontradas em depósitos de lama pequenas conchas fossilizadas que, em condições normais, somente existem nas profundezas do oceano. Os barcos pequenos devem ter sido arrancados das águas mais rasas e lançados sobre as colinas. E, à medida que os corpos decompostos das vítimas do vulcão iam sendo arrastados às praias, as doenças tipo diarréia — cólera e febre tifóide — começaram a se espalhar. A destruição e o número de mortos devem ter sido imensos. O mundo da Idade do Bronze sofreu brutalmente.

Mas, para um grupo de habitantes de povoações esparsas na Grécia continental, a explosão de Tera ofereceu uma oportunidade inesperada.

⌒⌒⌒⌒

Entre os séculos XIX e XV a.C., os habitantes da ilha de Creta — os minoanos (assim chamados em 1895 pelo arqueólogo Arthur Evans, por causa do lendário governante de Creta, o rei Minos) — dominavam as rotas marítimas do Egeu.[7] A cavaleiro entre a Europa, o Oriente Médio e a África, os minoanos aproveitaram com êxito sua posição privilegiada. Durante 500 anos, as comunidades à volta do Mediterrâneo oriental não apenas comerciavam com "o povo de Keftiu", nome pelo qual os minoanos provavelmente eram conhecidos na Idade do Bronze, mas também seguiam sua liderança política e religiosa.[8] Seguros em sua terra insular, os minoanos eram ricos, vigorosos e influentes. Foram considerados uma "*talassocracia*" — uma potência marítima, de senhores dos mares.

A erupção de Tera mudou o destino de Minos. Era uma cultura sofisticada, que utilizava contatos com o mundo exterior para manter suas oficinas abastecidas com estanho e cobre, pedras semipreciosas, óleos e ungüentos. Mas todos os barcos ancorados ao longo das ativas costas norte e leste da ilha — frota essencial ao bem-estar dos minoanos — teriam sido destruídos pelo maremoto que se seguiu à erupção de Tera. As correntes de comércio e de comunicações pelo Egeu ficaram destroçadas. As terras de cultivo foram alagadas. Os próprios refugiados de Tera podem ter trazido consigo agentes patogênicos desconhecidos que, rapidamente, teriam se espalhado pelos aglomerados de habitações precárias no litoral de Creta.[9] O impacto psicológico do desastre deve ter tido profundas conseqüências. Para uma cultura pré-histórica, fundamentalmente supersticiosa como a dos minoanos, tamanha perversão da natureza somente poderia ter explicação espiritual. A coluna de água que surgia do nada e que se abateu sobre a ilha a uma velocidade aterradora e incompreensível, o halo fantasmagórico da explosão vulcânica que permanecia no horizonte, devem ter sido interpretados como sinais assustadores da ira dos deuses. A autoconfiança dos minoanos — que durante séculos pareciam ser abençoados — deve ter ficado abalada até as raízes.

Os ancestrais micenenses de Helena estavam preparados para ocupar o vazio criado.[10]

A civilização micenense aparece, inicialmente, por volta de 1700 a.C. Centrada na Grécia continental — especialmente na parte meridional, o Peloponeso — os micenenses fundaram cidadelas e estabeleceram distritos agrícolas e uma rede de estradas e rotas comerciais. Era uma cultura bem organizada, ambiciosa e materialista; cada geração da elite guerreira expandia os territórios e as câmaras de tesouros dos palácios de Micenas. Ao olharem para o sul, devem ter-se sentido tentados pelos palácios e portos de Minos — o controle dos territórios de Creta ofereceria uma clara rota comercial para o Egito e para além da Ásia Menor. Não admira que depois de alguns anos como cultura incipiente, ao decidirem abrir as asas, os micenenses tivessem Creta em mira. A explosão de Tera provocou uma mudança do poder político, assim como uma modificação geológica.

Durante todo o século XVI a.c., os minoanos foram aparentemente relaxando aos poucos seu domínio sobre o Egeu; em seguida, por volta de 1450 a.c., encontramos cerâmica micenense simplesmente substituindo os artefatos minoanos. No grande complexo de palácios de Cnossos, na parte norte da ilha, um governo micenense passa a tomar as rédeas do poder. Por toda a ilha, incêndios destroem todos os demais centros monumentais. Todos os registros administrativos de Minos passam a ser redigidos em idioma grego. A cultura minoana independente entra em eclipse. Durante os 300 anos seguintes, seriam os gregos micenenses, e não os minoanos, quem dominaria a região. Depois da erupção de Tera, os líderes dos gregos do continente aos poucos se juntam às fileiras dos homens mais poderosos do mundo — na altura do século XIII a.C., assim como os governantes[11] do Egito, Babilônia, Assíria e Anatólia, os ancestrais de Helena passam a ser mencionados como "Grandes Reis".[12]

৩৩৩৩

Portanto, embora muitos artistas tenham imaginado Helena e suas contemporâneas como criaturas suaves, beijadas pelo sol, adejando indolentemente diante de afuniladas colunas clássicas e vestidas com vaporosos *quítons*, será preciso acrescentar cores mais rudes à nossa palheta se tivermos em mente a figura das mulheres da Idade do Bronze tardia e do ambiente em que habitavam.

A erupção de Tera foi o desastre mais importante da Idade do Bronze tardia, mas houve outros. Era uma época frágil e assustadiça, na qual as comunidades eram freqüentemente desestabilizadas por forças políticas e ambientais. O Mediterrâneo oriental se estende por sobre o limite de uma placa tectônica — uma zona em que duas placas da crosta da Terra se puxam e empurram como amantes impacientes; a história de Helena se passa em uma das mais sísmicas — e mais vulcânicas — regiões do mundo. Além da erupção extrema de Tera, para as populações do Egeu na Idade do Bronze tardia os desastres naturais eram acontecimentos constantes e indesejáveis. Havia "tempestades" de terremotos, assim como atividade cósmica inusitada e freqüente.[13] Do século XIV ao XII, em média, o Peloponeso deve ter experimentado um tremor, um terremoto ou um acidente cósmico a cada década.

Há por todo o Egeu indícios desses desastres na Idade do Bronze em forma de "camadas de destruição" — massas confusas de arquitetura desfeita, artefatos, restos de plantas e animais. Objetos corriqueiros aparecem nas camadas arqueológicas em posições ou lugares ilógicos. Nos exemplos mais extremos, os detritos foram pulverizados ou incinerados, e ossos humanos jazem esmagados no entulho; a desordem é testemunha de momentos de grande crise. Em Tebas — principal assentamento micenense na Boécia, na Grécia Central, que Homero nos diz haver contribuído com 50 navios para o esforço de guerra contra Tróia — há uma camada de destruição de um prédio micenense na colina de Cadméia com 1 metro de espessura. Encurralado em uma câmara superior horrivelmente comprimida, vê-se um esqueleto, provavelmente de uma mulher entre 20 e 25 anos de idade, que parece ter sido morta por um golpe violento na cabeça quando o edifício desmoronou.[14]

As camadas de destruição denunciam traumas. São sinais públicos de tragédias privadas — mas também houve acontecimentos devastadores que deixaram poucos vestígios arqueológicos. Avalanches de terra e nuvens de pó, fontes bloqueadas nas nascentes, inundações repentinas, rios desviados de seu curso: a vida abruptamente estancada.[15] De 1800 a 1100 a.C., muitas das povoações do Mediterrâneo oriental parecem ter sido atingidas não uma única vez, mas sim repetidamente.[16] Helena teve uma herança tormentosa. Quando ela nasceu, o céu e a Terra estavam em pé de guerra. A argamassa dos mitos fundamentais numa corte como a dela deveria estar manchada de sangue. Os micenenses avançaram para a proeminência no Mediterrâneo oriental, passando por sobre o entulho e os detritos de vidas destroçadas; foi uma ascensão iluminada por labaredas. Ao atingirem a supremacia, no século XIII a.C., o odor da morte — trazido pelo homem ou pela natureza — ainda enchia o ar.

Não admira que a história de Helena seja sombria e desconfortável.

2

UM ESTUPRO E UM NASCIMENTO

Um tremor nos quadris engendra ali
A muralha rompida, o teto e a torre em chamas
E Agamêmnon morto.

W. B. YEATS, "Leda e o cisne" (1928)

O PELOPONESO, LUGAR EM que Helena nasceu, fica no sul da Grécia e é uma região de extremos, mesmo quando não ocorrem desastres naturais. Em sua terra natal, Esparta, as temperaturas no verão chegam a 40 graus centígrados e, no inverno, nevoeiros ocupam os vales e as amendoeiras ficam cobertas de geada. No topo das montanhas que rodeiam a cidade, há blocos de gelo da altura de um homem adulto. As viúvas na beira das estradas contam que os fracos e os pobres ainda morrem de frio. Essa terra pode ter aspectos selvagens e produziu histórias coerentemente selvagens.

A concepção de Helena é um dos principais exemplos. Segundo os mais antigos mitos gregos, Helena vinha de boa família, mas sua origem era violenta. O pai, Zeus, era o chefe no panteão do Monte Olimpo. Helena era sua filha querida, e a única mortal. Sua mãe, Leda,[1] mulher de Tíndaro, rei de Esparta, era famosa por sua beleza. Um dia, quando se banhava nas margens do Eurotas, o caudaloso rio que banha a planície espartana, Zeus viu a jovem rainha e sentiu-se enlevado. Decidido a possuí-la, transformou-se em cisne e a estuprou.

Na Atenas clássica, recordando essas histórias antigas, o coro da peça *Helena*, de Eurípides, lamenta o momento: ***"tão triste foi aquele destino que*** *te foi dado, senhora minha; teria sido melhor não viver a vida que recebeste, sim, a que recebeste, quando Zeus desceu do céu brilhante, no relâmpago das asas de um níveo cisne para conceber-te em tua mãe. Que pena pode haver que não tenhas conhecido? Que pode existir na vida que não tenhas vivido?"*[2]

Foi um início lembrado como tendo sido ao mesmo tempo brutal e erótico. Num mosaico do santuário de Afrodite em Pafos, em Chipre, uma Leda de gloriosas nádegas, de costas para o observador, passa a fímbria de seu delicado xale sobre o bico do cisne.[3] As primeiras representações gregas da história são relativamente discretas, com uma ave pequena e Leda simplesmente acariciando-a. Mas, à medida que passava o tempo, a ave crescia e a atmosfera se tornava mais violenta. Em Argos, uma lápide encomendada por um rico comerciante grego imortaliza em mármore o momento em que o cisne penetra a jovem.[4] A escultura fica na entrada do pequeno museu de Argos. Leda está curvada — com dor ou em êxtase — com a mão se dirigindo à vulva. É impossível afirmar que esteja querendo empurrar Zeus para fora ou ajudá-lo a penetrar. Numa pintura numa parede em Herculano, a cidade sepultada junto com Pompéia na erupção do Vesúvio em 79 d.C., a ave-deus morde o pescoço de Leda. A Leda de Miguelangelo,[5] do século XVI, parece abandonar-se ao prazer sexual; após haver sido doada em 1838, uma cópia do quadro passou a adornar o gabinete do diretor da Galeria Nacional em Londres, em vez de ser exibida, por haver sido considerada imprópria para os olhos do público.[6]

Há um boato de que o famoso desenho de Leonardo da Vinci sobre o tema tenha sido destruído por ordem do Vaticano,[7] porém foram feitas cópias antes que a obra tivesse sido levada às chamas. Rubens pintou a óleo seu quadro explícito (nele, o cisne está encostado bem junto a Leda, que lhe chupa o bico) a partir de um dos estudos feito às pressas.[8] No século XVIII, os cavalheiros traziam relógios de bolso que ocultavam a cena do encontro de Leda com o bestialismo e o estupro sob uma tampa dourada, de fino acabamento. Em um dos quadros de D. H. Lawrence, ela aparece deitada de costas, enquanto o pescoço do cisne se aproxima do vale entre seus seios. Ao ser exibido, em 1929, na Galeria Warren em Londres, depois de ser visto por 12 mil pessoas, e depois que o *Daily Telegraph* considerou a exposição "grosseira e obscena", a Leda do quadro de Lawrence (e mais outras 12 obras) foi confiscada como material pornográfico pela polícia e mantida sob custódia. Tal como sua filha Helena, Leda pagou pela dádiva de sua beleza. A perfeição dessas mulheres não pode simplesmente ser apreciada: é preciso adulterá-la, insistir em seu abuso.

Embora o tempo possa conferir às representações dessa história o verniz da respeitabilidade, temos de imaginar muitas delas em sua forma sadia primeva. Recentemente, visitei o Palazzo Nuovo, em Roma, que hoje faz parte dos Museus Capitolinos, ao pôr-do-sol.[9] Foi num daqueles dias amenos do final de janeiro. O sol baixo sobre os tijolos do pátio interno, refletido através das espessas e antigas vidraças, dava a tudo uma tintura suave e pálida — a luz era da cor dos abricós com creme. Nas galerias há fileiras e mais fileiras de esculturas de mármore, e, ao voltar-me para a direita no alto de dois lances de degraus amplos e generosos, vi-me diante de uma Leda do século I a.C.

Junto a suas pálidas companheiras, essa jovem parecia serena e recatada — as duas figuras, o cisne e a rainha, talhadas do mesmo bloco de pedra, mostram uma unidade amistosa. Mas imaginemos a escultura colorida, como deveria ser originalmente. Pintada, a grossa coluna do pescoço do cisne, repousando no estômago de Leda e entre suas pernas, tomaria a aparência de um falo — o bico do cisne seria a glande. Leda puxa o manto para ocultar o rosto, revelando um seio perfeito cor de carmim. Neutralizada pelo tratamento de jato de areia, a estátua se mistura à multidão e se torna alimento inofensivo para os turistas que passam ao seu lado. Mas, ao ser criada, a cena era sombria e chocante, uma provocante obra de arte que testemunhava uma impregnação antinatural e forçada.

༄༄༄

Embora não possamos dar crédito às histórias sobre a concepção animalesca de Helena, os antigos aceitariam facilmente a idéia de que seus genes divinos lhe foram trazidos na forma de um pássaro. As aves (águias, cisnes, cotovias, andorinhas) eram consideradas mensageiras dos espíritos divinos.[10] O roçar das asas do cisne-Zeus nas coxas de Leda conferia poder divino. O belo monstro concebido nas margens do Eurotas era uma mistura inebriante — mulher o bastante para ser admirada e deidade o bastante para ser sublime.

Os contadores de histórias relatam que após o estupro de Leda nas margens do rio, a jovem rainha, curiosamente, pôs ovos.[11] Alguns dizem que ela estava grávida na ocasião, e, portanto, Helena compartilhou o ventre de Leda com a linhagem de Tíndaro.[12] Era um grupo singular de irmãos. Clitemnestra, meia-irmã de Helena, iria assassinar o marido, Agamêmnon, a sangue-frio e, por sua vez, depois seria assassinada pelo filho Orestes. Os irmãos gêmeos de Helena, Castor e Pólux, os Dióscuros,[13] rapazes famosos por cavalgarem alazões brancos e também por haverem violentado duas irmãs — Hílera e Febe (conhecidas como as Leucípides),[14] passariam suas curtas vidas procurando, com variado grau de êxito, proteger a irmã muito requestada.

Contendo seus impacientes pintinhos, os ovos de Leda ficaram chocando nas faldas protetoras do monte Taígeto, a principal montanha da cordilheira que margeia o lado ocidental de Esparta, que na época, como ainda hoje, tinha a fragrância de rosmaninho, murta, peras selvagens e junípero.[15] Um pastor encontrou os ovos, juntou-os e levou-os ao palácio de Esparta. Ali, Helena afirmaria sua posição de herdeira, pela linha materna, de uma grande potência temporal.

Os artistas ficaram curiosos com a idéia do nascimento nada convencional de Helena. Em diversos quadros, ela aparece emergindo do ovo, como uma larva pequena, branca e gorducha. Um desses exemplos, pintado sobre madeira entre 1506 e 1510 por Cesare da Sesto no estúdio de Leonardo em Milão, está agora na Wilton House, solene mansão na divisa entre Dorset e Wiltshire, no sul da Inglaterra. Fracamente iluminado em um canto, é uma obra-prima que vale a pena ver. Do lado esquerdo inferior, surgem morangos, símbolo de fertilidade e abundância, em volta do ovo de Helena. A pele da princesa recém-nascida tem uma textura pálida de cera. A gestação aviária de Helena tem sido considerada um dos motivos de sua beleza delicada e albuminosa: "*Ela é branca, como é natural na filha de um cisne, e delicada, pois foi gestada em um ovo.*"[16]

Estranhamente, da última vez em que fui observar o quadro, estava em curso nos jardins da mansão a filmagem de uma nova versão de *Orgulho e preconceito*, de Jane Austen. A estrela era uma beldade inglesa, famosa pela brancura de sua pele. Perguntei a um dos membros da equipe por que aquela criatura de porcelana havia sido escolhida. — "Ela parece uma boneca", foi a resposta, "e os homens gostam disso."

A palidez de Helena foi considerada parte importante de sua atração. Ter a pele branca era sem dúvida sinal de suprema beleza no tempo em que

Homero compôs suas epopéias e, muito provavelmente, também na Idade do Bronze tardia. As deusas freqüentemente eram descritas como "de braços alvos" e "rosto pálido".[17] Fragmentos de afrescos micenenses representando mulheres nobres sempre as mostram com membros e rosto cor de giz. Alguns dos artefatos antropomórficos mais delicados e valiosos do mundo micenense, tanto masculinos quanto femininos, são entalhados em marfim. Vestígios de alvaiade em diversos túmulos atenienses que contêm esqueletos de mulheres mostram que, há mais de mil anos, no século III a.c., as mulheres branqueavam a pele em busca da perfeição física.[18]

No Ocidente, a brancura também esteve em voga — não é surpresa que a mulher mais bela do mundo fosse sempre considerada perfeitamente alva. Em uma representação da história de Helena, por Johann Georg Platzer[19] (atualmente em exibição na Coleção Wallace, em Londres), uma Helena pálida como a morte e seminua está sendo levada a um barco por Páris e seus soldados. O céu e o mar contemplam raivosamente a cena. Os homens que rodeiam a rainha espartana são morenos e grisalhos. O corpo branco dela se destaca, como uma pérola arrancada de sua concha.[20]

A nívea brancura de Helena, uma perfeição à espera de ser conspurcada, também foi tema de inspiração para escritores, permitindo a poetas e autores de prosa relatar suas origens em termos delicados. Uma pesquisa nos manuscritos do século XIV, em Corpus Christi, Cambridge, revelou esta descrição de Helena feita por um teólogo medieval, Joseph de Exeter:

> A filha de Leda compartilha mais profundamente do caráter celestial de Júpiter, e em todos os seus membros perpassa o espírito do cisne de alva brancura que enganou sua mãe. A fronte ostenta seu marfim natural, a cabeça desfia em tranças regulares o ouro dos cabelos, a face branca é como o linho, as mãos como a neve, os dentes como lírios e o pescoço tem a alvura das alfenas.[21]

☙☙☙

Por volta do ano 160 d.C., o escritor grego Pausânias[22] nos diz que após o nascimento de Helena, seu ovo foi carinhosamente preservado e que, em meados do século II d.C., os restos da casca, amarrados com uma fita, ainda estavam suspensos no teto de um templo na Acrópole de Esparta.[23] Pausânias viajou a Esparta a fim de visitar o santuário, dedicado a Hílera e Febe (as irmãs que, segundo o mito, foram raptadas durante um rodeio de gado pelos gêmeos Castor e Pólux), para ver com seus próprios olhos a curiosa relíquia.

Originário da Ásia Menor, Pausânias atravessou o mar Egeu, produzindo um guia turístico durante o trajeto. Anotou o que via, recolhendo informações dos habitantes dos locais e de outros viajantes. Temos uma grande dívida para com ele quando se trata de pesquisar a localização dos restos físicos de figuras da mitologia e história da Grécia na região do Egeu — restos que têm sido chamados de "arqueologia da nostalgia".[24] Embora nem toda a obra de Pausânias seja confiável, grande parte dela demonstra pesquisa meticulosa *in loco*. Depois de terminada, sua obra, *Periegesis Hellados* (Guia da Grécia) resultou em dez volumes.[25]

Se você visitar hoje em dia a Acrópole de Esparta, já não encontrará o ovo de Helena. Com exceção do teatro romano, pouco mais existe ali do que uma série de ruínas que mal chegam aos joelhos. A posição da Acrópole é esplêndida, embora os monumentos sejam poucos e esparsos — migalhas que para muitos são uma decepção depois das glórias de Atenas. Os visitantes são raros. O teatro, semi-escavado, é o preferido dos adolescentes da cidade, que praticam acrobacias em bicicletas nas rampas. Mas o lado norte da Acrópole é tranqüilo, abrigado por alamedas de eucaliptos cujas folhas em forma de espada estremecem e farfalham à brisa. A Grécia Antiga foi descrita como "uma paisagem espiritual onde sussurram presenças invisíveis",[26] e é fácil para quem está ali de manhã cedo apreciar por que se pensava dessa forma.

Observando um dos vales mais férteis da Grécia, é possível imaginar as populações antigas admirando a relíquia de Helena e reverenciando seu espírito. Para os gregos, o ovo era um símbolo reconhecido de fertilidade e potência sexual.[27] Os ovos maiores não perderam seu status totêmico; ainda se podem encontrar ovos de avestruz, profusamente decorados, nas igrejas ortodoxas gregas da região. Durante toda a Antigüidade, grupos de peregrinos teriam visitado o ovo de Helena no templo, e colocando-se debaixo dos restos de sua casca, teriam orado para que também a eles fosse dada a bênção do poder das mulheres de Tíndaro, Leda e Helena, de atração sexual e fertilidade.[28]

O que Pausânias viu bem poderia ter sido uma relíquia da Idade do Bronze tardia, pendurada no teto do templo clássico de Hílera e Febe; os micenenses costumavam importar ovos de avestruz da África e os antigos consideravam que certos artefatos sobreviventes da pré-história eram portadores de poderes ocultos.[29] Nunca saberemos. Porém, qualquer que tenha sido sua proveniência, no século II d.C. havia ali um ovo, decorado com fitas e cercado de histórias. Helena, filha híbrida do amor de Leda, era venerada em Esparta sob os restos rotos de seu curioso óvulo.

⊙⊙⊙⊙

O ovo de Pausânias é um poderoso lembrete de que Helena constituía uma presença muito venerada na cidade de Esparta. A partir pelo menos do século VII a.c., ela era homenageada nos altares espartanos como heroína — uma padroeira e protetora. Homens e mulheres deixavam-lhe preciosos presentes. Realizavam-se sacrifícios de animais em seu louvor — devoções geralmente reservadas aos deuses e deusas. As jovens espartanas entoavam cânticos a seu nome na véspera de sua núpcias.[30] Então, como agora, os espartanos afirmam veementemente sua convicção de que Helena era uma jovem da terra, embora a atitude geral em relação a ela na cidade moderna seja um tanto ambígua. Os garçons dos hotéis ainda procuram atrair a atenção das moças comparando-as a *sua* Helena de Tróia. Os homens idosos que se encontram diariamente no *kafeneio* para fumar, tomar café e observar o mundo à sua volta se exaltam de forma surpreendente ao discutir os méritos dela; muitos ainda a acusam de ser uma "mulher má",[31] mas, mesmo assim, o primeiro guia da cidade em DVD é narrado pela "voz de Helena".

Esparta fica em um vale, rodeada pelo que Homero chamou de *as belas colinas da Lacedemônia*. Da última vez em que lá estive, no início da primavera, eu podia ver a distância, da janela de meu quarto de hotel, os picos nevados do monte Taígeto, as águias que voavam em círculos e as faldas cobertas de campos de íris selvagem.[32] Camomila e tomilho crescem e invadem os pequenos sítios arqueológicos espalhados pela cidade, e o ar noturno é tomado por seu aroma. Esse, diziam os antigos uns aos outros, era o rico domínio que uma princesa espartana recém-nascida iria herdar. E é nesse panorama vigoroso e aromático que temos de procurar os traços de nossa Helena da Idade do Bronze.

3

A CIDADELA PERDIDA

Veja, Pisístrato, alegria de meu coração, meu amigo;
o brilho do bronze, o fulgor do ouro e do âmbar,
da prata e também do marfim, que ecoam por toda esta mansão!
Sem dúvida a corte de Zeus no Olimpo deve ser parecida com isto,
contendo a infinita glória de toda esta riqueza!
Meus olhos se deslumbram... sinto-me maravilhado.

Descrição do palácio de Helena e Menelau feita por Telêmaco,
filho de Ulisses, ao filho do rei Nestor. HOMERO, *Odisséia*.[1]

O PALÁCIO DE HELENA ESTÁ ENVOLTO EM MISTÉRIO. A Esparta da Idade dos Heróis figura com destaque nos cânones dos mitos gregos — e, no entanto, não foram descobertos vestígios óbvios de palácios, nenhuma estrutura monumental da Idade do Bronze que pudesse ser vista como ponto de partida das narrativas de Homero sobre intrigas palacianas e honra de guerreiros e nem a reverente hipérbole do relato de Telêmaco ao admirar a opulência da casa de Helena em Esparta. Descobertas arqueológicas recentes na Grécia[2] sugerem que a Lacônia dos tempos modernos era realmente um território distinto na Idade do Bronze tardia;[3] os poetas nos contam que era um rico reino. Portanto, onde estará o trono real da Lacedemônia, a sede do clã micenense que dominava essa região há 3.500 anos? Onde fica a morada de uma rainha de Esparta, nossa Helena da Idade do Bronze?

Os arqueólogos têm procurado um complexo de palácios micenenses soterrado abaixo da Esparta dos dias de hoje, mas nada encontraram até agora. As investigações preliminares sugerem que os restos mais antigos de ocupação e assentamento permanente sob a cidade moderna datam do século X ou IX a.c. Há uma ligeira possibilidade de que os muros, câmaras e salões da Idade do Bronze tardia estejam ocultos ali, mas até que essas pegadas sejam encontradas, teremos de procurar alhures a maneira de identificar o local em que o clã espartano da Idade do Bronze teria se desenvolvido. O principal candidato fica bem próximo a Esparta, numa colina chamada Terapne. A estrada para Terapne está a sudeste da cidade. Ela segue o rio Eurotas a montante durante cerca de um quilômetro e meio, bifurcando-se mais adiante — uma placa de metal que indica um sítio arqueológico manda virar à direita em direção a uma série de pequenas elevações. A localização é impressionante, mas os indícios arqueológicos são escassos. O arqueólogo e aventureiro alemão Heinrich Schliemann, famoso por haver "descoberto" a localização de Tróia, ali chegou no final do século XIX e decepcionou-se — ele declarou que o local não era lar de heróis homéricos. Os agricultores locais, no entanto, tinham fé mais sólida. Ao cultivarem seus campos, os arados trouxeram à luz artefatos primitivos feitos de bronze ou terracota — oferendas votivas. Alguns deram notícia de seus achados; em 1909, arqueólogos da Escola Britânica em Atenas começaram as escavações.[4]

A terra que leva ao topo de Terapne tem uma cor intensa de vermelho queimado; mesmo na primavera a grama que cobre o monte já tem uma coloração desbotada de areia dourada. Na parte mais elevada, os ventos mornos sopram mais depressa. Dali, pode-se ver do norte ao sul uma extensão de cerca de 80 quilômetros de terras ricas em recursos naturais. Estendendo-se sob a sombra da colina fica a fértil planície de Taígeto, que hoje abastece de frutas e hortaliças o mercado de Atenas e outras regiões — as laranjas de Esparta se transformam em espesso suco para o mundo inteiro. A *horta* — ervas selvagens —, que fornecia aos antigos uma dieta rica em minerais e sustentou os gregos modernos durante a ocupação alemã, ainda cresce nas faldas do monte. Restos de fauna atestam a presença, na Idade do Bronze tardia, das presas de caçadas retratadas entusiasticamente na arte de Micenas: veados, lebres, patos, gansos, javalis e perdizes.[5] O Eurotas serpenteia pelo vale durante todo o ano, límpido na primavera e mais ferrugento depois das chuvas de novembro, quando arrasta os sedimentos das margens.

No alto deste barranco do rio há duas áreas distintas de importância arqueológica. A mais antiga é um prédio truncado da Idade do Bronze tardia, cercado de tentadoras pistas de atividade humana: cacos de cerâmica pintada, figuras femininas[6] e contas feitas de pedras semipreciosas, conchas em espiral, pesos para teares e vasilhas para preparação de alimentos. A segunda característica arqueológica, que coroa um penhasco meio disforme, é um retângulo desmoronado de blocos arcaicos de pedra, restos de uma estrutura religiosa. Durante os dois últimos milênios, esse vestígio específico dos primeiros tempos da Grécia tem sido conhecido como *Menelaion.*[7] Mas antes disso, o edifício que ali existia, desde o final do século VIII a.c., e reconstruído no século V a.c., era chamado simplesmente de TES HELENES HIERON — Santuário de Helena.[8]

Pelo menos a partir do século VII, acredita-se que o "Santuário de Helena" seja o lugar onde ela foi enterrada junto com o marido, Menelau. Grandes homenagens lhe foram feitas ali.[9] Os espartanos poderiam ter escolhido adorar a qualquer outro nesse local proeminente: Atená, Héracles, Posídon ou o rei dos deuses, o próprio Zeus. Porém, durante pelo menos mil anos esse sítio arrebatador, confiante e reverente foi reservado a Helena e à família dela,[10] e ainda no ano 300 d.C. um poeta chamado Trifiodorus, que escreveu outra versão de seu estupro, a chamou de "a noiva [*nymphe*] de Terapne".[11]

Descobertas arqueológicas sustentam a conexão com Helena no registro literário. O topo do monte foi escavado, inicialmente, de maneira bastante irregular, em 1909 e 1910 — e, em seguida, abandonado durante mais de 60 anos. Mas quando os arqueólogos recomeçaram o trabalho de maneira mais sistemática, em 1974, encontraram imediatamente indícios de atividade humana; cavidades nos cantos do "Santuário de Helena", feitas para conter oferendas de alimentos sagrados; uma profunda cisterna diante do santuário que fornecia água para a purificação dos celebrantes e para os banquetes comunitários que eram parte importante do culto de adoração.[12] As palavras "para Helena" foram inscritas em um *harpax*[13] — anzol de metal — do século VI, dedicado como oferenda. Esse instrumento de aspecto cruel, com oito ganchos (hoje, no Museu de Esparta), usado para pendurar carne, sugere que no culto a Helena havia sacrifícios de animais e festejos: "sacrifícios dignos de deuses e não apenas de heróis", diz Isócrates, em meados do século IV a.C.[14] Também foi encontrado ali um belo frasco de perfume feito de bronze, um *aríbalos*. Datando do século VII a.C., também ele tem uma inscrição rude com o nome de Helena.[15] De difícil leitura, a inscrição diz: "Deini[s] dedica estas coisas [em gratidão] a Helena, (esposa) de Menelau."[16]

Cerca de 300 estatuetas de terracota, muitas com mulheres a cavalo, foram encontradas em escavações em Terapne. Poderiam ser imagens da própria Helena,[17] ou talvez mais provavelmente de seus adeptos. *Fibulae* — alfinetes grossos de ferro ou de bronze para sustentar vestimentas — também foram encontrados na colina; talvez oferecidos por jovens que comungavam do espírito de Helena e, em seguida, deixavam para trás a adolescência e as roupas juvenis, descendo a colina já vestidas como mulheres maduras, num rito de transição.[18] Muitas devem ter tomado o caminho de subida daquele monte entre 700 e 200 a.C., levando suas oferendas a Helena e pensando nela fervorosamente no trajeto.[19]

Portanto, se essa era a localização do santuário de Helena, o edifício da Idade do Bronze tardia, a cerca de 100 metros dali, poderia ser o palácio dela? Há anos, escavadores e românticos vêm discutindo se os vestígios compactos da Idade do Bronze tardia — que muitos consideram ser uma "mansão" — poderiam haver abrigado a família real, poderiam ter sido o lugar onde Helena cresceu, o palácio para onde ela foi trazida de volta a Menelau após sua perigosa ligação com um príncipe de Tróia, no qual — numa cena vívida imaginada por Homero — ela recebe Telêmaco, filho de Ulisses, e ouve a história do mundo ocidental erguendo-se em armas para trazê-la de volta ao lar, vinda de uma cidade estrangeira.[20] No entanto, há um problema. Outros complexos de palácios, construídos e arruinados mais ou menos na mesma época, são consideravelmente maiores. O "Palácio de Nestor", em Pilos, 100 quilômetros a oeste, parece ter sido cinco vezes maior do que o espartano. As outras grandiosas cidadelas do Peloponeso tornam minúsculos os vestígios de Terapne. Na planície da Argólida, o complexo de palácios micenenses cobre uma área de 10.220 metros quadrados, com uma comunidade circundante espalhada em cerca de 32 hectares; os complexos de Tirinto e Pilos têm, aproximadamente, 5.110 metros quadrados.[21] Helena, sempre apresentada como mulher rica, sem dúvida teria morado em algo que fosse próximo a essa escala.

Este é, portanto, o desconcertante estado de coisas; em Terapne, vestígios de um vigoroso culto a Helena — e uma colina fortificável acima de uma planície fértil, como gostavam os micenenses (que, quase sem exceção, preferiam posições defensivas elevadas). Existe ali um prédio da Idade do Bronze tardia do século XIII a.c., data mais provável da Guerra de Tróia, cheio de cerâmica micenense. Há referências em escrita Linear B a um distrito chamado Lacedemônia; no entanto, não aparecem sinais visíveis de um palácio. Não há nenhuma indicação de grandes complexos de cidadelas nos demais centros de cultura micenense. Nenhuma suntuosa mansão para uma rica rainha espartana.

As pesquisas mais recentes, porém, fornecem alguns esclarecimentos.[22] A falda oriental do monte Terapne é bastante exposta — o topo é particularmente suscetível de erosão e o subsolo de argila desmorona com facilidade. Os restos daquela pequena "mansão" foram agora identificados simplesmente como amplas áreas de depósitos no porão. Selos para rolhas feitas de argila da Idade do Bronze tardia foram encontrados ali; era o lugar de armazenamento de vinho e alimentos. Essas modestas ruínas não parecem ser um palácio, porque realmente não o eram. Qualquer palácio micenense teria sido uma construção elevada e à esquerda de um observador colocado de frente para o sol poente. Há leves traços de um edifício assim no ponto mais elevado da colina e uma escadaria arruinada que vai dos "porões" até onde ficariam os cômodos superiores. Esses porões são apenas uma pequena parte de um complexo mais vasto e somente sobreviveram por ocuparem posição mais protegida na falda da colina.

Mas o terreno onde esse palácio poderia ter existido foi devorado pelos elementos. A própria colina de Terapne é hoje muito menor do que teria sido há 3.000 anos; devido à erosão natural, grandes quantidades de terra certamente desabaram, descendo a colina. À medida que o terreno cedia, as paredes do palácio espartano também iam desmoronando e caindo. Os tesouros de Micenas, assim expostos, teriam sido ambiciosamente levados por predadores humanos. O motivo pelo qual não podemos encontrar o complexo de palácios do rei e da rainha da Idade do Bronze tardia é que ele já não existe mais ali em sua totalidade. Ainda que Helena não tenha escapado da história, seu lar quase certamente escapou do registro arqueológico.

Uma mulher enigmática da Idade do Bronze tardia, no entanto, permaneceu no topo da colina de Terapne. Ao escavar próximo aos porões, os arqueólogos encontraram três esqueletos.[23] O primeiro era de uma mulher — de cerca de 30 anos; e os outros dois eram de crianças. A mulher está com as pernas dobradas e os joelhos junto ao queixo, sugerindo que tenha sido amarrada com as mãos para trás.[24] Não era sequer digna de uma cova rasa e seu corpo foi deixado sobre um monte de lixo. A morte não foi natural. Quase certamente, foi vítima de um ataque ou deixada como oferenda humana — um sacrifício. Quando morreu, os porões haviam sido queimados por um incêndio tão intenso que grande parte do palácio acima deve ter ficado enfraquecida ou destruída. Ali, próximo ao final do século XIII a.C., a comunidade que habitava Terapne foi testemunha de uma terrível calamidade. A destruição dos palácios de Esparta é sintomática do encerramento da "Idade dos Heróis", quando por toda a Grécia continental os centros micenenses, outrora poderosos, desmoronam e ruem. Provas arqueológicas permitem descrever as características desse resultado, mas não sua causa. Somente restou uma testemunha adulta em Esparta — e ela há muito está em silêncio.

Aparentemente, o palácio espartano, imortalizado por Homero como refulgente de ouro, âmbar, bronze, prata e marfim,[25] jamais virá a ser recuperado da terra. Assim, para vislumbrar melhor de que maneira uma princesa da Idade do Bronze como Helena teria passado os anos de sua juventude, será preciso procurar alhures: temos de viajar a 120 quilômetros a nordeste de Esparta até a planície de Argos e ao lugar que deu nome à civilização micenense — a grandiosa cidadela de Micenas.

4

OS MICENENSES

... Micenas rica em ouro.

HOMERO, *Odisséia*[1]

EM 1871, HEINRICH SCHLIEMANN, que havia começado a vida como aju-
dante de um quitandeiro adoentado, mas acumulou uma fortuna —
no comércio de corantes em São Petersburgo, durante a corrida do ouro
na Califórnia e, finalmente, vendendo salitre e enxofre no início da guerra da Criméia —, viajou ao Mediterrâneo oriental em busca de Helena
de Tróia e do antigo ouro da Idade dos Heróis. Schliemann ambicionava
conhecimento e experiência arqueológica. Aprendeu sozinho 18 línguas,
inclusive grego, latim e hebraico, e como admirador das obras de Homero,
estava decidido a encontrar provas físicas da *Ilíada* e da *Odisséia*. Aos 48
anos, viajou à Turquia em busca de Tróia e começou a escavar — no lugar certo.

A sorte de Schliemann foi tão grande quanto sua fortuna. Usando seu
dinheiro na escavação de uma colina chamada Hisarlik, descobriu rapidamente uma quantidade de artefatos pré-históricos. Em um ano, esse ama-
dor alemão declarou haver descoberto a esplêndida cidadela do rei Príamo
e as jóias dos heróis de Homero. Ocorreu, porém, um problema. Por não
compartilhar com as autoridades otomanas o tesouro que encontrara, conforme havia sido combinado, Schliemann foi proibido de escavar em solo
turco. Frustrado, enraivecido e irreprimível, ele lançou o olhar para a Grécia.
Em 1874, chegou ao Peloponeso e iniciou uma série de escavações não
oficiais no sítio da Micenas da Idade do Bronze.

Micenas era a lendária terra natal do maior de todos os líderes tribais gregos: Agamêmnon, o "rei de homens"; o guerreiro que regressou vitorioso ao lar pisando em um tapete de cor púrpura ao atravessar os portões de sua cidadela;[2] na verdade, uma acolhida de curta duração, pois deitado na banheira, o herói retornado foi morto a facadas por sua mulher infiel — a meia-irmã de Helena, Clitemnestra — e seus ossos foram atirados aos cães. Esse conto sinistro agradava à sombria imaginação dos antigos gregos. No período helênico, os turistas que visitavam Micenas assistiam à representação do drama durante espetáculos de tragédias gregas (como a *Oréstia*) ao ar livre, no próprio lugar daqueles lendários crimes.[3]

Para Schliemann, Micenas se mostrou tão rica em tesouros quanto Tróia. Ao descobrir uma máscara mortuária de ouro em um dos túmulos de monarcas dentro da cidadela de Micenas, Schliemann fez sua famosa e exagerada afirmação de que localizara outro herói guerreiro e "contemplara o rosto de Agamêmnon".[4] Depois desse romântico pronunciamento do entusiasmado arqueólogo, grupos mistos de estudiosos, escritores, poetas, artistas e construtores de impérios convergiram para Micenas a fim de contemplar e maravilhar-se. Conhecemos com detalhes inusitados o influxo desses arqueo-turistas porque muitos se hospedaram no antigo alojamento de Schliemann muito próximo à cidadela da Idade do Bronze, uma casa pequena chamada *La Belle Hélène.*

La Belle Hélène ainda recebe visitantes. Sentado sob as luzes de néon do novo anexo, o atual proprietário deleita os hóspedes com histórias sobre seus próprios ancestrais, o avô e o tio Orestes, que com as mãos nuas desenterraram ouro do solo de Micenas. Em seguida, após a visita obrigatória ao antigo quarto de *Herr* Schliemann, o patrão desfiará orgulhosamente a lista de alguns dos entusiastas de Micenas que ao longo dos anos pernoitaram sob seu teto. Lá estiveram Sartre, Virginia Woolf e os Fry, além de Agatha Christie. Também houve nazistas, Goebbels, Himmler e Herman Goering — aprendendo com as culturas guerreiras do passado. Os compositores Debussy e Benjamin Britten, o poeta rebelde Allen Ginsberg — todos vieram, e ao passar deixaram atrás de si pistas escritas no gordo livro de hóspedes, antes de voltar para suas terras.[5]

Embora hoje em dia a *Micenas rica em ouro* nada mais seja do que paredes desmoronadas e pedras nuas, o impressionante sítio, que ocupa todo um hectare, ainda denota seu impacto original. De todos os palácios-fortaleza da Idade do Bronze tardia escavados na Grécia continental, Micenas parece ter sido o mais grandioso, o mais audacioso.[6] Está aninhado na cadeia de montanhas Arachneion,[7] e, para quem vem do moderno povoado de Mikines, a cidadela parece um eco reduzido do esplendor das grandes montanhas de calcário — uma versão de brinquedo das massas rochosas, que também se parecem com gigantescas fortalezas. Porém, ao atravessar o famoso Portal do Leão e contemplar a planície da Argólida a partir da própria cidadela, a impressão passa a ser completamente diferente. Agora, Micenas ri do panorama abaixo de si. Aparentemente inexpugnável, entupida com as melhores obras de arte e as armas mais mortíferas do mundo conhecido, era o lar dos vencedores históricos — e aí fica evidente o motivo pelo qual os micenenses são uma civilização lendária.[8]

No século XIII a.C., o viajante teria atravessado vastas extensões de campos virgens, em grande parte desabitados, outros não cultivados, e, em seguida, ao assomar ao topo de um monte ou entrar em um vale, avistaria uma das grandes cidadelas dos guerreiros micenenses, tipicamente em lugares elevados, como uma colina ou um rochedo, com o grandioso *megaron* — o grande salão, ou sala do trono real — colocado no centro. Para chegar ao *vanax* (o rei micenense) e sua rainha, era preciso esforço físico para subir — acesso privilegiado concedido somente a poucos. Não haveria decepção ao chegar, pois os apartamentos do monarca eram ricamente ornamentados. Uma tábua em Linear B descreve um trono em Pilos feito principalmente de cristal de rocha, decorado com entalhes azuis, "falsas" esmeraldas e metais preciosos; ao fundo, figuras de homens e palmeiras entalhadas a ouro.[9]

Dentro da cidadela havia também santuários religiosos — esses palácios-fortaleza eram lares de deuses tanto quanto de homens, lugares onde residia o poder, tanto o real quanto o imaginado.[10] Não se admira que Homero falasse da Micenas rica em ouro, das câmaras de pé-direito alto e dos suntuosos salões do palácio espartano, de homens e mulheres adornados como deuses, não se admira que os heróis andarilhos se maravilhassem com as "paredes brilhantes" das casas dos líderes do clã, que eram em si mesmas "depósitos de tesouros".[11] Por volta de 800 a.C., Homero recordava o impacto que esses lugares deveriam ter causado nos contemporâneos, impacto que permaneceu na imaginação popular durante pelo menos 500 anos, transmitido de uma geração a outra por contadores de histórias e pelos mexericos em lares modestos em volta do fogo à noite.

Schliemann e outros depois dele descobriram em Micenas um amontoado de riquezas digno dos elogios de Homero. Em um dos relatórios de escavações do alemão, os detalhes dos ricos achados de uma única tumba ocupam quase 50 páginas. Ali, foi encontrado um leão de marfim finamente esculpido, que cabia na palma da mão. O animal está agachado, prestes a atacar — seus músculos flexionados em prontidão. A genialidade do artesão é claramente perceptível. Há taças de ouro maciço,[12] entalhes em cristal de rocha, pedras de túmulo com belas pinturas abstratas. Os entalhes em adagas, espadas e jóias de ouro, prata e nielo (uma mistura de enxofre e prata) são delicados como algodão-doce. Uma delicada cabeça de menino, esculpida em marfim,[13] contempla o mundo com expressão sutil e melancólica.

Muitos desses tesouros ficaram preservados porque foram enterrados com os mortos micenenses em túmulos *tolos* (estruturas cavernosas arredondadas) e em tumbas verticais (câmaras mortuárias talhadas na pedra). O conteúdo das tumbas verticais demonstra a paixão dos micenenses pelo ouro.[14] Folhas de ouro, aparente e suficientemente delgadas para poderem ser usadas como decoração por confeiteiros, eram transformadas em jóias ou em máscaras mortuárias para os reis. Em dois exemplos de Micenas, aparentemente isolados, cadáveres de bebês foram envoltos em ouro da espessura de uma folha de papel. Artesãos criaram flores de ouro em tamanho natural, semelhantes aos *iantos* que crescem profusamente hoje em dia na Grécia; discos de ouro contendo imagens de mulheres eram costurados nas roupas. Muitos desses tesouros estavam enterrados com seus donos, mas alguns ficariam em poder dos vivos, usados como oferendas aos deuses ou passados adiante como herança totêmica de pai para filho, de mãe para filha. Uma princesa como Helena estaria envolta nos tesouros de seus ancestrais na cidadela do Peloponeso.

Figuras pintadas anteriormente surgiam dos afrescos nas paredes das cidadelas micenenses — parte dos grandiosos esquemas decorativos que cobriam os salões mais suntuosos. Todos hoje estão em fragmentos, mas ainda são dinâmicos. Uma mulher apresenta um colar — talvez uma oferenda a um deus. Seu corpete apertado está tingido de amarelo-açafrão, e uma tênue gaze lhe cobre os seios. A mão esquerda, aparentemente pintada com o mais fino pincel de pêlo de marta, estende-se elegantemente para a frente.[15] Essas eram as mulheres que, como cantava o bardo, esperavam nos palácios do Peloponeso e oravam, quando o cerco de Tróia se estendia por mais um longo ano. Essas eram as mulheres que, ao que nos dizem, foram as primeiras a amaldiçoar o nome de Helena.

As riquezas da cidadela escavada por Schliemann e seus sucessores mostraram claramente que embora Homero tivesse composto seus versos no século VIII a.c., esse era realmente o mundo que ele glorificava em sua poesia.[16] Uma terra de opulentos complexos de palácios habitados por uma elite de guerreiros. Uma sociedade festiva, que arrebatava butins, amava o ouro e gozava da cooperação no interior do clã. Uma cultura ambiciosa, com um sentido tecnológico altamente desenvolvido.

Sem dúvida, houve momentos brilhantes nos anos que separaram Homero da Idade do Bronze tardia, o período entre 1100 e 800 a.C., que passou a ser chamado de "Era Negra da Grécia" — mas nada há que chegasse perto das maravilhas de Micenas e da civilização expansionista que ela representa. Não admira que Homero e Hesíodo chamassem a época de Helena de "Idade dos Heróis",[17] um tempo que merecia ser lembrado, um tempo povoado por homens e mulheres com extraordinária capacidade de sucesso.

⚭⚭

As cidadelas micenenses eram gloriosas, mas o que as mantinha era uma população de heróis anônimos. Essas massas obscuras eram os trabalhadores da Idade do Bronze, homens e mulheres praticamente esquecidos pelos poetas e pelos livros de história, que deixaram inusitadas marcas vívidas no panorama da Grécia.

Um viajante observador no Peloponeso notará as estranhas e rudes cabanas de tetos de palha feitas de tijolos de barro: todas na cor siena queimada, essas *calivia* são abrigos para pastores e operários itinerantes. Funcionam extraordinariamente bem; os tijolos de barro são quentes no inverno e frescos no verão. A pouca distância do sítio dos palácios de

Micenas em Tirinto, meio oculta numa alameda de pés de romã, estão as paredes em ruínas de uma dessas cabanas de barro, hoje abandonada. Em pouco tempo, os restos dessa modesta morada desabarão e as chuvas levarão o barro de volta à terra.

Na cidadela de Tirinto, há uma orgulhosa nota deixada pela equipe alemã que vem escavando o sítio desde 1967.[18] Do lado de fora dos muros do povoado, os arqueólogos encontraram indícios de habitações rudes e modestas, aglomeradas umas junto às outras — as cabanas dos operários micenenses — feitas de tijolos de barro, com proporções semelhantes às do século XXI. É irônico pensar que, enquanto os poderosos da Idade do Bronze tardia hoje vagariam chorando entre seus palácios esmagados, incendiados e vazios, os escravos, servos e trabalhadores infantis poderiam encontrar uma paisagem mais conhecida, com suas humildes cabanas de barro aparentemente ainda de pé.

Uma civilização com tantas aspirações como a dos micenenses precisaria mobilizar massa de músculos, recursos humanos para fazer o trabalho sujo. E nessas cabanas de barro estariam os homens e mulheres que executavam o trabalho braçal para as elites: moer milho, bater o cânhamo para produzir linho, transpirando ao longo da vida, levantando os blocos ciclópicos até seus lugares a fim de construir as reluzentes cidadelas. Logo a leste de Tirinto, milhares de toneladas de terra foram deslocadas na Idade do Bronze tardia para represar e desviar o curso natural de um rio — obra feita à mão e ainda visível hoje em dia. Um punhado de canais e diques construídos na Idade do Bronze ainda funciona perfeitamente, irrigando as terras cultivadas no Peloponeso. Até recentemente, as mulheres da Argólida usavam os açudes em torno de Micenas para lavar as roupas.[19] Tais construções exigiriam uma força de trabalho de muitas centenas de pessoas. Não surpreende verificar que as tábuas em Linear B revelam, inscrita em sua superfície suave, uma categoria de homens e mulheres chamados de *do-e-ro* e *do-e-ra*, servos ou escravos dos sexos masculino e feminino.[20]

Sem dúvida, os escravos eram comprados e vendidos — em Pilos, por exemplo, existe um grupo de mulheres descritas como *Aswiai*, "asiáticas",[21] que poderiam perfeitamente ter sido compradas ou mesmo raptadas em troca de vinho ou ouro. Alguns dos melhores versos de Homero falam do destino das mulheres durante os conflitos militares: estupro e escravidão após o massacre de seus maridos, irmãos e filhos.[22] Com certeza, aparecem mais mulheres do que homens nas listas em Linear B em contextos de subserviência. É fácil imaginar o cenário: um poder dominante como o dos micenenses expandindo seus territórios e utilizando mulheres cativas após haver executado os homens e adquirido novas terras. Era uma época, descrita por Homero, na qual a expansão territorial (e a Guerra de Tróia é um dos principais exemplos) era levada a cabo em busca de glória e de ganho material — e a maior mercadoria eram os seres humanos.

൭ை൭ை

Na época de seu apogeu, certamente os micenenses não estavam confinados ao Peloponeso. Sua influência pode ser notada também no norte da África, em Chipre, na Palestina (Israel) e na Fenícia (Líbano) — até a Croácia e até a Itália. Floretes micenenses foram encontrados no vale do Danúbio, vasilhas quebradas em depósitos de lixo na margem oriental do Nilo, em Tel el-Amarna, a 587 quilômetros ao sul do Cairo. No plinto de uma estátua do templo fúnebre do faraó egípcio Amenófis III,[23] fala-se de uma poderosa cidade ao norte, chamada Mucana.[24] Vasilhas micenenses foram escavadas no leste da Espanha, pequenas contas micenenses foram encontradas em túmulos em Siracusa, na Sicília; e os artefatos continuam a surgir da terra: operários na construção do aeroporto de Amã, na Jordânia,[25] descobriram, inesperadamente, uma coleção de finos vasos micenenses.[26] Mileto, na costa oriental da Turquia, era um povoado micenense, assim como a região de Chalkidiki, no norte da Grécia continental. Para os micenenses, a importância do controle dos territórios litorâneos e os contatos do outro lado do mar estão refletidos em seu calendário. O primeiro mês do ano grego na Idade do Bronze tardia se chamava *Plovistos* — o mês das navegações. Em volta das fogueiras dos mercadores micenenses, deveriam acontecer conversas sobre as terras selvagens e maravilhosas que ficavam além do alcance do mais aventureiro dos marujos, mas havia outras coisas que interessavam a esses bucaneiros brigões do Mediterrâneo oriental. Uma vez conquistada a Creta minoana,[27] ao que se afirma, eles voltaram os olhos para o leste, para a costa da Anatólia e da rica cidade de Tróia. Mais uma cultura para saquear. Mais um povo para escravizar. Mais uma cidade para derrotar. Ainda era muito cedo para que existisse na Grécia um sentimento de nação, mas os micenenses eram, evidentemente, capazes de ações consolidadas — tanto em tempo de paz quanto de guerra.[28]

O conteúdo dos túmulos micenenses revela uma sociedade beligerante. Schliemann calculou que no Túmulo Vertical V, em Micenas, haviam sido enterrados três homens do século XVI a.c., junto com um total de 90 espadas. Quase todos os esqueletos remanescentes haviam sofrido traumas. Um homem, de pouco menos de 30 anos,[29] tem na cabeça uma depressão retangular de 2,3 centímetros de comprimento — ferida já curada, originalmente causada por uma arma afiada. No sítio costeiro de Asine, um guerreiro de 30 e poucos anos apresenta um osso da perna profundamente contundido, em conseqüência do impacto constante de um escudo durante batalha ou treinamento. As abrasões tão baixas em sua perna podem, perfeitamente, ter sido provocadas por um "escudo-torre" — o tipo que Ájax usa na *Ilíada* e que está amplamente representado na arte micenense. O esqueleto de um homem de 25 anos de Armenoi, na Creta ocupada pelos micenenses, tem dez cruéis marcas de corte, provavelmente de um machado — em alguns pontos, seus ossos foram completamente seccionados.[30]

Também aparecem mulheres munidas de espadas, armaduras e os característicos escudos micenenses em forma de 8. No século XIII a.C. (o auge do poder de Micenas), até as figuras religiosas (sacerdotes e sacerdotisas, deuses e deusas) portam armas.[31] Alguns afirmam que a Deusa Guerreira — mulher que guia um carro de batalha brandindo uma lança e usando um elmo feito de dentes de javali — é uma invenção micenense.[32] Foi num ambiente como esse que a história de Helena foi tecida — o ambiente no qual ela deve ter crescido. Teriam sido essas as enérgicas lições da infância de uma princesa micenense.[33]

5

A PRINCESA PRÉ-HISTÓRICA

Helena chegou com súplicas e imposturas,
Comendo figos brancos, pães açucarados;
Bela, sim, porém não mais do que as produzidas
Com esmero por sua tribo para abraçar na cama.

LAWRENCE DURRELL, "*Troy*" (Tróia) (1966)

A VIDA DE NOSSA HELENA DA IDADE DO BRONZE deve ter sido intensa, sensual e curta. Em média, as mulheres de Micenas morriam aos 28 anos. Eram mães aos 12, avós aos 24 e morriam antes dos 30.[1] A maior parte da população era ceifada na flor da idade pelas doenças. Homero fala da "crosta da idade", porém, na realidade, a Grécia pré-histórica era povoada por gente muito jovem — mas que possuía a energia cultural da juventude.

Os achados arqueológicos mostram comércio de ouro, prata, âmbar, calcedônia vermelha, andesita, obsidiana, jaspe vermelho, lápis-lazúli e marfim, tanto de elefantes quanto de hipopótamos. Nos *pithoi*, enormes vasos para armazenamento, há vestígios de azeite de oliva, resina aromática, mirra e vinho; coentro e gergelim eram usados para dar sabor aos alimentos, e as pétalas de rosa, sálvia e anis, para perfumes.[2] As vestes dos micenenses mais ricos, feitas de lã e linho e, até mesmo, de fina seda crua, eram tingidas com açafrão e uma tintura de cor púrpura, extraída de uma espécie de caramujo marinho.[3]

A cultura micenense era expansiva. Grandes viagens marítimas eram realizadas a fim de trazer à Grécia as mais finas matérias-primas e produtos manufaturados. Quanto mais êxito obtivesse um líder de clã, mais resplandecia seu palácio; os depósitos e os túmulos estariam repletos de tesouros brilhantes. As imagens de culto eram vestidas com panos impregnados de azeite de oliva a fim de conferir brilho peculiar ao tecido; os mortais privilegiados também usavam roupas tratadas dessa forma.[4] As pessoas de hierarquia mais elevada ficavam — pela primeira vez — literalmente ilustres. Talvez fosse isso o que quisessem significar os bardos quando recordavam que Helena era "radiante", "alva", "cintilante", "dourada".[5]

Podemos, portanto, imaginar Helena quando jovem, começando o dia sendo ataviada com os tesouros e quinquilharias que a distinguiam como princesa. Talvez sentada, com os pés repousando em um dos escabelos entalhados com a técnica chamada "*aiamenos*", com incrustações em marfim que representavam homens, cavalos, leões ou polvos — efeito decorativo recordado tanto em Homero[6] quanto em tábuas em Linear B.[7] Suas jóias ficariam guardadas em uma caixa de marfim.[8] Alguns exemplos remanescentes são decorados com cabeças humanas, animais e escudos, outros têm forma de pato — ave que simbolizava a sexualidade feminina.[9]

Os colares usados pelas jovens nobres, dos quais certa quantidade sobreviveu e pode ser encontrada no Museu Arqueológico Nacional da Grécia, são ainda surpreendentes: objetos coloridos e bem-feitos, de ágata, pedra-sabão, cornalina vermelha e ametistas. Alguns têm pulseiras combinando. As contas variam, desde o tamanho de rolhas ao de lentilhas cortadas ao meio. Também sobrevivem jóias de ouro: diademas, cintos, uma corrente de rosetas separadas por delicados triângulos. Grandes brincos de ouro em forma de círculo, que aparecem em afrescos e foram encontrados em túmulos da Idade do Bronze tardia, eram usados nas orelhas das mulheres de famílias nobres.

As de hierarquia elevada teriam anéis de sinete, de ouro ou prata — ou, se fossem realmente nobres, anéis decorados com ferro, pois esse metal era, na época, raro e precioso. Um esqueleto feminino descoberto no túmulo *tolo* A em Arcanes tinha no peito um enorme anel de sinete, representando uma cena de culto de uma árvore.[10] A posição do anel, no osso esterno da mulher, sugere que esse anel (e outros semelhantes) era usado como berloque. Essas jóias impressionantes e misteriosas continham imagens de festivais religiosos, toureiros, caçadores, batalhas e voluptuosas figuras femininas. Camafeus de amplas dimensões têm aparência simples, mas, ao passar o dedo em sua superfície, percebem-se entalhes com abelhas, touros e leopardos, sacerdotes e sacerdotisas, que serviam de sinete. Esses entalhes eram importantes símbolos de status para potentados, tanto homens quanto mulheres. Em certa parte de Micenas, provisoriamente rotulada pelos arqueólogos como "complexo de culto", um afresco enigmático foi escavado em 1968. É dominado por mulheres. Das três que nele aparecem, sem dúvida, duas, e possivelmente todas, ostentam pulseiras com sinetes de pedra.[11] Em túmulos dos séculos XIV e XIII a.C., foram encontrados esqueletos masculinos e femininos com pedras de sinete ainda presas aos pulsos.

Os aposentos onde uma garota como Helena passava grande parte de seu tempo teriam sido bastante coloridos. As paredes, rebocadas a cal, eram decoradas com vívidos padrões azuis, amarelo ocre e rosa salmão, ainda visíveis em fragmentos de afrescos sobreviventes. Os padrões e as formas eram criados mediante uso das técnicas *buon fresco* e *fresco secco,* sendo a tinta aplicada em diferentes partes com o reboco ainda úmido e novamente depois de seco. Até mesmo alguns andares eram em tecnicolor, decorados com pinturas ou com pedras de cores vivas; em Pilos, aparecem padrões geométricos, e um polvo desliza próximo à lareira central do palácio. Colunas da altura de três homens, também cobertas de tinta de caiação de um rosa vivo, teriam sustentado os tetos e proporcionado um corredor através do qual uma jovem princesa poderia vaguear — talvez a caminho do *megaron*, uma das partes mais ricamente decoradas do edifício.[12]

Sabemos pelas tábuas em Linear B que produtos vegetais — óleo e fibras, usadas para fazer roupas, velas de barcos, linha, fios e redes[13] — eram exportados do Peloponeso, especialmente da região em torno de Pilos. O cultivo dessas plantas teria dado à terra um colorido azul brilhante quando floresciam na madrugada, até que as pétalas caíssem ao meio-dia. Muitas das mulheres mais nobres usavam contas moldadas em pasta de vidro, algumas cor de verônica, outras de violeta, outras de turquesa. Ao passar por seus territórios, transportadas em liteiras por escravos, suas jóias refletiriam, sem qualquer remorso, o panorama à sua volta.

Os achados nas cidadelas e túmulos micenenses ilustram a importância dos sinais visuais na pré-história. Antes que a escrita fosse utilizada como instrumento de propaganda, a aparência e a experiência eram absolutamente fundamentais. As imagens têm de falar mais alto do que as palavras. As classes governantes entre os micenenses tinham acesso a materiais preciosos vindos do Mediterrâneo oriental, de qualidade e variedade nunca antes imaginadas. Assim, em forte contraste com o restante da população, os nobres faziam questão de brilhar perpetuamente, com esplendor artificial. Uma jovem como Helena, fulgurante e radiante como teria sido, trataria de aumentar esse brilho todos os dias, desde uma idade muito tenra, para mostrar que era importante, valiosa e desejável.

Essa era uma sociedade ainda na infância, mas, pela primeira vez na Grécia continental, encontramos uma divisão sistemática, constante e extrema entre ricos e pobres, entre a cidade e o campo. Indícios em ossos denotam os efeitos da segregação social — os aristocratas, bem nutridos durante a vida e enterrados dentro das cidadelas, ou próximo a elas, eram em média 5 centímetros mais altos do que os operários micenenses, os quais, em contraste, tanto em favelas quanto em povoados, mostram os efeitos da fome perene.[14] As cidadelas eram lugares nobres e exclusivos. Eram palácios de contos de fadas quando os residentes, líderes de clã, proviam às necessidades de suas famílias e as protegiam; castelos sinistros quando seu poderio e seus sistemas se voltavam contra o povo.[15]

෨෬෨෬

Hoje em dia, os imensos blocos das construções das grandiosas cidadelas micenenses já não são os mesmos. Em Micenas, a cada ano, cerca de um milhão de turistas vagueia pela cidadela e as pedras e trilhas são gentilmente erodidas por séculos de desgaste. Em diferentes épocas do ano, na junção de uma pedra com outra, aparecem vivas manchas cor-de-rosa e amarelas, das flores de pequenos ciclamens selvagens e açafrão que surgem das gretas.

Tostadas pelo sol, as ruínas de amplos espaços abertos podem apresentar hoje um belo panorama. Imaginemos, porém, caminhar pelos salões encerrados em muitos milhares de toneladas de pedra, com muros externos de até 7,5 metros de espessura. Grande parte do palácio deveria ser escura e mofada — o cheiro de óleos vegetais e gordura de carneiro queimada nas lâmpadas de azeite encheria os corredores. E das oficinas da cidadela viria o odor ácido de metal sendo forjado — porque na parte final da era micenense muitos armamentos foram produzidos.[16]

Para o grosso da população da Idade do Bronze, a vida era tensa e precária. A maioria dos micenenses não tinha muralhas ciclópicas para se proteger. O dia seguinte poderia trazer um novo terremoto ou um novo líder, e, nesse caso, as flores selvagens não dançariam à brisa, mas sim à passagem das correntes de ar causadas pelas fogueiras dos inimigos. Clãs rivais tentavam estender suas fronteiras para conquistar novos territórios, o que provocava morticínios. Também havia sempre a possibilidade de desastres vindos dos oceanos. Imaginemos a ansiedade de observar o mar e perceber uma pequena mancha no horizonte, sem saber se era um comerciante um mensageiro ou a vanguarda de uma força hostil; malfeitores que avançavam lenta e decididamente na direção da cidade, com o objetivo específico de queimar os campos cultivados, arrasar as moradias, matar os maridos, escravizar os filhos ou estuprar as esposas.

Na *Ilíada*, Homero tece seu relato em torno de uma rede de aliados — chamados por diversos nomes como *aqueus*, *dânaos* ou *argivos*.[17] Os líderes de seus clãs — Agamêmnon, Ulisses, Menelau, Aquiles e os demais — possuíam um sentido de identidade coletiva, mas no campo de batalha, no acampamento e na cama, eram divididos por rivalidades pessoais e brigas encarniçadas — no interior da confederação grega havia muita encenação. Esses microconflitos tribais, que, de muitas formas, constituem a matéria da *Ilíada*, denotam um cenário semelhante na Idade do Bronze tardia, quando cada território era governado por um chefe guerreiro, com sua mulher e um grupo leal de aristocratas da elite. Eram tribos que competiam com as demais que povoavam o vale.

Na superfície de um vaso que data de 1150 a.C., tropas de soldados de infantaria marcham decididamente. Esse "Vaso dos Guerreiros" é sólido e amplo — com 40 centímetros de altura, feito por volta de 1150 a.C., e hoje está no Museu Arqueológico Nacional em Atenas. À primeira vista pode-se pensar, equivocadamente, que todas as figuras são masculinas. Como autômatos, os guerreiros seguem para a batalha, porém, por trás deles, aparece uma figura solitária, acenando. É uma mulher. Seria uma mãe que se despede? Seria uma grega micenense pedindo socorro? Seria uma estrangeira (até mesmo troiana) prestes a ser atacada? Seria uma rainha que envia seus soldados para a morte? Não conhecemos a história desse vaso, mas podemos decifrar sua mensagem. Na parte final da civilização de Micenas — em tempos precários e sedentos por sangue —, os homens eram criados para isso: permanecer e combater juntos, enquanto as mulheres assistiam.

SEGUNDA PARTE

A TERRA DAS MULHERES BONITAS

6

A "BELA HELENA" VIOLADA

Sentei a beleza no meu colo
Achei-a amarga
E a insultei.

RIMBAUD, *Une Saison en Enfer*
(Uma temporada no inferno) (1873)

A O NARRAREM A VIDA DE HELENA enquanto era jovem em Esparta, os autores da Antigüidade não imaginavam ter sido fácil. Assim como o mais famoso rapto, o perpetrado por Páris, príncipe de Tróia, eles recordavam que Helena — ainda criança — fora violentada às margens do rio Eurotas por Teseu, o idoso rei de Atenas.[1] Teseu tinha 50 anos; algumas fontes dizem que Helena tinha 12,[2] outras 10,[3] outras ainda até mesmo 7[4] — e já "excedia todas as mulheres em beleza". A princesa havia se exercitado e dançava nua com outras jovens virgens quando Teseu, que ficara viúvo pouco antes, a viu. Sem ter olhos para nenhuma outra, tomado pelo desejo, surpreendeu a princesa espartana.

No século IV a.C., Isócrates[5] explicou em seus escritos por que, apesar de todo o poder e da posição do rei, Helena se tornou a síntese de todos os desejos terrenos: *"[Teseu] foi de tal forma cativado por sua beleza que, embora acostumado a subjugar outras pessoas e apesar de possuir uma grande pátria e um reino muito seguro, achou que não valia a pena viver entre as benesses de que já gozava a menos que pudesse desfrutar de intimidade com ela."*[6]

⚬⚬⚬

Percorrendo o local daqueles ritos dançantes em certo verão, ao longo das margens do Eurotas, acabei por perder-me.[7] Os juncos ali têm três metros de altura — perfeito esconderijo para um Teseu que rondasse em busca de garotas. Dando voltas, cheguei a um laranjal, dos quais existem centenas ao longo do rio e na planície européia. No campo vizinho, mulheres podavam as oliveiras para que brotassem com mais força. Enquanto queimavam os galhos, a fumaça se misturava ao odor do jasmim que crescia em volta. Eu estava investigando a cena de um crime, mas a carga sensual do lugar era doce e avassaladora. O poeta Píndaro, do século V a.C., escreveu o seguinte poema sobre o equivalente subterrâneo grego do céu, o Elísio, e poderia estar descrevendo Esparta naquela tarde perfumada:

Para eles o sol brilha com toda a intensidade
As planícies em torno de suas cidades se avermelham com rosas
Sombreadas pelas árvores de incenso, os ramos pesados com frutos dourados.
Alguns se divertem cavalgando e lutando, outros com jogos de tabuleiro e as liras
E perto deles desabrocha a flor da perfeita alegria.
Os perfumes pairam sempre sobre a terra
Do incenso que brota do fogo brilhante nos altares dos deuses.[8]

Comovente local para um estupro.[9]

Alguns dizem que quando Teseu a atacou, Helena dançava em um santuário religioso dedicado à deusa Ártemis Órtia. Esta era uma deusa híbrida — uma poderosa mistura de Ártemis, a virgem caçadora e protetora das mães e filhos, e Órtia, uma deusa dórica,[10] ligada à juventude, a ritos de fertilidade e à aurora. Desde pelo menos 700 a.C.[11] esse lugar era muito freqüentado por mulheres: ali foi desenterrado grande número de oferendas de devoção, inclusive mais de 100 mil pequenas estatuetas de chumbo, muitas delas representando moças dançando ou cavalgando; acredita-se que algumas representem a própria Helena.[12]

Hoje em dia, o santuário está abandonado e tem mau aspecto. Velhos sacos plásticos turbilhonam em torno dos restos do altar arcaico ou ficam presos na cerca de malha de arame que circunda o sítio. O complexo religioso fica próximo ao rio Eurotas e foi construído em terreno pantanoso: mosquitos zumbem por entre as pedras. Uma trilha irregular e poeirenta leva aos restos arqueológicos. Cada vez que os visitei, tive companheiros inesperados: o acampamento de ciganos mais além está cheio de crianças curiosas e sujas, que sempre querem saber quem está visitando suas ruínas particulares.

Mas a atmosfera abafada do sítio sagrado é estranhamente adequada. Um dos motivos das visitas das jovens da Esparta clássica — primeiro grega e depois romana — é a comemoração da chegada da puberdade. Os rapazes também vinham para submeter-se a um brutal rito de transição. O desafio era chegar ao altar da deusa e roubar queijos colocados ali, tendo de passar por uma fileira de outros adolescentes mais velhos munidos de chicotes. Ao enfrentar os golpes, os rapazes tinham duas opções: chegar ao objetivo ou morrer, descarnados vivos em nome da educação e do desenvolvimento social. O santuário de Ártemis Órtia é um lugar sórdido, inundado de sangue.[13]

Teseu, coerentemente, elevou o inventário de derramamento de sangue ao chegar para possuir Helena à força. Era um herói que vivia espalhando o terror. Além de histórias sobre violações de jovens virgens, os antigos narravam famosas façanhas dele, como a morte do Minotauro em Creta, a tentativa de rapto de Perséfone do mundo das trevas e o namoro com a rainha das Amazonas.[14] Mesmo após sua morte, seu fantasma apareceu no século V a.C., uma aparição gigantesca correndo diante das tropas gregas na batalha de Maratona, incentivando-as para a vitória. Teseu era o tipo de paladino de que Atenas gostava — mascote de uma cidade-Estado tão famosa por seu expansionismo agressivo e implacável quanto por sua arte, filosofia e política.

Segundo se conta, após a violação, Teseu aprisionou Helena na fortaleza no monte Afidna, próximo a Dekeleia.[15] Enquanto seu atacante estava ausente, perseguindo outra mulher (desta vez Perséfone),[16] os irmãos de Helena, Castor e Pólux, invadiram a prisão. O rapto da princesa espartana havia sido um desafio ao clã da Lacedemônia. A libertação de Helena serviu de pretexto a seus nobres irmãos para a invasão da Ática; "[eles] devastaram toda a terra ao redor"[17] e depois escravizaram a mãe de Teseu, Etra.[18] O defloramento de Helena por Teseu tornou-se lendário, mas o ultraje incendiava a mente dos espartanos, servindo de desculpa para novas agressões. Todos os anos, entre 431 e 425, durante a guerra do Peloponeso,

Esparta atacava a Ática.[19] A única região poupada era a Dekeleia, por gratidão a antigos homens de lá que, ao que se contava, haviam guiado Castor e Pólux ao esconderijo de Teseu em Afidna.[20]

A violação de mulheres de outro grupo social era um ato de desafio que exigia retaliação.[21] O estupro de Helena foi uma tríplice ofensa: uma incursão em território alheio, o desbaratamento de um ritual de importância primordial (a dança de apresentação de jovens virgens em um lugar sagrado) e, naturalmente, o ataque contra uma menina de sangue real e menor de idade.[22] Os raptos se tornaram instâncias que necessitavam ser reparadas. Na mente dos gregos, em tenra idade Helena já iniciara a carreira de provocadora de conflitos.

∽⊚⊚∽

As violações sofridas por Helena — tanto por Teseu quanto por Páris — tiveram infinita relevância para a cidade de Esparta. Os espartanos que dominavam o panorama clássico eram, na verdade, intrusos — dórios que tinham invadido a região cerca de 1050 a.C. Enquanto os atenienses, rivais de Esparta, se intitulavam autóctones (oriundos do próprio solo, nascidos da terra), tribo surgida e preparada para governar o território de Atenas, os espartanos eram considerados forasteiros: um fato histórico ao qual se mostravam extremamente sensíveis. Promoviam vigorosamente sua herança antiga, e um dos títulos de legitimidade da posse das terras de Esparta era que se tratava de descendentes diretos da bela Helena.

Helena encontrou nos espartanos uma base de admiração idiossincrática. Os qualificativos "espartano" (austero, resistente, rigoroso) e "lacônico"[23] (breve, de poucas palavras) entraram para a língua portuguesa.* Existem indicações adequadas a uma sociedade que era realmente extremada, dura e taciturna. Os espartanos acreditavam, acima de tudo, no dever e no auto-sacrifício. Inspirando-se em uma figura obscura, provavelmente mítica, chamada Licurgo, "o que trouxe as leis", baniram o dinheiro, as prostitutas e os perfumes e desprezavam os adornos das vestes, muito apreciados por outras cidades-Estado gregas; os verdadeiros espartanos viviam descalços e

---

*Como assinala a autora, entraram igualmente para a língua original do livro (*Spartan* e *laconic*). (*N. do T.*)

usavam um manto tênue e esgarçado, no verão e no inverno. Os espartanos desestimulavam os forasteiros; numa atitude política codificada, conhecida como *xenelasia* (literalmente, evitar os estranhos), proibiam o comércio de além-mar. Toda a estrutura social e política se destinava a preservar a "pureza" e a energia da cidade-Estado espartana.

Embora Esparta fosse totalitária e sigilosa, muitos gregos apreciavam seus rígidos sistemas políticos e sociais, que pareciam garantir a *eunomia*, a boa ordem. Entre os "laconófilos" (amantes da Lacônia) estão o filósofo Sócrates e o historiador Xenofonte. A *eunomia* era mantida em grande parte graças a uma rígida engenharia social. Os meninos eram levados para longe de suas mães aos 7 anos e criados no *agoge* — um campo de treinamento exclusivamente masculino: o objetivo primordial de sua instrução era preparar soldados leais e invencíveis. Os homens de Esparta não precisavam preocupar-se com os demais aspectos variados da vida; o Estado espartano era sustentado pelos *hilotas*, uma população de escravos, e pelos *perioikoi*, artesãos que viviam "nos arredores". Os cidadãos espartanos viviam somente para ser soldados profissionais; os homens só mereciam uma lápide com seu nome quando morriam no campo de batalha, e as mulheres, quando morriam no parto. Não havia interação entre os diferentes níveis hierárquicos. As mulheres espartanas (em teoria) geravam filhos apenas com cidadãos totalmente espartanos.[24] Como todos os homens espartanos entre os 7 e os 30 anos passavam os dias nos quartéis e as noites juntos, no *sissítion* (alojamento), o governo do lar e às vezes os assuntos quotidianos de Estado cabiam às mulheres.[25]

Ao contrário dos atenienses, os espartanos desprezavam a busca de riquezas visíveis e a pompa dos monumentos grandiosos. Não se preocupavam com o patrocínio das artes em grande escala, nunca construíram um Partenon. O lúcido e conciso historiador do século V, Tucídides, observou que se Esparta fosse abandonada (ficando de pé somente as fundações de seus prédios sagrados e seculares), ninguém poderia imaginar a importância da cidade a partir de sua parca arquitetura.[26] Os restos da antiga *polis* são realmente raros, e, como pouco prometia, Esparta foi um dos últimos sítios a ser escavado na corrida do século XIX, entre os países europeus, de apoderar-se dos antigos monumentos. As primeiras pás cortaram o solo da Acrópole espartana apenas em 1906.

Os britânicos foram os principais pesquisadores em Esparta. As condições eram difíceis e o progresso foi lento; a cidade neoclássica de Sparti, de meados do século XIX, havia sido construída diretamente sobre a cidade antiga.[27] Depois, artefatos interessantes começaram a surgir da terra. Havia estatuetas já esperadas de soldados hoplitas,[28] inscrições em homenagem a gloriosas vitórias em competições corpo a corpo e esculturas do perfeito guerreiro segundo o ideal espartano. Havia, porém, outros objetos mais sensuais: finos pentes de marfim, frascos de perfume, cosméticos para os olhos, espelhos intrincados e estatuetas de bronze e terracota representando moças tocando instrumentos musicais ou dançando e cavalgando — algumas ao estilo amazona — e muitas dedicadas nos sítios do culto de Helena. Mas as estatuetas femininas foram guardadas em caixas de papelão e relegadas ao fundo dos arquivos — onde muitas se encontram até hoje. Os antigos espartanos teriam considerado irresponsável esse desrespeito aos remanescentes dos cultos femininos, inclusive o de Helena.

Cada homem, mulher ou criança da antiga Esparta convivia com recordações vívidas e tangíveis de sua famosa ancestral. Em forma de entalhes, inscrições e estatuetas, Helena permaneceu presente em toda a cidade até o fim do período do governo romano. Além dos seus lugares de culto no Menelaion e Platanistas, ela possuía um santuário no centro da cidade, próximo aos túmulos do poeta Álcman e Hércules.[29] *Stelae* de pedra com a efígie de Helena, criadas para exibição em público, foram esculpidas por sucessivas gerações. Uma delas, que data do século VI a.C., mostra Helena com o ovo de seu nascimento.[30] Em outra, do século II a.C., ela está cercada por seus irmãos, os Dióscuros; sua imagem é impressionante, com a cabeça coroada por longos raios de luz — uma representação da esfera celestial.[31] De suas mãos pendem curiosas faixas — para os olhos modernos parecem réstias de cebola, mas para os antigos gregos, que conheciam a natureza sagrada dessas tiras de pano ou cordas cheias de nós, elas demonstravam o poder ritual de Helena.[32]

A partir do período helênico,[33] sociedades exclusivas, cujos membros tinham seus nomes inscritos em lápides de pedra, organizavam festivais e sacrifícios para Helena e seus irmãos gêmeos.[34] Somente os participantes poderiam adorar os filhos de Leda dessa forma. As regras de comportamento eram severas. Um dos diretores do clube era o *gynaikonomos*, que

assegurava a vestimenta e o comportamento corretos das mulheres da sociedade religiosa. No período romano, o sacerdócio hereditário — sacerdotes e sacerdotisas — afirmava ser descendente de Helena e dos Dióscuros;
os oráculos de Helena examinavam as entranhas de animais sacrificados
em busca de mensagens divinas.[35] As moças espartanas se preparavam a
cada ano para os opulentos e orgíacos festivais da primavera, os aniversá-
rios da dança de juventude de Helena no santuário de Ártemis Órtia e às
margens do rio Eurotas. O nome dela era cantado, e sua memória era louvada em cerimônias cívicas formais. Quer a "desejada do mundo" gozasse
de vida mortal ou não, não há dúvida de que ela estava viva, clara e proe-
minentemente, na mente dos antigos espartanos. Nós a chamamos de
Helena de Tróia — para os gregos ela era, indiscutivelmente, Helena
de Esparta.[36]

7

SPARTE KALLIGYNAIKA

Nenhuma jovem espartana poderia crescer com modéstia,
ainda que desejasse. Elas nunca ficam em casa; não, saem à rua
com as pernas de fora e roupas largas, para lutas e corridas
com os rapazes. Considero isso intolerável.

EURÍPIDES, *Andrômaca*[1] (428-424 a.C.)

O DESTINO DE HELENA COMO MULHER espartana — segundo os que os
autores da Antigüidade nos querem fazer crer — era passar de vítima de estupro a noiva-criança, amante infiel, concubina-troféu e, finalmente, esposa devotada. As fases de sua vida foram marcadas por
características sexuais. Quase nenhuma atenção foi dada aos anos em que
não houve algum tipo de encontro erótico inebriante. Não é coincidência
que Helena desapareça da poesia de Homero tão logo deixa de ser perse-
guida por homens. A última vez em que a vemos na *Odisséia*, ela se dirige
ao leito com Menelau no palácio de Esparta, quando o casal real regressa
de Tróia.[2] Homero não se interessa por ela depois que envelhece. Através
das muitas reviravoltas de sua vida terrena, essa Helena da literatura encontra muitos homens e aprende a tratar, até bem demais, com as manifestações — e as conseqüências — da urgência carnal.[3]

A cidade-Estado de Esparta reconhecia que sua ilustre ancestral, cuja
vida, tal como recordada, compreendera diversos ritos de transição, era
perita em sexo. A bela Helena não era desprezada por isso. Ao contrário,
era considerada em situação favorável para estimular o desenvolvimento
das mocinhas espartanas. Assim, estava sempre no centro dos rituais pa-

trocinados pelo Estado — os quais tinham a finalidade de socializar os adolescentes da cidade, transformar moças ingênuas em boas esposas, levá-las do estado de *parthenos*, virgens, ao de *ninfe*, recém-casadas. O local do culto de Helena pelas virgens espartanas era, certamente, uma ilhota no rio Eurotas. Localizada próximo ao santuário de Ártemis Órtia, essa zona pantanosa, lugar de divisão — metade terra, metade água — era chamada de Platanistas, por causa das árvores de plátano que, antigamente, a sombreavam. Ali, as margens do rio são largas e planas, e a lama é firme. É um lugar naturalmente adequado para atividades atléticas.

Danças rituais em honra a Helena eram executadas em Platanistas pelas jovens espartanas a partir do século VII a.C. Esses espetáculos procuravam emular os que a própria Helena praticava quando era adolescente na cidade. No Museu de Esparta, vêem-se várias máscaras de terracota fazendo caretas,[4] lembrando as carrancas esculpidas em igrejas medievais — alguns acreditam que essas carantonhas grotescas eram usadas para ocultar o rosto das devotas enquanto dançavam e cantavam umas para as outras.[5] A fim de homenagear Helena, as virgens ficavam a sós durante toda a noite. Os rituais deviam ser intensos, frenéticos, palpitantes de energia juvenil. Dançavam durante as horas de escuridão, faziam uma pausa e voltavam pouco antes da aurora para prosseguir. Havia luz de tochas, bebidas e, muito provavelmente, banquetes suntuosos.[6] As participantes dançavam a passagem da infância à maturidade, começando a noite como virgens inocentes, e ao raiar do dia já estavam transformadas em "belas" jovens, prontas para o casamento.[7] As danças, ao que parece, pretendiam evocar com o som dos tambores um pouco da sublime atração de Helena que existia na terra e no ar: a palavra grega para atração é "*kharis*".

Kharis é a raiz de "carisma" e "carismático" e pode significar simplesmente graça ou encanto. Mas a palavra grega original tem também uma conotação mais sexualizada: um dom que acende o desejo. *Kharis* era uma dádiva de Afrodite, a deusa do amor sexual. Essa era a qualidade do poder sedutor em estado primário que Helena possuía mais do que todas as outras. As mocinhas que dançavam em Platanistas, estimuladas pelo espírito de Helena, que as presidia, passavam por um rito de transição que as tornava belas porque as fazia carismáticas, sexualmente maduras e disponíveis. Para elas, Helena não era a mais "bela" mulher do mundo, mas sim a mais erótica.

Esses ritos de orgia exclusivamente femininos, inspirados pela história de Helena,[8] foram imortalizados pelo poeta espartano Álcman.[9] No século VII a.c., Álcman escreveu as Partênia, odes corais que grupos de meninas praticavam em segredo e depois cantavam nas competições de coros ou de ginástica. Essas Partênia eram parte central da educação das jovens espartanas, aprendidas e executadas pelas sucessivas gerações. Os poemas exaltam a beleza feminina, especialmente a beleza das louras. Louvam as realizações físicas das mulheres espartanas.

A poesia de Álcman é ardente e evocativa. Nos trechos seguintes, cada partênion — menina ou mocinha — louva a beleza de outra. Os versos que sobreviveram são apenas fragmentos e, portanto, o ritmo do verso fica muito despojado, mas ainda é possível apreciar o timbre dos cânticos.

Álcman, *Partênion 3*

Deusas do Olimpo... em meu coração... cantos e eu... ouvir a voz de... (5)
de meninas que cantam uma bela canção... espantará o doce sono... de
minhas pálpebras e me levará até a competição, onde certamente
lançarei ao vento meus cabelos louros
(10) delicados pés...
(61) com desejo que solta meus membros e mais enternecedora do que o
sono e a morte ela volta os olhos para... e tampouco é doce em vão.

Os preciosos papiros em que estão escritos estes poemas estão preservados na Biblioteca Sackler, em Oxford, e no Louvre, em Paris.[10] Originalmente, eram edições de luxo (como atestam a bela caligrafia e as generosas margens do documento), mas hoje estão lamentavelmente desfeitas. Alguns fragmentos são do tamanho de uma unha, e é impossível decifrar as letras gregas picotadas na superfície. A obra que está no Louvre, descoberta em Saqqara, no Egito, em 1855, está irremediavelmente danificada (não admira, o documento foi usado para mumificar um crocodilo) e é mantida em segurança, fora do alcance da luz, pelos curadores do museu.

Em um poema, a beleza das jovens é comparada com o calor abrasador de Sirius, a estrela da constelação do Cão Maior — corpo celeste ligado a poderes sinistros e libertinagem. As moças cantam diretamente uma para a outra, falando da paixão e dos atributos físicos de cada uma; as palavras acariciam; o flerte — com um laivo de lesbianismo — é impressionante.

Álcman, *Partênion 1*

(45) Pois ela se faz notar, como um cavalo robusto de patas trovejantes em meio à manada um paladino de sonhos em cavernas.
(50) Não vês? A montaria é vêneta; mas os cabelos de minha prima Hagesichora brotam como ouro puro;
(55) e seu rosto argênteo — por que tenho de dizer claramente? Ali está a própria Hagesichora, enquanto a rival mais próxima de Agido em beleza correrá como um cavalo de Coláxia contra um de Ibenian.
(60) pois as Plêiades surgem no céu como a Estrela do Cão para nos desafiar enquanto levamos o manto a Órtia através da noite ambrosiana.
(65) Não há abundância de púrpura suficiente para proteger-nos, nem nossa pulseira de serpente pintada em ouro maciço, nem nosso barrete da Lídia, adorno para meninas de olhos suaves, nem os cabelos de Nanno (70), nem Areta que parece uma deusa, nem Tilacis e Cleesithera.
...
— não, é Hagesichora que me exaure de amor.
Pois Hagesichora, de belos tornozelos, não está aqui conosco.
...
E a de fartos cabelos louros...[11]

Os espartanos podem ter-nos deixado pouca coisa em termos de história escrita, mas as raras fontes literárias, como a Partênia de Álcman, dão a impressão de que era justificada a reputação das moças espartanas no mundo clássico como proponentes de homossexualidade e homoerotismo.[12] São mais famosas as paixões dos homens por Helena, ou com a idéia de Helena, mas, ao cantar versos arrebatados como os de Álcman, também as mulheres tinham a possibilidade de adorá-la.

Para essas jovens espartanas que praticavam suas pavanas em conjunto, sozinhas à noite, Helena era real. Talvez fosse preciso certa ajuda para sentir sua respiração junto ao rosto ou ouvir sua voz no ar, mas as tochas, a bebida e as danças durante toda a noite provavelmente alteravam suficientemente os sentidos das adolescentes para que elas percebessem a presença de Helena caminhando em seu meio. Para as mentes sugestionáveis, ela não era uma presença metafísica, mas sim física.[13] Pode ser difícil imaginar o quão vívida e presente a Helena há muito falecida poderia parecer aos espartanos arcaicos e clássicos, mas pensemos nisto: para os gregos antigos, os deuses e deusas, os *daimons* e os espíritos não flutuavam no éter — ou no coração dos homens —, mas ocupavam lares reais e temporais.[14] Assim, temos Zeus habitando o Olimpo, Atená, a Acrópole ateniense, e, pelo menos a partir do século VII a.C., Helena vivendo ainda como espírito educador na cidade de Esparta.

ᘓᘐᘓᘐ

Homero inicialmente descreve Esparta como *Sparte Kalligynaika*,[15] "terra das mulheres bonitas", qualificativo sem dúvida inspirado pelo exemplo de Helena. O Oráculo de Delfos, altamente respeitado e influente, endossou a beleza das moças espartanas, chamando-as de Kallistai — "as *mais* belas", "as mais finas" ou simplesmente "as melhores".[16] A sublime beleza de Helena era um recurso para as mulheres espartanas — uma dádiva à cidade-Estado, entregue quando eram executados os ritos cuidadosamente preparados, como as danças no Platanistas. "Ser bela" era um objetivo ostensivo para as espartanas, que rejeitando as bugigangas materiais, tomavam como um fetiche a beleza natural do corpo humano sem adornos. Dizia-se que a beleza física era admirada em Esparta acima de todos os demais atributos.[17]

Em busca da perfeição física, as mulheres espartanas levavam vantagem sobre suas correspondentes atenienses. Ao contrário das atenienses, as moças espartanas recebiam a mesma ração alimentar dos rapazes e tinham permissão para beber vinho não diluído em água.[18] As adolescentes eram submetidas a um severo regime de treinamento que as deixava em tão boa forma física quanto seus irmãos e primos. As mulheres podiam ser independentes economicamente. Podiam cavalgar. Recebiam instrução musical e na arte da declamação.[19] No santuário de Ártemis Órtia foi encontrada uma coleção original de estatuetas — moças tocando címbalo, flauta e lira.[20] Ouvimos falar de uma poeta do sexo feminino (rara na

Grécia), de nome Megalostrata, que tinha "cabelos dourados" como Hele-na.[21] Um conto, provavelmente apócrifo, descreve as confiantes mulheres espartanas espancando homens solteiros em redor de um altar.[22] Em suma, elas tinham uma reputação que intimidava: eram o oposto diametral da mulher ateniense ideal, que "via, ouvia e falava o mínimo possível".[23]

As moças espartanas faziam seus exercícios despidas ou seminuas e seus movimentos eram tão vigorosos (um deles exigia que batessem com os calcanhares nas nádegas o maior número possível de vezes — um exercí-cio chamado *bibasis*[24]) que elas receberam o apelido de "coxas relâmpago". As fontes clássicas assinalam que a educação das jovens compreendia cor-ridas a pé, luta livre, lançamento de disco e de dardo e provas de força físi-ca.[25] Essas moças estão representadas nas alças de belos espelhos de bronze — mostram-se em boa forma, nuas (não é comum encontrar a forma fe-minina nua nesse estágio inicial da arte grega), algumas com flores atrás das orelhas, com os longos cabelos presos, prontas para os exercícios.

Essas eram as belezas virginais que na Esparta arcaica e clássica adora-vam Helena. As acólitas do culto eram chamadas de *poloi*, "potrancas" — jovens ainda não subjugadas pela canga do casamento.[26] Ao retratar as atendentes de Helena como potrancas em sua *Lisístrata*, Aristófanes nada mais fez do que utilizar uma antiga noção comum aos gregos que viam na mulher o fascínio da égua selvagem,[27] ainda mais atraente por estar perto de ser domesticada.[28]

É possível que a reputação dessas jovens espartanas como viragos con-cupiscentes e fisicamente aptas fosse simplesmente uma invenção, parte da "miragem" espartana, parte do mistério, sigilo e exotismo que envolvia, como a névoa do Eurotas, essa cidade-Estado excepcional. Os espartanos preferi-ram nada escrever a respeito de si mesmos, não promover suas histórias e seus costumes. Assim, os demais gregos somente sabiam o que ocorria em Esparta por relatos de segunda mão.[29] É possível que esses relatos fossem exa-gerados. Mas nos períodos helênico e romano, não havia dúvida sobre as credenciais atléticas, voltadas para o corpo, das moças espartanas. Agora, as características excessivas dos espartanos passaram a ser publicadas ativamente. Meninos eram açoitados e mocinhas corriam nuas numa estranha espécie de sadoturismo que atraía visitantes de todo o império romano. O próprio Augusto César foi observar esses espetáculos no recém-reconstruído teatro romano, na Acrópole de Esparta,[30] e uma jovem espartana foi levada a Roma a fim de lutar em público contra um senador romano.[31]

Escritores emocionados imaginaram Helena em cenários sombrios como esses. Ovídio, por exemplo, torna-se particularmente lírico ao falar da jovem princesa espartana lutando nua na palestra.[32] Outros escritores gostavam de contar a história de uma Helena ainda criança, despida e untada de óleo que lhe fazia brilhar a pele, fazendo exercícios, correndo e dançando com as colegas. Ao evocar a juventude de Helena em uma de suas elegias eróticas, o poeta romano Propércio[33] dá asas à imaginação descrevendo o "admirável regime" das moças espartanas:

Ali, as jovens exercitam adequadamente seu corpo em esportes físicos, lutando nuas contra rapazes, atirando bolas tão rapidamente que eles não conseguem agarrá-las, fazendo rodar os arcos ligeiros; ou acabam ofegantes, sujas da lama do solo onde lutaram, machucadas no rude pancration; ou amarram as tiras de couro nos pulsos valentes, fazem oscilar e lançam os pesados discos, ou cavalgam a toda velocidade na arena, com a adaga oscilando nas coxas brancas como a neve, com um elmo de bronze protegendo a cabeça virginal; ou nadam quando as Amazonas do regimento atravessam seminuas as águas do Termodon; ou talvez saiam em caçada com um par de mastins nativos pelos extensos cumes das cadeias de montanhas de Taígeto.[34]

Embora os forasteiros se concentrassem nos prazeres lascivos que os exercícios e danças das mulheres espartanas prodigavam a outros,[35] há bons motivos para acreditar que essa vida ativa conferia poder às suas participantes. Uma estatueta de bronze,[36] feita em Esparta por volta de 520 a.C. (mas encontrada em Prizren, na Sérvia, talvez levada como lembrança por algum turista), representa uma jovem de bíceps firmes e rijos músculos nas pernas. A figura está em meio a uma dança, saltando para a frente enquanto olha para trás. Essa jovem teria freqüentado os campos espartanos de treinamento. Tive em minhas mãos essa figura, e, embora seja pequena, denota claramente o vigor e a energia das mulheres de Esparta. Mulheres que adoravam Helena.

A própria característica de Helena que fazia a maioria dos escritores antigos recuar — sua liberdade, seu físico e sua iniciativa — pode ter auxiliado as jovens espartanas a perceber a si mesmas. Helena de Esparta não era uma mulher fatal, mas sim um modelo a ser imitado, que se acreditava ocupar os recintos mais sagrados das ricas terras espartanas.

෧෧෧

Heródoto, o "pai da história" do século V a.C., narra um pequeno conto mágico sobre o alcance da sublime beleza de Helena. Uma menina nascida em Esparta, ainda bebê, era terrivelmente desfigurada (a palavra grega é *dismorfia*, "deformidade" ou "feiúra"). Era de família nobre, e a babá teve a brilhante idéia de levar essa criança horrenda ao santuário de Helena no topo do Terapne, em busca de cura. Como em todos os santuários clássicos, cercados por uma pequena estrutura de pedra,[37] deveria haver ali uma *agalma*, uma imagem do espírito residente. A estátua de Helena, talvez feita de madeira entalhada, permanecia ali constantemente para atender aos devotos, como a suplicante de Heródoto. Um dia, quando a babá estava sentada nas pedras mornas, próxima ao ídolo de Helena, uma mulher muito bela apareceu de repente e tocou com a mão a cabeça da criança. À medida que passavam os anos, depois da bênção da misteriosa aparição (naturalmente, Helena), a menina desfigurada crescia e se tornava a mais bonita do reino.[38]

Oitocentos anos depois de Heródoto, o escritor Pausânias, que visitou Esparta por volta do ano 160 d.C., foi ao Menelaion a fim de tentar verificar por que o santuário de Helena e seu marido era tão venerado.[39] Ele acrescenta um detalhe que tem relevância para nossa história.[40] Ao recontar a anedota sobre a esperta babá e a transformação da infeliz criança, Pausânias nota um sutil aspecto lingüístico. A intervenção de Helena transformou a *menina* mais feia na mais bela *mulher — gunaikon to eidos kallisten* é a expressão utilizada: *a mais bela mulher-esposa*. A história termina com essa *guné*, agora atraente, casando-se com um amigo do rei Ariston de Esparta, mas envolvendo-se em um triângulo amoroso complexo e confuso, desejada pelo próprio rei.

No cimo do monte Terapne; nas margens do rio Eurotas; nas ruas de Esparta; a beleza de Helena assumiu um aspecto espiritual. Poderosa, às vezes perniciosa, acreditava-se que sua *kharis* não diminuía com o tempo e que sua terra natal permanecia agitada por sua energia.[41] Assim era Helena adorada em Esparta no período histórico — como uma *alma mater* carnal, um espírito da natureza, uma propiciadora da fecundidade feminina. E mil anos antes, na Idade do Bronze tardia, os indícios arqueológicos, ainda sendo escavados, sugerem que uma princesa histórica, uma Helena viva, teria sido venerada de maneira notavelmente semelhante.

8

MOÇAS DE OLHOS TERNOS

> Exilamos a beleza; os gregos se alçaram em armas por ela...
> Mais uma vez, a filosofia das trevas surgirá e se dissipará por
> sobre o deslumbrante mar... Mais uma vez os terríveis muros
> da cidade moderna ruirão e revelarão — "alma serena
> como a calma do oceano" — a beleza de Helena.[1]
>
> ALBERT CAMUS, "O exílio de Helena" (1948)

E M 1987, NA COSTA SETENTRIONAL DE CRETA, em Chania, durante a limpeza de um terreno num endereço particular, *4 Odos Palama*, os operários encontraram algo inesperado: uma série de túmulos da Idade do Bronze tardia. Dentro deles havia 29 esqueletos que datavam do século XIV a.C.[2] Os restos mortais foram cuidadosamente analisados e o exame odontológico revelou problemas de estresse nos dentes das jovens entre 11 e 12 anos de idade — indicador conhecido da chegada da puberdade. Se aos 12 anos as meninas da Idade do Bronze já estavam prontas para se tornarem parceiras sexuais, é quase certo que com essa idade uma aristocrata de Micenas, a Helena da Idade do Bronze, estaria colocada no mercado matrimonial.

As moças adolescentes e em idade de se casar eram reconhecidas pelas primeiras sociedades do Mediterrâneo como mercadoria vital e preciosa — uma criatura núbil cuja fecundidade em botão asseguraria a preservação da comunidade. Não por acaso menciona-se freqüentemente a idade de 12 anos para a época do rapto por Teseu — isso tinha um significado importante: era o defloramento de uma criança justamente no momento em que ela se tornava mais valiosa.[3] Não possuímos testemunhos escritos da Idade do Bronze tardia que quantifiquem a desejabilidade das meninas de 12 anos; temos, no entanto, pistas muito significativas — pinturas que sugerem a aparência das adolescentes na Idade do Bronze de Helena, os ritos de transição de que participavam e o alto valor que possuíam.

Em afrescos do século XIII a.C. encontram-se representações de moças em Micenas, Tirinto e Pilos e em pequenos discos e anéis de ouro[4] e esculturas em marfim,[5] mas para encontrar os exemplos mais impressionantes temos de voltar 300 anos no tempo e atravessar geograficamente o Egeu até a ilha de Tera, nas Cíclades.[6] Ao explodir, destruindo a vida da população nativa e modificando o desenvolvimento do mundo ocidental, aquele vulcão mal-humorado nos presenteou com algumas gentilezas culturais. Uma esplêndida surpresa ficou preservada nos resíduos vulcânicos em Acrotiri.

Escavações em 1967[7] revelaram algo extraordinário — um assentamento completo e inexplorado da Idade do Bronze contido na lava resfriada. Havia ruas e pátios, santuários e casas — muitas excepcionalmente bem conservadas. À medida que novos achados foram aparecendo, tornou-se evidente que a Acrotiri pré-histórica tinha sido uma cidade movimentada e rica. Havia um sistema inteligente e complexo de drenagem subterrânea, muitos prédios tinham dois ou três andares e a maioria possuía decoração luxuosa. Mas a maior descoberta ainda estava por vir. Ao afastar delicadamente com suas brochas o pó de pedra-pomes que cobria diversas paredes internas, os arqueólogos descobriram afrescos impressionantemente belos: meninos nus que transportavam fieiras de peixes acabados de pescar, barcos decorados para alguma cerimônia, rios exóticos povoados por criaturas fantásticas. E também, o que era especialmente importante para a busca de Helena, várias cenas que mostravam mulheres nobres em diversas etapas de seu desenvolvimento sexual.

Os afrescos originais estão agora depositados em Atenas, mas vale a pena viajar a Tera a fim de refletir sobre sua origem. Chegar de barco é melhor — uma chance de apreciar essa ilha rochosa assim como os comerciantes da Idade do Bronze o faziam. A escura massa rochosa afasta-se do Aegean. A Tera dos dias modernos empoleira-se — como cobertura de um bolo para o diabo — na caldeira deixada para trás quando a parte central do vulcão abriu passagem para o mar em algum momento entre 1650 e 1525 a.C. Um terrível espetáculo pirotécnico para o mundo da Idade do Bronze.

Agora a ilha tornou-se um playground para viajantes ricos e famosos do mundo. Quem caminhar pelas elegantes ruelas que vendem coquetéis mortíferos e biquínis para a boneca Barbie, através de becos e passagens que serpenteiam entre a beira dos penhascos até chegar ao museu onde estão abrigadas as cópias dos afrescos, terá inicialmente dificuldade em imaginar a Tera pré-histórica — um gigante pensativo, colocado em local fértil e estratégico, que atraía e sustentava uma ativa população de comerciantes. Tera aproveitava os lucros do comércio da Idade do Bronze até que a terra começou a comportar-se de maneira anormal, enviando advertências, tremores, quedas precursoras de lava vindas da inquieta câmara de magma, jatos erráticos e inexplicáveis de vapor que surgiam do solo. As escavações revelam que oficinas da Idade do Bronze foram abandonadas às pressas, com vasilhas de tinta e argamassa deixadas pela metade quando a população de Tera fez-se ao mar, fugindo para a vizinha Creta com os poucos pertences com que conseguiram encher os barcos.

Dentro do Museu de Tera Pré-histórica, longe das atrações turísticas, há uma exposição de fragmentos de afrescos da Idade do Bronze que transporta o visitante de volta àquele mundo antigo e abandonado. As mulheres dominam uma série de cômodos (o complexo Xeste 3). Ali há símbolos "clássicos" de divindade: um grifo em uma correia vermelha, flores de lótus. Um macaco azul sobe em direção a uma figura central feminina,[8] em plano elevado, reclinada em ricas almofadas de pano e coberta de jóias. No pescoço, traz um colar de contas vermelhas, amarelas e azuis, esculpidas em forma de patos e libélulas. Essa jovem deusa, cujos seios apenas brotam,[9] está acompanhada por quatro acólitas. A figura divina parece cuidar das mais jovens; seus braços mostram pulseiras com enfeites em forma de lua[10] — as imagens lunares são freqüentemente ligadas à menarca — sinal de que se trata de um espírito protetor que guia o desenvolvimento físico das meninas.

As paredes estão cobertas de cenas pastoris.[11] Andorinhas mergulham do céu, namorando ou alimentando os filhotes acima de variados panoramas naturais. Há rochedos escarpados, que lembram a morfologia de Tera.

Filhotes de veados se enfrentam; lírios, plantas de papiros e rosas selvagens se agitam à brisa. É uma comemoração do ciclo das estações, da glória da natureza e também da posição das mulheres e da sexualidade emergente em ambas.

Nas paredes de Acrotiri vê-se freqüentemente uma flor: o açafrão, planta frágil e delicada, cujos estames valiam mais do que seu peso em ouro — usada como tintura amarela para roupas finas e como condimento culinário. Era preciso colher enormes quantidades para que o açafrão pudesse ser utilizado de forma eficiente: 4 mil estames para produzir somente 28 gramas (uma onça) do inconfundível corante dourado.[12] As sociedades antigas sabiam que essa pequenina planta também tinha outras qualidades além das cosméticas. Utilizado corretamente, o açafrão é um analgésico eficaz; era um cultivo altamente valioso. Moitas de açafrão (a disposição no afresco provavelmente sugere que era cultivado, e não colhido em forma selvagem) cobrem as paredes do fundo da pintura, o corpete da deusa é enfeitado com flores e os estames adornam as roupas e marcam seu rosto — possivelmente, uma tatuagem.[13] Em outras partes de Acrotiri, um barco mercante está decorado com açafrão, talvez indicando que a planta mágica era exportada a granel. Sem dúvida, no período histórico, Tera obteve a reputação de produtora das melhores flores de açafrão do Mediterrâneo oriental.[14]

As mulheres e meninas que fazem a colheita do açafrão são visivelmente de classe social elevada e suas roupas e penteados as distinguem com detalhes minuciosos; esses afrescos apresentam uma visão pormenorizada de uma princesa da Idade do Bronze.[15] Assim seria (quase certamente) a aparência de Helena ao caminhar por uma cidadela de Micenas, primeiro como menina e, em seguida, com o novo penteado de futura noiva. As meninas mais jovens de Tera têm a cabeça raspada, com apenas um cacho de cabelos em cima da fronte e um pequeno rabo-de-cavalo na parte de trás. Para indicar as partes raspadas, era usada tinta azul, e, portanto, as jovens parecem estar usando uma casquete azul justa com tufos de cabelos emergindo obliquamente. Um retângulo de cabelos pouco acima das orelhas foi retirado das quatro acólitas da deusa. Uma delas leva um queimador de incenso em forma de concha e tem os lábios e orelhas pintados com um cosmético vermelho escuro. Outra jovem se aproxima de um portal de onde escorre sangue.[16]

A aparência é exagerada e exótica; essas jovens aristocratas, com suas tonsuras, não poderiam estar mais distantes das açucaradas e róseas princesas Helenas representadas pelos pincéis dos artistas ao longo dos séculos.

Aparentemente, na adolescência permitia-se às meninas usar os cabelos um pouco mais longos e mais anelados (embora ainda com um cacho na fronte e um rabo-de-cavalo), e, em seguida, ao atingir a maturidade, a navalha deixava de funcionar. As mulheres maduras ostentam fartas cabeleiras, às vezes presas de forma elaborada com fitas e contas — além de seios amplos e nus. Enquanto as adultas vestem mantos compridos, as jovens têm vestidos que vão até as canelas, com mangas curtas. As jovens conversam enquanto colhem o valioso açafrão. Uma das jovens se feriu e está sentada no chão segurando um dos pés, olhando a sola que sangra, com a outra mão na cabeça, em atitude de dor.[17] Outra caminha para a frente apresentando um colar, talvez uma oferenda à deidade; ainda outra, sorrindo, atravessa um campo. Diversas mulheres usam brincos grandes, em forma de aro, e pesados braceletes nos tornozelos — jóias perfeitamente coerentes com os achados no registro arqueológico.

Durante o trabalho de preservação, ficou evidente que pelo menos uma das meninas, em pé diretamente atrás da jovem deusa, tem cabelos fulvos e olhos azuis.[18] Isso era inesperado — uma revelação que desperta curiosidade, sendo também relevante para a história de Helena. Os heróis e heroínas homéricos freqüentemente são mencionados como *xanthos*, isto é, de cabelos ruivos ou louros — pensemos nos ruivos Ulisses e Menelau e na loura Helena. Durante anos, presumiu-se que a palavra *xanthos* era simplesmente usada em sentido figurado, um recurso literário que indicava "dourado" — estado divino ou heróico. Os afrescos de Tera sugerem coisa diversa. O gene dos cabelos fulvos, ruivos ou louros deveria ter estado presente ou, pelo menos, ser conhecido nos círculos aristocráticos da Idade do Bronze. Todas as demais mulheres representadas durante a Idade do Bronze têm cabelos escuros. Numa população que deve ter sido predominantemente de morenas, talvez os homens e mulheres que nascessem louros fossem considerados de certa forma abençoados, dignos de status especial.[19] A ruiva de Tera está colocada junto à deidade e é a única "mortal" autorizada a usar um colar, aparentemente feito de cornalina, pedra muito apreciada por causa de sua rica coloração vermelha.

As jovens beatificadas em pinturas como essa — especialmente as que são *xanthai* — podem não ser divinas, mas consideradas portadoras da graça divina. As imagens religiosas sugerem algum tipo de atividade ritual. Seria essa moça de cabelos claros o protótipo de Helena? Uma jovem loura considerada "especial" e a quem, portanto, teria sido confiada autoridade religiosa específica? Uma mulher que parecia trazer consigo uma graça divina? Uma mulher que séculos depois, nos épicos de Homero, passou a ser considerada filha dos deuses? É especulação — porém, ao mesmo tempo, uma possibilidade histórica: a jovem dourada de Tera honrada com a imortalização nas paredes de uma rica mansão; a "dourada" Helena honrada com a imortalização pelos bardos do Peloponeso.

O que vemos em Tera ao contemplarmos essas meninas em atividade é uma parte da sociedade tão estimada, tão importante, que ao se aproximarem da maturidade sexual, era-lhes confiado o cuidado de um dos cultivos mais valiosos do mundo antigo.[20] Talvez a própria colheita do açafrão fosse um rito de transição, um aprendizado do cuidado com a natureza — uma adequada combinação da atividade comercial com a espiritual. Sem contar com a história escrita, as interpretações dos ricos afrescos do complexo Xeste 3 em Tera permanecerão assim — nada mais do que interpretações. Mas, qualquer que seja nossa leitura das pinturas murais, uma coisa é marcantemente óbvia: os homens quase não aparecem.[21] Ao contrário, as mulheres jovens e bem vestidas, a elite feminina da sociedade, é que são as responsáveis pela preciosa flor do açafrão. Se pudermos traçar uma imagem mental de uma princesa da Idade do Bronze como Helena, às vésperas do casamento, um prêmio valioso, uma mulher que se acreditava possuir influência tanto temporal quanto religiosa, nesse caso, as adolescentes dos afrescos de Tera devem ser nosso primeiro ponto de referência.

As representações ativas, bucólicas e abandonadas da Tera pré-histórica contrastam fortemente com a visão repressiva prevalecente a respeito das jovens gregas, especialmente as atenienses, que se desenvolveu mil anos mais tarde, na altura do século V a.C. Esse foi o século que engendrou alguns dos mais duradouros juízos sobre a história de Helena. Foi o século que a transformou em uma "cadela lúbrica", uma "destruidora de cidades". A comparação fica encantadoramente explícita por meio de um pequeno *pixis* — um estojo de cosmético — datado de 470 a.C., em que aparece

Helena, hoje no Museu Britânico.[22] Nele, Helena está sentada, menina aca-
nhada, junto com a irmã Clitemnestra. Está próxima a uma cesta de lã,
pronta para costurar, atividade perfeitamente adequada a uma dócil jovem ateniense — apenas um espelho, entre as duas irmãs, sugere a presença de uma beleza perturbadora.

Também há outras heroínas memoráveis nesse objeto, porém todas
aprisionadas no interior das casas, adornando-se ou realizando trabalhos
domésticos úteis. Ifigênia amarra uma tira em volta da cabeça; Cassandra,
irmã de Páris, recebe uma cesta de trabalhos manuais; Clitemnestra ergue
um frasco de perfume. São todas imagens adequadas à proprietária da *pixis*,
uma esposa de classe abastada que dela retira, em seu lar, jóias ou ungüentos para enfeitar-se.

Ao contrário de suas ancestrais pré-históricas gregas — as adolescentes da Idade do Bronze em Tera —, essas jovens que adornam os vasos não
estão vivendo vidas integrais, com o sol lhes batendo no rosto, pisando em
pedras, cuidando de uma colheita lucrativa. Tampouco dançam ao redor
de uma árvore, com os seios nus, intoxicadas por estimulantes, como ocorre
com mulheres de Micenas em diversos anéis e sinetes.[23] *Alia tempora, alii
mores.* Os atenienses anulavam, temiam ou degradavam o sexo feminino.
Os gregos clássicos nunca guerrearam por causa de uma mulher. Embora
a Helena que melhor conhecemos tenha sido filtrada até nós através do
mundo clássico grego, a essência de uma Helena primeva não deve ser
buscada nos ateliês de pintura de vasos de Atenas e Corinto, mas nas paredes coloridas e desmoronadas da Idade do Bronze tardia.[24]

TERCEIRA PARTE

A DESEJADA DO MUNDO

9

UM TROFÉU PARA HERÓIS

Enquanto isso, homens sábios na Grécia vangloriam-se
tanto por causa de uma prostituta.

THOMAS NASHE, *Of Lenten Stuff* (1599)

OS AFRESCOS DE TERA SUGEREM que na pré-história uma princesa adolescente era um prêmio e tanto. E agora, em Esparta, na Idade dos
Heróis, os arquitetos da história de Helena nos dizem que ela era um troféu pelo qual era preciso lutar. O encontro de Helena com a sexualidade às
margens do Eurotas havia sido prematuro. Em certo sentido, ela era uma
mulher conspurcada. Mas Teseu, seu atacante, pelo menos era rei. Helena
não fora deflorada por um joão-ninguém. Era uma princesa que possuía
terras e tinha posição — ainda tinha valor. Quem se casasse com ela poderia não receber uma virgem, mas teria o rico reino de Esparta. Também
obteria — pelo que nos contam — uma bela mulher, brilhante, dourada,
uma jovem agraciada com beleza incomparável. Mensageiros percorreram
toda a Grécia e mais além: valia a pena lutar pela extraordinária filha de
Tíndaro. Até o século III a.C., famílias gregas se vangloriavam de que seus
antepassados haviam ido a Esparta a fim de disputar a mão de Helena. Perder não era demérito — competir por tal prêmio já era em si honra
suficiente.[1]

Como Helena era digna apenas dos melhores, seu pai, Tíndaro, orga-
nizou uma competição de casamento na qual todos os guerreiros da Terra
tinham de medir-se em demonstrações de força e ofertas de riquezas.[2] Não
há consenso sobre o lugar onde se realizou a competição, a não ser a casa

de Tíndaro. Alguns autores se limitam a dizer que foi na própria Esparta;[3] outros deixam em branco. Mas em Eurípides encontramos a propriedade de Tíndaro mencionada junto com o nome Amyclai.[4] Originalmente, era um povoado pré-histórico a 7 quilômetros de Esparta, diretamente ao sul. Está cercado por ampla planície, onde poderia ter sido levada a cabo a competição entre os heróis — corridas de bigas, corridas a pé, luta livre — sem falar dos volumosos subornos que os pretendentes traziam consigo: o poeta Hesíodo nos diz que, procurando conquistar Helena, os esperançosos heróis importaram vastas manadas de bois e carneiros, assim como faiscantes vasilhas, panelas e caldeirões.[5] Imaginemos, portanto, que ali tenha ocorrido a competição por Helena.

Amyclai é um lugar atmosférico — quem olhar para o oriente terá às costas a cadeia de montanhas Taígeto, cujas neves permanecem até bem adiantado o verão. Olhando pelo pequeno promontório do local, o observador verá uma colcha de retalhos de um verde suave de terras cultivadas, com elevações e desmoronamentos, onde campos habitados por duendes estão salpicados de matas de oliveiras. Arbustos recentes e espirradeiras crescem por entre blocos de pedras semi-escavados. A paz é rompida somente pelo som de tratores que sobem e descem a trilha abaixo, distribuindo produtos agrícolas que sempre foram abundantes neste espaço protegido.

Perto dali, em Vafeio, numa ampla alameda de oliveiras, há uma profunda tumba múltipla que data do século XV a.C. — o último repouso de um guerreiro micenense. O túmulo foi saqueado ao longo dos séculos, mas os ladrões não notaram uma cova mais profunda, que foi escavada, em 1889, pelo arqueólogo grego Christos Tsountas. Ali, junto com os apetrechos dos mortos — vasos de perfume, um espelho, adagas, facas, lanças de caça, machados, contas e uma espátula para o ouvido — foram encontradas duas ricas taças de ouro, ambas moldadas com cenas em relevo de doma de touros.[6]

Em Amyclai propriamente dita, existem apenas alguns remanescentes da pré-história. O sítio parece ter sido ocupado depois da destruição de muitos dos principais complexos de palácios, como os de Micenas, por volta de 1200 a.C. Entre os objetos micenenses descobertos, há achados pouco comuns — figuras humanas em argila de tamanho quase natural que poderiam ter presidido algum tipo de atividade ritual. Também havia ali grande quantidade de figuras femininas toscas. Era um lugar importante de culto. Hoje serena, Amyclai no passado testemunhou ritos idiossincráticos e fervorosos há muito esquecidos.

Durante todo o período arcaico e clássico, esse lugar abrigou festivais ao ar livre, como a *Hyakinthia*, que era observada em honra a Apolo e *Hyakinto*.[7] As referências textuais são opacas, mas há uma forte possibilidade de que Helena também fosse adorada ali, num festival chamado *Heleneia*.[8] As famílias armavam tendas, faziam piqueniques e levavam muito vinho ao santuário, comendo, bebendo e dançando até bem tarde da noite. As moças vinham de Esparta em *canatra*; algumas dessas carroças festivamente decoradas eram feitas em forma de criaturas fantásticas — grifos ou bodes.[9] Os brados dos cocheiros e o tinir dos ferros dos arreios podiam ser ouvidos a quilômetros de distância quando as jovens espartanas competiam umas com as outras em homenagem a Helena. A corrida passava pelos arredores de Esparta em direção a Amyclai ou a *eis to Helenes* — ao santuário de Helena.[10] As competições eram populares e ferozmente disputadas. Tudo isso era muito diferente de Atenas, onde as mulheres só tinham permissão de usar carruagens para ir a casamentos ou enterros.

ᖆᖆᖆ

A idéia de uma arena da Idade do Bronze em Amyclai, ou na própria Esparta, cheia de pretendentes, a elite tensa e suarenta da sociedade masculina micenense, é bastante vívida e inspirou alguns dos primeiros escritores conhecidos no Ocidente. Hesíodo fez a lista dos heróis que vieram lutar pela princesa espartana naquela primeira ocasião — porque, naturalmente, eles iriam encontrar-se novamente, lutando por Helena no campo de batalha de Tróia. Ele menciona um dos pretendentes, Filoctetes, e, em seguida, passa rápida e elegantemente a descrever o prêmio para os heróis. Ao longo desse catálogo de gente ilustre, Hesíodo fornece alguns lembretes sobre a beleza de Helena. Ela tem *"tornozelos bem-feitos, cabelos fartos, a jovem cujo renome se espalhou por toda a santa terra".*[11]

Somente possuímos fragmentos do poema de Hesíodo, e por isso não podemos reproduzir a lista completa dos heróis, embora a tradição nos diga que compareceram entre 29 e 99 homens. O que viria a ser marido de Helena, Menelau, um dos príncipes de Micenas, não compareceu, embora lá estivesse seu irmão Agamêmnon, mais velho e mais rico.[12] Aquiles, que era demasiado jovem, foi uma ausência importante. Num sarcástico comentário lateral, Hesíodo observa a sorte de Menelau ao obter Helena: "*Menelau não poderia ter conquistado Helena, e nem qualquer outro pretendente mortal, se o lesto Aquiles, que voltava de Pélion, a tivesse encontrado.*"[13]

Cada herói, cada líder de clã que aparece nas histórias, trazia sua própria comitiva de rapazes, ou *etai*. Trata-se de uma classe social correspondente ao *hequetai* da Idade do Bronze, e que parece ter sido uma casta de guerreiros em carros de combate. A elite da Idade do Bronze sem dúvida já se teria encontrado em ferozes esportes-combates destinados a separar os homens dos meninos e para determinar qual dos aristocratas era realmente o melhor (*aristos,* em grego antigo) e quem, portanto, merecia exercer o controle (*kratos*). Em diversas fontes visuais da Idade do Bronze, encontramos homens em combate competitivo — não em batalhas, mas em complicados embates "amistosos", que se destinavam a aperfeiçoar as habilidades na luta corpo a corpo. Combates de submissão, lutas livres, batalhas simuladas com picaretas e escudos, além de jogos de boxe, faziam parte desses jogos. Essas competições eram importantes como preparação para a guerra, mas também serviam para identificar os verdadeiros "heróis" dentro das cidadelas. Seu nome em grego antigo, *agones,* é a raiz da palavra "agonia"; a etimologia ajuda a comunicar a intensidade das competições.

Vestidos de maneira a impressionar, desfilando uns diante dos outros, e talvez diante de Helena, os pretendentes micenenses teriam usado saiotes curtos do tipo *kilt* escocês ou túnicas bem cortadas, feitas de linho ou lã de bode ou carneiro. Afrescos de Pilos mostram homens vestidos com saiotes pretos de couro, abertos em certos pontos, pois o couro oferecia proteção como segunda pele. Parece que somente a elite tinha permissão para vestir túnicas pregueadas — os de classe mais baixa usavam vestuário mais simples, às vezes enfeitado com tranças. Os operários cobriam os quadris com um pano.[14]

Homero narra com eloqüência o impacto que a elite teria causado, reunida no campo de batalha: *"Argivos em armaduras de bronze."*[15] Em

1960, em Dendra, na Argólida, próximo à cidadela micenense de Midéia, ocorreu uma descoberta surpreendente: um túmulo da Idade do Bronze tardia que continha uma bela armadura de guerreiro datada de 1.400 a.C. A aldeia, que termina pouco antes do sítio, possui um encanto rude do Velho Mundo; pequenas propriedades que chegam quase até o sítio estão em ruínas, e galinhas raquíticas picam o solo entre automóveis enferrujados. Nada nos prepara para a severa glória da panóplia que foi desenterrada a poucos metros dali. As placas de bronze têm um milímetro de espessura; habilidosamente forjadas, teriam sido forradas e amarradas com couro, cosidas em conjunto, com um colarinho alto que cobria a boca e o queixo. A impressão geral é ousada, desumana — feita para intimidar.

Essa bela panóplia, de 3.500 anos de idade, está agora silenciosamente exposta no primeiro andar do Museu de Nafplion, a cerca de meia hora de automóvel do ponto em que foi descoberta. O Museu de Nafplion fica a cavaleiro da praça central da cidade, lugar cheio de atividade, onde se serve sorvete e café amargo até tarde da noite. Mas a maior parte das diversões oferecidas é estimulante e ousada. Há butiques infantis, bares com mesas de sinuca e um enorme número de lojas que vendem *komboloi* das cores do arco-íris — contas tipo rosário. No museu, a armadura parece deslocada, embora seja uma das coisas mais antigas da região: descorada e opaca devido aos muitos séculos em que esteve enterrada, alheia, estéril, desconfortavelmente pesada. Mas se imaginarmos o bronze novo e polido, como fez Homero, a armadura repentinamente brilha de tanta vida:

> Como vorazes labaredas que devoram os grandes troncos
> No alto das cordilheiras e o clarão se espalha ao longe,
> Assim das tropas em marcha o brilho das armaduras de bronze
> Esplêndido e sobre-humano, fulgura através da terra,
> Cintilando para o ar até chegar ao céu.[16]

Também foram encontradas em Dendra peças de bronze que protegiam o rosto (*calcoparios* em Homero, que significa "maçãs do rosto de bronze") e que estariam ligadas a um elmo com presas de javali.

Exemplos arqueológicos existentes, 500 anos anteriores a Homero, são perfeitamente coerentes com seu relato.[17] Quarenta ou 50 presas cortadas ao meio estão amarradas em círculos concêntricos; seriam necessários até dez animais adultos para cada capacete. Os rijos dentes de javali proporcionavam uma boa proteção em volta do crânio de quem o usasse, mas eram também simbólicos. De todos os animais potencialmente letais para as populações da Idade do Bronze, o irascível e beligerante porco selvagem era o mais freqüentemente encontrado. Um especialista em comportamento animal me informou, quando analisávamos técnicas pré-históricas de caçada, que preferia ficar numa jaula com lobos do que no fosso dos javalis.[18] Um elmo de presas de javali denotava tanto um bom caçador quanto um guerreiro que trazia consigo o espírito de luta de um perigoso animal.

Na Idade do Bronze, uma competição entre pretendentes ao casamento com uma mulher como Helena — herdeira espartana — teria provocado muito exibicionismo e pose, pois muito dependia da maneira de apresentar-se despreocupadamente. Armaduras suntuosas como a que foi encontrada em Dendra e capacetes de presas de javali teriam sido lustrados para o desfile diante do grupo de espectadores. Numa sociedade em que as boas relações eram em grande parte baseadas em trocas de presentes, um prêmio extraordinário como Helena somente atrairia quem pudesse prometer recíproca substância material.[19] Princesa sexualmente madura, possessão viva e preciosa, ela iria juntar-se a um membro de outro clã, e, para merecer tal honra, ele e sua família teriam de ataviar-se com suas vestimentas mais finas e gastar recursos financeiros. Ao abrir suas portas para a glória da Grécia, Tíndaro deve ter sorrido ao pensar: "Que vença o mais rico!"

〰〰〰

Na Grécia micenense, o dinheiro ainda não havia sido cunhado. Por isso, um herói da Idade do Bronze teria de encontrar outras maneiras de impressionar. Descobertas recentes sugerem que, além de presentear, uma forma de exibicionismo social — de mostrar superioridade — pode bem ter sido a equitação. No século XIII a.C., a destreza no cavalgar já estava bem adiantada a leste do Bósforo, mas, ao que parece, se encontrava na infância na Grécia continental.[20] Existem diversas representações de carros de combate micenenses e seus ocupantes em afrescos, sinetes e pedras de túmulos, mas, até a metade do século XX, não havia sido encontrada nenhuma que mostrasse um cavaleiro montado. Em 1953, porém, foi achada em Micenas uma estatueta eqüestre em miniatura de um homem vestido de armadura.[21] Quarenta anos depois, ocorreu uma descoberta extraordinária: cinco figuras em argila retiradas de uma escavação na camada de destruição de um santuário de culto em Agios Konstantinos, próximo a Methana, cada qual com um homem montado a cavalo. Os cavaleiros estão sentados para a frente, com os braços em volta da cernelha dos animais e as mãos agarrando as crinas. Uma das figuras, especialmente, parece estar parcialmente de pé, abaixado contra o pescoço do cavalo em uma posição aerodinâmica, como um jóquei que ganha uma corrida.[22]

O movimento e a atitude dessas figuras não é hesitante, mas de confiança. Cavalgar talvez fosse uma novidade, uma habilidade ainda incipiente, mas esses homens dominavam suas montarias. Com o achado de Methana, ficou óbvio que na Grécia continental, na Idade do Bronze tardia, um grupo seleto de homens sabia cavalgar — e cavalgar bem. O domínio desse novo modo de transporte e máquina de guerra teria sido tanto um privilégio da elite quanto uma característica distintiva. A descrição do rei de Micenas, pai de Agamêmnon, feita por Homero, como "*hábil domador de cavalos*",[23] da "*terra de alazões de Argos*",[24] parece agora adequada. Podemos realmente imaginar os heróis micenenses a cavalo, demonstrando sua superioridade ao atravessar os territórios do Peloponeso.[25]

Ao cavalgar com a velocidade de um trovão pela planície de Taígeto em direção a Esparta, os esperançosos pretendentes devem ter causado forte impressão.[26] Todos ansiavam obter glória e conquistar uma princesa sem igual. Apoderar-se de uma coisa bela. Esse momento de expectativa foi brilhantemente evocado no século VII a.C. por Hesíodo, ao combinar uma imagem sexual masculina (uma lança) com uma descrição do carisma que Helena recebera dos deuses:

... Filoctetes, líder de lanceiros, a buscou
... mais famoso entre todos os homens
No ataque a distância com a lança afiada.
E chegou à brilhante cidade de Tíndaro
por causa da jovem argiva [Helena] que possuía a beleza
    de uma Afrodite dourada,
e os olhos cintilantes das Graças.[27]

Mas ao entrarem nos domínios de Esparta, o velho rei Tíndaro os faz prometer algo antes de lutarem, correrem, cantarem e darem seus lances pela princesa. Como somente poderia haver um vencedor e muitos perdedores, eles teriam de jurar eterna aliança àquele que tivesse êxito. Mesmo que não tivessem a sorte de conquistar Helena, deveriam conservar-se leais uns aos outros, ajudar-se mutuamente sempre que lhes fosse pedido e não deixar que a inveja os dividisse.[28] Como sinal da imensa importância do pacto, Tíndaro sacrifica um cavalo.[29] Os homens da Grécia honrariam a palavra dada.

10

A FAZEDORA DE REIS

Tíndaro disse a sua filha que deixasse os ventos da doce
Afrodite soprarem por onde fossem, e que, dentre os
pretendentes, apontasse o marido que escolhesse. Ela escolheu
Menelau — e maldito seja o dia em que ele obteve seu desejo.
Assim, Páris — todos conhecem a história —, o homem
que julgou as três deusas, partiu de Tróia para Esparta.
Seu manto brilhava, cheio de flores; o ouro refulgia
em luxo bárbaro. Ele amou Helena, e ela a ele.

EURÍPIDES, *Ifigênia em Áulis*,[1] século V a.C.

N A IDADE DO BRONZE, OS GRANDES acontecimentos sociais eram sempre acompanhados de espetáculos de lutas.[2] Procurando identificar com mais precisão o que isso significava, um grupo de arqueólogos experimentais interessados em cultura física auxiliou minha pesquisa organizando uma exibição de técnicas de luta livre.[3] Num ginásio tranqüilo, nos subúrbios de Atenas, eles demonstraram golpes e movimentos que haviam laboriosamente reconstruído a partir de fontes visuais da Idade do Bronze.[4] Ciente de que eram combates simulados, eu esperava algo afetado e teatral. Mas os homens se atracaram com terrível energia. Caíam com as costas no chão a cada vez que eram atirados longe; a pele se dobrava, inchava e ficava roxa ao serem agarrados e imobilizados em uma série de golpes. Os ossos dos homens da Idade do Bronze costumam apresentar traumas graves; nódulos nas vértebras cervicais, torácicas e lombares denotam esforço extraordinário em exercícios de treinamento como aqueles.[5] Algumas dessas contusões não seriam resultado de batalhas, mas adquiridas durante "brigas amigáveis" semelhantes.

Assim acreditam os antigos que Helena foi conquistada — com astúcia e força muscular. O heróico torneio para obter sua mão em casamento tornou-se tão simbólico que mil anos depois, na Grécia clássica, foi cuidadosamente reproduzido. Nas ruas da Grécia do século V a.c., usava-se uma expressão que dizia: "Hiplocleides não se importa com isso", e significava, aproximadamente, "isso não me importa". O historiador Heródoto nos informa a origem da expressão: uma competição para casamento que ocorreu no início do século VI a.c. em Sícion, no nordeste do Peloponeso, organizada pelo tirano local, Clístenes, e que foi muito parecida com a competição preparada por Tíndaro para a mão de Helena.[6] Todos os "machos de valor" da Grécia foram convidados pelo tirano para competir em provas de força, como lutas e corridas. À noite, em volta da mesa de jantar, suas qualidades sociais e musicais também eram avaliadas. Apesar do rigor do processo de seleção, depois de um ano inteiro de luta livre, boxe e combates com bastão, ainda havia certo número de disputantes na liça. Era o momento em que Clístenes deveria escolher o afortunado noivo. O tirano assume o papel de juiz e, depois de uma análise minuciosa de todos os competidores, um candidato de Atenas — exatamente, Hipocleides — surge como favorito. Clístenes manda matar 100 bois, acender as fogueiras para começar o banquete de casamento e está prestes a homenagear o novo genro com um brinde, quando as coisas começam a se deteriorar. Hipocleides, que, ao que parece, teria comemorado com vinho demais, começa a fazer estranhas travessuras, dançando sobre as mesas, fazendo poses grotescas e, finalmente, com a cabeça apoiada num banco, girando o traseiro e as pernas no ar. Clístenes fica horrorizado, rejeita Hipocleides e escolhe para sua filha outro noivo, mais sóbrio e mais adequado. Ao que se conta, o palhaço retruca: "Hipocleides não se importa com isso." Não se sabe se na manhã seguinte, com a cabeça estalando, sozinho na cama e com os bolsos vazios, esse jovem gaiato teria sido tão despreocupado.

Embora existam na literatura muitos relatos festivos que descrevem competições de casamento tanto no período pré-histórico quanto no clássico, os matrimônios continuam a ser uma das atividades "invisíveis" da Idade do Bronze tardia, a respeito dos quais é frustrante a falta de documentação contemporânea do mundo micenense. Há relatos detalhados, vindos das cortes hititas e egípcias, de uniões aristocráticas — por conveniência política, por atração sexual e até mesmo românticas —, mas nada que venha de Micenas. Devido à falta de provas escritas contemporâneas, somos obrigados a utilizar como guia a única fonte existente: a tradição épica grega.[7]

Ouvimos repetidamente, na literatura e nas histórias de mitos, que as mulheres são as fazedoras de reis, que o direito à monarquia não passa do pai para o filho, mas sim da mãe para a filha. Os homens têm de ganhar a coroa conquistando uma esposa. A meia-irmã de Helena, Clitemnestra, fez rei seu amante Egisto enquanto Agamêmnon estava ausente, lutando na Guerra de Tróia; Pélops (que deu nome ao Peloponeso) tornou-se rei de Élis por meio de seu casamento com Hipodâmia; Édipo foi coroado rei de Tebas ao casar-se com a rainha Jocasta. Até mesmo a fiel Penélope, que Ulisses deixou ficar em seu lar, parecia ter a prerrogativa de escolher quem seria o rei seguinte. E, naturalmente, Menelau se tornou rei de Esparta ao casar-se com Helena.

A tradição nos diz que além das filhas Helena e Clitemnestra, Tíndaro teve dois filhos — Castor e Pólux. Mas nada nos leva a crer que qualquer dos dois viesse a herdar o trono do pai quando este morresse. Quem se tornaria rainha era Helena, e somente o casamento com ela conferiria status real e soberania sobre o território espartano. Pausânias,[8] ampliando o que diz Homero,[9] nos informa que nenhum dos dois filhos de Menelau, nem sequer o "favorito", ficaria com o trono de Esparta.[10] Ao contrário, os sucessores seriam os filhos de Hermíone, a *filha* de Helena. E somente depois de casar-se com Hermíone é que Orestes se torna, por sua vez, o novo governante dos territórios de Esparta.

A julgar pelos indícios literários, parece que os jovens machos se moviam através da diáspora grega e, embora tivessem suas raízes em determinados lugares devido ao casamento com alguma herdeira nobre, mantinham ativas suas conexões familiares por meio dos laços consangüíneos da linha masculina. Era possível a um rei governar Micenas, Esparta ou Argos graças à posição de sua mulher como proprietária local de terras, mas seu renome e herança também provinham do fato de pertencer a determinada dinastia. Os laços de lealdade não eram lineares, mas sim política e geograficamente laterais, espalhados por todo o Egeu como uma fina rede.

Homero descreve a política da Idade do Bronze tardia como algo familiar e cominado pelo sistema de "Casas". Menelau, da Casa de Atreu em

Esparta, tem um irmão, Agamêmnon, em Micenas. Adrasto, da Casa de Sícion, mantém contato com seu genro Diomedes em Argos. Se presumirmos que as mulheres eram as fazedoras de reis, e que a herança seguia a linha materna, uma rede de poder seria criada mediante o casamento de príncipes com aristocratas ricas nas cidadelas espalhadas pela Grécia continental. E como os homens não tinham direito à sucessão, era possível evitar as acerbas disputas dos filhos quanto à herança.

Ao viajar pelo Peloponeso, passando dos restos arqueológicos de uma das potências micenenses para a outra, fica evidente que deve ter havido algum tipo de sistema de lealdade que evitasse lutas entre essas comunidades em busca de territórios e recursos. Cada cidadela era em grande parte auto-suficiente, mas a terra cultivável entre um reino e outro era extremamente valiosa. Quem seguir a antiga Rodovia Nacional de Argos a Micenas perceberá a vastidão e as dificuldades das terras que compõem a região. As cadeias de montanhas constituem importantes barreiras. Para as populações da Idade do Bronze tardia — sem o viscoso adesivo dos laços de sangue —, essas fronteiras geológicas poderiam ter proporcionado uma magnífica oportunidade para isolamento e divisão política.

Mesmo assim, os micenenses cooperavam visivelmente entre si. Por volta de 1450 a.C., já estavam completamente estabelecidos em Creta. Durante os séculos seguintes conservaram as mesmas idéias expansionistas ao voltar os olhos para a Anatólia, a leste.[11] As cidades de Mileto e Muskebi, nessa região turca, estavam sem dúvida sob o controle de Micenas. Na Idade do Bronze tardia, algum tipo de entendimento permitia a ação combinada de comunidades diversas existentes na Grécia continental. Talvez a urdidura e a trama da lealdade por meio de laços matrimoniais possa explicar como teria ocorrido um ato unificado de agressão contra uma terra rica como Creta e até mesmo contra uma cidade estrangeira tão tentadora quanto Tróia.

∽☙∾

Se essa descrição da política dinástica na Grécia micenense estiver correta, nesse caso, em tal cenário, as mulheres como Helena seriam mais do que iscas douradas, prontas para serem caçadas. Helena é mencionada 17 vezes na *Ilíada* — em oito instâncias seu nome está ligado à palavra *ktema*, "tesouros" ou "posses".[12] Essa riqueza, que Páris arrebata para Tróia ao raptar a rainha de Esparta, não é atribuída a Menelau, mas sim a Helena. Em Tróia, ficamos sabendo que Páris começa a "lutar contra Menelau pelo tesouro de Helena". Se a riqueza foi o mel que atraiu pretendentes como Menelau, aparentemente as mulheres como Helena eram não só as proprietárias do mel, mas também quem o comia.[13]

Em tábuas gravadas em Linear B,[14] aparece uma quantidade surpreendente de mulheres responsáveis por posses temporais. Em uma série proveniente de Pilos que trata de propriedades fundiárias,[15] duas mulheres, uma de nome Kapatija ("a que leva as chaves") e a outra Erita ("a sacerdotisa"), são proprietárias de amplas extensões de terra. Metade dos nomes de titulares de *onata*, "benefícios" de concessões de terras, listados na série são femininos.[16] A inferência é que as mulheres podiam ser proprietárias de terra e tinham direito a explorar suas possessões.

Pode-se imaginar que uma mulher que possuísse tais riquezas teria certo grau de decisão quanto ao marido que fosse escolhido. Em uma versão da história do casamento,[17] Helena *escolhe* o sucessor coroando-o com uma grinalda de flores.[18] Eurípides recolhe o tema: nos versos iniciais de sua peça *Ifigênia em Áulis*,[19] ele diz que Helena *escolheu* o filho mais jovem da Casa de Atreu, o príncipe de Micenas. Seja quem for que tenha feito a escolha, um herói ou uma heroína, Helena acaba por ficar com o mais rico de todos. Dizem-nos que os cofres de Agamêmnon — o butim de Micenas — eram mais fornidos do que os de todos os seus rivais, e, portanto, em nome de seu irmão, o "guerreiro" Menelau,[20] ele provoca a conquista da mais valiosa dádiva recíproca.[21] A riqueza da monumental Casa de Atreu havia conquistado a desejada do mundo, a bela Helena. Os preparativos para o casamento poderiam começar com urgência.

11

BODAS REAIS

Ora, em Esparta certa vez, no palácio do louro Menelau,
Havia moças com jacintos frescos nos cabelos,
Que dançavam do lado de fora de sua
câmara nupcial recém-pintada,
Doze moças das principais famílias da cidade, a grande glória
Da feminilidade jovem de Esparta...

TEÓCRITO, *Epitalâmio para Helena*[1]

N O SÉCULO III A.C., os greco-macedônios Ptolomeus, que controlavam
a efervescente corte em Alexandria, na costa mediterrânea do Egito,
patrocinavam numerosos poetas. Um deles, Teócrito, que vinha de Siracusa,
na Sicília, escreveu com ternura sobre a rainha espartana. Em seu *Epitalâmio
para Helena*[2] ele descreve, com opulenta linguagem, as moças espartanas,
prestes a atingir a maturidade sexual, reproduzindo o momento em que a
jovem Helena se casou. Essas canções nupciais passaram a ser, por sua vez,
cantadas pelas jovens espartanas na véspera de seus próprios casamentos.

As protagonistas do poema de Teócrito são 12 jovens virgens, e os versos são arrebatadores. Evidentemente, Teócrito se inspirou no poeta
Álcman, do século VII a.C.,[3] deslumbrado, como fora o caso do poeta arcaico, com o potencial melancólico do ambiente e de seus personagens.[4]
Há descrições de Helena em tom pastoral e de idolatria: sua beleza é como
a aurora, como um cipreste num jardim, é a chegada da primavera após o
inverno. Os pensamentos das moças a respeito de Helena são ternos como
os de um cordeiro com saudade das tetas da mãe.[5]

No prosseguimento do poema, as 12 virgens encharcam de azeite de oliva o solo em torno de uma árvore sagrada e gravam em sua casca o nome de Helena. Embora pudéssemos esperar que uma inscrição romântica como essa dissesse "Helena ama Menelau", quem está sendo adorada é a árvore — símbolo de fertilidade tanto na Idade do Bronze quanto na Grécia clássica — e que, talvez, elas acreditem que encerra o espírito de Helena. Eis aí um triângulo amoroso, sendo seus figurantes não Helena, Menelau e Páris, mas sim Helena, as jovens virgens espartanas e a própria natureza.

Primeiro para ti [Helena] teceremos uma guirlanda com as flores de lótus mais próximas da terra,
E a colocaremos em uma árvore de plátano que dá sombra.
Primeiro derramaremos o azeite líquido de um frasco de prata
E o deixaremos gotejar sob o plátano que dá sombra.
E em sua casca inscreveremos em dórico para que algum passante possa ler:
"Venere-me. Sou a árvore de Helena."[6]

Flores de lótus, azeite de oliva — esses precursores do casamento das jovens espartanas parecem sensuais e silvestres: segundo todos os relatos, completamente diferentes de uma cerimônia de casamento no período espartano clássico. O escritor grego Plutarco nos conta que os espartanos preferiam o "casamento por captura". Nesse rito — para nós — curioso é que a moça era retirada de seu lar aos 18 anos[7] e levada para o lar do marido escolhido, onde era vestida com roupas masculinas.[8] O aposento ficava às escuras. Os cabelos da jovem eram raspados e ela era deixada sozinha, deitada em um catre de palha. O candidato a marido vinha do acampamento militar onde só havia homens, no qual morava; em algumas versões, esperava-se que ele "levasse à força" a noiva, dentre diversas outras moças. Em seguida, copulava com a noiva andrógina. Depois do sexo (algumas fontes sugerem que fosse anal, outros entre as coxas, e não por penetração vaginal), ele se retirava.[9] Os dois estavam agora casados, mas seus encontros eram infreqüentes. O noivo retornava a seus pares no *sissítion* — o campo masculino de treinamento onde moravam os espartanos entre 7 e 30 anos. Os recém-casados se viam a in-

tervalos de alguns meses para a cópula — acreditava-se que essas absti-
nências produziriam filhos mais robustos.

O casamento por captura pode parecer humilhante hoje em dia, mas
há duas interpretações possíveis para esse complexo teatro sexual. O primeiro é que uma moça disfarçada de rapaz talvez fosse menos desconcertante para os jovens espartanos, que só conheciam relações físicas e
emocionais íntimas com figuras paternas, pois haviam perdido qualquer
contato com mulheres a partir dos 7 anos. A segunda explicação é que ao
ter os cabelos raspados e vestir-se de homem, a moça estaria sendo reconhecida como parte importante do corpo de cidadãos. As mulheres
espartanas mantinham os cabelos raspados depois de casadas. Não era uma
humilhação, mas uma "promoção" ao status masculino para o compromisso sexual.[10]

Na noite anterior ao casamento, a noiva dançava e cantava com as
amigas. Dada a colorida história pessoal de Helena — especialmente o fato
de haver abandonado o rei de Esparta por um príncipe oriental — pode
parecer estranho que o *Epitalâmio para Helena*, de Teócrito, fosse recitado
nessa ocasião, e talvez um pouco curioso que os homens espartanos se sentissem à vontade ao ver suas mulheres invocá-la como exemplo durante as
cerimônias pré-nupciais. Uma esposa infiel não parece ser uma escolha
adequada para companheira de uma noiva na noite que precede o casamento. Mas precisamos nos acostumar a ver Helena com olhos espartanos.
Ela ainda não era a concubina infiel que ao longo dos séculos acabou por
ser objeto de ira, mas uma Helena mais nobre, mulher de puro-sangue,
fonte de potência erótica, irresistível força da natureza.

Em outros trechos do *Epitalâmio para Helena*, há uma jocosa sugestão
de que Menelau, saciado e um tanto bêbado, vai cedo para a cama, enquanto Helena permanece acordada, divertindo-se com o círculo íntimo
de suas amigas. Menelau é uma figura secundária, insignificante; Helena
é o centro das atenções e é quem dirige os acontecimentos. O poema a
descreve como uma mulher talentosa e abençoada. As jovens amigas recordam as corridas em grupo, com os corpos massageados, brilhantes
de óleo. A princesa espartana está absolutamente feliz, compartilhando
uma última e gloriosa noite com suas amigas adolescentes, antes de iniciar
a vida de esposa.

Mas a longa noite teria de transformar-se em manhã: Menelau acorda de seu estupor e Helena tem de deixar as amigas — precisa casar-se.[11] Menelau acolhe sua "adorada Helena"[12] em seus aposentos e tranca a porta. As virgens agitam guirlandas de flores de jacinto; Helena tem uma coroa de lótus; começam as bodas reais.

෬෧෬෧

Na Idade do Bronze, a fim de homenagear uma união como essa, a família governante de Esparta teria preparado o que Homero descreve como um *gamos* ou *gamelia* — palavra que tanto pode significar o casamento quanto uma festa de casamento. À medida que os trabalhos de decifração da escrita Linear B avançam, fica evidente que os banquetes nas cidadelas micenenses eram cerimônias vastas, às quais, às vezes, compareciam milhares de pessoas. Para as festas maiores, era preciso trazer outros serviçais além dos empregados normais do palácio. Há referências até mesmo a camas trazidas de fora — quase certamente eram catres de palha para os trabalhadores[13] e algo um pouco mais rico para os convidados de honra.

Pela análise de resíduos no interior de cacos de vasilhame, conhecemos alguns dos pratos servidos ao grupo reunido: caldos de lentilha temperados com cominho, panquecas de grão-de-bico, carne grelhada, cozidos de frutas; assados de javali, lebre, pato e veado.[14] As vastas mesas não eram, necessariamente, aparelhadas pelos líderes tribais — em geral, eram festas em que cada um trazia diferentes alimentos,[15] cada qual procurando oferecer pratos mais suntuosos na esperança de avanço social.[16] Era possível a um governante demonstrar sua posição simplesmente por meio da quantidade de comida que era capaz de receber de seu povo. Por exemplo, um indivíduo poderia fornecer um único cabrito.[17] Quem quisesse dar mais provas de seu valor e tivesse recursos à altura das ambições, poderia chegar ao cúmulo de generosidade registrado em uma tábua: 1 vaca, 2 touros, 13 leitões (1 engordado), 1 cordeiro, 15 carneiros, 13 cabritos adultos e 8 de 1 ano de idade, sem falar em cerca de 375 litros de vinho e mais de mil litros de azeitonas.[18] Em alguns casos, os nomes dos doadores individuais foram cuidadosamente registrados — era uma lista prestigiosa. Os peritos em Linear B debatem se essas tábuas representavam impostos obrigatórios ou dádivas de prestígio. Mas quer fossem trazidas voluntariamente ou por obrigação, sem dúvida as quantidades de comida eram enormes.[19] Uma única tábua, vinda de Pilos, faz a lista de animais prontos para o sacrifício (touros, carneiros, cabritos e um porco engordado) cujas carcaças teriam produzido mais de 1.600 quilos de carne.[20] Cada animal era especialmente escolhido por sua qualidade.[21]

Os portais dos palácios-fortaleza eram notavelmente largos — seriam destinados em parte a permitir a passagem desses carregamentos de animais? Ao serem levados para as cidadelas ou para os matadouros, os bichos deveriam entrar em pânico ao pressentir a morte próxima e escorregariam nas superfícies revestidas de pedra, sujando-as de esterco e de sangue. Os animais eram abatidos ritualmente, antes de servirem de alimento, por meio de conjuntos de instrumentos de sacrifício: marretas de Creta, facas e correntes para pear gado, folheadas a ouro.[22] Restos carbonizados de animais encontrados em Pilos nos dizem — quase certamente — que as oferendas incineradas, inclusive línguas de boi, eram dedicadas aos deuses.[23] Um sarcófago de Creta mostra uma mulher em um altar, responsável pelo abate; se imaginarmos Helena como celebrante nas grandes festividades da Idade do Bronze tardia, talvez nas de seu próprio casamento devêssemos retratá-la com um cutelo de sacrifício nas mãos.[24]

Homero discorre largamente sobre o consumo de carne de animais por seus heróis protagonistas. Durante anos, isso foi considerado um exagero épico e que, na verdade, os gregos subsistiam com uma dieta que consistia predominantemente em legumes e uma espécie de pudim de frutas. Junto com provas vindas de textos em Linear B, a análise de ossos agora mostra que Helena e seus pares seriam dedicados carnívoros e, além disso, devotos bebedores.[25] No palácio de Nestor, em Pilos, foi preciso criar espaços para armazenar 2.856 *kylikes* (taças de bebida com hastes longas). Nas primeiras escavações do palácio, em 1939, os *kylikes* foram encontrados arrumados nos depósitos, alguns ainda sem terem sido utilizados. Uma tábua parece ter registrado mais de 1.700 litros de vinho, prontos para serem consumidos.[26] A análise de resíduos orgânicos em diversas taças revela que, além do vinho normal, os micenenses bebiam um coquetel letal de hidromel e *retsina*.[27] Talvez fosse esse o "*vinho suave com mel*" sorvido pelos heróis da *Ilíada*.[28] No palácio de Cnossos, os aristocratas que aparecem em um dos fragmentos de afrescos estão sentados em bancos e bebendo em taças fundas.[29] Quanto mais elevada fosse a posição de uma pessoa na ordem dos comensais, mais perto ela estaria, fisicamente, do centro dos acontecimentos. Parte da população era servida do lado de fora, no pátio do palácio, com os mais pobres comendo com gratidão nas vasilhas toscas de argila que foram encontradas em cômodos próximos e, possivelmente, eram usadas para servir o povo.[30] Mesmo de onde se encontravam, as classes mais baixas podiam apreciar a benevolência de seu soberano e talvez vislumbrar de passagem o próprio rei e a rainha no magnífico *megaron* central — ou, pelo menos, observar o alimento real, levado e trazido em finas salvas de metal[31] na mesa principal.[32] A arqueologia confirma a cuidadosa separação social na opulenta ocasião de uma festa de casamento.[33]

Como é sublime ouvir um bardo
Como o que temos aqui — o homem canta como um deus.
Isso coroa a vida, diria eu. Nada é melhor
Do que a profunda alegria que percorre o reino
E os comensais em todo o palácio se juntam
Enlevados ouvindo o bardo, e diante de todos, as mesas
Cheias de pão e carnes, e retirando vinho de um jarro
O servo cumpre sua tarefa e mantém as taças repletas.
Isso, para mim, é o melhor que a vida pode oferecer.[34]

Homero nos diz que, num casamento como o de Helena e Menelau, o banquete seria acompanhado por música e canto. "*Os deuses fazem com que os banquetes e a música combinem bem*",[35] diz Ulisses. Ele descreve o *himenaios*, a canção nupcial, acompanhada pela música de liras e flautas, dramatizada pela luz de tochas e dançarinos rodopiantes.[36] Achados arqueológicos mostram que a vida na corte, para uma mulher como Helena, teria um fundo musical variado e sofisticado; chegaram até nós chocalhos de metal e argila, dedilhar de címbalos, um apito feito de dente de hipopótamo e cascos de tartaruga usados como caixas de ressonância de lira.[37] Há um curioso sinete minoano que parece mostrar uma jovem liderando uma procissão, soprando uma concha de tritão.[38] Os tritões — ou outras conchas — eram usados tanto como taças quanto como instrumentos; a moça podia estar bebendo da concha ou usando-a para produzir um som raro. No Museu de Agios Nikolaos, em Creta, existe uma elegante versão de uma concha artificial, que sugere que o sinete realmente apresenta uma jovem à frente de uma procissão musical.[39] Orgulhosamente isolada numa vitrine, a concha foi esculpida com habilidade em uma pedra de silicato de magnésio.[40] É uma peça robusta, que pesa cerca de dois quilos e tem a superfície entalhada com demônios e criaturas marinhas. Identificada como vasilha para libações, possui uma abertura lateral que é um perfeito bocal. Certamente, algum funcionário do museu deve ter conseguido produzir com ele um som forte — e sinistro.

O instrumento mais conhecido na Idade do Bronze tardia era a lira. A epopéia de Helena é também lírica — composta por bardos para ser cantada com acompanhamento de lira. Homero imaginou seus deuses e heróis "dedilhando com energia e clareza a fina lira": Aquiles toca "para deliciar seu coração",[41] e Páris dedilha a lira para agradar Helena — imagem que se mostrou perenemente inspiradora. Diz-se que, quando Alexandre, o Grande, desembarcou em Tróia em 334 a.C., os líderes da cidade vieram recebê-lo com homenagens, oferecendo como presente a lira com que o príncipe de Tróia havia feito serenata à "desejada do mundo".[42] Alexandre, com sua muito comentada predileção pelos homens, teria preferido o instrumento usado por Aquiles para cortejar seu amante guerreiro, Pátroclo.

Conta-se que Páris aprendera essa arte sedutora e melíflua ainda jovem, quando apascentava rebanhos de cabras nos campos em torno de Tróia. A imagem campestre do príncipe troiano, ainda desconhecendo a existência de Helena e dedilhando alegremente seu instrumento, era popular na Antigüidade e foi muito reproduzida em vasos a partir do século VI a.C. Em diversas representações, tomamos conhecimento do capítulo seguinte da história de Helena: sentado sozinho no rochedo, Páris foi visitado por três deusas que haviam deixado às pressas outra festa de casamento, esta no monte Pélion, a fim de lançar um terrível desafio ao inexperiente jovem — um desafio que o levaria ao leito de Helena. Em um vaso, hoje no Louvre, o príncipe troiano, assustado com o encargo, agarra sensatamente a lira e se retira rapidamente de cena.[43]

Mais de dois mil anos depois, em 1788, o pintor francês Jacques-Louis David pintou uma tela que mostra Páris e sua lira.[44] Destilando sentimentalismo e imagens sexuais, mostra os jovens amantes, Helena e Páris, ternamente enlaçados. A modéstia de Páris é preservada por um pedacinho de pano, mas uma lira priápica repousa pesadamente em sua coxa. À primeira vista, a imagem é mais doce e mais íntima do que os outros grandiosos quadros de David na sala 75 do Louvre, onde a pintura está em exibição. Os amantes estão muito juntos um do outro, mas parecem satisfeitos e imóveis; as cores usadas pelo artista são mornas e aveludadas. No entanto, o título do quadro *Les Amours de Paris et d' Hélène* é adequado. O vestido transparente de Helena já decaiu em um ombro, e jatos de água caem em uma tina enterrada diante do par amoroso.

Enquanto Páris olha diretamente para Helena, pensando em uma só coisa, esta tem os olhos modestamente abaixados, perdida em pensamentos. Esse é um dos retratos de Helena que mais a revelam. Há algo de resignado nela. Helena é, ao mesmo tempo, vencedora e vencida. O ato momentâneo do rapto está incluído em um problema maior: o problema de ser a mulher mais bela do mundo.

ᗑᗧᗑᗧ

Sabemos que os bardos da Idade do Ferro, como Homero, dedilhavam suas liras e cantavam o "belo problema" que era Helena. Mas como seria na Idade do Bronze? Poderia o tocador de lira ser realmente uma figura do mundo de Helena?[45] Páris teria podido cortejá-la com seu doce som? Seria Helena parte de uma história cantada pelos bardos da Idade do Bronze? Certamente, existiam liras na Idade do Bronze tardia; fragmentos desse instrumento foram encontrados em sítios micenenses, eles aparecem na arte e versões de liras em miniatura, provavelmente oferendas votivas aos deuses, estão espalhadas pelos santuários.[46]

Talvez tocadores de lira e cantores registrassem os feitos dos micenenses como testemunhas oculares. Embora as palavras da *Ilíada* tenham sido escritas, inicialmente, nos séculos VIII e VII a.C., poderiam elas ter surgido em primeiro lugar nos próprios palácios micenenses? Em 1953, foi descoberto em Pilos um fragmento de um afresco que mostra um bardo com sua lira — na mesma cena onde dois aristocratas parecem estar bebendo e um gigantesco touro amarrado aguarda o sacrifício. O achado gerou grande excitação no mundo acadêmico De repente, um bardo-cantor do século XIII, cuja tarefa era louvar seus patrocinadores nos palácios, divertindo-os com o relato de acontecimentos passados e presentes, aparecia no coração de um dos complexos de palácios micenenses. Ali estava um homem, homenageado nas paredes da própria sala do trono,[47] que era capaz de narrar, palavra por palavra, as histórias de seu rei e sua rainha. Um homem assim poderia haver transmitido a versão original da história de Helena na Idade do Bronze.

Dessa forma, enquanto os aristocratas da Idade do Bronze tardia comiam, podemos guardar na mente a figura dos músicos da corte trazendo música à *gamelia* — as festividades de comemoração dos casamentos — e a de um cantor recordando os feitos de poderosos ancestrais, celebrando as realizações e ambições dos circunstantes. Imaginemos a música da lira, o som rico e brilhante percorrendo o palácio — notas vindo num *ioe*, uma "correnteza" ou um "fluxo", como diz Homero,[48] enchendo o salão central e depois deslizando para os corredores mais além.

Helena, a "pérola das mulheres", havia sido conquistada. Menelau deve ter sentido a generosidade de seu irmão muitas vezes recompensada. Na noite de núpcias, segundo a imaginação do poeta Teócrito, do período helênico, Menelau jaz "com o peito no travesseiro de outro peito, a respiração misturando o amor e o desejo".[49] O mais moço dos filhos da Casa de Atreu tem seus méritos: conquistou a jovem e tem um monte de presentes deixados por seus rivais, as dezenas de pretendentes decepcionados e frustrados. Mas a platéia dos poetas sabe algo que ele desconhece: dentro de poucos anos, após uma afronta de proporções internacionais, o "feliz noivo", como o chama Teócrito,[50] viajaria mais de 800 quilômetros em direção ao Oriente a fim de tentar recuperar sua mulher, seu tesouro e sua dignidade.

QUARTA PARTE

KOUROTROPHOS

12

HERMÍONE

Que os primeiros a chegar sorvam o vinho quase não fermentado.
Prefiro o vinho de um jarro de vindima suavizada com o tempo.
Somente a árvore madura resiste ao calor do sol.
Os campos recentemente semeados não agradam ao caminhante
descalço.
Quem desejaria Hermíone, se Helena está disponível?

OVÍDIO, A arte de amar[1] Século I a.C./d.C.

ANTES QUE O DESASTRE SE ABATA sobre eles, o poeta concede um pouco de felicidade a Helena e Menelau. No palácio espartano, ambos têm uma linda filha, Hermíone.[2] Hesíodo nos conta que a gravidez foi difícil: "Ela deu à luz a esbelta Hermíone nos salões, embora já considerasse perdido o parto."[3] Gravidez difícil e única. Na *Ilíada*, ao mesmo tempo que nos informa que Menelau tinha tido um filho (Megapentes — "grande tristeza") com uma escrava, Homero relata:[4]

> *A Helena os deuses reservaram*
> *Não mais descendentes depois de ter tido a primeira filha,*
> *A encantadora Hermíone,*
> *Beleza luminosa, dourada como Afrodite.*

A fim de tentar resolver seus problemas de fertilidade, tanto a Helena do poema épico quanto a de nossa rainha da Idade do Bronze teriam feito sacrifícios expiatórios a Ilítia, deusa da procriação e do parto. O nome significa "a que aparece" ou "a que chega". Divindade inicialmente surgida em Creta, onde é mencionada em tábuas Linear B com o nome de *Eleuthia*,[5] era uma deusa popular que passou a ser adorada em sítios de culto em todo o Egeu.

No século VI a.C., uma efígie de Ilítia foi esculpida de um bloco de pedra; hoje, está sozinha contra uma parede no Museu de Esparta. Durante uma visita ao museu, notei que os curadores haviam preferido não correr riscos e que a figura estava descrita, num rótulo desbotado de papelão, como "Ilítia/Helena/Hera".[6] A forma é bela e inegavelmente terrena. Seus órgãos sexuais estão marcados por um profundo rasgo na vulva, e o ventre está visivelmente em trabalho de parto: de ambos os lados, há duendes ou espíritos segurando sua barriga, ajudando-a a atravessar as terríveis dores do parto.[7]

Quem viajar de barco de Esparta para o sul, durante um dia e uma noite, encontrará novamente Ilítia. A cerca de meia hora do acanhado aeroporto de Heráclion, em Creta, cheio de turistas no verão, principalmente ingleses, há uma caverna subterrânea chamada de gruta de Ilítia. Não sendo mais uma atração turística oficial, somente se pode chegar à caverna deixando a estrada e atravessando um pequeno pomar de oliveiras. Dentro, o ar é úmido e acre. Quando os olhos se acostumam à escuridão, formas rochosas que recordam falos e vulvas aparecem nas sombras. As paredes são molhadas com um fluido verde-pálido que escorre pelas paredes de pedra.

As oferendas votivas ali deixadas revelam um uso praticamente contínuo como sítio sagrado desde 3000 a.C. Há cacos de vasilhames que vão da Idade do Bronze ao período medieval, inclusive restos de lâmpadas cristãs do final do império romano. Uma tábua em Linear B vinda de Cnossos indica que na Idade do Bronze tardia o mel era trazido à gruta como oferenda a Ilítia.[8] Na *Odisséia,* a caverna é descrita como o retiro da deusa dos nascimentos e do trabalho de parto.[9] Logo na entrada, há uma pedra plana em forma de estômago, que ficou lisa durante cinco milênios de contato com incontáveis peregrinas anônimas que esperavam aumentar sua própria fertilidade por meio da companhia dos espíritos divinos do lugar.[10]

Após ser raptada por Teseu, foi como mulher grávida, de apenas 12 anos, que se conta haver Helena fundado seu próprio santuário a Ilítia, em Argos. O santuário foi visto por Pausânias durante sua viagem pela

Grécia:[11] comemorando o estupro de uma adolescente e um nascimento bastardo, o santuário ainda era lugar de devoção até mesmo no período romano.[12]

⁂

E foi aos 12 anos que a Helena da Idade do Bronze teve a responsabilidade de produzir herdeiros para a cidadela de Esparta. Provas colhidas em esqueletos dessa época indicam que a expectativa de vida das mulheres era mais baixa do que a dos homens, em grande parte devido ao trauma ligado à gravidez e aos partos contínuos. Uma pesquisa seminal de osteoarqueologia, com material ósseo feminino da Idade do Bronze tardia colhido em todo o Mediterrâneo oriental chegou à conclusão (a partir de ossos traumatizados do púbis) que, normalmente, as mulheres teriam ficado grávidas cinco vezes durante suas vidas.[13] Outros estudos do período mostram que as mulheres produziam pelo menos um filho por ano.[14] Uma aristocrata da Idade do Bronze tardia — que, tipicamente, estaria morta aos 27 ou 28 anos[15] — jamais teria chegado à menopausa; pareceria ser eternamente fértil.[16]

Sabemos, porém, que as mulheres nobres daquela época procuravam evitar a gravidez: há descrições oriundas de sociedades contemporâneas que falam em receitas e dispositivos usados por mulheres a fim de obter alguma proteção anticoncepcional.[17] Os registros egípcios são particularmente explícitos. Devido a seus contatos regulares com o Egito por meio do comércio,[18] é perfeitamente possível que os micenenses tivessem acesso a receitas anticoncepcionais egípcias que existiam desde 1850 a.C.[19] Documentos do Egito mostram que seus habitantes trocavam remédios com os minoanos durante o período da ocupação por Micenas.[20] Nas vizinhanças do centro do culto em Micenas, portais de faiança egípcios azulesverdeados, marcados com o nome de faraó e o nome dado a Amenófis III, davam entrada em um cômodo que alguns dizem ter sido reservado a um "consulado" egípcio, lugar especificamente dedicado à mediação de interesses egípcios e a informações, inclusive conhecimento médico.[21]

Os egípcios preferiam supositórios anticoncepcionais (tanto orais quanto vaginais) e também cremes. Alguns, como os feitos com excremento de crocodilo ou de elefante, devem ter sido uma barreira duvidosa. Mas, às vezes, as esposas mais velhas sabiam o que faziam: uma das fórmulas incluía brotos de acácia (que contém goma arábica), a qual produz ácido láctico durante a fermentação — e o ácido láctico é um ingrediente de muitos anticoncepcionais modernos. Muitos desses ungüentos e embrocações eram misturados com mel e mantidos em posição por meio de esponjas naturais — precursores das cápsulas de mel, o anticoncepcional preferido hoje em dia pelos ambientalistas.

Não há provas remanescentes do uso de anticoncepcionais no mundo de Micenas; somente no período clássico apareceriam receitas e poções gregas escritas. Uma coisa que ficou clara depois da descoberta de indícios documentais é que muitas mulheres utilizavam a polifarmácia tanto para a anticoncepção quanto para o aborto; isto é, misturando o maior número possível de ingredientes e fazendo votos para que desse certo. Resina de cedro era aplicada à vagina; esponjas eram encharcadas de vinagre e azeite; comia-se *vitex agnus castus*.[22] Segundo muitas fontes antigas, esse remédio gerava contrações no trabalho de parto, favorecia o fluxo do leite materno e podia provocar o aborto ou eliminar o desejo sexual (a palavra latina *agnus* vem de *agnos*, que em grego significa "casto"). Pesquisas modernas mostram que, durante certo tempo, derivados de bebidas feitas com frutas e álcool agem como equilibradores hormonais e podem de fato ser usados para o tratamento de diversas afecções ginecológicas.

Era vital observar com cuidado todos esses truques e tratamentos usados pelas mulheres, porque, sem fêmeas que se reproduzissem de maneira saudável, as comunidades antigas não poderiam sobreviver. Assim, o *Peri Parthenion*, que faz parte do Corpus Hipocrático, foi escrito em algum momento no final do século V a.C. Trata de temas como a menstruação, a histeria das adolescentes, tratamento adequado do hímen e teorias absurdas, inclusive a peregrinação do ventre pelo corpo da mulher durante o ciclo menstrual. No mundo antigo, a menstruação era uma questão séria, ainda que desconcertante.

Esperava-se que essas mulheres da Grécia clássica produzissem herdeiros para suas famílias e para a comunidade, e elas eram objeto de exames físicos regulares e íntimos. A progressão de virgem (*partenos*) a esposa (*gine*) era marcada por três tipos de sangramento: a menstruação, a perda da virgindade e o parto.[23] Todos esses estágios eram acompanhados pelos demais membros da família. A mulher era considerada uma verdadeira *gine*, ou esposa, somente após a primeira *loquia* (menstruação normal) em seguida ao primeiro parto. Havia intensa pressão sobre o corpo das mulheres gregas para que se comportasse de maneira biologicamente ortodoxa.

◌◌◌

Mesmo assim, a Helena recordada nas narrativas dos antigos gregos já havia passado por esse teste — mostrara-se fértil e, numa sociedade aparentemente matriarcal, conseguira produzir uma herdeira para a cidadela espartana. Hermíone era a pessoa indicada para vestir o manto da beleza perfeita e feiticeira de Helena, e os escritores da Antigüidade teceram fantasias em torno da filha como haviam feito com a mãe: por exemplo, o escritor romano Plutarco, ao citar um fragmento de Sófocles:

> *... aquela jovem, cuja túnica, ainda inconsútil,*
> **Desnuda sua coxa brilhante**
> **Entre suas dobras, Hermíone.**[24]

Há cidades com o nome de Hermíone, canções compostas sobre ela, pequenos símbolos de homenagem. Safo[25] a menciona entre as grandes belezas num fragmento que contém apenas as palavras "*... [pois quando]* *contemplo teu rosto frente a frente, [nem sequer] Hermíone [parece ser] como tu, e comparar-te à Helena de cabelos dourados [não parece inadequado]...*"[26] Mas a menina que seria abandonada pela rainha de Esparta nunca chegou a atingir o status de ícone da mãe. Era atraente, mas não tinha a capacidade de sua mãe para fascinar os homens — era sempre inferior a ela. Primeiro, ficou marcada pelos deslizes da mãe.[27] Na *Helena*, de Eurípides, Hermíone fica sozinha em Esparta, sem se casar, por ter a mãe prostituta.[28] Em outra peça de Eurípides, *Andrômaca*, ficamos sabendo que tão logo ela se tornou mulher madura, o marido a considerou repulsiva por ser estéril e "inadequada".[29] Porém, o que é mais importante, Helena foi exaltada porque, por ela, milhares de homens lutaram e morreram voluntariamente. A beleza de Helena foi ampliada pelo sangue derramado em seu nome. Enquanto Helena ainda fazia sucesso após a Guerra de Tróia, muitos imaginaram que a vida de Hermíone seria cauterizada pelos crimes de sua mãe. Hermíone é uma beldade sem culpa — e, por isso, é menos excitante. Ao longo dos séculos, no entanto, ela se mostrou útil como proteção para a degradação da mãe. Ao enfatizar que Hermíone era inocente e rejeitada, uma vítima, os escritores podiam realmente fustigar a rainha espartana. O poeta romano Ovídio, com seu estilo astuto e manipulador, consegue evocar a tristeza de Hermíone em sua *Heroides*,[30] uma coleção fictícia de cartas de uma celebridade para a outra:

> *Oh, minha mãe, não ouviste as palavras infantís*
> *de tua filha, nem sentiste seus braços*
> *em torno a teu pescoço nem seu peso em teu colo;*
> *não foi tua mão a que me cuidou;*
> *quando me casei, ninguém preparou o leito.*
> *Quando voltaste, fui ao teu encontro —*
> *digo a verdade — mas não conhecia teu rosto.*
> *Eras a mais bela mulher*
> *Que eu jamais vira: tinhas de ser Helena,*
> *Mas tu perguntaste qual era a tua filha.*[31]

A negligência materna é mais uma nódoa no elenco das transgressões de Helena. Como sempre, seguindo suas pegadas, encontramos não apenas história e mito, mas também as preocupações e os preconceitos daqueles que fizeram dela seu tema.

13

UM FARDO BEM-VINDO

𐀹𐀀𐀠𐀴𐀂𐀺 = |||¦𐀕 – ¦¦¦ 𐀊 – ¦¦¦ 𐀑¦–¦𐀴¦ 𐀗𐀈

37 ajudantes de banho
13 meninas
15 meninos
Aprox. 10.661 de trigo
Aprox. 10.661 de figos
Crianças, meia ração

Tábua Linear B, Ab553: Rações de trigo e figos
para mulheres e crianças, aprox. 1200 a.C.

É DIFÍCIL PROCURAR OS TRAÇOS de crianças no passado distante, pois elas deixam poucos resíduos atrás de si. Na maioria dos casos, seus cadáveres já foram saqueados séculos antes que qualquer arqueólogo pudesse chegar a eles, e os ossos são muitas vezes demasiado frágeis para sobreviver no registro arqueológico. Às vezes, no entanto, aparece uma sombra inesperada da presença delas. Tábuas em Linear B vindas de Cnossos apresentam impressões das delicadas palmas das mãos de crianças pequenas que estavam separando as tábuas de argila a fim de prepará-las para serem usadas pelos escribas adultos. Em um túmulo em Chania, em Creta, uma mulher humilde, de 19 anos, havia sido enterrada junto com um embrião quase a termo, presumivelmente dela própria. Ali, misturado com os ossos dos dedos da mulher, está um único osso da perna do bebê. Evidentemente, alguém achou importante que os dois — mãe e filho — viajassem juntos para a outra vida.[1]

As necrópoles de Micenas são a melhor fonte de informação sobre as vidas micenenses. No entanto, um dos motivos de frustração é que os enterros de crianças eram muito poucos, e, graças à prática comum na pré-história de enterros comunitários e do hábito imemorial de pilhagem de túmulos, é impossível determinar com certeza as formas de enterros infantis. Alguns são despojados e simples, enquanto outros são repletos de presentes. Alguns estão em sepulcros; outros, em covas (pequenas cavidades em rochas) e tumbas (covas retangulares geralmente forradas com pedras) — e até mesmo sob o chão de casas, atrás de paredes ou escadarias.[2]

Uma menina da aristocracia que morreu em Micenas no século XVII a.C., aos 5 ou 6 anos de idade, foi enterrada cercada de vasos.[3] O corpo estava coberto de jóias — um colar de cristal de rocha com um pingente azul, um anel de fio de ouro no dedo mínimo da mão esquerda e, na cabeça, um diadema enfeitado com rosetas de ouro. Havia pedras semi-preciosas — cornalina, ametista e cristal de rocha — enroladas em sua fronte.[4] Envolvendo os pequenos corpos de duas outras crianças enterradas no Túmulo Vertical III, Círculo A, foram encontradas folhas de ouro, sem decorações. Os cadáveres propriamente ditos há muito desapareceram, e há resíduos de folhas mais finas no local onde estariam seus rostos.

Aparentemente, algumas crianças mortas foram enterradas com brinquedos[5] — talvez para acolher espíritos amigos.[6] "Mamadeiras" micenenses também foram encontradas em escavações de túmulos de crianças. São recipientes bem projetados, perfeitos para alimentar bebês. Diversas contêm resíduos de mel e produtos lácteos, mas análises recentes de produtos orgânicos que ficaram depositados e preservados no interior da argila tosca dá a idéia de que esses jarros com bicos eram usados para transportar ampla gama de substâncias, inclusive vinho misturado com drogas. Um exemplo elegante, com listras, vindo de Midéia,[7] continha uma mescla de vinho, cerveja de cevada e hidromel. Uma mistura poderosa. O uso de mamadeira para beber álcool não significa que não fosse ministrado a crianças. Os bebês mortos provavelmente seriam doentes. É muito possível o uso de drogas e álcool para amortecer a sensibilidade das crianças que estivessem lutando com uma doença ou uma infecção fatal.

Naquele mundo, ainda não existia a medicina avançada, e muitas crianças, especialmente da população pobre, certamente morreriam de enfer-

midades. Os resultados de testes em ossos vindos do cemitério de Armenoi, na Creta micenense, narram uma triste história.[8] Todos os indivíduos estudados viveram entre 1390 e 1190 a.c. Estavam presentes a
doença infecciosa osteomielite (infecção da medula óssea), a brucelose
(que produz sintomas semelhantes à gripe e até mesmo degradação do
sistema nervoso central quando a bactéria brucella é ingerida no leite) e
a tuberculose. Havia deficiências de nutrição, osteoporose, escorbuto, ra-
quitismo, falta de ferro na dieta e anemia, assim como câncer; 40% das
crianças da amostra proveniente desse cemitério morreram antes dos 2
anos e 50%, antes dos 5.[9]

Embora a vida das crianças estivesse constantemente ameaçada, mesmo nos círculos aristocráticos, não parece ter havido falta de cuidados.
Há um artefato micenense que indica não negligência, mas sim ternura
— talvez, até mesmo, amor materno dentro de uma cultura palaciana. É
um pequeno grupo de estatuetas de marfim, originalmente multicolorido
e entalhado, encontrado na cidadela de Micenas em 1939.[10] Esculpidas
em formas arredondadas, duas mulheres, envoltas num mesmo xale de
lã, têm uma criança ao colo, em atitude de orgulho e proteção. A criança
(ainda se discute se menino ou menina, embora a figura esteja vestida
com roupas normalmente usadas por meninas) traja um vestido com-
prido, amarrado na cintura, e tem brincos e um colar semelhante aos das
mulheres mais velhas. Está deitada sobre os joelhos de uma das mulheres e recostada na coxa da outra, na atitude muito infantil de procurar
atrair para si a maior atenção possível dos adultos. O braço de uma das
mulheres está curvado sobre as costas da criança. As mãos são esbeltas,
mas o abraço é apertado.

Mesmo que o quadro retrate seres divinos ou mortais, trata-se evidentemente de uma representação da forma humana e uma aguda observação do laço que une adultos e crianças.[11] O trio repousa agora no recinto
refrigerado do Museu Arqueológico Nacional de Atenas, hoje reformado.
Mas mesmo ali, protegido de mãos humanas por vidro e alarmes de segurança, exala intimidade.

Ao ver pela primeira vez a estatueta,[12] eu estava fazendo pesquisas sobre estilos de vestuário do período micenense, mas as palavras da *Ilíada* a

respeito de Helena imediatamente me vieram à mente. Em Tróia, Helena confessa ao rei Príamo as coisas das quais sente saudades:

> *E Helena, a mais radiante das mulheres, respondeu a Príamo:*
> *"Eu vos respeito tanto, querido pai, e também vos temo tanto —*
> *mas desejo que a morte me tivesse chegado, a sombria morte,*
> *no dia em que segui vosso filho a Tróia, abandonando*
> *meu leito de casada, meus parentes e minha filha,*
> *minha favorita, hoje adulta,*
> *e a amável companhia das mulheres de minha idade."*[13]

A companhia de mulheres — creio que não se trata simplesmente de imaginação poética. Os anéis e as pinturas murais micenenses dão a entender que as mulheres participavam de rituais religiosos em grupos do mesmo sexo.[14] Afrescos em palácios mostram mulheres bem vestidas lado a lado em procissões. Tábuas em Linear B nos dizem que as mulheres operárias passavam os dias em companhia dos filhos, em grupos de trabalhadoras.[15] Sabemos até mesmo os nomes de algumas que labutavam lado a lado: Vordieia ("Rosinha" ou "jardim de rosas"),[16] Teodora, Alexandra e Mano.[17] Na cultura tribal de Micenas, tanto as mulheres ricas quanto as pobres passavam grande parte do tempo juntas. Não admira que a Helena de Homero confessasse ter saudade não apenas de amigas e parentes, mas também de suas aias e de suas companheiras nos salões decorados.

⚭⚭⚭

No Museu de Argos, quase perdida em meio a uma mistura de artefatos em uma vitrine, há outra estatueta, de uma mulher da Idade do Bronze tardia — uma figura simples, de terracota. É o que os arqueólogos chamam de terracota tipo Fi. Essas figuras humanas rudimentares, geralmente de 10 a 20 centímetros de altura, freqüentemente em forma de mulher com os braços erguidos, podem haver representado muitas coisas: os poderes protetores das mulheres, a fecundidade feminina, uma oficiante religiosa ou uma deusa; ninguém sabe. O que é certo, porém, é que elas faziam parte da experiência quotidiana de uma nobre da Idade do Bronze como Helena. As figuras são sempre de mulheres, com seios altos e separados — cada globo tem a forma de uma ervilha achatada. São chamadas de figuras Fi porque se assemelham à letra grega M; também existem os tipos *Psi* (Q) e *Tau* (I).[18]

A pequena figura de mulher que está em Argos é, na verdade, uma *kourotrophos Fi* — uma mãe amamentadora. Alguém fez um rolinho de barro e deu a ela um bebê, enrolado em um xale, para ninar. Até hoje, foram descobertas cerca de 70 dessas figuras *kourotrophos* do mundo micenense. A maioria acalenta um único bebê, geralmente junto ao seio esquerdo (como seria de se esperar, com a cabeça da criança junto ao coração que bate e para manter a mão direita livre). Em algumas versões, há dois bebês. Um dos exemplos, vindo do Túmulo 41, em Micenas, mostra a figura feminina cuidadosamente ninando uma criança junto ao peito e outra preciosa carga às costas, protegida por uma sombrinha.[19]

Os arqueólogos geralmente encontram essas figuras em túmulos, mas, durante a vida da dona, elas poderiam estar no chão ou numa prateleira, num palácio micenense ou numa choupana; presentes a um recém-nascido, mascotes para obter a proteção dos deuses durante a difícil tarefa da concepção e criação de toda uma família — um talismã feminino original.* Somente em Micenas foi encontrado um total de 9 mil fragmentos de figuras femininas dos tipos Fi, Psi e Tau, e cerca de duzentos mais são descobertos a cada ano.[20] Nos povoados do século XIII a.C. deveriam ser virtualmente onipresentes. E as figuras ou estatuetas de homens?[21] Simplesmente, não há. As terracotas de *kourotrophos* suscitam indagações sobre os laços entre as mulheres e seus filhos na Idade do Bronze tardia, e, como presença coletiva, essas estatuetas colocam questões ainda mais amplas sobre o panorama espiritual da Idade do Bronze tardia — e o papel das mulheres naquele mundo.

*A autora faz um jogo de palavras com a palavra inglesa *talisman*, ao escrever "the original talis(wo)men". (*N. do T.*)

14

HELENA, ALTA SACERDOTISA

Em Pilos: mais de 14 escravas por conta do ouro sagrado[1]

Registro de "oferendas ao templo" em Linear B,
talvez a uma sacerdotisa — aprox. 1200 a.C.

A *ILÍADA* TRATA DE DIVERSOS relacionamentos complexos: entre Helena e Páris, Páris e Menelau, Agamêmnon e Aquiles. A mais tumultuosa, porém, é a relação entre Zeus e a humanidade. Zeus governa, mas é um deus incerto e volúvel, que trata a espécie humana como uma caixa de soldadinhos de chumbo, e assim como faria uma criança travessa, nunca se sabe quando vai se cansar de um brinquedo e começará a espalhar pelo chão seu exército.

> *Durante toda a noite, Zeus, o Grande Estrategista,*
> *Planejou novos desastres para ambos os exércitos que se enfrentavam —*
> *seus trovões semeavam o terror —*
> *e a palidez do pânico se espalhou pelas hostes.*[2]

A partir da Idade do Bronze, as platéias que ouviam os *rapsodos* — cantadores de poesia épica — teriam se identificado com as lutas daqueles pálidos guerreiros. Esses homens e mulheres sabiam que também suas vidas eram governadas pelos egos imortais do Monte Olimpo. Também sabiam que os próprios deuses e deusas eram sujeitos aos caprichos, fraquezas e acessos de raiva de Zeus, o rei dos deuses. Zeus, "o que junta as nuvens", é peça central da *Ilíada*, porque, na época em que o poema épico foi escrito, no século VII a.c., ele já se transformara no chefe incontestável do panteão olímpico e, portanto, do mundo conhecido pelos gregos. Era, para citar Hesíodo, "o pai dos deuses e dos homens... o mais ilustre dos deuses e possuidor de poder supremo".[3]

Mas nem sempre tinha sido assim. A Helena da Idade do Bronze teria vivido em um mundo no qual Zeus estava apenas começando a crescer — ainda principiante, tendo de provar seu valor no panorama celestial. Zeus é mencionado em tábuas em Linear B, mas não há nenhum indício de que fosse considerado supremo.[4] Até hoje, foram encontradas na região do Egeu quatro, talvez cinco figuras de um "deus que destrói com raios" (uma deidade antropomórfica com o braço agressivamente erguido, quase certamente Zeus ou Posídon) que datam dos séculos XIII e XII a.C.;[5] mas por enquanto são achados isolados. Comparados com o número de figuras femininas totêmicas descobertas, esses deuses agressivos nada mais são do que poeira nas faldas das montanhas.

Para os homens e mulheres do mundo pré-histórico de Helena, os espíritos femininos e suas representações terrenas possuíam um *pedigree* de muitos milhares de anos. Se juntássemos todas as estatuetas, artefatos e afrescos criados durante os cerca de 20 mil anos antes da Guerra de Tróia, o conjunto compreenderia, predominantemente, figuras femininas. Apenas 5% seria de homens.[6]

Ao chegar a Idade do Bronze, as representações de mulheres eram ainda abundantes, mostradas, freqüentemente, como criaturas situadas em algum ponto entre o mundo temporal e o espiritual. São encontradas de forma especialmente notável nos *pithoi* — os grandes vasos de argila usados para armazenamento de preciosos cereais, azeite e vinho. Essas vasilhas, vitais para o prosseguimento de uma comunidade agrícola estabelecida, tinham, em geral, a forma de grandes ventres. Em alguns *pithoi*, as características da fisionomia, do corpo e dos órgãos sexuais das mulheres foram esculpidas ou pintadas. No Museu de Heráclion, há um vaso de aproximadamente 2000 a.C. que foi modelado em forma de mocinha — com duas biqueiras salientes no lugar dos bicos dos seios. As mulheres lactantes não eram ocultadas, mas glorificadas, magnificadas em criações elaboradas de terracota capazes de verter dos seios o líquido desejado.

Assim como essas mulheres-jarros eram a fonte da nutrição que dava a vida, também podiam nutrir a morte. Em alguns casos, foram encontrados *pithoi* que não armazenavam alimentos, mas cadáveres. Os corpos estavam colocados em posição fetal, enfiados nesses gigantescos vasos e depois cobertos de mel. Essa substância poderia haver embalsamado os cadáveres durante cerca de oito semanas,[7] imitando o fluido amniótico que, originalmente, protegera a vida.[8] Deveria ser difícil explicar os natimortos e os abortos: aparentemente, as mulheres eram capazes de gerar vivos e mortos. O ventre também era um túmulo. Fosse real ou imaginária, Helena era o perfeito paradigma dessa dualidade: era a mulher que produzia amor e guerra, uma força carregada tanto com a energia positiva quanto com a negativa.

Mesmo nos dias mais quentes do meio do verão na Idade do Bronze tardia, tempo de mudanças religiosas, políticas e sociais, a presença das mulheres é forte. Elas atravessam os salões dos palácios, aparecem em sinetes e esculturas de argila. Algumas, de braços dados, caminham juntas, outras passeiam em carruagens. Em um afresco no complexo religioso de Micenas, uma mulher traz uma gigantesca espada; outro, um bastão; ainda outra, duas espigas de trigo. Também há um par de homens, mas são figuras liliputianas, que tombam nus e indefesos diante das fêmeas armadas. As damas pintadas dão a impressão de estar defendendo as conquistas de seu gênero (ainda que a duras penas).

Sacerdotisas são proprietárias de terras, elas possuem seus próprios serviçais (inclusive acólitos masculinos), e uma tábua em Linear B as mostra tratando de "ouro sagrado".[9] Mulheres sacerdotes controlavam o acesso aos depósitos de alimentos armazenados e eram chamadas de *claviforoi*, as "portadoras das chaves".[10] O termo *potnia* pode referir-se tanto a uma deusa quanto à "senhora" da cidadela.[11] Em sociedades cronologicamente paralelas (os hititas, os egípcios, os babilônios), as mulheres mais nobres tinham incumbências religiosas importantes — eram as principais representantes dos deuses. Há fortes motivos para supor que uma rainha micenense — uma Helena da Idade do Bronze — teria sido também alta sacerdotisa, figura poderosa tanto na religião quanto na esfera temporal. Embora a Helena de Homero seja semimortal e semidivina, é na qualidade de mulher, como rainha de Esparta, que ela fala confiantemente com os deuses e deusas no poema épico; dirige-se a seu alter ego, Afrodite, como uma igual.

O relato das guerras de Tróia feito por Homero, no esplendor final da Idade do Bronze, descreve o fim de uma época. Para a platéia de Homero, essa história a respeito de Helena precisava cumprir dois papéis. Tinha de explicar a uma platéia a influência de uma mulher que, vivendo num mundo de homens, sabia que esse poder chegara ao eclipse. E precisava, ainda que inconscientemente, descrever um momento de deslocamento e mudança no tempo histórico; uma época em que ainda não estava claro se o menino (deus) Zeus iria ser o rei, ou que tipo de reino terrestre estaria sob seu poder. Para Homero (e para quase todos os escritores subseqüentes), Helena era uma criatura contraditória: um Janus feminino, com um rosto voltado para o futuro e outro para o passado, uma mulher comum da Idade do Bronze que representava um mundo em transição temporal e espiritual. Um paradoxo. Um lembrete perturbador do que haviam sido as coisas anteriormente.

∽◎∽◎

A política sexual, especialmente a política sexual pré-histórica, constitui um enigma de complexidade idêntica ao famoso labirinto do rei Minos. Mas, ao acompanhar a história das colegas de Helena na Idade do Bronze, talvez seja possível encontrar um caminho em meio à confusão.

Imaginemo-nos caminhando pela cidadela de Micenas em algum momento em meados do século XIII a.C. Passamos pelo famoso Portal do Leão. É nosso primeiro ponto de referência, freqüentemente citado como entrada, adequadamente, masculina para os governantes machos de Micenas. Mas a comparação com entalhes em sinetes da época mostra que esse imponente portal está ladeado por duas esculturas já gastas de animais — não um par de leões, mas de leoas,[12] pois esses animais de Micenas têm pescoços lisos, enquanto, na época, os leões eram, normalmente, representados com jubas luxuriantes.

Os oratórios e santuários dos palácios-fortaleza de Micenas nada possuem da estrondosa grandiosidade dos templos clássicos egípcios ou gregos — nada da arquitetura exibicionista que tipicamente abriga as deidades de um panteão dominado por homens. O centro de culto em Micenas, que data de meados do século XIII a.C., é de tal forma modesto que somente foi descoberto em 1968.

Quando visitei pela primeira vez o centro de culto, a investigação ainda estava em curso, e eu esperava compreender melhor as práticas religiosas do mundo da Helena da Idade do Bronze.[13] O recinto interno, o mais santificado, pareceu-me inicialmente pouco mais do que um glorioso barracão de jardim. Uma porta de madeira rangeu ao abrir-se para revelar insetos que se arrastavam pelo chão e guirlandas de teias de aranha. Degraus de pedra gastos levavam a uma plataforma vazia. Mas a investigação foi frutífera: havia uma câmara secreta, onde figuras grotescas, quase todas mulheres, tinham sido guardadas. Cada um dos impassíveis ídolos de terracota, de nariz adunco, hoje em segurança no Museu de Micenas, tem cerca de 50 centímetros de altura e vários orifícios pequenos pelo corpo: no tórax, no abdômen, acima de uma sobrancelha, de um lado do rosto ou num braço. Eram nichos onde podiam ser guardados pequenos amuletos ou oferendas sagradas.

A maioria dos ídolos tinha os braços erguidos, dobrados no cotovelo e apontados para a frente. Esse gesto normalmente indica uma pessoa em atitude de adoração, e portanto acredita-se que as figuras talvez representem a população feminina da cidadela; dada sua aparência grotesca, talvez até mesmo os espíritos ou demônios (a palavra vem do grego *daimon*) que as habitavam. Uma figura particularmente perturbadora foi encontrada com o rosto voltado para um canto. Essa imagem grotesca, com os olhos cheios de maldade, ficou fitando durante mais de três mil anos uma parede que, anteriormente, era pintada e decorada com cores brilhantes; hoje, nada mais é do que uma ruína.

Uma figura de "deusa", também recolhida *in situ* no centro de culto, tem somente 29 centímetros de altura.[14] Em volta do pescoço da divina boneca vêem-se pequenos círculos perfeitamente regulares que prosseguem pelo peito e representam um colar de contas, e as maçãs do rosto estão enfeitadas com os mesmos losangos pontilhados que aparecem no rosto das mulheres dos afrescos e na cabeça da "Esfinge" de Micenas.[15] Ao contrário da aparência maliciosa das mulheres de terracota perfurada, o rosto dessa figura feminina é bondoso e aberto. Ela mantém os seios erguidos, atributo típico das representações de deusas.[16]

Anéis finamente moldados e sinetes entalhados dão idéia dos ritos extáticos que essas mulheres realizavam a fim de aplacar as deidades. A idéia de epifania, literalmente a "revelação" de um espírito divino, é da essência da prática religiosa tanto em Creta quanto no continente. Na Grécia micenense, os espíritos divinos freqüentemente preferiam "revelar-se" às mulheres das classes elevadas. Muito antes de Homero escrever sobre Afrodite no campo de batalha, ou de conhecermos a competição de tecelagem entre a competente e insolente camponesa Aracne e a deusa Atená, os homens e mulheres acreditavam que os deuses caminhavam entre eles e que, com os ritos propiciatórios adequados, a qualquer momento um espírito podia aparecer.

Quando as mulheres de Micenas dançavam, ou sacudiam as árvores, ou deixavam-se cair sobre os altares, as divindades se materializavam no céu em forma de pombas ou estrelas cadentes. Espreitavam por trás dos escudos em forma de 8. Um anel de sinete originalmente encontrado em Micenas e hoje em exibição no Museu Arqueológico Nacional em Atenas, que tem apenas 34 milímetros de diâmetro, contém na superfície moldada todo um mundo — um mundo no qual aparecem somente mulheres.[17] Uma está sentada e as demais dançam ao seu redor; todas têm os seios nus. Duas das figurantes oferecem lírios e papoulas à figura sentada, que é maior e agita com a mão esquerda uma alentada penca de papoulas. Há uma outra figura feminina, menor (talvez uma criança?), que estende a mão para uma árvore. Vagamente visível, saindo de um céu e oculta por um escudo em forma de 8, aparece uma deusa. O anel é cercado por cabeças de leão ou de leoa; a lua e o sol surgem no céu.

A cena é enigmática, mas a proliferação de árvores e vegetação sugere a realização de um culto de fertilidade.[18] E as papoulas tornam claro que essas mulheres utilizam narcóticos para aproximar-se de seus deuses. Muitos outros anéis de sinetes micenenses mostram cenas semelhantes.[19] Um anel de ouro encontrado em Tisbe, próximo ao golfo de Corinto, tem uma figura feminina que oferece cápsulas de papoula a uma divindade, e um sinete do mesmo sítio é entalhado com a figura de uma mulher que parece estar surgindo da terra com o auxílio de um homem jovem.[20] Em outro anel de ouro, vindo de Isopata, próximo a Cnossos, diversas mulheres dançam por entre lírios enquanto uma figura paira sobre elas — quem sabe a alucinação extática de uma sacerdotisa em transporte ou a visão de uma divindade concebida por uma das adoradoras que tivesse recebido a dádiva da deusa e ficasse com os sentidos alterados?

De vez em quando, espíritos invisíveis passam a habitar um corpo humano, transmitindo seu poder por meio de um ser mortal. As mulheres (às

vezes, homens), honradas com a manifestação da visita epifânica, estão colocadas em elevados pedestais ou acima da cabeça dos demais. O espírito
divino se irradia através delas. Eram homens ou mulheres com pés de barro,
mas eram abençoados, tocados pela força dos deuses. Talvez essa crença na
epifania possa explicar melhor as credenciais divinas de Helena: uma alta
sacerdotisa que, durante as cerimônias religiosas importantes, era considerada possuída e que desfrutava de canais de comunicação privilegiados com
o mundo dos espíritos. Uma pessoa humana com aparência divina.

∽∾∽∾

No passado, a predominância de mulheres na esfera religiosa na Idade do
Bronze tardia foi considerada em tom condescendente, quase de piedade,
como se as mulheres simplesmente cuidassem dos santuários enquanto os
homens tratavam de suas guerras. Mas se o culto é parte central de todos
os assuntos temporais, nesse caso será, por definição, menos marginal. E,
como as mulheres da Idade do Bronze parecem ter tido responsabilidades
especiais pelo êxito na produção e no armazenamento dos resultados da
agricultura, elas passam a ser fundamentais, e não incidentais. As mulheres
não se ocupavam da arrumação das flores da igreja, por assim dizer, enquanto seus maridos funcionários tratavam dos assuntos internacionais;
elas protegiam e administravam o sustento da vida.

As mulheres que encontramos representadas em Micenas, Pilos, Tirinto,
Cnossos e Tebas parecem ser importantes, proeminentes, gloriosas. Uma
rainha espartana admirável, que cuida de suas terras e é responsável pela
saúde espiritual de seu povo, pode muito bem haver sido o protótipo de
Helena — rica, influente, santificada. Mas, ao longo dos séculos, não era
possível manter essa posição reverenciada. Helena era uma mulher a quem
não se permitia ser simplesmente maravilhosa. Como a relutante destruidora de lares de Homero, como princesa promíscua de Hesíodo, como a
"cadela-meretriz" de tornozelos ágeis e olhos cintilantes de Eurípides, como
a rainha volúvel e astuta de Ovídio, a melhor lembrança que ficou de Helena é a de um ser humano possuidor de defeitos. À medida que ela percorre o tempo, seu brilho se torna luciferiano; a Helena das narrativas dos
livros é um anjo caído, condenada para sempre por haver cometido o
conhecido crime de apaixonar-se pela pessoa errada.

15

LA BELLE HÉLÈNE

Helena nascida nos céus, rainha de Esparta,
(ó cidade de Tróia!)
Tinha dois seios de fulgor celeste,
O sol e a lua do desejo do coração:
O domínio do amor jazia entre eles
(Ó Tróia vencida, orgulhosa Tróia em chamas!)

DANTE GABRIEL ROSSETTI, *Troy Town* (Cidade de Tróia) (1869)

EMBORA OS CONTADORES DE HISTÓRIAS silenciem e os pintores de vasos deixem de lado seus pincéis no que respeita aos nove anos em que se imagina haver Helena venturosamente governado Esparta ao lado de Menelau, antes da chegada de Páris, as fontes da Idade do Bronze são ricas em representações da vida dos poderosos. E os indícios materiais provenientes das cidadelas e dos túmulos de reis freqüentemente se ajustam à evocação de Helena como rainha feita por Homero.

Na *Ilíada* e na *Odisséia*, Helena costuma ser mencionada em termos luminosos: ela brilha e cintila. Em certo ponto, durante sua estada em Tróia, Homero visualiza Helena envolvendo-se em linho brilhante:

> *E com essas palavras*
> *A deusa encheu seu coração de ardente e profunda saudade*
> *de seu marido de muito tempo antes, de sua cidade e seus pais.*
> *Envolvendo-se rapidamente em linho brilhante,*
> *Ela saiu correndo de seus aposentos...*[1]

Isso pode não ser apenas um conceito literário. Como vimos, as mulheres de classes elevadas na Idade do Bronze tardia podiam adquirir certo brilho: as ricas usavam óleo de oliva não apenas como alimento, mas também para dar um brilho sedoso à pele e às vestes. Na *Odisséia*, Homero descreve mulheres que filtravam o azeite através de tecidos: *Algumas trabalham no tear, com as mãos flutuando como folhas de um alto álamo, enquanto o suave óleo de oliva goteja dos tecidos que acabaram de terminar*;[2] fala também de rapazes que *vestiam túnicas de fino tecido cobertas com um brilho de óleo*.[3] Os estudiosos não têm certeza sobre o significado desses trechos. Seriam a descrição de um processo de limpeza? Seriam palavras simplesmente metafóricas? As roupas seriam tratadas com óleo ou entremeadas com fios de ouro?

Um grupo de tábuas em Linear B proveniente de Pilos proporciona uma explicação. No palácio micenense de Nestor, 100 quilômetros a oeste de Esparta, havia um ativo comércio de azeite de oliva. Em diversas dessas tábuas, aparecem gravadas as palavras e símbolos de "ungüentos perfumados" para serem usados em tecidos.[4] Aparentemente, esses ungüentos não serviam somente para suavizar as roupas. O azeite de oliva, esfregado em tecidos de linho e em seguida lavado novamente, deixa um claro brilho. O uso dos ungüentos exigia tempo e era dispendioso; vestir "linho brilhante" seria uma honra reservada apenas para os de classe mais elevada. Uma honra reservada a uma rainha como Helena.

A fabricação de perfume era um lucrativo negócio derivado da indústria de azeite de oliva.[5] Entre as fragrâncias estavam a de sálvia, hissopo, cípero (planta aromática dos pântanos) e rosa. Alguns óleos eram tingidos de vermelho terroso com hena. Tanto as mulheres quanto os homens (todos usavam os cabelos compridos) massageavam o peito, o rosto e o couro cabeludo com óleo. Os indícios dos afrescos dos palácios de Micenas sugerem que as mulheres costumavam fazer tranças e cachos nos cabelos — os famosos cachos dourados de Helena[6] podem ter sido enfeitados com os produtos dos "fazedores de tranças" que viviam e trabalhavam perto de Pilos.[7]

Em minha visita mais recente a Pilos,[8] fui acompanhada por um cinegrafista, e ele comentou que ambos parecíamos haver saído de um anúncio de bebida; na verdade, nos sentíamos assim. Eu dirigia um jipe branco, sem capota, enquanto ele filmava no banco de trás. A Pilos antiga fica no alto de uma colina íngreme, Epano Englianos, e, por isso, a estrada que leva diretamente ao monte, partindo da costa, descreve uma série de curvas acentuadas. Enquanto íamos vencendo as curvas, o visor da câmera

LA BELLE HÉLÈNE

171

enquadrava um tufo de meus cabelos, um céu muito azul (quando, inesperadamente, tive de fazer uma parada de emergência) e fileiras de espirradeiras selvagens de cor rosada que crescem nas margens das estradas. Parecia um ambiente adequado a uma indústria de perfumes da Idade do Bronze.[9] Devido às operações necessárias, quem subisse aquela colina não sentiria apenas o perfume das espirradeiras. O ar estaria saturado de outros aromas — anis e rosa, além do odor acre dos caroços de azeitona partidos e usados como combustível sem fumaça pelos artífices e artesãos.

Os resíduos orgânicos deixados no interior das vasilhas de argila nos permitem hoje fazer uma idéia mais completa dos laboratórios aromáticos do Mediterrâneo oriental. Os trabalhadores picavam e pulverizavam coentro, cardamomo ou resina de árvores de terebintina — substâncias que têm a propriedade de decompor matéria orgânica.[10] Foram encontradas lâminas de obsidiana, usadas para picar ingredientes crus. Eram navalhas de pedra cujo corte chegava a ter frações de milímetros. Um arqueólogo inglês entusiasta pediu que suas lâminas de obsidiana fossem usadas em uma operação cirúrgica.

Empapadas de vinho ou de água, a polpa de plantas se transformava em uma pasta adstringente que em seguida era fervida com azeite. Material aromático, como sálvia e pétalas de rosa, era esmagado e aquecido. O óleo de íris (extraído das raízes de íris) era um ingrediente importante: há quatro mil anos esse óleo vem sendo utilizado na fabricação de perfumes, e, hoje em dia, um quilo vale cerca de 3 mil libras esterlinas. A cornucópia vegetal da Idade do Bronze ficava então em repouso durante alguns dias até ser guardada em elegantes jarros em forma de estribo. Arqueólogos que trabalhavam em Micenas relatam que, ao removerem a rolha de argila de um desses jarros, uma fragrância doce flutuou no ar durante um instante e em seguida dissipou-se.[11]

Pilos, obviamente, produzia mais perfume do que o necessário à economia local. Os óleos perfumados — ouro líquido — eram exportados pelos micenenses em troca de artigos de luxo, assim como da matéria-prima necessária ao funcionamento do mundo da Idade do Bronze, o cobre (que, combinado com o estanho, se transforma em bronze) de Chipre. Jarros micenenses em forma de estribo — recipientes comuns para os líquidos — foram encontrados até na Núbia e no curso superior do Eufrates.

Para uma Helena da Idade do Bronze, o regime de beleza não se limitava às massagens com óleo de oliva aromático. Representações de mulheres revelam olhos escurecidos e enfumaçados — talvez um cosmético aplicado nas pálpebras. Receitas e análises orgânicas confirmam que, nessa época, o cosmético para olhos era fabricado no Egito com uma mistura de carvão de cascas de amêndoa, fuligem e incenso de olíbano.[12] Também se usava galena (um minério de chumbo de cor cinza-escura).[13] O cosmético devia ter a consistência final de um grude pegajoso, o que era essencial, pois o embelezamento tinha um tríplice objetivo: uma maquiagem que protegesse as pálpebras do sol e que também funcionasse como repelente de insetos.

Todas as mulheres dos afrescos de Micenas têm a pele alva e brilhante. O conjunto de instrumentos e vasilhas para misturas, encontrado em túmulos de mulheres, indica que a produção de maquiagem era grande, suficiente para cobrir partes do corpo tanto quanto do rosto. O óxido branco de chumbo já existia na Idade do Bronze tardia, e a iconografia dos afrescos sugere que, em ocasiões religiosas e civis específicas, a cabeça, os seios, as mãos e os braços das mulheres eram pintados de branco e, em seguida, enfeitados com símbolos coloridos.

Uma impressionante escultura pintada de cabeça de mulher que data do século XIII a.C., descoberta em Micenas e que hoje se encontra em uma vitrine do Museu Arqueológico Nacional, fita o observador com olhos apertados e acentuados com rímel.[14] Os lábios são da cor de cereja e nas maçãs do rosto e no queixo há círculos vermelhos, circundados por pontos, que parecem sóis de cor escarlate. Esses símbolos também aparecem no rosto de figuras femininas de terracota (como a "deusa" do centro de culto) e em diversas mulheres nos afrescos micenenses. Em outros afrescos de Pilos, Mália e Tera, as mulheres parecem ter os contornos das orelhas pintados de escarlate. O efeito geral é hipnótico.[15] As mulheres maquiadas dessa forma produzem um grande impacto — transformam-se em efígies ambulantes. O rosto adquire a aparência de uma máscara — seus corpos pintados passam do natural para o sobrenatural.[16]

&roz;&roz;&roz;

Em matéria de confecção de roupas, o mundo onde uma rainha da Idade do Bronze tardia tivesse crescido não teria experimentado grandes mudanças durante várias gerações. As vestes representadas na arte das cidadelas micenenses são quase iguais às originárias da Creta minoana e também da ilha de Tera, nas Cíclades, 300 anos antes. As roupas que uma Helena possa ter usado seriam parecidas com as de sua tetravó. Feitos com lã ou linho, os vestidos, as saias, os mantos e as roupas de baixo seriam tingidos com açafrão, índigo, púrpura, tintura de garança, casca de cebolas ou cochonilha feita de coca. Todos os corantes eram fixados com vinagre, sal ou urina.

O linho — a palavra *linon* designa a fibra de linho em Linear B — esgarçado até se transformar em tecido tênue e diáfano, mais semelhante à organza, servia para envolver as pernas. Tecidos mais pesados, ricamente decorados, colocados em camadas uns sobre os outros, como as telhas de um telhado, ficavam presos em pregas na parte superior do corpo.[17] Ainda vêm sendo desenterrados discos de ouro perfurados, que faziam parte do guarda-roupa das aristocratas micenenses. Durante décadas, os arqueólogos imaginaram que fossem algum tipo de moeda cunhada, mas, na verdade, são enfeites que eram costurados para brilhar nas roupas das mais ilustres entre as micenenses.

Entalhes de marfim, afrescos e anéis de ouro mostram que, pelo menos em ocasiões especiais, como comemorações cívicas ou rituais religiosos, as mulheres da aristocracia tinham os seios nus ou cobertos com um tecido muito fino de seda ou linho, e não há motivo para imaginar que uma rainha espartana se vestisse de maneira diferente.[18] Os gregos clássicos, sem dúvida, acreditavam que, às vezes, Helena usasse decotes acentuados. Em *As troianas,* de Eurípides, Hécuba, mãe de Páris, adverte Menelau para que não volte a encontrar Helena após a queda de Tróia, a fim de não se sentir maravilhado ao ver a perversa em todo o seu esplendor semidespido. Mas é isso o que ele faz, e é isso o que acontece. Com o xale caído até a cintura, Helena se ajoelha e enlaça os joelhos dele,[19] em posição de súplica, com os seios expostos, num ato de estímulo erótico.

Fossem ou não sexualizados, os seios femininos eram com certeza idolatrados na Idade do Bronze. As mulheres da fase tardia aparecem com os seios nus durante os rituais que envolviam árvores e plantas, numa clara associação da figura feminina madura com a celebração da fertilidade e da procriação. Um seio de mulher, sustentado pela mão em concha, é o atraente desenho de uma fieira de delicadas contas feitas de ouro, cornalina e lápis-lazúli.[20] Em um afresco particularmente impressionante do palácio micenense de Tebas, uma procissão de mulheres de seios nus — todos de proporções generosas — caminha decididamente para adiante.

Ao longo dos séculos, os belos seios de Helena têm sido objeto de feti-che. O elegíaco poeta romano Propércio fala amorosamente de Helena e sua família: *Assim, nas areias do Eurotas, Pólux se tornaria exímio na equi-tação e Castor na luta livre, e diz-se que Helena se armou para os exercícios como eles, com os seios descobertos, e seus divinos irmãos não se envergonha-ram.*[21] O poeta Ovídio vai mais longe; em sua imaginária carta de amor de Páris a Helena, o autor estende mais ainda aquele momento ao observar:

Certa vez, eu me lembro, tuas vestes se abriram e revelaram teus seios a meus olhos — seios mais alvos do que a neve ou o leite e mais brancos que Jove ao abraçar tua mãe.[22]

O escritor romano Plínio, o Velho, em sua obra popular *História natu-ral,*[23] conta a história de um cálice ritual do templo de Atená em Lindos, na ilha de Rodes, feito de electro e considerado moldado nas dimensões de um dos seios de Helena. As taças em forma de seios eram usadas pelos gregos para conter líquidos sagrados — uma delas sobreviveu e está ex-posta no Museu Britânico.[24] Quinze séculos depois, diz-se que Madame de Pompadour bebia em taças de champanha inspiradas nos seios de He-lena. Maurice des Ombiaux, em seu ensaio *Le Sein d'Hélène* (O seio de Helena), fornece a base mitológica da história:

Helena surgiu com suas aias. Radiosa como Febe entre as estrelas... o véu que lhe cobria o peito foi levantado e revelou um dos dois globos, róseo como a aurora, branco como as neves do monte Ródope, suave como o leite de cabra da Arcádia... com cera trazida pela dourada filha de Himeto, o pastor Páris... tirou o molde do seio, que parecia um fruto apetitoso pronto a ser colhido pelo jardineiro. Quando Páris retirou o molde, as aias se apressaram em recolocar o véu sobre o magnífico seio de Helena, mas não antes que seus admiradores vislumbrassem uma teta cujo frescor era tão atraente quanto um morango.[25]

Na Idade do Bronze tardia, o busto de Helena estaria coberto com a fina seda crua tecida com o casulo do bicho-da-seda nativo ou com linho esgarçado, mas tão nu quanto diafanamente velados os seios estariam contornados por uma cinta justa. Esse espartilho, que a julgar pela arte da época parece ter a finalidade de modelar o corpo, era munido de cadarços que se cruzavam sobre o tórax e eram firmemente amarrados sob o diafragma. Em alguns afrescos (vindos de Acrotiri, em Tera), as mulheres usam borlas que se balançam à altura do cotovelo.

Ao emergir de sua alcova, suntuosamente vestida, Helena ou uma mulher como ela deveria parecer uma visão. Bem alimentada com as melhores carnes, nutrida com os legumes de uma das mais férteis regiões da Grécia, a pele massageada com óleos perfumados, ela teria uma aparência extraordinária. *Enfeitada e linda* — como diz Homero — *em todo o seu esplendor, com seus longos mantos*,[26] seus compatriotas, assim como diplomatas ou mercadores visitantes, a avistariam de relance caminhando de um ponto a outro do palácio ou celebrando em alguma cerimônia: cobertas por todo aquele ouro, iluminadas e refletindo a luz no rosto e nos braços,[27] as carnes adquiriam a tonalidade do mel fresco.

Imaginemos o tilintar daqueles enfeites generosos quando as mulheres caminhavam em seus palácios. Passando pelos corredores, Helena seria ouvida antes de ser vista. Há algo de fabulosamente orgulhoso em uma aparição ruidosa. Nada de surgir ou retirar-se disfarçadamente: quando se tem uma posição elevada, o mundo tem de sujeitar-se às condições de quem dá as cartas. E nas cidadelas micenenses haveria o sussurro e o murmúrio de saias, o tilintar de enormes lantejoulas, o balanço das jóias, as contas farfalhando, calçados de couro batendo no chão quando os pés das rainhas da Idade do Bronze palmilhassem os pisos decorados.

❧❧❧

Não somos capazes de saber qual o valor real da beleza na Idade do Bronze tardia, como era avaliada uma mulher bonita e quanto poderia valer. Mas é evidente a importância da exibição e da cultura material. Os governantes da Idade do Bronze amavam as coisas belas e brilhantes — e nelas investiam. A beleza era trocada em forma de presentes. Quando os ricos morriam, faziam a jornada espiritual acompanhados pelas coisas que haviam cintilado em torno de si durante a vida. Estar ligado à beleza era símbolo de sucesso e poder. No século VIII ou VII a.C., quando Homero compôs seus poemas épicos, considerava-se que a posse de uma beldade viva, em carne e osso, realçava tanto a *kleos* (fama heróica) quanto a *kudos* (a posição aos olhos da humanidade). Os textos da Idade do Bronze tardia provenientes do Oriente Médio mostram que as princesas eram avidamente trocadas entre os governantes — suas belezas apregoadas nas cartas diplomáticas que preparavam o acordo. Tanto na cultura da Idade do Bronze quanto na da Idade do Ferro, *kharis* e *kalos,* a beleza, e *kleos* e *kudos,* a reputação, eram moedas poderosas. Moedas das quais Helena era rica.

QUINTA PARTE

JOGOS DE AMANTE

16

A MAÇÃ DE OURO

... pois ela [Helena] possuía beleza em grau extremo, e entre
todas as coisas a beleza é a mais venerada, a mais preciosa e a
mais divina. E é fácil determinar seu poder: pois embora
muitas coisas que não possuem os atributos da coragem,
sabedoria ou justiça possam ser consideradas mais valiosas do
que qualquer desses atributos, ainda assim não encontraremos
nada que seja amado entre aquelas que não possuem beleza.

ISÓCRATES, *Elogio de Helena*[1]

UMA HELENA DA IDADE DO BRONZE sem dúvida teria consciência da
própria beleza. Um esqueleto feminino do século XIII a.C., descoberto em Arcanes, em Creta, havia sido enterrado segurando um espelho,
com a fria superfície encostada junto ao rosto. Os espelhos primitivos como
aquele eram feitos de metal — alguns curvos, muitos mais ou menos das
mesmas proporções de nossos espelhos portáteis. Também da mesma forma que nossos espelhos, as molduras e alças dos da pré-história eram
freqüentemente decoradas com esmero. São objetos conhecidos, imediatamente reconhecíveis. Pode-se facilmente imaginar homens e mulheres
empunhando-os para ver suas imagens no disco diante de si — procurando
compreender, vistos de fora, quem seriam por dentro.[2]

No mundo clássico, a imagem de Helena freqüentemente aparece na
base dos espelhos. É quase como se suas proprietárias quisessem enganar-se,
acreditando que a representação de Helena diante de si fosse de fato seu
próprio reflexo, ou que, ao segurar uma imagem de Helena, algo de sua
beleza exemplar e superlativa pudesse penetrar em alguma delas.[3] Há um

exemplo especialmente bem-acabado de Helena nas costas de um espelho
na grandiosidade crepuscular do Museu Fitzwilliam, em Cambridge. O
Fitzwilliam é neoclássico, encantadoramente romântico; colunas coríntias
na parte externa, mármore cor de ameixa e areia na interna. O espelho de
Helena ali existente foi feito de bronze em algum momento entre os séculos III e II a.c. O metal, hoje, é de um verde fosco, mas, em sua época, deve
ter sido polido até adquirir um brilho capaz de refletir imagens.[4] Helena
aparece sentada junto a Zeus, este com o disfarce de cisne estuprador, e de
uma Afrodite voluptuosamente nua — está em elevada companhia.

Um desenho comum em vasos do século IV a.c., muitas vezes reproduzido, mostrava Helena curvada para a frente, fitando um espelho, absorta em sua própria imagem, enquanto Páris, de pé atrás dela, brande a
lança.[5] Em *As troianas*, de Eurípides — na qual Helena é uma figura sinis-
tra —, grande atenção é dada ao fato de que Helena possui "*os espelhos de
ouro que as moças adoram*",[6] e em *Orestes*, o anti-herói zomba dos escravos
troianos de Helena, "*pobres-diabos que lustram seus espelhos e despertam
seus aromas*".[7]

Apesar das muitas Helenas que foram criadas, temos, surpreendentemente, poucas pistas vindas da Antigüidade sobre o que os homens e as
mulheres *imaginavam* que Helena via em seus espelhos de ouro. Quando
a descrevem, os adjetivos usados são lugares-comuns: ela tem "*alvos braços*",[8] seus cabelos são "*lustrosos*"[9] e "*dourados*".[10] Os antigos não tinham
dúvida de que ela houvesse existido, mas não há tentativas de definir, fisicamente ou por partes, o que a fazia tão bela. Ao recontar *A queda de Tróia*
no século IV d.C., Quinto de Esmirna escreveu: "a modéstia habitava seus
olhos de um azul profundo e lançava o rubor em seu formoso rosto."[11] Nada
há mais específico do que isso; quanto mais se recua na história, mais se
torna irrelevante *o rosto* que fez zarparem mil navios. A fisionomia de
Helena é menos importante do que o *sentimento* que ela inspirava nas
pessoas, aquilo que seu extraordinário carisma as fazia executar. Ela não é
apenas invisível, é também inefável.

Para a Antiguidade clássica e pagã, a beleza dela era demasiado importante, demasiado poderosa para ser representada, aprisionada em retratos
ou em palavras. A beleza de Helena não pode ser definida simplesmente
por meio de um rosto. É literalmente indizível. Testemunhar a sua beleza,

que vinha dos deuses, é semelhante a uma experiência religiosa. Quando os homens idosos de Tróia a viam caminhando pelas muralhas, compreendiam que aquela era uma guerra que valia a pena, mas descrevem sua beleza como "terrível" — como a de uma deusa.

"Beleza terrível" teria para os antigos um significado mais profundo do que para nós hoje — eles sabiam que coisas tremendas podiam acontecer caso alguém fitasse o rosto transcendental de uma deusa ou de uma mulher-monstro. O olhar da Górgona transformava suas vítimas em pedra; ao ver a deusa Diana banhando-se nua numa fonte do bosque, o jovem caçador Actéon é transformado por ela em cervo; em seguida, é caçado e despedaçado por seus próprios mastins, enquanto seus amigos, sem nada saber, os estimulam.[12] Por isso, Helena se torna a Eva grega de Byron.[13] Se compreendermos a rainha de Esparta da forma como os antigos a entendiam, sua beleza simplesmente não pode ser contemplada porque é coercitiva: ela obriga homens e mulheres a entrar num estado de ansiedade, ela os obriga a agir. Os que a contemplam não podem sair ilesos. Ela é um *eidolon* que faz arder com a emoção projetada.

ംംം

Desde o advento dos registros escritos, os seres humanos meditam sobre o poder e o significado da beleza.[14] Safo, Platão e Santo Agostinho se dedicaram à questão de saber de onde provém a beleza, o que significa e qual é sua razão de ser. Considerada uma dádiva dos deuses, a beleza exigia atenção. No pensamento grego, todas as coisas possuíam um significado intrínseco, nada era sem motivo — a beleza tinha uma finalidade, era uma realidade ativa, independente, e não uma qualidade passiva e nebulosa que passava a existir somente quando era percebida. Homens como Platão e Aristóteles, Heródoto e Eurípides teriam problemas com o sentimento de Hume do século XVIII, freqüentemente repetido, de que a beleza está nos olhos de quem a vê. Para eles, isso não tem sentido. Sendo uma entidade distinta, a beleza podia ser medida e quantificada. Era uma realidade psicofísica, que tanto tinha a ver com a personalidade interna quanto com a medida do busto.[15] Longe de ser insubstancial, acreditava-se que exercia poder distinto e determinado.[16]

O valor da beleza — e, especificamente, da beleza de Helena — foi analisado publicamente por alguns dos maiores pensadores e retóricos da Grécia clássica.[17] Um deles, um siciliano chamado Górgias, desenvolveu um relato tão popular sobre o significado de Helena que ele o recitava para platéias de milhares na Ágora de Atenas — um público pagante.[18] Com o título de *Elogio de Helena*, a obra de Górgias era ardente — uma defesa cautelosa que colocava Helena como modelo, e seu objetivo primordial era mostrar seu próprio talento e diligência — a fim de demonstrar sua capacidade de defender o indefensável. Mas, ao fazê-lo, ele promovia a "força irresistível" da beleza física. Identificando a natureza de Helena e sua linhagem como os formadores de uma beleza que "se igualava à dos deuses", Górgias argumentava que vê-la anulava a resistência e a lógica. Sua beleza era enfeitiçada — afirmação que, numa época supersticiosa, tinha considerável peso.[19]

Como atributo inanimado, a formosura precisava ser quantificada, avaliada e monitorada, e, em conseqüência, as *kalisteia*, "concursos de beleza", eram acontecimentos importantes na Grécia clássica.

⊙⊙⊙⊙

No século IV a.C.,[20] há descrições de competições estéticas na cidade de Élis, onde o evento era chamado de *krisis kallous*, a "batalha" ou o "julgamento" da "beleza". Havia competições[21] em Tênedos e Lesbos, cujo formato se assemelha notavelmente aos concursos de Miss Mundo de hoje em dia — mulheres sendo avaliadas enquanto desfilavam.[22] Também podiam inscrever-se homens, embora os dois sexos fossem sempre julgados separadamente. O interior de uma taça do século V a.C. mostra um competidor masculino transformado em "mastro de maio", com fitas amarradas nas características físicas vencedoras, como um bíceps ou um músculo da panturrilha, e o bem-dotado triunfante era envolvido em festivas tiras de pano.[23]

Dizem-nos que em Esparta havia competições rituais de corrida em homenagem à própria Helena, com 240 jovens adolescentes, nuas e untadas de óleo, correndo pelas margens do Eurotas, todas esperando atingir o nível de perfeição física de Helena.[24] Ao medir-se contra ela, no entanto, essas jovens tinham expectativas exageradas, e a vitória era vazia — ninguém jamais poderia ser tão bela quanto a mais famosa espartana de todos os tempos, a própria encarnação da perfeição física.[25] No poema que comemora a corrida, as competidoras castigam-se por ficarem tão distantes do padrão de Helena.[26] Helena tanto é vencedora quanto troféu — é o barômetro por meio do qual todas as demais beldades seriam julgadas. No século IV a.c., o epitáfio da filha de um amigo de Sócrates, que dirigia uma escola de filosofia em Cirene, dizia que ela era "*o esplendor da Grécia, e possuía a beleza de Helena, a virtude de Tirma, a pena de Aristipo, a alma de Sócrates e a língua de Homero*".[27]

O *kalisteion* também aparece com destaque nos mitos. Uma de minhas histórias favoritas é a da fundação de um templo de Afrodite Calipígia (Afrodite das Belas Nádegas) na Sicília. Segundo o conto, era preciso tomar uma decisão sobre a localização de um santuário dedicado a Afrodite. Um exemplar vivo do poder da beleza humana faria a escolha. Duas filhas de camponeses, de generosas proporções, entraram em competição, e a mais bem dotada recebeu a honra de escolher o local para o oratório.[28] Ganhar um concurso de beleza podia ser assunto de importância religiosa. Como se presumia que a beleza era uma dádiva dos deuses e que agradava a eles, em certas competições, como a de Élis, as vencedoras se tornavam as principais celebrantes num ritual religioso público. Transportando vasos sagrados à deusa Hera, "as pessoas belas" levavam o touro ao altar do sacrifício e depois ofereciam as entranhas do animal aos deuses no fogo da imolação.[29]

⊚⊚⊚⊚

Naturalmente, a própria narrativa de Helena começa com um concurso de beleza, "o Julgamento de Páris".[30] Pode-se mesmo dizer que começa com aquele problema universal da história humana, o desafio de uma lista demasiado longa de convidados a um casamento. Imaginemos a cena: o néctar flui, Apolo afina sua lira decorada de prata e marfim, todos os que são alguém ali se encontram no monte Pélion, para as bodas de Tétis e Peleu. Tétis era uma ninfa, muito querida no panteão do Olimpo. Peleu, herói e rei, havia navegado com Jasão como um dos Argonautas. Todos os deuses e deusas comparecem para testemunhar a união, porém uma — Éris, a deusa da discórdia e da disputa, fora ignorada. É sempre complicado limitar o número de convidados a um casamento, mas essa omissão foi um grave erro.

Como é o caso das melhores fadas malvadas (Éris raramente foi retratada na arte clássica, mas quando a pintam, quase sempre é feia, às vezes com asas negras e botas pontudas também negras), a deusa da discórdia também se encoleriza com esse menoscabo social e comparece assim mesmo. Chegando à festa do casamento, Éris lança uma maçã de ouro (provavelmente, um marmelo) com as palavras: "à mais bela!" nela inscritas. Foi um ato sutil e astuto de desestabilização.

Cada uma das três deusas mais poderosas do Monte Olimpo, Hera (esposa de Zeus), Atená (filha de Zeus) e Afrodite (deusa do amor sexual) considera-se destinatária da maçã. Zeus não quer ser levado a uma luta corporal; portanto, envia as três, junto com Hermes, seu mensageiro, ao monte Ida, próximo a Tróia, a fim de nomear Páris como juiz. Nesse ponto de sua vida, Páris era, simplesmente, um pastor que tocava a lira, exilado por seu pai, o poderoso rei Príamo, por causa de uma profecia de que o príncipe traria a destruição às muralhas de Tróia. As deusas imaginam que será fácil influenciar aquele jovem ingênuo com dádivas mundanas, e cada uma apresenta um suborno.

Hera lhe oferece soberania sobre um vasto império; Atená o tenta com destreza invencível na guerra, e Afrodite, piscando os olhos e esfregando as coxas, simplesmente lhe promete a mais bela mulher do mundo. Páris, que é jovem, deixa-se levar pela promessa de Afrodite, e escolhe Helena.

Dessa forma, Afrodite fica com a maçã de ouro. E, com esse julgamento, Páris — que acabava de ganhar um par de inimigas divinas (não há fúria maior no céu e na terra do que a de uma deusa desprezada) — recebe de Afrodite a *maclosine*, "a aura de atração sexual que se projeta sobre outras pessoas".[31] O belo e jovem príncipe de Tróia sai a caminho, em busca da rainha de Esparta. Convoca uma força de homens de elite — inclusive, seu primo Enéias — e aponta as proas de seus navios de bicos negros, feitos de madeira de cipreste, na direção do Peloponeso. Homero tinha razão ao descrever os barcos de Páris como "esbeltos cargueiros da morte". Ocultas no carregamento de brilhantes presentes e ramos de oliveira, havia espadas.

17

PORTADORES DE PRESENTES

A beleza é uma recomendação melhor do que qualquer carta.

Citação atribuída a Aristóteles por
Diógenes Laertius[1] aprox. séc. IV a.C.

O OBJETO Nº 13.396 do Museu Arqueológico Nacional de Atenas é uma estátua de Páris de tamanho um pouco maior do que o natural, petrificada no momento em que o príncipe troiano estende a mão para oferecer a Afrodite a maçã de ouro.[2] Mesmo na agitação do museu mais movimentado de Atenas, o príncipe troiano exige atenção. Ele obriga o espectador a parar: tem uma expressão de orgulho, feições perfeitas. Quando estive no museu antes do horário de abertura, os faxineiros, com guimbas de cigarro penduradas na boca, que durante anos varrem às 5 da manhã todos os dias a sala onde está Páris, ainda lhe prestam homenagem com um aceno e um suspiro.

A escultura, feita cerca de 340 a.C. e retirada do mar na costa da ilha de Antiquitera, foi moldada em bronze, com olhos de cristal de rocha. Cada músculo e nervo foi modelado com carinho, os lábios são espessos e levemente abertos. Também famoso por ter sido maravilhosamente belo, Páris olha maliciosamente para o mundo. É um espécimen apaixonado, embora destinado a ser a chave para a decifração de outra amante mais memorável.

De acordo com Homero, o segundo príncipe de Tróia era um tanto pavão, enamorado de sua bela aparência e ansioso por se projetar além da própria beleza, dádiva divina.[3] Na mente ansiosa de muitos gregos clássicos,[4] preocupados nos séculos VI e V a.C. com a ameaça muito real de invasão por parte dos persas, seus aguerridos vizinhos do outro lado do Bósforo, Páris vinha "do leste", "do outro lado". Dependendo das maquinações políticas do momento, Helena ou estava conseguindo uma presa rica e exótica ou dormia com o inimigo.

A Turquia ocidental era o terreno em que Páris se divertia, especialmente a Tróada, um território rico em forma de lua crescente no litoral do Bósforo e do mar Egeu. As histórias míticas espalharam a idéia de que bem cedo em sua vida o jovem príncipe teve de aprender com uma vida de sacrifício.[5] Enquanto o primogênito, Heitor, permanecia no palácio, Páris foi abandonado ainda criança para morrer no monte Ida, porque o pai, o rei Príamo, havia sido advertido em uma visão de que seu lindo filho recém-nascido traria a destruição à poderosa cidade de Tróia. Mas ele sobreviveu, e na juventude voltou enfurecido para ocupar seu lugar no palácio e finalmente cumprir a profecia do pai.

Na *Ilíada*, a beleza de Páris é muito comentada. Ele possui a graça de um dançarino e um rosto emoldurado por brilhantes cachos dourados. Se Esparta era a terra das mulheres bonitas, a Tróada era considerada o lugar dos homens belos — mítica terra natal de Ganimedes, filho de um rei anterior de Tróia, que maravilhou o próprio Zeus com sua extraordinária perfeição física. Era geograficamente adequado que um príncipe de Tróia fosse fabulosamente belo — e também que entrasse na *Ilíada* e, portanto, para o registro escrito, com a verve de um ídolo de matinê:

> *Páris saltou das fileiras avançadas de Tróia,*
> *desafiador, ágil, magnífico como um deus,*
> *com uma pele de leopardo cruzada nos ombros.*[6]

Ao longo dos séculos, Páris tem sido descrito como possuidor de uma beleza juvenil, perfeita e doce que causaria inveja a qualquer moça. Eurípides fala em detalhe de seu *"manto brilhante de flores"*. Numa versão da história da Guerra de Tróia do século VI d.C., seus cabelos são *"macios e louros"*.[7] Relatos posteriores, escritos de uma perspectiva "oriental", bizantina, o descrevem como um delicioso menino de 13 anos: "... *um botão de primavera e uma fresca rosa, admirado por todos os que o viam. Brilha mais do que a própria Afrodite..."*[8]

Páris pode ter tido seus admiradores, mas o consenso tanto do mundo antigo quanto do moderno é que sua refrescante beleza o faz parecer fraco e afeminado — um boboca. O poeta romano Horácio se diverte com uma descrição da fuga de Páris diante de Menelau "como um cervo foge do lobo". Mais de 1.500 anos depois, ao traduzir as *Odes*, de Horácio, em 1684, Thomas Creech mostra desprezo:[9]

> *Em vão confiarás tua segurança*
> *Ao auxílio de Vênus, e pintarás teu rosto;*
> *Em vão enfeitarás teus cabelos;*
> *Em vão tua débil harpa se agitará,*
> *Cantando suaves histórias de amores fáceis.*
> *Para agradar aos libertinos e às belas.*[10]

Embora objetivando a censura, descrições exageradas como essa, involuntariamente, dão uma impressão melhor da aparência de um Páris da Idade do Bronze do que a estátua clássica do Museu Arqueológico Nacional. Os governantes do Oriente Próximo homenageavam a si mesmos em esculturas nas rochas e em túmulos, detalhavam suas riquezas pessoais em arquivos de Estado cuidadosamente atualizados, e, por isso, temos uma idéia bastante exata das modas nas cortes do século XIII a.C. Um príncipe da Anatólia teria efetivamente "enfeitado os cabelos". Também estaria coberto de jóias e brilhantes que eram a marca da aristocracia da Anatólia — brincos, colares e anéis. A estátua em Atenas está heroicamente nua, com cachos cortados, mas um Páris da Idade do Bronze teria a barba raspada e os cabelos chegando aos ombros — ou ainda mais longos.[11] Se seguisse a moda dos hititas, seu calçado teria pontas extravagantemente retorcidas e em volta do pescoço traria cintilantes pingentes — pencas de amuletos, em forma de luas ou de animais, e sapatos adornados.[12] Esses rapazes da Anatólia foram os primeiros modelos a ser imitados.

E assim como Homero descreve Páris com uma pele de leopardo aos ombros, também um príncipe da Idade do Bronze tardia estaria vestido de peles no campo de batalha. Representações da época, tanto da Grécia continental quanto da Anatólia, mostram homens cobertos com peles de animais. Nas paredes do palácio de Pilos, gregos micenenses lutam contra guerreiros hirsutos, cobertos de peles. Homero fala dos heróis da Guerra de Tróia envoltos em peles de leão, de lobos cinzentos, com capacetes de doninha e couro de leopardo.[13] Durante a temporada de escavações de 1995 no sítio de Tróia da Idade do Bronze, uma queixada de leão — atirada ao lixo junto com ossos de cavalos — foi encontrada em um fosso na parte baixa da cidade.[14] Os príncipes-guerreiros de Tróia teriam se identificado com caçadores do mundo animal, tomando emprestados os mantos do rei dos animais, transformando-se em leões a fim de vangloriar-se e intimidar no campo de batalha.

Assim, a história conta que Páris, jovem rico com corpo de deus e gosto pelas mulheres, zarpou da Turquia para a Grécia continental.[15] Era um príncipe irrequieto. Forte e ágil, concentrava suas energias em fazer amor. "*Páris, temível Páris!*" lamentava-se seu irmão mais velho, Heitor. "*Nosso príncipe da beleza — louco pelas mulheres, tu as levas todas à ruína!*"[16] Os poetas da Grécia o imaginavam singrando velozmente as águas encapeladas do Egeu, acompanhado por Enéias[17] — em direção à corte do rei e da rainha de Esparta, no rastro de Helena.

Pelos fragmentos da *Cípria*, o poema épico que trata dos primeiros anos da vida de Helena, ficamos sabendo que Páris foi recebido em Esparta como *xenos*.[18] Essa palavra grega é importante, porém equívoca, e pode ser traduzida como estrangeiro, hóspede ou amigo. O conceito de *xenos* era fundamentalmente importante na sociedade grega. Seu derivado *xenia* denota um entendimento que unia vizinhos e viajantes, hóspede e anfitrião. A *xenia* era um código de conduta, uma convenção não escrita que atravessava as fronteiras dos Estados e ligava as comunidades do Mediterrâneo oriental. Demonstrava-se por meio de uma etiqueta reconhecida, em que havia troca de presentes e festivais, e sua origem estava na *xenuia* da Idade do Bronze tardia (transformada em *xenia* no grego antigo) que surge em tábuas em Linear B para as quais a tradução seria "para os presentes dos hóspedes".[19] A *xenuia* governaria, na verdade, o ingresso e a partida de visitantes estrangeiros aos palácios do Peloponeso no século XIII a.C.

Para marcar sua chegada ao palácio espartano, Páris foi homenageado como *xenos* com uma grande festa e, em troca, trouxe ricos presentes de sua terra para Helena e seu rei. Autores posteriores, conhecendo o ultraje que se seguiria, reconheceram a ironia da situação: eles nos contam que no início de sua estada, o adúltero Páris foi "acolhido" no palácio de Menelau.[20] Mas, nesse ponto da história, a rainha espartana e o príncipe troiano se tratavam de maneira perfeitamente adequada, tanto em termos morais quanto históricos, Páris enchia o palácio de Helena de presentes,[21] e ela lhe enchia o prato com as melhores iguarias que a Lacônia podia oferecer.

☙☙☙☙

Graças a registros contemporâneos do Oriente Médio, conhecemos com detalhes os luxuosos e exóticos presentes que os aristocratas e embaixadores levavam para seus anfitriões na Idade do Bronze em viagens diplomáticas ou comerciais como essa. Não eram simples quinquilharias — presentes simbólicos e os delicados subornos da diplomacia moderna; eram cofres inteiros, cargas inteiras de navios que mudavam de mãos. Cada artigo tinha o objetivo de impressionar e solidificar as relações entre governantes. Era uma forma tácita pela qual a aristocracia se dedicava ao comércio sem parecer rebaixar-se ao nível dos mercadores.

Na Idade do Bronze tardia, os hititas controlavam a região que hoje conhecemos como Turquia. Povo indo-europeu, cujos antepassados haviam penetrado lentamente na Anatólia durante o terceiro milênio a. C., os hititas tinham estabelecido uma base central de poder por meio da lenta expansão de seus territórios. No auge de seu domínio nos séculos XIV e XIII a.C., governavam uma vasta zona, que cobria a maior parte da Turquia moderna e se estendia ao norte da Síria, ao mar Negro e à fímbria ocidental da Mesopotâmia, chegando às fronteiras do reino egípcio no norte da Síria. Os hititas participavam ativamente da política da região; felizmente, para nós, eram também excelentes na manutenção de registros.

A cidade de Troia fazia parte de uma entidade chamada Wilusa, às margens desse influente império. Wilusa era, sem dúvida, um rico vassalo — um principado, leal e subordinado à gigantesca potência que governava a partir do leste. Provas documentais atestam as relações (às vezes) amistosas entre as autoridades hititas e troianas desde 150 anos antes, a partir da metade do século XIII, relacionamento mantido por enviados que circulavam entre as duas áreas. Tróia era um Estado-tampão, muito rico e muito útil.[22]

◦◦◦

Durante todo o século XIX, viajantes ocidentais falavam de curiosas inscrições em pedras e de cidades abandonadas na Anatólia central. Esse contexto permaneceu sendo um enigma até que em 1876, numa conferência feita na Sociedade de Arqueologia Bíblica pelo rev. Archibald Sayce, professor de assiriologia em Oxford, os hititas foram "oficialmente" redescobertos. Havendo reconhecido semelhanças entre inscrições em rochas em Bogazköy, Karabel e Carchemish, Sayce propôs a idéia de que um grande império havia ocupado antigamente a Ásia Menor. Seria possível, indagava ele, que esses fossem os enigmáticos hititas, ou filhos de Het, mencionados de passagem na Bíblia, mas que se presumia formarem uma tribo canaanita que vivia na Palestina?[23]

Levando em consideração a Batalha de Kadesh, em 1275 a.C., entre o faraó egípcio Ramsés II e o Grande Rei de Hatti (batalha que deteve a expansão do Egito para o norte), Sayce percebeu que havia identificado no rei de Hatti um líder dos filhos de Het. Um arquivo de tábuas de argila encontrado em El Amarna (1887) continha duas cartas dos "Reis de Hatti". Aos poucos, a Anatólia da Idade do Bronze entrava em foco, mostrando haver sido a pátria de uma das grandes civilizações "perdidas" do mundo.

◦◦◦

Hoje em dia, a viagem de Istambul a Hattusa, capital do império hitita na Idade do Bronze, leva cerca de 12 horas, mas em minha primeira visita, vinte anos atrás, pedindo carona em direção ao leste, precisei de dois dias. Esse é o coração da Anatólia, região elevada a que se chega percorrendo muitas centenas de quilômetros através de planícies pouco povoadas, modernos centros industriais e profundos vales cobertos de bosques. Fui atraída por escavações feitas na região, onde haviam sido descobertos novos fragmentos de pedras com inscrições e tábuas de argila. As vozes, idéias e riqueza de informação decorrentes dos achados foram extraordinárias. Eu já havia visto traduções de alguns dos textos em Londres e queria investigar sua proveniência.

Nada me havia preparado para o impacto visual e físico que Hattusa produziria. Eu conhecia intelectualmente o poder da civilização hitita e tinha visto tratados e cartas que testemunhavam relações internacionais que atravessavam o Mediterrâneo oriental e se estendiam mais além. Mas somente caminhando por aquele vasto complexo, agasalhada por causa das temperaturas abaixo de zero do final de um inverno típico, em meio às colinas, às escarpas rochosas e aos vales que o povoado de 1,6 quilômetro quadrado abarca, é que comecei a compreender a temível força que os hititas deviam ter sido no final da Idade do Bronze.

E foi apenas depois que contemplei a linha das muralhas do perímetro, acima e além das planícies malsãs, anteriormente povoadas por leões, panteras, ursos e javalis, imaginando os domínios desses governantes que se estendiam mais além do que a vista podia alcançar, até a costa do mar Negro, até Babilônia ao sul e Tróia a oeste, somente então comecei a compreender o que teria representado, na Idade do Bronze tardia, enfrentar os poderosos reis e rainhas de Hattusa e seus aliados.[24] Embora as fontes gregas clássicas classifiquem de "bárbaros" os anatólios que viviam a leste do Bósforo, essa civilização pré-histórica era mais poderosa, mais cosmopolita e mais avançada do que a dos gregos micenenses.

As fortificações centrais de Hattusa têm 30 metros de comprimento e 180 de largura, cortadas por um túnel cuidadosamente projetado conhecido como *Yerkapi*, "portal para o interior da terra". Um trecho das muralhas que protegiam o local foi reconstruído, em 2004, por uma equipe de arqueólogos alemães e turcos. Eram torres fortificadas, feitas de tijolos cobertos com argamassa de barro e esterco de vaca. Provavelmente pintadas de branco, as muralhas tinham ameias triangulares características. Enquanto os arqueólogos trabalhavam, crianças das escolas locais, vestidas com aventais azul-marinho e comendo doces, surgiam das aldeias próximas para ver erguerem-se as muralhas. Algumas das casinhas da aldeia vizinha haviam sido construídas usando o mesmo método, mas as crianças do século XXI ficaram maravilhadas — era uma arquitetura em escala nunca antes imaginada.

Em 1905, uma equipe organizada pela Sociedade Oriental Germânica e pelo Kaiser Wilhelm II havia feito uma descoberta sem precedentes em Hattusa. Enquanto escavavam os depósitos do Grande Templo (o templo, por si só, cobre uma área de 65 x 42 metros, quase o tamanho de um campo de futebol; todo o complexo ocupa 14.500 metros quadrados), desenterraram, na parte central do terreno, mais de dez mil fragmentos de tábuas nas ruínas. À medida que passava o tempo, mais e mais fragmentos foram descobertos, até serem desenterrados cerca de trinta mil.[25]

Cada tábua havia sido originalmente guardada em filas de prateleiras de madeira que ficavam na área administrativa do templo. Ali, estavam os arquivos centrais do Grande Rei de Hatti; tratados, cartas diplomáticas e arquivos administrativos, além de muitas dezenas de textos religiosos (outro indício de que muitas das atividades que imaginaríamos serem seculares obedeciam a parâmetros religiosos na Idade do Bronze tardia). As leis hititas eram pormenorizadamente registradas — quem estava ou não autorizado a casar-se, a punição do adultério, da bestialidade, a definição de rapto, e assim por diante.

Com a tradução dessas tábuas, os hititas, de repente, deixaram de ter apenas um nome, passando a possuir uma história. Os hititas capazes de ler e escrever mostraram-se articulados e alegres — a linguagem utilizada é, freqüentemente, fresca e expressiva. Um estudioso assinalou que os glifos — os símbolos gráficos usados pelos hititas junto com caracteres cuneiformes — espalhavam-se com energia pela superfície escrita.[26] A arte de escrever era relativamente nova, mas, aparentemente, os hititas souberam explorar todo o seu potencial.[27] Enquanto os micenenses permaneciam na pré-história, os hititas iam aprendendo o significado da capacidade de se expressar mediante a palavra escrita.

Algumas das descobertas de Hattusa são especialmente relevantes para a história de Páris e Helena. As tábuas foram escritas em diversas línguas, mas uma delas, a acadiana (idioma semita originário da Mesopotâmia), parece haver-se tornado a "língua internacional" dos viajantes, mercadores e diplomatas no segundo milênio antes de Cristo. Em meio ao conjunto de fragmentos encontrados em Hattusa e outros sítios hititas, havia cartas diplomáticas equivalentes a um formulário: os escribas preenchiam as lacunas conforme necessário. Documentos correspondentes a essas cartas hititas podem ser encontrados nas administrações babilônias e egípcias. Não há dúvida de que no século XIII a.c. existiam uma língua e um comportamento diplomáticos internacionalmente reconhecidos e observados pelas potências em todo o Mediterrâneo oriental.

Essas cartas diplomáticas nos informam em detalhes os tipos de tributos e presentes que um hóspede real como Páris teria levado em uma viagem a uma terra estrangeira. As tábuas sobreviventes tratam das relações entre os hititas, os babilônios, os húrrios (que controlavam grande parte da metade setentrional do Iraque moderno), os egípcios e os micenenses. São indícios de *xenia* em ação e registram em extremo detalhe os adoçantes materiais trocados entre os governantes. Os artigos que compunham cada tesouro eram cuidadosamente registrados numa carta que os acompanhava e, em seguida, acondicionados em preparação para a longa viagem que os esperava. Do Egito, sabemos de listas de presentes que continham navalhas de ouro, carruagens folheadas a ouro, leitos entalhados de marfim, peneiras de prata, espelhos e vasilhas para lavagem. Certa vez, um macaco de prata que transportava um filhote cumpriu sua tarefa diplomática, oferecido como prova de amizade, união e prosperidade.[28]

Os presentes desfilavam diante da corte reunida e ali eram desembalados com grande cerimônia. Em certas ocasiões, isso deveria constituir um grande espetáculo; os húrrios da Mesopotâmia enviavam cavalos de raça junto com seus arreios e carruagens. Todas as potências traficavam com cargas humanas, às vezes até 300 pessoas de uma vez. Se as ofertas ficassem abaixo da expectativa, os carregamentos poderiam ofender. Imaginava-se que os reis e rainhas fossem *pessoalmente* responsáveis pela qualidade e pela segurança de seus tributos. Cerca de 1350 a.C., o rei babilônio Burna-Buriash recebeu um carregamento suspeito de ouro acinzentado remetido pelo faraó Akhenaton. (Quando o ouro é misturado a um metal menos valioso, perde parte de seu brilho e clareza.) Burna-Buriash mandou derreter o carregamento e ficou furioso com o resultado: "Trouxeram-me 40 *minas* de ouro, mas quando as coloquei no forno, não apareceram mais de 10 *minas!*" Ele prossegue, com o dedo em riste: "Meu irmão não deve delegar a outros o manuseio do ouro que me envia; meu irmão deve verificar *pessoalmente*, selá-lo e em seguida enviá-lo a mim."[29]

Apesar de todas as medidas de segurança, os assaltos eram um grande problema. Havia muitos territórios hostis que tinham de ser atravessados, muitos régulos que ficavam tentados com o passar das caravanas, muitos soldados dispostos a receber subornos. Aquele ouro poderia ter saído do Egito amarelo como a manteiga, mas a jornada até a Babilônia, sem dúvida, fora longa e arriscada.

Embora a troca de presentes fosse uma forma disfarçada de comércio entre os grandes líderes, a função política e diplomática de toda aquela encenação era igualmente importante. Os homens e mulheres que trocavam esses presentes eram os que davam as cartas na época. Quanto maior e mais rico o carregamento, mais elevada era a posição hierárquica atribuída e, por definição, naturalmente, a posição real. Numa economia que se tornava cada vez mais inter-regional e internacional, e não mais local, a amizade com os hóspedes era responsável pelo bom funcionamento da Idade do Bronze tardia, caracteristicamente materialista.

ᖇᖇᖇ

Mas no palácio de Esparta o edifício da *xenia*, cuidadosamente construído, estava prestes a ser violado. Ao que nos contam, tão logo Helena conheceu o formoso hóspede portador de presentes, Menelau partiu apressada e inesperadamente para Creta.[30] Como se pode imaginar, dada sua posição e influência, a rainha de Esparta ficou com a responsabilidade do governo, com instruções explícitas do marido para tratar bem do rico, ilustre e belo estrangeiro. Quem poderia imaginar que o embaixador que ela recebera se tornaria agressor? Hesíodo nos diz que "Helena desonrou o leito do louro Menelau";[31] se Páris a tivesse conquistado na guerra ou raptado em viagem, a questão não seria tão grave, mas ele era um *hóspede* — os escritores antigos abominaram sua arrogância. Era como se um visitante não apenas tivesse deixado o banheiro sujo, mas além disso, para cúmulo, tivesse roubado as toalhas e as torneiras de ouro. Ao raptar Helena, Páris violara os mais básicos princípios da hospitalidade que sustentavam a sociedade e as relações internacionais. Não era apenas uma sedução, mas um ato de guerra.

Há uma outra possibilidade provocante: uma versão da história, freqüentemente negligenciada, colhida por Heródoto[32] e também pelo

sofista grego Dio Crisóstomo no século I d.c. Nessa versão dos acontecimentos, transmitida, segundo os dois autores, por sacerdotes egípcios, Páris
afirma ser o legítimo esposo de Helena por haver sido convidado a competir pela mão da princesa entre "muitos pretendentes [que] vieram de fora
da Grécia também por causa da beleza de Helena e do poder de seus irmãos e pai".[33] Os motivos da presença de Páris em Esparta são cuidadosamente apresentados por Dio: Tróia ficava próxima ao território continental
da Grécia, havia "muita interação entre os troianos e os gregos" e o príncipe troiano trazia consigo muitos cofres cheios de ouro da Ásia, por genti-
leza de seu pai, o rei Príamo, um dos homens mais ricos daquela região.

Ao voltar para Tróia levando Helena, segundo o relato de Heródoto, o
príncipe troiano afirmava que simplesmente fora buscar o que lhe pertencia
de direito. Desviado do rumo e chegando à costa do Egito, jurou de pés juntos diante do rei egípcio que também fora convidado à competição pela mão
de Helena e que ele (e seu barco cheio de tesouros troianos), na verdade, havia
sido o vencedor. Sem se convencer, o rei do Egito, Proteu, espantou-se com
a história contada por Páris. Encolerizou-se, não pela violação, pelo roubo e
pelo rapto de uma esposa, mas sim pela flagrante violação da lei internacional não escrita da *xenia*. Simplesmente, não era a maneira correta de comportar-se. Proteu confiscou Helena e o tesouro espartano, dando a Páris três
dias para partir. Somente o costume local impediu o rei egípcio de matá-lo
imediatamente.[34] Ainda que ele fosse realmente o guerreiro que tinha o direito de receber Helena de seu pai Tíndaro, ao raptá-la, Páris abusara de uma
coisa muito mais importante do que uma mulher.

Heródoto faz questão de enfatizar que sua pesquisa era inovadora e
Dio Crisóstomo advoga abertamente uma linha anti-Homero, procurando provar que o grande bardo se enganara completamente. Mas seria possível que o Páris da Idade do Bronze fosse um dos pretendentes à mão de
Helena? Um herói anatólio que se juntara aos guerreiros gregos a fim de
disputar a mão dela nos domínios do rei Tíndaro? Teria a princesa espartana
sido prometida quando criança a um potentado estrangeiro, como era
prática aristocrática comum, segundo nos dizem fontes hititas? As fontes
da época estão repletas de referências a finos objetos e talentos de ouro que
atravessavam os mares em troca de uma noiva; sabemos que micenenses e
troianos tinham relações estreitas.[35] Teriam os gregos raptado de volta uma

mulher de sangue real que pertencia de direito aos troianos? Mais uma vez, na ausência de registros escritos, tudo isso nada mais é do que especulação, embora seja perfeitamente possível.

O cenário da infidelidade de Helena e Páris — adornado e adaptado ao longo de séculos — tem todos os ingredientes de um romance, mas abarca também características centrais da Idade do Bronze. As cortes do século XIII a.C., com certeza, teriam hospedado enviados estrangeiros. Príncipes, reis e rainhas derramariam presentes uns sobre os outros, dormiriam em leitos alheios, se casariam com mulheres alheias. Também possuímos indícios escritos de que havia disputas acerbas entre os líderes de clãs por causa dos tesouros, tanto de carne e osso quanto inanimados, que trocavam de mãos.

ᴄᴏᴏᴏ

Uma crise diplomática especialmente pertinente demonstra que o mau comportamento de uma aristocrata da Idade do Bronze tardia podia causar tumulto em toda a região. Por volta de 1230 a.C., diplomatas hititas foram negociar a paz entre dois Estados prestes a entrar em conflito armado.[36] Ammistamru II, rei de Ugarit, se casara com a filha do rei de Amurru, que se chamava Benteshina. Como era costume nesses arranjos matrimoniais, tratava-se de um casamento diplomático, destinado a fortalecer a aliança entre esses dois Estados vassalos do grande império hitita. Mas as coisas não correram conforme planejado. Surpreendentemente, a moça foi mandada de volta a Amurru em desgraça. Pela linguagem usada na correspondência, era evidente que durante sua estada na corte de Ugarit a jovem havia transgredido algum código de comportamento fundamental: "*ela somente procurou causar-lhe prejuízo*", diz o texto do divórcio. É difícil imaginar o que ela poderia ter feito, além de recusar-se a dormir com o rei ou, ainda pior, ter dormido com alguma outra pessoa.[37]

Mas a história não termina aí. Embora a princesa tivesse sido repatriada, o rei de Ugarit ainda estava enraivecido. Não satisfeito em exilar a moça de seu reino, exigiu que ela fosse restituída a Ugarit para outros castigos — quase certamente a execução. Finalmente, após prolongadas negociações, a questão parece ter sido resolvida. Os dois Estados não chegaram às vias de fato,[38] mas o caso demonstra que o comportamento escandaloso de mulheres aristocratas na Idade do Bronze tardia podia ter implicações políticas importantes.

Sempre houve quem encarasse com ceticismo a idéia de que gregos e troianos entrassem em guerra por causa de uma mulher. Mas isso podia acontecer na Idade do Bronze tardia — e efetivamente acontecia. Ainda que Helena e seu sedutor amante Páris fossem fictícios, um escândalo como o deles teria sido, no século XIII a.c., um perfeito pretexto para a agressão micenense à costa ocidental da Turquia. E, embora ao longo dos séculos, os autores tenham facilmente considerado Páris como violador de mulheres, uma Helena da Idade do Bronze, uma rainha do Peloponeso, poderia haver desempenhado papel nada passivo, como sugerem os seguintes fragmentos de um dos primeiros poemas escritos sobre o *affair* de Helena:

... e o coração da argiva Helena
se agitou em seu peito. Enlouquecida de paixão pelo homem
de Tróia, o hóspede-traidor, ela o seguiu
atravessando o mar em seu navio,

deixando a filha em seu lar...
e o leito de ricos lençóis de seu marido...
... o coração tomado de desejo...
[falta um verso]

[falta um verso]
... muitos de seus irmãos estão hoje
debaixo da terra, abatidos na planície troiana,
por causa dessa mulher,

e muitos carros de combate na poeira...
... e muitos olhos raivosos...
... pisoteados, e a matança...

ALCEU, FRAGMENTO 283 (Século VI a.C.)[39]

18

ALEXANDER HELENAM RAPUIT

Ela conquistava o coração
de todos os homens que via.
Eles faziam fila, suspiravam,
ajoelhavam-se, suplicavam *Seja Minha*.
Ela se casou com um,
mas todos os homens
juraram ser-lhe fiéis
até a morte, enfeitiçados
pelo perfume de seu hálito
e a fama de sua pele.

Assim, quando ela teve um amante, fugiu,
sem mais ser vista,
seu lado da cama vazio, frio,
a moeda de seu pequeno anel de matrimônio
deixada na mesa-de-cabeceira como uma gorjeta,
o guarda-roupa vazio do drama de suas roupas era
a Guerra...
...
Enquanto isso, linda, lá estava ela
nas muralhas de um castelo estrangeiro, abraçada
aos músculos de um herói, amada, amada,
e outra vez amada, seus brados,
como os do pássaro das calamidades,
flutuando até os rapazes que junto aos portões
agora marchavam ao ritmo das sílabas de seu nome.

CAROL ANN DUFFY, excertos de "*Beautiful*" (Bela)[1]

A SEDUÇÃO DE HELENA POR PÁRIS no palácio de Esparta forneceu inspiração durante três milênios.[2] A maioria dos antigos relatos gregos sobre a sedução — ou, pelo menos, os fragmentos existentes desses relatos — é bastante elíptica. A *Cípria* afirma apenas que, após presentear Helena, "*Afrodite juntou a rainha espartana e o príncipe de Tróia*".[3] No século II a.C., Apolodoro registrou que, depois de gozar durante nove dias a hospitalidade de Menelau, Páris "convenceu Helena a partir em sua companhia".[4] Mas para escritores posteriores, como Ovídio, esse episódio é um estímulo à imaginação. Em sua *Heroides 16*, o poeta descreve Páris "*roxo de inveja*" ao ver Helena e Menelau juntos. Páris geme: "*Quando ele te abraça eu baixo os olhos, e o alimento que ainda não provei gruda em minha boca porque não consigo engolir.*" Helena, por sua vez, estremece: "*Eu vi, traçado na superfície plana da mesa, meu nome escrito com vinho derramado, e ali, sob ele, duas palavras: Eu amo.*"[5]

Esse momento na história de Helena é especialmente penoso: a rainha espartana é seduzida porque seu marido Menelau foi chamado a participar dos ritos fúnebres de seu avô em Creta.[6] Envolvido pela hospitalidade da Lacônia, Páris inicialmente parece dominar-se. Pode ter observado de perto a rainha de Esparta ao jantarem juntos, ela pode haver demorado um instante mais em recolher a mão após desejar boa-noite. Até aí, tudo bem. As coisas estavam como deviam estar. A anfitriã real recebe belos presentes, e o príncipe troiano comparece à audiência com um representante de uma superpotência estrangeira.

Tudo teria corrido bem se Menelau, zeloso neto, não tivesse permanecido por mais algumas noites com uma concubina cretense após o enterro de seu avô Catreu. Mas ele se demorou, e, no calor daquela noite mediterrânea, não foi a sombra de Menelau, mas a de Páris, a que surgiu no limiar dos aposentos de Helena. A platéia do bardo deve ter mostrado emocionada desaprovação com o prosseguimento da história: "Isso é horrível, conte mais." Para os artistas visuais ao longo dos séculos, o fascínio com o rapto ou a violação de Helena — seu *enlèvement* — também se mostrou decisivo.

O Palácio e Museu do Louvre, em Paris, possui diversas representações de *l'enlèvement d'Hélène*. Com seu pavimento de mármore, colunas gregas e salas cheias de tesouros, o Louvre é um labirinto. Uma princesa de

Micenas se sentiria à vontade ali; poderia até mesmo admirar a ciclópica arquitetura do novo anexo, lugar apropriado para procurar Helena. Mas assim como o Louvre foi buscar no mundo antigo sua inspiração arquitetônica, também as representações de Helena existentes no museu mostram que, ao longo da história, essa jovem do Peloponeso tem sido pintada de forma subjetiva e perniciosa.

Certo dia fresco de dezembro visitei o Louvre em minha busca por Helena, armada com uma lista de referências de arquivos e os números de dezenas de vitrinas; esperava fazer uma viagem visual pela vida dela.[7] Em vez disso, o que vi foi um catálogo de violência sexual. Através das eras, fosse nas iluminuras de manuscritos medievais, numa grandiosa tela ou em um prato de cerâmica destinado à mesa do papa, artistas e seus patrocinadores preferiram recordar uma coisa acima de todas as demais: o fato de que Helena havia sido possuída à força. Passei uma tarde observando trinta formas de violentar uma mulher.

Em uma salva de quase 45 centímetros de diâmetro, pintada por Avelli em 1540, uma musculosa Helena tornava-se objeto de um cabo-de-guerra.[8] Observados por um inocente pôr-do-sol dourado, cujos raios nítidos se refletem num mar agitado e cheio de redemoinhos, guardas espartanos puxam Helena pelo manto, enquanto os troianos, agarrando-a pela cintura, a arrastam violentamente para seu barco. Helena puxa os cabelos de um dos troianos: está desesperada. Em outro prato, feito no mesmo ano, Helena parece estranhamente infantil.[9] Ingênua e sexual ao mesmo tempo, seminua, ela se agarra a seu captor com as pernas entrelaçadas nele. Embora pareça estar brincando, montada nas costas dele, seus olhos, arregalados e cheios de terror, dão outra impressão.

Um medalhão de apenas 10 centímetros de diâmetro, basicamente monocromático com um laivo de azul, mostra uma Helena angustiada, rodeada por uma multidão de aspecto rude e primitivo — selvagens do leste, aparentemente, ansiosos por conspurcar aquela pura beleza grega.[10] Uma estatueta de bronze do século XVIII denota paixão mais positiva. Com cerca de 60 centímetros de altura, as duas figuras dominam a sala. Originalmente, essa peça se encontrava no palácio das Tulherias durante o reinado de Luís XV. Helena e Páris estão envolvidos por um redemoinho criado por eles próprios. A concepção é enérgica. Helena flutua acima de

Páris, e este a olha voltado para o alto, com as vestes de ambos girando ao seu redor. Ela parece não ter peso, o rosto dele erguido pelo dela, e não ela pelos braços dele.[11]

Foi aquele momento de paixão desfrutado por Páris e Helena — não um momento de violência, mas de "*ate*"[12] (abandono ou engano) — que provocou a morte de milhares de homens, mulheres e crianças, prendendo os heróis gregos em uma guerra prolongada e sem sentido. Um deslize sexual que tomou proporções épicas. Um pecado venial que cresceu na imaginação popular até que homens como Heródoto pudessem tratar dele em sua *Histórias:* "... grandes crimes provocam grandes castigos dos deuses."[13] A tradição judaico-cristã é muitas vezes acusada de haver transformado o sexo em um problema da mulher. Mas Helena é facilmente assemelhada a Eva. Como disse um estudioso, "à sua volta [de Helena] estão todos os problemas que os homens percebem na sexualidade feminina, isto é, como seu desejo pelas mulheres se transforma em um problema cuja culpa será das mulheres".[14] A culpabilidade de Helena é rapidamente magnificada. Ao contar a história de Helena, os homens conseguem fazer do sexo a raiz do mal e identificar as mulheres como fonte de ambos.

Uma peça de madeira curva e pintada no século XVI d.C., também exposta no Louvre, resume perfeitamente a situação. Páris e Helena ocupam o centro geométrico. Foco da atenção, Helena tem uma das mãos na cabeça, num gesto de desespero. Seus cabelos ondulam, mas tanto ela quanto Páris parecem imobilizados — como centro imóvel de uma tempestade que ruge, pois, de ambos os lados, empilhados uns sobre os outros num amálgama monstruoso, vibrante e suarento, estão os exércitos grego e troiano. Por toda parte há ódio, medo, angústia e crueldade. Helena e sua infidelidade egoísta são centrais e primordiais.

O sexo é poderoso. Isso os antigos sabiam. Na *Ilíada*, Homero escreveu um trecho candente sobre a deusa Hera preparando a sedução de seu marido Zeus. A deusa precisa distrair a atenção de Zeus, desviando-a da batalha que fervia lá embaixo a fim de dar aos argivos, seus favoritos do momento, melhores possibilidades de vitória. Helena não é mencionada, mas a mensagem é clara: isso é o que as mulheres fazem para manipular os homens, é assim que usam o amor como arma. E, à medida que o leitor avança, percebendo que a principal narrativa é a do romance entre Páris e a rainha de Esparta, pensa imediatamente não em Hera, mas em Helena, preparando-se em seus aposentos para o hóspede Páris, que sorve seu perfume e caminha de um lado para o outro em seu quarto no palácio espartano.

*Primeiro a ambrosia. Helena limpa completamente o corpo sedutor
de qualquer mancha, em seguida aplica uma massagem profunda de
    azeite de oliva,
o óleo embriagador, perfumado que tem junto a si...
com um pouco desse perfume nos salões de Zeus, pavimentados de
    bronze,
uma nuvem olorosa flutuaria dos céus para a Terra.
Massageando a pele até obter um brilho suave e penteando os cabelos,
ela faz as tranças com mãos peritas, e macias, luxuriantes,
as madeixas caem brilhantes, em cascata, de sua cabeça eterna.*

*... e nos lobos das orelhas,
nitidamente perfurados, ela coloca rapidamente os brincos,
como cachos de amoras pendentes em gotas tríplices
e seus brilhos argênteos poderiam conquistar corações.*[15]

⊘⊙⊘⊙

Naquela noite, quando Páris e Helena se viram a sós na cidadela espartana, e o canto dos pássaros anunciou o crepúsculo ao palácio adormecido, quem, na verdade, rondou a porta de quem? Quem fez o primeiro gesto? Na *Ilíada* e na *Odisséia,* Helena é ao mesmo tempo acusada e louvada; portanto, quem raptou quem?

Uma legião de autores antigos trata o tema de maneira muito articulada e clara — e tendo em vista o catálogo de seduções violentas imaginado por artistas posteriores, a opinião deles é talvez um tanto surpreendente. Certamente, quem triunfou não foi Páris. Segundo Homero, Helena se aliou ao príncipe troiano, e ela nunca é descrita como sua prostituta ou escrava sexual, nem mesmo como sua noiva enfeitiçada — mas como sua parceira legítima, de igual para igual. Ela é inicialmente a "*parakoitis*"[16] de Menelau e, em seguida, "*akoitis*"[17] de Páris — palavras que podem ser traduzidas como parceira de cama, esposa ou mulher. Tanto o rei espartano quanto o príncipe troiano são descritos como "*posis*" de Helena, seu consorte.[18] Helena jamais é mencionada como "*damar*" — esposa subserviente.[19]

O fato de Helena ser vista pelas galerias de arte da Europa no papel de vítima é uma manifestação posterior de uma fantasia de estupro. No entender dos gregos antigos, Helena, instruída por Afrodite, deusa do amor carnal, fez-se irresistível para Páris. O título deste capítulo poderia de fato ser *Helena Alexandrum rapuit.*[20]

19

A FÊMEA DA ESPÉCIE É MAIS MORTÍFERA DO QUE O MACHO

Alguns um exército de cavaleiros, outros um exército de infantes
E ainda outros dizem que uma frota de navios é a coisa mais bela
Que se pode ver nesta terra sombria; mas eu digo que é
qualquer coisa que desejemos:

e é perfeitamente possível tornar isto claro
para todos; pois Helena, a mulher que de longe ultrapassava
todas as demais em beleza, deixou o marido —
o melhor dos homens —

para trás e partiu para a distante Tróia; não teve sequer
um pensamento, um único, para sua filha e seus queridos pais
mas [a deusa do amor] a afastou de seu caminho
[em busca do desejo]

SAFO, *Fragmento 16* (Século VII a.C.)[1]

A O COMPOR SEUS VERSOS menos de 100 anos depois de Homero, a poeta
Safo estava certa de que a rainha de Esparta seduzira Páris ou, pelo menos, estava disposta a acompanhá-lo, segura de que, inspirada como estava pela
paixão de Afrodite, Helena não foi raptada, mas partiu por sua livre vontade.
O tratamento dado a Helena por Safo é importante por dois motivos. O primeiro, e mais óbvio, é que, se acreditarmos que Safo existiu, trata-se de uma
rara voz feminina que sobreviveu do mundo antigo.[2] Ela não escreve com idéias

masculinas sobre o que Helena deveria ser. O segundo motivo é que Safo foi muito estimada durante os séculos da Antigüidade. Conta-se que o legislador ateniense Sólon memorizou uma canção de Safo durante uma bebedeira, "para que possa aprendê-la e depois morrer".[3] Platão fala de Safo como um dos "sábios e sábias antigos".[4] No período helênico, ela foi comparada a Homero e até mesmo homenageada com o epíteto "a décima Musa".[5] Suas idéias eram importantes e, assim, em parte porque muito se falou e se mexericou sobre Safo e sua obra, durante séculos ninguém conseguiu afastar de si a noção de que Páris pudesse ser joguete de Helena, e não vice-versa.

Assim como Helena, Safo é uma das poucas figuras femininas do mundo antigo cujo nome é bem conhecido. No entanto, praticamente não existem indícios históricos sobre sua vida. Com exceção de um poema completo, nada restou de sua poesia a não ser fragmentos maltrapilhos. Quando se contemplam esses restos, o Fragmento 16 está encerrado entre duas lâminas de vidro na Biblioteca Bodleian, em Oxford — um quebra-cabeça pateticamente incompleto —, e a poesia se mostra mais ausente do que presente. Mas ao examinar pela primeira vez os pequenos pedaços, percebi que, na galeria de iluminados intelectuais pintada na frisa das paredes da biblioteca entre 1615 e 1620 d.C., Safo era a única mulher representada, o que atesta a força das poucas palavras que sobreviveram.

Para nós, é uma felicidade contarmos com as palavras de Safo a respeito de Helena; no final do século XIX, certo número de fragmentos gregos surgiu no Egito em potes de cerâmica ou em pequenos pedaços de papiros que haviam sido reciclados para envolver múmias ou ser usados como adubo. Felizmente, um operário arguto deu a notícia de que estava recolhendo esses preciosos restos ao lavrar seus campos, e colecionadores europeus ansiosos foram buscar os fragmentos antes que fossem novamente misturados com a terra pelo arado.

O Fragmento 16, o poema a Helena, foi descoberto no meio de um imenso monte de lixo num lugar chamado Oxirincus (Cidade do Peixe de Nariz Afiado), que já foi a terceira cidade do Egito e hoje é a pequena aldeia de Bahnasa, 160 quilômetros a sudoeste do Cairo. Esse trecho, que dá a entender que Helena decidira ativamente deixar Menelau e fugir com um belo príncipe oriental, estava a 2,5 metros da superfície, numa pilha de manuscritos em decomposição, ali jogados no século V d.C.[6]

Sabemos que Safo provavelmente foi uma poeta lírica — compunha versos para serem cantados com acompanhamento de lira. O consenso é que foi uma mulher nascida em algum momento por volta de 630 a.c., de boa família, e que era originária de Mitilene, na ilha de Lesbos. Parece que foi mãe: "*Tenho uma linda criança, cuja forma é como a de flores douradas.*" Embora seus poemas tivessem sido escritos em papiros, na altura do século V a.c., não podemos saber se ela própria sabia escrever ou não.

Safo é irresistível. Mesmo no pouco que possuímos, ela nos fala de maneira direta, e por meio de sua voz obtemos uma visão impressionante da cultura da Grécia arcaica. Sua poesia trata de temas importantes — a morte, o amor e os deuses —, mas seus versos mais famosos parecem ter servido a algum tipo de finalidade educativa, aconselhando e socializando outras mulheres (mais jovens). E Safo usa Helena para ilustrar de que maneira, quando se trata de coisas do amor, a fêmea da espécie exerce grande influência. Se sua reputação nos serve de guia, ela era uma excelente mentora. O mundo antigo considerava Safo a primeira a falar diretamente de amor e descrever *eros* como uma experiência "agridoce" (de fato, ela a descreve como *glukupikros*, doce e amarga numa só palavra), assim como lhe credita a invenção da palheta para instrumentos de corda e a criação de um novo estilo musical, mais tarde utilizado pelos poetas trágicos.

Helena era um tema ideal para Safo, poeta genuinamente interessada em analisar o poder desconcertante da beleza e da atração física. Qualquer pessoa que tenha desfrutado ou sofrido uma paixão intensa poderá identificar-se com muitos dos versos de Safo: "*Minha língua se enregelou, silente, rígida, uma pálida chama penetrou sob minha pele, não posso mais ver, meus ouvidos revoluteiam e zumbem.*"

Na versão de Safo sobre a história de Helena, a decisão foi da rainha de Esparta. Ela já tinha marido, mas aparece Páris, uma opção mais jovem, mais adequada, melhor, e ela o escolhe. Era uma opinião sujeita a branda censura. Quando os pedaços do quebra-cabeça que é o Fragmento 16 estavam sendo juntados pela primeira vez em 1906, os editores, Grenfell e Hunt, inicialmente consideravam que Helena simplesmente se apaixonara pelo heroísmo masculino de Páris e não agira instintivamente, na verdade, abandonando o barco.[7]

É difícil deixar de ver no retrato de Helena pintado por Safo um reflexo distante da conhecida prática espartana da poliandria. A poliandria (compartilhar maridos ou ter diversos parceiros masculinos) pode ser parte da miragem espartana. Pode ser uma idéia fantasiosa de elementos externos a respeito dos extremos a que iriam as jovens de Esparta para explorar sua reputação de viragos. No entanto, pode bem ser verdade. Ouvimos falar em poliandria pela primeira vez em Políbio, autor grego de classe nobre, que escreveu no século II a.C., descrevendo práticas que ele chamou de "tradicionais" — isto é, que remontavam pelo menos ao século VIII a.C., possivelmente ainda anteriores.[8]

Ao *escolher* o melhor espécimen (Páris), talvez a Helena de Safo estivesse simplesmente realizando um hábito que a poeta conhecia bem através de relatos de viajantes sobre a Esparta da época. Plutarco, autor da *Vida de Licurgo*, nos conta que durante 500 anos, na tradição espartana, os maridos permitiam que suas mulheres se juntassem com amantes jovens caso achassem que o sangue novo produziria descendentes mais vigorosos e bem-sucedidos.[9] Se isso é verdade, e não uma invenção de épocas posteriores, talvez Safo tivesse ouvido falar dessa prática. Talvez considerasse perfeitamente natural que Helena, princesa espartana, tivesse — em tempos remotos — se entregado a uma experiência de poliandria.

Também podemos estar presenciando o impacto da memória de Helena nos costumes da Esparta clássica, onde as mulheres espartanas eram inspiradas pelas histórias de sua ancestral decidida e adúltera. Plutarco diz que elas praticavam a poliandria, como Helena. Isso não significa que as moças espartanas levassem rapazes atraentes para suas casas como *prosseguimento* de uma tradição que tivesse se originado na relação entre Helena e Páris na vida real, na Idade do Bronze tardia. Quer dizer, sim, que dado o íntimo envolvimento de Esparta com a história de Helena, o registro de sua vida pregressa teria sido um útil álibi cultural para tal prática. Se Helena tivesse sido poliândrica, nesse caso, naturalmente, outras esposas espartanas teriam motivo para seguir o exemplo do modelo de sua cidade.

Apesar de Helena ter sido vítima de violação, ou uma sedutora ambiciosa e maquinadora, que acabou por ser a favorita de escritores e artistas ao longo dos séculos, também houve quem seguisse a linha de Safo e visse em Helena uma mulher que, impotente diante do poder de Afrodite, aceita Páris quando este a rapta. Durante as guerras napoleônicas, soldados trouxeram do norte da Itália a cópia manuscrita, do século XI, de um novo poema épico. Esse poema era desconhecido dos estudiosos: datando dos séculos V e VI d.C., havia sido composto por um egípcio de nome Coluto de Licópolis.[10] O poema revelou ser mais uma interpretação do triângulo amoroso, outro "Estupro de Helena". Nessa versão, Helena, "*a dos belos tornozelos*", "*ninfa argiva*", participa de bom grado de seu rapto.

Coluto nos diz que ela se maravilhara com a beleza de Páris. Ela hesita, fica "perplexa", mas, finalmente, a atração física vence o bom senso e ela resolve dar o salto. "*Vamos, leve-me de Esparta para Tróia*", diz ela. Ela acolheu sua destruição em sua própria casa, assim como Tróia acolheria não um, mas dois cavalos de Tróia, sendo o primeiro a própria Helena. Essa conhecida debilidade é enfatizada pela repetição da palavra grega *aneisa*, que significa soltar, libertar, ceder ao destino ou ao prazer. Assim como Helena "*abriu as fechaduras de seu hospitaleiro caramanchão*", para saudar Páris, também no final do poema "*Tróia abriu as fechaduras de seus altos portões e recebeu em troca o cidadão que era a origem de sua desgraça*".[11]

Em mais outra narrativa (desta vez, anônima) da história, do século VI d.C., o *Excidium Troie*, Helena chega a pedir a Páris que a leve. O *Excidium Troie* era um texto escolar padrão. Estava escrito em latim, mas diversos tipos de versões vernáculas brotaram no Ocidente, entre outras a *Trjumanna Saga* norueguesa, do século XIII, a *Trojanerkrieg* alemã, as *Sumas de Historia Trojana*, na Espanha, e a *Trojanska Prica* búlgara, do século XIV.[12] Seguindo a mesma tradição, em um manuscrito francês com iluminuras de 1406 hoje no Trinity Hall, em Cambridge, Helena desce uma escada ao encontro de Páris.[13] Ela o olha de frente, com uma mancha de ruge no rosto, uma perna dobrada sobre o parapeito ao segurar os ombros de Páris. Não é o clímax da história do rapto que esperaríamos e, dificilmente, o comportamento de uma parceira sexual relutante.

ᘒᘗᘒᘗ

Durante a pesquisa e redação deste livro, fiz questão de pedir a amigos e colegas suas opiniões sobre Helena. A maioria a descreveu como "a mais bela mulher do mundo", mas uma espécie de entidade inexistente, irrelevante. Quando falei com uma atriz lendária, que acabava de participar do filme *Tróia*, feito em Hollywood, ela considerou Helena "simplesmente uma peça de jogo de xadrez". Realmente, nesse filme do século XXI, que fez grande sucesso, Helena se assemelha de maneira inquietante a outras Helenas vagas e submissas que dominam o conjunto da arte ocidental.[14] Habituamo-nos a pensar em Helena como uma recompensa passiva, porém foi somente na história recente que ela ganhou essa reputação. Durante 2.500 anos, uma tradição alternativa reconhecia uma heroína mais decidida. Não apenas um fantoche, mas uma protagonista dinâmica, uma rica rainha. Uma agente política que, com o auxílio de Afrodite, controlava os homens ao seu redor.

SEXTA PARTE

EROS E ÉRIS

20

A PROSTITUTA HELENA

Oh, beleza adúltera! A finura bárbara e o luxo afeminado
derrubaram a Grécia; a castidade da Lacedemônia foi
corrompida pelas roupas e pela graciosa beleza; a exibição
bárbara mostrou que a filha de Zeus era uma prostituta.

CLEMENTE DE ALEXANDRIA, *O instrutor*
(Século II d.C.)[1]

RECONHECER INICIATIVA E APETITE SEXUAL em Helena não lhe confere automaticamente uma posição elevada. Longe disso. Quando Helena é a parceira ativa e não a passiva, os homens de todos os lugares e épocas tratam logo de rotulá-la de prostituta. E depois do século II d.C., num mundo cada vez mais cristianizado, a idéia de "Helena libertina" fica mais solidificada. Ela se torna estereotipada não apenas como mulher de personalidade, mas como meretriz. O fato de que Páris levava presentes à corte de Esparta era, para os autores cristãos, prova adicional de que a fuga de Helena era prostituição chamada com outro nome.

A busca da Helena prostituta leva aos arredores paradoxalmente serenos do Colégio Corpus Christi, em Cambridge. No século XVI d.C., um teólogo chamado Matthew Parker legou ao colégio um conjunto de raros manuscritos. A coleção original ainda está abrigada na Biblioteca Parker, onde os sons são abafados por painéis de carvalho e persianas verdes, cor de sálvia; o lugar exala paz e ordem.

Ali existe um pequeno códex compacto. Um de seus trechos é um poema do teólogo Joseph de Exeter, intitulado *Ylias* ou *Bellum Troianum* ou

Guerra de Tróia.[2] Joseph parece haver passado a maior parte da vida na corte da França, com uma breve aventura nas Cruzadas. Seu poema épico sobre Tróia tem seis livros, terminados em algum momento por volta de 1184. Cuidadosamente transcrito sobre papel velino no século XIII, as linhas de tinta cor de chocolate são pequenas e controladas, cada letra com menos de dois milímetros de altura. Nas linhas regulares, a única pista do colorido conteúdo do poema é que, a cada poucas dezenas de centímetros, aparece ousadamente uma letra maiúscula em vermelhão.

A diatribe de Joseph, escrita em latim medieval, é, ao mesmo tempo, divertida e triste. É evidente seu prazer ao descrever os atributos de Helena, fazendo até mesmo referência a sua *crurumque decora* — a graça de suas pernas.[3] Mas Helena se torna apenas mais um prego no caixão do gênero feminino. O cristianismo prosseguiu a obra dos gregos clássicos, especialmente os atenienses, demonizando as mulheres e seu poder sexual. A beleza física feminina começava a ser vista como um sinal do mal e não de energia interior e mérito espiritual.[4] A literatura medieval pode ser divertida, mas a linguagem indignada baseia-se na intolerância. Homens como Joseph evidentemente se compraziam em imortalizar o pecado de Helena.[5]

A *Ylias* de Joseph torna claro que Helena, como parceira ativa de seu próprio rapto, não é a Helena decidida, mas a Helena perigosa rameira. Havendo reconhecido que o acesso de Páris aos exóticos tesouros do Oriente provoca uma "fácil sedução", o autor amplia o tema em um trecho surpreendentemente lascivo:

> *Deitada sobre ele com todo o seu corpo, ela [Helena] abre as pernas, cola nele a boca e lhe rouba o sêmen. E quando o ardor dele se acalma, os lençóis púrpura que eram íntimos do pecado de ambos testemunharam seu orvalho invisível. Quanto mal! Oh, mulher perversa, conseguiste controlar desejo tão apaixonado? Tua luxúria aguardava um comprador? Que poder maravilhoso o do sexo gentil! A mulher recusa sua luxúria imprudente a fim de obter riqueza e não se digna a proporcionar alegria, a menos que seu sorriso seja pago!*[6]

Na época em que Joseph escreveu, no século XII, era considerado pecado a mulher ficar por cima durante a relação sexual. Qualquer outra posição além da "convencional" não era considerada natural porque tornava a mulher fisicamente superior; era a marca da prostituta e se acreditava que pervertia o curso do sêmen.

Assim, marcados pelos teólogos não apenas como adúlteros, mas também como pervertidos sexuais, Helena e Páris aparecem de forma proeminente em influentes textos cristãos como *O lamento da natureza*, escrito entre 1160 e 1175 pelo poeta e teólogo Alan de Lille[7] e concebido como uma sentida queixa da própria Mãe Natureza contra os abusos de suas leis naturais; de Lille chega mesmo a culpar Helena por estimular Páris a voltar-se para outros homens a fim de satisfazer o excesso de sua luxúria.

> Por que divinizei com a beleza dos deuses o rosto da filha de Tíndaro que obrigou o uso de sua beleza a reduzir-se ao abuso do meretrício, quando, ao formar uma vergonhosa aliança com Páris, conspurcou o pacto de seu leito de casada? Não mais a adúltera frígia persegue a filha de Tíndaro, mas Páris com Páris comete atos monstruosos e indizíveis.[8]

Por cometer pecados sexuais similares, os leigos medievais esperariam ter de executar uma série de penitências. As posições sexuais "antinaturais" poderiam acarretar penitências que duravam 40 dias ou mais. Abstinência, jejum, multas, preces constantes, ficar de pé do lado de fora da igreja usando um chapéu branco ou levar um bastão branco eram penitências típicas da época. Para o adultério, os *Cânones de Teodoro*, do século VII, prescreviam dois dias de abstinência sexual por semana durante três anos, mais três períodos de abstinência de 40 dias. As mulheres que cometiam adultério faziam penitência durante sete anos.[9] No século XI, São Pedro Damião pregava um período obrigatório de jejum durante 25 anos e penitência para os casais de mais de vinte anos de idade que tivessem se entregado a posições sexuais "aberrantes". Acreditava-se que esses "atos bestiais" e "abraços de prostituta" levavam a todo tipo de desgraça humana; um teólogo medieval tardio chegou a afirmar que Deus mandara o dilúvio bíblico porque havia visto um casal que fazia sexo com a mulher por cima.[10]

E, naturalmente, apesar de todas essas advertências, apesar do claro sinal de perigo que Helena se tornara, apesar da bílis que gotejava das penas desses teólogos, os homens e mulheres comuns continuavam a abusar da Mãe Natureza e a incorrer na ira da Igreja sem se importar. Para cada mulher marcada como Helena e obrigada a usar um barrete de penitência num canto da igreja, havia uma noviça na biblioteca do convento debruçada sobre traduções das cartas de amor de Ovídio. Para cada poeta que queria ver Helena e Páris ardendo no inferno, havia dez que afastavam as cortinas para permitir ao troiano o ingresso no leito da rainha de Esparta.

A Helena de Homero fora criada em uma época anterior àquela em que o bem e o mal eram considerados duas forças vastas e magnéticas — cada uma num pólo oposto, atraindo a humanidade para si. Para os gregos, as coisas eram menos estritas: os próprios deuses eram em parte bons, em parte maus. Helena é um perfeito exemplo do arquétipo grego: uma mulher ambígua, simultaneamente *chiaroscuro*. Mas para o Ocidente cristianizado, era difícil lidar com esse conceito. Embora os autores cristãos não contestassem a herança de Helena e nem lhc negassem a coroa de seu culto, não era fácil descrevê-la como muito, muito virtuosa e, portanto, ela teria de ser muito, muito perversa — na verdade, uma prostituta diabólica.

Quando Chaucer pintou Helena em cores bastante nobres, como a "faire queene eleyne", provavelmente estava utilizando uma conexão homófona com a palavra para meretriz, uma "quene".[11] No *Inferno* de Dante, Helena habita o Segundo Círculo — a esfera carnal e da luxúria. E no período elizabetano ela freqüentemente é colocada entre os condenados por prostituição. Em 1578, Thomas Proctor, autor de *The Reward of Whoredome by the Fall of Helen* (A recompensa da prostituição pela queda de Helena), a apresenta como uma cortesã e, em seguida, ataca-mortalmente, descrevendo-a como contendo o "vilde filthy fact" (o selvagem e imundo fato) da prostituição.[12] Em *The Reward of Wickedness* (A recompensa da maldade) (1574), ela sofre tormentos indescritíveis junto aos "papas, meretrizes, orgulhosos príncipes, tiranos e bispos papistas".

Quinhentos anos depois de *O lamento da natureza* ser escrito, a idéia de Helena como prostituta continuava em voga. Vejamos as influentes palavras de Alexander Ross, religioso reformista escocês que, em 1648, publicou um guia popular e populista para os clássicos, uma espécie de dicionário alfabético de mitos:

> ... pois ela possuía uma alma deformada, fazendo-se de prostituta, e não somente em sua primeira juventude com Teseu... mas também por casar-se com Menelau, abandonou-o e se tornou meretriz de Páris; e não contente com ele, cometeu incesto com Goritos, filho de Páris e Enone; mais tarde traiu a cidade de Tróia aos gregos, e com enganos causou o assassinato de seu marido Deífobo em seu leito por Menelau... assim vemos que a beleza exterior de seu corpo, sem as graças interiores da mente, são como um anel de ouro no focinho de um porco.[13]

Se suas conseqüências não fossem tão trágicas, diatribes como esta poderiam ser divertidas. Helena é a mulher que os homens amam amar e amam odiar.

ᘜᘔᘜᘔ

Ao acompanhar a progressão de Helena através dos tempos, é importante recordar uma coisa: a sociedade medieval passou a ver o *affair* entre Helena e Páris como um ato *contra* Deus.[14] Mas para os gregos e romanos, acreditava-se mais comumente que fosse ato de um deus, ou melhor, de uma deusa, Afrodite. Não sendo simplesmente uma mulher de luxúria desenfreada, Helena é também um prisma através do qual brilha o poder de Afrodite. O ímpeto erótico vem de Afrodite — assim, por exemplo, na *Ilíada* e na *Odisséia*, Helena conserva uma aura de inocência conspurcada. Tudo foi obra da deusa, não dela. Helena simplesmente age segundo as regras do amor, como expõe o poeta Ovídio em sua *Arte de amar* — embora de maneira visivelmente contida:

> Enquanto Menelau estava ausente, para que não dormisse sozinha, ,Helena foi acolhida à noite no morno peito de seu hóspede. Que loucura foi essa, Menelau? Foste embora sozinho; tua mulher e teu hóspede ficaram sob o mesmo teto. Louco, como podes confiar a tímida pomba a um gavião? Podes confiar um rebanho de ovelhas a um lobo da montanha? De forma alguma Helena pecou; de forma alguma pode-se culpar o adúltero; ele fez o que tu mesmo, o que qualquer um teria feito... Eu absolvo Helena de toda culpa; ela usou a oportunidade proporcionada por um amante cortês.[15]

21

AS DORES DE AFRODITE

Em seu leito, a paz de espírito é raro dom.
Bendito seja quem ali encontra tranqüilidade,
Onde a maioria enlouquece.
Eros, o menino alado de cabelos dourados com seu carcás,
Tem somente duas flechas no carcás.
Uma traz a paz.
A outra lança uma rede de confusão
E dor caótica.

Coro de moças de *Ifigênia em Áulis*, de Eurípides[1]

A O CONCORDAR EM SER O JUIZ no concurso de beleza entre as três deusas no monte Ida, Páris provavelmente não contava ser um árbitro incapaz de afastar uma das competidoras. Isso porque Afrodite ia para onde fosse Helena. Ali está ela, nos vasos gregos do palácio espartano quando Páris chega: indômita, impedindo a fuga de Helena para outro quadro e outra história. Ali está ela em Tróia, retirando Páris do campo de batalha, quando o patético príncipe desaba numa luta corpo a corpo com Menelau. Ninando seu *playboy*, a deusa ao mesmo tempo salva e envergonha o belo segundo filho de Tróia.

Em muitas narrativas da história, Afrodite age como alcoviteira de Helena. Tomemos, por exemplo, a seguinte descrição de Afrodite (uma das primeiras escritas). A deusa está a caminho do encontro com Páris no monte Ida. Sua missão é convencer o rapaz de que das três principais deusas ela é a mais bela — ela quer a maçã de ouro. Envolto pelo luxuriante, orvalhado e fecundo cenário do mundo natural, é imediatamente evidente que o jovem não tem como escapar:

Ela envergou sobre a pele as vestes que as Graças e as Estações haviam
tecido e tingiu as roupas usadas pelas Estações com as flores da
primavera, com açafrão e jacintos, com a violeta em botão e a bela flor
da rosa, doce e olorosa, e as flores da ambrosia, do narciso e do lírio.[2]

Mais de mil anos depois, o escritor Coluto (o que descreve Helena deixando a porta destrancada para Páris) imagina de que forma, durante o julgamento de Páris, a deusa *"ergueu o manto profundamente decotado, desnudando o seio sem ter pejo. E levantando com as mãos a cinta de mel do Amor, ela desvelou todo o peito e não se preocupou com os seios".*[3]

Afrodite não chega a fazer amor com Páris, mas claramente desfruta mais do que prazer vicário ao guiar o príncipe e Helena ao leito um do outro. Homero, por exemplo, descreve de que forma, nos dias cálidos da Guerra de Tróia, Afrodite, de pé à porta do quarto do príncipe, ordena a Helena que entre e, erguendo-se, manda que seus dois escravos reais a adorem ato sexual. Helena se volta contra a deusa (sua segurança indica um *pedigree* quase divino) e pergunta: *"Aonde me levarás em seguida? Para longe, para outras grandes cidades luxuosas, para a Frígia... Também tens ali um homem mortal favorito? Bem, vai tu mesma a ele — paira junto a ele! Abandona a grandeza dos deuses e sê mortal."*[4]

Afrodite está sempre por perto porque é tanto a musa de Helena quanto seu alter ego. E Helena é a substituta mortal de Afrodite. Em algumas tradições, as duas são mãe e filha. Se Afrodite é a deusa do sexo, Helena é a encarnação do sexo. As duas são uma poderosa e inextricável combinação. Páris se deixou envolver por um intenso triângulo amoroso; está em inferioridade numérica e deve ser objeto de compaixão, não de inveja: o leito de Afrodite é um lugar "enlouquecedor", como dizia Eurípides à sua platéia do século V a.C.[5]

Então, por que a deusa do amor é tão terrível? Por que é uma parceira tão perniciosa para Helena? Por que o encanto de Helena é tão destruidor? Por que os dramaturgos e poetas gregos louvam sua beleza e em seguida a descrevem como uma cadela, uma prostituta, um demônio? Por que deveria parecer inevitável que o amor excessivo de Páris e Helena levasse a um excesso de matança nos campos de batalha de Tróia? Por que atribuir a Helena o crime de amar e ser amada em demasia, de desejar a segunda flecha do carcás de Eros?

Para responder a essas perguntas, temos de examinar a mitologia grega, voltando às origens do ser, muito antes do início dos tempos. Voltar ao nascimento de Afrodite. No século VII a.c., Hesíodo produziu uma teologia revisionista — a *Teogonia* — que contava as origens dos deuses e da Terra. Assim como em relação a Homero, as obras de Hesíodo se tornaram canônicas. Alguns dos trechos mais surpreendentes tratam a emergência do mundo a partir de um panorama de desordem, e Afrodite era uma das primeiras habitantes desse mundo primordial, a única divindade que se imaginava haver sobrevivido das origens do cosmos até o estabelecimento do panteão olímpico. Eurípides a considera "ainda maior do que os deuses". Um hino arcaico articula o poder que ela exerce igualmente sobre deuses e homens:

O sagrado Céu sente o desejo de penetrar a Terra (Géia), a Terra está consumida pelo desejo de gozar o coito: a chuva desce do marido Céu como um beijo em direção à Terra, e ela dá à luz manadas que pastam para os mortais e o fruto da vida de Deméter, quando a folhagem da primavera termina sob o orvalho do hímen, e eu sou aquela que é causa de tudo isso.[6]

O mundo começou com o Caos — uma horrenda mistura de nada e de tudo. Do Caos, emergiram a Terra (Géia) e sua negra parte de baixo, Tártaro. A Terra deu então à luz Urano, o "céu estrelado", e passou a dormir com seu filho celestial. Entre os filhos dessa grandiosa união estão os Titãs e os monstros. Urano temia esses monstros, e por isso copulou constantemente com Géia a fim de encerrar seus horrendos filhos no ventre da Mãe Terra.

Mas Géia queria libertar sua prole e convenceu o primogênito de seus filhos Titãs a entrar em acordo num plano ignóbil. Juntos, decepparam o pênis ereto e os testículos de Urano quando ele se entregava a sua eterna atividade de fazer amor. Os restos ensanguentados foram jogados ao oceano e

Afrodite emergiu das espumas brancas, chegando à terra na costa de Chipre (daí seu nome alternativo, Cípria).[7] Era uma gênese adequadamente sangrenta para uma mulher que trazia consigo dor e prazer. Afrodite era um ser que deveria ser temido tanto quanto invocado. Os antigos chamavam o amor de "doença de Afrodite", enfermidade que invadia e controlava a mente e o corpo, causando a ambos dissolver-se ou estiolar-se. Pausânias relata que alguns gregos se banhavam em um rio em Acaia, denominado Selemnos, porque achavam que seria a cura para a terrível enfermidade que era o amor.[8]

Ao detalhar a geração dos poderes divinos, Hesíodo conta o nascimento de Afrodite e diz que logo depois dela vieram os filhos da Noite. Os três primeiros têm nomes mórbidos: *Moro* (o destino), *Ker* (a morte) e *Tânatos* (o sono eterno). Em seguida, veio *Éris*, a discórdia. As pequenas mortes, *les petites morts*, acompanham Afrodite quando ela penetra na vida da pessoas. Agarram-se a seu fino *quíton* (quando ela o usa), mas, ao passar, o aroma que ela deixa no ar pode trazer o repulsivo odor da decomposição. Também agarrado às saias de Afrodite está seu filho Eros, que é capaz de ferir. Quando Afrodite não pode estar perto de Helena e Páris, manda esse ferino rebento em seu lugar. Batendo as asas para avivar as chamas da paixão, Eros condena Páris a uma morte febril:

"Levarás de volta contigo a conflagração! Não sabes as labaredas que deflagrarás por sobre essas águas!" Profeta verdadeira foi ela; encontrei as chamas de que ela falava, e as labaredas de um amor feroz ardem em meu peito desprotegido![9]

Os escritores utilizaram freqüentemente a natureza férvida de Helena. Sua beleza queima. Acende tochas, inflama o infernal abandono do sexo. O poema de Ovídio *Heroides 16* usa uma linguagem inflamatória de maneira libertina. Páris declara estar *"ardendo de amor"*. Equivocando-se quanto à profecia de Hécuba por ocasião de seu nascimento, ele murmura: *"Um dos videntes disse que Ílion arderia com as chamas de Páris — essa era a tocha de meu coração, e agora a profecia se realizou!"* A Helena, ele diz: *"Como uma grande rainha atravessarás as cidades da Dardania, e a gente comum pensará que uma nova deusa chegou à Terra; por onde quer que caminhes, as chamas consumirão a canela, e a vítima abatida cairá na terra ensangüentada."*[10]

Havia duplicidade nessas palavras flamejantes. O fogo dava luz, calor e conforto, mas era também perigoso — um dos principais riscos do mundo antigo. O registro arqueológico mostra que os incêndios domésticos, militares e naturais eram de longe os agentes mais comuns de destruição. *"Diz-se que o próprio Páris ardeu de paixão ao ver Helena nua, quando ela se ergueu do leito de Menelau."*[11] Os antigos escolhiam as palavras com cuidado — consumir-se numa conflagração sexual era emocionante e equívoco. A bela Helena, aliada de Afrodite e Eros, causa prazer e destruição.

৩৩৩৩

Seriam necessários quatro séculos para que Eros se transformasse no Cupido dos romanos — um gorducho e travesso *putto*, destinado a atravessar corações com setas de amor em cartões feitos para o dia dos namorados. Para os gregos, principalmente os mais antigos, Eros, que nascera do caos, é algo muito mais pernicioso — esqueçamos a criancinha simpática e rechonchuda e pensemos em um menino malévolo e franzino. Para os gregos antigos, Afrodite e Eros eram os catalisadores de um louco e agudo frenesi de luxúria e luxúria frenética.

Eros foi bem instruído por sua mãe. Na literatura grega antiga, ela consome a carne e o espírito; é capaz de invadir como um vírus e corroer como um produto químico venenoso.[12] Se acreditarmos que Sócrates foi citado com fidelidade por seus intérpretes, o filósofo foi igualmente imaginativo ao descrever os efeitos do amor. Para ele, os beijos de amor se assemelhavam à picada de uma aranha venenosa — pior do que isso, na verdade, porque Eros[13] não precisava do contato físico entre dois organismos para iniciar sua obra peçonhenta.[14] Eros não apenas destrói; ele também emascula. A articulação do poder de Eros feita por Hesíodo tem estreito paralelo com a impotência no momento da morte. Eros é *"lusimeles"*: o que liberta, solta, quebra os membros.[15]

Os gregos se deliciavam com as sutilezas da linguagem, com o poder das palavras. Álcman, o poeta que deu às jovens espartanas aqueles versos sensuais para serem cantados e ritmos para dançar, considera as mulheres um agente de dissolução ainda mais poderoso do que a própria morte. "Por meio do desejo que solta os membros [*lusimeles*], ela [a mulher] tem um olhar capaz de liquefazer [*takeros*] mais do que Hipnos (o sono) ou Tânatos (a morte).[16] O criador dos porcos de Ulisses, Eumeu, diz a respeito de Helena: "*Ela dissolveu os joelhos de muitos homens.*"

Afrodite era uma criatura primeva, e quando os homens amam mulheres como Helena, estão abraçando um poder sombrio e primevo. Afrodite era selvagem em todos os sentidos da palavra,[17] e como Helena era uma jovem da cidade, ao servir a Afrodite, ela levou a selvageria aos leitos de príncipes e reis, à cidadela de Esparta e às "*torres sem topo de Ílion*".[18] Persuadir a imprevisível, volúvel e insondável natureza a voltar à nova cultura da cidade significava que a destruição era inevitável. Para os gregos, as ervas que agora crescem nas ruínas das muralhas de Tróia e o mato que viceja entre as lajes deixadas sem cuidado teriam feito pensar em Helena.

Em muitos ela fez surgir fortes desejos amorosos; com um só corpo ela juntou muitos corpos de homens.[19]

22

OS ESPUMANTES CAMINHOS DO MAR

... [Páris] enfrentou os mares em seus velozes barcos de oceano,
comerciou com estrangeiros, raptou uma mulher
de terras distantes, uma grande beleza casada com
uma nação de rudes lanceiros.

HOMERO, *Ilíada*[1]

A SORTE ESTÁ LANÇADA. Escapando furtivamente dos aposentos reais, Helena e Páris partem rapidamente da cidadela espartana em direção à costa. Foi uma aventura noturna. Tinham somente algumas horas antes que soassem os sinos de alarme. Em seu poema épico *O rapto de Helena*, Coluto nos conta que apenas na manhã seguinte foi notada a ausência dela. Ele imagina Hermíone, de 9 anos, abandonada e correndo pelo palácio espartano. A inocente menina de nada suspeita e chora inconsolavelmente. A mãe desapareceu, bem como o belo príncipe de Tróia que visitava a corte. Hermíone presume que Helena tenha sido atacada por animais selvagens ou que tenha se afogado em algum rio. Naturalmente, ela nunca, nunca poderia ter cometido um ato tão mesquinho e vergonhoso como o de fugir com outro homem:

> *E Hermíone lançou aos ventos seu véu e,*
> *ao amanhecer, chorou muitas lágrimas. E levando muitas vezes suas aias*
> *para fora de seu quarto, com gritos agudos ergueu a voz e disse:*
> *'Meninas, para onde foi minha mãe, deixando-me em profunda tristeza,*
> *ela que ontem à noite abriu meu quarto e entrou na cama comigo*
> *e adormeceu?' Assim falou ela chorando, e as moças choraram com ela.*
> *E as mulheres se juntaram de ambos os lados do vestíbulo e procuraram*
> *consolar Hermíone em seus lamentos.*[2]

Mas o pranto seria em vão; era tarde demais. Por Homero, ficamos sabendo que os fugitivos passaram sua primeira noite de paixão juntos na ilhota de Cranai. Dez anos depois, na *Ilíada*, enquanto os cadáveres juncavam as muralhas de Tróia, Páris revive esse momento. Suas palavras têm o peso da ansiedade, temperadas com a tristeza do sexo ilícito. Helena e Páris acabavam de ter uma discussão, e decepcionada por seu fraco desempenho contra Menelau, Helena castiga seu débil amante. Mas sua língua ferina excita mais do que censura:

> *Mas vem [diz Páris]*
> *Vamos para o leito, vamos nos perder no amor!*
> *Nunca meu desejo por ti me dominou tanto,*
> *não, nem mesmo, eu te digo, naquela primeira vez,*
> *quando eu te trouxe das doces colinas da Lacedemônia,*
> *e te levei para longe nos rápidos navios de alto-mar*
> *e nós nos enlaçamos na Ilha Rochosa...*
> *Isso nada foi comparado com meu desejo por ti agora —*
> *irresistível desejo que me abate!*[3]

Pobre Páris; durante os últimos dois mil anos, ter feito amor apaixonadamente numa tarde dessa forma, mesmo com sua "esposa", tem sido para muitos comentaristas o prego final em seu caixão, prova conclusiva de que ele era devasso e amoral.

☙❧

Para chegar a Cranai vindo de Esparta, é preciso deixar o abraço protetor da cadeia de montanhas Taígeto e dirigir-se para o sul até o pequeno porto de Githion.[4] Hoje em dia, com seus barcos de pesca que balouçam e hospedarias em tons pastel, Githion é um lugar perfeito para uma escapada romântica. Na entrada do povoado, há pequenas colinas que têm de ser vencidas, e o caminho pode ser cansativo. Um viajante depois do período helênico passaria por um pequeno santuário na margem da estrada que contém a "sandália de Helena" — relíquia sagrada deixada durante a louca fuga entre a cidadela espartana e os navios de Páris que esperavam.[5]

Cranai é facilmente visível da enseada de Githion. É uma pequena ilha, pouco mais do que um rochedo, e tão próxima do continente que hoje está unida a ele por uma passagem pavimentada. Homero tinha razão ao descrevê-la como *cranae* — "acidentada" ou "rochosa"; curiosos resíduos vulcânicos de cor acinzentada ainda a rodeiam. A erosão atacou essas rochas de forma desigual; quem tentar atravessá-las para chegar ao mar poderá lacerar as mãos e ter os sapatos perfurados por suas pontas afiadas como lanças. Cranai não é um lugar adequado para esconder-se, mas, pelo menos, Helena e Páris estariam a sós ali. Se em verdade Helena tivesse sido levada à força, ela poderia ter sido violentada no frágil barco feito de madeira de cipreste, encostada ao revestimento interno de linho esticado e tratado com óleo, e possuída enquanto Enéias e seus homens vigiavam, descansando do trabalho de catalogar o butim. Talvez Cranai fosse considerada uma oportunidade para uma paixão íntima, ato sexual mais apropriado a uma rainha.

Os relatos nos dizem que essa foi uma parada curta, o tempo suficiente para que o contingente troiano embarcasse suprimentos comprados dos comerciantes de Githion, antigo porto espartano e enseada natural no século XIII a.C.[6] Embora a descrição daquela primeira noite de paixão feita por Homero possa ser simplesmente fictícia, o cenário era sem dúvida adequado: existiu realmente um povoado da Idade do Bronze ali.[7]

ଔଚଔଚ

Que importariam todos os alarmes do mundo
Ao poderoso Páris, quando adormeceu
Num leito dourado
Naquela primeira madrugada nos braços de Helena?

YEATS, "Lullaby" (1929)

Quer fosse Páris um estuprador ou um cúmplice libertador, naquele momento, a fortuna lhe sorria. O príncipe tinha Helena e tinha um barco repleto de tesouros — produto da pilhagem da cidadela espartana. A idéia

do butim e da beldade levados juntos de Esparta proporcionou aos artistas, ao longo do tempo, um tema lascivo e suculento. Nicolo dell'Abate de-
senhou, em 1512, uma versão que, um século mais tarde, foi retocada por
Rubens, o qual acrescentou detalhes tornando a cena muito mais violenta.[8] Nessa versão, Helena está sendo puxada pelos cabelos, embora na original ela pareça resignada com seu destino. Rubens a obriga a voltar-se para
olhar, desesperada, na direção dos espartanos. Páris foi redesenhado: com
a perna esquerda, ele agora aplica um pontapé na virilha de um dos gregos, enquanto um marinheiro troiano agarra as roupas do formoso prêmio de carne e osso arrebatado pelo príncipe. Alguns estudiosos têm
argumentado que a forte ênfase no roubo do tesouro, assim como da própria Helena, tenha sido uma maneira de "remasculinizar" os gregos. A partir
do período clássico, alguns escritores passaram a achar ridícula e mesqui-
nha a idéia de que a Grécia se erguesse em armas por causa de uma mulher. Por isso, surgem freqüentes referências ao tesouro. Ao guiar seus
homens a Tróia, Agamêmnon não estava sendo simplesmente atraído por
uma mulher, o que seria um ato de fraqueza e uma tolice, mas fora trazer
de volta as riquezas gregas.

Numa viagem marítima de um aristocrata de uma cidade palaciana
para outra na Idade do Bronze tardia, é altamente provável que sua elegante
galera estivesse realmente cheia de mercadorias. Páris e seus homens bem
poderiam ter carregado seus barcos com objetos e preciosas matérias-
primas micenenses, assim como com a bela Helena. Em certo sentido, a
sociedade da Idade do Bronze era, em última análise, materialista — o Mediterrâneo oriental estava se transformando em uma ampla economia local e cada corte real aumentava seu prestígio com os objetos exóticos que
pudesse adquirir. Afinal, essa era uma época em que não existia dinheiro
cunhado. O mundo teria de esperar a cunhagem de moedas até que os
lídios, no século VII a.C., martelassem rudes discos de electro, uma liga
natural de prata e ouro. Ao contrário, a riqueza consistia em coisas materiais. Assim, machados, adagas, anéis, sinetes e peles, ricas tapeçarias e armaduras de bronze, marfim de hipopótamo e pedras raras eram usados
para o comércio e para trocas de presentes.[9]

Os mecanismos que mantinham em circulação o fluxo de matérias-
primas, artefatos e butins da Idade do Bronze eram os oceanos, rios e afluen-

tes que ligavam entre si os grandes portos mercantes — mares que eram "cor de vinho escuro", como canta Homero, e o "Grande Verde", como diziam os egípcios. Vale a pena afirmar o óbvio — que a região mediterrânea é o único território identificado pelo mar adjacente. Costumamos pensar nos cursos de água como barreiras, mas o Egeu, o Bósforo e os mares Mediterrâneo e Líbio eram as estradas e atalhos da pré-história. Homero chega a chamá-los de "os caminhos espumantes do mar". Um único barco da época tinha uma capacidade de carga quase igual à de 200 mulas;[10] embora as rotas comerciais terrestres estivessem bastante desenvolvidas, os oceanos eram muito utilizados pelos mercadores, aristocratas, viajantes, piratas e bucaneiros.

Podemos caracterizar Helena como um objeto inanimado, pois ficou famosa por permanecer por dez anos em Tróia durante o cerco, mas sua história é de fato cinética e os rios e oceanos do Mediterrâneo oriental são parte central de sua história. Ela foi concebida quando a mãe foi violentada nas margens do Eurotas por uma gigantesca ave aquática. Oito, nove, dez, onze ou doze anos depois, ela também seria violada nas margens desse rio. Páris foi até ela viajando de barco, e ela partiu com ele de volta, atravessando as mesmas águas. Os gregos lançaram uma expedição marítima para resgatá-la. Depois de sair de Tróia, Helena passou sete anos navegando com Menelau: visitou Chipre, a cidade fenícia de Sidon, Creta e a Tebas egípcia, onde recebeu presentes, inclusive um fino fuso de ouro.[11] Mesmo depois de sua morte, Helena esvoaça entre as ilhas de Blest e sítios de culto terrenos (muitos em ilhas, e diversos junto a fontes naturais), de Bitínia ao Egito. Ou então vigia os oceanos como estrela, junto com os irmãos, os gêmeos Castor e Pólux.[12]

É interessante notar que o panorama marítimo aparece com mais destaque nas pinturas da história de Helena feitas no final da Idade Média. No século XIII d.C., houve um forte rejuvenescimento do comércio internacional. O Renascimento italiano foi financiado em parte pelo dinheiro que ingressou pelos portos da Itália.[13] Talvez os artistas e seus patrocinadores sentissem afinidade com um conto que falava do transporte de preciosos tesouros atravessando vastos e perigosos mares. Durante esse período, Helena é freqüentemente pintada junto à água, com um barco a remo ou um belo galeão troiano prontos para levá-la.

Uma versão da história de Tróia, escrita no século VI d.C., diz que Páris conquistou o coração de Helena quando ela adorava Afrodite num templo à beira-mar na ilha de Citera.[14] (Existem registros arqueológicos de um santuário de Afrodite em Citera a partir do século VI a.c., e de sua antecessora Astarté desde o século VIII a.c.) Essa versão litorânea do estupro de Helena era um tema favorito para os baús de enxoval de noivas ou bandejas de recém-nascidos, *"desco da parto".* Pode parecer um tanto estranho que jovens noivas ou mães pela primeira vez fossem homenageadas com uma cena de abuso sexual e duplicidade matrimonial, mas a história de Helena é uma sucessão de ritos de transição — e, portanto, quando as mulheres (talvez lisonjeadas pela comparação com Helena) passavam por suas próprias transições, tornando-se esposas, mães e viúvas, Helena as acompanhava.[15]

Uma dessas bandejas, em meio ao esplendor neoclássico e conservador da Galeria Nacional, em Londres, pintada com têmpera de ovo sobre madeira cerca de 1440-50 e atribuída a um artista anônimo conhecido como "O mestre do julgamento de Páris", tem uma atmosfera de pesadelo.[16] Já escurecera; uma lasca de lua ilumina um mar negro, salpicado de ilhas. Os elegantes cortesãos de Helena, de pé, observam e conversam, inertes, enquanto Helena é raptada. As duas figuras que exigem atenção imediata, saltando do quadro, são Helena e Páris. Num cenário onde tudo está imóvel, ambos se mostram turbulentos. O manto de Páris, forrado de amarelo, flutua ao vento, e sua mão agarra o vestido de Helena numa trouxa abaixo das nádegas. Os pés de Helena se agitam, seus delicados sapatos cor-de-rosa e pontudos levantam a anágua rendada enquanto ela se debate e luta. Páris olha ansiosamente o rosto dela, mas, mesmo assim, os cortesãos nada fazem — Helena se volta para trás a fim de alcançá-los, mas eles continuam de pé, observando e conversando. Estão petrificados e impotentes. O destino de Helena é o barco que a aguarda e a extensão negra do mar.

Em uma das vitrinas do andar térreo do Museu de Heráclion, em Creta, há diversas formas de bronze espalhadas que lembram acessórios de arreios de latão para cavalos. Na verdade, são restos partidos de uma base em forma de tripé, feita no século VIII a.C., deixada como oferenda votiva no chão da Caverna Idaean em Creta. No metal, foi desenhado um barco. Na proa, há duas figuras: os arqueólogos discutem se devem ser identificadas como Teseu e Ariadne ou como Páris e Helena. Quem quer que seja, estão juntas, duas pequenas silhuetas que contemplam o volume mutável e inimaginável do mar.

༺ ✿ ✿ ༻

Num dia suave do final de outono, quando procurava indícios dos cultos de Helena, muitos dos quais se encontram junto a rios ou no litoral, vi-me retida no pequeno povoado de Hermione (Ermioni), na Grécia continental, e, evidentemente, ia perder meu compromisso das 8 horas da noite na ilha de Hydra.[17] Tinha comigo apenas meu estojo de pó, 40 euros e um telefone celular. Havia perdido o último aerobarco e recusado a oferta de uma carona de alguns adolescentes bêbados num iate assustadoramente grande. Tudo parecia perdido quando me lembrei que havia reparado em uma folha rasgada de papel escrita à mão e pregada num banco próximo ao porto, que anunciava táxis marítimos. Liguei para o número, e em oito minutos o pequeno barco chegou zumbindo, com um barqueiro queimado de sol, cor de piche. O único outro passageiro era um bode velho. Imaginei que meu novo amigo fosse o equivalente a um chofer de táxi londrino, e, acompanhada por música de *bouzouki* no rádio do barco, partimos em direção ao horizonte.

Foi uma experiência completamente século XXI. Mas como era novidade (e um tanto aleatória), por um momento tive a emoção de viajar por mar rumo ao desconhecido e uma transitória sensação do que significava pertencer a uma nação de navegantes. Essa pequena aventura me deu uma idéia do funcionamento das antigas rotas marítimas. Diversas enseadas da Idade do Bronze teriam seus barqueiros, navegando barcos de pesca acompanhando o litoral e com os quais seria possível entrar em acordo para transporte. Na Idade do Bronze, ao navegar do oeste para o leste, Helena e Páris teriam passado por mercados sazonais em praias e portos coloridos, cheirando a animais e especiarias, com os comerciantes prontos a exibir suas mercadorias. No mar aberto, haveria piratas esperando para roubar dos viajantes suprimentos vitais e valiosos carregamentos de marfim de hipopótamo e artigos semelhantes.

Achados arqueológicos e fontes escritas da Idade do Bronze nos trouxeram um panorama detalhado dos artigos de luxo que antigamente cruzavam os mares. Nas tábuas de Amarna, no Egito, por exemplo, escritas no século XIV a.c. (e cheias de detalhes sociais e políticos do período), recolhemos listas excitantes do tipo de artefatos que circulavam entre reis e aristocratas em todo o Mediterrâneo oriental. Algumas dessas tábuas, descobertas inicialmente em 1887 por uma camponesa que arava o solo, estão hoje guardadas no Museu Britânico.[18] As listas são fascinantes e minuciosamente detalhadas, mas tratam apenas do esplendor final de uma cultura, o ponto culminante da criação; elas nos trazem indícios de realizações, mais do que de um processo.

Depois, em 1983, em Uluburun (perto da atual cidade de Cas), graças aos olhos argutos de um turco que mergulhava em busca de esponjas vivas, um achado extraordinário iluminou o cenário comercial da Idade do Bronze.[19] O mergulhador contou ter visto "pãezinhos com orelhas", barras de metal que pesavam entre 17 e 26 quilos cada uma. Os arqueólogos investigaram e encontraram um navio naufragado da Idade do Bronze, coberto por sedimentos. De repente, passou a ser possível examinar exemplos precisos e intatos de um carregamento da época.

Ali estavam os lingotes de estanho e cobre necessários para a fabricação do bronze; as massas de vidro azul-cobalto que seriam derretidas e novamente moldadas em forma de surpreendentes contas em forma de 8 para os pescoços e pulsos de mulheres como Helena. Havia âmbar do Báltico, marfim de hipopótamo e uma bela taça para bebida feita de faiança em forma de uma cabeça de carneiro. Trombetas de marfim e caixas de ressonância de casco de tartaruga jaziam emudecidos pelo mar. A bordo, havia troncos de ébano: por meio da datação dendrocronológica verificou-se que o barco afundara em algum momento entre 1318 e 1295 a.C.[20] A presença do escaravelho de Nefertiti mostrou que o barco, sem dúvida, zarpara algum tempo depois de 1345.

Junto com artefatos sofisticados — a estatueta feminina com os pés e braços cobertos de ouro, o escaravelho marcado com o nome da rainha Nefertiti, os estojos de cosméticos em forma de pato (com asas móveis como tampa), as finas lâmpadas de azeite —, ali também estava um "carregamento fantasma": os ingredientes básicos de sete civilizações, as matérias-primas que raramente ficam preservadas para a posteridade.

Barcos como esse, caso tivessem começado sua viagem no sul, poderiam ter navegado diretamente do Egito até Creta, e dali à Turquia, mas a maioria sairia do Nilo, margeando a costa da Líbia subindo a Creta e à Itália, ou talvez escalando na ilha de Citera e dali à Grécia continental, passando pelas Cíclades, Rodes, Anatólia e descendo a Chipre, Síria-Palestina e, finalmente, regressando ao Egito.[21]

Em uma das mais antigas fontes escritas da história de Helena, a *Cípria* (sabemos desse detalhe específico via Heródoto), explicava-se que, em apenas três dias, os dois amantes atravessaram em linha reta o mar até Tróia.[22] Eu mesma fiz essa viagem. Num trajeto direto, num barco comparável aos mais sofisticados da Idade do Bronze tardia, de 15-17 metros, com remos e vela, é possível, com o uso da tecnologia moderna de navegação, cobrir o percurso em apenas dois dias e meio. Homero, no entanto, nos conta que os amantes fugitivos seguiram a rota dos comerciantes do Egeu, bandidos e bucaneiros. A *Ilíada* nos diz que, durante a viagem, Páris recolheu ricos tecidos e mulheres da Sidônia (Fenícia).[23] Essas escravas do registro literário se juntam às listas verdadeiras de carga humana que encontramos gravadas em tábuas de argila da Idade do Bronze.[24] Mais uma vez, a história de Helena e Páris se mistura claramente com a realidade da Idade do Bronze.

⊚⊚⊚⊚

Existe uma versão pouco conhecida da história da Guerra de Tróia escrita na Sicília pelo poeta Stesicoro, no século VI a.C.[25] Em sua interpretação da "história" de Helena, a rainha espartana jamais foi a Tróia, mas, em vez disso, enviou um *eidolon* (uma sósia de corpo ou um fantasma) para atravessar as águas enevoadas, enquanto a Helena de carne e osso, na verdade, permaneceu no Egito durante dez anos. Platão relata que Stesicoro escreveu sua versão depois de ter sido cegado por haver difamado Helena.

Quando o poeta caiu em si e percebeu o poder daquela (irada) criatura com a qual estava lidando, prestou homenagem à rainha criando um poema que defendia a "verdadeira" Helena e a mostrava aguardando no Egito, sem culpa, o fim da Guerra de Tróia. Em conseqüência de sua judiciosa reviravolta, ele recuperou a visão.[26] Há uma possibilidade de que Stesicoro tenha visitado Esparta[27] (na época em que ele viveu, havia estreitas conexões políticas entre Esparta e a Sicília). Talvez o que lemos em seus versos seja um relato mais patriótico da história de Helena, uma versão promovida pela população espartana, decidida a manter a dignidade de sua ilustre ancestral real. Embora nunca tenha sido a versão mais duradoura nem mais popular da história, essa exegese interessou a diversos autores antigos.

O historiador Heródoto confere peso a essa versão egípcia dos acontecimentos acrescentando seus próprios indícios ao afirmar que, seguindo o rastro de Helena, ele viajou pessoalmente ao Egito e entrevistou sacerdotes daquele reino em Mênfis.[28] Os sacerdotes consultaram seus registros, diz ele, e confirmaram que Helena havia efetivamente passado dez anos no Egito por volta da época da Guerra de Tróia. Heródoto também afirma haver encontrado um santuário onde existia uma estátua de uma bela mulher. A inscrição, segundo ele, dizia: "A Afrodite Estrangeira." Heródoto presume que esse ícone atraente fosse Helena. Assim, de repente, temos não somente uma longa estada anterior no Egito, mas uma permanência ali durante séculos como espírito divino.[29]

Os indícios do Egito são significativos. Heródoto, o "Pai da História", pode ter-se enganado ao identificar a estátua da "Afrodite Estrangeira" como sendo Helena, mas sintomaticamente ele acreditou ser perfeitamente possível que uma rainha de Esparta viajasse à África, e achava que o impacto causado no povo local fosse tanto que ainda falassem dela 800 anos depois. Assim como ele não subestimou o alcance de Helena, nós tampouco devemos fazê-lo.[30]

Em suas *Histórias*, Heródoto apresenta cuidadosamente a argumentação de que Helena pode nunca ter chegado a Tróia. Tal como a maioria dos autores, o "Pai da História" trata do tema de Helena de maneira pessoal e emocional:

"... se Helena realmente tivesse ido a Tróia, ela teria sido entregue aos gregos com ou sem o consentimento de Páris; pois não consigo acreditar que Príamo ou qualquer outro parente seu fizesse a loucura de arriscar sua própria vida e a de seus filhos, além da segurança da cidade, simplesmente para que Páris pudesse continuar a viver com Helena. O fato é que eles [os troianos] não entregaram Helena porque não a tinham; o que disseram aos gregos era a verdade."[31]

Evidentemente, para Heródoto, o amor não é capaz de tudo conquistar.

A viagem ao Egito é tão interessante do ponto de vista histórico quanto simbólico. A Creta pré-histórica e o Peloponeso parecem ter mantido vigoroso contato com a África.[32] Para os gregos, o Egito era o ponto mais próximo no continente africano. Os marinheiros da Idade do Bronze e da Antigüidade preferiam, por motivos óbvios, planejar suas rotas ao longo das costas a arriscar-se em mar aberto. A rota grega para a África seguia a costa sul da Ásia Menor, rodeando Chipre e passando pela Síria. A estada de Helena no Egito foi recordada por uma razão: porque mostrava aos descendentes da Idade do Bronze que o contato com a África era parte importante da experiência de Micenas naquela época. E isso deveria recordar-nos que o Mediterrâneo oriental ainda não estava dividido entre o Leste e o Oeste e que, ao contrário, era uma ativa interface de comércio e territorialismo.

Quer tudo isso seja história ou apenas historinhas, o caminho de Helena para Tróia e a lista feita por Homero dos lugares que ela visitou na viagem de volta reforçam um mapa mental compartilhado de uma era internacional.[33] É uma percepção enunciada pela história de Helena. Sua rota recorda à platéia de Homero quem eram os personagens entre seus ancestrais mediterrâneos e quem era realmente importante entre as nações, os governantes e os centros industriais no ativo traço de união do Mediterrâneo oriental. E, naturalmente, o clímax da história dela lhes recordava que essa valorosa região fora irreversivelmente desestabilizada em algum momento do século XIII a.C.

⊙⊙⊙⊙

Até agora, Helena e Páris têm sido os protagonistas de uma história de amor. Pode ter havido algumas baixas físicas e emocionais ao deixarem o palácio de Menelau, mas até o momento não houve nenhum massacre. Tudo isso vai mudar. Na mente dos antigos, esta Idade dos Heróis iria ser derrubada pelo excessivo amor de uma rainha espartana. Para Helena, qualquer possibilidade de anonimato desapareceu quando ela deixou sua pátria para seguir com Páris. Ela seria para sempre lembrada como inimiga tanto dos interesses ocidentais quanto orientais. As marolas criadas pelo barco de Helena e Páris ao atravessarem o mar se espalharam para muito longe — a carga que ia sendo levada para Tróia era perigosa.

SÉTIMA PARTE

TRÓIA CHAMA

23

O LESTE É O LESTE E O OESTE É O OESTE

Por isso aconteceu, por causa da violação de Helena, que Tróia
atraiu contra si os chefes dos argivos, Tróia — ó horror!
— o túmulo comum da Europa e da Ásia. Tróia, tumba
prematura de todos os heróis e feitos heróicos.

CATULO (Século I a.C.)¹

O SÍTIO RELIGIOSO DE DELFOS, no norte da Grécia, ainda é um lugar
cheio de inspiração, apesar dos ônibus de turistas. No alto das colinas, acariciando a falda meridional do monte Parnaso, o ar é leve e doce.
Delfos era considerado pelos gregos como o *onfalos*, o umbigo da Terra, o
centro do mundo.² Ao longo de toda a Antigüidade, vinha gente de lugares distantes, como a Síria e a Sicília, para executar suas devoções religiosas,
comerciar, afinar acordos políticos e tentar compreender os crípticos pronunciamentos do Oráculo.³
   O Oráculo dava conselhos sobre todos os assuntos. Alguns vinham com
problemas domésticos: Devo me casar? Como ter um filho homem? Esta-
distas traziam problemas maiores: Que tipo de códigos legais deveriam
promulgar? Deveriam invadir os territórios vizinhos? Embaixadas e tesouros se aglomeravam no Caminho Sagrado. Ali, os líderes da época se encontravam para conversar e admirar os retratos que os homenageavam,
encomendados para figurar na movimentada estrada. A cada quatro anos
(quando a prática foi iniciada, a cada oito anos), ginastas, boxeadores e
corredores em carros de combate — uma multidão poliglota — exercita-

vam-se para um dos mais concorridos festivais da Grécia, os Jogos Pítios. Delfos era um lugar importante, e as palavras do Oráculo eram levadas muito a sério.

Uma parte do antigo sítio não está aberta ao público. Embora seja preciso fazer uma boa caminhada para chegar ao lugar, que provavelmente faria os turistas menos decididos desistirem, ali a paisagem é tranqüila e estranha. Junto ao belo estádio clássico, há uma pedra peculiar e arredondada — antigamente, um diminuto templo escavado numa rocha vulcânica. A rocha era habitada pela Pitonisa, uma mulher velha simbolicamente vestida com roupagens de jovem virgem, que balbuciava as palavras do Oráculo de Delfos, embriagada pela fumaça de sementes de meimendro ou de folhas de louro esmagadas. Esses murmúrios eram, em seguida, analisados por um sacerdote que os transformava em versos hexâmetros. Em geral, as profecias do Oráculo eram traduzidas em forma de enigmas obscuros que podiam ser interpretados de diversas formas. Mas os pronunciamentos relativos a Helena não eram ambíguos. Registradas em pedra, as palavras claras diziam aos antigos que:

> Helena crescerá em Esparta e se transformará na ruína da Ásia e da
> Europa, e por causa dela os gregos conquistarão Tróia.[4]

ᬠᬠᬠ

Qualquer viajante moderno na Turquia certamente recordará o momento da travessia do Bósforo, ou de passar pela Ponte Atatürk de ônibus, por sobre os peixes-espada, golfinhos e anchovas que nadam lá embaixo, e ser informado em orgulhoso tom nasal por um alto-falante portátil que está deixando a Europa e penetrando na Ásia. Nossa visão do mundo, em parte influenciada pelos relatos que ouvimos sobre a Guerra de Tróia, é de que a Terra é realmente dividida em duas partes: e que o Oriente e o Ocidente existem como entidades distintas (e, freqüentemente, antagônicas).

Teria havido um instante em que dois amantes da Idade do Bronze cruzaram algum tipo de linha imaginária — o momento em que o Ocidente se transformou em Oriente? Sem dúvida, essa idéia empolgou a imaginação popular no século V a.C. — uma época em que as tensões entre a Europa e a Ásia vieram à tona. Desde o século VI a.c., os persas haviam deixado claro para os gregos que suas ambições se voltavam para o Ocidente. O império persa era realmente poderoso — em seu apogeu, entre 522 e 486 a.c., no reinado de Dario I, estendia-se do litoral da atual Turquia ao Afeganistão e Paquistão e incluía partes do Egito, da Armênia, do Irã e do Iraque. A Grécia era menos importante, e os gregos, encurralados, rapidamente procuraram difamar seus rivais do outro lado das águas.[5]

Os persas, imorais e degenerados, eram muito comentados nas peças teatrais e na literatura; freqüentemente comparados com os vigorosos e astutos gregos, eram considerados inferiores.[6] Em 479 ou 478 a.c., o popular orador Simônides recitou uma elegia que comparava as guerras da Pérsia e de Tróia.[7] A tragédia grega mais antiga que chegou até nós, *Os persas*, de Ésquilo, representada no palco em 472 a.C., tratava da hostilidade entre a Pérsia e a Grécia — o próprio Ésquilo era um ex-combatente no conflito com os persas. O saque de Tróia, vitória exponencial dos gregos, trouxera grande esperança para o sitiado império ateniense. A história da Guerra de Tróia entrou rapidamente para a polêmica política e cultural. Ésquilo comparou os troianos da Idade do Bronze com os persas de seu tempo — ou seja, os "frígios",[8] como ele chamava ambos os povos.

O historiador Heródoto, no século V a.C., afirma claramente que o Oráculo de Delfos estava correto, que o crime de Helena marcou uma divisão simbólica entre o Leste e o Oeste, o início de uma inimizade entre a Europa e a Ásia. Duas vezes ele cita fontes persas como prova: "na opinião deles, o início da desavença com os gregos foi a tomada de Tróia"; e depois, "os gregos, e tudo por causa de uma mulher da Lacedemônia, juntaram um grande exército, foram à Ásia e destruíram o poder de Príamo. Desde então, consideramos os gregos como nossos inimigos".[9]

Heródoto nasceu durante a época de instabilidade e derramamento de sangue das guerras com a Pérsia, quando os gregos e os "homens do leste" novamente foram inimigos. O conflito assumiu proporções épicas nas batalhas de Maratona, Termópilas, Salamina e Platéia. Em 449, a Paz de Kallias produziu uma trégua incerta; não foi suficiente para afastar as suspeitas e desconfianças entre gregos e persas. Ao reunir seu material e começar a escrever suas histórias, era importante para Heródoto encontrar o ponto inicial desse divórcio étnico.

Durante as guerras contra a Pérsia, ambos os lados haviam cometido terríveis atrocidades. Templos haviam sido incendiados e populações massacradas ou escravizadas. Heródoto afirma que, ao entrar em território inimigo, as forças persas transformavam em eunucos os rapazes mais belos e mandavam as moças mais bonitas como escravas para seu rei. No avanço para a batalha de Maratona, os exércitos persas espalharam pelo território um "arrastão" maligno de homens que aniquilavam tudo o que encontravam no caminho.[10] Os relatos de sua furiosa brutalidade chegaram rapidamente. Eram horrores comentados em sussurros temerosos à noite, que passavam de uma aldeia para outra quando a fumaça dos incêndios inimigos era avistada serpenteando no horizonte.

Heródoto era natural de Halicarnasso (a atual Bodrum, na Turquia), na fímbria da Ásia Menor, e, portanto, passou seus primeiros anos na satrapia — ou província — persa da Lídia.[11] Bodrum é hoje uma movimentada cidade turística que recebe viajantes internacionais — ali, podem encontrar-se os melhores (e mais caros) tapetes e massagens da Turquia. É tão cosmopolita hoje quanto era na época. Halicarnasso tolerava uma população diversificada que incluía influências jônias, dóricas e carianas. Na juventude, Heródoto e sua família haviam sido exilados na ilha de Samos por causa de suas lutas políticas contra o tirano local Ligdamis, apoiado pelos persas. Dez anos depois, o historiador se encontrava em Atenas (possivelmente, outra vez exilado) e no fim da vida foi-lhe concedida a cidadania de Thurii, no sul da Itália.[12] Era um homem vivido e sofrido, que tinha visto o mundo e compreendia os homens — tanto gregos quanto não-gregos.

Embora Heródoto tenha ficado famoso com o apelido de "Pai da História", sua técnica historiográfica estaria mais à vontade na escrivaninha de um jornalista viajante (e brilhante) de Fleet Street* do que nas torres de marfim de nossos principais estabelecimentos de ensino.[13] Heródoto era

---

*Rua de Londres onde ficam as redações dos mais importantes jornais ingleses. (*N. do T.*)

peripatético; ao coligir informações para suas histórias (suas "*historiaĩ*" ou investigações), afirmava haver percorrido enormes distâncias — da Babilônia ao mar Negro, de Tiro à Tessália. Conversava com funcionários, recolhia informações locais e mantinha-se alerta. Pode ter havido exagero quanto à escala de suas expedições, mas o mais importante é que ele teve oportunidade de assimilar atitudes e opiniões, tanto quanto dados baseados em fatos. E o que encontrou ao seu redor foi a hostilidade entre o Leste e o Oeste.[14] O teatro sempre foi útil para testar a temperatura do pensamento popular, e na Grécia do século V, é no palco que encontramos a repetição constante de uma polêmica "antibárbara". A xenofobia sempre agrada às multidões, e, portanto, em diversos dramas "o ateniense" é tipificado como democrático, igualitário e másculo, e "o bárbaro", como tirânico, hierárquico e afeminado. Helena é personagem central nesse debate teatral do Leste *versus* Oeste. Em *As troianas*, de Eurípides, Hécuba, mãe de Páris, condena Helena e transmite a idéia da intemperança oriental: "*Em Argos estavas habituada a uma pequena comitiva; havendo abandonado a cidade espartana, buscavas um dilúvio de extravagância na Frígia, com seus rios de ouro. Os salões de Menelau não eram bastante grandes para agradar a teus desejos de luxo.*"[15] E na peça *Helena*, escrita três anos depois, a rainha espartana se queixa: "*Não há homem vivo que não odeie Helena, conhecida em toda a Hélade por haver traído meu marido, a fim de viver nas casas douradas do Oriente.*"[16]

Os estereótipos do palco também surgem nos ateliês dos artistas atenienses. Orientais morenos (como Páris) ambicionam as mulheres gregas de alvos braços (como Helena). Em vasos pintados e em murais do século V a.C., os troianos eram cada vez mais representados com vestes persas. Gradualmente, mesclam-se os dois grupos, diferentes etnográfica e historicamente: Pérsia = Tróia = Más Notícias.[17]

Às vezes Helena é louvada por haver unido contra o Leste as diversas e distintas comunidades da Grécia continental. Mas os elogios são profundamente irônicos. O protonacionalismo xenófobo que estava se tornando comum na Atenas clássica é evidente. Tomemos, por exemplo, a canção de louvor a Helena, no *Elogio,* de Isócrates:

Além das artes e estudos filosóficos e todos os demais benefícios que podem ser atribuídos a ela e à Guerra de Tróia, justifica-se considerarmos que devemos a Helena não havermos sido escravizados pelos bárbaros. Pois veremos que foi por causa dela que os gregos se uniram em harmoniosa concórdia e organizaram uma expedição comum contra os bárbaros, e assim pela primeira vez a Europa conquistou um troféu de vitória contra a Ásia...[18]

No *corpus* clássico, Helena em geral é citada como perniciosa, como causa de uma morte dolorosa tanto para os gregos quanto para os troianos:

Tu, praga, holocausto, prejuízo
De ambas as nações — vê esse cemitério de heróis
E os ossos descarnados que jazem por toda parte
Insepultos na planície. Tuas núpcias os espalharam.
Pois derramaste o sangue da Ásia, o sangue da Europa,
Enquanto contemplavas o duelo dos maridos — indiferente,
Sem saber o que querias.[19]

෴

Foi Homero quem introduziu o conceito de barbarismo — *barbarofonoi*, "os que falam bar-bar" — referindo-se a homens cuja linguagem era tão indistinta e incompreensível para os ouvidos gregos que simplesmente soava como "bar-bar-bar-bar-bar".[20] No entanto, Homero trata gregos e troianos com equanimidade — percebe, em ambos, os heróis e os degenerados. A *Ilíada* não documenta a divisão Oriente/Ocidente, embora tenha sido assim considerada ao longo dos séculos: Homero foi seqüestrado.[21]

Não existe indicação contemporânea de que as populações da Idade do Bronze pensassem em termos de Oriente e Ocidente. O Mediterrâneo oriental era simplesmente um teatro de embates de poder. O que possuímos são indícios claros de que na Idade do Bronze tardia o tráfego de pessoas entre o Oriente e o Ocidente funcionava nos dois sentidos. Uma tábua conhecida como carta de Tawagalawa foi enviada pelo rei dos hititas a um governante micenense por volta de 1260 a.C.[22] Na carta, o rei Hattusili III lamenta o fato de que nada menos do que 7 mil de seus súditos da Anatólia ocidental das terras de Lukka, em território da Ahhiyawan, reassentaram-se na Grécia. Análises recentes provaram que o que chamamos de "território micenense" denominava-se, na Idade do Bronze tardia, "terra de Ahhiyawa".[23] Aqueles imigrantes anatólios podem ter sido usados por seus governantes gregos para aumentar a força de trabalho que construiu as gigantescas cidadelas micenenses. Mais de mil anos depois, Strabo diz que foram os Ciclopes (gigantes da Lícia, correspondente à terra de Lukka da Idade do Bronze) que erigiram Tirinto.[24] Os imensos blocos de pedra usados nas muralhas das cidadelas e projetos de engenharia micenenses são freqüentemente de tamanho e volume intratáveis. Existiria lembrança popular, no tempo de Estrabão, de que nativos da Lícia houvessem transportado monstruosos materiais de construção? Uma façanha que somente poderia ter sido realizada por gigantes?

Outra tábua de argila, muito fragmentada, parece documentar uma disputa entre os habitantes continentais da Grécia — o rei de Ahhiyawa — e o rei dos hititas devido à posse das terras "fora de Assuwa" (provavelmente, Lemnos, Imbros e Samotrácia) que podem ter sido oferecidas em troca de uma princesa, a filha de um homem chamado "*kadmu*" (possivelmente, o rei de Tebas).[25] Os naturais da Grécia e da Turquia de hoje reconheceriam a tensão. Faz sentido na história de Helena que uma princesa fosse considerada aceitável em troca desses territórios estratégicos.[26]

Portanto, na Idade do Bronze tardia tanto havia estreita ligação quanto tensões desconfortáveis de um lado e do outro das águas. Micenenses e troianos eram vizinhos poderosos, embora separados por extensões marinhas. Eram comunidades que compravam e vendiam as mercadorias uma da outra, trabalhavam nas terras de ambas, eram escravizadas por governantes alheios e comunicavam-se entre si. Também participavam dos assuntos políticos uma da outra. Para qualquer mercador ou migrante que viajasse pelos Dardanelos na Idade do Bronze tardia, pareceria ridícula a idéia de que os homens do Ocidente fossem, de alguma maneira, mais avançados do que os do Oriente ou superiores a eles. Os gregos não zarparam em direção a Tróia a fim de enfrentar um grupo de bárbaros culturalmente inferiores. Devemos pensar de maneira oposta. Na Idade do Bronze, a parte continental da Grécia era a fímbria. A própria Grécia era a ponta

ocidental de uma civilização muito mais antiga, que se originara, predominantemente, na Mesopotâmia e que se relacionava diretamente com a
parte continental da Grécia por intermédio dos hititas e seus aliados.

ᘒᘒᘒ

A beleza e a infidelidade de Helena (e não, veja-se bem, não a altaneria e o
desejo lúbrico de Páris) foram consideradas a causa da desintegração e
conflito de escala internacional e da inimizade entre a Europa e a Ásia.
Costumam existir muitas causas que contribuem para conflitos internacionais e para o fim de civilizações; aos gregos antigos, bastou uma: a pro-
miscuidade de uma bela mulher.[27]
    Helena é uma criação de beleza tão perfeita que, tal como a borboleta,
chamada *psique* pelos gregos — a alma ou o sopro da vida —, ela paira em
algum ponto entre o real e o fantástico.[28] Mas Helena é também um perfeito exemplar do efeito borboleta. No plano mais geral, ela tem pouca significação — era a regente na Lacônia, e Páris, um príncipe secundário em
Tróia. Não se trata da história dos grandes potentados da época, de um
escândalo que envolvesse a rainha de Micenas ou de Tebas, o próprio rei
de Tróia e seu heróico *primogênito*, Heitor. Helena e Páris começam como
personagens secundários, mas seu pecado sexual transformou o mundo:
um ato privado e local que acabou por levar a reboque a história da humanidade.
    Assim, enquanto os amantes a caminho de Tróia ouvem os sons da
noite, acariciando-se mutuamente, enquanto as vagas lambem os costa-
dos do barco e Helena afasta dos olhos seus "longos e lustrosos cabelos",
uma cena de felicidade mortal, existe uma terrível inevitabilidade no que
acontecerá em seguida.[29] Uma borboleta bateu as asas. O caos se aproxima.

24

A BELA TRÓADA

Oh, Violet, é maravilhoso demais para crer. Eu não imaginava
que o Destino pudesse ser tão benigno... Estive olhando os
mapas. Achas que talvez o forte nas plagas asiáticas possa
ser vencido, e que desembarcaremos e avançaremos pela
retaguarda e que eles saiam e nos encontrem nas
planícies de Tróia?... O mar estará tempestuoso,
cor de vinho escuro e não dará vindima...?

RUPERT BROOKE (Fevereiro de 1915)[1]

SOMENTE AO NAVEGAR EM DIREÇÃO ao leste a partir do porto espartano de
Githion é que se percebe a proximidade de Tróia em relação à parte
continental da Grécia. Seguindo de perto a linha do litoral, a rota mais segura passa pelo mar Egeu e, em seguida, rodeia as ilhas Cíclades, subindo
ao estreito de Dardanelos e entrando no Bósforo. Com bom vento, a viagem é simples. A pé, seguindo as estradas e trilhas micenenses que ainda
existem como fantasmas no panorama do Peloponeso, a jornada de
Micenas a Esparta levaria mais de três dias. Pelo mar, os gregos micenenses
poderiam chegar a um outro continente mais ou menos no mesmo tempo. Para os governantes guerreiros da Grécia, a costa da Anatólia deve ter
parecido muito próxima — e muito tentadora.

Da primeira vez, cheguei a Tróia de barco.[2] À luz do crepúsculo, o mar
se agitava ameaçadoramente, como se fosse feito de óleo. Era uma noite
inquieta. Homero descreve perfeitamente esses momentos: "vagas cada vez
mais negras se sucediam, crescendo, lançando uma pesada massa de
sargaços na arrebentação." Durante horas, observei as ondas no litoral, mas

depois, quando a aurora iluminou a terra, a desolação da costa turca me chocou. O mar, agora uma extensão azul inocente e benfazeja, era interrompido por colinas baixas e longas praias inanimadas. Tróia habita um panorama bravio — cenário adequado à paixão crua e à luta surda e desesperada que Homero nos conta haver abrigado.

Do lado oposto do Dardanelos, havia outros peregrinos que visitavam outro campo de batalha. Certo dia, caminhei com eles ao longo de uma trilha estreita e pedregosa. Aqueles sérios rapazes e moças, todos de cabeça baixa, levantavam a poeira do caminho em sua própria peregrinação ao sítio de Gallipoli, onde muitos morreram em 1915, durante a Primeira Guerra Mundial, mais de trinta séculos depois da Guerra de Tróia. Os mortos de Gallipoli são relembrados em várias fileiras de túmulos simples de mármore. As lápides lhes prometem um consolo uniforme: SEUS NOMES VIVERÃO PARA SEMPRE.

O pequeno museu do campo de batalha abriga uma coleção de artigos corriqueiros que pertenceram a esses jovens mártires. Quando pela primeira vez visitei esse lugar, havia em uma vitrina os restos de uma lata de chocolate e um par de luvas de lã tricotadas à mão, enviadas por uma inglesa para aquecer seu neto adolescente. Minhas costas estavam úmidas de suor após a longa caminhada no sol escaldante, e dentro do museu foi necessário algum tempo para que meus olhos se ajustassem, devido ao clarão do sol; nenhum presente poderia ter sido menos adequado. O mesmo se aplica ao entusiasmo dos soldados de olhos brilhantes que subiram o Dardanelos — meninos que saíram de seus lares com as palavras de Homero girando-lhes na cabeça — ironia que os que ficaram para trás não deixaram de perceber:

> As abelhas zumbiam e as gralhas cantavam roucamente do lado de
> fora do quarto silencioso
> Onde junto a uma janela aberta, Gervais, o jovem inquieto
> Pensando num jogo de críquete, lia sobre o destino de Pátroclo
> E a flor da juventude morrendo na distante, ventosa Tróia.
>
> Viriam os antigos contos, semilembrados, atormentar agora
> Aquele que deixando os alegres dias de escola e a meninice para trás
> Para se juntarem à amarga Ilíada da Inglaterra? Beleza grega na fronte
> Crispada na surpresa da morte, voltada para o céu de Hisarlik[3]

Há muitos fantasmas no litoral de Tróada. É um lugar onde morreram inocentes tanto no século XX d.C. quanto, talvez, no século XIII a.C., longe de seus lares, homens que lutavam por obscuros ideais políticos e militares cuja causa era confusa ou há muito esquecida.

⁀◌⁀◌

Na pré-história, a entrada na baía de Besik, cerca de 8 quilômetros a sudoeste de Tróia, teria sido um alívio bem-vindo em relação às perigosas condições da navegação no Dardanelos. Entre maio e outubro, os homens do mar teriam de lidar com o duplo problema de fortes correntes vindas do mar de Mármara para o Egeu e do vento do nordeste que soprava diretamente contra eles quando tentavam penetrar nos estreitos.[4] Há 3.500 anos, também havia um braço de mar estendido para o interior a partir do litoral — alguns acreditam que chegava até a própria cidade de Tróia. Não admira que os portos de Tróia e a cidadela a eles ligada, colocados como estavam para servir a três mares, o Egeu, o Negro e o de Mármara, viessem a tornar-se tão simbólicos, tão venerados.[5] Certamente, os marinheiros se sentiam aliviados ao avistar a baía de Besik. Ali, finalmente, havia um pouco de segurança e a oportunidade de comerciar.

Cada novo carregamento que entrava nos portos de Tróia suscitava interesse, um olhar ganancioso dos mercadores e escravos que ali trabalhavam. Ali, era uma encruzilhada e um ponto de verificação. Ali, certamente, se ouviriam muitos sons bárbaros, mas seriam os sons de homens de todo o Mediterrâneo oriental que conversavam entre si fazendo negócios, aprendendo as músicas uns dos outros, adorando deuses alheios. Os diversos Estados da Anatólia pertencentes à comunidade hitita não eram potências marítimas e dependiam dos barcos estrangeiros para trazer as matérias-primas que motivavam as civilizações do Mediterrâneo oriental — estanho e cobre, para fabricação do bronze tão ambicionado pelos governantes da época.

A gama de vasilhame e outros artefatos recuperados no sítio de Tróia e arredores confirma a reputação literária da cidade como centro cosmopolita; havia contas de marfim da Grécia, âmbar do Báltico, cerâmica de Creta e alimentos da Babilônia, Chipre e Líbano.[6] Os alicerces de prédios excepcionalmente espaçosos dentro da própria cidade de Tróia foram identificados como enormes centros de armazenamento de cereais, óleos e vinho. O naufrágio do barco de Uluburun, que se dirigia para o oeste partindo da costa turca, continha vestígios de romãs, amêndoas, nozes de pinheiro, ovos de avestruz e uma tonelada da pungente resina de terebinto. São essas as mercadorias que teriam sido desembarcadas, junto com a carga humana, nos pontos de atracação próximos a Tróia.

Qualquer grego micenense que chegasse à baía de Besik seria acolhido por uma algaravia de vozes diversas. Ninguém sabe ao certo qual teria sido a língua franca. Na capital hitita de Hattusa, estão registrados oito idiomas escritos,[7] e, para funcionar bem ali, a competência lingüística seria essencial.[8] No passado, estudiosos questionaram a historicidade da *Ilíada* apoiados no fato de que troianos e gregos, aparentemente, se comunicavam sem esforço no campo de batalha. Mas ainda que isso constituísse nada mais do que um artifício dramático, também seria uma possibilidade histórica.[9] Dados seus estreitos laços comerciais, os troianos da Idade do Bronze e os gregos micenenses, sem dúvida, deveriam ser capazes de entender-se.[10]

◌◌◌◌

Hoje em dia, a baía de Besik é um lugar estranho e esquecido. Há bastante areia para que pareça uma praia de lazer e às vezes acolhe visitantes, principalmente gente do local, para passeios e mergulhos no mar. Perto dos lugares onde atracavam os barcos na Idade do Bronze tardia, há uma área de vegetação rasteira que serve de estacionamento para automóveis, onde de vez em quando surge uma gaiola quebrada da qual os animais há muito escaparam; há bolsas plásticas penduradas nos galhos das árvores próximas, assim como revoadas de pássaros maltrapilhos, de plumas brilhantes. Na costa propriamente dita, gigantescos montes de algas foram lançados pelo mar. Manadas de cabras passeiam pelas dunas, defecando pelo caminho.

À primeira vista, nada há ali que fale de heróis ou do intercâmbio cosmopolita que a baía teria presenciado há três ou quatro mil anos. Mas escavações em 1984 e 1985 produziram provas irrefutáveis de presença micenense. A apenas 300 metros da praia, descobriu-se um cemitério. Ali estão enterrados mais de mil homens, mulheres e crianças.[11] A identificação dos artigos encontrados nos túmulos mostra que eram do século XIII a.C. e que não são da Anatólia, mas sim, predominantemente, gregos ou imitações de artefatos gregos. Em um jazigo decorado, o metal derretido sugere a cremação de homens junto com suas espadas e adagas. Alguns dos mortos foram enterrados em *pithoi* gigantescos. Em outras partes, foram encontrados cenotáfios, marcando covas vazias.

Os restos humanos na baía de Besik podem indicar um grupo micenense subsidiário que fornecesse suprimentos a uma força grega hostil ou talvez apenas uma comunidade mercante híbrida, homens e mulheres que tratavam pacificamente com os troianos. A julgar pelos indícios de que dispomos, esse cemitério, evidentemente, não é de um campo de batalha épico. Se os restos denotam violência, será provavelmente de uma série de pequenas escaramuças na região vizinha a Tróia. Mas quaisquer que sejam as circunstâncias das mortes naquela pequena comunidade grecófila, quer tenham os micenenses vindo às costas próximas a Tróia para a paz ou para a guerra, não há dúvida de que ali estiveram.

O panorama fornece outra pista que mostra a importância da baía de Besik: uma colina característica, 455 metros para o interior, hoje chamada de Besik Tepe, mas que há séculos é conhecida como "monte de Aquiles". Essa grande elevação tem sido palco de muita atividade política e foi visitada pelos grandes generais da Antiguidade;[12] Xerxes, líder dos persas, ali esteve em 480 a.C., havendo antes reverenciado os heróis troianos mortos com libações e o sacrifício de mil cabeças de gado a Atená de Tróia.[13] Alexandre, o Grande, que visitou o lugar em 334 a.C., intitulou-se um segundo Aquiles, com seu amado companheiro Hefestion representando adequadamente o papel de Pátroclo: "*Afortunado jovem, que encontraste em Homero um arauto de teu valor!*[14] afirma-se que ele teria gritado durante sua visita, invejando a imortalidade de Aquiles.[15]

Tal como existe, esse cone de terra, o "monte de Aquiles", é algo que foi sendo acrescentado ao longo dos séculos. Escavações comprovam que a parte principal da construção é helênica; assim, Alexandre e outros reverenciaram um túmulo fantasma. Quando visitei Besik Tepe pela última vez, a escavação havia sido aterrada e o monte, restaurado. Enfrentando víboras e espinheiros, subi a pé ao topo. De pé no cume pedregoso, de costas para o mar, eu podia ver ao longe, a oito quilômetros da costa, sobre uma pequena colina chamada Hisarlik, os restos remanescentes de Tróia. Foi, certamente, essa povoação que Homero tinha em mente ao escrever sua história sobre *Ílios*, e inúmeros autores e aventureiros, tanto do mundo antigo quanto do moderno, quiseram acreditar que, um dia, ali se ergueu o glorioso palácio do rei Príamo.

Um grande portal foi identificado no lado oeste do monte Hisarlik. Tem 3,5 a 4 metros de largura e está voltado para o mar, em direção ao ocidente. Escavações recentes mostram que, partindo desse portão, uma estrada pavimentada teria levado à baía de Besik, atravessando a planície do rio Scamander.[16] Naturalmente, uma cidade como Tróia, que dependia dos carregamentos trazidos pelos mercadores ambulantes do mar para seu abastecimento, teria construído uma de suas entradas mais imponentes voltada para o oceano. Outro importante portal na parte sul das muralhas da cidadela fica ao lado dos restos do que teria sido uma imponente torre de vigia — os troianos sabiam que atraíam inimigos tanto quanto acólitos. A entrada e saída de barcos e carregamentos na baía de Besik e até o ancoradouro de Tróia teriam sido cuidadosamente monitorados. Os barcos trazem doenças e inimigos, assim como comércio. Poderiam trazer uma Helena.

25

AS TORRES SEM TOPO DE ÍLION

Uma estrangeira suspeita vinda da Grécia,
será uma escrava ou uma rainha?

H.D., *Helena no Egito* (1961)[1]

HISARLIK TEM ATRAÍDO VISITANTES e interesse há milênios. Os prédios da Idade do Bronze tardia ali existentes teriam sido abandonados no máximo em 950 a.c., mas houve uma constante tradição local — quase certamente transmitida por Homero — de que esse sítio em ruínas era efetivamente a *Ilios* da Idade dos Heróis.[2] A cavaleiro da rica planície cultivável do rio Scamander, a cidadela foi reconstruída e reocupada nos períodos Arcaico, Helênico e Romano.[3] No ano 324 d.C., o imperador Constantino iniciou a fundação de sua "nova Roma" nas imediações, em Ienishehir, até que levou o projeto para 320 quilômetros ao norte, em Bizâncio, ou Constantinopla, nome que ele deu à cidade. Os classicistas amadores vibraram ao imaginar que haviam encontrado na região indícios tangíveis de Tróia e da Guerra de Tróia. Em 1631, um jovem marinheiro, encantadoramente inexperiente, deixou sua marca em um pedaço de parede de tijolos que pensava ser o túmulo de Heitor:

> *Creio que antes aqui Tróia se erguia*
> *Meu nome é William e estou cheio de alegria,*
> *Meu sobrenome é Hudson, e portanto,*
> *Deus abençoe os marujos em qualquer canto.*
> *Estive aqui no Ano de Nosso Senhor 1631,*
> *A caminho da Velha Inglaterra,*
> *Que Deus a abençoe.*[4]

Outro viajante inglês, Edward Clarke, foi o primeiro a identificar formalmente Hisarlik como o sítio de Tróia, mas iria se passar meio século antes que fossem feitas pesquisas exploratórias no amplo outeiro coberto de grama.[5] No século XIX d.C., a terra a oeste do monte era de propriedade da família Calvert — uma dinastia existente há algum tempo na região como proprietários rurais, diplomatas e homens de negócios. Um dos filhos, Frank, estava convencido de que as "torres sem topo de Ílion" estavam à sua porta. Começou suas tentativas de escavação em 1865; as investigações que fez foram cuidadosas e atinadas, mas não havia recursos suficientes para organizar uma escavação séria. Tróia parecia disposta a conservar seus segredos até que um anjo piedoso (ou desesperado, dependendo da opinião que se tenha sobre seus métodos de escavação) apareceu na forma do empresário alemão Heinrich Schliemann.

Schliemann afirmava que, desde a tenra idade de 8 anos, tinha a obsessão de encontrar a Tróia de Homero. Quarenta anos depois, conversas com Calvert o convenceram de que deveria concentrar sua busca em Hisarlik. Em 1868, ele declarou em uma carta a Calvert: "Estou agora resolvido a escavar e remover a colina artificial de Hisarlik."[6] Cumpriu sua palavra. Em 1870, com entusiasmo obstinado, ele e seus operários, uma força de trabalho que contava com cerca de 160 homens a qualquer momento, abriram uma vasta trincheira que cortava o monte Hisarlik de norte a sul, com 14 metros de profundidade e 79 de largura, rasgando a área central do sítio arqueológico, potencialmente a mais promissora. Hisarlik havia sido um centro comercial desde cerca de 3000 a.C. Existem 41 camadas de habitação no sítio de Tróia, e em sua pressa de encontrar Helena, Aquiles, Heitor e os demais, Schliemann arrasou a maioria delas, destruindo irrecuperáveis testemunhos do passado.[7]

No início, o arqueólogo autodidata e exibicionista se sentiu decepcionado. Schliemann procurava o grande palácio de Príamo, homem que tinha 50 filhos e incalculável riqueza, e, no entanto, confessou em privado a um colega que todo o povoado não parecia ser "maior do que Trafalgar Square".[8] Mesmo assim, seu entusiasmo interior não se abateu. A motivação principal de Schliemann, mais do que compreender a Idade do Bronze tardia, era tratar de encontrar provas da história de Homero, e, comportando-se como um cachorrinho com o primeiro brinquedo, ao encontrar uma estrada em declive (que, na verdade, datava de 2500 a.c., mais de mil anos antes da data mais provável da Guerra de Tróia), ele declarou, triunfantemente, que era nada menos do que o amplo acesso pelo qual os troianos haviam rebocado o maligno Cavalo de Madeira.[9]

Convencido de que descobrira o ninho de amor de Helena, o alemão tratou de ressuscitá-la. Seus métodos, se não arrogantes, eram, sem dúvida, voluntariosos. Quando seus operários desenterraram uma estatueta de terracota em Tróia, ele, imediatamente, a identificou como um "busto de Helena".[10] E em maio de 1873,[11] ao topar com um extraordinário tesouro — lanças de cobre, lâminas de prata, taças de ouro e um grande vaso de prata —, Schliemann se apoderou dos achados, denominando-os "Tesouro de Príamo"[12] e chamando os diademas, colares, braceletes e anéis amontoados dentro do vaso de "As Jóias de Helena". Suas fantasias sobre a rainha de Esparta prosseguiram além do túmulo. Em seu enterro, com exemplares da *Ilíada* e da *Odisséia* colocados junto ao cadáver, sua esposa, que era grega, recitou sobre a tumba o discurso fúnebre de Helena para o herói Heitor.[13]

Schliemann tinha chegado a trazer uma beldade grega para desfilar pelas ruínas de Tróia. Antes de divorciar-se de sua primeira mulher, que era russa (com quem teve três filhos), ele pediu a um arcebispo grego, Teocleto Vimpos, que encontrasse para ele alguém... "de tipo grego, com cabelos negros e, se possível, bonita..."[14] Foi encontrada uma moça grega de 16 anos chamada Sophia Engastromenos, e organizou-se uma entrevista na casa da família dela. Schliemann, de cujas instruções faziam parte também pobreza e educação, pediu à moça que recitasse Homero e respondesse a uma pergunta sobre história de Roma. Sophia saiu-se bem e pouco depois da entrevista os dois se casaram. Segundo Schliemann, foi um acerto feliz: "Ela me ama como grega, com paixão, e eu não a amo menos. Falo com ela somente em grego, pois essa é a língua mais bela do mundo. É o idioma dos deuses."[15]

Schliemann vestiu sua recém-adquirida esposa helênica com "As Jóias de Helena" e fotografou-a, criando uma imagem esplendorosa de uma lendária rainha para as aulas de tagarelice que se seguiram às escavações. Os pequenos anéis (no total, foram encontrados 8.750 ornamentos de ouro) eram delicados demais para os dedos daquela senhora. Os cabelos muito negros poderiam servir de fundo adequado a alguma das jóias feitas para a cabeça, mas ela não era Helena. O diadema, feito de finos fios de ouro e 16.353 peças de ouro trabalhado,[16] teria complementado os famosos cachos dourados de Helena, as tranças às quais os homens dificilmente podiam resistir. Mas tudo isso é quimérico. O exame dos tesouros por peritos mostra que tinham 1.200 anos a mais do que o necessário para que pudessem ter sido usados por uma rainha da Idade do Bronze no século XIII — somente poderiam ter pertencido a uma mulher há muito transformada em pó na época em que uma Helena de verdade tivesse chegado a Tróia.[17]

Assim como vestira Sophia com "As Jóias de Helena", Schliemann também construiu para ela um palácio troiano no coração de Atenas, dando-lhe o nome de *Iliou Melathron*, o grande salão de Tróia.[18] Ali mantinha a mulher, os dois filhos de ambos e um grupo de serviçais. Os quartos das crianças são decorados com cenas pintadas à mão de panoramas gregos e ruínas semi-escavadas, como as de cartões-postais. Durante uma visita ao *Iliou Melathron,* encontrei arqueólogos e estudantes de arte no processo de renovação dos afrescos, negligenciados por décadas. Restauradas, as imagens brilhavam com ardorosa clareza. Schliemann, evidentemente, desejava que seus filhos — os pequenos Agamêmnon e Andrômaca — adormecessem sonhando com as aventuras heróicas que ocorreriam em seu colorido *playground* mediterrâneo.[19]

É fácil zombar do romantismo de Schliemann e criticar seus métodos estabanados de escavação. Mas investigações posteriores mostraram que essa abordagem instintiva rendeu alguns dividendos. Nem tudo se perdeu quando a grande trincheira foi aberta no monte. Escavações nas décadas de 1930[20] e 1980 revelaram uma enorme quantidade de pistas sobre a vida e a influência de uma realidade histórica, e não literária: um poderoso povoamento da Idade do Bronze chamado "Wilusa" nos textos contemporâneos.[21] Essa cidade foi a sede de um rico rei, que comerciava com os gregos micenenses e que sofreu ataques e privações no século XIII a.C. Poderia ser a Tróia de Homero.[22]

A campanha de escavações iniciada em 1988 sob a direção do professor Manfred Korfmann, que se estende do platô até o sul do monte, em direção à localização do porto interior de Tróia, fornece um interessante panorama de como essa comunidade da Idade do Bronze teria funcionado. Embora a escala do "palácio" tivesse originalmente desapontado Schliemann, verifica-se que Tróia era, na verdade, um povoado de grandes dimensões, um dos maiores assentamentos urbanos fortificados da região. Hoje, é evidente que o sítio tem quinze vezes o tamanho que se imaginava anteriormente. Portanto, se pensarmos na chegada de Helena à Tróia da Idade do Bronze, podemos ver com os olhos da mente seu lugar de destino: o monte Hisarlik.

༺༻

O Museu de Belas-Artes de Boston abriga um vaso, pintado entre 490 e 480 a.C., com uma elegante representação de Helena e Páris.[23] O par já deixara Esparta para trás. Helena parece tensa — o peito está encolhido, como se ela contivesse a respiração, e o pescoço está curvado para a frente. Afrodite ajeita maternalmente o adereço de cabeça da rainha de Esparta, enquanto Eros toca sua fronte — para assegurar que ela nada mais veja diante de si a não ser o amor. Por trás do casal adeja Peito, a deusa da persuasão. Quaisquer que sejam as possíveis dúvidas dos amantes, Peito fará com que essa *mania* (palavra grega que, originalmente, significava uma loucura erótica) pareça correta, o único curso de ação possível. Enquanto isso, Páris segura o pulso de Helena — um gesto cortês que indicaria, claramente, aos contemporâneos que não se trata de estupro nem de rapto. Esse contato físico simbólico mostrava, sem dúvida, uma cerimônia legítima de casamento.

Há um outro lado nessa cerâmica de evidente afeição à esposa. Na face oposta, já se passaram dez anos. Agora, Helena não caminha, mas corre, fugindo do esposo Menelau que foi a Tróia para buscá-la. Páris não aparece. O rei de Esparta persegue a mulher de cabeça baixa, e sua raiva é refletida pelo touro em posição de ataque pintado em seu escudo. O vaso foi descoberto em 1879 durante escavações no cemitério de Suessula, pequena cidade ao sul de Cápua, na Itália; quando encontrado, ainda continha as cinzas engorduradas de um sacrifício por incineração. Na verdade, a parte inferior da pintura ficou notavelmente conservada graças à ação emoliente da gordura do animal. Não sendo simplesmente um registro da legitimidade da união de Páris e Helena, esse artigo valioso foi deixado como oferenda aos deuses. Para os mortos, é um lembrete mórbido da relação íntima e inevitável entre *eros* e *éris.*

Devemos, porém, permitir que esse vaso nos recorde algo mais. A Helena do Museu de Boston, embora ajudada e estimulada pelos poderes da persuasão, do desejo e do amor, caminha com o mesmo passo de Páris. Essa união é garbosa, a paixão é mútua. Ali, está a Helena que os gregos conheceram — uma mulher que foi cúmplice do próprio rapto.

Embora menos popular do que a Helena violentada, essa personalidade fugitiva freqüenta a arte ocidental, especialmente nas ilustrações seculares medievais. Os patrocinadores das artes nas dinastias governantes européias tinham perfeita consciência de que Helena era uma rainha, e alguns chegaram a traçar sua linhagem diretamente à nobreza da Idade dos Heróis. A história de Tróia trata da vida dos nobres, e, quando encomendavam belas obras de arte aos autores de iluminuras e escribas, os patrocinadores aristocratas, na verdade, queriam um retrato "nosso", não "deles".

Em um desses manuscritos, produzido, originalmente, no norte da Itália e agora guardado em Madri, Helena desce com passo leve um passadiço, enquanto as trombetas saúdam sua chegada.[24] Um véu protege sua modéstia: é uma rainha comportada. Em outro manuscrito, este flamengo, feito em 1470, Helena entra em uma cidade de arcos góticos num palafrém branco, com um chapéu à moda medieval e véu esvoaçante.[25] No final do século XV, seu "casamento" com Páris foi bordado em uma tapeçaria franco-flamenga.[26] A mão esquerda de Páris enlaça Helena, e a direita empunha o anel, com um gesto teatral. Em volta do par, há um redemoinho de sedas e brocados — as finas vestes das damas de companhia de Helena que, segundo todas as fontes literárias a partir de Homero, acompanharam a rainha de Esparta a Tróia.[27]

A idéia de que Helena tenha viajado a Tróia com algumas de suas acompanhantes femininas nutriu todo tipo de histórias lúbricas ao longo dos séculos.[28] Os escritores se ocuparam ansiosamente da figura de Helena entrando em Tróia como cativa voluntária, rodeada pelo farfalhar de saias e a agitação de cílios gregos, uma mulher maravilhosa com damas de companhia igualmente encantadoras. Embora os viajantes do século XVII tenham sido acusados de espalhar a moda da "orientalização" — isto é, as fantasias sobre grupos de mulheres vivendo em intimidade em aposentos femininos e haréns de reis do Leste[29] —, essa é, na verdade, uma tradição iniciada muito, muito antes.

A *Souda* era uma enciclopédia ambiciosa e sem igual sobre o mundo bizantino, reunida no século X d.C. Os compiladores eram anônimos, porém assíduos — a *Souda* tem 30 mil verbetes. Um deles trata de Astianassa, uma das aias de Helena, ou, mais especificamente, uma *terapaina*, "uma serviçal que cuidava [*terapeuo*] da saúde e aparência do corpo de sua senhora". A *Souda* afirma que, inspirada pela ama incrivelmente bela, Astianassa foi a primeira pessoa a compor um manual de sexo. Mais precisamente, "*ela foi a primeira a descobrir as maneiras de deitar-se na cama* [catacliseis] *para as relações sexuais, e [ela] escreveu 'das Posições* [schemato] *para o coito*". O manual era muito popular, segundo a *Souda*, utilizado por ninguém menos do que Filênis e Elefantine,[30] as notórias meretrizes muito censuradas pelos Pais do Cristianismo.[31] Presumia-se que os manuais como esse se baseavam na experiência pessoal.[32]

Como se poderia esperar, a chegada de Helena à cidadela troiana foi imaginada como, ao mesmo tempo, nociva e excitante — muitos autores trataram do horror que a rainha de Esparta trouxe consigo. O dramaturgo Ésquilo dramatiza sua descrição de Helena entrando "despreocupadamente na Tróia de Príamo" ao assinalar que ela trazia "a morte e a destruição como dote".[33] Em outro vaso italiano, feito por volta de 350 a.C., Helena mais uma vez se casa com Páris, mas, em vez de ocultar o rosto divinamente belo, seu véu esconde uma máscara grotesca.[34] Na ilustração feita em um manuscrito do século XIV d.C., que contém o relato de Guido delle Colonne sobre a lenda de Tróia, do século XIII d.C., Helena chega a Tróia confortavelmente sentada em um cavalo e se casa com Páris na presença de sacerdotes. De pé do lado esquerdo da figura, está sua irmã Cassandra, a profetisa que fora amaldiçoada por Apolo; embora possuidora do dom da verdadeira profecia, nunca se deveria acreditar nela. Os cabelos de Cassandra lhe escorrem pelas costas, ela arranha o rosto em seu desespero, anunciando os terrores que virão. E, num manuscrito napolitano hoje conservado na Biblioteca Britânica, Helena saúda Páris, mas estende a mão, por trás das costas dele, para um dos príncipes troianos reunidos na retaguarda.[35] *Semper mutabile femina*. Essa rainha promíscua acabava de chegar a Tróia e já estava mantendo abertas suas opções.

෧෧෧෨

Se Helena realmente entrou na cidade de Tróia no século XIII a.C., ela teria sido recebida com uma mescla de muitos aromas que subiriam dos armazéns da cidade. Sabemos que, nessa época, no Mediterrâneo oriental, o incenso, o óleo de íris, cominho, coentro e pigmento mineral amarelo de odor de enxofre eram desembarcados nos portos e ancoradouros das praias da Turquia da Idade do Bronze.

Os produtos aromáticos eram mercadorias importantes ali, assim como na Grécia micenense. As pessoas que surgiam perfumadas de rosas mostravam-se capazes de se erguer acima do mundo comum e malcheiroso. Homero usa os aromas para denotar posição elevada: *Andrômaca abraçou o filho no seio perfumado, sorrindo por entre as lágrimas*.[36] Os aposentos de Helena, tanto em Tróia quanto em Esparta, são qualificados como *"ricamente perfumados"*, assim como suas vestes. Aqui, há mais do que imaginação poética; na Idade do Bronze tardia, somente os ricos podiam dar-se ao luxo de cheirar bem. Os maiores governantes da Grécia continental e da Anatólia demarcavam seus territórios conforme os odores.

Outro cheiro que flutuaria no ar da cidade de Tróia seria o dos cavalos. Homero descreve Tróia como "famosa por seus cavalos" e o herói Heitor como "domador de cavalos". Os hititas são mencionados na Bíblia como proponentes do poder dos cavalos: "O Senhor fez com que os arameanos ouvissem o som de carros de combate e cavalos e de um grande exército, e diziam uns aos outros: 'Vede, o rei de Israel contratou os hititas e os reis do Egito para atacar-nos!'"[37]

Durante recentes escavações em Tróia, um esqueleto inteiro de cavalo foi encontrado juntamente com grande número de ossos eqüinos espalhados.[38] Poderia ter existido ali um centro de treinamento e de comércio eqüestre? Na Anatólia, o tratamento de cavalos estava mais adiantado do que na Grécia continental, e era característico da vida aristocrática a partir pelo menos de 1600 a.C. O Livro dos Cavalos de Kikkuli, texto hitita que data de 1360 a.C., relata detalhadamente a criação, doma e treinamento de cavalos.[39] Arreios de estilo oriental para eqüinos foram encontrados em um túmulo em Micenas.[40] A leste do Bósforo, o potencial dos cavalos como instrumento de guerra estava sendo aproveitado.

Num esforço para imitar impressões visuais e sonoras que teriam rodeado nossos Helena e Páris na Idade do Bronze, uma equipe de arqueólogos experimentais, da qual participei, embarcou em uma investigação empírica em 2004, à sombra de Hisarlik. Os carros de combate estão bastante bem representados na arte micenense e hitita.[41] A partir de fontes textuais e visuais,[42] e utilizando as matérias-primas que estariam disponíveis tanto para gregos quanto para troianos no século XIII a.c., a equipe criou réplicas de carros anatólios e micenenses, treinou pares de cavalos vindos do acampamento local de ciganos e juntou as duas coisas nas planícies de Tróia.[43]

Na Grécia, os carros de combate da Idade do Bronze tardia parecem ser relativamente leves. As rodas têm somente quatro raios e as estruturas — especialmente quando armadas — não são recobertas de peles. Os carros da Anatólia estão representados em um intrincado relevo em pedra que registra a Batalha de Kadesh, em 1275 a.c. Esses carros são mais robustos, e as rodas têm seis raios. De pé, orgulhosamente, no meio do relevo de Kadesh, está Ramsés, o rei do Egito, empunhando o arco e flecha, dizimando os guerreiros menos aptos enquanto circula pelo campo de batalha em seu carro. É uma cena que também seria vista nos arredores da Tróia da Idade do Bronze tardia.

Sabemos que, na altura do século VIII a.c., as lutas em carros de combate já haviam praticamente desaparecido. Ainda eram utilizados em guerra pelos sírios, por exemplo, mas não pelos gregos e anatólios. Esse é um exemplo em que Homero fala de seu próprio mundo da Idade do Ferro, e não do da Idade do Bronze. Em Homero, raramente se encontra o uso de carros nos combates, mas sim como táxis ou carros manejados por cocheiros, transportando os potentados e os grandes guerreiros entre o acampamento e o campo de batalha.

Até recentemente, o entendimento do uso de carros por Homero era ortodoxo: acreditava-se que os gregos não os utilizavam como armas de guerra. Hoje, porém, possuímos provas textuais de uma quantidade assustadora de carros micenenses em solo da Anatólia. Por volta de 1400 a.C., um líder tribal grego chamado Attarssiya figura nos registros como chefiando operações no extremo ocidental do território hitita com um exército de infantaria e outro de cem carros.[44] Para poder enfrentar os troianos de maneira eficaz, era preciso que os micenenses levassem consigo seus carros para serem usados em batalha; embora os veículos de Micenas fossem mais leves do que os da Anatólia, nossa experiência mostrou que eram bastante eficientes na planície do Scamander.

A guarnição dos carros hititas do século XIII era composta de três pessoas: um cocheiro, um guerreiro (arqueiro ou lanceiro) e um escudeiro,

cuja missão era proteger seus colegas.[45] Todos os ocupantes do carro tinham de ser bons cavaleiros e saber guiar os animais. Esses homens dedicavam grande parte de seu tempo ao aperfeiçoamento de suas habilidades.
Sem coleiras nem tirantes de arreios, com os quartos traseiros dos cavalos
oscilando violentamente, permanecer de pé nesses carros exigia alto grau
de concentração e destreza. Manter o equilíbrio e, ao mesmo tempo, ter as
mãos livres para usar os ferros, flechas e fundas que permitiam aos guerreiros matar e ferir enquanto passavam a toda velocidade era uma façanha
extraordinária, conforme descobrimos.

Mas um bom cocheiro seria capaz de causar grandes estragos. Além de
ir matando heróis rivais, também poderia avançar em meio a um pelotão
de infantaria; a carnificina seria terrível. Ao fazer curvas, o couro gemia e
estalava. Os cavalos de batalha traziam sinetas nos arreios a fim de provocar confusão, essencial na agitação e cacofonia da refrega. Alguns dos versos mais aflitivos de Homero descrevem os urros dos heróis quando
lutavam por Helena na planície do Scamander:

Gritos de homens e brados de triunfo ecoavam num mesmo alento,
Combatentes matando, combatentes morrendo, e o sangue
escorria pelo chão. [46]

Os guerreiros dos carros não atacavam em massa; eram golpes desferi-
dos por poucos para destruir e impressionar muitos. Afrescos mostram os
carros com as laterais decoradas em cores brilhantes e cobertos de tiras de
couro brancas e pretas. Aqueles que os tripulavam imediatamente se situa-
vam acima dos demais no campo de batalha; eram diferentes, memoráveis — quem lutasse bem numa oportunidade estaria pronto a conseguir
fama imortal. Sabemos pelos textos hititas que os que manejavam os carros na Anatólia não eram em geral apenas cocheiros, mas altos funcionários
do Estado. Homens privilegiados, representantes de uma classe governante
reduzida que eram necessários para produzir impacto visual e duradouro
nos que os rodeavam — tanto amigos quanto inimigos.

No fim de nossa experiência com as réplicas de carros de combate, fomos aplaudidos somente pelos camponeses que colhiam tomates e algodão, que também guiavam nos campos suas carroças puxadas por cavalos.

Naturalmente, nossas façanhas não repercutiriam durante séculos, mas havíamos nos aproximado um pouco mais da compreensão da realidade dos enfrentamentos militares fora das muralhas da cidade. O carro micenense funcionou bem como plataforma móvel de tiro. Mesmo sem permitir maneabilidade excelente, era possível acomodar um cocheiro e dois soldados, os quais, munidos de arcos e flechas, ou piquetes, tinham grande poder de ataque. A tecnologia de carros da Grécia continental mostrou-se claramente avançada o suficiente para enfrentar o que quer que um príncipe de Tróia resolvesse atirar contra os gregos de Micenas.[47]

E, assim, ouvindo os cavalos em suas baias, aspirando o ar enquanto caminhava no interior da fortaleza de Tróia, que pensaria nossa Helena da Idade do Bronze sobre seu novo lar? No alto da cidadela, soprada pelos ventos de então, como os de hoje, sua visão da parte baixa da cidade, das pequenas casas humildes amontoadas, e da baía arenosa que se estendia até o Dardanelos, deve ter parecido muito diferente das terras do coração da Lacônia que ela deixara para trás. Ali, a lagoa pantanosa estimulava as doenças — mosquitos da malária e impaludismo.[48] Hoje, nos campos ao redor de Hisarlik, girassóis brilhantes curvam as cabeças em direção à terra poeirenta. É muito diferente da planície úmida e musgosa do Eurotas e das curvas e meandros das colinas da base do Taígeto.

Nas histórias, Helena deu as costas à Grécia. Para tentar entender a vida de que uma mulher como ela desfrutaria na cidadela troiana da Idade do Bronze, nós também teremos de nos afastarmos do Ocidente e dos micenenses e, em vez disso, tratar de examinar os indícios que vêm do Leste.

26

MANSÕES DOURADAS DO ORIENTE

Os exércitos aliados enchem a cidade de Príamo, é verdade, mas
falam mil línguas diferentes, guerreiros reunidos aqui de todos os
confins do reino.

HOMERO, *Ilíada*[1]

A HISTÓRIA DE HELENA E PÁRIS, Aquiles e Heitor, Agamêmnon e Príamo
atrai a Tróia visitantes de todas as partes do globo. Embora a arqueologia empobrecida do lugar não dê uma impressão rápida da agitação da
cidade da Idade do Bronze, o fluxo de turistas é curiosamente adequado. Ali
vão homens e mulheres de muitas nacionalidades e de todas as idades e grupos sociais, como teria sido o caso há 3.500 anos. Materiais vindos da Assíria,
Babilônia, Grécia micenense e Chipre já foram descobertos nas escavações
de Tróia, trazidos por mercadores que deveriam ter suas matrizes na cidade.
Textos diplomáticos nos mostram que pelos portões de Tróia passava regularmente correspondência entre chefes de Estado; ali havia chancelarias e
escribas, diplomatas e embaixadores. No século XIII a.C., essa base centrífu-
ga de poder deve ter sido um lugar colorido e movimentado.

Como não possuímos registros escritos remanescentes vindos de dentro da própria Tróia — a destruição deliberada do bojo central do sítio
por parte de Schliemann pode haver anulado quaisquer possibilidades de
descobrimento de um arquivo troiano —, temos de utilizar outras fontes
contemporâneas para delas extrair um panorama detalhado da vida na
Idade do Bronze. Tróia era um Estado vassalo dos hititas. Havia impressionantes semelhanças sociais, políticas e culturais entre um reino como o de

Tróia e outras grandes povoações do império hitita.[2] Para procurar compreender o impacto da cultura do Oriente Próximo sobre um visitante ou um prisioneiro estrangeiro, como nossa Helena da Idade do Bronze, temos de nos voltar para os eloqüentes indícios retirados das escavações em Hattusa, a capital hitita.

Devido ao fato de que os hititas mantinham registros escritos meticulosos em tábuas que ainda emergem da terra — em 1990, foram recuperados mais de 3 mil fragmentos em Sapinuwa, a nordeste de Hattusa — possuímos uma forte impressão dos personagens que qualquer visitante vindo da Grécia continental poderia haver encontrado.[3] Ali, havia sacerdotes, sacerdotisas e assistentes dos templos, conselheiros médicos, barbeiros, porteiros, pajens, burocratas, escribas, engolidores de espadas, acrobatas (existem maravilhosas gravações em rochas que mostram "homens-escada", que competiam para ver quem conseguia ficar por mais tempo no alto de uma escada vertical),[4] músicos de gaitas de foles, castanholas e címbalos, dançarinos e uma legião de empregados domésticos. No século XIII a.C., quando a civilização hitita era mais borbulhante, as cidadelas deviam estar sempre cheias de gente.

Também ali as mulheres tinham presença marcante, tal como na sociedade de Micenas. Um grande número de concubinas (as *naptartu*), mulheres importadas para fazer parte de um harém oficial, cruzava as ruas amplas, pavimentadas com lajes largas e pesadas. Os hititas também tinham uma palavra para designar as "esposas secundárias", as E-SER-TU (ou *esertu*). Essas eram consortes freqüentemente vindas de fora a fim de reforçar os laços com outros países e trazidas ao leito real com o objetivo de criar uma dinastia de pequenos príncipes e princesas.[5] As famílias reais da Anatólia precisavam de descendentes oficiais a fim de utilizá-los como diplomatas ou para casamentos, assim como para representantes do clã dentro do reino ou no mundo mais amplo. Príamo ficou famoso por ter 50 filhos, e textos da Idade do Bronze tardia mostram que os potentados anatólios procuravam efetivamente ter famílias muito numerosas. Quem controlava os movimentos e os matrimônios das mulheres no palácio era a Tawananna (rainha soberana).[6] Esse era o ambiente dinástico e social que envolveria nossa Helena da Idade do Bronze, fosse como cativa, "esposa secundária" ou primeira consorte.

Um fragmento de tábua hitita conhecida como Tratado de Alaksandu nos mostra que os filhos de concubinas podiam suceder ao trono.[7] Interpretado de maneira liberal, o texto pode até mesmo levar à conclusão de que o príncipe troiano mencionado na tábua, um homem chamado Alaksandu, era filho de uma concubina grega.[8] Como vimos, Homero usou um nome alternativo para Páris na *Ilíada* — Alexandre — quase certamente uma forma grega de Alaksandu. Simplesmente, não existem indícios suficientes para ligar Alexandre, o príncipe da Tróia de Homero — homem que tinha predileção por mulheres gregas —, e Alaksandu, o príncipe de Wilusa da Idade do Bronze tardia, que, possivelmente, tinha sangue grego; mas a referência evidencia a natureza internacional das relações dinásticas no interior das grandes cortes reais da pré-história.[9]

As famílias reais da Anatólia, que viviam coletivamente em aposentos relativamente isolados, parecem ter tido relações familiares dignas de uma novela de TV, e os oráculos e textos falam de querelas e brigas. Podemos imaginar as rivalidades, para não falar das rebeliões. Um dos poucos textos que se referem à história de Tróia descreve a deposição de um rei de nome Valmu.[10] Já em 1500 a.C., o Édito de Telipinu (que se seguiu ao assassinato da esposa e da filha do rei de mesmo nome) procurara acabar com as disputas e sangrentas lutas de poder nas cortes da Anatólia.

> Seja quem for o rei depois de mim no futuro, que seus irmãos, filhos, cunhados e outros membros da família, assim como seus soldados, se mantenham unidos! Assim, o Estado continuará sujeito ao seu poder. E não digas "Eu o erradicarei", pois nada erradicarás. Ao contrário, somente te prejudicarás! Não mates ninguém de tua família, não é correto.[11]

Houve uma mulher cujas intrigas e arranjos de poder proporcionam leitura divertida e oportuna: Puduhepa, rainha hitita que teve grande atividade entre 1280 e 1230 a.C. — época que se acredita ter sido a da Guerra de Tróia. Podemos vê-la em pessoa numa antiga gravação numa rocha na Capadócia, no sul da Turquia, o relevo de Firaktin. Vestida com trajes de sacerdotisa, ela serve uma bebida a uma das principais divindades do panteão hitita, a deusa do sol Hepat de Arinna. Essa representação da rainha, a única sobrevivente, é apropriada. Puduhepa havia começado como sacerdotisa, "serva de Ishtar". Tinha reputação de grande beleza, e o rei, Hattusili III, declarou que se sentira obrigado a se casar com ela devido a uma visão em um sonho. Anos mais tarde, ele escreveu que Ishtar os abençoara com "o amor de marido e mulher".[12] Na Anatólia, Ishtar era responsável pelos assuntos do coração, assim como seria o caso de Afrodite na Grécia arcaica e mais além.[13]

> *Um homem e sua esposa que se amam e realizam seu amor:*
> *Isso foi decretado por ti, Ishtar.*
> *Quem seduz uma mulher e leva a sedução à consumação:*
> *Isso foi decretado por ti, Ishtar.*

Hino húrrio a Ishtar, aprox. século XIV a.C.[14]

Profundamente piedosa, Puduhepa reorganizou energicamente diversos festivais religiosos do calendário hitita. Sabemos o alcance de sua influência porque ela deixou excelentes pistas — não de papel, mas de pedra e argila.

Tal como outras consortes da época, Puduhepa compartilhava do sinete real. Em outubro de 2004, fortalecida pelo café turco, espesso como uma sopa na xícara, e após um passeio pelo vasto sítio de Hattusa, fui investigar uma das poucas gravações desse instrumento vital da burocracia real, que hoje está guardado no pitoresco Museu de Bogazkale, na moderna vila que fica junto ao sítio arqueológico.

A gravação do sinete tem diversas rachaduras e está um pouco carcomida nas bordas, mas é de bom tamanho, com cerca de 2,5 centímetros de diâmetro e de leitura bastante fácil. Na palma da minha mão, o artefato quase não pesava — é extraordinário que essa pequena e única peça de barro, estampada há mais de 3 mil anos, tenha conseguido sobreviver. Na superfície de argila, é possível distinguir o nome de Puduhepa em hieróglifos luvianos, e, ao lado de seu nome, também o do marido. Era bastante comum que as rainhas hititas compartilhassem o sinete e gozassem de certo grau de independência em relação aos consortes. Mas Puduhepa levou essa questão um passo adiante, e mandou estampar seu próprio sinete.[15] Em complexos assuntos judiciais (por exemplo, um caso difícil levado à corte real e relativo à propriedade de um tesouro submerso após o ataque a um navio), a marca da autoridade não foi a do rei Hattusili, mas sim, repetidamente, a da rainha Puduhepa.[16]

Verificamos o *kudos* de Puduhepa em seu envolvimento nas negociações relativas ao casamento de sua filha com o rei do Egito, Ramsés II. Ela não apenas recebeu de Ramsés cópias fiéis das cartas enviadas ao marido, mas, em seguida, não satisfeita com o desenrolar dos acontecimentos, interpelou o próprio faraó.

Por volta de 1270 a.c., houve um incêndio no depósito do tesouro de Puduhepa em Hattusa.[17] A rainha entrou em contato com Ramsés para informá-lo de que, em conseqüência, haveria atraso nos assuntos diplomáticos e no futuro imediato ela não poderia enviar uma de suas filhas à corte egípcia como noiva. Ramsés parece havê-la instado a prosseguir o assunto — presumivelmente por desejar receber o dote, assim como a própria moça. A resposta de Puduhepa foi dura.

> Acaso meu irmão nada possui? Somente se o filho do deus do Sol, o filho do deus da tempestade e do mar nada possuir, nesse caso também nada possuis! No entanto, meu irmão, procuras enriquecer à minha custa. Isso não é digno de tua reputação e nem de tua posição.[18]

Puduhepa tinha suficiente confiança em si mesma para censurar assim um dos homens mais poderosos da Terra. Sua história nos recorda que, no século XIII a.C., as mulheres aristocráticas dotadas de caráter forte eram capazes de deixar marcas duradouras no mundo à sua volta. Quando focalizamos uma rainha como ela, torna-se evidente que não se tratava somente de uma Idade dos Heróis, mas também de Heroínas.

෨ඁ෨

Além de nos fornecerem uma impressão sobre a vida na corte, os textos de Hattusa são inestimáveis para procurarmos compreender a premissa central da história de Helena e Páris. Muitos desses textos tratam de questões jurídicas e diversos mostram que o estupro, o rapto e o adultério eram temas candentes. Na coleção de leis hititas, com 200 artigos, 14 tratam de deslizes sexuais.[19]

Dos textos hititas, pode-se depreender que, a fim de serem protegidos pelas leis, os casamentos deviam ser monogâmicos e que tais uniões acarretavam ganhos e responsabilidades materiais. Se um homem fugisse com a noiva de outro, ele (e não a família da jovem) seria pessoalmente responsável pelo ressarcimento ao pretendente rejeitado do valor equivalente ao dote dela.[20] Os casamentos em geral eram arranjados, e o fato de que às vezes não dessem certo era aceito; se houvesse um divórcio amigável, as posses eram divididas igualmente entre marido e mulher. Em caso de estupro, havia menos equanimidade. Embora a lei previsse compensação para a mulher, caso o estupro ocorresse na própria casa dela, presumia-se sua cumplicidade e, portanto, sua culpa.

> Se um homem possui uma mulher nas montanhas (e a estupra), o homem é culpado e deve morrer, mas se a possui em casa dela, a mulher é culpada e deve morrer. Se o marido dela os surpreende (no ato) e os mata, não terá cometido crime.[21]

A suspeita de estupro ou de adultério podia redundar em pena de morte.[22] Os hititas reconheciam que uma paixão poderia interromper um casamento bem planejado; existem muitas partes da legislação que tratam da fuga com outro homem. O conceito de amante tinha nome, *pupu*. Mas fazer amor com a mulher de outro homem podia significar a morte. Segundo as leis da Anatólia, a ligação de Helena com Páris era, potencialmente, passível da pena capital. Um Páris da Idade do Bronze e sua namorada ilegítima não se surpreenderiam ao saber que o marido vingativo os perseguia, e o traído saberia que o castigo mais severo possível seria justificado.

27

A FROTA ZARPA

Por sentir a falta de alguma coisa que se foi, cruzando
o mar, um fantasma parece habitar os aposentos,
e a graça das estátuas talhadas para a beleza passa
a ser objeto do ódio para esse homem.
Na ausência dos olhos,
Afrodite está vazia, desapareceu.

ÉSQUILO, *Agamêmnon*[1]

E M TRÓIA, AO OLHAR PARA O OESTE, para o outro lado do mar, a Helena do Ciclo Épico teria visto duas pequenas formas escuras no horizonte.[2] Dois barcos — os primeiros vindos da Grécia.[3] Sabemos por diversas fontes literárias que, ao tomar conhecimento da ausência da mulher, a primeira reação de Menelau não foi o derramamento de sangue, nem realizar um ataque relâmpago, mas tentar resolver todo aquele lamentável assunto por meio da diplomacia.[4] O exército grego já estava mobilizado e aguardava em Tênedos, mas o infeliz rei de Esparta zarpa com Ulisses a fim de negociar o retorno de Helena.

Separados do restante do exército, Menelau e Ulisses ficam vulneráveis e em inferioridade numérica. Ao levarem a Tróia sua petição, Páris tenta organizar um assassinato, subornando outro troiano, Antímaco, para convencer a assembléia a massacrar os heróis gregos.[5] Mas o libidinoso príncipe poderia haver economizado seu ouro. A tentativa de assassinato não dá certo e os intrépidos gregos procuram persuadir Príamo e a corte reunida a devolver Helena — acrescentando, com mais do que um laivo de ameaça, que, ao fazê-lo, pouparão muitas adversidades. Os troianos preferem resistir e decidem não entregar o troféu. As platéias gregas teriam presenciado esse momento na representação de um drama de Sófocles, hoje perdido, intitulado *Helenes Apaitesis*, "A petição de Helena". É um tema eternamente popular — o inútil privilégio da compreensão tardia — e uma visão impotente da possibilidade de evitar o derramamento de sangue, de como o mundo teria sido melhor e mais feliz.

Mas ali havia mais do que emoção. Essa versão dos acontecimentos reflete as relações internacionais na Idade do Bronze tardia, quando pactos, tratados e negociações diplomáticas proporcionavam aproximação entre os povos; a guerra era dispendiosa e imprevisível. Os grandes problemas eram resolvidos mediante negociação. O rei dos húrrios negociava com o rei da Babilônia, o rei dos hititas escrevia aos governantes da Grécia continental e, em um dos principais tratados do mundo antigo, hititas e egípcios celebraram um tratado de paz, o "Tratado Eterno" (hoje, mais conhecido como Tratado de Kadesh), a fim de procurar impedir conflitos generalizados, insustentáveis e maciços. Do lado de fora da sala do Conselho de Segurança das Nações Unidas, há uma cópia da tábua na qual o tratado foi inscrito, em 1259 a.C. Foi um acordo confirmado 13 anos depois por um casamento real, o de uma princesa hitita com o rei do Egito, Ramsés, o Grande:

> [Tratado que] Ramsés [bem-amado] de Amon, Grande Rei, Rei [do Egito, Herói] concluiu em [uma tábua de prata] com Hattusili [Grande Rei], seu irmão, a fim de estabelecer [grande] paz e grande [irmandade] entre eles para sempre... Assim estabeleci boa irmandade e boa paz entre nós para sempre, a fim de igualmente estabelecer boa paz e boa irmandade nas [relações] do Egito com Hatti para sempre.[6]

As tábuas de argila e bronze que levavam mensagens e informações de um chefe de Estado a outro eram redigidas por homens e mulheres que, visivelmente, tinham um entendimento comum, embora o gélido respeito e as ameaças levemente disfarçadas com doçura de alguns desses textos diplomáticos sejam bem conhecidas. A linguagem da diplomacia não parece haver mudado muito ao longo dos milênios. Vejamos, por exemplo, o texto enviado por escrito pelo rei dos hititas a Kadashman-Enlil II, rei da Babilônia, em algum momento entre 1263 e 1255 a.c.:

> Quando vosso pai e eu estabelecemos relações diplomáticas e nos tornamos irmãos que se amam, não nos tornamos irmãos somente por um dia; não foram nossas relações fraternais permanentes estabelecidas com base em entendimento equânime?
> ... após a morte de vosso pai sequei minhas lágrimas e despachei um mensageiro à terra da Babilônia com a seguinte mensagem aos altos funcionários da Babilônia: "Se não mantiverem como vosso governante o filho de meu irmão, me tornarei vosso inimigo. Invadirei a Babilônia; mas (se o fizerdes) nesse caso avisai-me se algum inimigo se levantar contra vós ou se alguma dificuldade vos ameaçar, eu virei em vosso auxílio!"[7]

As tábuas revelam uma coisa sumamente importante na Idade do Bronze tardia. Essa época distante merece, sob muitos aspectos, o nome de Idade dos Heróis. Não simplesmente por se tratar de uma época de fabulosas riquezas, ambições vigorosas e extraordinárias realizações que precedeu um período de limitações a que denominamos "Idade de Trevas", mas também porque os senhores dos palácios-cidadelas do Mediterrâneo oriental eram, em certo sentido, homens de dimensão gigantesca. A linguagem dos tratados redigidos pelos hititas e outros grandes líderes da época demonstra claramente que não eram acordos entre Estados, mas entre indivíduos; entre homens (e, às vezes, mulheres) singulares — heróis e heroínas cujos atos eram realmente capazes de afetar o curso de civilizações inteiras.

O rei dos hititas, por exemplo, freqüentemente se intitula "Grande Rei, Herói".[8] Como na Idade do Bronze tardia aristocratas individuais tinham a possibilidade de mobilizar vastos exércitos — relatos antigos nos falam de 47.500 soldados aliados dos hititas na Batalha de Kadesh[9] —, não admira que esses governantes todo-poderosos se tornassem personagens gigantescos na imaginação popular e que suas decisões e atos passassem a ser lendários.

Mesmo assim, ainda que essa época tenha sido de diplomacia e negociação entre heróis, tudo isso fracassou na narrativa da Guerra de Tróia. Páris não libertaria sua nova e exótica rainha, e os gregos voltaram a seus navios com as mãos vazias. Quer Helena tivesse ingressado de bom grado na grande cidade de Príamo, ou sido arrastada através dos portais, machucada e traumatizada pelo estupro, os troianos preferiram não a restituir. Lambendo as feridas, os líderes gregos Menelau, Ulisses e Agamêmnon começaram a preparar seu plano de batalha.

Recordaram os juramentos de lealdade que eles próprios e todos os outros heróis da Grécia haviam feito diante do cavalo sacrificado por ocasião da competição pela mão de Helena. Concordaram que a vinda de um intruso, um estrangeiro, que zombara de sua honra e de seu auto-sacrifício e raptara Helena, sendo hóspede do palácio espartano, constituía uma afronta coletiva. Agamêmnon, o rei mais poderoso da Grécia e irmão mais velho do cornudo Menelau, tinha o pretexto perfeito para mobilizar um exército. Duplamente, triplamente insultados, da próxima vez, os líderes tribais gregos não aceitariam uma resposta negativa.

⊚⊚⊚⊚

Enquanto Helena, em seu leito, chorava ou ria ao saber que Menelau havia partido com as mãos abanando depois de sua tentativa diplomática, com o rabo entre as pernas,[10] a frota grega, após outra tentativa abortada de desembarque em Tróada, concentrava-se em Áulis, na costa oriental da Grécia, próximo a Tebas.[11] Os gregos não se conformariam em perder sua mulher-troféu. Os suprimentos foram embarcados e os tambores rufaram, com os soldados marchando nas praias em preparativos para a guerra. Ali estava a glória da Grécia — os heróis guerreiros que governavam Creta e o continente. As mulheres haviam ficado encarregadas dos palácios-fortaleza em suas terras e os clãs esqueceram suas divergências para organizar uma máquina unificada de guerra. Seu sangue fervia. O litoral de Tróia prometia vingança, pilhagem e muitas mulheres. Mais adiante, na narrativa do conflito, Térsites fornece um registro do butim da guerra: bronze, ouro e, "*melhor do que tudo, as beldades*".[12] Para estimular seus homens, Agamêmnon ofereceu "*um trio, uma equipe de puros-sangue com seu carro, ou uma bela mulher para possuir e compartilhar o leito*".[13]

Tudo estava pronto, mas o vento não era favorável aos gregos; os barcos, já prontos em Áulis, não podiam zarpar. A enervante espera prolongou-se, dia após dia. A catarse somente poderia resultar de um ato extremo. O ato de amor de Helena ficou famoso por haver causado uma guerra, mas a matança começou muito antes que os gregos desembarcassem na costa da Anatólia. A aventura de Helena precipitou toda uma série de assassinatos. A primeira vítima foi uma menina — Ifigênia, filha de Agamêmnon.[14]

O motivo pelo qual os barcos gregos haviam ficado retidos em Áulis foi o fato de que um soldado grego — alguns murmuravam que fora o próprio Agamêmnon — matara um cervo no santuário da deusa da caça, Ártemis. Para piorar, o arrogante caçador ainda se vangloriara de que sua façanha era superior a qualquer feito dos deuses. A deusa enraiveceu-se. Somente uma perfeita oferenda de sangue seria capaz de aplacar Ártemis. Por isso, Agamêmnon enviou Ulisses, que sabia usar as palavras, para atrair à morte sua filha mais jovem, Ifigênia. "Diga que Aquiles está esperando", diz o desesperado rei, "diga que ela se casará com o maior de todos os heróis."[15] Ifigênia veio de Micenas com sua mãe, Clitemnestra. Porém, ao chegar, não vestiu as roupas do casamento, mas foi colocada numa pedra de altar pelo pai. Ali, seria sacrificada, ostensivamente, a fim de aplacar a deusa, mas, na verdade, pela honra da Grécia, para assegurar que os homens lutassem por um símbolo de beleza. É um momento de desespero. Ifigênia apela ao pai, mas é erguida "*como um cabrito, com o rosto para baixo, acima do altar*". Está "*rudemente amordaçada, para abafar o grito que teria provocado uma maldição sobre sua linhagem*". Ela conhece seus algozes, mas nada pode fazer senão lançar "*as pobres setas de seus olhos*" contra os oficiantes do sacrifício, "*vívida como num quadro, querendo falar, chamar cada um pelo nome*". E tudo isso, como assinala o narrador, é culpa de Helena. Ifigênia é sacrificada a fim de preservar / uma guerra de vingança por causa de uma mulher.[16]

A horrenda brutalidade da morte de Ifigênia incita Clitemnestra, mulher de Agamêmnon e meia-irmã de Helena, a matá-lo em seu retorno de Tróia. O horror pela morte do pai, por sua vez, leva Orestes a matar a mãe, Clitemnestra, e seu amante Egisto. Orestes é perseguido pelas Fúrias, que o fazem enlouquecer devido ao seu ódio antifilial. Helena foi a catalisadora do mais famoso ciclo de tragédias do mundo.

⁂

A história de Ifigênia trata de dois temas fundamentais: os conflitos entre amor e dever, entre ambição e humildade, entre superstição e crença. E, por isso, o sacrifício de uma princesa virgem de Micenas é ainda encenado nos palcos de todo o mundo. Recentemente, vi um cartaz que anunciava uma produção da versão da tragédia escrita por Goethe em um pequeno teatro no andar de cima do *pub* Prince Albert, em Notting Hill, no oeste de Londres. Interessei-me em verificar de que forma uma platéia comum de teatro reagiria ao sacrifício de uma pré-adolescente, comprei impulsivamente uma entrada e esperei meia hora pelo início do espetáculo. Os espectadores aguardavam no bar do andar de baixo, conversando sobre estrelas de cinema e compras no comércio elegante de Notting Hill. Conversavam em voz bem alta, a fim de competir com a TV e a música ambiente, enquanto os ventiladores elétricos zumbiam — uma necessidade naquele lugar cheio de gente e enfumaçado numa noite fria de novembro. Homens sozinhos fumavam, liam o jornal *Evening Standard* e falavam em seus telefones celulares — todos tratavam de suas vidas quotidianas antes de subir para suportar o impacto de um drama que fora encenado pela primeira vez há 2.500 anos.

E, naturalmente, todas aquelas idéias de paixão e princípios, livre-arbítrio e destino, se entrelaçavam com a história de uma jovem imolada para que os gregos pudessem prosseguir a tarefa de resgatar Helena em Tróia. Na versão de Eurípides, Clitemnestra, mãe de Ifigênia, suplica ao marido que reconsidere sua decisão, que mesmo para a mentalidade da Grécia antiga parecia abominável.

> *Diz-me: se alguém perguntar por que a estás matando,*
> *Que responderás? Ou devo eu dizer tuas palavras?*
> *'Para que Menelau recupere Helena.' Que ato esplêndido*
> *Pagar o resgate de uma rameira com a vida de uma criança!*
> *Comprar o que mais odiamos com o que mais ternamente amamos!*[7]

Pouco antes de matá-la, Agamêmnon procura justificar à própria filha sua morte iminente. Ele articula a estreita ligação entre *eros* e *éris*, culpando uma forma da deusa do amor por incitar seus homens ao furor de deixar a Grécia e lutar. "Alguma forma de Afrodite agitou o exército, enlouqueceu-o para que zarpe o mais rapidamente possível."[18] Parco consolo para a jovem.[19]

Ifigênia é colocada no altar e o sumo sacerdote leva a lâmina à sua garganta. Em algumas versões da história, há um fragor de trovão e um relâmpago, e a menina é levada pela própria Ártemis para Táuris (a atual Criméia, no mar Negro). Em outras, a faca é cravada. Mas o destino da filha de Agamêmnon se torna irrelevante porque de súbito, miraculosamente, as folhas das árvores em torno do santuário começam a agitar-se. O vento se ergue e os soldados e generais suspiram de alívio — vão partir a caminho de Tróia: 1.186 navios, levando no total 100 mil homens, zarpam do porto de Áulis para recuperar a rainha foragida de Esparta.[20]

Hoje em dia, o litoral de Áulis é um lugar tristonho, dominado por uma imensa fábrica de cimento — a implacável invasão da indústria no panorama. Existem ali ruínas clássicas e até mesmo micenenses, bem como um santuário de Ártemis, mas tudo está coberto por uma fina camada de pó de cimento. O ar é amargo. Às vezes, alguém deixa um pequeno ramalhete em placas de mármore em memória da jovem Ifigênia. Uma inocente que passou a representar a inexorável brutalidade da guerra e da ambição cega.

ᘉᘉᘉ

Homero não trata da história de Ifigênia, mas seu famoso registro do poderio marítimo da Grécia, "o Catálogo de Navios", proporciona interessante esclarecimento sobre as origens da *Ilíada*. Ele narra que 29 contingentes navais zarparam de Áulis, na Beócia, norte da Grécia. Esse catálogo é surpreendentemente parecido com as listas de provisões, impostos e pessoal, a distribuição de propriedades e as hierarquias gravadas na argila das tábuas em Linear B. É árido, monótono e repetitivo, uma afirmação eloqüente de poder meticulosamente detalhada. Inicialmente, estão mencionadas as regiões e cidades que contribuíram para o esforço de guerra; em seguida, somos informados dos nomes dos comandantes e, finalmente, sobre o número de navios e os membros da tripulação.

É impossível que essa lista abrangente tenha sido pesquisada e formulada por um só homem, imaginada como um gigantesco esforço de memória a fim de dar substância a um poema já longo. De todos os 178 nomes alinhados por Homero, nenhum é fictício, e para quase todos os lugares constantes do catálogo é fornecida uma indicação adequada da localização geográfica.[21] Com efeito, partes importantes da Grécia de Homero do século VIII a.c. estão notavelmente ausentes; o bardo simplesmente não detalhou os centros de poder de seu próprio mundo da Idade do Ferro. Essas omissões indicam a historicidade desse elemento do poema épico — as cidades e regiões excluídas não faziam realmente parte da "Grécia" na Idade do Bronze. Descrita por alguns como uma "ordem de marcha", a lista é uma compilação plausível das forças à disposição de um general da Idade do Bronze.

A descoberta, em 1993, de uma única tábua em Linear B em Tebas[22] lançou uma luz inteiramente nova sobre o referido Catálogo. A tábua foi encontrada, acidentalmente, durante a colocação de uma tubulação de água na rua Pelópidas, no centro de Tebas. A obra hidráulica foi suspensa e iniciou-se uma investigação arqueológica. A escavação produziu resultados e até agora emergiram 250 tábuas. Elas mostram que Tebas era de fato o centro de um vasto território, maior do que Pilos e Esparta, bem como maior que a própria Micenas.[23] Se o distrito de Tebas era um região muito poderosa na Idade do Bronze tardia, faz sentido imaginar que um movimento coletivo de tropas gregas zarpasse do porto que servia a Tebas — o porto de Áulis.

As novas tábuas tebanas falam de uma pequena cidade, Eleon, que sempre intrigou os arqueólogos e historiadores — está mencionada no Catálogo de Navios, como parte do contingente naval da Boécia. Mas Eleon parece haver desaparecido da face da Terra. Não é mencionada em nenhuma outra fonte da Antigüidade como sendo uma povoação do norte da Grécia. E, portanto, argumentavam os estudiosos, essa cidade deveria ser, simplesmente, uma ficção vinda da imaginação de Homero.

As tábuas de Tebas que datam do século XIII a.C. contam uma história diferente. Eleon aparece na tábua TH Ft 140.[24] Os versos de Homero, nesse caso (como em muitos outros), transmitem informações diretamente do passado da Idade do Bronze.

A comparação entre os versos de Homero e as provas tangíveis da Idade do Bronze tardia permite resolver outro problema da história de Tróia. Freqüentemente, pergunta-se por que Homero usa dois nomes para Tróia. Por que dá à cidade tanto o nome de *Tróia* quanto de *Ílios*? Por que temos um livro chamado a "Ilíada", que conta a história da Guerra de "Tróia"? A resposta surgiu agora graças à colaboração entre lingüistas e historiadores do mundo hitita.

Homero provavelmente era grego jônio; pode ter vivido em Esmirna ou em Quíos. Na época em que suas palavras foram escritas, no século VII a.C., o *w* que muitas vezes precedia a letra *i* já se perdera na região jônica (os dialetos da Eólia mantiveram o *w* por mais tempo; Safo, por exemplo, o utilizava). Os textos hititas nos dizem que em Tróada existiam dois territórios na região de Tróia — um era chamado de Wilusa e o outro, de Taruwisa.[25]* Se esses nomes foram recordados ao longo dos séculos, e posteriormente cantados por um bardo que não pronunciasse o *w*, *Wilusa* se transformaria em (*W*)*ilusa*, depois em (*W*)*Ilios* e, finalmente, em *Ílios*, e *Taru*(*w*)*isa* se transformaria em *Taruisa* e, finalmente, em *Tróia*. Assim, temos a história de Ílios, a *Ilíada*, e as guerras de Tróia.

O ritmo da *Ilíada* também pode nos orientar ao conhecimento de que certo número dos versos de Homero foram compostos no período micenense. O poema é integralmente escrito em hexâmetros. Muitos dos versos são perfeitos, mas a métrica de alguns não é satisfatória, existem saltos e dissonâncias em lugares onde normalmente a poesia flui. Mas se esses versos forem reescritos com a utilização de elementos do Linear B da Idade do Bronze em vez do grego clássico — a língua que os micenenses teriam usado —, nesse caso é possível escandi-los com perfeição.[26]

©®©®

Apesar das raízes históricas do Catálogo de Navios, a busca para recuperar uma rainha desobediente jamais poderia ter feito zarpar *mil* navios. Se a elite micenense tivesse partido para Tróia de forma tão numerosa, com cada barco de 50 remos levando 30 guerreiros, cada qual com pelo menos um criado nobre, a economia micenense teria simplesmente se desintegrado. No século XIII a.C., o fato de serem avistados somente sete navios zarpando da costa do Levante já seria suficiente para espalhar o pânico em toda a região.[27]

---

*A fim de evitar as complexidades da lingüística arqueológica na tradução dessa explanação, o tradutor para o português manteve a letra *w* nos topônimos *Wilusa* e *Taruwisa*, embora em outras partes tenha preferido aportuguesá-los usando a letra *v*. (*N. do T.*)

E na lenda, afirma-se que Hércules saqueou uma cidade de Tróia mais antiga com apenas seis barcos. Seria preciso esperar quase mil anos para que uma
frota que remotamente se aproximasse da do Catálogo de Homero fosse registrada e, mesmo assim (quando os persas partiram para a Grécia preten-
dendo conquistá-la), seu número[28] era de aproximadamente 500.

Nas Cíclades, onde aqueles extraordinários afrescos da Idade do Bronze foram preservados pela violenta erupção do vulcão de Tera, um pequeno exemplo mostra uma procissão náutica que zarpa. Esses barcos estão
alegremente enfeitados, com guirlandas flutuantes de flores, peles de animais sacrificados, flâmulas e panos coloridos — estão visivelmente prontos para alguma grandiosa cerimônia oficial. Ao fundo, homens e mulheres
aparecem espalhados numa vasta cidadela; vêem-se soldados em evidên-
cia e é difícil dizer se os barcos estão sendo bem recebidos ou repelidos. Na
Idade do Bronze tardia não existiam frotas exclusivamente dedicadas à
guerra. Os barcos que aparecem nas pinturas deveriam ter múltipla finalidade, às vezes, transportando, a costas distantes, mercadorias, às vezes,
comerciantes e diplomatas, e, às vezes, soldados. Costumava-se queimar
cânfora e incenso na proa — e lanternas para lidar com a interminável escuridão do oceano.[29]

Barcos como esses transportariam os contingentes de gregos micenenses até a baía de Besik. E se essas histórias são verdadeiras, tais barcos
levariam Ájax, Aquiles, Ulisses e os heróis da Grécia cortando as ondas em
direção ao leste, os maiores guerreiros do mundo conhecido, que se afastavam de seus lares e suas famílias, deixando desprotegidas suas cidadelas,
suas colheitas apodrecendo nos campos, a fim de cumprir uma promessa
feita dez anos antes, numa planície próxima a Esparta.[30] E entre esses, mais
ansioso que todos, o rei cornudo de Esparta, Menelau, com as velas de seu
barco inchadas, cruzando o alto-mar para trazer de volta sua rainha.

OITAVA PARTE

O CERCO DE TRÓIA

28

HELENA, DESTRUIDORA
DE CIDADES

Portanto, que nenhum homem tenha pressa de voltar a sua casa,
ainda não...
não até que possa dormir com uma fiel esposa troiana,
compensação adequada para os gemidos e choques da guerra
que tivemos de suportar por Helena.

Nestor, na Ilíada, de Homero[1]

O VERBO GREGO φρ\σσω (frisso) é interessante, raiz da palavra *frisson*. É uma palavra útil e flexível, e, embora possa ser interpretada de diversas maneiras, é sempre evocativa. É usada por Homero em relação a Helena. Em Tróia, ficamos sabendo por ela que πνντεζ δχ με πεφρ\κασιν, "tudo ao meu redor se encolhe ou se eriça de medo". Em outros trechos, ela é ὄιγεδαν¬ ẘλχνη, "Helena que faz estremecer" ou que "causa tremor". Ela é um doce veneno — terrível e delicioso.[2] E, agora que veio a Tróia, as planícies da cidade também tremerão com as armas, porque Helena traz o desastre em seu rastro. Tal como previu Cassandra, e conforme planejou Zeus, os gregos a querem de volta.

Homero pinta um quadro vívido dos barcos aglomerados no litoral do Bósforo, em várias fileiras, escurecendo a areia com seus cascos até ocultar a praia. Os exércitos são como enxames de moscas pousadas sobre leite fresco.[3] Em outras partes da *Ilíada*, ele fala das fogueiras em torno do novo acampamento grego brilhando na escuridão, e os homens em suas tendas, tensos e ansiosos. E imagina os soldados prontos para a agressão. Ouça-mos os primeiros versos da *Ilíada:*

Ira — Deusa, canta a ira de Aquiles, filho de Peleu,
Sanguinário, condenado, que custou tantas perdas aos aqueus.[4]

Desde o início da epopéia, Homero deixa claro que a *Ilíada* é uma his-tória de ódio tanto quanto de amor, de vidas humanas transtornadas pela força do conflito. Trechos furiosos no Tomo I descrevem dois homens em disputa por uma mulher — não Menelau e Páris por causa de Helena, mas e sim o "brilhante" Aquiles e Agamêmnon "senhor de homens" por causa de Briseida, "a jovem de olhos cintilantes". Agamêmnon já esteve antes em escaramuças por outra moça, Criseida. Não ouvimos falar diretamente dela, mas ficamos sabendo que seu pai, o sacerdote Crises, a ama e se sente ul-trajado ao ver que Agamêmnon a trata como meretriz. Ela foi levada do templo de Apolo e parece destinada a ser um butim de guerra, como bra-da Agamêmnon a Crises:

A moça — não desistirei dela. Muito antes disso
A velhice a atingirá em minha casa, em Argos,
Longe de sua pátria, trabalhando como escrava
No tear, obrigada a partilhar meu leito![5]

Isso lembra o destino de Helena, se acreditarmos que ela também foi obrigada a partilhar o leito de um estrangeiro, longe de seu lar. Os versos também pressagiam o destino das mulheres de Tróia, destino que os dramaturgos trágicos Eurípides e Ésquilo descrevem com brilho in-suportável. Homero deixa claro para nós que os homens sempre usarão a posse de mulheres para mostrar-se superiores uns aos outros. Aga-mêmnon se vangloria de que terá outra mulher, a Briseida de Aquiles, dizendo-lhe: "*Assim verás que sou realmente maior do que tu.*" Os gregos estão em solo troiano e estão prontos a castigar todas as mulheres que, como Helena, debilitam os homens por meio do amor. Prontos a abrir à força os portões de Tróia e a violar as mulheres protegidas pelas mu-ralhas da cidade.

Enquanto Homero vai montando a narrativa da Guerra de Tróia, encontramos o uso de linguagem que não pressupõe uma linha divisória entre a busca do amor e a busca de sangue. As espadas e os estupradores penetram em corpos complacentes. Os heróis buscam satisfação em rasgar os corpos de seus inimigos. Heitor espicaça e intimida Ájax: "*Minha longa lança devorará teu corpo branco.*"[6] Ou, na tradução de Fagles para o mesmo verso: "*Se tiveres coragem de desafiar minha pesada lança, sua ponta rasgará em pedaços tua pele suave e morna!*"[7] De repente, no calor da batalha, o gigantesco Ájax se transformou em mulher: na iconografia artística e literária grega, em geral, são as mulheres que apresentam carnes macias e brancas como o lírio.

Os amantes de Afrodite eram Ares, deus da guerra, e Hermes, guia dos mortos.[8] Assim, infelizmente para Páris e para Helena, *Éris* (a discórdia, ou disputa, ou conflito mortal) acompanha o amor aonde quer que ele vá. O amor de Helena é visceral, e muito sangue será derramado por causa dele. Ela é tão letal quanto deliciosa. Quando falamos de desejo, morte, sexo ou violência, juntamos essas coisas porque são diferentes, contrárias. Mas para os antigos, eram primas-irmãs, progênie maligna da natureza desenfreada, tijolos do cosmos, criaturas próximas do Caos. O amor de Helena era fatal. Ela é famosa por inspirar os homens ao coito e à luta. Conseqüentemente, não a recordamos como Helena de Esparta, mas como Helena de Tróia.[9]

A mescla de sexo e violência na mentalidade grega pode ser reconhecida por meio da linguagem. Amantes e guerreiros podem misturar-se: *meignymi*. *Damazo* podia significar matar, ou estuprar, ou seduzir, ou subjugar. *Kredemna* denota tanto as fortificações de uma cidade quanto os véus de uma mulher. Quando Tróia é conquistada, ambas as coisas serão rasgadas e despedaçadas — aquilo que ocultavam será conspurcado e destruído. Autores como Tucídides e Eurípides usaram a palavra *eros* em metáforas para descrever a febre que anima os homens a lutar. Os espartanos faziam sacrifícios ao espírito de Eros antes de iniciar as batalhas.

Não admira que a "muito desejada" Helena apareça como presa de guerra nos registros escritos existentes. Ouvimos falar dela pela primeira vez no Livro 2 da *Ilíada*, no qual ela é descrita, ao mesmo tempo, como "um troféu" e como instrumento de destruição. Os deuses se entregam aos mexericos. Hera adverte Atená de que os argivos perderam as esperanças e pretendem partir de volta:

... Inconcebível! / ... Todos os argivos voltando para seus lares, sua pátria, / navegando sobre as amplas espáduas do mar? Deixando a Príamo / e a todos os homens de Tróia um troféu para sua glória, / Helena de Argos, Helena por quem tantos argivos / perderam a vida em Tróia, longe da terra natal.[10]

O aparecimento sem alarde de Helena neste momento do enredo da *Ilíada* demonstra que Homero não precisava explicar as origens dela, sabendo que sua platéia já conhecia a narrativa mais completa sobre Helena. Os poemas do Ciclo Épico, escritos cerca de cem anos depois de Homero, que contam a vida anterior de Helena, devem ter sido ecos de canções mais antigas, hoje perdidas, que tratam com maiores detalhes da história da rainha de Esparta.

Quando a encontramos frente a frente na *Ilíada*, no Livro 3, Helena é chamada para observar os homens que lutam por ela na planície de Tróia. Príamo, o grande rei que está prestes a ver os maiores guerreiros da Grécia invadindo suas terras, massacrando seus homens e escravizando suas mulheres, a chama para olhar: "*Vem aqui, querida filha. Senta-te diante de mim... eu não te culpo.*"[11] Assim, ali está Helena, famosa, bela e desejada. Um troféu tanto para os gregos quanto para os troianos. Observa os homens que se digladiam por ela, como fizeram vinte anos antes, na competição de casamento organizada por seu pai. Mas agora o nível é mais elevado, porque os heróis da Anatólia também entraram na refrega. A necessidade de possuir a maior beleza estimulará gregos e troianos ao ódio implacável.

☙❧❧

Hoje em dia, ainda é possível subir às muralhas da cidadela de Tróia e olhar a planície do Scamander, que realmente se estende além do "Portão Escaeno". Os guias de turismo recitam uma mescla de contos sobre Tróia em uma impressionante quantidade de línguas ao pastorear seus pupilos ao longo dos muros. Caminhando pelas fortificações, olhando para a "cidade baixa", hoje coberta de vegetação rasteira, levando nas mãos um exemplar da *Ilíada*, os românticos podem imaginar, seguindo a liderança de Homero, os famintos e extenuados troianos juntando-se para ver Helena, prisioneira voluntária, exibida diante da multidão reunida. Essas exibições tinham o objetivo de levantar o moral, recordando aos fatigados e ingênuos habitantes por que tinham de suportar aqueles sofrimentos e por que, para merecer um prêmio como aquele, valia a pena lutar naquela guerra longa e sangrenta.

Esses espetáculos, com o comparecimento em pessoa, destinavam-se a galvanizar os ânimos — e davam resultado, mesmo depois de anos de privação e perdas pessoais; segundo Homero, os dirigentes idosos de Tróia declaram que o esplendor de Helena compensa realmente a desintegração de suas vidas. Quando ela passa, os velhos murmuram entre si, com vozes que se alteiam e se abaixam como as cigarras.[12] Dizem que o rosto dela é como o de uma deusa. Num mundo onde o poder divino era capaz de ser maligno ou benigno, isso poderia ser tanto algo terrível quanto maravilhoso:

E ao vislumbrar Helena caminhando pelas muralhas,
murmuravam entre si com palavras suaves, aladas:
"Quem na Terra poderia culpá-los? Ah, não admira
que os homens de Tróia e os soldados argivos sofressem
anos de agonia, tudo por ela, por essa mulher.
Beleza, terrível beleza!"[13]

꧁꧂

Ao caminhar pelas muralhas de Tróia, eis o que uma Helena da Idade do Bronze teria visto. No século XIII a.C, havia cinco portões, três dos quais imensos, na cidadela do monte Hisarlik, todos permitindo o acesso através das muralhas da cidadela — em certos pontos, tinham 9 metros de altura. Em algum momento, os portões foram inteiramente destruídos pelo fogo. Havia torres de vigia[14] sobre as muralhas — que Marlowe relembrou três mil anos mais tarde como "as torres sem topo de Ílion".[15] Assim como em Micenas, a zona aristocrática ficava em um terraço, com mansões de dois andares em torno de um "palácio" central. As ruas de Tróia, ao que diz Homero, eram muradas e "bem projetadas", embora três mil anos depois as lajes rachadas estejam irregulares e incertas.

As escavações iniciadas, em 1988, pelo professor Korfmann e observações subseqüentes do sítio com magnetômetros produziram uma visão mais completa da cidade no século XIII a.c. do que anteriormente tinha sido possível. O "Portão Escaeno", que funcionou até depois do ano 1300 a.c., foi depois bloqueado — o aterro ainda é claramente visível. Logo adiante das muralhas, depois do portão, há uma grande concentração de achados de pequena escala (indício de um movimentado bairro de casas rústicas junto às muralhas de Tróia) e, ainda mais além, ao sul da cidadela, a cidade baixa de Tróia. Verificou-se que a cidade baixa (que Schliemann não encontrou, pois morreu antes que começasse a planejada escavação em 1891) era protegida por dois fossos: um a 400 metros da cidadela e o outro a 500. Ambos têm forma de U, talhados diretamente na rocha calcária, com cerca de 3,5 metros de largura e 1,95 de profundidade, quase certamente feitos para proteger contra carros de combate, arma feroz na Idade do Bronze tardia. Essa área, talvez rodeada por paliçadas, tem pelo menos 270 mil m².[16]

Com essa descoberta, verificou-se que a cidade de Tróia era suficientemente grande para abrigar entre 7 e 10 mil pessoas. Há depósitos para armazenamento, calçadas e ruas pavimentadas com pedras, vestígios de figueiras e vinhas e (curiosamente) uma boa quantidade de cerâmica micenense, tanto importada quanto de imitação; os troianos, evidentemente, apreciavam o estilo grego.

Tal como em outras cidades-fortaleza da Anatólia na época, Tróia era, efetivamente — conforme a descrição de Homero —, tanto uma cidade mercante quanto a sede de uma família real.[17] Ao redor da cidadela, para proteger esses aristocratas e comerciantes, havia grandes muralhas inclinadas, a *euteiqueion* de Homero, a cidade "bem murada". Na *Ilíada*, Homero constrói uma vívida cena, na qual o herói grego Pátroclo, amante de Aquiles, tenta escalar por quatro vezes as "salientes muralhas" de Tróia. Com gigantesco esforço, o jovem quase consegue.[18] Mas aquela guerra era tanto entre os deuses quanto entre os homens, e Pátroclo acaba lançado de volta ao chão pela ira de Apolo, o deus adorado em Tróia com grande devoção, que protegia a cidade de sua predileção.

Homero fala muito no amor de Apolo por Tróia, e, recentemente, os arqueólogos encontraram uma excitante comprovação vinda do século XIII a.C.[19]
Por toda a Turquia vêem-se gigantescas "pedras de deuses" esculpidas em
portais e pilares. Os anatólios da Idade do Bronze acreditavam que esses
blocos megalíticos protegiam os espíritos de suas divindades e espíritos.
Em Tróia, também foram encontradas pedras de deuses — no momento
da redação deste livro, já haviam sido achadas 17 delas. Uma inscrição no
tratado de Alaksandu nos diz que um dos "deuses de juramento", especialmente reverenciados em Wilusa, era um deus masculino, *Ap(p) aliunas*. Na
Ilíada, Homero deixa claro que o deus Apolo era divindade importante na
cidade — seria outro exemplo de que ele estava correto? Seria *Ap(p) aliunas*
o mesmo Apolo?

Com suas pedras de deuses e santuários, seus estoques de armas e suas
mansões, seus armazéns de finos tecidos perfumados e seu ouro, sua população cosmopolita, tanto na mente dos antigos quanto na realidade da
Idade do Bronze, com ou sem Helena, sem dúvida, Tróia era uma cidade
que valia a pena saquear.

಄಄

O famoso cerco de Tróia durou dez anos. Em busca de lembranças de Helena vindas do mundo clássico, certa vez viajei a Manchester, no norte da
Inglaterra, onde existem algumas peças notáveis no Museu da Universidade de Manchester.[20] Há ali uma bela *skifos* (taça profunda para vinho) pintada de preto, com figuras que recordam a passagem do tempo e os dias
mais monótonos e sombrios de uma campanha tão prolongada. Os heróis
Aquiles e Ájax se curvam sobre uma mesa de jogo.[21] Estão concentrados
nas fichas diante deles, aproveitando estarem entretidos com algo diferente da morte e da destruição. É um alívio do tenso tédio de uma longa — e
talvez inútil — campanha. Na quietude do museu, é um lembrete tácito
dos momentos mais distendidos de uma grande campanha militar.

Na verdade, teria sido impossível aos troianos (ou a qualquer cidade
da Idade do Bronze tardia) sustentar um sítio de dez anos. Também os
micenenses estariam completamente debilitados depois de estarem acam-
pados em Tróada durante dez invernos.[22] Mas as pontas de flechas, o

acúmulo de fundas e as paredes queimadas mostram que Tróia sofreu longos períodos de ataque na Idade do Bronze tardia. Ao longo do segundo milênio a.c., as fortificações do local foram reconstruídas com crescente robustez, e novos indícios arqueológicos mostram que a população de Tróia possuía recursos necessários para resistir e sobreviver a ataques menos duradouros. Homero fala de fontes e rios subterrâneos em Tróia. Não apenas há referências a "canais de água subterrâneos" nos textos hititas que descrevem Wilusa,[23] mas escavações recentes[24] revelaram o potencial oculto de Tróia, um canal subterrâneo oculto — uma "mina de água", possivelmente construída muito antes, em 3000 a.C. Até 1.400 litros de água ainda passam diariamente pelo canal.[25]

Quando lá estive pela última vez, não foi difícil encontrar o lugar. Há juncos crescendo em volta e um dos cães que vivem no sítio guiará os visitantes a fim de beber na poça que fica na boca do canal, agora barrado com uma grade de ferro. Por trás da grade, há quatro canais — um grande e três pequenos; o mais profundo tem 100 metros de comprimento. No fundo da caverna, há um reservatório, o excesso que fica armazenado em tanques. Embora esteticamente pouco significativo, o local suscita uma estranha emoção. Talvez essas cisternas construídas pela mão do homem complementassem os "poços de lavagem" descritos por Homero próximo às margens do rio Scamander (ele próprio ainda "largo e arenoso") em Tróia.[26] Ouvindo o suave rumorejar da água, pode-se imaginar que mesmo que esse recurso natural não tenha servido para manter Helena viva, certamente salvou a vida de muita gente ao longo dos anos da história de Tróia.

Nesse caso, o que terá inspirado as histórias do cerco de dez anos? Uma forte presença micenense em território troiano? Um vizinho agressivo colonizando terras num pequeno reino cosmopolita? Ou talvez a história da Guerra de Tróia seja uma mistura de inúmeros microconflitos suportados pelas populações daquele brilhante quarto crescente de terras litorâneas em Tróada? Escaramuças sobre terras e impostos, rotas comerciais e trabalho escravo, pequenas querelas que acabaram sendo infladas na imaginação popular, transformando-se em acontecimentos épicos? Todas as interpretações são possíveis.[27]

O certo é que no século XIII a.C., bem como por volta de 1180 a.C., os troianos sofreram grandes desgraças.[28] Rachaduras nas fortificações da cidadela e grandes quedas de rochas foram identificadas como danos causados por terremotos, seguidos de incêndios.[29] Poderia um desastre natural ter provocado a agonia final de uma cidade já debilitada pela ação humana? Em Tróia, há poucos esqueletos humanos desse período; todos foram mutilados. Em 1180 a.C., as "*torres sem topo de Ílion*" já haviam sido destruídas. A arqueologia ainda não pode desvendar a causa definitiva dessa destruição — no entanto, durante mais de 2.500 anos os homens vêm culpando não o fogo, não os terremotos nem as ambições militares, mas Helena.

29

A SOMBRA ESCURA DA MORTE

Idomeneu atravessou Erymas com a lança, entrando pela boca,
com a impiedosa ponta de bronze da arma rasgando tudo
por sob os miolos para abrir o crânio brilhante — dentes
saltando fora, os dois olhos transbordando das pálpebras
com um jato de sangue de ambas as narinas, boca aberta,
soltando espumas convulsivas de sangue, e a sombra
escura da morte se cerrou por sobre seu cadáver.

HOMERO, *Ilíada*[1]

ANTES, OS AROMAS DE TRÓIA poderiam ter sido doces, mas em breve estariam cheios de imundície. Lutando pela posse de Helena, gregos e troianos se atracavam em combate tortuoso, primeiro uns, depois os outros conseguindo a vantagem.

Páris e Menelau se desafiam para um duelo. Muitas vidas estavam sendo perdidas. Era uma questão de honra e, por isso, eles resolveriam todo aquele estranho assunto à maneira dos heróis, homem contra homem, em luta corpo a corpo. Vestidos com suas melhores e mais brilhantes armaduras, ambos marcharam para o terreno poeirento que antes fora cultivado, e marcaram a arena. O duelo se inicia simbolicamente, com movimentos teatrais: cada um atira uma lança; Menelau avança para Páris com uma espada cravejada de prata. Mas depois tudo se torna mais confuso, mais pessoal; o rei grego e o príncipe troiano se atiram um contra o outro, atracados em terra de ninguém. Menelau é guerreiro mais robusto, mais experiente; é claro que será o vencedor.

Agarra Páris pela alça do elmo e começa a arrastá-lo em direção às pontas das espadas gregas.

Afrodite não suporta ver seu belo príncipe pulverizado. Oculta-se em neblina e desce para retirar Páris do campo de batalha, deixando-o cair languidamente em sua "grande cama entalhada". Disfarçada em velha, a deusa procura Helena e a manda ir cuidar do segundo marido. Helena fica furiosa — tanto com Afrodite, "portadora do desejo que leva ao desastre", quanto com o fraco desempenho de seu confiante namorado. Tenta resistir à deusa e ao seu joguete, mas Afrodite, friamente, ameaça destruir a beleza de Helena, sua única segurança. Vencida, Helena se retira para os aposentos de Páris, onde o belo jovem se encontra irritantemente entusiasmado. Escapara da morte e, embora Helena o censure com desprezo, suplica-lhe que se entregue ao amor: "*Ele a guiou para o leito. A esposa o seguiu / e agora, enquanto os dois se amavam na grande cama entalhada / Menelau andava de um lado para o outro na arena, como uma fera selvagem. / Onde poderia vislumbrar o magnífico Páris?*"[2]

Privado de sua presa, o rei de Esparta sucumbe ao ódio redobrado. E enquanto Páris e Helena rendem culto a Afrodite sob o "teto de alta abóbada" dos "suntuosos salões" do príncipe, lá fora, na poeira, a batalha e as atrocidades continuam. Em certo momento, Menelau sugere que um soldado troiano capturado seja considerado prisioneiro de guerra em vez de ser executado. Seu irmão mais velho, Agamêmnon, cheio de desejo de sangue, rosna para o infeliz rei de Esparta:

> *Nenhum bebê ainda no ventre da mãe,*
> *nem ele escapará — toda Ílion será esmagada,*
> *sem lágrimas por suas vidas, sem lousas para suas tumbas!*[3]

A *Ilíada* é uma orgia de matança. A poesia de Homero é feita de dísticos que cortam o coração, deliciando-se nos pormenores da morte e do sofrimento. A leitura pode ser aflitiva.[4] Em uma longa cena narrativa, que deve haver enchido muitas folhas de pergaminho ou de papiro, o grego Diomedes atravessa em seu carro as fileiras troianas:

Com a lança de bronze perfurou um soldado
acima do mamilo, com a pesada adaga cortou o
pescoço de outro, bem no ombro, cortando-o
inteiramente e separando-o e das costas.

Mais de cem versos adiante, a carnificina continua...

Assim dizendo, lançou o dardo e Atená o guiou
dividindo o nariz do arqueiro entre os olhos —
partindo os dentes brilhantes, o duro bronze
cortou-lhe a língua pela raiz, esmagou-lhe a mandíbula
e a ponta surgiu, rasgando, por baixo do queixo.[5]

Os indícios nos ossos remanescentes da Idade do Bronze tardia confirmam a afirmação de Homero de que há muitas formas de morrer no combate armado. Estudos forenses revelam os terríveis ferimentos recebidos pelos anatólios e gregos da Idade do Bronze. Dentro da própria cidade de Tróia, uma jovem entre 16 e 17 anos foi enterrada apressadamente, com os pés queimados por fogo.[6] No perfumado local de Asine, na Grécia continental — lugar mencionado por Homero no Catálogo de Navios,[7] onde um mar irretocável chega até as ruínas micenenses e carvalhos espinhentos crescem por entre as pedras —, jazia o corpo de um homem que havia sido submetido a trepanações terapêuticas. O couro cabeludo tinha sido cortado em franjas, a fim de retirar fragmentos de ossos do crânio que tinham penetrado nos miolos durante o conflito armado. Houve crescimento do osso, indicando que o guerreiro sobrevivera tanto ao ferimento craniano inicial quanto à operação subseqüente.[8]

Junto à Ágora ateniense, um homem maduro, da Idade do Bronze tardia, sofreu uma incisão na omoplata direita — quase certamente provocada por uma lança ou uma flechada pelas costas. Os guerreiros costumam apresentar graves traumas nos antebraços direitos decorrentes dos golpes defensivos de contra-ataque. E, para tratar das feridas produzidas pelo arsenal de armas que haviam inventado — adagas, espadas ligeiras, punhais —, as populações da Idade do Bronze desenvolveram uma gama impressionante de equipamentos médicos. No cemitério Palamidi-Pronoia, próximo à cidade costeira de Nafplion, foi encontrado, em 1971, um monte do que parecem ser instrumentos cirúrgicos — uma longa serra, fórceps, uma navalha curvada, uma cureta, duas longas sondas e três cinzéis.[9]

Um horrendo e primitivo arsenal — no entanto, grande parte da cirurgia da Idade do Bronze parece ter sido eficaz. O corpo de uma mulher no Círculo de Túmulos B, em Micenas (certamente aristocrata), tem o úmero fraturado e perfeitamente curado; alguém a tratou de maneira excelente. Em tábuas de Linear B encontramos as palavras *farmacon* (como observei no Prefácio, a origem de nossa palavra "farmácia") e na tábua Eq 146, de Pilos, aparece *iater*, que significa "médico". *E-ri-ka* (possivelmente, hibisco) e **Althea officianalis** (*marshmallow*) aparecem, freqüentemente, nas tábuas em Linear B; hoje em dia, a raiz de altéia é um dos principais ingredientes dos chás antitóxicos, porque alivia os problemas gastrintestinais. A resina de terebinto (**kirtanos** nas tábuas em Linear B, a seiva da "árvore de terebintina") — usada na indústria de perfumes — também possui qualidades medicinais. Foi amplamente empregada como anti-séptico; grande quantidade dessa substância, uma tonelada inteira, cuidadosamente acondicionada em cem frascos, foi encontrada no naufrágio de Uluburun. Quando a resina foi retirada dos potes e esfregada entre os dedos dos escavadores, o cheiro acre da terebintina se espalhou imediatamente.

Não admira que fossem necessárias grandes quantidades de anti-séptico nesse período. Quando um guerreiro não era morto em combate corpo a corpo (ou, posteriormente, pela faca do cirurgião), ainda havia o risco dos "ataques de peste negra" de Apolo, que, segundo nos conta Homero, perseguia muitos soldados nas planícies de Tróia.[10] Na *Ilíada*, durante nove dias após o surto de peste, "as fogueiras crematórias ardiam noite e dia, interminavelmente".[11] Novamente, os indícios encontrados em esqueletos atestam as inexoráveis epidemias na região. E, mesmo para os que conseguiam evitar os combates ou as doenças, cada dia de pilhagem podia provocar a morte prematura. Homero descreve a soldadesca dividindo os espólios — na economia da época, não havia dinheiro, e, portanto, quem quer que estivesse no caminho de um exército invasor seria impiedosamente roubado.

⊚⊚⊚

Embora tendo em mente suas extraordinárias realizações e sua esporádica sofisticação, ao procurarmos imaginar a vida de uma princesa pré-histórica e seus contemporâneos não devemos esquecer até que ponto a superstição, o preconceito e a ignorância teriam feito parte de suas existências. Um ato ritual específico é relevante para a história de Helena. No início do século XIII a.c., a mulher do rei dos hititas, Gassulawiya, teve uma enfermidade terminal. Desesperada, enviou uma substituta, uma representante humana, ao templo da grande deusa Lelvani. Era uma mulher escolhida, especialmente, devido à sua beleza. A rainha enferma suplica: "Essa mulher será minha substituta. Apresento-a a vós ricamente vestida. Comparada comigo, ela é excelente, pura, brilhante, branca, enfeitada com tudo o que é possível. Agora, Deus, meu Senhor, trata-a bem. Que ela compareça diante do deus meu Senhor."[12]

Talvez essa mulher branca e "brilhante" devesse ser sacrificada. O texto está muito danificado e nunca saberemos. Mas é certo que sua beleza a fazia digna de sacrifício, de tornar-se sagrada. Uma rainha moribunda — uma das mulheres mais poderosas do Oriente Médio — acreditava que, de todas as coisas conhecidas na Terra, dentre todas as coisas que a imensa riqueza do império hitita era capaz de comprar, a que mais agradaria à deusa seria uma mulher bonita. Sua única esperança era uma mulher bela. Se houvesse uma mulher preternatural nascida no Mediterrâneo oriental no século XIII a.C., não devemos nos admirar que ela se tornasse simbólica. Não devemos nos surpreender que os homens tivessem feito uma guerra por causa de Helena. Mas assim como Menelau e Páris descobriram que a beleza de Helena não trazia o mundo perfeito que prometia, também para Gassulawiya a feitiçaria da beleza revelou-se amarga. A rainha morreu.

30

UMA LINDA MORTE —
KALOS THANATOS

Histórias de grandes guerras e corações valorosos,
De embates de armas, de debates nos conselhos,
De beleza que em breve desaparecerá,
De ódio e de alegria na batalha
Junto às velhas muralhas ventosas de Tróia

E agora a luta recomeça,
A antiga alegria da guerra, a antiga dor da guerra.
Filhos de uma escola que atravessa os mares
Não tememos o combate —

CHARLES HAMILTON SORLEY,
"I Have Not Brought My Odyssey"
(Não trouxe minha Odisséia)[1]

EMBORA AOS OLHOS DOS GREGOS a mulher mais bela do mundo tenha sido o estopim da maior de todas as guerras, os heróis de Tróia não lutavam somente por uma mulher e pelas glórias que a morte poderia trazer. *Kalos thanatos*, "uma bela morte", *euklees thanatos*, "uma morte gloriosa", e *kleos aphthiton*, "fama imortal" eram motivos fundamentais para viver (e morrer). A *Ilíada* estabelecera um código para a sociedade grega, masculina e aristocrática — um sistema de convicções que Aquiles, o maior de todos os heróis, encarnava. O verdadeiro herói era o homem que amava tanto uma vida gloriosa quanto uma morte gloriosa.[2]

Mas onde encontrar glória na agonia e na putrefação do campo de batalha? Como poderia ser ouvido o chamado da fama quando só havia em torno gritos de morte e dor? Como poderia haver honra quando as espadas e lanças rasgavam armaduras de linho, quando os carros de combate em disparada despedaçavam ossos e arrancavam a pele dos músculos, quando flechas envenenadas enegreciam o sangue, fazendo o herói defecar e vomitar incontrolavelmente, quando pais, irmãos e filhos morriam a centenas de quilômetros de seus lares, e os corvos lhes arrancavam os olhos? Como compreender que a marca de um verdadeiro homem era ser ceifado no momento que os gregos chamavam de *akme*, a flor da idade?

Na mentalidade arcaica e clássica, a morte violenta no campo de batalha poderia de fato ser a melhor e mais ilustre maneira de morrer.

Dado o conjunto adequado de circunstâncias, já consagrado, era possível ao candidato a herói buscar a morte.[3] Ao aceitar que sua destruição prematura era a ambição de toda a vida, um herói como Aquiles desafiava diariamente a mortalidade. Para ele, mesmo uma vida rude, bruta e curta era mais atraente do que uma vida longa e feliz. Melhor morrer jovem do que viver satisfeito, com as crescentes humilhações da idade avançada. Melhor ser lembrado como herói a ser esquecido por seus pares e pela história.[4]

É claro que esse tipo de imortalidade, essa fama, seria impossível sem se tornar *aoidimos*, "digno de ser cantado". O guerreiro somente atingia *kleos*, "glória", quando se falava dele (a raiz de *kleos é kluo*, "ouvir"). A arte arcaica não era apenas uma imitação da vida; era algo que poderia conferir seu verdadeiro sentido à vida (e à morte). Os ciclos de poesia épica eram o mecanismo por meio do qual a honra heróica era reconhecida. Nas cidades-Estado como Atenas e Esparta, um recital da poesia de Homero era considerado um momento de definição para a sociedade educada — a história de Helena fazia parte da estrutura genética da civilização ocidental.

Os que participavam de conflitos armados emulavam o modelo homérico, mas os padrões eram elevados. Mesmo ao jazer no campo de batalha após uma tremenda demonstração de heroísmo, a imortalidade do guerreiro não estava garantida. Se seu corpo fosse profanado como foi o de Heitor, ao ser amarrado pelos tornozelos ao carro de combate de Aquiles e arrastado no pó em volta das muralhas de Tróia, ou se seu corpo se transformasse em carniça, nesse caso a feia, esfarrapada ignomínia apagaria toda a glória obtida ao morrer de maneira digna. Morto, em decomposição e profanado, o herói perdia a oportunidade de ser perfeito e de atingir a perfeita imortalidade.

Tive nas mãos os ossos de homens e mulheres da pré-história cujos cadáveres foram deixados ao relento para que apodrecessem.[5] Muitos estão perfurados e roídos por dentes caninos. É impossível saber se se tratava de cachorros domésticos ou de cães selvagens e lobos que rondavam os arredores dos assentamentos humanos. Mas qualquer que fosse a raça do animal, o furor teria sido o mesmo quando as carnes fossem rasgadas: o odor adocicado e enjoativo do cadáver em decomposição, os animais rosnando na disputa da carne humana.

E, por isso, a fim de evitar essa humilhação, os heróis da *Ilíada* mortos eram rapidamente retirados do campo de batalha e preparados para a jornada ao Além da maneira física mais perfeita possível. Eram lavados e banhados com óleo, as feridas eram tratadas com ungüentos, os cabelos, vestes e pele borrifados com azeite oloroso de oliva. Escovados, acariciados e massageados, os corpos eram colocados em piras funerárias. E, nesse ponto, na tradição épica, quando os gravetos eram acesos e o fogo começava a crepitar, a carne brilhante era envolvida pelas labaredas. O corpo do herói estalava, faiscante, a caminho da imortalidade:

Não há fim mais adequado do que este,
Já não é preciso desejar e suspirar;
Conhecemos a glória que pertence a ele
Uma glória que jamais morrerá.
Certamente sempre soubemos,
Sabíamos que ele tinha sido feito
Para uma rápida manhã radiosa,
Para uma rápida sombra noturna de sacrifício.

CHARLES HAMILTON SORLEY
"In Memoriam"[6]

Essa fantasia e realidade foi revivida pelos jovens que lutaram na Primeira e na Segunda Guerras Mundiais. Especialmente durante o conflito 1914-18, muitos soldados levavam para o combate cópias de obras de

Homero, Hesíodo, Heródoto e Eurípides. Alguns buscavam conforto e inspiração na educação clássica.[7] Outros reconheciam o fato inelutável de que os conflitos imprudentes, mal planejados e de mau agouro são constantes na história humana. Liam e reliam os trechos da *Ilíada* que examinam com severidade e rudeza as incoerências e as misérias da guerra, nas quais Homero reconhece que as inimizades e alianças, as motivações e estratégias de gregos e troianos são tão frágeis quanto um vidro feito de açúcar cristalizado. Mais de três mil anos após a queda de Tróia, alguns recordavam o nome de Helena ao questionarem o objetivo do conflito e do sofrimento. Um soldado, Patrick Shaw-Stewart, que lutou em Gallipoli, parece haver-se inspirado na obra do dramaturgo clássico Ésquilo ao escrever:

> *Vi um homem esta manhã*
> *Que não queria morrer:*
> *Perguntei, e não sei responder,*
> *Se esse é o meu desejo...*
>
> *Inferno de navios e cidades,*
> *Inferno de homens como eu,*
> *Segunda Helena fatal,*
> *Por que terei de seguir-te?*[8]

⬤⬤⬤⬤

Embora a morte — a viril Tânatos — pudesse ser considerada honorável e fosse recebida de bom grado pelos gregos e pelos que se sentiam inspirados por feitos heróicos, ela também possuía um aspecto mais assustador, feminino, denominado *ker*. Essa morte é sanguinária, sombria e vingativa:

> *E a Discórdia e a Devastação entraram na luta, e a morte violenta (ker)*
> *tomando ora um homem vivo, com feridas frescas, ora outro ileso,*
> *retirando um cadáver da carnificina puxando-o pelos tornozelos,*
> *com o manto que os cobria tinto de sangue humano.*[9]

1. Helena surge de um ovo. Em algumas versões da história, a mãe de Helena não era Leda, mas Nêmesis – o espírito do Destino ou da Vingança – , que tomou a forma de uma gansa e copulou com Zeus.

2. Desde o período clássico, os homens têm procurado encontrar o lugar onde ficava Tróia. Esta ilustração de um manuscrito do século XV d.C. mostra a imagem de um artista sobre o povoado. Tróia era um sítio simbólico tanto para o Oriente quanto para o Ocidente – após tomar Constantinopla, o líder otomano Mehmet, o Conquistador, visitou o lugar, declarando o desejo de vingar os mortos troianos.

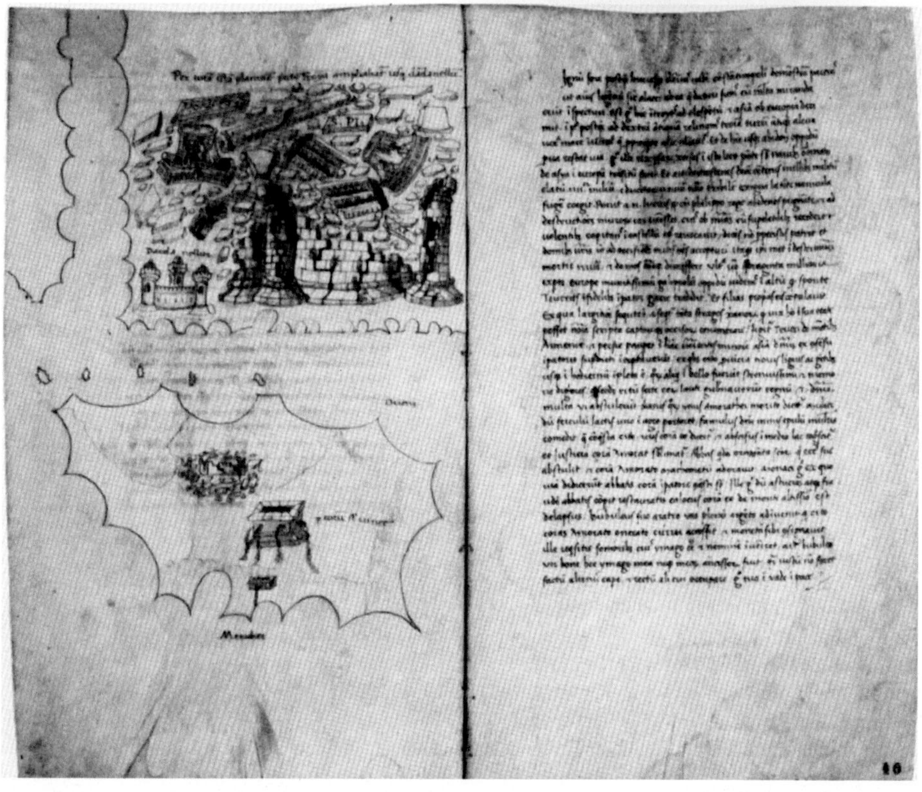

3. As mulheres freqüentemente parecem dominar os rituais religiosos dos micenenses. Este afresco foi descoberto no complexo de culto em Micenas, em 1968. O significado das imagens é obscuro. Uma mulher empunha uma espada gigantesca, outra, um bastão e uma terceira, espigas de trigo. Duas pequenas figuras masculinas tombam diante das damas armadas.

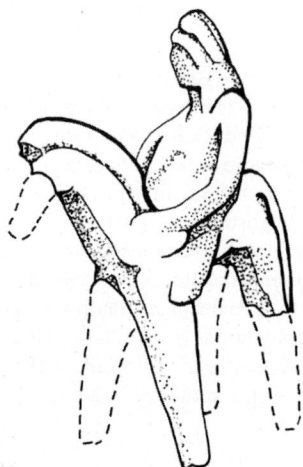

4. Helena era venerada na própria cidade de Esparta e na colina próxima, Terapne. Estas são duas oferendas votivas deixadas para ela: uma figura feminina montada, de terracota, e um frasco de perfume com o nome de Helena gravado **(5)**.

6. Jovens atletas espartanas ofereciam espelhos, como este do século VI a.C., nos santuários religiosos. Eram objetos caros, delicadamente forjados.

7. O rapto de Helena por Teseu poderia estar relacionado a uma história mitológica mais ampla: a captura de uma jovem que representa a fertilidade (primavera e verão) e cuja ausência traz o inverno à Terra. Nesta imagem antiga (c. 680 a.C.), Helena tem proporções monstruosas, sugerindo que esteja representada como figura quase divina. (8) Teseu e Pirítoo a capturam, mas ela está prestes a ser salva por seus irmãos Castor e Pólux, montados em cavalos.

9. Esta figura feminina, vinda de Micenas, segura os seios – gesto que define uma deusa. Os pontos representam pulseiras e um colar.

10. A figura de uma deusa montada poderia sugerir que na Idade do Bronze tardia as mulheres das classes elevadas tivessem permissão para cavalgar.

11. Este leão delicadamente esculpido em marfim demonstra o apreço dos micenenses pela beleza visível.

12. Na Idade do Bronze tardia foi produzida uma grande quantidade de estatuetas femininas. Este exemplo encontrado em Micenas leva nos braços uma criança e outra está presa a suas costas, sob um guarda-sol. É uma *kourotrophos* – nutriz de brotos e crianças pequenas.

Trésor de Priam découfert à 8½ mètres de profondeur

13. Schliemann apresenta orgulhosamente o "Tesouro de Príamo" (designação equivocada) ao público, nesta fotografia feita para o arquivo em 1874. Para chegar a achados como este, durante sua primeira temporada de escavações em Tróia, Schliemann movimentou 78 mil metros cúbicos de terra.

14. Diversas dinastias européias descobriram que sua linhagem descendia dos romanos (como haviam feito os romanos com o herói troiano Enéas). Nestas duas cenas medievais, Helena é recebida em Tróia como aristocrata homenageada e respeitada. Mas na figura **15** a profetisa Cassandra arranca os cabelos, prefigurando as desgraças que viriam.

16. Os carros de combate micenenses tinham rodas com apenas quatro raios – os dos hititas tinham seis – e eram mais leves do que os daqueles.

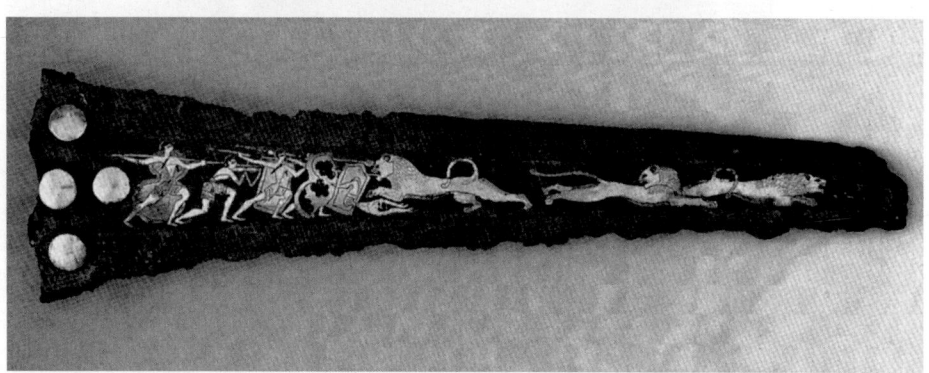

17. Grande parte da arte micenense trata de temas militares ou dos prazeres da caça. A decoração desta adaga mostra guerreiros micenenses matando um leão. Note-se o grande escudo retangular, em forma de "torre". Na *Ilíada*, Ájax leva um escudo "como uma parede", coberto de pele bovina.

18. As tábuas em Linear B eram blocos de argila com inscrições. Esta contém uma lista de ervas e especiarias (como a *e-pi-ka* – hibisco) usadas com finalidades culinárias e medicinais. A palavra *pa-ma-ko* (raiz de "farmácia") também está inscrita.

19. A Helena romântica – uma vedete loura clássica. Evelyn De Morgan pintou Helena como muitos devem tê-la imaginado – cor-de-rosa. A artista deu-lhe um espelho dourado – ela está fascinada pela própria beleza.

20. A imagem de Helena foi freqüentemente usada para decorar os mais ricos vasos. O fundo branco e a tinta colorida neste fragmento mostra que era uma peça cara. Helena baixa o rosto, mas olha para Páris, acima dela, por entre os longos cílios.

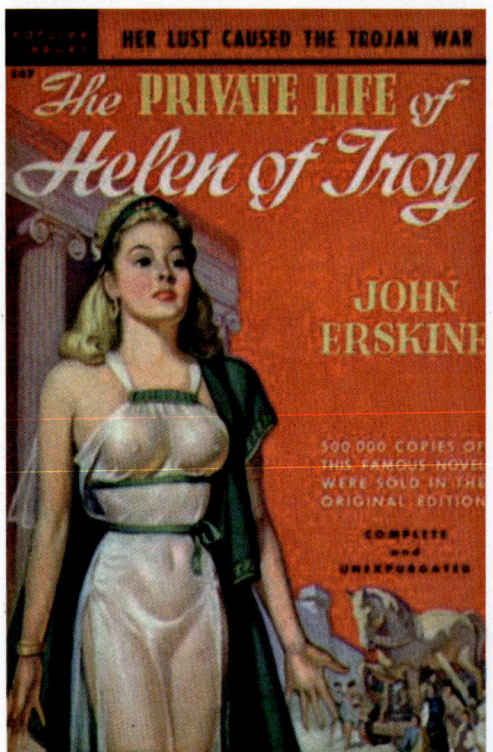

21-23. As imagens pintadas da "desejada do mundo" nos falam das idéias dos homens a respeito de Helena tanto quanto dela própria. A Helena de Frederick Sandys tem ar aborrecido **(21)**.

A Helena de Sir Edward John Poynter compreende tardiamente o que fez **(22)**.

A capa de Earle Bergey **(23)** para o fascinante romance de John Erskine, originalmente escrito em 1925 e depois reimpresso em 1952, é literalmente pornográfica (uma demonstração de *porneia* – falta de castidade).

24. Disfarçado de cisne, Zeus viola Leda, rainha de
Esparta, e Helena é concebida – tema popular muito
reproduzido nos períodos grego e romano. Esta estela
é uma cópia do período romano, baseada numa
lápide de túmulo grego.

25. A história das tentativas do pintor Zêuxis, do século V a.C., de recriar Helena tornou-se alegoria do esforço dos artistas para representar com êxito a perfeição da natureza.

Neste manuscrito de 1282 **(26)**, Helena não é uma pintura, mas um ídolo. A ação se detém no momento em que Zêuxis se prepara para dar um rosto à "mulher mais bela do mundo" (tarefa impossível). Por trás do artista, jovens praticam a técnica do uso da lança.

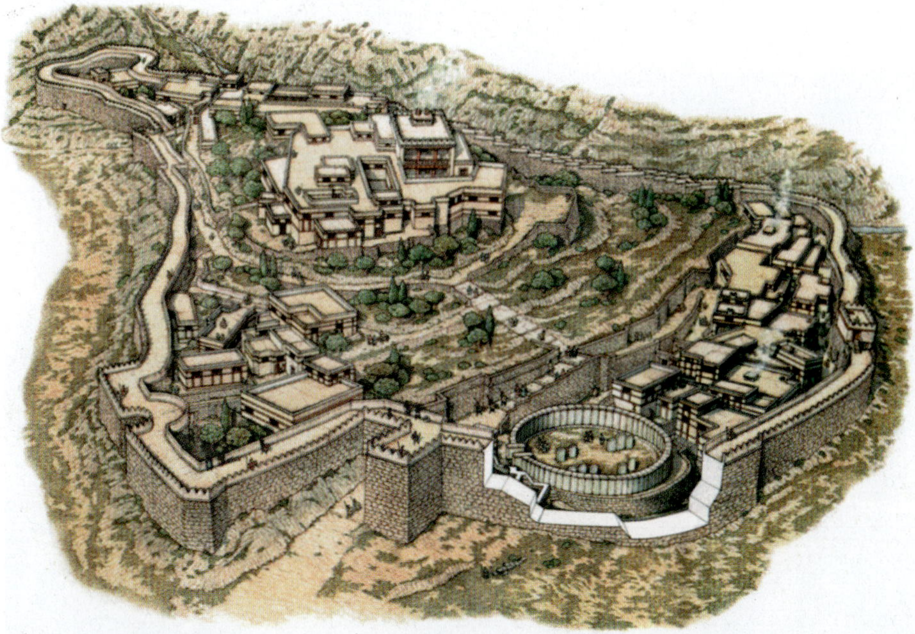

27. A cidadela real de Micenas foi fortificada no século XIII a.C., período em que os habitantes da Grécia estavam visivelmente inquietos.

28. O "Portal do Leão", em Micenas. As entradas tanto da cidadela grega de Micenas quanto da cidadela hitita de Hattusa eram protegidas por imensos leões esculpidos.

29. Tróia no século XIII a.C. Investigações em curso indicam que Tróia tinha uma extensa cidade baixa. O centro do sítio de Tróia na Idade do Bronze foi praticamente erradicado por Schliemann, mas colonos gregos e romanos já haviam destruído grande parte da área dos palácios para suas próprias construções.

30. Notem-se as muralhas de Tróia inclinadas em curva. Uma quantidade pouco comum de ossos de cavalos foi encontrada em Tróia, sugerindo que ali pode ter existido um centro de comércio eqüino na Idade do Bronze.

31. A cidadela real no sítio de Hattusa – capital do mundo hitita. No século XIII a.C., os hititas dominavam a maior parte da Turquia moderna e grandes extensões do Oriente Médio. Tróia era um reino leal aos hititas e por eles influenciado. A *Ilíada* trata do embate entre povos de ambos os lados do estreito de Dardanelos, tanto gregos quanto troianos; a epopéia deve ser estudada de duas perspectivas: a oriental e a ocidental.

32. Uma reconstrução do *megaron* – sala do trono em Pilos. Alguns detalhes são fruto de conjetura, mas a impressão geral é excelente. A nobreza real micenense gostava de esquemas vívidos de decoração – há narrativas visuais de histórias nos afrescos das paredes.

33. As cenas em diversos anéis de sinete de ouro representam atividade ritual, freqüentemente o culto de árvores; aqui, há uma dançarina de seios nus, um homem que agita vigorosamente um galho e outra jovem que se deixa cair sobre um altar.

34. A papoula muitas vezes surge na arte e artefatos micenenses, manuseada por mulheres, o que sugere que os narcóticos faziam parte importante do ritual religioso. Este alfinete feito de bronze e cristal de rocha foi encontrado num túmulo da elite micenense.

35. As figuras de terracota encontradas em Micenas dão uma impressão tanto do horror quanto do êxtase que devem ter feito parte da prática religiosa. Esta diabólica dama, apelidada "Clitemnestra" por seus descobridores em escavações, foi encontrada no centro de culto de Micenas, onde havia sido deixada c. 1230 a.C.

36. Os cadáveres de micenenses eram muitas vezes envolvidos em ouro e outros ornamentos. Dois bebês encontrados em Micenas tinham sido cobertos com folhas de ouro.

37. A jovem Helena quase certamente teria usado maquiagem – esta mulher de Tiris, no Peloponeso, leva uma caixa de cosméticos (à esquerda).

38. Uma "princesa" Helena teria tido a cabeça raspada quando menina (à direita, abaixo).

39. As adolescentes tinham cabelos mais longos – esta é a melhor imagem que podemos ter de uma aristocrata micenense na véspera do casamento (página ao lado).

40. A marca distintiva das mulheres maduras eram os cabelos longos. As mulheres mais velhas eram retratadas com seios pendentes e traços de pintura vermelha nos cantos dos olhos (abaixo).

41. A beleza e a destreza físicas eram muito apreciadas tanto nos homens quanto nas mulheres na Idade do Bronze. Esta imagem de um afresco encontrado em Tera mostra dois meninos lutando boxe.

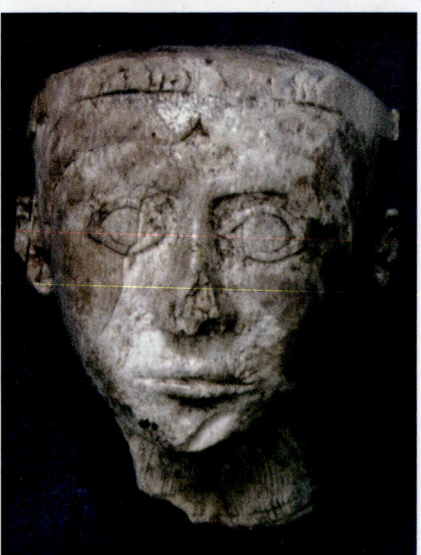

42. Esta melancólica cabeça de um jovem micenense foi talhada em marfim de elefante. O homem tem uma faixa em torno da cabeça e as orelhas estão perfuradas.

43. Menina espartana surpreendida em meio a uma dança, caminhando para a frente e olhando para trás. Originalmente, fazia parte da decoração na borda de uma vasilha. Embora os artistas de todos os períodos tenham tido fantasias sobre jovens virgens espartanas fazendo exercícios nuas ou seminuas, o registro arqueológico sugere que na verdade vestiam muito pouca roupa nas atividades de dança ou atletismo. Num festival separado, somente para mulheres em honra a Hera, em Olímpia, as atletas participavam de competições de corrida.

44. Em Esparta, meninos e meninas parecem haver-se exercitado sob os olhos uns dos outros (inusitado na época). O nível de educação ao alcance das mulheres espartanas era maior do que o de qualquer outra cidade-Estado clássica.

45. A história do caso de amor entre Helena e Páris começa num casamento no monte Pélion, onde a cerimônia foi perturbada por Éris, a deusa da discórdia. Foram feitas poucas representações dela, ou poucas sobreviveram.

46. A arte européia mostra o rapto de Helena de inúmeras formas. Embora os artefatos gregos, arcaicos e clássicos, tipicamente mostrem a ligação de Helena e Páris como uma fuga conjunta, e Safo, no Fragmento 16 **(47)** afirme que Helena deixou Menelau por vontade própria, ao longo dos séculos, o encontro com o príncipe de Tróia se torna mais violento.

48. Por volta do século XV, quando as figuras **(49)** e **(50)** foram encomendadas, a viagem de Helena para Tróia quase sempre aparece como um rapto forçado.

51. O rosto feminino do século XIII a.C. Esta mulher-deusa de Micenas está fortemente maquiada, com "sóis" vermelhos nas maçãs do rosto, queixo e fronte.

52. Esta figura, pintada em 1914, é o que Helena se tornou: não parte do Mediterrâneo oriental, mas diferente dele, uma mulher branca assistida por uma escrava oriental. Uma criatura vaidosa e vazia, absorta em sua própria imagem enquanto ao fundo Tróia arde.

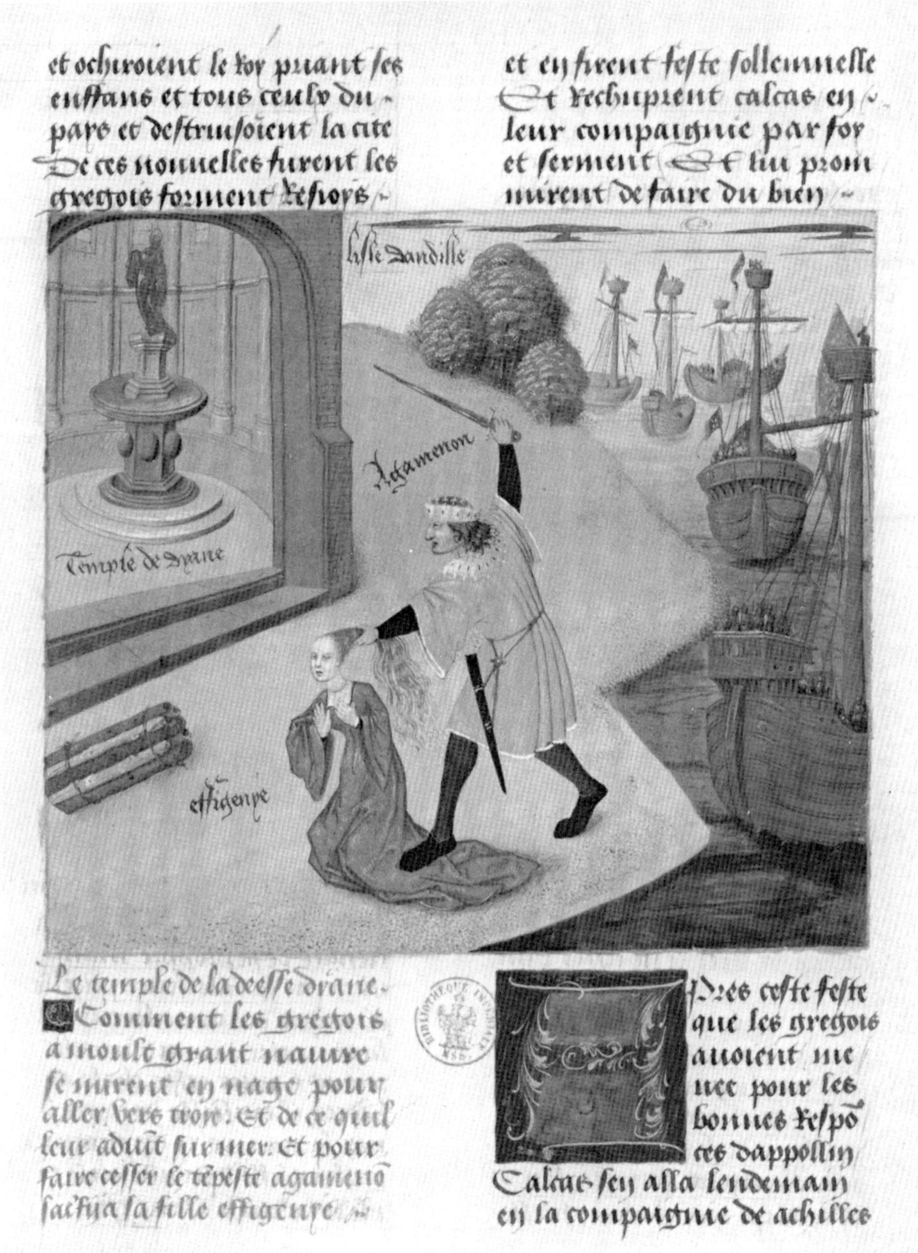
et ochiroient le roy priant ses
enffans et tous ceulx du
pays et destruisoient la cite
De ces nouvelles furent les
gregois forment resioys
et en firent feste sollemnelle
Et rechuprent calcas en
leur compaignie par foy
et serment Et luy prom
mirent de faire du bien
Lisle dandille
Agamenon
Temple de dyane
effigenye
Le temple de la deesse diane.
Comment les gregois
a moult grant navire
se mirent en nage pour
aller vers troie. Et de ce quil
leur advint sur mer. Et pour
faire cesser le tepeste agamenō
sacrifia sa fille effigenye
Apres ceste feste
que les gregois
avoient me
nee pour les
bonnes respo
ces dappollin
Calcas sen alla lendemain
en la compaignie de achilles

53. Tanto como joguete dos deuses ou manipuladora de homens, Helena estava ligada à horrenda violência da Guerra de Tróia. Sua sobrinha Ifigênia (algumas versões dizem que era filha de Helena, da gravidez seguinte à violação por parte de Teseu) foi a primeira a ser sacrificada por causa da guerra.

54. Aqui Príamo é espancado até a morte com um porrete feito com o cadáver de seu próprio neto (Astíanax), e Cassandra, irmã de Páris, é violentada em Tróia por Ájax, agarrada a uma estátua de Atena (55).

56. Os heróis de Tróia foram recebidos de modos diferentes. Este relevo do Herum Argivo, feito no século VII a.C., mostra Clitemnestra (meia-irmã de Helena) matando Cassandra, irmã de Páris. Diz-se que Agamêmnon trouxera Cassandra de Tróia para ser sua concubina.

57. Menelau deixa cair a espada ao descobrir sua instável mulher em Tróia – os dramaturgos gregos exploraram muito o fato de que o rei de Esparta tivesse sido conquistado pela visão dos maravilhosos seios de Helena.

58. Afrodite aconselha Helena a dormir com Páris. Nêmesis aponta a rainha de Esparta com um dedo acusador. O desastre é inevitável.

59. A construção do Cavalo de Tróia passou a representar o triunfo da astúcia grega (ocidental) sobre os músculos troianos.

60. O artista Moreau pintou diversas vezes Helena. Aqui, Tróia se desintegra por nada, por um rosto vazio, em branco. Como escreveu o poeta George Seferis em seu poema "A Helena de Eurípides": E os rios cresceram com sangue em suas areias / tudo por uma ondulação de linho, uma nuvem tênue / o cintilar de uma borboleta, um tufo de penugem de cisne / uma túnica vazia – tudo por uma Helena.

61. Ao contrário de muitas de suas companheiras, o retorno de Helena ao lar foi relativamente indolor. Uma vez de volta ao palácio em Esparta ela demonstra sagacidade ao reconhecer Telêmaco, filho de Ulisses. Em oposição aos autores gregos posteriores, Homero constantemente realça a acuidade mental de Helena. De fato, na *Ilíada* a inteligência parece ser característica de diversas personagens femininas: Agamêmnon a inclui na lista de virtudes de uma boa mulher: "construção... procriação... mente... trabalhos manuais" (*Ilíada* 1.135).

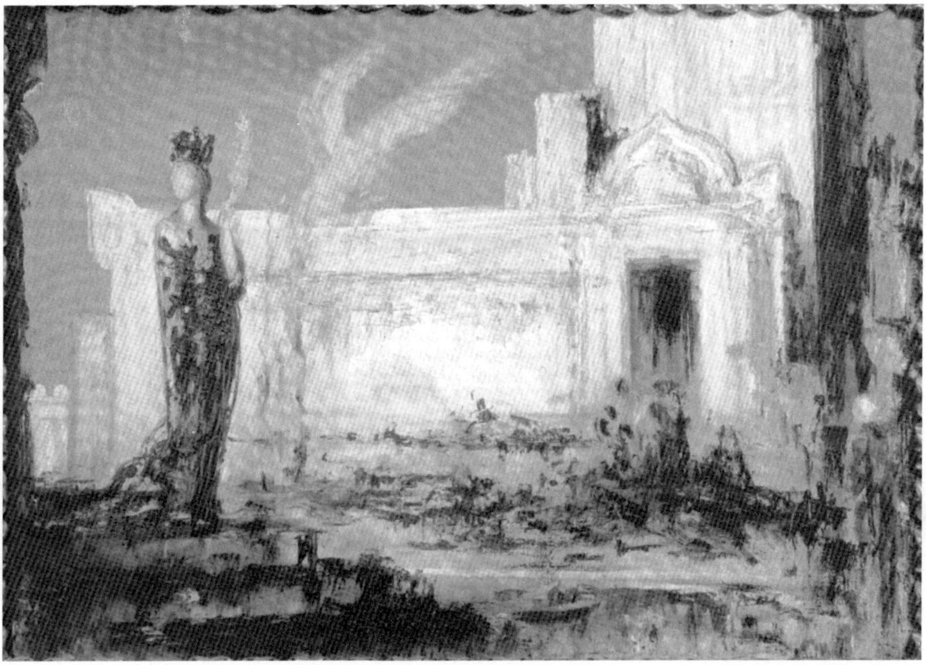

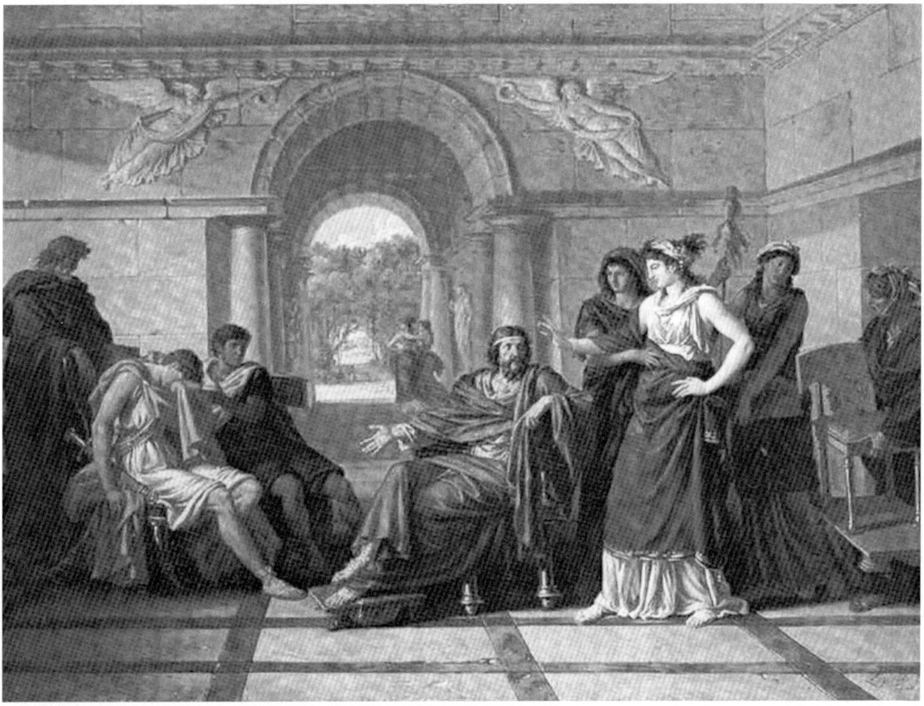

62. Os sítios do culto de Helena, com freqüência, estão junto a oceanos ou fontes. Acreditava-se que o poder sexual – em forma da deusa do amor, Afrodite – havia se originado no mar. Este relevo grego mostra o nascimento de Afrodite na água. Imagens de espíritos e deidades ligadas à potência sexual eram banhadas em água na esperança de que sua fecundidade fosse renovada.

63. Diz-se que os seios de Helena forneceram as dimensões para uma taça sagrada, ainda usada na ilha de Rodes no século II d.C. As taças em forma de seio eram efetivamente utilizadas para líquidos sagrados na Grécia clássica – esta foi feita em Atenas em 520-500 a.C.

64. Estátua despedaçada da *kore* – quase certamente Helena – encontrada em um santuário pagão na Samária.

65. Os capuzes característicos de Castor e Pólux, do mesmo santuário na Samária, ambos coroados com uma estrela.

67. A rainha Elizabeth, instruída pelo tutor Roger Ascham, conhecia bem as narrativas sobre Helena. Aqui, ela "desconcerta Juno, Minerva e Vênus" numa paródia do Julgamento de Páris. Elizabeth traz um globo dourado, como Páris fez com sua maçã de ouro. Note-se que em vários detalhes as três deusas se parecem com Elizabeth.

66. Helena surge de forma preeminente na tragédia grega – o personagem seria representado por um homem usando uma máscara rígida –, e a crina de cavalo era, possivelmente, usada para figurar os "cachos dourados" de Helena.

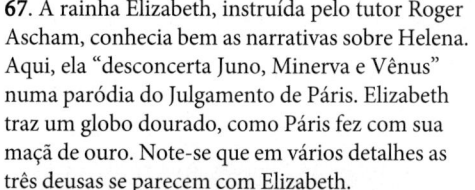

68. Por causa da sua acentuada sexualidade, Helena sofre condenação em diversos trechos teológicos medievais do Renascimento. No *Inferno* de Dante ela é colocada no grupo das prostitutas, que urram no círculo dos libidinosos – conforme a ilustração de William Blake.

69. Seria Homero um historiador? Uma imagem de um tocador de lira num afresco encontrado num palácio da Idade do Bronze tardia, em Pilos, mostra que havia, quase certamente, bardos cantores cujo ofício era recitar os feitos dos reis e rainhas do Oriente Próximo. A *Ilíada*, cada vez menos, parece ser um conto de fadas.

A cumplicidade de Helena com *ker* sobrevive nos dias de hoje. Ela ainda é acusada pelas muitas privações da Guerra de Tróia — recordada como a mãe do horror da morte, não de sua glória.

∽∽∽

No século XIX d.C., quando o pintor romântico Gustave Moreau fez de Helena seu tema, a rainha de Esparta virou as costas para Tânatos.[10] A Helena de Moreau é a amiga de *ker*. No quadro *Helena nas muralhas de Tróia*, o céu é cinzento como o metal de uma arma, e os cadáveres estão empilhados aos pés de Helena enquanto ela, dos muros de Tróia, contempla a profanação com olhar maligno. Essa Helena é matriz de ataúdes, não de heróis. É sombria e cúmplice.

Fui visitar a casa de Moreau, no número 14 da rue de la Rochefoucauld, no bairro Trinité, em Paris, para ver se conseguia entender a origem dessa e de muitas outras Helenas que o artista imaginou, caminhando solitárias pela cidadela de Tróia.[11] Os quadros de Moreau são prolíficos, cobrindo cada centímetro quadrado de todas as paredes da casa, que hoje é um museu. Os visitantes são obrigados a virar o pescoço e espreitar em cantos sombrios para discernir a legião de personagens quase míticos — a maioria mulheres — que ocupam todos os espaços. Aqui está Salomé, ali Cleópatra, mais além Leda. E, também, em quantidade surpreendente, aqui está Helena.[12]

Subindo ao segundo andar da casa-museu, dando voltas nas escadas em espiral e fazendo ranger as tábuas originais do assoalho, encontrei o que sem dúvida é uma das imagens mais assombrosas da rainha espartana já criadas. Em muitas de suas representações de Helena, Moreau deu-lhe um corpo verdadeiro, mas deixou em branco o lugar onde deveria estar o rosto.[13] E a epítome dessa Helena fantasmagórica e sem rosto pode ser encontrada em uma tela pintada em 1880: *Helena no portão escaeno*. Ali, o corpo de Helena é tão espectral quanto o rosto. Ela é branca e etérea, um *eidolon*, mais próxima dos rolos de fumaça que se erguem de Tróia do que de uma mulher real. Por sobre essa visão há carnes ensangüentadas; espirais e traços de tinta — escarlate, negra, azul e marrom. É uma representação doentia, lívida, gotejante da morte e do sofrimento que Helena trouxe a Tróia. Essa miséria, que circunda e se agarra a Helena, também parece estar em chamas.

Esse é o horror que a rainha de Esparta se tornou. Essas pequenas manchas perniciosas de tinta, movimentos rápidos e penetrantes do pincel acusador do artista, nos recordam que, durante séculos, Helena foi considerada culpada de toda aquela carnificina; ela passou a representar a capacidade humana de usar o amor como pretexto para o ódio. E, enquanto os heróis que mataram e morreram em seu nome são lembrados como gloriosos, Helena é recordada como sórdida.

31

A QUEDA DE TRÓIA

Minha mãe me gerou como uma monstruosidade aos olhos dos
homens? Minha vida e minha sorte são monstruosas, em
parte por causa de Hera, em parte por minha beleza. Desejaria
ter sido apagada, como em um quadro,
e ser comum em vez de bela...

EURÍPIDES, *Helena*[1]

A HELENA QUE HOMERO DESCREVE em Tróia é uma figura pungente e
solitária; ele insinua que aqueles dez longos anos foram de auto-re-
criminação. Helena se considera uma megera intrigante e depravada e diz
preferir ter sido tragada por uma tempestade antes de causar tanta desgraça.[2] Em sua alocução fúnebre para Heitor — a última grande oração
da *Ilíada* —, ela fala de seu "atormentado coração, golpeado pelo destino",
e diz desejar que uma morte prematura tivesse impedido seu encontro com
Páris, "magnífico como um deus". Por quatro vezes, em Homero, ela se refere a si mesma como *kuon*, "uma cadela".[3] Essa palavra grega foi cuidadosamente escolhida: os ouvintes dos rapsodos se lembrariam dos animais
predadores que se alimentavam de carne humana. E como os cães vadios
que rondavam (e ainda rondam) as muralhas de Tróia, Helena era também em parte cidadã e em parte exilada.

Esfomeados, com as ligações marítimas milenares cortadas pelos navios
gregos na baía de Besik, na altura do final da guerra, os troianos haviam aca-
bado por odiar Helena, apesar de sua beleza. Tinham arrepios quando ela
passava, murmurando e afastando-se dela. Não podemos saber com que

rapidez as dúvidas a assaltaram, quando percebeu o que causou. No momento em que o flerte foi consumado em Cranai? Ou quando Páris perdeu o brilho e o fascínio inicial da aventura se desvaneceu? O que Homero parece sugerir é que, em pouco tempo, os olhos de Helena se abrem e ela percebe que Páris é, na verdade, um pavão. Ele se transforma no *"cego, louco Páris".* Falando com Heitor, irmão de Páris, com magistral leviandade, ela afirma: *Gostaria de ter me casado com um homem melhor, que percebesse o ultraje, o desprezo destruidor dos homens.*[4] E quando o príncipe primogênito de Tróia é abatido por Aquiles, Helena inicia os cânticos fúnebres:[5]

> *Assim, no mesmo alento choro a mim e a ti,*
> *meu atormentado coração, golpeado pelo destino! Já não há ninguém*
> *em todo o reino de Tróia, nenhum amigo que me trate com doçura —*
> *todos os cidadãos se afastam de mim com desprezo!*[6]

Na *Ilíada,* o relacionamento de Helena com os homens a mostra como mulher volúvel,[7] mas o advento do Cavalo de Tróia a coloca sem ambigüidades como arquétipo da duplicidade.[8] O Cavalo de Tróia é mencionado somente uma vez na *Odisséia* e não aparece de todo na *Ilíada*; o relato mais completo é o de Virgílio, na *Eneida.* O poema mais antigo termina com a morte de Heitor, antes do saque de Tróia; no entanto, com a ajuda de pinturas em vasos gregos, peças e trechos de poemas épicos perdidos que ressurgem em obras posteriores da Antigüidade, podemos acompanhar o drama até sua conclusão.

Ficamos sabendo que os gregos, desmoralizados e debilitados após dez anos de acampamento militar, nos verões e nos invernos, apostam todas as fichas em um estratagema idealizado pelo planejador Ulisses. Escondem-se em Tênedos, nas proximidades, e incendeiam seu próprio acampamento — finalmente, ao que parece, desistem de Helena. A única coisa que ainda permanece do lado de fora das muralhas de Tróia é um gigantesco cavalo de madeira. Os troianos estão divididos: devem atirar de um penhasco aquela tosca criatura ou seria isso um sacrilégio — o cavalo poderia ser um presente para sua amada deusa Atená. Cansados, ingênuos, quixotescos e supersticiosos, resolvem acolher o cavalo na cidade. O povo de Tróia comemora com flores e sacrifícios. Helena, acrescenta Virgílio, percorre a cidade como uma bacante, dançando exageradamente — cheia de júbilo, agora que Tróia em breve será destruída.[9]

Mas de que lado ela está? Helena é também isca, procurando atrair seus antigos compatriotas a uma morte certa. Dando três voltas em torno do cavalo, acariciando-lhe os flancos enquanto caminha, ela imita as vozes das mulheres que os gregos deixaram para trás em seus lares, murmurando palavras doces, torturando os homens escondidos dentro do cavalo com a lembrança de seus entes queridos.[10] Um de heróis, Anticlus, fica louco para sair, tão encantado com aquele canto de sereia, que Ulisses é obrigado a matá-lo para que ele não denuncie o batalhão de elite no interior. Desta vez, no entanto, o fascínio de Helena não é bastante forte. Os soldados gregos ocultos dentro do cavalo — de treze a três mil, segundo os contadores de histórias — permanecem em silêncio.[11] Quando a lua nasce, um dos gregos, Sínon, sai cautelosamente do cavalo e acende uma fogueira para indicar às forças de Agamêmnon, pacientemente à espera em Tênedos, que o ardil funcionou. O saque de Tróia pode começar.

A invasão da cidadela pelos gregos é acompanhada por muitas atrocidades. Cassandra, irmã de Páris, é estuprada por Ájax. O filhinho de Heitor, Astíanax, ou é atirado da muralha ou usado como clava para matar o velho rei Príamo.[12] Em uma das primeiras representações visuais da história, um vaso que data de 700 a.C., hoje solitário no Museu Britânico, aparecem crianças ensangüentadas, abatidas por guerreiros com grandes espadas.[13] As mulheres de Tróia são poupadas para presenciar os homicídios, à espera de sua própria degradação e sofrimentos.

A legislação conhecida do século XIII a.C. deixa claro que a escravidão, freqüente após uma campanha militar, acarretava terríveis adversidades:

> *O escravo que provocar a ira do senhor será morto ou terá o nariz, os olhos ou as orelhas mutilados; ou seu senhor o responsabilizará junto com sua mulher, seus filhos, irmão, irmã, parentes e família, seja o escravo do sexo masculino ou feminino... se morrer, não morrerá sozinho; a família morrerá com ele.*[14]

O momento da subjugação é descrito de maneira aterradora e chocante por Eurípides em sua peça *As troianas*. A cidade foi incendiada. O coro descreve a penosa violação de vidas, santuários e lares, que certamente acontecerá. O ciclo de violência não terá fim. Os soldados farão seus prisioneiros sofrerem porque também eles sofreram. As mulheres, feridas e petrificadas, se aglomeram, juntando-se umas às outras. Escrita durante a época da Guerra do Peloponeso, o conflito entre Atenas e sua rival Esparta,[15] que durou 27 anos, *As troianas* também tem conotações políticas. A peça narra a história de Helena de Tróia, mas também explora as privações e a fúria dos conflitos militares. A platéia de Eurípides estava sendo chamada a enfrentar não a sorte dos vencedores, mas a dos vencidos.

A platéia ateniense, por vezes arrogante, deve ter estremecido no teatro. A Guerra do Peloponeso, que acontecia na época, era marcada pela horrenda brutalidade exibida pelos dois lados: ambos haviam arrasado cidades inteiras (os piores exemplos foram Platéia, pelos espartanos, em 427,[16] e Melos, em 416,[17] pelos atenienses) e massacrado os homens, vendendo mulheres e crianças como escravos. Os atores declamavam suas falas enquanto o espectro do colapso militar, moral e psicológico pairava nos bastidores.

O dramaturgo Ésquilo também conhecia a terrível perfeição desse ciclo de violência. "Eles violaram nossa rainha, nós violamos a cidade deles, e tínhamos razão..."[18] Os ingredientes de sua peça — política sexual, identidade cívica, abstrações universais e estratégia militar — já eram candentes; acrescentar Helena era lançar mais lenha ao fogo. Isso porque, naturalmente, ela não era apenas Helena; era Helena de Esparta. Aos olhos de Atenas, em guerra com Esparta, essa rainha libertina era sua inimiga — tanto no sentido político quanto moral.

Textos da Idade do Bronze nos indicam que grande número de homens e mulheres acabava se transformando em despojo de guerra no século XIII a.C. Em textos hititas, essas pessoas são mencionadas como "produto de saque". Em tábuas em Linear B vindas de Pilos e Tebas, que descrevem mercadoria humana, estão gravados os nomes *Tros* e *Troia* — troianos e mulheres troianas.[19] Num mundo em que tudo dependia da força muscular, as guerras eram deflagradas não apenas para conquistar território, mas também povos. Um rei hitita, Mursili II, se vangloria de haver levado uma manada de 15 mil novos cativos para sua cidade após uma campanha militar especialmente bem-sucedida.[20] Não admira que essas atrocidades mitológicas populares estivessem marcadas a fogo na consciência dos povos do Mediterrâneo oriental — e é sintomático que o desejo carnal de uma mulher seja recordado como sua centelha inicial.

❧❧❧

E o que dizer de Páris? Nem a *Ilíada* nem a *Odisséia* homenageiam sua morte com um único verso. Sabemos pela *Pequena Ilíada* que ele foi morto por uma flecha — no período arcaico, uma arma considerada afeminada e anti-heróica.[21] É um fim suficientemente ignominioso para um homem sem honra,[22] um príncipe bonito e sem substância que, ao contrário de Helena, afinal pouco mais era do que um raio de luar. E tão logo ele desaparece, com indevida pressa Helena conquista outro príncipe de Tróia, Deífobo.[23] Ao saber que os gregos entraram na cidade, Helena rouba a espada do marido e o deixa à mercê de Menelau e Ulisses.[24] É uma traição final que Virgílio perversamente se delicia em elaborar no Livro 6 da *Eneida*. O herói Enéias viaja pelo mundo das sombras, onde lhe é revelada a perfídia da rainha de Esparta:

> Ali também ele [Enéias] viu Deífobo, filho de Príamo, com o corpo inteiramente mutilado e o rosto cruelmente descarnado. O rosto e ambas as mãos estavam em farrapos. As orelhas haviam sido arrancadas da cabeça. Não tinha nariz e era horrendo. Enéias, mal o reconhecendo, aproximou-se e falou-lhe... "Deífobo, poderoso guerreiro, que descende do nobre sangue de Teucro, quem poderia ter querido infligir-te tal castigo? ..." A isso o filho de Príamo espondeu... "Meu destino e os crimes dos que foram assassinados em Esparta me causaram isso. Essas são as coisas que recordam Helena."[25]

Enquanto as labaredas devoram Tróia, Helena corre pelas ruas, na busca desesperada de um refúgio. Está cercada pelo ódio: Stesícoro nos diz que gregos e troianos se juntam a fim de matá-la por apedrejamento.[26] Quando Menelau finalmente a encontra, escondida em um templo (os autores antigos discordam quanto à padroeira do santuário, Atená, Apolo ou Afrodite), tem a espada desembainhada, pronto para matar.

Mas, ao que narram os antigos, as chamas do desejo se mostram mais poderosas do que as da vingança. Menelau deixa cair a espada.[27] Electra lamenta: *"Pobre de mim! Terão as espadas perdido o corte diante daquela beleza?"*[28] A cena é reproduzida com vigor em vasos do mundo clássico. Embora Menelau tenha a oportunidade ideal para estripar Helena, a perfeita desculpa para atravessá-la com a lâmina, ele não o faz. Em vez disso, ele a ama, e isso a torna excitante e terrível. Ela engana os homens fazendo-os "embainhar as espadas" com a promessa do sexo perfeito.[29] Mesmo diante daquela rainha ilusória e desonrada, encurralada em um canto à sua frente, Menelau não consegue dominar. Ela é uma mulher para sempre, uma mulher sexual, mas não subserviente, e por isso ela é uma advertência para a história.

Uma das mais antigas imagens sobreviventes de Helena está em um *pitos* gigantesco descoberto por acaso por um pequeno proprietário na ilha de Míconos.[30] Essa fabulosa peça do século VII a.C. está hoje em exibição no museu arqueológico da ilha. A superfície é cheia de figuras. Menelau ameaça Helena com uma imensa espada — a lâmina de metal deve ter pelo menos 1,20 metro. Em volta dela há cenas terríveis: soldados agonizando, mulheres e crianças sendo assassinadas. Mas Helena não se assusta. Apenas, puxa o véu que lhe cobre o rosto, ato constantemente repetido nas representações do encontro com Menelau. É difícil dizer se a rainha de Esparta está retirando o véu ou envolvendo mais o rosto com ele. Esse gesto é comum na arte grega e pode ser interpretado de três formas. Às vezes, é uma reação de medo: a mulher oculta o rosto quando se apavora. Às vezes, significa casamento: talvez Helena esteja acolhendo seu legítimo marido. E alguns sugerem que seja um ardil erótico, uma forma de despir-se como presságio dos prazeres que virão, tentando Menelau com a visão fugidia de seus famosos seios.[31]

"*Quando Menelau viu de relance os seios de Helena — nus como estavam —, deixou tombar a espada*",[32] diz um dos personagens da *Lisístrata*, de Aristófanes, e na *Andrômaca*, de Eurípides, Menelau é repreendido: "*Olhando o busto dela com olhar manso, deixaste a espada de lado e te preparaste para receber um beijo, acariciando aquela traiçoeira meretriz.*"[33]

Em diversos artefatos que representam a recaptura de Helena pelo rei de Esparta, os cabelos dela estão desfeitos, desalinhados; em um espelho, delicadamente gravado pelos etruscos usando a técnica tang, os dedos de Menelau estão mesclados com os cachos de Helena, afastando-a da imagem de Atená à qual ela se agarra.[34] Em outras peças, no entanto, Menelau a leva, respeitosamente, de mãos dadas, para o navio que os espera. Um talabarte vindo da própria Esparta (quase certamente) mostra Menelau com a espada ao alto, olhando para Helena atrás de si, trazendo uma guirlanda — não transparece nenhuma ameaça.[35] Mas mesmo que ele a esteja levando de volta a sua casa, a maioria das representações deixa claro que seu ato jamais será perdoado nem esquecido.

Na peça *Agamêmnon*, de Ésquilo, a notícia da derrota dos troianos contra os gregos é dada por meio de fogueiras. A arqueóloga dra. Elizabeth French (que passou muitos anos trabalhando nos terrenos do Egeu) acredita que as cidadelas micenenses eram tão bem localizadas que, de ambos os lados do Bósforo, os gregos poderiam perfeitamente ter contemplado as fogueiras sendo acesas, primeiro no monte Ida, na Turquia, depois em Lemnos, no monte Atos, em Cithairon, e, finalmente, na própria torre de observação de Micenas, Agios Elias, na cadeia de montanhas Aracneion, que abriga a grande cidadela a cavaleiro da planície argiva.[36] Os fogos indicavam a queda de Tróia, narrando um triunfo grego, e anunciavam a volta da rainha de Esparta.

I

Menelau correu pelas ruínas de Tróia
Ao palácio de Príamo, para saciar
O ódio de dez anos contra a meretriz adúltera
E a honra de um rei. Por entre mortes sangrentas
E gritos, e depois por caminhos mais calmos correu ele,
Até defrontar-se com a câmara mais recôndita.
Agitou a espada e entrou na luxuosa alcova,
Na penumbra, resplendente como um deus.

Ali estava sentada a alva Helena, sozinha e calma.
Ele não se lembrava de que ela era tão bela,
E que a curva de seu pescoço era assim;
E sentiu-se fatigado. Afastou a espada,
Beijou-lhe os pés, ajoelhou-se diante dela,
O perfeito Cavaleiro diante da perfeita Rainha.

II

Assim cantou o poeta. Como veria ele
A viagem de volta, os longos anos de conúbio?
Ele não conta como a alva Helena
Concebe filhos legítimos, se torna desfigurada
Cheia de virtude. O ousado Menelau
Envelhece alegremente, saqueando cem Tróias
Entre o meio-dia e a hora da ceia. E a voz dourada dela
Vai ficando mais aguda enquanto ele fica surdo.
E ambos estão velhos.

Muitas vezes ele cisma por que motivo correu
Na direção de Tróia, ou por que o pobre Páris terá vindo.
Ela muitas vezes chora, de olhos inchados e impotente;
Estremece ao ouvir o nome de Páris.
Assim eram a rabujice de Menelau, as lágrimas de Helena;
*E Páris dormia ainda às margens do Scamander.**

RUPERT BROOKE, "Menelau e Helena"[37]

*Nome antigo do rio que corre próximo a Tróia, hoje chamado Kara Menderes. (*N. do T.*)

NONA PARTE

HELENA IMORTAL

32

ESPARTA, SUA TERRA

Ao terminar a guerra, Helena retoma tranqüilamente seu lugar
na casa de Menelau. Comporta-se com dignidade perfeita e
natural; e suas relações com o marido não trazem a marca
do lamentável intervalo, mas seus traços permanecem
indeléveis em sua própria vergonha perpétua.

RT. HON. W. E. GLADSTONE, DCL, MP*
da Universidade de Oxford[1]

TERÁ SIDO A CURVA DO PESCOÇO de Helena o que deteve a lâmina afiada
de Menelau? Ou o dom da beleza, da *kharis,* único escudo da rainha?
Teria Menelau sido simplesmente dominado por seu antigo amor por ela?
Suspeito que não. Fosse ele o noivo real de uma grande proprietária micenense ou o consorte mítico de uma mulher semidivina, a bela criatura que
tinha diante de si possuía conexões extraordinárias. Por haver-se ligado a Helena — e graças somente a essa ligação —, Menelau é advertido durante a
viagem de volta a Esparta que tem uma chance de atingir a imortalidade:

> *Quanto a teu próprio destino, Menelau, / querido de Zeus, não morrerás*
> */ enfrentando teu destino na terra dos cavalos de Argos, / não, os*
> *imortais te arrebatarão ao fim do mundo, os Campos Elísios... / onde a*
> *vida prossegue eternamente para o homem mortal; /.... / tudo isso porque*
> *agora és o marido de Helena — os deuses te considerarem genro de Zeus.*[2]

---

*W. E. Gladstone tem os títulos de Doutor em Direito Civil (DCL) e membro do Parlament (MP), com
direito ao tratamento de **Right Honorable**, aproximadamente correspondente a "Excelência". (*N. do T.*)

Como poderia Menelau haver degolado Helena, encolhida de medo num canto em Tróia? Estaria destruindo sua única ligação com as ricas terras da Lacônia, matando a única filha mortal de Zeus e negando a si mesmo a singular oportunidade de vida eterna nos Campos Elísios. Para onde for Helena, Menelau a seguirá.

Os antigos imaginaram que o regresso de Helena no navio do rei de Esparta tenha sido, em certos aspectos, tão irrefletido e emocional quanto sua fuga com o príncipe troiano, quase uma década antes; o casal real tinha todos aqueles anos perdidos a recuperar. Tanto ressentimento, tantas perguntas. Teria ela deixado o coração em Tróia? O Oriente a teria modificado? Seria desafiadora, seria humilde? Estaria enraivecida, estaria vencida? Teria os dentes estragados[3] ou seria corcunda? Estaria — como o autor trágico Eurípides indagou em uma rara digressão cômica — gorda?

> MENELAU: *Ela vai embarcar, vai voltar como carga!*
> HÉCUBA: *Não em teu barco!*
> MENELAU: *Por que não? Ela engordou?*[4]

Gorda ou esbelta, revoltada, desafiadora ou ardendo de vergonha, neste ponto da história, imaginaríamos que Helena — mulher desonrada, "com o sangue já seco de homens mortos agarrado aos cabelos"[5] — seria humilhada e arrastada de volta à pátria. Mas não é bem assim. Menelau abaixou a espada. Surpreendentemente, há poucas recriminações. Parece que a adúltera vai escapar sem dificuldade.

Reunido, o casal real tem tempo de sobra para beijar-se e reconciliar-se, porque no caminho da volta, junto aos demais heróis gregos, são colhidos por uma tempestade no cabo Malea e o barco é desviado para longe de seu curso. Assim, começa uma longa e difícil viagem de volta para os heróis de Tróia — registrada em detalhe em outro fragmento épico, o *Nostoi* ("Volta ao lar"). Homero é célebre por haver traçado na *Odisséia* os dez anos de peregrinação de Ulisses pelos mares. A esposa do herói, Penélope, se mantém leal ao marido durante os dez anos da Guerra de Tróia, mas seu palácio em Ítaca é invadido por pretendentes vorazes e oportunistas. Uma tormenta atrasa a viagem de Agamêmnon, e, no fim de uma grande festa para comemorar sua volta em companhia da concubina troiana Cassandra,

ele é assassinado no banho pela mulher, Clitemnestra, auxiliada pelo amante Egisto.[6] A mulher de Diomedes também é infiel, e o reino já não lhe pertence quando regressa. Nestor chega em segurança a Pilos e "enriquece com
saúde na velhice em sua pátria", mas muitos — Ájax, Aquiles e Pátroclo —
agora se transformaram em pó na planície de Tróia.[7]

Também Helena e Menelau enfrentam problemas. Ventos contrários
os levam a Gortin, em Creta, e a Chipre, Fenícia, Etiópia e Líbia. Novamente, na poesia de Homero, aparece a descrição das rotas comerciais da
Idade do Bronze. E para todos os autores — Homero, Stesícoro, Heródoto,
Eurípides, os poetas anônimos do Ciclo Épico — as grandes e ricas terras
do Egito, "onde os mais ricos tesouros transbordam das casas",[8] são parte
importante da viagem de volta do casal real.[9]

Ao registrar o fato de que a Helena de carne e osso permanece no Egito enquanto os guerreiros combatem por um fantasma em Tróia,[10]
Heródoto afirma que também ali houve derramamento de sangue — porque a presença dela provoca sacrifício humano.[11] Quando parte de Tróia e
sobe o rio Nilo até Mênfis, Menelau descobre Helena no Egito, e, impaciente
por levar de volta sua mulher (agora inocente), tenta zarpar. Os ventos,
porém, lhe são hostis. Furioso, ele sacrifica duas crianças da terra, ganhando
assim, por esse ato, a inimizade do Egito e de seu rei, Proteu. O rei e a rainha de Esparta são obrigados a fugir para salvar a própria vida, conseguindo
chegar à Líbia, onde os egípcios ultrajados os perdem de vista.[12]

A história contada por Heródoto, naturalmente, não é o primeiro relato
em que Helena surge ligada a um assassinato ritual. O sacrifício mais notório
é o de Ifigênia, sua sobrinha (ou filha, dependendo da fonte), e o Oráculo de
Delfos também liga Helena à morte ritual, referindo-se a uma praga tenaz de
Esparta: a solução, o sacrifício anual de nobres virgens espartanas. Em certo
ano, Helena é levada à pedra do altar. Mas antes que a lâmina penetre em seu
corpo, uma águia desce e arranca a arma das mãos do sacerdote, deixando-a
cair, com a ponta para baixo, em uma novilha. Daquele momento em diante,
a lâmina fria do sacerdote passa a abater vacas novas em vez de virgens.[13]

Sem provas concludentes, tem sido sempre imensamente difícil avaliar
se o sacrifício humano era, na verdade, parte da experiência da Idade do
Bronze.[14] Mas em Creta uma impressionante escavação parece haver revelado restos incontroversos de assassinato ritual. Pouco abaixo de Anemospilia

(a Caverna dos Ventos), a meia hora de carro em direção ao interior a partir da capital Heráclion, há um sítio remanescente. Quando o visitei pela primeira vez, refazendo os passos de Helena em seu regresso de Tróia, foi preciso caminhar por entre folhagens altas e espessas para chegar ao santuário.[15] O Egeu se estende lá embaixo, e o pico do monte Juktas se ergue no alto.[16] Aqui, em 1970, foram encontrados quatro corpos — três homens e uma mulher —, todos de cerca de 1600 a.C., aproximadamente. A análise dos restos humanos revelou que eram todos bem formados, bem nutridos e bem vestidos: a elite da sociedade. Um dos homens vinha carregando uma grande bacia e um segundo havia caído ao chão. Perto, havia jarros cheios de um líquido viscoso. O terceiro homem, de cerca de 18 anos, jazia sobre o altar, com uma adaga de bronze sobre o peito. Os pés tinham sido amarrados e o sangue escorrera completamente, deixando o corpo seco. Outros testes necrológicos mostraram que o pescoço havia sido cortado do lado esquerdo. A cena era tão chocante que alguns estudiosos — com toda a razão — tiveram o cuidado de sugerir interpretações menos sensacionais. Mas é muito difícil imaginar aquilo como não sendo um sacrifício de um jovem.[17]

É demasiado simplista encarar a idéia de sacrifício humano com nossas sensibilidades do século XXI. Sacrifício significa "tornar alguma coisa sagrada". Fazer parte da esfera divina pode haver sido entendido e experimentado como uma grande honra por seres humanos comuns, embora somente proporcionada *in extremis*. A história de Helena é extrema (seu impacto no mundo ao seu redor ao mesmo tempo afirmava a vida e a negava), e suspeito que, por esse motivo, encontramos seu nome ligado a diversas histórias de sacrifícios humanos. Na mentalidade dos gregos antigos, não causaria surpresa que Helena fosse a catalisadora do assassinato ritual de outros homens. Afinal, era uma mulher que comerciava tanto com o sangue quanto com a beleza.

෨෴෨

No entanto, em Homero, não transparece nenhum escândalo ligado à estada de Helena no Egito, não há mortes prematuras. Em vez disso, o casal real é objeto de relatos de tesouros a serem levados para Esparta. Entre os presentes recebidos por Helena durante a permanência no Egito está um fuso de ouro — objeto que não poderia ser mais romântico. Porém, recentemente, foram descobertos fusos de ouro em túmulos de mulheres da Anatólia; um exemplo especialmente importante veio de Alaca Höyük, na Turquia central. Pode ser, ou não, que uma rainha micenense tivesse recebido "*presentes preciosos: um fuso de ouro, uma cesta sobre rodas, prata maciça incrustada de ouro nas arestas*",[18] mas, de qualquer forma, novamente, não se trata de fantasia por parte de Homero, mas sim de uma relação, item por item, de detalhes específicos do passado da Idade do Bronze.[19]

Assim, Helena se dirige de volta à pátria. E, segundo Homero, uma vez em solo grego, está impune. O marido troiano está morto, cremado em pira funerária em Tróia; ela está livre para voltar a ser uma boa esposa grega.[20] Na *Odisséia,* a encontramos novamente em Esparta, no palácio onde nasceu, tranqüila e com tudo sob controle. Ela dirige os assuntos domésticos; conversa com os convidados; quando vêm veteranos da Guerra de Tróia, ela puxa uma cadeira para ouvir seus relatos e acrescentar os próprios (notemos que é Helena, e não Menelau, quem inicia a sessão de histórias contadas — sinal do respeito que lhe era devido na sociedade homérica); ela impressiona os convivas reunidos ao interpretar, corretamente, um presságio surgido no céu.[21] Reúne-se com a filha que se afastara dela, como assinala amargamente a sobrinha Electra na peça *Orestes*, de Eurípides: "*Com ela [Hermíone] Helena se alegra e esquece suas preocupações.*"[22] Parece realizada e contente. É quase como se nada adverso algum dia lhe tivesse acontecido.

Mas, sob a superfície, há indícios de problemas. O que Homero faz, com grande mestria, é pintar uma figura de mulher ao mesmo tempo confiante e precavida, desembaraçada e traiçoeira. O casal real é o anfitrião de uma festa de casamento — Hermíone se casará com o filho de Aquiles, e entre seus convidados está Telêmaco, filho de Ulisses. O palácio está cheio. Em tom de júbilo, um bardo canta acompanhado por sua lira, "*um par de acrobatas salta e corre, rodopiando em piruetas audaciosas, convidando à dança*".[23] Helena surge nessa cena vinda de seus "*altos aposentos perfumados*" com um séquito de mulheres. Mas quando a festa termina e as luzes esmaecem, a atmosfera muda e os pensamentos se dirigem à dor e ao sofrimento dos dez anos anteriores. Os relatos das mortes dos heróis fazem com que todos chorem, inconsoláveis. Helena tem a solução.[24]

> *No jarro onde o vinho era misturado, ela coloca às escondidas uma droga que tinha o poder de fazer com que a dor e a ira perdessem seu ferrão e de afastar todas as recordações penosas. Ninguém que tivesse bebido aquele vinho poderia derramar uma única lágrima naquele dia, nem mesmo pela morte de sua mãe ou pai, ou se um irmão ou o próprio filho tivesse sido condenado à morte e eles fossem obrigados a assistir.*[25]

A droga era, muito provavelmente, o ópio — o qual, misturado com álcool, se tranforma em puro láudano.[26] Não há dúvida quanto ao uso de ópio na cultura dos palácios da Idade do Bronze tardia — e era muito apreciado pelos micenenses. Além de alfinetes de cristal de rocha em forma de flores de papoula, as mulheres de Micenas traziam contas lavradas, de cornalina vermelha, que imitavam essas flores[27] e anéis de ouro representando ritos orgiásticos nos quais o ópio era ingrediente central.[28] Uma das deusas encontradas em Creta, que data da ocupação micenense da ilha, tem um diadema feito de sementes de papoula entrelaçadas. Essa figura hirta e sonolenta, com os braços dobrados e as mãos espalmadas para fora, tem o olhar vidrado. As sementes que lhe coroam a fronte foram abertas — ocasião ideal para a extração do látex do ópio. Homero nos diz que drogas de *nepenthes* eram importadas do Egito — para os antigos, os remédios "feitos no Egito" eram considerados da mais alta qualidade.[29] Mas a análise necrológica mostra que as papoulas de ópio, *Papaver somniferum L.*, eram cultivadas no Peloponeso na Idade do Bronze tardia. Em Tirinto e Castanas, foram encontradas sementes de papoula em níveis de escavação relativos ao final do século XIII a.C.[30] Além de agir como analgésico eficaz, o *Papaver somniferum L.* tem poderoso efeito psicotrópico.[31]

Não há dúvida de que uma rainha micenense, com o privilégio de sua posição social, talvez uma alta sacerdotisa, saberia como utilizar esses poderosos narcóticos, assim como faz a Helena de Homero. O ópio é ingrediente útil para curar feridas — tanto físicas quanto psicológicas; abre o caminho para os sonhos. Misturando suas drogas, interpretando presságios, cativando a platéia reunida, a Helena de Homero é, ao mesmo tempo, feiticeira e bálsamo, que intoxica ao máximo. Depois de drogar os cortesãos, ela guarda o fuso de ouro e despe a lã púrpura para deitar-se com Menelau: *"Menelau retirou-se para os aposentos no interior de sua mansão com Helena, pérola entre as mulheres, semidespida ao seu lado."*[32] Essa é a última vez que vemos Helena nas obras de Homero.

Durante sua permanência em Tróia, Homero nos mostra Helena tecendo uma intrincada tapeçaria — uma infinita criação que conta histórias de heróis e guerras. Agora, aparentemente, o último nó está trançado, o fio condutor está cortado. Mas essa é uma história destinada a ser reescrita muitas vezes; a profecia de Helena na *Ilíada*, *"os deuses nos deram um mau destino, o de sermos tema de bardos durante muitas gerações"*, seria cumprida. Em Tróia, Helena pode haver terminado sua própria obra épica de falsidade, mas agora haveria uma ruidosa reviravolta quando outros se sentassem ao tear para tecer suas próprias versões da vida da rainha de Esparta.

Nossa Helena homérica poderá ter tido recepção calorosa ao chegar de volta à pátria. As Helenas que a seguiram, séculos mais tarde, percorreram um caminho mais sombrio através da história.

33

MORTE DE UMA RAINHA

Orestes: Nosso lema para hoje: "Matar Helena" — é isso.
Pílades: Assim será / ... Haverá aplausos nas ruas, Fogueiras acesas a
todos os deuses, e preces se elevarão / Pedindo bênçãos para nós dois,
porque derramamos com justiça / O sangue de uma mulher perversa.
Mata-a, e teu nome de "matricida" será esquecido, dando lugar / a um
título mais glorioso; serás chamado "o homem que matou Helena,
assassina de milhares..."
Electra: Matai, feri, destrui-a, vós ambos! Apontai vossas espadas —
Feri, feri! Duas lâminas sedentas brilhando em vossas mãos! / Matai-a!
Ela abandonou o pai, abandonou o marido / Inúmeros helenos
morreram em batalha às margens do rio — e ela os matou! Lágrimas
jorraram sobre lágrimas, / Lá, onde as lanças de ferro voaram / às
margens do ardente Scamander.

EURÍPIDES, *Orestes*[1]

N A PEÇA TRÁGICA *ORESTES*, Eurípides foi um dos poucos que escreve-
ram sobre a morte da rainha de Esparta. A peça se passa no palácio
real de Argos, que Menelau e Helena visitam ao regressar a Esparta vindos
de Tróia, apenas seis dias depois de Orestes assassinar sua mãe Clitemnestra.
Quando o casal real chega, Orestes está rodeado por guardas armados, com
uma condenação à morte ditada pela corte argiva pairando sobre si.
Menelau se recusa a endossar o ato cometido por ele, assim como a cumplicidade de sua irmã Electra — hesitação que enche de ira o anti-herói
que dá o título à peça, o qual (com seu cúmplice Pílades) arquiteta um
plano para matar Helena e, assim, levar Menelau à loucura. Pílades o ima-

gina como um ato de doce vingança — matar Helena, argumenta ele, significará que toda a Grécia esquecerá o infame matricídio perpetrado por Orestes e, em vez disso, o conhecerá como "o homem que matou Helena, assassina de milhares". Orestes se convence; em poucos instantes, ouvem-se os gritos lancinantes de Helena vindos do interior do palácio.

Quem descreve o assassinato é a escrava troiana de Helena. A serva está de pé ao lado da rainha de Esparta, agitando um leque de penas, enquanto ela tece um fio tênue, que servirá para enfeitar o manto purpúreo a ser levado ao túmulo de Clitemnestra. Orestes atrai Helena a um altar, enquanto Pílades prende os demais escravos dela. Helena fica cercada. Enquanto os assassinos desembainham as espadas ocultas sob seus mantos de púrpura, Helena foge, com as sandálias douradas batendo no chão, mas Orestes a agarra pelos cabelos, dobra-lhe o pescoço e prepara-se para lhe cortar a garganta.

Após um breve interlúdio, Hermíone surge correndo, mas vê somente o corpo da mãe, retorcido na agonia da morte, coberto de sangue. Orestes e Pílades a atacam, mas depois de agarrá-la voltam à vítima original. Mas Helena desapareceu, misteriosamente. Teria sido um milagre? Um passe de mágica? Terá sido raptada pelos deuses?

A notícia do crime é levada a Menelau, e o rei, fatigado pela guerra, reúne todas as suas energias e parte em busca de Orestes, encontrando-o com a espada encostada ao pescoço de Hermíone. Jurando vingança, o rei de Esparta convoca os cidadãos de Argos a tomar armas e eliminar Orestes, mas quando este brada seu último apelo, Apolo aparece e explica que foi ele quem levou Helena para um lugar seguro:

Pois a beleza de Helena foi o instrumento dos deuses
Para que gregos e troianos se enfrentassem na guerra
E as mortes se multiplicassem, para livrar a terra superpovoada
De sua carga supérflua de mortalidade.
Basta isso quanto a Helena...[2]

Agora, pairando no espaço em direção à esfera estrelada, / conduzirei Helena
à mansão de Zeus; / Lá os homens a adorarão, como deusa
entronizada / Ao lado de Hera, Hebe e o grande Hércules. /Lá, ela
com os irmãos, filhos de Tíndaro, / Será adorada para sempre
com o vinho servido / como Rainha do Oceano para os marinheiros.[3]

É um caso clássico de *deus ex machina*. Não existe cadáver porque Helena, salva pelos deuses, transformou-se em estrela. E era assim que muitos gregos a imaginavam, sempre perfeita, sempre presente — mas fora do alcance.

⁘

Já que Homero, principal cronista da vida de Helena que conhecemos, deixa incerto o seu fim, não há um relato que seja o preferido, mas sim milhares de teorias. Para alguns, ela vive satisfeita como rainha de Esparta até o fim de seus dias. O poeta romano Ovídio a imagina finalmente apanhada pelo tempo, lamentando-se ao ver "*as rugas da idade no espelho, e em lágrimas se pergunta por que foi duas vezes vítima de um amante*".[4] Outros autores a descrevem exilada e solitária, sofrendo morte horrível e violenta.[5] Três idéias aparecem constantemente. A primeira é a de que essa adúltera, que tem atrás de si um passado de sangue, não acaba castigada no mundo das trevas, mas entre os eleitos, no Elísio. O segundo é que Helena recebe certa punição por todos os sofrimentos que causou antes de sua jornada final ao encontro de seus criadores. E a terceira é que ela atinge esplêndida imortalidade — ninguém quer perder Helena, ninguém quer que ela morra.

⁘

Como os túmulos micenenses são os que oferecem os mais ricos tesouros arqueológicos, é possível extrapolar uma reconstrução detalhada dos ritos fúnebres que poderiam ter sido realizados em homenagem a nossa Helena da Idade do Bronze.[6] É preciso tomar certos cuidados — estruturas como o "Tesouro de Atreu" (construído, aproximadamente, em 1370 a.C.) ou o "Túmulo de Clitemnestra" (aprox. 1300 a.C.), em Micenas, são exemplos atraentes de arqueologia que podem ser saqueados.[7] Quando os arqueólogos chegam ao centro de um túmulo, muitas vezes encontram o conteúdo espalhado e confuso, com pedaços de ossos misturados e os objetos mais preciosos já desaparecidos há muito.[8] Às vezes, os culpados são os ladrões de tumbas, às vezes, são profissionais que se fazem passar por funcionários de governo, às vezes, foram as próprias populações da Idade do Bronze, que deslocavam um cadáver e seus donativos para que outro deles pudesse chegar ao descanso eterno.[9] Mesmo assim, juntando os indícios que temos, que vêm de várias partes do mundo micenense, somos capazes de formar um quadro do enterro de uma aristocrata de alta categoria, e as mulheres parecem haver recebido as derradeiras homenagens de forma tão elaborada quanto os homens.

A fim de preparar para aquele momento uma mulher como Helena, o corpo, cuidadosamente lavado, suavizado e perfumado com óleos e vestido com trajes fúnebres adequados, seria colocado sobre um catafalco. Uma pedra de sinete finamente lavrada seria posta em seu pulso,[10] e, no dedo, um anel de prata, talvez um diadema de ouro na fronte.[11] Espirais de ouro poderiam ser trançadas em seus cabelos,[12] um xale bordado de contas lhe envolveria a cabeça e os ombros, colares de faiança e âmbar adornariam o pescoço lívido pela morte.

Uma vez preparado com finos tecidos e pedrarias, o cadáver seria coberto dos pés à cabeça com uma mortalha.[13] O cortejo fúnebre se dirigiria, então, para a entrada do túmulo — no século XIV a.C., talvez descendo um *dromos* (corredor murado) até chegar a um *tolos*, tumba em forma de colmeia. No "Túmulo de Clitemnestra", o sombrio corredor de entrada tem 36 metros de comprimento. No "Tesouro de Atreu", o bloco interno de acesso pesa mais de 100 toneladas. A audaciosa arquitetura desses mausoléus ainda causa admiração.

Diante do cadáver ainda fresco, aglomeradas perto da cabeça, certamente haveria crianças e, atrás delas, mulheres, algumas com as mãos entre os cabelos, outras de roupas rasgadas e rostos arranhados.[14] Há pinturas em *larnakes* (caixões para defuntos) vindos de Tanagra, na Boécia, que mostram crianças e mulheres carpideiras cercando o cadáver. Em um *krater* (vaso grande) quebrado, vindo de Agia Triada Palaioboukonunia, em Élis, uma cena fúnebre retrata uma criança de pé junto à cabeça do defunto.[15] Homero demonstra a importância das mulheres como participantes dos ritos funerários — um lembrete de que naquele mundo distante acreditava-se que elas traziam a vida e a morte em igual medida.

Uma vez no interior do recinto frio e cavernoso do túmulo, os bens preciosos da aristocrata seriam dispostos em torno dela em uma pequena bancada cuidadosamente construída. Ao ser reaberto, em 1876 e 1891, o

Túmulo de Clitemnestra, em Micenas, continha uma amarrotada cornucópia de coisas agradáveis — indício do capital que era escolhido para os mortos.[16]

Entre os tesouros encontrados no próprio túmulo, em uma fossa dentro do *dromos*, havia um delicado espelho de bronze com cabo de marfim entalhado, decorações em lápis-lazúli e as figuras de duas mulheres gorduchas com cachos nos cabelos sentadas em folhas de palmeira.[17] Havia faixas de folhas de ouro em relevo, perfuradas para que pudessem ser costuradas nas roupas da defunta, contas em forma de coração e lírio, ametistas lapidadas e estatuetas quebradas de terracota de mulheres e animais. Em um túmulo em Creta,[18] que data de cerca do século XIV a.C., o esqueleto feminino segurava um espelho de bronze na mão esquerda, encostado ao rosto.[19] Teria Helena ficado a sós na terra fria, com um espelho de bronze na mão a fim de contemplar seu belo rosto por toda a eternidade?

Recentemente, visitei o local de uma rica descoberta na necrópole de Dendra, da Idade do Bronze tardia, nos amenos campos a sudeste de Micenas, levando comigo um relato da escavação original de 1926.[20] Li o relatório junto às tumbas, e minha excitação com as revelações ficou evidente. O líder da escavação, um sueco chamado Axel Persson, contava que, no forte calor de julho, trabalhando com facas e pequenas picaretas, os trabalhadores desenterraram um esqueleto deitado numa camada de argila azul misturada com partículas de carvão, e então...

> começou a aparecer ouro; em volta do pescoço e no peito havia um grande colar micenense com 18 contas grandes e 18 pequenas de ouro em forma de roseta. Depois de estendido, o colar media quase 80 centímetros de comprimento. As rosetas grandes estavam sobre o peito e as pequenas, na nuca... abaixo do tórax, havia a presilha de ouro de uma cinta e 35 *pendants* em espiral de fina folha de ouro, que, sem dúvida, também teria adornado a cinta... o que tínhamos encontrado era uma *princesinha*.[21]

Em 30 de julho, os escavadores prosseguiram, descobrindo uma mulher que aparentemente havia sido enterrada com uma pequena lâmpada de pedra-sabão para iluminar seu caminho para o Além. Com o braço direito sustentava uma taça de ouro. Enfeitada com cabeças de touro de ouro, prata e esmalte negro, verificou-se que a taça ainda servia, depois de limpa com uma escova suave e água. Persson e sua equipe encheram de vinho da Neméia o objeto recuperado e beberam homenageando seu êxito e as glórias da Grécia, passando, depois, a taça a todos os demais para que compartilhassem da cerimônia.

Embora esse tratamento teatral dos artefatos seja hoje considerado sacrilégio pelos arqueólogos, na verdade, foi um gesto simpático. Numa tumba *tolos* em Cocla, perto de Argos,[22] foram encontradas duas taças[23] que haviam sido esvaziadas e em seguida esmagadas. Seriam libações finais para os mortos? No cemitério minoano de Armenoi, no oeste de Creta, a análise dos vestígios orgânicos encontrados em vasilhas que serviam para beber e cozinhar, datando de aproximadamente 1390-1190 a.C., revelou indícios de vinho resinoso (vinho misturado com resina de pinheiro, em parte para preservar e em parte para disfarçar o gosto ácido do álcool rançoso) e de vinho misturado com cevada. São bebidas alcoólicas fortes. Uma boa despedida para os mortos micenenses.

Depois das invocações e preces, quando os flautistas e músicos das liras se calavam[24] e ainda permaneciam no ar as nuvens aromáticas dos queimadores de incenso e das fogueiras acesas para fumigar a câmara mortuária antes da chegada do cadáver, o túmulo era fechado e a entrada ficava selada. Em alguns enterros, o *dromos*, ou corredor, também era enchido com entulho. E quando a última labareda tremeluzia na lâmpada ao lado do corpo, a aristocrata e seus cintilantes pertences ficavam às escuras.

Numa tumba como essa, o corpo de Helena teria sido entregue ao descanso final.[25]

34

O FIM DA IDADE DOS HERÓIS

> [A beleza de Helena] exauriu o gênio divino de Homero... [e]
> também o de muitos grandes e famosos pintores e escultores.
>
> BOCCACCIO, *De mulheres famosas* (1364-70 d.C.)[1]

AQUELES CADÁVERES FICAVAM A SÓS, mas não sem serem perturbados. Assim como, na mentalidade dos antigos, os atos de Helena provocaram a implosão da Idade dos Heróis, também a civilização micenense, na verdade, se desintegrou no fim da Idade do Bronze. Palácios suntuosos ruiriam, o comércio iria se evaporar e os heróis se dissolveriam nas sombras — tudo isso no espaço de uma vida.

Determinar a data da Guerra de Tróia é assunto complexo e incômodo. Segundo os sistemas tradicionais do mundo antigo, ocorreu entre 1334 e 1135 a.C.[2] A data geralmente mais reconhecida, no entanto, é aproximadamente 1184 a.C.; a arqueologia nos diz que, por volta dessa época, as culturas de Creta, da Grécia continental e da Anatólia na verdade se evaporaram, e as pesquisas atuais sugerem a ocorrência de uma série de devastações em Tróia: batalhas e intrigas na corte na primeira metade do século XIII a.C., incêndios em 1200 a.C., fogo e talvez terremotos por volta de 1180 a.C., cauterização da cidade como entidade econômica durante os cem anos seguintes e abandono total na altura de 950 a.C. A memória popular acertou em um ponto: a morte de Helena anunciou o fim de todo um modo de vida.

Próximo ao fim da Idade do Bronze, grande parte do que hoje é a Grécia e a Turquia sofreu atividade sísmica intensa: "tempestades" de terremotos, que se faziam sentir em uma área de até 2 mil quilômetros quadrados ao longo de um período de cerca de 50 anos. Assim, por exemplo, em uma época especialmente ativa no registro histórico recente, digamos entre 1900 e 2000 d.C., os terremotos de magnitude superior a 6,5 na escala Richter no Peloponeso oriental ocorreram a cada 30 ou 40 anos.[3] Com a arquitetura avançada, os danos são mínimos — com as técnicas de construção da Idade do Bronze tardia,[4] a devastação teria sido extrema, e aparentemente muitos dos centros daquela época foram atingidos não uma, mas várias vezes.[5] Milhares de lâmpadas toscas de óleo foram encontradas em sítios arqueológicos da Idade do Bronze tardia. Quando os prédios ruíam, os santuários estremeciam e os palácios desabavam, essas lâmpadas eram atiradas em todas as direções — provocando incêndios devastadores. Quem não morresse com os terremotos e as chamas testemunharia a destruição dos afrescos e pavimentos pintados, das taças de ouro e dos fardos de tecidos caseiros, ornamentos da civilização da Idade do Bronze e marcas da Idade dos Heróis, tudo consumido diante de seus olhos. Escavações em depósitos da Idade do Bronze tardia em Tebas revelaram frutas carbonizadas. Na tranquila localidade de Midéia, a cerca de 10 quilômetros no interior a partir de Argos, existem restos carbonizados de grão-de-bico, lentilhas, ervilhas, *petit-pois* e tipos de feijãos; alimentos acumulados para os homens, mas consumidos pelo fogo.

Nos grandes armazéns dos complexos de palácios de Micenas, uma das mercadorias mais preciosas e abundantes era o azeite de oliva, conservado em gigantescos *pithoi* com tampa, cada qual com cerca de 182 litros de líquido altamente inflamável. Inexplicavelmente, na época da destruição dos palácios micenenses, os gargalos de vários desses *pithoi* haviam sido serrados, como se os jarros tivessem sido usados para artefatos incendiários. Em um palácio em Creta, em Agia Triada, no calor intenso do inferno chamejante, equivalente ao incêndio de uma refinaria de petróleo[6] nos dias de hoje, o pavimento de pedra do depósito de azeite não ficou apenas encurvado e serrilhado; na verdade, ficou vitrificado.

O mundo de Helena não desapareceu por causa dessas calamidades, mas certamente seu impacto seria suficiente para desestabilizar a sociedade micenense. O caos teria galvanizado os oportunistas locais, homens e mulheres que se tornaram capazes de questionar a autoridade dos líderes

(tanto religiosos quanto seculares), os quais, evidentemente, haviam susci-
tado grande ira dos deuses. Os meticulosos sistemas de administração dos
micenenses teriam sido interrompidos. Deidades foram rebaixadas: as estranhas figuras femininas no centro de culto de Micenas foram descartadas,
e os afrescos de belas mulheres nas paredes foram cobertos de caiação. Uma
fina camada de azeite foi espalhada sobre os artigos de culto e os ex-votos, e
grandes lajes de pedra foram colocadas nos flancos da sala para cobrir os
importantes e poderosos objetos que antes ali ficavam expostos.[7]

Os espíritos da terra e do céu haviam mostrado sua insatisfação. Teriam
caído em desgraça as deusas e as esbeltas figuras femininas nas paredes? Estariam sendo delicadamente afastadas? Os terremotos e os incêndios subseqüentes, que podem haver contribuído para o colapso da civilização
micenense, seriam os arautos de uma nova era? Uma era em que Zeus, o deus
arrivista — que, certamente, se originou no Oriente — se tornou dominante?[8] Uma era que testemunharia o fim da supremacia feminina na esfera religiosa, uma era que seria recordada e distorcida pelos bardos durante a "Idade
das Trevas" da Grécia? Uma era comemorada como Idade dos Heróis, com
saudade e temor, por poetas épicos como Homero? Uma era cujos guerreiros haviam arriscado tudo por uma mulher, amaldiçoando-a enquanto isso?

Esse fim, esse esgotamento de um povo outrora poderoso, é palpável
nas planícies ao norte de Micenas. Uma tabuleta azul solitária, em mau
estado, indica o sítio arqueológico de Arcaiai Cleonai. O povoado fica além
da estrada principal, do outro lado dos trilhos de uma ferrovia, depois de
fileiras de folhas de tabaco postas a secar e videiras de baixa altitude. Na
Ilíada, Homero o descreve como "a forte, robusta Cleonai".[9] Hoje em dia,
a povoação é praticamente inexistente. De fato, tudo o que resta é um templo despojado do culto a Hércules, do período helênico, muito posterior
— não há sinal do esplendor da Idade do Bronze. Os viajantes que passaram pela região no início do século XX relataram que alguns restos
micenenses ainda estavam de pé. Mas a terra ali é excelente para a agricultura — quando visitei o sítio pela última vez, ouvia-se o farfalhar rítmico
das saias de trabalhadoras itinerantes que passavam para a colheita da uva,
lembrete de que a prioridade é para a atividade agrícola. As pedras e os
artefatos da Idade do Bronze, que devem ter sido nada mais do que irritantes
obstáculos à agricultura, há muito desapareceram, triturados pelos ara-

dos ou canibalizados pelo povo local. As paredes dos palácios devem haver-se transformado em alicerces de celeiros e estábulos de vacas; as aras de sacrifício viraram lareiras.

Supondo que os acontecimentos relatados por Homero estejam em grande parte relacionados com o século XIII a.C., nesse caso, cerca de cem anos após o fim da história de Helena como mortal, esse teria sido o destino de muitas das grandes cidadelas. Algumas permaneceram em dimensões reduzidas — a de Elateia, em Foquis, e a de Lefkandi, em Euboia. Os assentamentos micenenses em Atenas, Amyclai e na própria Micenas ainda estariam povoados. Muitos, porém, tinham sido abandonados pela elite governante. Em vez disso, a partir de, aproximadamente, 1150 a.C., favelados passaram a ocupar os aposentos de reis e porcos fuçavam os santuários dos antigos deuses. À medida que a grande civilização micenense descambava para o fim, começava a Idade das Trevas da Grécia.

Do outro lado do Dardanelos, a poderosa civilização hitita também desmoronava. Hattusa perdeu sua posição política central, a escrita cuneiforme deixou de ser utilizada e o sítio de Bogazköy, com seu tesouro de arquivos, foi abandonado. Na altura de 1175 a.C., os hititas já não existiam. Tróia foi destruída pelo fogo, talvez incêndios ateados pelas forças invasoras de Agamêmnon, Ulisses, Menelau e Aquiles, porém, mais provavelmente, por obra de nativos descontentes, vândalos que incendiaram uma cidade já gravemente enfraquecida por desastres naturais, incursões crônicas e lutas internas.

Uma das expressões usada, hoje em dia por arqueólogos e historiadores para descrever o fim desses proto-impérios é "colapso sistêmico". Se micenenses, hititas e egípcios efetivamente possuíam laços estreitos, se comerciavam constantemente entre si, casavam-se com mulheres de lado a lado e escravizavam os homens, nesse caso, a queda de um acarretaria a queda dos outros. Antes nações de heróis, eram agora gigantescos bonecos de boliche desabando em torno de um mar deserto.

A Idade do Bronze chegava ao fim, e com a nova Idade do Ferro se iniciaria uma época de insegurança e inatividade. Acabavam-se as finas filigranas da pintura micenense, a perfeição microscópica da fundição metálica delicada e ambiciosa. Já não se construíam grandes palácios, a arte da escrita se eclipsava; era um tempo de retração, não de expansão.

Mas naquelas longas tardes tranqüilas que homens e mulheres compartilhavam, o que, evidentemente, sobreviveu com absoluta vitalidade foi a arte dos contadores de histórias. Durante toda a "Idade das Trevas", o bardo e sua lira mantiveram presença nas artes — esses homens não desapareceram, não deixaram de transmitir seus contos. A cultura oral é um espaço transparente aos olhos do historiador e do arqueólogo, mas, em seu próprio tempo, pode ser o método mais eficaz de transmissão de imagens, informação e idéias sobre o mundo e o passado. E Helena era uma das estrelas mais brilhantes desse firmamento imaginário. A rica e obstinada rainha de Esparta não seria esquecida, não se deixaria morrer. Agora libertada da prisão de seu belo corpo, já não seria adorada somente por um herói grego ou um príncipe troiano. Essa luminária lendária e imortal podia agora ser adorada por todos, homens e mulheres, trabalhadores e fidalgos.

35

"TESOUROS PERFUMADOS"

és uma feiticeira?
uma ave de rapina, um hieroglifo,
o sinal ou o nome de uma deusa?
que tipo de deusa é essa?

H. D., *Helena no Egito*[1]

A FIM DE ENCONTRAR OS SANTUÁRIOS ligados a Helena, tive de fazer viagens difíceis e solitárias através do panorama do Egeu. O cronista de viagens do período romano, Pausânias, me guiou a um lugar sagrado — o santuário de Afrodite Nupcial, que segundo ele foi fundado por Teseu quando o herói se "casou" com Helena.[2] O sítio fica a cerca de 18 quilômetros montanha acima, a partir do povoado de Hermíone, na costa leste do Peloponeso. Para subir de Hermíone ao santuário, como teriam feito os antigos devotos, tive de utilizar um caminho abandonado e um tanto perigoso.[3] Ao aproximar-me, atravessando as montanhas pelo lado oeste, não havia sinais para orientar-me. Até mesmo a população local já esqueceu as histórias relativas ao lugar — quem pedir informações em Hermíone receberá instruções confusas do florista à farmácia, e a reação a todas as perguntas são olhares vagos e ombros encolhidos.

Mas ainda existem duas pistas visíveis que indicam a proximidade do santuário: uma nascente na montanha e uma imensa pedra chamada "Pedra de Teseu". Os antigos acreditavam que sob aquela pedra o rei Egeu havia escondido uma espada e um par de botas de cadarços para seu filho Teseu. Somente quando o herói adolescente teve força suficiente para erguer a pedra com as mãos nuas — e somente então — é que ele pôde afirmar haver atingido a maioridade, no esplendor de suas botas novas e da arma cintilante. Ali sentada ao sol, na pedra de Teseu, em companhia de uma pequena tartaruga terrestre, procurei recuar dois mil e tantos anos em pensamento. Pude imaginar a cena de um trajeto semelhante feito por um camponês ou pescador da região que ali fosse para louvar ou aplacar o poder sexual de Afrodite Nupcial, poder manifestado pela bela Helena. Embora a localização do santuário seja extremamente silvestre — tão tranqüilo hoje em dia quanto há dois mil anos (a julgar pela dimensão modesta das ruínas, não se tratava de um grande complexo religioso) —, os povoados litorâneos a que servia eram populosos e ativos.

Na Antigüidade, Hermíone era famosa pelos esportes aquáticos. Ali, realizava-se uma miniolimpíada aquática, com corridas de barcos e o que pode ser traduzido como competições de natação ou de mergulho.[4] Rapazes mergulhavam para recuperar objetos no fundo da enseada — e ainda continuam a fazer a mesma coisa nas angras próximas. Eram eventos populares que atraíam muitos espectadores — barcos de um só remador que disputavam posições com os veleiros maiores, cujas velas e o cordame de linho e cânhamo estremeciam ao vento na linha de partida da regata.

Também havia concursos musicais em Hermíone, e todos os divertimentos homenageavam Dioniso do Bode Preto, o mais devasso de todos os deuses do Olimpo. Mas nas horas de embriaguez após a bebedeira e a farra, podemos imaginar que os pensamentos dos homens se voltassem para seus "ancestrais heróicos", que haviam zarpado do ancoradouro a vela ou a remo com um objetivo mais sério: vingar a honra da Grécia na Guerra de Tróia. Em seu *Catálogo de navios*, Homero faz a lista do contingente que partiu de Hermíone.[5] Ao lado dos *"homens de Argos e Tirinto com suas robustas muralhas"*, ele fala dos "[homens de] *Hermíone e Asine, que dominavam o largo e profundo golfo"*. Na memória popular de Hermíone, a Guerra de Tróia estava bem gravada. E quando o povo local recordava seus ancestrais há muito desaparecidos, seus pensamentos, inevitavelmente, deveriam se voltar para a causa da guerra — Helena, a de braços níveos e vestes amplas.

Sentada naquela pedra acima de Hermíone, com a baía de Hidra lá embaixo, procurei visualizar as homenagens a Afrodite — e sua correspondente na Terra, Helena — no santuário próximo. Para ajudar-me, retirei de Pausânias uma série de anotações sobre a atividade ritual da região.[6] Eram ritos praticados ativamente no século II d.C., muitos deles originados na cultura clássica grega. Para a sensibilidade do século XXI, a leitura da maioria não era agradável.

Uma das anotações descreve os ritos no santuário de Deméter. Ali (escreve Pausânias), homens, mulheres e crianças — vestidos de branco e com coroas de jacintos silvestres nos cabelos — levavam uma novilha selvagem, "ainda não domesticada e saltitante", ao templo de Deméter. Outras vacas esperavam. No templo, quatro mulheres idosas aguardavam com uma adaga. A primeira vaca, puxando a fila, entrava no recinto religioso e as portas eram fechadas. A matança começava, primeiro uma, depois outra, outra e mais outra.

Em Methana, perto dali, Pausânias narra outro ritual no qual todos os anos os camponeses procuravam acalmar os fortes ventos que ameaçavam suas videiras a ponto de dar brotos. Um par de ajudantes tomava um galo branco e o rasgava em dois. Os dois homens corriam então em torno do vinhedo em direções opostas — com as mãos cheias de sangue, as penas do animal flutuando no ar — até enterrar o galo no lugar onde voltavam a encontrar-se. Eram tempos viscerais. Sabemos que Helena era também homenageada com sacrifício de animais.[7] Os participantes do culto de Helena eram, em geral, homens e mulheres cujas unhas ficavam enegrecidas de fuligem e sangue.

Pausânias pinta um quadro vívido da atividade ritual no século II d.C. — porém, na maioria dos casos, os pormenores do funcionamento do culto se perderam. Os instrumentos e acessórios dos santuários e oratórios religiosos raramente sobrevivem no registro arqueológico. A parafernália religiosa era, em geral, demasiadamente tênue, demasiadamente transitória para que pudesse sobreviver, ou preciosa demais para que fosse deixada no local. O que restou — os pesados blocos de pedra principais dos antigos centros religiosos, os ossos calcinados que jazem na grama ou ainda estão orgulhosamente de pé — dá aos templos, santuários e oratórios um ar reservado. Mas as impressões de um grego antigo que os visitasse, ou as de um acólito de Helena, seriam muito diferentes.

Em 2002, uma escavação na ilha de Quítnos, no arquipélago das Cíclades, permitiu uma visão rara e preciosa do fugidio mundo dos rituais religiosos gregos.[8] Ali, um santuário do século VII a.C. foi destruído no século V a.C. por um dos traumáticos terremotos da região. Não era um templo dedicado a Helena, mas abrigava também uma deidade feminina, quase certamente Hera ou Afrodite. O santuário estava sendo usado no momento do desastre e, conseqüentemente, ficou congelado um momento no tempo histórico.

A deusa do lugar era bastante respeitada. A parte mais sagrada do santuário, o *aditon* (literalmente, "área de entrada proibida") ficou integralmente preservado ao ser coberto de entulho pelo terremoto. Protegidos pela própria destruição, nenhum dos efêmeros objetos do *aditon* foi retirado por pessoas do lugar, nem por ladrões de tumbas, nem por arqueólogos amadores. Somente nos primeiros estágios da escavação, foi descoberto um impressionante total de 1.500 artefatos preciosos e significativos — a maior parte oferendas votivas. Essa escavação de riqueza ímpar nos oferece uma idéia inusitadamente holística do ambiente e da rica experiência do culto das deusas no passado distante.

Aparentemente esse *aditon*, um cômodo pequeno semi-subterrâneo, ficava parcialmente oculto por uma cortina de conchas marinhas. Em nichos nas paredes, havia estatuetas de argila. Numa prateleira, mais ou menos na época em que as palavras de Homero estavam sendo registradas por escrito, alguém havia colocado como oferenda jóias do período minoano-micenense — um grandioso tesouro que recebia a imensa honra de se transformar em dádiva aos deuses. Espalhadas pelo *aditon* havia contas — de cornalina e cristal de rocha: objetos brilhantes adequados ao gosto das divindades. Aqui, há também restos de esqueletos e pequenos recipientes que contêm matéria orgânica. Em outras superfícies, há fileiras de corais — oferendas do povo "comum", retiradas diretamente do mar. Para as populações mais pobres do século V a.C., o coral era um presente que podia ser obtido sem necessidade de comércio, troca ou compra.[9]

O poeta Píndaro, do século V a.C., tinha razão ao dar a esses recessos sagrados o nome de "tesouros perfumados".[10] Além da queima de azeite e incenso, haveria ali sacrifícios de animais, e a presença olfativa de carne queimada e o odor agudo de sangue — acentuados pela aura ambiente. Os devotos se encontravam com seus deuses acompanhados pelos estranhos sons do aulos, pelo chocalhar do sistro e pelo toque de címbalos.

E quando os músicos se calavam, havia outro ronco — o zumbido insistente e intruso dos enxames de moscas, ocultos na sombra fresca do recinto sagrado ou alimentando-se do suor dos dançarinos em êxtase.

Helena teria sido venerada em ambientes como esse, e não apenas no Peloponeso. Por haver-se tornado particularmente importante para os dórios — os habitantes arrivistas de Esparta — estes levavam consigo o culto à Magna Grécia, a oeste, a Rodes, a leste, e através do mar da Líbia até o Egito, ajudando a manter vivo não apenas o nome de Helena de Tróia, mas também o de Helena de Esparta.

No Egito, onde houve incursões de espartanos e acadianos,[11] existia um culto tenaz a Helena.[12] Em sua *Histórias*, Heródoto nos fala da estátua de Helena, filha de Tíndaro, que existia em Mênfis, onde era adorada como "a Afrodite estrangeira".[13] Essa identificação específica pode ser incorreta, mas, sem dúvida, havia cultos de Helena na África do Norte.[14] No Museu do Cairo, há um belo prato de ouro, bastante estragado, mas com uma série de pequenas letras — cada qual de cerca de um milímetro de altura, porém legíveis na borda.[15] A dedicatória, gravada na superfície, oferece o áureo objeto, usado para a preparação de cosméticos, a "Helena, irmã de Afrodite";[16] talvez o significado seja o de Helena, irmã ou *igual* de Afrodite na beleza.[17]

O calendário de Tóricos, gravado em pedra em algum momento por volta de 340 a.C., também registra a devoção a Helena na Ática.[18] Ali, no mês *Elafebolion* (o mês das estrelas cadentes: março/abril), animais adultos eram sacrificados em sua homenagem. Era de fato uma grande honra. Outras heroínas geralmente recebiam apenas *trapezai* — vinho e cereais; não era derramado sangue em seu louvor. No poema *Alexandra*, escrito por Licofronte de Calcis no fim do século IV a.C., ouvimos dizer que os chinelos de Helena, forrados de pele, eram venerados em um santuário em Iapigia, no sul da Itália.[19] O relato informa que o calçado havia sido doado por Menelau, quando triste e solitário procurava Helena após a queda de Tróia, havendo descoberto que a cidade troiana abrigara apenas um *eidolon*, um fantasma.

Enquanto isso, em Tróia, no século II d.C., ficamos sabendo por uma carta escrita aos co-imperadores romanos, Marco Aurélio e Cômodo, que Helena era invocada até mesmo na cidade cuja derrota ela causara. No ano

176 d.C., um cristão de nome Atenágoras suplicava tolerância aos impera-
dores, acentuando que, em todo o império, outros cultos excêntricos eram
praticados sem que seus adeptos fossem perseguidos:

> Os habitantes de vosso império, ó grandes reis, seguem muitos
> costumes e leis, e nenhum deles é impedido, por lei ou temor ao
> castigo, de cultuar suas origens ancestrais, por mais ridículas que
> possam ser. Os troianos consideram Heitor um deus e adoram
> Helena, chamando-a Adrastéia; os lacedemônios veneram
> Agamêmnon como Zeus.[20]

Adrastéia é o nome alternativo do vingativo espírito Nêmesis. No pano de
fundo das muralhas arruinadas de Tróia, os habitantes locais recordavam
claramente Helena como uma força poderosa e maligna.

☙❧

No momento em que escrevo, a escavação de um complexo micenense em
Pellana, 25 quilômetros a nordeste de Esparta, chega à fase final. Hoje em
dia, Pellana é um desses sítios que dão a impressão de voltar a se enterrar
no chão, satisfeitos e insignificantes, dormentes até que os arqueólogos
comecem a explorá-los e estimulá-los a falar de seu passado. Quando visitei a escavação pela última vez, fora das horas de atividade, um burro
amarrado na fazenda vizinha, desacostumado a visitantes, zurrava e ber-
rava sem cessar.[21] Perguntei aos donos do animal o que achavam dos trabalhos, enquanto eles procuravam me vender seus repolhos caseiros, e eles
riram da idéia de que as ruínas nos fundos de seu terreno pudessem ter
servido de abrigo a heróis.

Mas um dos principais escavadores, o dr. T. G. Spyropoulos, fez uma
afirmação extraordinária. Pellana, disse ele, era Lacedemônia, capital da
antiga Lacedemônia, ou Lacônia — e era o lugar onde habitava Helena.
Até agora as escavações têm-se concentrado em duas grandes tumbas de
tipo *tolos* (talhadas na rocha, são na verdade câmaras mortuárias), com 15
metros de profundidade, túmulos de aristocratas micenenses. Surgiram
ricos artefatos. Há maravilhosos vasos piriformes, um dos quais, por exem-

plo, é decorado com um luxuriante panorama marinho e tem na superfície um desenho entalhado de algas em marfim. O estilo da decoração denota estreito contato com a Creta minoana. Uma muralha micenense
monumental, que sobe do sopé da Acrópole, indica que um clã poderoso
controlava este rico rincão do Peloponeso.

Junto à magnificência da arquitetura da Idade do Bronze tardia que
existe no lugar, o principal indício encontrado pelos escavadores de que
possa ter sido ali a sede dos famosos rei e rainha da Lacedemônia é um
templo-monumento erguido no período protogeométrico, por volta de
1050 a.c., e reconstruído, aproximadamente, em 700 a.c. Alguém deixou
oferendas ao espírito da deidade aqui venerada. As dádivas votivas — um
tesouro de cerâmica e uma coleção de discos de argila perfurados (até agora
foram encontrados trinta) são indícios aceitáveis de atividades religiosas.
Em todos os discos está gravado um *epsilon*, a letra grega E. Alguns afirmam que é o E de Eleni.[22]

Ainda falta escavar diversas tumbas do tipo *tolos*. Os novos trabalhos
em Pellana representam a possibilidade de compreender melhor, senão a
casa onde habitava Helena, certamente sua terra natal. As afirmações de
Spyropoulos são importantes não apenas porque testemunham o
surgimento de outro centro da Idade Média escavado no chão, outro culto de um espírito feminino, mas também porque recordam que Helena
ainda é uma mulher que atrai os homens, e a quem eles preferem perseguir.

36

A FILHA DO OCEANO

APOLO (a Orestes): Primeiro falemos de Helena, a quem quiseste
matar, provocando / a ira de Menelau — fracassaste em teu objetivo,
pois ei-la aqui, envolta pelo céu brilhante; / e não morta por tuas
mãos, mas preservada. Eu a arrebatei / a pedido de Zeus, seu pai, e a
salvei de tua espada. / Nascida imortal de Zeus, ela viverá imortal. /
Reverenciada como a deusa que salva as vidas dos marinheiros /
entronizada ao lado de seus irmãos no recesso dos céus.

Assim, Menelau, escolhe outra esposa para teu lar; / Pois a beleza de
Helena foi o instrumento dos deuses / para que gregos e troianos se
enfrentassem em batalha / e multiplicando as mortes, expurgassem a
terra/ do excesso de mortais. Basta de Helena agora.
...
MENELAU: Helena, filha de Zeus, adeus! Que felicidade
Para ti, encontrar um lar entre os deuses benditos!

EURÍPIDES, *Orestes*[1]

E M ESPARTA, HELENA ERA VENERADA tanto como deusa quanto como
heroína; no Egito, como esposa decorosa e correta, e em toda a Grécia
continental, como um espírito da terra, do ar e do firmamento. É um cama-
leão. Mas assim como nos poemas épicos ela atravessa as vastas águas do
Egeu em longas jornadas, também sua aparência mais comum é a de um
espírito ligado à água.
    No mundo antigo, acreditava-se, em geral, que as divindades e ninfas
de forte poder sexual habitassem os riachos, os rios e os oceanos.[2] A pró-

pria Afrodite havia sido concebida no mar. Um fragmento de poema atribuído a Hesíodo afirma que a mãe de Helena não era Leda, mas "uma filha do Oceano".[3] Por isso, a busca dos santuários do culto de Helena,
freqüentemente, nos leva a fontes e litorais.

Poucos quilômetros ao sul de Corinto e muito próximo às ruínas clássicas de Kenchreai fica a pequena aldeia de Loutra Elenis — os Banhos de
Helena — ou, como apareceria nos mapas e placas de tráfego gregas até
poucos anos atrás, I• 8@LJD• J-l ñDV4αl '+8,‹01 "banhos da bela
Helena". Pausânias foi o primeiro a falar dessas águas terapêuticas como
lugar de culto.[4] Hoje, é difícil encontrar as nascentes. Ao chegar ao litoral,
uma boa pista é avistar as simpáticas senhoras gregas (geralmente, um tanto
idosas e gordas) que freqüentam religiosamente o lugar.

A trilha que leva à nascente é cercada por louros e guardanapos de papel
usados que parecem estar sempre presentes nos sítios menos conhecidos
da Antigüidade. É fácil acompanhar as bolhas prateadas de gás produzidas pela fonte que se equilibram nas pedras e flutuam na água límpida.
Minha atitude sobre a eficácia das "águas santas" era de ceticismo até que
resolvi mergulhar. Ao nadar na correnteza da fonte, tive a curiosa sensação de atravessar camadas separadas de águas alternadamente quentes e
geladas. Pausânias diz que as águas quentes "fervem", e é possível distinguir as bolhas que sobem do fundo para a superfície. Isso (naturalmente)
é considerado embelezador; sem dúvida, é revigorante.

Durante minha última visita, tive uma extraordinária conversa a respeito de Helena, ainda dentro da água borbulhante da fonte, com um ex-
marinheiro mercante que vestia somente um calção de banho preto muito
exíguo da marca Speedo. Ao deixar a marinha mercante, ele virara cozi-
nheiro e, por ter de ficar de pé durante o trabalho diário, sofria de terríveis
problemas de circulação. Afirmou-me que uma de suas pernas chegara a
ficar preta como o calção, mas agora (exibiu-me uma perna esbelta com
uma leve área cinzenta perto do tornozelo) praticamente não havia problema. A misteriosa cura, assegurava ele, ocorrera em decorrência de suas
visitas a Loutra Elenis.

Esse tardio devoto de Helena mostrou-me então o epicentro da fonte
— o ponto no qual a água fresca, filtrada através do monte Oneia, se encontra com o mar. Como a fonte foi canalizada, desviada e murada, o vi-

sitante de hoje tem de nadar, ajudando com as pernas, até um pequeno nicho onde a água doce se encontra com a salgada. Jorrando das pedras que ficam ao nível da cabeça, fortes jatos de água me banharam dos pés ao peito. De repente, compreendi por que aquele fiel marinheiro tinha tido tão bons resultados. Os devotos afirmam veementemente a eficácia do lugar tanto porque ali Helena era venerada quanto porque ela própria usava a fonte.

Num dia enevoado, quando as condições atmosféricas modificam os contornos dos prédios modernos, a vista dali não pode haver mudado ao longo dos milênios. A leste, aglomeradas junto à atual escavação arqueológica em Kenchreai, há campos de abróteas, com suas folhas em forma de lança e flores estreladas de um rosa pálido, muito conhecidas na Grécia antiga. No pensamento popular grego, o prado de abróteas do Hades recebia os cadáveres descarnados, e Homero fala dos heróis caídos que comiam a planta. Os campos de abrótea de Kenchreai são impressionantes, com cada planta da altura de um homem em pé: é fácil compreender por que os antigos consideravam os caules espigados semelhantes aos ossos de seus ancestrais.

Ao longo do período clássico, também seriam visíveis no horizonte os contornos dos barcos que se aproximavam do porto de Corinto. Achados arqueológicos provam que a região era visitada por gente oriunda dos centros marítimos do Marrocos, Chipre e Quíos. Muitos desses marinheiros teriam completado a excursão aos Banhos de Helena apresentando seus respeitos a sua irmã em beleza, Afrodite, em fila para venerar a deusa do amor com *ta aphrodisia*, "as coisas de Afrodite" — o amor sexual.

Durante a construção de estradas, perdeu-se uma parte das ruínas de Kenchreai — o presente apagando o passado. As pedras que restaram parecem ser muito apreciadas pelos pescadores locais, que as utilizam como plataformas para lançar suas redes. Sabemos que, pelo menos, a partir do período romano, havia um templo de Afrodite com uma grande estátua da deusa em Kenchreai propriamente dita,[5] mas, para chegar ao sítio do principal complexo religioso de Afrodite, é preciso passar pela antiga cidade de Corinto (onde ruínas romanas[6] cobrem a maior parte das pedras gregas, e onde as lojas para turistas vendem a imagem de Afrodite em praticamente tudo, desde aventais até capachos), e dirigir-se à improvável rocha acinzentada de Acrocorinto, que domina o panorama como um arranha-céu. Os viajantes que subiam a Acrocorinto (uma caminhada de 4 quilômetros) a partir de 500 a.C., certamente ouviriam o tagarelar das prostitutas e servos dos templos que desciam ao encontro dos clientes devotos na cidade.[7]

Por um fragmento de um poema de Píndaro ficamos sabendo que um campeão duplamente vitorioso em Olímpia, de nome Xenofonte, ofereceu cem moças a Afrodite em Acrocorinto a fim de comemorar seus triunfos em 464 a.C.[8] Estrabão nos diz que, no seu tempo, mil jovens como essas trabalhavam para a deusa do amor.[9] Não se pode deixar de conjeturar que, como seus clientes eram, principalmente, marinheiros que viajavam de um porto a outro, várias dessas sagradas prostitutas perfumariam o ar com o odor acre e almiscarado das doenças venéreas ao passar.

Mas o local do templo de Afrodite em Acrocorinto, a 570 metros de altitude em relação ao nível do mar, desmente a imagem sórdida e clandestina de um bordel. Ali, a brisa é amena e fresca. Onde antes existiriam colunas e arquitraves, há agora uma vista panorâmica do Golfo de Corinto até as montanhas do Peloponeso. Logo abaixo do templo, no período clássico, água fresca jorrava de uma fonte. O local transmite uma sensação de exultação e segurança. Uma estatueta feminina do tipo Fi aqui encontrada, que data do final do período micenense, mostra que, na Idade do Bronze tardia, os habitantes de Micenas também subiriam a este lugar para contemplar o panorama e maravilhar-se.[10] Não podemos saber com exatidão por que vinham e para qual divindade oravam ao chegar, mas o fato de trazerem consigo oferendas votivas é indício claro de que uma visita ao local era uma importante experiência espiritual.

Preocupados com a popularidade do culto de Afrodite no período clássico, os cristãos primitivos trataram de obliterar o templo pagão sob uma de suas igrejas.[11] Hoje em dia, as lembranças mais explícitas da importância da deusa do amor, protetora armada de Corinto e arredores, estão encerradas num depósito recôndito no museu de Corinto.[12] Considera-se inadequado ao consumo público, em geral, uma coleção de oferendas e obras de arte em louvor ao poder do amor erótico.

Mas Helena — filha, irmã e encarnação de Afrodite, e sempre próxima a ela física e espiritualmente — ainda é venerada abertamente por crentes modernos. Os idosos gregos e gregas que nadam nos Banhos de Helena, no sopé de Acrocorinto, gritam "Mágica!" : *Ephcharisto orea Eleni* — "Obrigado, bela Helena".[13]

Um comentarista bizantino, que escreveu em meados do século VI d.C., registrou que, 200 quilômetros a leste de Loutra Elenis, junto ao litoral turco da ilha de Quíos, o culto de Helena ocorria em volta de uma fonte.[14] Pausânias descreve essa fonte, próxima ao templo de Helena no monte Terapne, em Esparta,[15] e também outra, junto ao santuário de Afrodite Nupcial, fundado por ocasião da união de Helena com Teseu.[16] E, em Roma, na extremidade sul do Foro Romano, podia-se ver a imagem de Helena — segurando uma grande tocha — no altar de mármore de Lacus Juturnae, também um pequeno lago alimentado por uma fonte e dedicado a Juturna, uma ninfa das águas.[17] O altar de Lacus Juturnae foi construído na época de Trajano[18] e ficava entre o templo de Castor e Pólux e o Atrium Vestae. Mais uma vez, como em Esparta e no Egito, o culto a Helena estava endossado pelas autoridades.

Não que ela precisasse do patrocínio do Estado para perpetuar seu poder de atração. Para o povo romano, sua influência não se encontrava somente nos santuários religiosos oficiais e nas grandes obras de literatura — ela impregnava a cultura das ruas. Há uma planta cujo nome latino é ainda *Inula helenium* — a Flor de Helena. Em sua *História natural*, Plínio, o Velho, nos diz que a flor tinha esse nome porque crescia onde caíam as lágrimas de Helena. *Inula helenium* foi usada entusiasticamente como fator de beleza tanto pelas mulheres romanas ao envelhecer quanto pelas jovens inexperientes, que amassavam a planta amarga transformando-a em uma pasta que as fazia mais bonitas. Outra prática comum era queimar as sementes ou beber uma infusão de extrato de *helenium*, orando ao mesmo tempo para que a usuária adquirisse, pelo menos, uma fração da perigosa beleza de Helena. A filha de César Augusto, Júlia, tomava diariamente uma dose da "flor de Helena". Para suavizar o amargor, a flor era "secada e socada até pulverizar-se e depois temperada com algum suco doce" ou então "misturada com suco de uvas fervido ou adoçada com mel, passas ou tâmaras".[19] Nosso informante, Plínio, louvava com entusiasmo sua eficácia, descrevendo a reputação da planta para manter o frescor do rosto e do corpo e para aumentar o poder de atração sexual. E se a *helenium* não servisse para amuleto do amor, tinha também utilidades secundárias — curava mordidas de cobra e matava camundongos.

Devido à eficácia de seu uso como tônico e estimulante, a "Flor de Helena" tem auxiliado médicos e farmacêuticos desde a Antigüidade até os dias de hoje. A helenina (C_6H_8O) é o produto da destilação da raiz. Os herboristas prescrevem remédios derivados dessa planta para regular a menstruação ou até para estimular o início do período menstrual das jovens. A ligação com Helena é importante. A erva ajudava as jovens adolescentes a atingir a maturidade sexual e, portanto, a beleza. Os antigos imaginavam que a primeira Flor de Helena tivesse surgido das poças escuras formadas pelas lágrimas da mulher mais bela do mundo ao caírem por terra. Imaginavam-na chorando ao recordar a dor derivada do amor erótico, chorando ao guiar as mocinhas pela trilha do sexo, cujos males ela própria conhecia tão bem.

Foi em *Helene*,[20] uma das "Ilhas de Helena",[21] hoje chamada Macronissos, que se diz haver a planta *Inula helenium* aparecido pela primeira vez das lágrimas de Helena. A história de Macronissos é horrível e inquietante. Hoje, é um lugar tranqüilo e silencioso. Não há barcos na enseada, não há mostra de movimento de cabras ou carneiros, nem roupas flutuando nos varais. Durante a Guerra Civil grega,[22] esse foi o lugar do "terror branco". Mais de cem mil prisioneiros políticos foram arrebanhados e encerrados na ilha num campo de concentração sádico e fechado. Houve massacres e torturas terríveis. Os gritos dos presos podiam ser ouvidos no continente. A ilha permaneceu vazia, como um monumento à loucura e à sede de sangue dos homens. Numa profecia da história trágica de Macronissos, dizia-se na Antigüidade que era um lugar sombrio, o lugar onde Helena suspirava.

෴

E, nas noites de tempestade, os marinheiros que ouviam os suspiros de Helena em *Helene* também poderiam percebê-la acima de suas cabeças, materializando-se no éter, porque, junto com seus irmãos Castor e Pólux — os *soteres*, salvadores cavalgando seus cavalos brancos pelos oceanos —, dizia-se que uma Helena estrelada protegia os ameaçados por perigos e

trazia luzes um tanto alarmantes em forma dos fogo-de-santelmo. Qualquer pessoa que seja apanhada por uma tempestade noturna no mar e
cegada pela súbita aparição do fogo-de-santelmo não terá dúvida quanto
ao profundo respeito que os antigos deveriam sentir por Helena.[23] Chamado simplesmente *Helene* no mundo antigo, antes que esse fenômeno
fosse usurpado por um santo cristão, o fogo-de-santelmo é um acontecimento eletrizante. Na atmosfera altamente carregada de uma tempestade,
o gás pode tornar-se ionizado, causando uma descarga elétrica luminosa
que salta em jatos duplos ou triplos das pontas dos mastros de um navio.
Centelhas de chama azulada parecem surgir do ar. O efeito é inquietante e
maravilhoso.

Esses "corpos santos" costumam aparecer singularmente ou em pares.
A luz da chama pode ser bem-vinda na escuridão da noite de tempestade,
mas também pode provocar incêndios, grave problema da Antiguidade,
quando os mastros e o cordame eram feitos inteiramente de madeira e
cânhamo ou papiro. E, assim, enquanto os irmãos gêmeos Castor e Pólux
eram considerados portadores de alívio, a "chama de Helena" era, em geral, tida como causadora de desastres. Um fragmento de um autor do período helênico chamado Sosibio[24] sugere que a luz de Helena era de mau
agouro, e outro autor romano trata claramente do assunto: "O navio está
perdido quando os irmãos de Terapne abandonam as velas condenadas pelo
fogo de sua irmã."[25] Mesmo no meio do oceano, acreditava-se que Helena
era capaz de explodir com perigosa energia.

DÉCIMA PARTE

O ROSTO QUE FEZ ZARPAREM MIL NAVIOS

37

HELENA EM ATENAS

Depois que souberam da volta de Helena a seu lar em Micenas,
multidões vieram de toda a Europa, maravilhando-se com a
nora de Plístenes e loucas para ver o rosto que derrotara a Ásia.
Na verdade, ela se orgulhava por haver inflamado os líderes,
por haver dilacerado o mundo com a guerra e por
ter conquistado uma infame reputação
por sua vergonhosa beleza.

JOSEPH DE EXETER, *Trojan War*
(Guerra de Tróia) (aprox. 1180 d.C.)[1]

C ASO UMA HELENA DA IDADE DO BRONZE tenha realmente voltado de
Tróia a Esparta após suas vicissitudes, dificilmente imaginaria, con-
templando o litoral agreste da Turquia, Egito e Grécia, que os pequenos
portos e diminutos povoados pré-históricos pelos quais ela e outros sobreviventes da Guerra de Tróia iam passando iriam se tornar grandes cidades da era clássica: Tebas, Corinto, Atenas. Poderia adivinhar que, no
futuro, ela continuaria viva nessas cidades, como um de seus símbolos mais
importantes e discutidos de feminilidade? Que sua história seria representada muitas vezes nas academias dos filósofos e nos grandes teatros
públicos, diante de uma platéia embriagada, exigente, intelectualmente
ambiciosa e poliglota?

A memória de Helena viria a ressoar, especialmente, não apenas em
sua cidade de Esparta, mas na Atenas clássica. No século V a.C., graças à
nova arte do teatro, e, em seguida, aos diálogos dos filósofos e retóricos,

sua história adquire uma nova significação. Ela já estava sendo venerada em santuários de culto no Peloponeso, sua canção sendo cantada nas suntuosas mansões, seu rosto gravado em metal e aplicado em vasos, mas estava prestes a transformar-se em animal político. Tão logo a rainha de Esparta pisou os palcos atenienses, a *idéia* de Helena tornou-se parte central da experiência democrática de Atenas e, portanto, central na formação da sociedade ocidental.[2]

Para uma *polis* ambiciosa, como era o caso de Atenas, a história de Helena abarca temas apaixonantes: a morte e o dever, a responsabilidade cívica e a ambição individual, a relação entre desconhecidos e parentes, a finalidade da guerra, os objetivos da mulher; a razão dos defeitos da humanidade. E como Helena simbolizava uma força primeva — o poder sexual —, surge a questão de saber como o que é imperfeito, espontâneo e animal é capaz de tornar-se parte do corpo social e político.

A Helena de Homero é sempre ambígua, sempre fascinante. Mas é no palco ateniense que ela se transforma em paradoxo: uma criatura de extrema polaridade, ou muito, muito boa, ou muito, muito má. Ali, começava realmente o aceso debate a respeito de Helena. O que ela significa? Como é possível tratá-la? Mesmo que tenha parte apenas incidental no drama grego, ela sobrepuja os demais personagens e sua presença permanece sangrando além das cenas em que participa. A linguagem usada pelos dramaturgos gregos tinha o objetivo de tirar o fôlego das platéias. E nas peças de Ésquilo, Sófocles e especialmente, nas de Eurípides, os espectadores devem ter se engasgado com Helena.

Em Atenas, ainda é possível visitar o Teatro de Dioniso (o prédio, ainda de pé, foi construído no século IV a.C.), onde grande parte das tragédias gregas teve sua estréia. O local é o centro geográfico da antiga *polis* ateniense, a uma distância relativamente pequena da Acrópole, da Ágora e da Assembléia. O melhor momento para visitá-lo é depois que os turistas regressam a seus hotéis e os atenienses do século XXI já saíram às ruas, passeando pelas calçadas de mármore, conversando, comendo figos e cuspindo as cascas das sementes e nozes, como teriam feito os atenienses de 2.500 anos atrás. Os vendedores ambulantes de ícones religiosos ordinários recordam o impacto espiritual que aquele local já teve — o teatro fazia, originalmente, parte de um santuário religioso, domínio do depravado deus do vinho e da fertilidade, Dioniso. Era cheio de templos e oratórios, repleto de oferendas votivas.

O teatro grego nasceu do ritual religioso e, portanto, era por definição político, parte do tecido da *polis*. Como diz um estudioso, "os festivais [teatrais] eram... políticos porque eram religiosos, pois na antiga Grécia pré-cristã a religião e a política eram tramas de pensamento e comportamento tecidas com os mesmos fios".³ Foi no teatro, na presença de uma numerosa platéia, que os gregos (grandes apreciadores da análise) podiam perguntar-se a si mesmos quem eram, o que deveriam pensar e de que maneira deveriam viver. Helena estava no cerne dessas interrogações.

Assim, no século V a.C., as pessoas iam ao santuário de Dioniso para ver a representação da história de Helena, de forma especialmente explícita na obra de Eurípides.⁴ Em sua linguagem simples, coloquial e carismática, Eurípides introduziu Helena como figura central no palco das tragédias. E, no retrato complexo e vacilante que pintou dela, resumiu perfeitamente como os homens a queriam, ao mesmo tempo, perfeita e um perfeito bode expiatório. Eurípides deixou claro que a Helena pré-histórica se transformara na mulher clássica grega comum, que existia uma "Helena" em cada menina-moça, esposa ou prostituta que habitava o mundo grego.

Em *As troianas* (encenada pela primeira vez em 415 a.C), Helena e sua antiga sogra, Hécuba, viúva do falecido Príamo e mãe de Páris e Heitor, igualmente mortos, se debatem numa guerra de palavras. Menelau está pronto para matar a mulher adúltera, mas Helena argumenta que não é responsável pela morte e destruição em Tróia e não merece morrer.⁵ A rainha troiana refuta, culpando unicamente Helena. As palavras se digladiam no palco. É um *agon*, uma competição retórica. Habilmente, Hécuba acentua lealdade e os gostos "orientais" e "bárbaros" de Helena, recordando a Menelau que ela passou dez anos no leito de um troiano. A idosa mulher argumenta desesperadamente, convencida de que a beleza de Helena acabará por derrotar o homem que tem diante de si. Conhecendo bem Homero, a platéia de Eurípides compreende o quanto as palavras da velha são inúteis e patéticas. Hécuba tem razão: Menelau não consegue resistir a Helena e vai perdoá-la. Permitirá que seus olhos percorram o corpo e o rosto maravilhosos e resolverá levar sua rainha de volta ao lar. O desejo de

Páris por Helena violenta os códigos de comportamento social e o protocolo internacional. Menelau, guerreiro cornudo, se deleita com o direito de vingança.

Durante as antífonas e cânticos entoados pelo coro, e o acompanhamento de gemidos dos *auloi* — o oboé do mundo clássico, como uma feiticeira que prediz a morte —, o tema principal da peça grita a plenos pulmões: Helena é perigosa, não se deve confiar nas mulheres, principalmente nas que são articuladas, atraentes, carismáticas e engenhosas. São essas as criaturas que provocam a morte das civilizações.

Em Atenas, ir ao teatro era um dever cívico, e os dramaturgos trágicos se tornaram os educadores não oficiais da sociedade. Estima-se que no século IV a.C. a metade dos cidadãos qualificados freqüentava o teatro.[6] Era a maior quantidade de pessoas (exceto nos jogos olímpicos e nas batalhas principais) já reunida no tempo e no espaço no mundo grego, e todos de olhos fixos em um pequeno palco; todos, quase certamente em algum momento da vida, vendo a história de Helena representada diante de si.[7]

Como parte de uma comemoração religiosa, a experiência do teatro ateniense era genuína. Um festival, principalmente, se transformara em um convescote de proporções épicas — a Grande Dionisíaca. Durante essa festa, que ocorria no fim de março ou início de abril, a atmosfera em Atenas deve ter sido elétrica. Homens de todas as partes da Grécia, tanto ricos quanto pobres,[8] enchiam a cidade. O festival se iniciava com uma parada exuberante e faustosa. Abrindo o desfile, ia um belo touro, ricamente ataviado com guirlandas, perfumado e destinado a um sangrento sacrifício, assim como inúmeros outros animais em toda a cidade durante os três dias seguintes. Atrás do touro, ia uma virgem levando uma cesta de ouro. Todos dançavam, cantavam e bebiam exageradamente durante toda a noite.

Como esses eventos carnavalescos permitiam a muitos um raro feriado, uma oportunidade para deixar de lado as enxadas, as foices e os arados,[9] certamente diversos dentre eles assistiam às peças *Helena* e *As troianas* em meio à forte ressaca. Para alguns, era um acontecimento anual, para outros, uma experiência única na vida.[10] As peças encenadas na Grande

Dionisíaca eram rivais, todas competindo entre si. As expectativas e emoções eram fortes. A Helena trágica desfilava diante de uma platéia emocionada e volúvel.

Os homens das tribos reconhecidas da Ática entravam com seus bilhetes de teatro,[11] feitos de chumbo ou de lascas de osso ou marfim, e sentavam-se à sombra do Partenon para ouvir e aprender. As inscrições dão a entender que certos grupos de assentos eram distribuídos segundo a hierarquia social. Os membros da *boule* ficavam em certa parte, os órfãos de guerra em outra, os estrangeiros, possivelmente, numa área separada, em outras, os *metics* e, talvez, um pequeno grupo de escravos em determinados lugares. No teatro de Dioniso, os assentos do *theatron*, o lugar de onde se assistia, eram originalmente feitos de madeira, mas por volta do final do século IV a.C., foram investidos mais recursos financeiros, e a platéia se acomodava em mornos bancos de pedra, tomava os refrescos que os ambulantes vendiam em volta do teatro e observava o que ocorria na *orquestra* — o lugar das danças.[12]

A geologia do penhasco da Acrópole proporcionava um berço para o teatro, pois o declive cria um auditório natural com excelente acústica.[13] Acima do teatro, no alto do Partenon — símbolo do poder e devoção de Atenas —, havia uma imagem de Helena, o belo problema imortalizado em pedra na extremidade norte da métope. Menelau enfrenta ferozmente Páris, enquanto Helena se abriga sob uma estátua de Afrodite.[14] A Helena teatral seria julgada sob esse lembrete em pedra dos crimes da rainha de Esparta.

Aparentemente, as mulheres não freqüentavam os teatros, embora alguns estudiosos argumentem que poderiam ocupar os piores lugares do auditório, os mais quentes.[15] Todos os atores eram do sexo masculino.[16] Imaginemos o teatro numa cálida manhã de abril: os restos da noite ainda juncando as ruas, o vinho derramado nas devassas libações dionisíacas atraindo as moscas. E, no próprio teatro, uma platéia de entre 14 e 17 mil homens de olhos fixos no ator mascarado que representava Helena, homens que procuravam compreender o sentido de seu mundo e das mulheres que o povoavam.

O homem (ou rapaz) que representava Helena se transformaria na mulher mais bela do mundo ao recitar suas falas através da máscara do teatro trágico. Feitas de linho, cortiça e madeira, com cabelos verdadeiros, as máscaras eram um disfarce neutro e agradável através do qual eram transmitidas idéias sobre o poder e a beleza.[17] Quando habilmente utilizada, essa segunda pele artificial era capaz de magnificar os pensamentos, idéias e ações do ator. No final da representação, os membros do elenco ofereciam as máscaras ao deus, no templo de Dioniso. Mais do que simples artifícios, eram instrumentos que permitiam a um homem falar com as palavras e pensamentos de outro, explorando as questões fundamentais da vida.

Na atmosfera mística e inebriante do festival, as platéias se sensibilizavam com o drama diante de si. Num comentário do século II d.C., Plutarco conta a história de um tirano da Tessália de nome Alexandre, do século IV a.C., famoso por sua horrenda brutalidade. Os espetáculos de Alexandre incluíam enterrar vivos os inimigos ou envolvê-los em peles de animais, atiçando cães contra eles. Mas em uma representação de *As troianas*, o déspota saiu às pressas do teatro para que os cidadãos atemorizados não vissem as lágrimas que ele derramava e não testemunhassem sua debilidade, sua apreciação da tragédia humana de Hécuba e Helena.[18]

E como *As troianas* contém tantas imagens surpreendentes, tantas falas de robusta retórica, tanto exame plangente da condição humana, a peça de Eurípides se tornou um texto habitual durante os períodos helênico, romano, medieval e renascentista. Alexandre, o Grande, por exemplo, recitava trechos da *Andrômeda* de Eurípides para se exibir nas festas,[19] e dois mil anos mais tarde a rainha Elizabeth I aprendeu a traduzir suas peças.[20] Eurípides mostra Helena como uma megera prostituta, uma aventureira em busca de dinheiro, uma assassina; suas peças são obras geniais que fizeram com que o Ocidente a recordasse como um problema.

Outros autores teatrais também execraram Helena no palco. No *Agamêmnon*, de Ésquilo, ela é tratada simplesmente como "mulher" — "aquela mulher imunda" é o sentido que transparece. A contragosto, ao voltar para Menelau, ela recebe um nome, embora o coro acentue o fato de que *Helenan* tenha um tom sinistro, porque ela é também *Helenas* (destruidora de navios), *Helandros* (destruidora de homens) e *Helep-*

topoli (destruidora de cidades).[21] Simon Goldhill mostrou que uma tradução que respeitasse o sentido original das palavras seria mais ou menos assim:

> *Quem te deu esse nome, com perfeita exatidão?*
> *Seria alguém invisível, que pressentisse*
> *O que tinha de acontecer, usando com habilidade a língua,*
> *Que te deu o nome de noiva-lança, Helena disputada em batalha?*
> *Nome adequado, pois eras o inferno dos navios,*
> *O inferno dos homens, inferno de cidades...*[22]

Os atenienses do século V a.C. odiavam Helena devido a seus próprios atos, ao fato de que ela parecia haver catalisado uma mudança significativa do *status quo*. Sua história assinalou o fim da Idade dos Heróis e o fim da civilização micenense; ela afastou os homens de seu desenvolvimento linear. Enquanto faz amor com uma mulher, o homem não é capaz de lançar uma pedra fundamental, de escrever sua própria história e nem de lutar.

❧❧❧❧

Nos vasos atenienses dos períodos arcaico e clássico, Helena aparece freqüentemente em fuga, escapando de um vingativo e acusador Menelau após a queda de Tróia.[23] Os atenienses não queriam recordar uma rainha orgulhosa e potente. Para muitos, com suas próprias mulheres encerradas e silenciadas em seus lares, Helena encarnava tudo o que uma "má mulher" poderia ser. O auto-sacrifício, e não a auto-realização, era o que na visão de muitos atenienses poderia conferir boa reputação a uma mulher.

Para uma platéia grega do século V, Helena resumia uma lista impressionante de depravações. Abandonou a filha, dormiu com bárbaros, entregou-se aos prazeres carnais e provou que, mesmo aprisionadas pelo casamento, as mulheres ainda têm a capacidade de competir com os homens. Eurípides põe na boca de Clitemnestra um julgamento clássico típico de um macho grego a respeito de Helena. Clitemnestra articula os

motivos pelos quais matou seu marido Agamêmnon, que havia sacrificado a filha Ifigênia a fim de agradar aos deuses e depois de dez anos regressara
com uma concubina:

> *Se ele a tivesse matado para impedir a conquista de nossa*
> *cidade e salvar as outras crianças, uma para o bem de muitos,*
> *isso seria perdoável. Mas, na verdade, porque Helena era*
> *uma rameira e seu marido não sabia controlar uma*
> *esposa traiçoeira, por esses motivos ele matou*
> *minha menina.*[24]

Mas, em certo sentido, o maior crime de Helena é simplesmente sua
notoriedade. Pouco mais de 15 anos antes de Eurípides escrever *As troianas*,
os atenienses ouviram seu menino de ouro, Péricles, acentuar uma mensagem singularmente repressiva. Em seu famoso discurso fúnebre de 431
a.C. ele declara que o maior *kleos* seria conquistado pelas mulheres que
permanecessem invisíveis: "*Talvez eu deva dizer algumas palavras sobre*
os deveres das mulheres àqueles dentre vós que agora estão viúvos. Posso
dizer tudo em poucas palavras de conselho... a maior glória de uma mulher
é ser pouco falada entre os homens, tanto os que as louvam quanto os que as
criticam."[25] Xenofonte acrescenta sua exortação no volume *Gerência do*
lar: "*Portanto, é adequado a uma mulher permanecer em casa e não sair*
para a rua; mas que um homem fique dentro de casa, sem se dedicar a ati-
vidades ao ar livre, é vergonhoso."[26] A mulher ateniense ideal no século V
a.C. não era vista, ouvida nem comentada. Dados esses pré-requisitos,
Helena era simplesmente leviana, um travesti da feminilidade, uma inimiga do homem civilizado.

Portanto, tendo em vista seus crimes, é notável a capacidade de sobrevivência de Helena. Três anos depois da representação de *As troianas,*
Eurípides produziu outra obra, *Helena*, e desta vez a personagem central é
inocente, a Helena descrita por Stesícoro que passou todo o tempo da
Guerra de Tróia vivendo sem culpa no Egito. Seja por ter sido seduzido
pela idéia da Helena mulher, ou porque temesse a ira da Helena imortal,
ou porque pretendesse escrever uma comédia construída a partir de uma
grandiosa piada (o que poderia ser mais divertido do que a idéia de que

Helena não merece ser culpada?), Eurípides parece também ter sido víti-ma dos encantos de Helena.[27]

Por vezes, ela é literalmente satirizada, aparecendo como objeto de peças satíricas, obras cômicas turbulentas e impudicas, apresentadas ao final de um dia inteiro de tragédias nos grandes festivais teatrais. Os textos com-pletos de quase todas as peças satíricas se perderam (com exceção do *Cíclope*, de Eurípides); provavelmente, eram encenadas lado a lado de tra-gédias como *Hécuba*. Imaginemos a platéia rolando de rir com os versos, batendo com as mãos nos assentos, quando um sátiro interroga Ulisses que regressava de Tróia a seu reino:

> *Quando levastes aquela mulher, todos se revezaram*
> *estuprando-a? Ela gostou da variedade de homens,*
> *aquela puta volúvel! Ora, ver um homem*
> *de calças bordadas e corrente de ouro*
> *a encantou tanto, que ela deixou Menelau,*
> *um homenzinho decente. Gostaria que não houvesse*
> *mulheres no mundo — a não ser [algumas] para mim.*[28]

Também conhecemos o título de uma peça satírica que parece tratar inteiramente de Helena. Com o nome de '? '+8,<01 Γα:îl EαJLD46`l "O casamento satírico de Helena", a peça provoca muitas risadas e diver-são libidinosa ao tratar do eterno momento romântico em que Helena e Páris consumam sua aventura amorosa na ilha de Cranai.[29] Existem frag-mentos esparsos de quatro outras comédias sobre Helena, escritas por Alexis, autor teatral do século IV a.C.[30] Ela fazia as platéias de Atenas cho-rar e rir igualmente.[31]

Em Atenas, somente um ano após a estréia da peça *Helena* de Eurípides, no ano 412 a.C. (provavelmente, no Teatro de Dioniso), encontramos ou-tra aparição de Helena que chegou até nós na estréia da comédia de Aristófanes, *Lisístrata*. Aristófanes apresenta uma Helena para ser admi-rada e não temida ou execrada. O que está sendo louvado e mostrado é a espiritualidade de Helena e sua relação especial com jovens virgens. Hele-na é simplesmente mencionada (como filha de Leda) no final da peça. No início da representação, a famosa beleza das moças de Esparta já foi recordada à platéia. Numa cena fabulosa, uma personagem de nome Lampito, cujos seios são objeto de admiração, descreve os exercícios que pratica no ginásio para enrijecer os glúteos. Os versos finais são divertidos, a atmosfera é extasiante:

> *UM ESPARTANO [cantando enquanto os pares dançam]:*
>
> *Levantem os pés, hei!*
> *caminhem com leveza, hei!*
> *para louvarmos Esparta,*
> *que adora as danças em honra dos deuses*
> *e no bater dos pés,*
> *e onde à margem do Eurotas*
> *as jovens dançam*
> *como potrancas, erguendo nuvens*
> *de pó com os pés,*
> *e seus cabelos ondeiam*
> *como os cabelos das bacantes que brincam e tocam o tirso;*
> *e são guiadas pela filha de Leda,*
> *a bela e pura chefe de seu coro.*[32]

E, assim, termina a peça, com a invocação do espírito de Helena, que guia aquelas belas jovens espartanas "como potrancas" para fora do palco e para a imaginação dos homens.

38

HELENA, PERDIDA E ENCONTRADA

nisi Taenario placuisset Troica cunno
Mentula, quod caneret, non habuisset opus.

Se uma pica troiana não divertisse tanto uma boceta espartana,
O livro desse tal Homero nem teria começado.

PRIAPEA, "*Poems for a Phallic God*"
(Poemas para um deus fálico)[1]

N O INÍCIO DO SÉCULO XIX D.C., um bibliotecário muito animado chamado Angelo Mai começou a trabalhar em um raro e antigo manuscrito de Homero. Esse precioso documento, criado no século V d.C. e conhecido como *Ilíada* Ambrosiana ou Homero de Milão — guardado
durante duzentos anos na Biblioteca Ambrosiana, em Milão —, estava
bastante estragado. Havia pedaços de papel colados atrás das ilustrações
em miniatura. Mai percebeu a existência de textos por baixo desses papéis
e procurou recuperá-los; talvez houvesse ali segredos, uma versão da *Ilíada*
que tivesse ficado perdida durante séculos.[2]
Assim, ele dissolveu a cola que ligava o papel ao manuscrito e usou
reagentes químicos para tentar reavivar as palavras no pergaminho. No
verso de uma parte que teve tratamento mais vigoroso havia uma ilustração de Helena (vestida com uma espécie de véu, um avental cor de berin-
jela e saias longas com a barra da mesma cor) e Páris, ambos sentados lado
a lado, em atitude de companheirismo. A operação era um tanto perigosa,

pois os produtos químicos poderiam atravessar o papel e prejudicar as ilustrações, mas Mai prosseguiu seu trabalho.

Um delicado fac-símile dessa ilustração está hoje na Sala de Livros Raros da Biblioteca da Universidade de Cambridge. É uma das mais belas e vigorosas representações da história de Tróia, vindas do império bizantino. Repousando nas almofadas de cor salmão fornecidas pela biblioteca, a figura mostra guerreiros correndo num cenário verde-petróleo, limitado pela moldura cor de tangerina, num esquema de cores ainda vívido após 1.500 anos.

Mas as substâncias usadas por Mai destruíram tanto quanto preservaram, e a imagem de Helena foi a que ficou mais prejudicada. Ela ainda aparece modestamente sentada, com Páris ao lado, mas seu nome é dificilmente legível. O rosto, várias vezes atingido durante muito tempo, transformou-se em uma feia mancha enevoada.

⌾⌾⌾

Entre 13 e 15 de abril de 1204 d.C., um marinheiro que atravessasse o Bósforo com o olhar voltado para Constantinopla teria avistado o céu avermelhado por um incêndio. Uma força conjunta de cruzados francos e venezianos cometia desatinos na capital do império bizantino. Contra a vontade do papa, as forças da Quarta Cruzada haviam tomado essa rica cidade cristã. Os invasores foram ameaçados de excomunhão, mas a atração da prata e da pilhagem era grande.

No centro de Constantinopla ficava o Hipódromo. Capaz de acomodar até 100 mil espectadores, era o ponto focal esportivo e social do império bizantino. A construção do Hipódromo pode ter se iniciado no século II d.C., e, sem dúvida, já estava inteiramente pronto no século IV. Por volta de 1204, a pista de corrida de cavalos às vezes era utilizada para grandes comemorações cívicas, políticas e religiosas. Hoje em dia, abriga eventos menos grandiosos: os operários de Istambul comem sanduíches na hora do almoço, um parque de diversões abandonado se esconde sob a cobertura de lona e escribas datilografam cartas para os analfabetos da cidade.

Nos tempos de esplendor, o local possuía a melhor coleção de antigüidades de todo o mundo. Ali havia estátuas de bronze e pedra das grandes personalidades da Grécia e de Roma: Hércules, Zeus, Rômulo e Remo, Páris entregando a maçã de ouro a Afrodite, o imperador Augusto. Helena também estava lá. E, durante três dias apocalípticos, o incêndio causado pelos cruzados foi mais intenso no Hipódromo.

Havia motivos fortes para essa profanação. A maior parte das estátuas era de ícones e personalidades pagãs. Os cruzados ainda acreditavam que aquelas cascas de metal e pedra continham espíritos e demônios. Os venezianos e francos já haviam incorrido em censura da parte do papa e sua Igreja. E não queriam arriscar-se à ira dos antigos deuses. É claro também que todo aquele bronze derretido era muito útil. O Hipódromo era uma mina que não precisava ser escavada. Toneladas de estátuas e decorações de metal foram arrancadas, derretidas e transformadas em moedas. As únicas obras de arte que sobreviveram e foram levadas intatas para Veneza foram quatro cavalos de bronze — famosos no mundo inteiro — que galopavam no camarote do imperador. Hoje em dia, as réplicas desses cavalos estão na Basílica de São Marcos.[3]

Mas Helena não teve tanta sorte: quando a multidão desvairada a alcançou, a destruição assumiu um caráter pessoal. Uma testemunha ocular (que, visivelmente, adorava aquela visão metálica, colocada com seus companheiros paralelamente à pista de corridas), o secretário imperial de Bizâncio, Nicetas Choniates, assim descreveu a cena:

E o que aconteceria com a Helena de alvos braços, de belos tornozelos e longo pescoço, que reuniu as hostes dos helenos e destruiu Tróia, de onde navegou até o Nilo e, depois de longa ausência, retornou ao lar dos lacedemônios? Seria capaz de aplacar os implacáveis? Seria capaz de suavizar aqueles homens de coração de ferro? Pelo contrário! Ela, que com sua beleza escravizara a todos que a contemplavam, não conseguiu fazê-lo agora, embora estivesse faustosamente ataviada; mesmo feita de bronze, parecia tão fresca quanto o orvalho da manhã, ungida com a umidade do amor erótico em suas vestes, véu, diadema e tranças dos cabelos. Seu manto era mais fino do que uma teia de aranha e o véu estava astutamente colocado no lugar; o diadema de ouro e pedras preciosas sobre a fronte era radioso, e a trança de seus cabelos, que lhe chegava aos joelhos, cascateando e agitando-se à brisa, estava presa à nuca com uma fita. Os lábios eram como pétalas de flor, levemente separados, como se ela pudesse falar; o gracioso sorriso, que imediatamente saudava o espectador, o enchia de alegria; os olhos faiscantes, as sobrancelhas arqueadas, e as formas perfeitas do resto do corpo eram indescritíveis com palavras e impossíveis de ser transmitidas às gerações futuras. Ó Helena, filha de Tíndaro, a própria essência da beleza, botão de flor do Eurotas, protegida de Afrodite, a mais perfeita dádiva da naureza, troféu disputado por troianos e helenos, onde está a droga que te foi dada pela mulher de Thon, capaz de afastar a dor e a tristeza, trazendo o esquecimento de todos os males? Onde estão teus irresistíveis feitiços de amor? Por que não os usaste agora, como fizeste no passado distante? Mas creio que o destino já predeterminara que sucumbisses ao fervor das chamas para que tua imagem não mais inflamasse os espectadores com as paixões sexuais.[4]

Embora o próprio Nicetas acreditasse que a destruição da estátua fora motivada puramente pela ambição material — a fim de acumular mais bronze —, murmurou-se em toda a cristandade que os venezianos a haviam destroçado para vingar seus antepassados troianos. Assim como Tróia fora "arrasada pelo fogo por causa dos amores escandalosos [de Helena]",[5] também os venezianos, inflamados pela vingança e ambição, haviam arrancado e dilapidado Helena.

Assim, hoje o Hipódromo já não tem suas estátuas colossais. Resta apenas um par de obeliscos, despidos de suas capas de bronze lavrado — tocos, onde antes havia gigantescas obras de arte. Outrora, ali estava Helena; hoje, ela é um fantasma.

E através da história foi isso o que aconteceu a Helena, uma mulher que inspirou tanto desejo e tanto ódio que foi obrigada a se transformar em fogo-fátuo — sempre mudando de forma, hoje, aqui, amanhã, desaparecida. Ela é multiforme e, por isso, é perfeita. Pode ser o que quer que desejem os homens ao seu redor: tanto uma esplêndida glorificação da sexualidade feminina quanto, depois da profanação de 1204, uma lembrança amputada e arruinada do talento humano por atos de ganância e execração.

∽∽∽∽

A jornada de Helena através da história tem sido tão turbulenta quanto sua travessia de Esparta a Tróia e seu regresso. Ela foi saqueada e destruída de muitas formas. Quando conseguiu sobreviver, quase sempre foi por um fio. A rainha de Esparta poderá ter escapado às batalhas históricas da Idade do Bronze, mas novas lutas sobreviriam. Grandes obras épicas, como a *Cípria* — de alcance e extensão semelhantes à *Ilíada* e à *Odisséia* —, que narrava a parte inicial de sua vida e seu romance com Páris, se perderam nas trevas da Idade Média. Peças trágicas e satíricas que tratavam de Helena, e somente dela, foram destruídas no grande incêndio da Biblioteca de Alexandria, no Egito. Vasos pintados que ilustram episódios menos conhecidos de sua vida foram despedaçados ou ainda estão enterrados. As oferendas votivas deixadas para ela nas fontes foram carregadas pelas águas. Ela nos transporta em uma sarabanda. A trilha entre o passado e o presente pode ser agreste. Mas durante sua tempestuosa jornada através do tempo, Helena teve em Homero um importante aliado: um artista cuja obra foi de tal forma representativa que, graças à sua preservação e às paródias feitas sobre ela, uma Helena feita de palavra escrita permaneceu flutuando nos fragmentos de papiro e pergaminho, saindo da Antigüidade para penetrar no mundo moderno.

39

HELENA, HOMERO E AS POSSIBILIDADES DE SOBREVIVÊNCIA

Homero em páginas de pergaminho!
A Ilíada e todas as aventuras
De Ulisses, inimigo do reino de Príamo!
Tudo encerrado em um pedaço de pele
Dobrado em várias folhas pequenas!

MARCIAL, *Epigrama* 14 (aprox. 40-103 d.C.)[1]

NUMA MODESTA VITRINE do Museu Britânico, há uma pequena tábua de madeira feita para ser pendurada na parede.[2] Data da ocupação romana do Egito e provavelmente se destinava à decoração de um bar. Com um cabo de metal e caligrafia escolar, parece mais uma tabuleta de taverna do Oeste selvagem dos Estados Unidos ou uma tábua vitoriana de homilia tipo "Não há lugar melhor do que o lar" ou "Deus abençoe esta casa". Na verdade, as palavras escritas na superfície irregular da madeira vêm da *Ilíada* de Homero, versos 1.468-73, nos quais o bardo louva as alegrias da bebida. Essa tábua com os versos de Homero atravessou valentemente os tempos desde a Antiguidade, embora já um tanto estragada e maltratada: nove décimos de destroço flutuante e um décimo de tesouro. A rude tabuleta é testemunha do fato de que Homero impregnou toda a Antiguidade, e, para os milhares de cidadãos romanos que passaram e beberam sob ela, as palavras do poeta eram intimamente conhecidas. O biógrafo de Helena foi o profeta popular da civilização ocidental.

O trajeto físico dos poemas épicos de Homero foi cheio de perigos, assim como o da maioria dos textos da Antigüidade que chegaram ao mundo moderno. Helena foi uma das poucas personagens que realizaram essa difícil viagem. Muitas grandes obras de literatura, muitas histórias e muitos habitantes do passado clássico se perderam no caminho. Foi uma expedição cheia de obstáculos, marcada por experiências que modificaram seu caráter. Os que sobreviveram muitas vezes o fizeram em condições peculiares.

☙❧❧

Em 21 de fevereiro de 1888, um egiptólogo britânico, William Flinders Petrie, fazia escavações no cemitério de Hawara, em Fayum, no Egito. Encontrou a múmia de uma mulher do século II d.C. Agarrados ao crânio, ainda havia dois tênues tufos de cabelos muito negros, e sob a cabeça um rolo de papiro. A camada externa do papiro estava danificada, mas, ao desenrolá-lo cuidadosamente, Petrie descobriu palavras firmemente inscritas à tinta na parte interna.[3]

Quanto mais profunda a camada de papiro, mais visíveis eram as inscrições, até que se tornaram evidentes grandes trechos dos livros 1 e 2 da *Ilíada*. Atualmente, os fragmentos do rolo de papiro estão preservados entre lâminas de vidro na Biblioteca Bodleian, em Oxford.[4] Algumas partes do material se deterioraram com o tempo. No corpo do manuscrito e nas bordas, ainda são claramente visíveis os ramos de junco do papiro. Apesar da volatilidade da superfície orgânica da escrita, os caracteres gregos, feitos com tinta à base de carvão, são surpreendentemente claros. No papiro amarelo-tabaco, as palavras de Homero surgem com fluência regular, confiante.

Talvez seja importante o fato de que essa mulher egípcia anônima de Hawara tivesse escolhido o Livro 2 da *Ilíada* para servir de almofada durante sua viagem ao Além. A primeira menção a Helena ocorre no Livro 2, e em uma parte muito danificada do papiro ainda é possível perceber um pedaço de seu nome — três letras do final de "ELENES": ...NES. O Homero de Hawara é um dos primeiros e mais completos exemplares sobreviventes de qualquer dos livros da *Ilíada*. Naquelas três letras, Helena entra para o registro escrito.

Hoje em dia, o Homero de Hawara é tratado com absoluto respeito. Quem vai vê-lo em Oxford tem de deixar as bolsas com os guardas da segurança, levando lápis e bloco de notas em um envelope transparente de plástico, e, em seguida, aguardar no agradável ambiente do século XV da Sala de Leitura Duke Humfrey, enquanto o bibliotecário retira de uma série de caixas e gavetas várias chaves, cada uma das quais abre outras caixas, com a última, finalmente, desaferrolhando as estantes que contêm as folhas de papiro.

Em outros manuscritos raros na Sala Duke Humfrey, Helena é personagem de uma caçada medieval ou, em forma de robusta jovem germânica, é levada por Páris de um templo nos campos da Alemanha.[5] Antes que colecionadores cuidadosos conseguissem preservar essas peças únicas, os vermes haviam feito o possível para destruí-las. Em um valioso volume, Helena aparece tranqüilamente sentada nas profundezas das páginas de pergaminho, mas, mesmo ali escondida, os persistentes anelídeos (traças destruidoras de livros) conseguiram perfurar a rainha de Esparta.

ᗆᘓᗆᘓ

Durante dois mil anos, a sobrevivência da Helena de Homero dependeu somente de indivíduos, cada qual copiando à mão as palavras do bardo. A própria *Ilíada* somente foi impressa em 1488, em Florença, em uma espécie de fac-símile que procurava reproduzir o manuscrito. Foi pela primeira vez traduzida para o inglês (do francês, e não do grego ou latim) por Arthur Hall, em 1581.* Naturalmente, hoje em dia, temos a colossal influência da tecnologia da imprensa. Àquela primeira versão seguiram-se cerca de seis mil textos impressos diferentes. Entre os principais tradutores estão Thomas Hobbes, Percy Bysshe Shelley, Gladstone e T. E. Lawrence. A tradução de Pope (1688-1704) foi a que teve maior número de edições. Ao longo dos anos, Homero foi traduzido em muitíssimas línguas, inclusive o turco (1887), servo-croata (1915), ídiche (1924), farsi (1925), esperanto (1930), tui (1957), basco (1985), azerbaijanês (1986) e luxemburguês (1995).[6]

---

*A primeira tradução para o português é de Odorico Mendes, feita em 1874. (*N. do T.*)

Quando pela primeira vez Homero teve forma escrita, os "livros", como o Homero de Hawara, eram rolos de papiro.[7] Papiro é o nome de uma espécie de junco que cresce em abundância no delta do Nilo. Quem erguer contra a luz um pedaço de papiro moderno verá claramente como é feito — uma trama de faixas de fibra, firmemente prensadas.[8]

Ao longo da Antigüidade foram usadas diversas receitas de tinta (uma é galhas de carvalho misturadas com clara de ovo diluída, outra é negro de fumo com água). A pena era um junco afilado, com a ponta cortada longitudinalmente ao meio. A habilidade dos escribas que utilizavam esses materiais é admirável. Apesar da superfície imprevisível e irregular do papiro, e da terrível propensão dos juncos e penas de ave a se partir, espalhando a tinta em borrões por sobre o texto, muitos rolos de papiro sobreviventes do mundo antigo mostram linhas perfeitas e regulares de letras latinas ou gregas. A maior parte do trabalho foi realizada nas grandes bibliotecas da Antigüidade. Escrevia-se apenas de um lado, e o rolo de papiro ia sendo desenrolado, da esquerda para a direita, coluna por coluna, à medida que era lido. Como cada papiro tinha de ser novamente enrolado enquanto o leitor percorria o texto, preparando-o para o visitante seguinte, essas bibliotecas deveriam estar cheias do ruído rítmico e sussurrante dos juncos sendo rearrumados.

Sabemos que Helena tinha cabelos dourados, que fazia os homens se arrepiarem de medo, ou que amava a filha Hermíone graças a esses cuidadosos escribas e calígrafos, que copiavam, transcreviam e recopiavam as obras dos autores gregos e romanos, especialmente Homero. Os fragmentos de papiro testemunham a influência fundamental do bardo. Até hoje foram encontrados 1.550 fragmentos de Homero em papiro (e o número vai aumentando com o passar do tempo). Nenhum outro autor da Antigüidade se aproxima disso.

ᘓᘐᘑᘓ

A bem localizada Biblioteca de Alexandria foi a que mais trabalhou na preservação do nome de Helena. O cais da cidade ainda é um lugar de grande atividade. Enfrentando os navios-tanque, barcos de lazer ou de pesca baloiçam nas águas, com as velas festivas cheias de flâmulas e bandeirolas.

Visitantes animados chegam do Mediterrâneo oriental e mais além. Segundo todos os relatos, a cidade antiga teve brilho idêntico. O famoso farol de Alexandria, que refletia os raios do sol de dia e as chamas à noite, guiava a entrada de barcos trazendo eruditos e estudantes. O fundador de Alexandria — Alexandre, o Grande — teria aprovado o culto a Homero; para ele, a *Ilíada* e a *Odisséia* eram livros-tótem. Ao entrar na Ásia Menor, em 334 a.C., Alexandre fez uma peregrinação para visitar Tróia, e diz-se que esse jovem extraordinariamente ambicioso, cintilante e conquistador dormia com uma adaga e um exemplar da *Ilíada* debaixo do travesseiro; não se pode saber qual das duas coisas o inspirava mais.[9] Durante suas campanhas imperialistas e expansionistas, Alexandre se intitulava paladino dos gregos — lutava por eles para vingar as Guerras Persas do século V, assim como o líder persa Xerxes afirmava que essas guerras eram o castigo pela de Tróia.

Fundada por Ptolomeu I no fim do século IV a.C. e ampliada por seu filho Ptolomeu II, a Biblioteca de Alexandria tinha apetite voraz pelos textos antigos. Quanto mais antigo o manuscrito, mais elevado era o preço. A lógica disso era simples. Argumentava-se que quanto menor fosse o número de mãos de copistas pelas quais tivesse passado um manuscrito, mais "autêntica" deveria ser a versão. Freqüentemente, eram confiscados manuscritos de navios que aportavam em Alexandria; os originais eram conservados na biblioteca e as cópias, entregues a seus donos. A biblioteca e o museu de Alexandria asseguraram a sobrevivência até o mundo moderno de grande parte do material literário relativo à rainha de Esparta.[10]

Os papiros de Alexandria eram guardados em ordem alfabética (pela primeira vez no mundo) em prateleiras que continham grandes rolos, provavelmente em salas com fileiras de colunas, onde os eruditos e demais leitores se dedicavam às obras antigas escolhidas.[11] Muitos rolos eram rotulados com pequenas etiquetas, que davam o nome e a origem étnica do autor. Se os bibliotecários não tivessem sido tão metódicos, poderíamos facilmente ter perdido o rastro do personagem de Helena.

Ali havia uma enorme quantidade de papiros, ao todo, mais de 500 mil na cidade — alguns dos quais duplicatas, muitas versões variantes do mesmo texto; *Ilíadas* e *Odisséias* paroquiais vindas de todas as partes do mundo antigo, da Babilônia, Macedônia e Egito. Os estudiosos e admiradores da literatura que ali trabalhavam tinham uma tarefa enorme — produzir versões padronizadas dos textos contidos nas coleções.

Nosso problema na busca da Helena primordial é que o Homero que lemos hoje foi muito manuseado. Muitos escribas, copistas e bibliotecários incluíram suas próprias idéias e seus pontos de vista nos textos antigos. Zenódoto, primeiro diretor da biblioteca do museu de Alexandria, em 284 a.C., censurou quatro versos da *Ilíada 3*, nos quais a deusa Afrodite traz um assento para Helena,[12] porque achou inadequado para uma divindade agir de maneira tão subserviente. Na verdade, para nós, essa referência específica — em sua forma original — dá idéia da intimidade do relacionamento de Helena com Afrodite e do status elevado e privilegiado de que a rainha de Esparta gozava aos olhos dos deuses. Zenódoto nada tinha que se intrometer.

Outros autores sofreram amputações semelhantes. No Museu Britânico, há um manuscrito da *Eneida* do século XV.[13] Uma anotação à margem reproduz os versos 567 a 588 do Livro 2 — uma eloqüente vinheta em que surge Helena como personagem principal. Enéias a perseguiu em Tróia e, ao encontrá-la encolhida no templo de Vesta, ergueu a espada — contendo-se quando estava a ponto de matá-la. Conhecemos esse segmento por uma única fonte, citado em um comentário de Servius sobre Virgílio, do século IV d.C. Servius afirma que os versos foram originalmente cortados pelos editores de Virgílio, Varius e Tucca. Os censores decidiram assim agir porque "*turpe est viro forti contra feminam irasci*" — "é vergonhoso que um homem bravo se enraiveça contra uma mulher". Se não tivéssemos essa pequena anotação em forma de comentário, os versos teriam sido perdidos e a única Helena que conheceríamos na *Eneida* seria uma assassina perversa, com seu nome afogado por entre as carnes e nervos que restavam da boca no corpo mutilado de Deífobo no Hades: "*estas são as recordações de Helena*."[14]

⚬⚬⚬

No século II d.C., a tecnologia decidiu o destino de muitas obras literárias, resolvendo quais textos clássicos deveriam sobreviver e quais seriam marginalizados, perdidos para sempre. Os rolos de papiro começaram a sair da moda, substituídos pelos códex — o precursor de nossos livros de hoje. O pergaminho ou velo (pele tratada de animal) havia sido utilizado esporadicamente no mundo antigo, mas agora folhas de pergaminho, reunidas por um fio ou fecho, passaram a ser consideradas mais fáceis para ler e conservar.[15] Devido à procura de textos nesse formato novo e compacto, grande número de obras foi transferido do papiro para o códex. Durante o processo, muitos rolos de papiro foram desprezados e eliminados; jamais saberemos seu conteúdo, jamais conheceremos seus pensamentos, poemas e histórias, quantas Helenas terão sido perdidas.

Depois de haver sobrevivido à tempestuosa travessia pelo período clássico, Helena também teve de enfrentar o gargalo da Idade das Trevas medieval, quando a transmissão da Antiguidade se tornou responsabilidade de um reduzido número de pessoas. Grande parte dos textos clássicos era contrária ao pensamento cristão, mas, felizmente, para nós, alguns textos (por exemplo, Eurípides) ainda eram considerados instrumentos essenciais de aprendizado em escolas e universidades, e, portanto, um *corpus* selecionado foi preservado. Acredita-se que nove ou dez peças de Eurípides foram incluídas no "syllabus". A peça *Helena* não parece haver estado entre elas. Mas, felizmente, sobreviveu um *único* manuscrito com nove outras peças de Eurípides, agrupadas alfabeticamente de E a K — e uma delas era *Eleni,* cuja letra inicial é *epsilon* (o nosso E).[16] Um erudito bizantino, Demetrius Triclinius, encontrou esse códex singular e precioso no século XIV.

Muitas outras obras não tiveram sorte igual. Do século VI ao século X, em muitos países o pergaminho passou a valer mais do que os próprios textos neles escritos. Poesia, filosofia, peças teatrais e discursos políticos foram raspados ou lavados das folhas de pergaminho para dar lugar a outros documentos escritos considerados mais urgentes ou mais úteis — um tratado de direito ou um texto teológico. Em alguns casos, somente sabemos da existência de um texto clássico graças à laboriosa pesquisa necrológica de algum estudioso moderno, que ressuscita o fantasma de uma escrita por trás de outra. Assim como Helena, são palimpsestos, diversas vezes erradicados e refeitos.

40

FÁBULAS VÃS

fábulas vãs... escondem falsamente a verdade sob nuvens,
encobrindo a origem dos males

LYDGATE, *Troye Book*, Prólogo, 265-6

EM SEU *TROYE BOOK* (LIVRO DE TRÓIA) composto entre 1412 e 1420, John Lydgate nega que Homero pudesse contar a verdade a respeito de Tróia.[1] Homero é o principal defensor de Helena, mas não possui um monopólio sobre ela. No mundo antigo, houve efetivamente certo número de versões de Tróia "anti-Homero", e, portanto, maneiras diferentes de entender Helena. Houve variações dos mitos e poemas épicos diversos que ainda circulavam e aos quais vemos menções em vasos gregos ou em referências feitas por filósofos, políticos, poetas e dramaturgos. Stesicoro nos diz que Helena permaneceu no Egito durante todo o tempo da Guerra de Tróia. Heródoto concorda, afirmando haver falado com sacerdotes egípcios que confirmaram ser essa a "verdadeira" história de Helena.[2] Tucídides faz uma análise mais apurada e busca o conhecimento das populações do Peloponeso a fim de sustentar sua teoria de que os navios gregos zarparam atravessando o mar até Tróia por ambição econômica e truculência de Agamêmnon — não por amor a Helena, mas sim *"em minha opinião o medo teve importância maior do que a lealdade"* — diz ele.[3]

Algumas alternativas são mais extremadas. "A Dissertação Troiana", de Dio Crisóstomo, escrita em algum momento entre os anos 60 e 120 d.C., durante sua vida peripatética pelo império romano, afirma que Tróia, na verdade, jamais foi saqueada. O raciocínio parece audacioso e inesperado até levarmos em consideração que os romanos afirmavam ser descendentes diretos dos troianos, graças a Enéias, que começara a vida como pastor em Tróia (ou príncipe, dependendo da versão preferida da história). Mais tarde, escapara da cidade e tivera filhos cujos descendentes, Rômulo e Remo, fundaram Roma. Assim, para os romanos, o "Ocidente" foi criado por seus "antepassados" troianos. Na cultura popular romana, os bem-amados troianos mereceram panegíricos, comemorados como heróis militares triunfantes.

Helena estivera presente no nascimento do ideal democrático grego e, agora, se via no centro do mito da fundação do Império Romano. Como Tróia forneceu ao Ocidente sua árvore genealógica, uma coisa interessante aconteceu a Homero durante a queda de Roma e no período medieval. Muitos autores voltaram as costas ao grande bardo. Enquanto a versão de Tróia escrita por Virgílio, a *Eneida*, conservava a popularidade, com a expansão da propaganda romana e da cristandade, a *Ilíada* e a *Odisséia* perdiam seu status canônico.

Homero, simples poeta, passou a ser visto por diversos como fonte inadequada de discurso moral e testemunha duvidosa de acontecimentos políticos importantes. Repentinamente, já não era confiável; um "artiste" que ocultava a verdade com embustes.[4] Homero fora simplesmente inspirado pela Musa; era possível descobrir muito mais a respeito de Tróia por meio de uma "autópsia", uma análise científica dos fatos, de indícios palpáveis e das afirmações dos entrevistados. Esse ponto de vista se tornou mais disseminado.[5] Existe até mesmo uma palavra para definir essa posição anti-homérica: "*Homeropartenose*", a correção de Homero.[6]

E houve também dois personagens improváveis, Dictis e Dares, que sustentaram suas próprias alternativas "verdadeiras" em relação a Homero. É um par curioso. O primeiro escreveu por volta do século II d.C. e o segundo mais tarde, no século VI, partindo, respectivamente, do ponto de vista grego e do troiano.[7] Ao longo da Antigüidade e do período medieval, nunca houve dúvida quanto ao fato de que ocorreu um conflito em Tróia. Recordemos que, para Isidoro de Sevilha, o estupro de Helena foi um momento seminal na história do mundo. Dictis e Dares se colocaram como fonte fabulosamente valiosa, correspondentes de guerra *in loco* num conflito que marcou época — e o mundo medieval os adorou por causa disso.

Naturalmente, por haverem escrito pelo menos 1.500 anos após os acontecimentos, não era possível que tivessem estado lá na ocasião, mas ambos afirmam ousadamente que sim, e Dictis chega a criar sua própria justificativa para provar sua "veracidade", apresentando-se como soldado na comitiva do rei de Creta, Idomeneu, sobre quem Homero, na *Ilíada*, acrescenta o detalhe de que foi a Tróia com 80 navios negros.[8]

O "Prólogo de Dictis", que ele diz ser a verdade divina, é um extraordinário exercício de imaginação. Descreve Dictis como contemporâneo dos grandes heróis, Aquiles, Ájax e Heitor, que afirma que o único exemplar de seu relato de testemunha ocular está enterrado junto a si num túmulo próximo a Cnossos. Após um grande terremoto no ano 66 d.C., a tumba se abre e pastores locais, ao ver os rolos de papiro, recolhem o manuscrito. O precioso documento acaba nas mãos do próprio imperador Nero, que sustenta ser uma tradução para o grego a partir do fenício arcaico. Um impressionante exemplo de autopromoção.

O relato que se segue é um tanto enfadonho — o que serve aos propósitos de Dictis. Afinal, ele promoveu sua história como um relato *ipsis literis* e não como uma narrativa poética.[9] Helena aparece como personagem secundário. Menelau parece mais afetado pela deserção de suas parentes Etra e Climene (duas aias de Helena) do que pela perda da esposa. Páris (com o nome de Alexandre nessa versão), pernicioso bárbaro oriental, ambiciona tanto o tesouro de Helena quanto ela própria, "desviando-se do caminho reto pela ambição do saque e pela luxúria".[10] Os troianos se revoltam, recusando-se a abrigar Helena, e Páris arquiteta um massacre geral da população da cidade. A matança só termina com a intervenção de Antenor (troiano idoso e conselheiro do rei Príamo).

Menelau não é reconquistado ao ver os seios de Helena, como ocorre nas versões gregas mais licenciosas, mas, em vez disso, negocia o regresso dela por intermédio de Ulisses. A viagem de volta de Helena e Menelau não produz emoções, e a prosa parece a de um guia de turismo sucinto e despojado. Se a versão de Dictis fosse a única crônica sobrevivente a respeito da vida de Helena, é mais do que provável que essa criatura insípida e incidental já tivesse sido há muito esquecida.

Dares, por outro lado, aproveita com prazer a oportunidade para explorar o interesse amoroso do relato. Ele, provavelmente, produziu sua versão da história de Tróia no século VI a.C. como uma espécie de refutação da construção helenófila de Dictis. Na narrativa de Dares, Helena e Páris se vêem de relance, pela primeira vez, quando ela estava no porto marítimo de Hélea, num culto no templo de Diana e Apolo. Os dois passam algum tempo olhando-se "maravilhado cada qual pela beleza do outro".[11] Helena parte com Páris e, após um breve momento de hesitação no porto de Tênedos, instala-se entusiasticamente na corte de Tróia.

Dares sustenta suas credenciais de "testemunha ocular" procurando ofuscar o leitor com uma quantidade impressionante de estatísticas. Ficamos sabendo que a guerra durou dez anos, seis meses e doze dias. Ele afirma que houve 866 mil baixas gregas e 676 mil troianos mortos. Há um ponto interessante em sua narrativa: Helena é raptada em represália, como parte de uma série de afrontas e insultos entre a Casa de Príamo e os gregos. Esta versão se aproxima do costume na Idade do Bronze, quando as mulheres eram usadas como moeda de troca e como trunfos diplomáticos. Há uma ligeira possibilidade de que Dares tenha realmente se baseado em alguma memória de um bardo que tivesse preservado relatos da Idade do Bronze tardia sobre o mercado de noivas do Mediterrâneo oriental durante o século XIII a.C.

O importante é que esse autor dá pouca relevância a Helena, a ponto de obscurecer sua bela fisionomia. Não é uma Helena com rosto de deusa — maravilhosa, terrível, indizível. A beleza dessa Helena é simplesmente mortal. A Helena de Dares não faria ninguém ter arrepios de medo. Afirma-se que ela é como seus irmãos, "de cabelos louros, olhos grandes, tez clara e de bom porte... Era bonita, engenhosa e encantadora. As pernas eram as mais bem-feitas; a boca era a mais graciosa. Trazia uma marca de nascença entre as sobrancelhas".[12]

A personalidade de Helena pode desvanecer-se e desmaiar através da Antigüidade, mas ela jamais desaparece. Na era cristã, *Anno Domini*, está mais tenaz do que nunca. A tradição judaica já havia colocado Eva no papel principal como fêmea pecaminosa primordial, e, portanto, surgia o problema de como lidar com a traiçoeira rainha de Esparta num mundo cada vez mais cristianizado.

41

HELENA DE TRÓIA E O MAU SAMARITANO

Aqueles que dão amor demais
Verão o rosto de Helena no inferno,
E aqueles que amam pouco e com prudência
Poderão ver John Knox* no Paraíso.

DOROTHY PARKER[1] 1936

CONFORME OBSERVOU A ESCRITORA Dorothy Parker, com verve característica, na teologia cristã dominante, Helena, sem dúvida, não é o tipo de mulher que deve ir para o céu. O lugar dela é o inferno.

Mas quem tivesse seguido a pedregosa estrada do monte Carmelo a Jerusalém, entre a crucifixão de Cristo e o século IV d.C., teria encontrado uma Helena no coração da terra natal da fé cristã.

Nos verões de 1931 e 1932, uma equipe de escavadores anglo-norte-americanos, que trabalhava em Samaria-Sebaste, descobriu um santuário abandonado entre campos de cultivo e pomares. Espalhados no perímetro das ruínas estavam os restos de uma estátua que havia sido partida em vários pedaços. A pobre escultura já tinha sido uma bela mulher. Vestida de quíton e himacion (uma franja de tecido virada sobre o ombro esquerdo e abaixo do direito), tinha uma expressão de dignidade. Na cabeça, trazia uma grinalda, ou coroa, e um delicado véu. Na mão esquerda, tinha uma romã e uma espiga de trigo ou cevada, na direita, uma grande tocha cuja

---

*Reformador protestante escocês (1514-1572). (*N. do T.*)

parte iluminada ficava acima da cabeça e a extremidade oposta tocava o chão. O nome gravado era simplesmente *Kore* — "moça". Vestígios de pintura na pedra mostravam que a estátua um dia fora cuidadosamente decorada. Na coroa, havia traços de verde. Riscos vermelhos ainda visíveis na chama da tocha e no véu poderiam haver sido a base de aplicações douradas. Em algum momento, também as roupas da jovem haviam sido ricamente coloridas. As letras entalhadas da inscrição na base tinham sido retocadas recentemente.[2]

Alguém, no entanto, se sentira profundamente ofendido por aquela bela criatura. Com raiva, ou medo, a brutalizara. O líder da escavação, professor J. W. Crowfoot, encontrou a cabeça e parte da tocha em uma cisterna próxima ao muro do perímetro. O restante da tocha e a mão direita estavam perdidas. As quebras da pedra eram nítidas e violentas. Espalhados pelo templo, havia cerca de cinqüenta castiçais para velas, indício de alguma espécie de culto já abandonado.

Evidentemente, aquela jovem tinha sido considerada pelo menos poderosa, quase divina. Os cereais são símbolo de fertilidade, e as romãs representam a morte e o sexo. A ligação de Helena com esses potentes símbolos não seria surpreendente, e muitas divindades teriam atributos semelhantes. A romã e o cereal por si sós são insuficientes para um diagnóstico, mas a tocha é uma pista de que essa figura poderia ter alguma conexão com a rainha de Esparta. Neste ponto do tempo, graças, em parte, à vigorosa descrição de Virgílio na *Eneida*, quando Helena, em pé nas torres de Tróia, acolhe os gregos que entram na cidade com um enorme archote aceso, a tocha se tornou uma de suas marcas.[3] Mas o que estimulou os peritos a rotular a *kore* com o nome "*Eleni*" foi outro achado: a descoberta, em outros pontos do sítio, de partes de um relevo feito com a pedra calcária local, mostrando dois barretes de formas curiosas, o que tornou quase certa a identificação da estátua como sendo de Helena.

Ali, ao que parece, representados por seus barretes característicos, estavam os Dióscuros, Castor e Pólux, irmãos de Helena, os gêmeos que, segundo a lenda, a haviam salvado das garras de Teseu. Em suas coroas, eles traziam os emblemas que os distinguiam, "cones em forma de umbigos, com grinalda de folhas de oliveira e encimados por estrelas de seis pontas".[4] Existem pedras entalhadas de desenho semelhante vindas de Esparta e também de Roma, quando Helena aparece ladeada por seus irmãos; um trio de seres celestiais.

O professor Crowfoot e sua equipe na Palestina haviam encontrado um recinto religioso que datava pelo menos do século II d.C. e que fora violentamente destruído por volta de meados do século IV: época de algumas das mais ferozes batalhas entre cristãos e pagãos. Um recinto dedicado ao culto místico, possivelmente astrológico. E ali, em pé no meio de tudo, com mais de um metro de altura, estava uma Helena pomposa e celestial.

Como explicar um culto a Helena ali, no Oriente Médio? Um culto que venerava vigorosamente uma mulher no exato momento em que a Igreja cristã lutava para se solidificar? Para chegarmos mais perto da resposta é preciso passar das provas arqueológicas para as fontes escritas. Vejamos a curiosa história de Helena e de um homem que foi chamado, afetuosamente, de o Mau Samaritano.[5]

᷍᷍᷍

A história registrada começa com Simão Mago, uma figura carismática e desgarrada que, ao que sabemos, viveu na Samaria em algum momento por volta do ano 35 d.C. Famoso por sua feitiçaria e seus sortilégios (daí o nome Mago, "mágico"), parece ter gozado de certa influência na cidade movimentada e cosmopolita; segundo o livro dos Atos dos Apóstolos, 8:9-12,[6] ele "maravilhou o povo de Samaria". Embora os habitantes de Samaria fossem considerados impuros pelos judeus, o local era um oásis para mercadores e lugar ideal para a reunião de mascates, oportunistas e artistas ambulantes. O livro dos Atos nos diz que, certo dia, fugindo da perseguição em Jerusalém, Filipe, um dos evangelistas originais, começou a realizar milagres em um dos povoados da região, atraindo, rapidamente, uma multidão e fazendo diversas conversões.

Simão Mago era curioso: quis saber mais sobre aquele mágico rival. O feiticeiro foi ver os milagres de Filipe e, como muitos outros samaritanos, converteu-se também, embora sua tentativa posterior de roubar de Pedro e João o dom do Espírito Santo (origem da expressão "ato de simonia" ou "ato de Simão") sugira que ele tinha mais interesse no poder de invocação do cristianismo do que em qualquer mensagem essencial teológica ou espiritual.[7]

Simão Mago interpretava o Evangelho de maneira liberal. Sabemos que ele se considerava imbuído fisicamente do poder de Deus. Declarou-se, na verdade, Deus em forma humana — a própria encarnação do "Dunamis", o poder da divindade. Ao formar sua própria seita, com base nessas crenças, foi denunciado como primeiro herege da religião cristã. Até o século VI d.C., Mago (e seus seguidores, os simonianos) permaneceu firmemente inscrito nas listas heréticas, tornando-se um dos mais conhecidos não conformistas da história. E, estranhamente, Helena parece haver estado no centro de sua fé libertina e idiossincrática.

A maior parte da história de Simão Mago foi escrita por dois autores cristãos ortodoxos que o desaprovavam, Justino Mártir e Irineu (um bispo de Lyon), no século II d.C., e depois — possivelmente — por Hipólito de Roma, discípulo de Irineu, no século III d.C.[8] Um dos princípios orientadores desses escritos era a identificação e o descrédito dos hereges, e, por isso, temos de analisar ceticamente alguns dos detalhes neles contidos. Justino, por exemplo, acusou os simonianos de "comer carne humana".

Mas é em Justino que primeiro encontramos referência explícita a uma mulher chamada Helena, ou Helene,[9] mesclada com a seita de Mago. A Helena simoniana é uma criatura híbrida — uma mulher de carne e osso com extraordinário poder sexual, uma mulher que, segundo se afirmava, era uma reencarnação da Helena de Tróia grega. Embora também tenha uma presença metafísica, essa Helena é apresentada como uma mulher real — uma prostituta que vivia em Tiro. Hipólito se mostra especialmente cético quanto à motivação de Mago em "resgatar" Helena de Tiro e iniciá-la nessa seita, "pois o renegado se apaixonara pela chamada Helena e, depois de comprá-la, gozara de seus favores [carnais]..."[10]

Mago e Helena (se é que ela existiu) parecem ter sido um par desses personagens magnéticos que atraem homens e mulheres, como viajantes a um oásis. Alguns estudiosos argumentam que mulheres aristocratas da classe de "cortesãs" gregas eram membros preeminentes do grupo que se juntava em número crescente em torno de ambos.[11] O grupo religioso dissidente dos simonianos estabeleceu-se rapidamente na região e depois se expandiu por todo o império romano. No século II d.C., Mago e Helena ainda estavam sendo ativamente venerados na própria cidade de Roma.[12]

Os ensinamentos de Simão Mago parecem haver proposto o sexo como caminho para a salvação. Segundo a **Refutação de todas as heresias**, de Hipólito, Simão endossava os ideais do amor livre, e seus seguidores tinham tendência ao abuso de drogas e aos excessos sexuais. Usavam afrodisíacos e amuletos de amor, invocavam demônios e interferiam nos sonhos dos homens. Embora essas acusações tivessem origem hostil, ainda é plausível que a prioridade inicial do culto fosse simplesmente a satisfação sexual de Simão e, sem dúvida, era uma seita que, ao mesmo tempo, acolhia as mulheres e promovia a *idéia* da fêmea poderosa e carismática.

A seita de Simão se tornou parte de um movimento denominado gnosticismo — assim chamado porque seus adeptos acreditavam ter acesso privilegiado à divina *gnosis,* o "conhecimento", a fim de compreender integralmente a verdade a respeito de Deus. Os pais do cristianismo nos dizem que a idéia central de sua fé era a de que existe no universo uma sabedoria absoluta e que essa sabedoria tinha forma *feminina*.[13] Como nossas principais fontes sobre Simão são posteriores ao seu tempo, essa interpretação radical da fé cristã pode ter sido, simplesmente, uma difamação de parte dos pais do cristianismo, uma forma sensacionalista de macular a reputação dos simonianos. Os indícios, com certeza, estão abertos à especulação. Mas em 1945 fragmentos de textos gnósticos, escritos em copta, foram encontrados em Nag Hammadi, no Egito. As folhas de papiro estavam encadernadas em couro e guardadas em um jarro de barro, descoberto por acaso por camponeses no sopé da montanha Gebel el Tarif. A tradução deixou claro que aqueles textos efetivamente colocavam uma força vital feminina no cerne da doutrina gnóstica:

> a imagem do espírito original, invisível e perfeito, a glória eterna, Barbelo, a glória aperfeiçoada durante a glória eterna por meio da revelação da glória do espírito virginal... Essa é a primeira idéia de sua imagem. Ela se tornou a mãe de Tudo, porque existia antes de tudo...

Há ecos dessas idéias no pensamento atribuído a Simão Mago. Ele também parecia apaixonado por essa força vital feminina, o "sagrado feminino". Talvez essa história seja um pouco mais densa do que os insultos dos pais do cristianismo. Mas é quase irrelevante que essa teologia ginocêntrica

— com Helena em papel central — seja real ou tenha sido arquitetada por seus críticos. O importante é que, já depois de aproximadamente três séculos da evolução do cristianismo, o Mago e sua preeminente companheira chamada Helene fossem dignos de crédito como manifestações de poder de culto. Os pais da cristandade debatiam, preocupados, uma Helena pagã. Helena de Tróia ainda era suficientemente importante para ser temida em sua reencarnação como Helena de Samaria. Fosse ou não seu culto promovido em conexão com a seita simoniana, ela, sem dúvida, acabou tendo seu próprio santuário na Palestina.

☙☙☙

Misturando trechos escolhidos de escritos deixados pelos pais do cristianismo com relatos contemporâneos de judeus e simonianos, é possível reproduzir os contornos do (altamente complexo) credo samaritano e da posição que Helena ocupava. Sendo ele próprio um deus, Simão descera do céu para resgatar sua *Ennoia* — seu primeiro conceito, sua primeira idéia —, uma idéia e uma força vital primeva que era feminina. A idéia feminina, a *Ennoia* (às vezes chamada *Epinoia*) era simples, porém ambiciosa: uma criação da legião angélica. Mas tão logo essa *Ennoia* terminou a obra angelical, os próprios anjos, enciumados por esse prisma de perfeição feminina, revoltaram-se e aprisionaram a *Ennoia* na Terra, em uma seqüência de formas femininas. A *Ennoia* foi, em seguida, reencarnada como Helena de Tróia (entre outras) — um espírito feminino, o próprio conhecimento de Deus em pessoa, encerrado num belo corpo de mulher. Esse espírito feminino, em forma de Helena de Tróia, foi objeto de conquista e abuso por muitos homens, poluído por muitos amantes.

Mais de mil anos depois, a *Ennoia* reapareceu na Terra como uma mulher fenícia, escrava e prostituta de Tiro. Essa é a Helena que surge nos registros históricos como a amante de Mago.[14]

Mago parece haver tomado a si a tarefa de libertar a *Ennoia* de seu cativeiro secular, realizando assim a salvação da humanidade. Esse projeto filantrópico se efetivou ao reconhecer a *Ennoia* em Helena (de Tiro), enquanto os demais viam nela apenas uma reles prostituta. Algumas fontes[15] nos dizem que Simão Mago viu Helena pela primeira vez numa noite em que ela segurava uma tocha no alto de um telhado em Tiro.[16] O telhado é um eufemismo para um prostíbulo (a palavra grega *tegos* pode significar ambas as coisas), e possivelmente, nesse relato, em vez de fatos históricos, há uma mistura de referências sociais e literárias (com uma dose de fantasia). No Livro 3 da *Ilíada*, Helena, a rainha de Esparta, também estivera em pé numa muralha para identificar os heróis da Grécia. Outra possibilidade é que o personagem de Helena tenha sido inventado pelos adeptos de Simão em Roma, já no século II d.C. Porém, mais uma vez, a questão de saber se Helena era real ou não é, de certa forma, sofística, subordinada a um problema mais amplo. O importante nesta investigação é que a companheira de Mago estivesse tão estreitamente — e de forma tão crível — identificada com a figura de Helena; é o fato de que ela ainda tinha relevância.

Os autores que trataram de Mago e seus adeptos procuraram realçar a ligação com Helena e a Guerra de Tróia.[17] Escritores como Hipólito retomaram vigorosamente o tema de Tróia:

> Ela... sempre habitando muitas mulheres, perturba os poderes do cosmos com sua beleza transcendental. Assim, a Guerra de Tróia também ocorreu por causa dela. Pois como Epinoia habitava Helena naquela época, todos os homens importantes cobiçavam seus (favores), e a dissensão e a guerra surgiram nos países onde ela apareceu.[18]

É significativo que, naqueles primeiros anos do primeiro milênio d.C., ainda se imaginasse que o poder de Helena viesse de alguma forma de uma força interna, de origem divina. Ela não era simplesmente uma beleza superficial, mas uma potente força vital. A beleza de Helena pode haver "perturbado os poderes" do mundo, mas o que foi reconhecido como agente de mudança foi seu âmago, seu espírito vital, sua inteligência. Nos santuários simonianos, o Mago era freqüentemente representado como Zeus, e Helene/Helena como Atená/Minerva. Embora a Helena mencionada por autores cristãos pareça mais próxima de Afrodite, a identificação com Atená/Minerva por parte de seus adoradores homenageava a sabedoria nela reconhecida.[19]

A Helena pagã recebeu uma série de nomes impressionantes: Sofia[20] (palavra grega que significa sabedoria), Palas Atená, Minerva, Sapientia, Mãe de Tudo, o princípio do conhecimento, e, talvez mais importante, Sophia Prouneikos. Uma Sophia Prouneikos é uma sabedoria catalisada, agitada, pela busca do prazer, estimulada pela beleza. O flerte de Helena com o cristianismo recorda um tempo em que a fronteira entre o pagão e o cristão, entre os antigos deuses e o novo, ainda estava indistinta. Um tempo em que o mundo podia imaginar que uma sabedoria primordial seria, naturalmente, feminina.[21]

🙚🙘

Exemplos antigos da ficção histórica cristã — escritos entre os séculos I e IV d.C., e extremamente populares durante o período medieval, como as *Homilias Clementinas* e os *Reconhecimentos*, apresentam Simão como um vilão de pantomima e Helena (com o nome de Luna, ou Selene), como a personificação do perfeito poder divino. Nessas obras, Simão trata de sua paixão pela figura de Helena, mas afirma que deseja desfrutar dela "de maneira honrada". As emoções e o suspense (ele a violará ou não?) explicam, em parte, a imensa popularidade desses textos. Esses contos moralísticos de tanta influência novamente nos afirmam que a Guerra de Tróia aconteceu porque ambos os lados reconheciam em Helena o que ela realmente era: não um espírito, mas O ESPÍRITO...

> E ele afirma haver trazido essa Helena dos mais altos Céus para a Terra; sendo rainha, tudo havendo gerado, e sabedoria, por cuja causa, diz ele, gregos e bárbaros guerrearam, tendo diante dos olhos uma imagem da verdade; pois ela, que realmente era a verdade, estava então em companhia do deus principal.[22]

Os gregos podem haver considerado Helena um instrumento dos deuses ou uma semideusa: na época de sua heresia cristã, ela se transforma no próprio deus principal.[23]

Simão Mago foi considerado feiticeiro por muitos; por outros, um demônio, e, por todas as autoridades cristãs, uma ameaça clara. Mas embora ele pudesse ser condenado como absolutamente herege, Helena é tratada de forma mais hesitante — com um respeito relutante. Os primeiros autores cristãos[24] a identificavam (em suas encarnações como Helene, como Helena de Tróia e como a própria *Ennoia*) não com o demônio, mas com a ovelha desgarrada da parábola de Jesus.[25]

Pode ser que ela tenha prevaricado, mas ninguém, nem mesmo o mais crítico dentre os pais do cristianismo, pode negar seu poder de atração. Tal como a ovelha desgarrada, ela é ainda mais admirada por seu espírito aventureiro. É representada como uma mulher injustiçada, perdida e depois reencontrada, não como uma mulher condenada como uma mercadoria sexual depravada. A Helena dos gnósticos é uma inocente vítima de abusos. Desceu à Terra e sofreu grandes tormentos em nome dos homens. Os estupros que sofreu foram atos de sacrifício. Ao redimir Helena (tanto a prostituta quanto a Helena de Tróia reencarnada), Simão Mago estava salvando a humanidade. Os personagens do mundo antigo continuam na ribalta, e os ecos do cristianismo ortodoxo assumem o primeiro plano.

෬෧෬෧

Pensemos, novamente, naquela estátua pagã em destroços em Samaria-Sebaste. Uma criatura mística e vestida, pintada nas cores do arco-íris. Uma mulher mais parecida com a robusta e sábia Atená do que com a Afrodite despida e carnal. Como sugeriu um dos primeiros estudiosos a visitar o sítio recém-escavado, talvez o culto de Helena tenha surgido primeiro.[26] Mago e seus seguidores não promoveram Helena como uma nova adição à sua seita; em vez disso, ela os formou. Se a homenageada aqui era uma Helena pagã, como ocorria em outros santuários pelo Mediterrâneo oriental, é muito possível que Simão fosse efetivamente um mágico, um dos "magos" ou astrólogos que a cultuavam em seu santuário. Um devoto de uma força vital carismática. Um devoto que tinha suas próprias ambições, e que levou em sua companhia, durante o trajeto, uma Helena humana substituta (a prostituta chamada Helena).[27]

Talvez a divindade fêmea, essa Helena retratada, fosse uma alternativa feminina viável em relação às seitas e aos movimentos dominados por homens, inclusive o cristianismo, que se digladiavam, procurando afirmarse, entre os séculos I e IV d.C. Ninguém é acusado de heresia, a não ser quando se torna ameaça. A idéia de uma Helena divina — representando uma forma de espiritualidade anterior ao cristianismo — teria sido um desafio significativo aos inseguros seguidores de Jesus Cristo no século IV d.C. Sem dúvida, houve alguém suficientemente temeroso para procurar aniquilá-la, destroçando sua estátua na Samaria com incontido ímpeto.

ᗧ◌ᗧ◌

Dali em diante, no mundo cristianizado, Helena oscila entre o angélico e o diabólico. Ela é, ao mesmo tempo, a ovelha perdida e o lobo em pele de cordeiro. Uma vez que a prostituta Helena fora adorada na Samaria e louvada na teologia simoniana como deusa feminina, as autoridades cristãs jamais poderiam ignorá-la.[28] Ela foi abafada, mas não aniquilada. E para uma extraordinária líder feminina do cristianismo no século XII d.C., o fato de ser, ao mesmo tempo, anjo e prostituta, o fato de que o cristianismo não foi capaz de destruí-la, nem de categorizá-la,[29] mostrando-se incapaz de afastá-la de maneira clara, proporcionou uma oportunidade política ímpar para o autoprogresso.

42

"PERPULCHRA" — MAIS DO QUE BELA

"E ficaste contente?", perguntaram a Helena no Inferno.
"Contente?", respondeu ela, "quando todas as torres de Tróia
desabaram; e os filhos de Príamo morreram, e ele perdeu
seu trono? E essa guerra foi diferente de todas;
e até mesmo os deuses participaram; e tudo isso
somente por minha causa! Contente?
Devo dizer que sim!"

LORD DUNSANY, "Uma entrevista",[1] 1938

NO NÚMERO 111 DA RUA CANNON, próximo ao centro financeiro de Londres, incorporado aos escritórios da Corporação Chinesa de Bancos de Ultramar, há um objeto meio descascado, coberto de sujeira, mais ou menos do tamanho de um aparelho de TV pequeno. Não desperta muita curiosidade e está semi-oculto por uma grade de ferro, mas quem se agachar e observar perceberá que se trata de uma pedra. Na verdade, são os restos da Pedra de Londres, um bloco pré-histórico de calcário do tipo poroso.

Originalmente, a Pedra de Londres fazia parte de um bloco muito maior, possivelmente um altar, e na imaginação popular possuía poderes mágicos. Ao longo da história da cidade, era ali o lugar onde eram feitos juramentos e onde as leis eram promulgadas; John Dee, que às vezes desempenhava a função de feiticeiro de Elizabeth I, estava certo de que a Pedra de Londres tinha propriedades sobrenaturais. Hoje em dia, existem pessoas que recordam com satisfação sua miraculosa sobrevivência a um bombardeio alemão em 1941 e estão convencidas de que não se tratou simplesmente do acaso, mas que ela foi protegida pela linha imaginária que une pontos de significação mística, sobre a qual está colocada. Embora hoje esteja cheia de orifícios e degradada, como um grande torrão de açúcar chupado pelo filho de algum gigante, a pedra já foi objeto de grande veneração.

A Pedra de Londres tem a ver com a história de Helena porque foi levada para a cidade há três mil anos por um troiano. Pelo menos, essa foi a versão dos acontecimentos que circulou na Grã-Bretanha (de formas variadas) durante todo o período medieval. Após o saque de Tróia, os habitantes da cidade e seus descendentes se espalharam pelo mundo. O mais famoso relato sobre um dos refugiados, naturalmente, é o de Enéias, o jovem que saiu de Tróia carregando às costas seu pai, Anquises, e mais tarde fundou Roma.[2] Como já vimos antes, no decorrer desta aventura, os romanos se consideravam descendentes dos troianos, não dos gregos, e, à medida que passavam os séculos, as dinastias e cidades européias continuaram a cultivar a mesma fantasia quanto à sua fundação.

A Grã-Bretanha não foi exceção. Já no século IX d.C., ficamos sabendo pela *Historia Brittonum*, atribuída a um homem chamado Nennius, que um certo Brutus (descrito ora como irmão de Enéias, ora como seu bisneto) chegou a uma ilha (em fontes posteriores chamada Albion) e "encheu-a com seu povo e lá viveu". E, assim, segundo o conto, dali em diante, a ilha passou a ser conhecida como terra de Britto (daí as derivações bretões, britânicos, britânia), por causa de seu primeiro e viajado imigrante.

Isso, naturalmente, é pura invenção. No entanto, os indícios arqueológicos revelaram uma coisa curiosa. No lodo do leito do Tâmisa, foi encontrada uma taça negra com duas alças. Vem da Idade do Bronze tardia / início da Idade do Ferro e sua origem é a Anatólia — a Turquia dos nossos dias.[3] No fim do século X a.C., algum comerciante, europeu ou anatólio, trouxe objetos exóticos da terra de Páris. Talvez isso não tenha acontecido diretamente, mas os grupos esparsos que habitavam as ilhas e enseadas do Tâmisa podem ter sido visitados por mercadores orientais, podem ter ouvido histórias de Tróia e, sem dúvida, possuíam artefatos anatólios.

No século XII d.C., o tema de Tróia foi retomado e ampliado por Geoffrey de Monmouth em seu conhecido *Historia Regum Britanniae*. As sucessões políticas vinham sendo contestadas em toda a cristandade, desde a Escócia até a Síria. Para os governantes que tinham ambições imperiais, a linhagem se tornou, repentinamente, muito importante, porque reforçava as reivindicações sobre antigos territórios e novas terras. Geoffrey nos conta que, após diversas lutas hercúleas, Brutus fundou Tróia Nova, ou Trinovantum, às margens do Tâmisa (lamentável engano; a etimologia verdadeira deriva do nome de uma tribo que vivia em Essex, os Trinovantes). Mas agora a idéia ficara oficializada: Londres, ou Nova Tróia, e seus governantes eram os avatares de Príamo, Páris, Heitor, Hécuba e os demais. Mais uma vez, a repousante Helena, que por algum tempo tinha sido princesa troiana, via-se envolvida na política internacional.

Para os governantes da época, tudo isso era muito conveniente. A história troiana era de fácil manipulação. Significava, para a população medieval, heróicas façanhas militares, ligação direta com a poderosa civilização romana e, mais importante, credenciais dinásticas impecáveis. Se Enéias era a *fons et origo* do poder de Roma, e um governante afirmasse ser seu descendente, poderia reivindicar incontestavelmente terras européias. Se uma dinastia fosse capaz de provar que seus territórios e linhagem provinham dos reis de Tróia, e, dali, ao próprio Deus (Brutus, filho de Silvio, filho de Ascanius, filho de Enéias, filho de Príamo, filho de Noé, filho de Adão),[4] poderia exigir o respeito político e a confiança espiritual do povo.[5]

Assim, a partir do século XI, os francos, os normandos e os ingleses perpetuaram veementemente os mitos históricos troianos. Cronistas redigiram relatos "factuais" de histórias e genealogias de Tróia que sustentavam a relação com a antiga cidade. Tudo isso foi levado muito a sério: ao exigir vassalagem ao rei da Escócia, Henrique IV reforçou a legalidade de sua reivindicação mencionando a genealogia de sua família,[6] que, ele podia "provar", chegava a Brut, o troiano. Henrique e seus advogados sustentaram que as genealogias citadas nas "antigas crônicas" tinham a mesma força das leis.[7] Henrique VIII encomendou a primeira edição impressa de *The Troye Book* (O Livro de Tróia), em 1513 (que se transformou em *The hystorye sege and dystruccyon of Troye*[8] — "História do cerco e destruição de Tróia"), a fim de ajudar a conquistar apoio da opinião pública para sua primeira campanha francesa. Já em 1714, um estudioso francês foi preso pelas autoridades por haver ousado insistir que o povo francês descendia de alemães, não de troianos.[9]

Não por coincidência, portanto, após a ascensão de Eleanor de Aquitânia ao trono como rainha de Henrique II, a *Historia Regnum Britanniae*
se transformou em um poema épico francês, o *Roman de Brut*, e foi
dedicada a essa marcante monarca medieval.

Eleanor, "duquesa de Aquitânia e pela Ira de Deus Rainha da Inglaterra", foi uma mulher extraordinária e uma governante particularmente forte.
As histórias troianas sobre a fundação do reino lhe foram úteis, como a
qualquer outro rei. Mas Eleanor levou a conexão troiana um passo adiante. Tinha diante de si uma tarefa quase impossível, a de sobreviver e governar em um mundo masculino. Em sua jornada de jovem herdeira a rainha
viúva, ela desenvolveu uma relação surpreendente e idiossincrática com
Helena; relação que, estou convencida, fez parte importante de sua busca
de poder temporal e status de ícone.

O coração do ducado de Aquitânia era a Mansão Ducal, em Poitiers. Hoje
em dia, chega-se a esse lugar atravessando uma agradável praça francesa típica, com sacadas de ferro trabalhado e cheiro de *pain au chocolat* no ar. A
mansão do século XII ficou oculta no século XVIII por uma fachada
neoclássica; no prédio, ainda funciona o Palais de Justice local. No passado,
para entrar no pátio, teria sido preciso enfrentar os esbirros de Eleanor, mas,
hoje, o maior obstáculo é a porta de vidro que desliza um tanto depressa
demais de um lado para o outro da entrada. Os advogados do Palais de Justice
ainda surgem das arcadas ao longo dos muros, para dar um telefonema pelo
celular ou compartilhar um cigarro com os policiais.

Embora a tecnologia constitua um certo obstáculo, vale a pena insistir, porque do lado de dentro o ambiente é maravilhoso. Combinando a
arquitetura romanesca e gótica no peculiar "estilo angevino" híbrido,
a Mansão Ducal é um lugar confiante, límpido, dominador. As linhas são
ousadas e simples, porém, a intervalos freqüentes, aparecem as grotescas
carrancas e cabeças humanas que os artesãos medievais tanto apreciavam.
Em sua época, devia ser um prédio muito movimentado: súditos que traziam petições, advogados discutindo a redação de licenças, músicos dedilhando seus instrumentos e cortesãos disputando favores. Ali, um novo tipo
de Helena foi revelado à corte angevina, pois nesse lugar Eleanor e seu
marido Henrique II teriam assistido à récita do poema épico de 30 mil
versos de Benoît de Sainte-Maure, *Roman de Troie* (Romance de Tróia).

Escrito em algum momento entre 1165 e 1170, o *Roman* era um torvelinho de narrativa histórica, símbolos e emoção escancarada.

Por atribuir, implicitamente, à família Angevin uma árvore genealógica que se estendia até cerca de dois mil anos no passado, até os tempos de Cristo, a obra adquiriu importância fundamental. Uma tradução em versos da Bíblia, do século XIII, acrescentou o *Roman de Troie* ao livro do Êxodo.[10] O poema épico de Benoît foi constantemente copiado e traduzido, gerando muitas imitações. Esse poema grandioso, gentil e romântico foi um dos principais instrumentos que mantiveram elevado o perfil de Helena e da Guerra de Tróia entre as classes letradas e aristocráticas durante o período medieval e mais além.

O que o *Roman* tem de inusitado é o retrato surpreendentemente refinado e respeitoso de Helena. Essa Helena é uma dama; de maneira alguma prostituta. Há um bom motivo para a delicadeza. O relacionamento entre Helena e Páris pode ser entendido como um espelho do que existia entre Eleanor e Henrique. Tal como Helena, Eleanor havia deixado um marido (Luís VII) para casar-se com seu arqui-rival (Henrique II). Tal como Páris, Henrique fora "atraído" para Eleanor "por seu elevado berço e, especialmente, por suas propriedades e, sem poder esperar mais para consumar seu amor... rapidamente, conseguiu a união tão desejada."[11] Assim como ocorrera com Helena e Páris, parecia haver uma atração mútua entre os dois potentados medievais que se desenrolava no luxuoso ambiente da corte. Henrique e Eleanor reconstruíram muitos de seus palácios-fortaleza e os decoraram com novas obras de arte, e, igualmente, Helena e Páris viveram em uma terra de atarefados construtores e receberam uma *Chambre de Beautés* a fim de consumar — e perpetuar — seu romance.[12]

Da forma descrita por Benoît, a relação ilegítima entre Helena e Páris se torna, na verdade, decorosa e decorativa; e a introdução dos personagens de Briseida (inicialmente, a Briseis de Homero) e seu amante Troilus satisfaz a necessidade de um escândalo sexual libertino. Eleanor se casou com Henrique oito semanas depois de deixar o rei da França, Luís VII. Os mexeriqueiros estavam convencidos de que ambos já haviam iniciado um caso de amor, um *adulterino concubito*, como disse Gerald de Gales.[13] No *Roman*, o romance adúltero entre Helena e Páris é apresentado como uma

oportunidade legítima para o amor em privado. A consumação do relacionamento de ambos é abertamente sexual, mas não repreensível:

> *Páris a tratou com grande carinho*
> *E homenageou-a de forma maravilhosa.*
> *Muito a alegrou naquela noite.*[14]

A comparação da obra de Benoît com outros relatos sobre Helena e
Páris que circulavam no século XII, e com os quais Eleanor nada tinha a
ver, acentua a reserva do poeta.

౷౷౷౷

Depois que Carlos Magno vislumbrou, na década de 780, um renascimento
intelectual e cultural da Gália, concentrado, principalmente, na capacidade
de redação expressiva,[15] a história de Helena se tornou um padrão de expressão poética. Os autores utilizavam Helena como veículo para o desenvolvimento de sua *artes poeticae*. À primeira vista, apresentava-se uma
oportunidade profissional para a elaboração de epítetos mais febris; porém, pode-se imaginar que se abria também a possibilidade de publicar
fantasias particulares. Exemplo disso é o texto educativo de Mateus de
Vendôme, intitulado *A arte da versificação*.

Escrito em 1175 (época em que, após uma série de intrigas da corte e
boatos de aventuras amorosas por parte de Henrique, Eleanor caiu em desgraça; ficou em prisão domiciliar durante 15 anos e seu poder político desapareceu quase completamente), o objetivo oficial de *A arte da versificação*
era verificar de que maneira poderiam ser empregadas diversas figuras de
linguagem. Há metáforas comuns: no rosto de Helena "os tons rosados e a
pele branca como a neve se enfrentam em delicioso combate", e também *"seus
olhos refulgem com o brilho das estrelas e com encantadora franqueza se com-
portam como embaixadores de Vênus"*. Mas, em breve, a linguagem dos exemplos torna-se superaquecida:

O mais glorioso em sua fisionomia são os lábios rosados
Suspirando por um beijo do amante, lábios delicados
Que se abrem num riso tão fino quanto...

...O pescoço macio e os ombros mais alvos do que
A neve cedem o passo a seios firmes porém mimosos...

O peito e a cintura são estreitos e compactos,
Finalmente se abrindo na colina do abdômen arredondado.
Depois vem a região glorificada como o depósito
Da modéstia, a amante da Natureza, a deliciosa
Morada de Vênus. Daquela doçura que ali existe
Oculta, quem compartilha poderá ser o juiz.[16]

A arte da versificação prefigura a mesma linguagem passional utilizada por outro monge, Joseph de Exeter, para descrever a sedução de Páris, quando Helena "*o pressionou com a boca, roubando-lhe o sêmen*".[17]

Ao contrário de Benoît, Joseph de Exeter não confere a Helena senão atributos carnais. Numa descrição especialmente indiscreta e pejorativa em relação a ela, esse autor não mostra se importar com quem ela possa ser, mas apenas com sua aparência e seu poder de despertar a paixão sexual:

Suas orelhas são bem formadas e não demasiadamente grandes, os olhos sempre observadores, o nariz atento a qualquer perfume fugaz, e cada um de seus traços, por sua vez, exige admiração competindo nos louvores. O queixo, ligeiramente protuberante, brilha com alvura, e seus lábios carnudos se erguem levemente numa leve colina rosada, para que os beijos possam com mais delicadeza penetrar em sua boca. O pescoço parece flutuar sobre as espáduas, o modesto peito quase oculta os seios, os braços e os flancos são curtos e mimosos. Quando caminha, desliza com passos brincalhões, os pés pequenos beijando o chão ao pisar, enquanto o gracioso movimento das pernas sustenta os membros com fácil porte. Um único defeito entre suas belas sobrancelhas ousa separá-las com um sinal de nascença.[18]

A Helena de Benoît é sexualmente poderosa, mas não é o objeto sexual e nem a *pin-up* fabricada pelos contemporâneos do poeta.

☙☙☙☙

Versões ilustradas do *Roman* de Benoît mostram o casamento de Helena e Páris numa encantadora troca de alianças; ela entra graciosamente em Tróia sentada numa carruagem branca. Páris, e atrás dele Príamo, seguram as rédeas, sinal de grande respeito e indicação de que aqueles aristocratas, homens e mulheres, na Grécia e em Tróia, tinham status igual.[19] Assim como a rainha de Esparta, a beleza de Eleanor era famosa. "Por causa de sua beleza excessiva, ela destruiu ou prejudicou nações", escreveu Matthew Paris.[20]

Outro cronista descreve a jovem herdeira como *"perpulchra"*, "profundamente" ou "mais do que bela".[21] Os versos de *Carmina Burana*, escritos por volta de 1204 pensando em Eleanor, poderiam perfeitamente ter sido dedicados a Helena:[22] *"Se o mundo fosse só meu, desde o mar até o Reno, eu daria tudo, para que a rainha da Inglaterra caísse em meus braços."*[23] Eleanor deve haver compreendido que todos os que ouviam as histórias de Helena, ecoando no Palácio Ducal, teriam facilmente feito a ligação entre a extraordinária — porém perigosa — rainha de Esparta e a soberana sentada diante deles, resplendente em suas jóias e coberta de peles.

☙☙☙☙

O avô de Eleanor, o duque Guilherme IX, ficou famoso como o "primeiro rei trovador" (embora, na verdade, sempre tivesse sido duque). Os trovadores cantavam o desejo e a saudade, e entre suas influências estavam os poemas astutos e sensuais de Ovídio. Helena aparece em algumas das obras de Ovídio: *Heroides, Metamorfoses, Amores, Ars Amatoria* e *Remedia Amoris.* Nelas, ela freqüentemente surge como uma criatura sedutora e dúplice — destroçando corações —, mas suficientemente encantadora para valer a pena. As damas das canções dos trovadores eram sempre inacreditavelmente belas e inalcançáveis. A *civilisation de courteoisie* era um ambiente altamente erotizado; embora mencionado em termos literários e musicais, o poder sexual feminino era reconhecido e idolatrado. Essas foram as lições que Eleanor recebeu na infância.

As fabulosas homenagens amorosas rendidas a Eleanor de Aquitânia nada mais foram do que isso — uma *fábula*. Mas, ainda que não tivesse havido, nos palácios do século XII, sentenças jurídicas teatrais relacionados aos corações destroçados e os ideais amorosos dos amantes, sempre havia trovadores e poemas de amor. Embora não tenhamos um documento em pergaminho que prove haver Eleanor encomendado o *Roman* a Benoît (e nem, tampouco, quanto a outras obras comparáveis da literatura medieval), há uma clara possibilidade de que ela, duquesa e rainha, soubesse exatamente o que estava fazendo ao estimular a criação desse novo poema épico sobre Tróia, essa nova história de Páris e Helena. Helena era um ícone incomum, porém ideal. Quando Páris se dirige a ela, suas palavras são, ao mesmo tempo, ternas e terríveis:

> *Agora te entreguei de tal forma o coração,*
> *E teu amor me queimou de tal maneira,*
> *Que me inclino completamente para ti.*
> *Amada leal, esposa leal,*
> *De agora em diante serás minha vida:*
> *Disso podes estar certa e confiante.*
> *Tudo te obedecerá*
> *E tudo estará a teu serviço.*[24]

A própria Eleanor era excepcional, conforme a descreveu o cronista Richard de Devizes, uma *femina incomparabilis*. Era extraordinariamente ambiciosa e ativa nos assuntos domésticos e internacionais. A fim de conservar seu status e influência atípicos, ela precisava promover ativamente sua imagem de criatura poderosa, desejável e ameaçadora. Precisava de um modelo de conduta que fosse irregular. Por isso, ao ouvir aqueles versos, flutuando nos ecos da acústica da mansão Ducal, que falavam da capacidade de Helena para influenciar o mundo a seu redor, posso imaginar que Eleanor pensasse: isso é realmente bom, ouçam e temam.

Há também uma outra comparação mais sutil que pode ser feita entre as duas mulheres. Eleanor era profundamente espiritual. Para comemorar o casamento, ela e Henrique mandaram estampar suas próprias imagens na grandiosa catedral de Poitiers, cidade natal dela. Ainda é possível vê-la na magnífica janela leste; vestida de azul e com uma bela coroa de ouro na cabeça, Eleanor é como milhares de luzes esparsas. O rei e a rainha têm entre os joelhos uma miniatura da catedral, como uma criança recém-nascida. Não era apenas para se vangloriar. A julgar por suas poucas cartas, muitas licenças de funcionamento e doações a instituições religiosas, é evidente que Eleanor foi devota piedosa e sincera. Repousa hoje em seu túmulo em Fontevraud, lendo tranqüilamente um livro de orações.

Em seu *Roman*, um dos detalhes a que Benoît preferiu dar realce foi o fato de haver Helena sido raptada por Páris no momento em que orava no templo de Vênus (Afrodite), na ilha de Citera. Isso está de acordo com a versão "verdadeira" dos acontecimentos, tais como narrados por Dares. Em galerias de arte e coleções particulares por toda a Europa, quadros e ilustrações de manuscritos (inclusive os do *Roman de Troie*), do século XII ao XVII, freqüentemente mostram Helena sendo levada enquanto cultuava a deusa do Amor. O poema épico de Benoît inspirou muitas dessas criações. Em vários quadros a rainha de Esparta aparece ladeada por ícones e iluminada por velas: uma Helena enquadrada na arquitetura e iconografia religiosas. A Helena de Benoît (combinando com as Helenas mais decididas, espalhadas por todo o *corpus* de obras clássicas) não é apenas objeto, mas também sujeito.

Ao identificar-se com uma Helena dos tempos da cavalaria andante, creio que Eleanor estava enviando uma mensagem à cristandade. Posicionava-se nem como anjo e nem como prostituta, mas como uma poderosa combinação de ambas as coisas. Assim como Helena, Eleanor não se contentava em ser espectadora. Por meio da força de seu caráter e seu carisma, utilizando com astúcia seu intelecto, ela tratou de ocupar uma posição central. Era uma mulher ao mesmo tempo vigorosa, lúbrica e soberana. Tal como Helena, tinha prazer em explorar os dons que Deus lhe dera.

O *Roman* de Benoît muito ajudou na reabilitação de Helena. Graças em grande parte à influência de Eleanor, a Helena como potentada hierática, em vez da prostituta imaginária, teve um alívio breve, porém significativo. Assim, novamente Helena foi louvada — e continuou a ser louvada em todas as cortes e mansões da Europa medieval. Um poema provençal intitulado *Flamenca*, de 1234, fornecia a lista das fábulas que os menestréis deveriam representar — e a história de Helena é uma delas.[25] Ela passou a ser uma constante no mundo dos letrados e dos aristocratas. Mas sua memória não se limitou a pairar nessa atmosfera rarefeita. Em breve, voltaria com estrépito às ruas; desta vez, como agente do próprio demônio.

43

DANÇANDO COM O DEMÔNIO

Foi esse o rosto que armou mil navios
E incendiou as torres sem topo de Ílion?
Doce Helena, torna-me imortal com um beijo.
Seus lábios sugam minh'alma; vede para onde ela voa —
Vem, Helena, volta e devolve-me a alma.
Aqui habitarei, para que o Céu esteja nesses lábios,
E tudo é lixo sem Helena.

CHRISTOPHER MARLOWE
A trágica história do dr. Fausto, aprox. 1549

P OUCOS DIAS DEPOIS DA ESTRÉIA em Londres, na última década do século XVI, o perfeito verso decassílabo de Marlowe "Foi esse o rosto que armou mil navios?"* do quinto ato de sua *A trágica história do dr. Fausto* era repetido por toda parte na capital.[1] No mundo comercial altamente competitivo do teatro elizabetano, a peça fez sucesso imediato. A platéia adorou, os financiadores exultaram. O produtor, Philip Henslowe,[2] registrou meticulosamente em um diário a contabilidade da produção. O diário de Henslowe é uma fonte histórica valiosa, que registra numerosas representações do *dr. Fausto* no teatro Rose e em outras novas casas de espetáculos da capital. A peça ainda estava sendo levada com bastante êxito no século XVII. *Fausto* foi um completo sucesso.

---

*No original: "Was this the face that launched a thousand ships." A expressão fica mais bem traduzida como "Foi este o rosto que fez zarparem mil navios", utilizada pelo tradutor em outros trechos não versificados deste livro. Neste, no entanto, preferiu a forma decassílaba "Foi este o rosto que armou mil navios" a fim de reproduzir a métrica do verso original de Marlowe. (*N. do T.*)

A trágica história do dr. Fausto foi uma das cerca de 800 peças encenadas em Londres num período de 40 anos entre 1574 e 1616 (ano da morte de Shakespeare).[3] A produtividade dos dramaturgos da capital elizabetana não tinha precedentes. Além das edições que sobreviveram, houve dezenas de outras peças que se perderam, manuscritos destruídos por autores insatisfeitos ou pelo Grande Incêndio de Londres, menos seletivo, em 1666. Mesmo assim, naquele torvelinho de criatividade artística, um verso desesperado, temível e erótico teve curso imediato na imaginação popular. Foi esse o rosto que armou mil navios? A pergunta exprime tanto completo êxtase quanto absoluta desolação.

Em sua gênese, as palavras haviam sido simplesmente uma parte de outra fala redigida por Marlowe, murmuradas várias vezes por um ator solitário caminhando para lá e para cá no cais do sul de Londres, tentando, desesperadamente, memorizar os versos. Os dramas pertenciam ao repertório das companhias teatrais, e novos textos surgiam e desapareciam rapidamente. Os atores trabalhavam seis dias por semana, durante 49 semanas a cada ano.[4] Era preciso decorar uma grande quantidade de poemas dramáticos (alguns brilhantes, outros horríveis).

Muito do que se escrevia podia ser rapidamente esquecido. Mas "o rosto que armou mil navios" depressa atravessou o rio Tâmisa e chegou à cidade de Londres, levado na boca de muita gente. Acredita-se que, todas as tardes, entre três e quatro mil homens e mulheres atravessavam da margem norte para a margem sul do rio, e vice-versa. Era gente em busca de diversão que utilizava os serviços dos barqueiros que cruzavam as águas levando passageiros para os entretenimentos no *Bankside* — o bairro farrista de Londres, o subúrbio pecaminoso. Os barcos de transbordo serpenteavam no Tâmisa e nos canais de Londres, hoje sepultados para sempre em subterrâneos — rios perdidos, como o Fleet e o Oldbourne; dizia-se que a própria Elizabeth I usava esses táxis fluviais, à noite, disfarçada. Em uma das maiores cidades do Ocidente, por onde passavam de dois terços a três quartos do comércio do país,[5] num novo e agitado eixo internacional, o nome de Helena voltava a ser pronunciado nas grandes alamedas aquáticas e estava novamente nas ruas.

É preciso imaginar o contexto no qual o verso de Marlowe tomou conta da capital. O *Fausto* foi encenado pela primeira vez na época mais férvida e fétida da Londres elizabetana. A varíola e a peste espreitavam às ruas. Na Ponte de Londres, havia cabeças humanas, e mastins estripavam ursos perto dos teatros. As prostitutas ofereciam seus serviços dentro das próprias casas de espetáculos, outras esperavam a pouca distância em bordéis de má fama, como o Holland Leaguer.

Hoje em dia, grande parte da Margem Sul já está saneada, mas em algumas das poucas áreas ainda deterioradas, onde bolsas de plástico e latas se amontoam sobre os fantasmas do passado, há prostitutas nas ruas. No tempo de Marlowe, era contra a lei atrair clientes. Era proibido chamar em voz alta ou atirar pedras nos transeuntes; assim, dezenas de "mulheres da vida" esperavam em pé, algumas com marcas na pele, outras com os bicos dos seios pintados, desesperadas para conseguir um pedaço de pão mediante a venda de seus corpos. Quem quisesse se arriscar poderia alugar os serviços de uma *strumpette* (mulher), um *apple-squire* (menino de programa) ou uma menina cuja virgindade era refeita todas as noites. Muitos empresários teatrais eram sócios nos bordéis.

As doenças sexualmente transmissíveis eram endêmicas. Um jornal sensacionalista de 1584, *A Mirror for Magistrates* (Um espelho para magistrados), nos diz que "40 *shillings* ou pouco mais" era suficiente para "uma ou duas canecas de vinho, um abraço de uma prostituta pintada e um 'beijo francês' de boas-vindas". Comentavam-se muito os roubos de pertences pessoais nos bordéis locais por prostitutas, as quais eram mencionadas por apelidos grosseiros.*[6] Para as platéias de teatro na era elizabetana, o sexo trazia perigos.

Em uma das montagens da peça, Helena aparece no palco ladeada por dois cupidos — sinal imediato, para a platéia, da chegada da encarnação da deusa do sexo, Vênus/Afrodite.[7] Marlowe também fez uma inteligente conexão entre sua Helena do século XVI e outra Helena sexualmente ativa do século I d.C., a Helena companheira de Simão Mago. Pouco antes da saída de Helena e Fausto para se entregarem ao sexo, Helena é louvada em termos poéticos que recordam a Canção de Salomão, um dos textos a que se referem os simonianos e os gnósticos.

---

*Na gíria de baixo calão da época, eram chamadas de "Winchester geese" (gansas de Winchester) ou "Flanders mares" (éguas de Flandres). (*N. do T.*)

Oh, és mais bela do que o ar da tarde,
Vestida com a beleza de mil estrelas.
És mais radiosa do que o flamejante Júpiter,
Quando surgiu para a indefesa Sêmele,
Mais linda do que o monarca dos céus
Nos braços azul-celeste de Aretusa,
E somente tu serás minha amante.

Exeunt

(V.i.102-8)

Sua amante. A Helena de Marlowe é demoníaca, um espírito diabólico. O simbolismo da peça chega até mesmo a sugerir que ela seja o próprio demônio em forma de mulher, um pesadelo sexual. Se Fausto saía do palco para fazer amor com aquela Helena-diabo, muitos perceberiam que, daquele momento em diante, ambos estavam definitivamente condenados. Gozar do amor de Helena era a delícia das delícias, que acarretava a terrível punição, o último dos castigos: a danação eterna.[8]

⤳⊙⊙⤶

A fim de aproveitar a luz do dia no teatro Rose, ou em outras casas de espetáculos da Margem Sul, as representações teatrais como o *Fausto* de Marlowe normalmente começavam às 2 horas da tarde. Não havia telhados fixos por cima dos novos anfiteatros, que eram uma mistura de fossos de ursos e espaços improvisados em pátios. A Margem Sul era baixa e pantanosa. Como o Rose podia receber pouco mais de 1.600 pessoas e o *dr. Fausto* era um sucesso comercial, assistir à tragédia inteira, sentado ou em pé, deve ter sido uma experiência pungente. Além do odor dos vizinhos imediatos (para os menos afortunados, um dos "catinguentos" de Londres, que tresandavam alho e urina) e dos que do lado de fora "desfolhavam a rosa" (urinavam), havia o mau cheiro característico da Margem Sul: oficinas de tintura de tecidos, curtumes e fabricantes de amido que utilizam o rio como matéria-prima grátis.[9]

A platéia que ia ao encontro de Helena nesse ambiente rançoso era mesclada. O preço básico de um ingresso nos novos teatros londrinos era de um *penny*, e, embora por mais algumas moedas fosse possível comprar uma almofada ou um lugar melhor, o teatro, na época, era uma experiência democrática. Investigações arqueológicas revelaram que a terra na área próxima ao palco tinha sido muito pisada e amassada — indício de que muitos freqüentadores se aglomeravam por ali, adulando e agarrando os atores.[10] A maior parte da platéia provavelmente era constituída de cidadãos e artesãos de sucesso, mas junto a esses comerciantes mais abastados também havia diaristas e estudantes, duques e duquesas, sentados diante de gigolôs e prostitutas. Sob os olhares dessa platéia nada católica, Helena dançava com o demônio.

A fim de apreciar o panorama físico no qual a Helena elizabetana deixou sua marca, visitei as escavações do local onde ficava o teatro Rose, na Margem Sul de Londres, e encontrei um cenário digno do rio Estige.[11] O que sobrou do palco está agora a cerca de 3 metros abaixo do nível atual da rua, coberto por 60 centímetros de água destilada, para fins de preservação. Murado por um prédio de escritórios da década de 1980, o perfil do palco foi revelado por meio de pó de pedra espalhado e uma sonda de luz vermelha. O ar é úmido e almiscarado; na entrada, há reproduções de jarros de barro onde, antigamente, os lordes e suas mulheres, bispos, comerciantes e espiões depositavam seus *pennies*, com os quais os financiadores dos espetáculos recuperavam seu investimento. Mas não se ouve mais o ruído das moedas — o lugar foi silenciado pelo concreto e pelo passar do tempo.

Foi ali, portanto, na Margem Sul, lugar excitante, sensual e sórdido, que nasceu a Helena elizabetana mais duradoura. Os mexericos típicos da capital serviram de oxigênio para a promoção publicitária dessa nova habitante. Os turistas notavam o incessante tagarelar dos londrinos nas mais rudes tavernas e nos restaurantes mais finos.[12] Os membros da corte eram personagens essenciais como espectadores das peças e das companhias teatrais, e muitos desses patrocinadores e críticos se encontravam diariamente em locais como o corredor central da Catedral de São Paulo (conhecido como Passeio de Paulo ou Passeio do duque Humfrey) para conversar e intercambiar novidades. Entre outras coisas, falavam da nova peça de Marlowe e de uma de suas imagens mais surpreendentes, a "Doce Helena". Shakespeare e Jonson estavam entre os que mais utilizavam e parodiavam

o verso de Marlowe.[13] Não se pode saber com certeza os caminhos seguidos pela tradição oral e a declamação de poesia. Mas é certo que os londrinos, encantados com o odor acre da pólvora e a beleza cortante das palavras
de Marlowe, mais uma vez transformaram Helena em ícone na imaginação popular.

A Helena de Marlowe chegou com estrondo à capital elizabetana. Os
produtores teatrais alimentavam o gosto dos que percorriam as ruas pelas
surpresas e pelos espetáculos suntuosos. Sabemos que, em 1595, Philip
Henslowe pagou sete libras e dois *shillings* pelos truques e atrações que
faziam do teatro algo tão atraente para as platéias elizabetanas. Uma das
primeiras produções do *Fausto* prometia com orgulho um "trono nos céus"
e "interlúdios musicais". Mais tarde, foi acrescentado um dragão mecâni-
co. E, em 1598, Henslowe trouxe da loja Admiral uma "boca do inferno"
que servia para tragar Fausto.[14] Em 1620, um espectador relatou que "demônios de cabelos hirsutos corriam pelo palco com apitos sibilantes na
boca, enquanto tambores imitavam trovões no vestiário dos bastidores e
comparsas contratados a 12 *penny* produziam relâmpagos artificiais nos
céus".[15] Os efeitos especiais utilizados pelos produtores de *A trágica história do dr. Fausto* impressionavam as platéias elizabetanas por serem ruido-
sos, espetaculares e extraordinários. Suas características infernais eram
adequadas à peça, porque o *Fausto* era uma obra diabólica.

⊙⊙⊙⊙

Fausto havia chegado ao conhecimento dos elizabetanos por meio de um
livro publicado em Frankfurt e depois traduzido para o inglês, por volta
de 1587, com o título de *História da vida condenável, e morte merecida,
do doutor Johan Faustus*. Era uma "verdadeira" história de uma terrível
tentação. Johann Faust existira de fato: era um erudito e feiticeiro alemão que se intitulava discípulo e imitador, no século XVI, do velho amigo de Helena, Simão Mago. Assim como Simão, grande parte dos indícios
que possuímos a respeito da vida de Fausto provém de fontes hostis e,
por isso, tem de ser entendida com cautela. Os reformistas luteranos
utilizaram sua história como um estudo de como não se deve encarar o
mundo espiritual.

Os detalhes da vida de Fausto são esparsos, mas sua *História* não deixava dúvidas nos leitores de que, em algum momento, a alma do feiticeiro realmente havia sido vendida ao demônio em troca de prazeres terrenos, inclusive a intimidade carnal com Helena:

> Ora, para que o miserável Fausto pudesse dedicar-se aos desejos da carne à meia-noite ao acordar, depois de seu vigésimo terceiro aniversário, Helena da Grécia penetrou nele... E quando o doutor Fausto a viu, ela de tal forma cativou seu coração que ele começou a amá-la e a conservou como amante; tornou-se tão preso a ela que dificilmente conseguia passar um momento sem sua presença. No último ano ele a engravidou e ela teve um filho dele...[16]

Helena era uma amante cativa, um prazer mortal que iria levar Fausto à morte eterna. Era a encarnação da tentação. Dizem-nos que os alunos do reformista religioso Martinho Lutero descobriram, na casa de Fausto, as provas de seu macabro fim: "os miolos pregados à parede, porque o demônio o havia lançado de uma parede contra a outra, num canto estavam seus olhos; em outro, os dentes", e quando saíram da casa, viram "ali caídas, em meio a excremento de cavalo, monstruosamente dilaceradas e com aspecto espantoso... a cabeça e todas as juntas despedaçadas."

Inspirado por essa macabra história, Marlowe começou a escrever sua obra para os palcos londrinos.

Na peça de Marlowe, Fausto é um homem incapaz de *não* pecar — está predestinado à perdição. E um dos estágios mais importantes de sua jornada em direção ao inferno é o relacionamento com o espírito lascivo e luciferiano de Helena. A Helena de Marlowe não é simplesmente agente de destruição, mas agente do póprio diabo. Gravuras populares da época, feitas em madeira — a *Ars Moriendi* —, mostram o demônio arrancando a alma de um moribundo pela boca.[17] Da mesma forma, os lábios de Helena *sugam minh'alma, vede para onde ela voa* — nesse ponto, Fausto é um feiticeiro que invoca os mortos, e Helena, um súcubo, um demônio feminino que pela noite copula com um homem, perturbando-lhe o sono e causando-lhe pesadelos.

Helena sempre foi ambígua, mas o caso aqui é diferente. Enquanto os autores clássicos imaginaram haver nela uma fonte brilhante de luz que chegava até o próprio céu, aqui, o esplendor de Helena está misturado com um palor opressivo. Ela resplandece nas páginas do *Fausto* e no palco do teatro Rose, mas é um halo de luz rodeado por sombras asfixiantes e impenetráveis.

A peça atendia perfeitamente aos gostos das platéias do tempo dos Tudor. Ali estavam, no palco, os bruxos, as feiticeiras e as ilusões ocultas que eles sabiam ser reais. Na Europa, o trato com os espíritos recentemente tinha se tornado passível da pena capital, e os luteranos estimulavam a febre da caça às bruxas. Em 1586, em Trier, após uma primavera atipicamente tardia, "108 mulheres e dois homens" tinham morrido na fogueira depois de confessarem que "o prolongamento do inverno tinha sido resultado de suas invocações".[18] Na Grã-Bretanha, por outro lado, uma visão cada vez mais puritana chegava a negar a existência de tais forças, porém, homens e mulheres queriam acreditar no sobrenatural. Houve relatos de grande confusão e consternação tanto entre os atores quanto na platéia durante uma representação do *Fausto*, de Marlowe, em que algumas pessoas entraram em pânico ao imaginar que, no palco, havia um demônio a mais.[19]

Apenas 40 anos antes, todas as representações públicas oficiais na Inglaterra tomavam a forma de peças milagrosas e moralistas. Eram produções informalmente sancionadas, que transmitiam somente idéias aprovadas pela Igreja. Grande parte da obra de Marlowe era blasfema, e seu impacto ao vivo deve haver emocionado a platéia. No *Fausto*, por exemplo, um homem se tornava imortal graças ao beijo de uma rainha-prostituta, idéia que não pertence aos postulados do cristianismo ortodoxo. Mas era também uma peça moralista que parecia ir além das lições sobre o bem e o mal, indagando o significado de ser mulher e o significado de ser homem; o que significava ser humano. Dois mil anos antes, na encosta da Acrópole aquecida pelo sol, as mesmas perguntas tinham sido feitas, e tanto então quanto agora o espírito de Helena surgia no cerne da indagação.[20]

Helena trazia consigo um problema — era a perfeita beleza clássica ambicionada pelo renascimento elizabetano, com sua paixão pela Antigüidade,[21] no entanto, seus atos representavam o pecado em sua forma mais pura, tal como definido pela nova Igreja, cada vez mais puritana. A cultura renascentista ajoelhava-se diante de sua beleza, mas a moral protestante defendia a predestinação e a natureza imperdoável do pecado.

E, devido ao fato de que os dramaturgos como Shakespeare, Marlowe, Dekker e Heywood possuíam (em grau variado) amplo conhecimento da literatura clássica, suas férteis mentes estavam abertas aos horrores crus e viscerais de um mundo clássico dominado por deuses volúveis e impiedosos. O resultado foi uma angustiosa explosão de criatividade. A Londres elizabetana cambaleava sob o impacto simultâneo do renascimento clássico e das restrições protestantes. Era um mundo instável, onde a incerteza religiosa mantinha as águas em torvelinho como na maré vazante. E, na crista dessa onda, Helena afastava-se ainda mais da categoria de rainha heróica. Agora, perder-se em Helena significava entrar em um redemoinho, no qual Afrodite não oferecia rosas, mas somente espinhos.

Marlowe viveu numa época excitante. Há muitos paralelos entre a Atenas do século V a.C. e a Londres do século XVI d.C. A capital elizabetana tinha a exuberância esquizofrênica de uma era em transição política, social e cultural. Os londrinos começavam a experimentar alimentos, estimulantes e histórias de terras cuja existência seus avós sequer sonhavam. Em 1605, crocodilos vivos foram exibidos na corte e um camelo passeou pelas ruas. Repentinamente, os londrinos sentiam o gosto das coisas desconhecidas e exóticas, que agitavam a capital no *fin-de-siècle*. Nos 50 anos a partir de 1550, a população da cidade aumentara em quase 70%. A cidade progredia, zumbia de energia cultural, e o nome de Helena foi rapidamente carregado por essa correnteza.

Porém, tal como na Atenas do século V a.C., um dos acicates dessa vivacidade era o espectro da morte prematura em massa por obra da peste.

> *A beleza é apenas uma flor*
> *Que as rugas devorarão,*
> *O brilho desaparece;*
> *Rainhas morreram jovens e belas;*
> *O pó cerrou os olhos de Helena.*
> *Estou enfermo, vou morrer*
> *Que Deus tenha piedade de nós![22]*

O poeta e dramaturgo Nashe descrevia a terrível inevitabilidade da morte na Londres infectada. A Helena elizabetana estava, efetivamente, suja de pó; era uma época em que até mesmo a rainha imortal poderia sucumbir à morte.[23] E, embora o verso lírico de Marlowe, "rosto que fez zarparem mil navios", tenha assumido um timbre maravilhosamente fúlgido, ele pode haver-se inspirado na obra muito sombria do satirista grego Luciano.[24] Este imaginou uma visão da caveira de Helena no Hades em um de seus *Diálogos dos mortos*, escrito por volta do ano 170 d.C. Mênipos, que acaba de chegar ao Hades, está sendo guiado por Hermes e se vê diante de uma pilha de ossos e crânios:

> HERMES: Este é o crânio de Helena.
>
> MÊNIPOS: E por causa disso mil navios levaram guerreiros de todas as partes da Grécia; gregos e bárbaros morreram e cidades ficaram desertas.
>
> HERMES: Ah, Mênipos, nunca viste Helena em vida, senão terias dito, como disse Homero
>
> *Bem pode sofrer duros anos de esforços*
> *Quem lutou por tal recompensa.*
>
> Vemos as flores murchas, despidas de suas cores, e o que podemos dizer delas, senão que não têm beleza? Mas quando vicejavam, essas coisas sem beleza eram bonitas.
>
> MÊNIPOS: É estranho que os gregos não tenham compreendido a razão de seus esforços; o quanto era breve e destinada a fenecer em pouco tempo.
>
> HERMES: Não tenho tempo para moralização. Escolhe teu lugar, onde quiseres, e deita-te. Tenho de ir buscar novos mortos.[25]

E, assim, no palco do Rose, o rosto que armara mil navios gozava de um verdadeiro renascimento, embora imerso em uma sombra lançada pela Antigüidade clássica. E, embora até mesmo as fontes antigas mais hostis houvessem permitido a Helena escapar da morte e da ignomínia, transformando-se em estrela, um espírito habitando os oceanos, ou fazendo amor com Aquiles nos Campos Elísios, para muitos elizabetanos ela se transformou em símbolo de morte infinita.[26]

Em seus *Songs and Sonettes*, compostos em 1557, Tottel pergunta, a respeito de Helena:

Não consumiram os vermes
Sua carniça, transformada em pó?
A morte terá refreado sua fúria
Pela beleza, pelo orgulho ou pelo desejo?

Thomas Proctor reescreveu a história ao matar Helena em Tróia, em seu poema "Helen's Complaint" (O lamento de Helena) do livro *The triumph of truth* (O triunfo da verdade).[27] Mesmo assim, a Helena de Marlowe é atraente, não repugnante; os pesados versos do dramaturgo exalam um ardente desejo. Marlowe vinha de uma família de sapateiros pobres e se elevou graças a uma educação que lhe possibilitou conhecer personagens que viviam nos textos clássicos lidos por ele com avidez. Seus heróis e heroínas, seu caminho para o entendimento, eram homens como Homero e mulheres como Helena.

A Helena de Marlowe era um *Zeitgeist*. Era suficientemente obscura, característica e transitória para que mais uma vez se tornasse lendária. E o rosto que armou mil navios era especialmente vívido pelo mesmo motivo que lhe permitia dispensar seu aparecimento em pessoa — a Helena de Fausto é um fantasma, uma aparição somente em espírito. Em vez de um ator novato vestido de mulher que tentasse representar a mulher mais bela do mundo, a imagem elizabetana da Doce Helena poderia florescer na mente dos espectadores londrinos.

As instruções para a encenação do *dr. Faustus* demonstram perfeitamente um dos problemas mais duradouros de Helena. A Helena de Marlowe "passa por sobre o palco", mas nunca fala. Seria real ou um espectro? Seria um *eidolon* ou um ícone, uma criação do ato sexual ou da imaginação sexual? Seria ela a *Ennoia* de Simão Mago, o sagrado feminino, aprisionado em corpos diferentes ao longo dos séculos, ou uma mulher desafortunada com pés de barro, uma verdadeira guardiã fatigada que tivesse inspirado muitos milênios de fantasias? Como é possível transmitir a idéia de Helena, como é possível transformar-se nela?

Os diretores teatrais trataram desse problema de diversas maneiras. Em 1950, Orson Welles colocou Eartha Kitt no palco no papel de Helena, acompanhada pela música de Duke Ellington. Em 1966, quando o relacionamento entre os dois na vida real desmoronava, uma Elizabeth Taylor gorduchinha foi a Helena do Fausto de Richard Burton, no Teatro Oxford. Na produção de 1968 da Royal Shakespeare Company (RSC), Helena apareceu nua, enquanto em Manchester, em 1981, ela descia do teto em meio a um chuveiro de poeira dourada. No cenário de John Barton, em 1974-1975 (com Ian McKellen no papel de Fausto), a Doce Helena era, simplesmente, uma *marionette* com peruca loura, máscara e camisola de *chiffon*.[28] No espetáculo do teatro Young Vic, de 2003, com lotação esgotada, dirigido por David Lan, Helena não aparecia de todo; a única beleza autorizada a surgir no palco era a do ator Jude Law.

Lembremo-nos de Zeuxis e de sua frustrante busca da maneira perfeita de representar a quintessência da beleza. Qualquer Helena física não pode senão ser decepcionante, mas uma Helena poética terá sempre a possibilidade de personificar a perfeição absoluta. A versificação de Marlowe eleva Helena além dos limites de um pacto faustiano e a retira do ar viciado, escravizador e sifilítico de um teatro no Bankside. Ela se torna novamente imortal no momento em que "imortaliza" Fausto com um beijo. Para muitos, permanece sendo "o rosto que armou mil navios", uma bela e disforme imagem poética que adejou pela primeira vez acima da cabeça dos londrinos da época elizabetana e que ainda permanece no ar.

44

A NÊMESIS DE HELENA

Tua fama sem dúvida te precedeu, e não existe terra que não
saiba de tua beleza; entre as mulheres belas, nenhuma
tem renome como o teu — nem na Frígia,
nem nas terras onde nasce o sol.

Páris, ao comparar a beleza de Helena com a de Vênus,
em OVÍDIO, *Heroides*[1]

DIRIGINDO-SE A AFRODITE NA *ILÍADA,* Zeus aconselha: "*A luta não é para ti, minha filha, nem as questões da guerra. Trata das questões do casamento, da lenta fogueira da saudade.*"[2] E a deusa do amor obedece. Em um *anforiscos* (frasco usado para cosméticos e perfumes) do Museu de Berlim, pintado por volta de 430 a.C., Helena está sentada no colo de Afrodite.[3] Nossa heroína parece quase nada, uma ingênua, um ser inocente sendo instruído a respeito dos fatos da vida. Afrodite ensina à rainha infantil os caminhos do amor. E, para o caso de a jovem recruta se deixar vencer pela tensão, a deusa trouxe alguns reforços. Ali está Eros, nu, pairando a um canto, e puxando o braço do príncipe troiano, fitando-o insistentemente, e há outra figura masculina, outro filho de Afrodite — Hímero, o Desejo.

PÁRIS: Isso é justamente o que me parecia completamente
inacreditável, que ela estivesse disposta a abandonar o marido e
partir para longe com um estrangeiro desconhecido.
AFRODITE: Acalma-te; tenho dois belos pajens, o Desejo e o Amor.
Ambos te servirão de guia nessa viagem. Amor penetrará

profundamente no coração dela e fará com que a mulher te ame, e
Desejo se apoderará de ti e transformar-te-á no que ele é,
atraente e encantador. Eu própria também lá estarei, e pedirei
as Graças que me acompanhem; e dessa forma, unindo
nossos esforços, a dominaremos.[4]

Helena foi posta na Terra para catalisar o desejo. E, durante três milênios, ela tem sido odiada por causa disso: porque ao manter nosso desejo,
reconhecemos nossas necessidades e nossas decepções. Helena personifica
o desejo humano de ambicionar, ansiar, obter à força aquilo que não possuímos.[5] É, ao mesmo tempo, fantástica e terrível, porque por mais que a
gozemos, ela sempre promete mais; ninguém deixa de desejá-la. Teseu a
estuprou em criança, mas os heróis da Grécia continuam a disputar sua
mão. Páris a rapta mais uma vez, mas, mesmo assim, milhares estão dispostos a morrer somente para contemplar seu rosto. Quando Menelau
invade Tróia, ela já conquistou o segundo príncipe, mas, ainda assim, o rei
de Esparta a quer de volta.

Os disfarces de Helena podem mudar, mas não seu papel. Como uma
gota de mercúrio que sempre vai se recompor, por mais que seja dividida,
ela permanece sendo uma só coisa: a encarnação da promessa sexual. É
uma mulher abençoada ou amaldiçoada por aquela estranha capacidade
alquimista de fundir a paixão da mente com a do coração e, assim, fazer
com que o mundo se apaixone por ela desesperada e desastrosamente, por
melhores que sejam as intenções. Ela é um factótum para nossas fantasias.
Esse é o segredo da permanente celebridade de Helena, o motivo pelo qual
ela derrotou as muitas mulheres sensacionais das histórias e contos da
Grécia: as outras virgens violentadas, as rainhas poderosas, as feiticeiras
sedutoras. Sua narrativa não é apenas de beleza, sexo e morte, mas de desejo eterno, uma história nascida da primeira civilização da Grécia continental. A civilização é inquieta, gananciosa — sempre quer mais, quer o
que não possui. O desejo nos atira a territórios não mapeados, onde nos
aventuramos de bom grado, mas depois nos arrependemos das jornadas
em que embarcamos. *Eros, éris;* amor e conflito. Por sabermos que temos
de buscá-la, mas por conhecermos as conseqüências da procura, Helena

faz com que o mundo à sua volta "se arrepie de medo". Há um *frisson* por onde ela passa.

Ao longo das eras, diferentes culturas têm interpretado Helena de forma que reflita suas preocupações. Queremos categorizá-la, mas não conseguimos. Ela é um ícone de beleza que foge de nossas vistas.[6] Às vezes, é uma vítima do destino, outras, uma força maligna que busca a si mesma. Para alguns, basta a beleza para desculpar tudo, para outros, é a prova de que a humanidade atinge seu ponto de maior debilidade quando a paixão erótica se choca com os assuntos dos homens. Porém, sem exceção, tudo isso deixa claro que, uma vez destilada a pessoa e a imagem de Helena, o que permanece é um elemento irredutível: um *sex-appeal* de tal forma poderoso e incompreensível que os homens farão qualquer coisa — mesmo com resultados cataclísmicos — para possuir esse elemento e, portanto, possuí-la.

E naquele vaso de Berlim é possível perceber o castigo por ser tão desejada. Bem junto a Helena há outra figura feminina que aponta um dedo acusador para a pensativa rainha. É Nêmesis, o espírito do destino e da vingança. Inescapável, ela fita fixamente Helena. Alguns estudiosos de mitologia nos dizem que Nêmesis — uma ninfa do mar — era a mãe de Helena, tornando umbilical a ligação entre beleza e destino.[7] Se mencionarmos Nêmesis hoje em dia, os homens gregos dirão palavrões e cuspirão, a fim de afastar seu poder maligno. E Helena, às vezes, filha de Nêmesis, não escapa das blasfêmias. Após 2.500 anos de execração, ela já se habituou a elas.

⁑⁂⁑⁂

Helena rodopia ao longo da história, freqüentemente descrevendo círculos completos em seu trajeto. É adorada pelos antigos gregos como deusa do sexo e novamente se transforma em algo assim na tradição gnóstica. Obras eruditas atribuem a Helena a responsabilidade por uma vasta gama de coisas, desde o ideal ariano de superioridade dos cabelos claros e olhos azuis[8] até os ovos de Páscoa (símbolos de fertilidade); desde o estereótipo hollywoodiano das beldades louras até as fadas que colocamos no topo de nossas árvores de Natal — versão bastante corrompida dos espíritos que habitam as plantas.[9] Os homens a arrancam do palácio de Esparta e a aprisionam no santuário, castelo, prostíbulo ou bordel mais adequado às suas respectivas faixas etárias. Procuram, sempre sem sucesso, emoldurar sua beleza, tanto mental quanto fisicamente: e criam novas Helenas à medida que o fazem.

Pois desde a última vez em que cruzei estes umbrais, cumprindo o dever,
Sem suspeitar, em visita ao santuário de Citera,
E lá fui arrebatada por um aventureiro troiano,
Muita coisa aconteceu; por toda a parte os homens narram a história
E se divertem com ela. Mas nenhum conto pode agradar
A quem em torno de cujo nome a lenda tece relatos falsos.[10]

∽∽∽∽

Uma digressão. Apenas uma semana depois do 11 de setembro de 2001, fui levada ao aeroporto de Heathrow pela empresa local de microônibus. Meu destino era a América do Norte, e, inevitavelmente, falamos das causas do ataque recente. O motorista colocava sobre os ombros de Monica Lewinsky toda a responsabilidade pela tragédia. Se não fosse por causa dela, disse ele, o governo Bush jamais teria sido eleito. Em sua opinião, Bush somente chegara ao poder (e, portanto, a al-Qaeda passara a ser ativa) porque uma mulher degenerada fizera Bill Clinton "fraquejar nas calças". É uma opinião com a qual, estou certa, muitos gregos clássicos do sexo masculino teriam concordado.

A conexão entre Helena e Monica foi explicitada por Jeffrey Toobin pouco depois do *affair* Clinton: "Como demonstra a história dos escândalos, desde Helena de Tróia até Monica de Beverly Hills, o sexo consegue enevoar as mais elevadas faculdades intelectuais."[11] Assim como Helena, Monica Lewinsky foi descrita de forma memorável por Bill Clinton, não pelo nome, mas como "aquela mulher".

Helena é um arquétipo. Os homens se apaixonam por ela, fazem amor com ela e depois, quando acontecem coisas terríveis, é ela quem leva a culpa.[12]

Com lamentável parcialidade, ainda nos concentramos na "vergonha" mais do que no triunfo da história da vida de Helena. Durante séculos, preferimos adotar a visão misógina, pós-homérica do mundo, uma visão codificada em cidades como Atenas a partir do século V a.C., como precedente para nossa própria visão — mas Helena nasce de uma era anterior. Desde o início da história, o nome dela jamais foi esquecido. Sua própria sobrevivência é a prova de sua importância. Ela é especial porque é uma presença feminina constante, tanto sagrada quanto profana, ao longo de três milênios. Os mundos mudaram, civilizações surgiram e desapareceram, sensibilidades sociais, culturais e políticas se modificaram, poetas cantaram e foram silenciados; mas Helena sobreviveu a tudo.

E o que podemos dizer dessa fugidia Helena da pré-história, da rainha da Idade do Bronze que se sentava nos blocos de calcário do palácio de Esparta? A aristocrata que controlava os homens ao seu redor. A poderosa, hierática proprietária de terra. A mulher que refulgia ao passar, perfumada com óleo de oliva e rosas, e que, à noite, deixava o palácio para celebrar rituais em cultos. A rainha que vivia em um palácio adornado com imagens, altas sacerdotisas, jovens deusas; que preparava narcóticos, que caminhava de mãos dadas com os espíritos de sua terra. Uma mulher em posição excelsa: poder, riqueza, respeito.

Indícios da vida dessa mulher estão enterrados no panorama do Peloponeso e da Anatólia. Ela nos deixou muitas pistas, mas não seu cadáver. Embora pelas condições em que se encontra a cidadela espartana possa parecer que essa seja a única parte de Helena que, sem dúvida, escapou ao registro, revelarei aqui minha fantasia particular sobre a "desejada do mundo": a de que, um dia, seu corpo será encontrado. Porque ela só poderá finalmente repousar quando Helena de Troia se transformar em uma pilha de ossos ressecados, quando os homens puderem contemplar uma mandíbula desdentada, um anel e a mão descarnada que virou uma garra incompleta. Somente então deixarão de persegui-la, de culpá-la por ser a mais bela mulher do mundo.

HELENA

Toda a Grécia odeia
os olhos parados no rosto branco,
o brilho como o das azeitonas
onde ela surge
e as mãos brancas

Toda a Grécia insulta
o rosto lânguido quando ela sorri
odiando-o ainda mais profundamente
quando ele se torna lívido e pálido
recordando encantos passados
e males antigos

A Grécia contempla, sem emoção,
a filha de Deus, nascida do amor,
a beldade de frios pés
e joelhos esbeltos
poderia até mesmo amá-la
somente se repousasse
cinza branca entre fúnebres ciprestes.[13]

APÊNDICES

A ILHA DO MINOTAURO

Há uma terra chamada Creta...,
cercada pelo escuro mar cor de vinho de ondas
encarneiradas —
terra bela, fértil, cheia de gente
impossível de contar...

HOMERO, *Odisséia*[1]

Para uma compreensão mais completa de Helena, é preciso primeiro ir à costa do Peloponeso e olhar para o sul, na direção da África, buscando a Creta da Idade do Bronze além do horizonte. Creta, a ilha do Minotauro, terra natal do lendário rei Minos, centro da cultura minoana, foi conquistada pelas forças invasoras de Micenas por volta do ano de 1450 a.C. Os micenenses, ativos e vigorosos, muito devem aos minoanos. Por volta de 1450 a.c., a civilização minoana já se encontrava estabelecida em sua ilha havia mais de mil anos e dominara o Egeu durante cerca de cinco séculos.

Antes que Jasão partisse em busca do Velocino de Ouro, antes que Páris raptasse Helena e provocasse a Guerra de Tróia, Creta era a jóia do Egeu, uma terra pré-histórica de leite e mel. De natureza pujante e protegida por muitos quilômetros de mar por todos os lados, a ilha era um berço seguro para a cultura.

A posição de Creta como eixo entre três continentes fez com que, inusitadamente, cedo se tornasse cosmopolita. Os arqueólogos encontraram indícios de portos pré-históricos e comércio internacional nos litorais norte, sul, leste e oeste. Aparentemente, era uma escala favorita para os mercadores de todo o Mediterrâneo oriental: do Egito, da Síria, da Grécia continental e da Itália. No leste da ilha de Vaï (onde palmeiras que parecem saídas de um cartão-postal dão sombra a uma idílica praia de areia), os habitantes locais afirmam que a primeira dessas palmeiras brotou quando um marinheiro pré-histórico egípcio cuspiu fora o caroço de uma das tâmaras que trouxera consigo das margens do Nilo.

Em minha mais recente visita a Creta, fui estudar escavações na parte leste da ilha de Palaikastro.[2] Com as areias brancas de Vaï queimando a sola de meus pés e o sol do meio-dia, de 46 graus, causando bolhas em minhas costas, compreendi por que os arqueólogos preferem considerar a ilha como um posto avançado do Oriente Médio a utilizar o termo eduardiano mais tradicional, "berço da Europa". Após seu início cosmopolita, Creta jamais perdeu seu ar oriental. Durante minha estada, fui atraída aos bares locais pelo canto de sereia do ritmo nativo de Creta, uma mistura de *Rai, bouzouki* e afro-pop. Bananeiras nativas margeiam as ruas, como candelabros dourados. Então, como agora, o microclima de Creta produz colheitas excepcionais. A ilha tem uma atmosfera encantada; quem acredita em seus deuses a considera abençoada.

E, na Idade do Bronze, a rica e culta Creta era uma isca tentadora; seus palácios e portos ofereciam cobiçadas recompensas. Os deuses da Terra, aparentemente, deram a outra civilização ambiciosa a oportunidade de que necessitava. Os minoanos já estavam enfraquecidos pelos efeitos debilitantes de diversos terremotos anteriores. A grande, terrível, espetacular erupção do vulcão de Tera provocou uma série de deslocamentos sociais e religiosos. Talvez, para os minoanos, não fosse o "apocalipse agora",* mas uma morte lenta e constante.[3]

Assim, quando os ambiciosos micenenses chegaram a Creta, a época deve ter sido emocionante. Nos séculos que precederam a conquista (um golpe de Estado ou um salvamento filantrópico, dependendo da interpretação que cada um der aos indícios), os habitantes do continente talvez pensassem que viviam à sombra da grande ilha meridional: Creta produzia tudo, e da melhor qualidade. Os cretenses foram comparados aos japoneses da década de 1970[4] — absorviam o melhor da cultura global, adaptavam-na e a exportavam com um toque caracteristicamente minoano.

---

*Referência ao filme de Oliver Stone, *Apocalipse now*. (*N. do T.*)

Qualquer que fosse a técnica ou o material, os minoanos provavelmente os utilizavam com audaciosa habilidade. Esculturas em pedra altamente realistas, jóias elaboradas, pinturas em afresco cuja verve pastoril era ao mesmo tempo emocionante e arrebatadora: uma parede coberta de peixes voadores, outra onde um gato vigia um pássaro emplumado. Há machados de jadeíta em forma de panteras negras e touros de pedra com chifres dourados, com olhos de cristal de rocha que ainda contemplam o mundo ao seu redor.

Creta foi também berço de vívidos mitos e histórias. Ali, Europa foi possuída por Zeus em forma de touro. Ali, o Minotauro, o monstruoso híbrido de homem e touro, cujo covil ficava no interior do palácio de Cnossos e que se nutria de carne humana, foi concebido quando a rainha Pasífae satisfez seus desejos sendo possuída por um grande touro branco. Nos céus de Creta, Ícaro, o ingênuo jovem que tentou levar longe demais as realizações humanas, subiu em direção ao sol e foi atirado de volta à Terra, com a cera de suas asas artesanais derretida e suas carnes queimadas.

Mas existe outro mito de Creta, menos conhecido. Fala de um grande robô de metal fabricado pelo consumado inventor e artesão, Dédalo (pai do desafortunado Ícaro). Esse robô, chamado Talos, tinha o dever de proteger Creta, sua terra natal, a todo custo. A ilha maravilhosa tinha de ser guardada contra intrusos indesejáveis e invasores. Igualmente importante, era preciso impedir que os naturais de Creta deixassem suas costas em busca de novas pastagens. Talos transformava a ilha em uma prisão-fortaleza. Na imaginação da Idade do Bronze, valia a pena proteger o talento minoano.

⊙⊙⊙⊙

Em certo sentido, essa xenofobia se justificava: ao longo do segundo milênio a.C. deve ter havido muitas oportunidades de intercâmbio internacional. Os contatos entre a Creta da Idade do Bronze com seus vizinhos são claramente visíveis em diversos achados arqueológicos. No Museu de Heráclion, há um dente de elefante africano vindo de um dos depósitos do palácio de Zacro. Talvez tenha sido exibido naquele palácio como novidade exótica, ou talvez fosse usado para trocas. Hoje em dia, o dente é de cor acinzentada e bastante deteriorado, com a superfície cheia de orifícios irregulares.

O tempo tratou melhor outros artefatos. No Museu de Sitia, há um *kouros* (menino) delicadamente esculpido, provavelmente um deus-menino, feito com marfim de hipopótamo, material estimado por sua tonalidade rosada, semelhante à pele. O menino, encontrado em pedaços no santuário de Palaikastro, na costa oriental de Creta, e depois restaurado, inclusive com decorações em ouro e marfim, ganhou a designação de "estatueta criselefantina".

Os artistas que o esculpiram coloriram cuidadosamente o *kouros* com azul egípcio e incrustaram cristal de rocha no lugar dos olhos. Os punhos estão cerrados e as veias e os nervos dos braços são aparentes. Cada unha dos pés e das mãos foi delicadamente esculpida, embora estas últimas estejam enterradas nas palmas das mãos e, portanto, sejam invisíveis aos olhos humanos. Os fios dourados que representam seus cabelos foram pressionados em torno da cabeça bem proporcionada. Cada vez que contemplo essa poderosa criatura em sua pose, tenho de recordar a mim mesma que aquele menino não vem do ateliê de Miguelangelo, mas da pré-história. Não admira que a estética minoana fosse louvada e copiada em todo o Egeu.

Certo número de comunidades do Mediterrâneo, inclusive Tera, parece haver vivido sob a influência minoana. A vestimenta dos micenenses é imitação da minoana; seus afrescos seguem o exemplo dos mestres de Minos, e sua cerâmica obedece ao padrão da ilha. Uma mulher como Helena, aparentemente, desfilava usando a moda criada por seus primos cretenses, e os próprios alfaiates inovadores já deveriam estar mortos há séculos.

Grandes vasos com desenhos característicos, com espirais imitando polvos e algas, que, antes, se acreditava serem exclusivamente minoanos, foram recentemente descobertos em escavações em Esparta.[5] Nas taças de ouro decoradas com desenhos de touros e figuras saltitantes vindas de Vafeio, ao sul de Esparta, a influência (ou artesanato) minoana é assombrosa. Ao navegar diretamente para o norte, os primeiros portos que os minoanos encontrariam seriam a ilha de Citera e o porto de Githion, na Lacônia. Prosseguindo a viagem por terra para o norte para mais meio dia, chegariam a Esparta. Embora o estilo minoano seja mais arrojado, os micenenses eram mestres na produção de cerâmicas: a utilização da argila e dos planos inclinados é mais particularizada e eles conheciam melhor a tecnologia dos fornos. As vasilhas do continente são de melhor qualidade. Deve ter havido uma troca constante e ampla, nos dois sentidos, de mercadorias e idéias entre a Lacedemônia e os ativos ilhéus cretenses antes e durante a vida de Helena. Na *Ilíada*, ela descreve a estreita relação entre Creta e o Peloponeso. A respeito do rei cretense Idomeneu, ela afirma: *"Quantas vezes, Menelau, meu bom soldado, o hospedou em nossos palácios."*[6] O rei Idomeneu mandou oitenta "navios negros"[7] para ajudar o esforço de guerra contra Tróia. E, naturalmente, Menelau estava participando das exéquias do pai em Creta, quando Páris se hospedou em Esparta e se aproximou da rainha Helena.

Há marcas minoanas em toda a Argólida e Lacônia. Por volta de 1550 a.C., os micenenses passaram, até mesmo, a enterrar seus mortos em túmulos *tolos*, como faziam os minoanos no sul de Creta. Mas há uma diferença importante: para os minoanos, eram tumbas compartilhadas, onde eram enterrados numerosos membros da comunidade, mas nas povoações como Micenas, os túmulos eram para reis, aristocratas e suas famílias. É um entusiasmo que denota interesse numa arquitetura que, mesmo na morte, dá tratamento preferencial a guerreiros individuais, elevando-os acima do restante do grupo. As câmaras mortuárias minoanas serviam a toda a comunidade; os túmulos de Micenas comemoravam as façanhas heróicas e estimulavam a busca de supremacia dos diversos clãs.

Um dos atributos mais significativos dos minoanos, imitado pelos micenenses e adaptado aos seus objetivos, parece ter sido o dom da escrita.

Os cretenses inventaram a primeira de todas as formas de escrita européias, os "hieroglifos cretenses", por volta do ano 2000 a.C., logo depois seguido por outra escrita, a Linear A; até hoje, nenhuma das duas foi decifrada. Ao escavar Cnossos, em Creta, em 1900, Arthur Evans descobriu indícios dessas duas escritas. Também descobriu outra, a Linear B, que não se mostraria tão difícil. Doze anos após a morte de Evans, em 1953, Michael Ventris, arquiteto que trabalhara junto com a brilhante estudiosa norte-americana Alice E. Kober, que era fumante inveterada (os 180 mil retângulos de papel reticulado que continham a maior parte do trabalho básico necessário para decifrar a Linear B eram guardados em carteiras vazias de cigarros Lucky Strike e Fleetwood),[8] decifrou a escrita Linear B, mostrando que se tratava de uma forma arcaica do idioma grego.

Inspirados pelos inovadores meridionais, os micenenses adotaram a idéia de escrita vinda dos minoanos, mas a usaram para exprimir sua própria linguagem precursora do grego.

De um só golpe, graças à decifração de Ventris, os gregos ganharam mais mil anos de história. O entusiasmo de Ventris e seu colaborador John Chadwick era elogiável e contagioso. Ao levar os primeiros documentos em Linear B à tipografia da universidade de Cambridge, Chadwick comemorou mandando a Ventris (que na ocasião se encontrava na Grécia) um cartão-postal escrito em Linear B.[9]

.1 i-jo-a-na, mi-kae, ka-re-e
.2 sa-me-ro, pu-pi-ri-jo
.3 tu-po-ka-ra-pe-u-si
.4 a-ka-ta, tu-ka,
.5 ka-mo-jo, ke-pu$_2$ra$_3$,
    i-jo-u-ni-jo-jo
.6 me-no, A-ME-RA 7

.1 John a Michael, saudações!
.2 Hoje entreguei o livro
.3 À tipografia.
.4 Boa sorte!
.5 Na Ponte de Cam...*
.6 ...mês de junho, dia 7

Graças a esses decifradores de códigos possuímos uma janela textual direta sobre o mundo de Helena. As tábuas em Linear B, descobertas principalmente em Cnossos e Chania, em Creta, e em Pilos, Micenas, Tirinto e Tebas, no continente, mostraram não conter belos poemas ou tratados diplomáticos; numa primeira onda de decepção, os arqueólogos as cha-

---

*A cidade de Cambridge tem esse nome devido à ponte (bridge) sobre o rio Cam. (*N. do T.*)

maram de "rol de lavanderia". Mesmo assim, essas listas podem nos dizer que tipo de roupa os homens e mulheres usam, qual o preço da lavagem e quem são os donos das lavanderias. Embora a linguagem seja abreviada e cheia de termos equívocos, mais ou menos como a linguagem jurídica que custamos a compreender num contrato de financiamento de hoje em dia, esses blocos de cor terrosa fornecem detalhes vívidos — palavras estranhas que levam o leitor ao mundo micenense. Alguns, por exemplo, mostram o número de carneiros no rebanho de um pastor; outros, a impressionante quantidade de óleo de oliva dado de presente a uma alta sacerdotisa e até mesmo o nome de cada cabeça de gado: Pretinho, Malhado, Focinho Branco, Pata Branca.[10]

Depois que passaram a utilizar a escrita, os micenenses foram adiante. A cada ano dominavam mais um pedaço de terra cretense, até que o povo do continente passou a ser o governante. Os micenenses, que possuíam igualmente uma grande civilização, também eram grandes plagiários, que adotavam as realizações de outras culturas a fim de servir aos seus próprios objetivos. Os minoanos foram para os micenenses o que os gregos antigos seriam para Roma — uma inspiração e uma penetrante fonte cultural. Transformaram-se em uma civilização cujo espírito transparece em um mundo estritamente controlado pelos burocratas de Micenas.[11] Uma mulher como Helena teria tirado grande proveito da herança cretense.

Em minha opinião, a transição do minoano para o micenense pode ser percebida com maior intensidade no cemitério do alto da colina de Furni, próximo ao litoral norte de Creta. Quando o sol descamba por trás do monte Juktas — que abriga a caverna sagrada de Anemospilia —, os halos de luz amarelo-manteiga em torno das tumbas se apagam de chofre. De repente, restam apenas as formas corcundas das câmaras mortuárias restauradas do início do período minoano, modestos iglus destinados a receber os corpos de homens e mulheres que viveram num mundo em processo de mudança, uma época em que as sociedades, em sua infância, competiam em busca do primeiro lugar. Mais abaixo, ainda visíveis, estão as tumbas *tolos* do período micenense posterior. O povo de Micenas agora enterrava seus mortos em grupos separados por clãs, com grande pompa e afetação.

Ao investigar os túmulos, pode-se perceber o movimento de povos e potências ao longo do tempo, deixando pegadas à sua passagem. É estranho

imaginar que ali na encosta do monte muitos sons podem não haver mudado absolutamente nada no decorrer dos milênios, quaisquer que fossem os
governantes que dominassem Creta na época: minoanos, micenenses, turcos, alemães ou gregos. Há patos na fazenda no sopé da colina, abelhas que
zumbem de uma árvore a outra, e cães que ladram alegremente, seguidos
pela voz de um homem que se ergue do vale, gritando uma palavra que surge nas tábuas em Linear B, escritas há mais de três mil e quinhentos anos na
forma ME-RI: o homem grita ME-LI! — "tragam mais mel!"

LA PARISIENNE

De que fonte, então, surgiu brilhante a beleza de
Helena por quem homens lutaram, ou a de
todas as mulheres belas como Afrodite?

PLOTINO, *Da beleza inteligível*,[1] aproximadamente 260 d.C.

É extraordinariamente difícil avaliar até que ponto os minoanos influenciaram a atitude mental micenense, especialmente no que se refere às mulheres e à religião. Mesmo assim, é uma investigação fascinante, principalmente porque, em Creta, o "belo sexo" (na arte minoana-micenense, as mulheres são pintadas de branco, e os homens são morenos) parece ter posição preeminente, dinâmica e distinta. Ao iniciar a escavação no sítio arqueológico de Cnossos, em 1900, Arthur Evans encontrou, no segundo dia, uma estatueta de "deusa", à qual, imediatamente, deu o nome de Afrodite. Afrescos descobertos em complexos de palácios mostram grupos de mulheres na superfície, freqüentemente com símbolos de divindade à sua volta. Jovens seminuas se lançam através de anéis de sinete, sacudindo árvores, levando plantas nos braços. Há mulheres deitadas sobre altares ou sentadas em tronos elevados.

Tive um professor de história antiga que apreciava as coisas sensacionais. Numa feia tarde de novembro, meus colegas e eu fomos assistir a uma exibição de slides. Estava muito escuro, o ar era denso e a maioria dos alunos repousava a cabeça nas carteiras, todos prontos para um cochilo. De repente uma mulher seminua, extremamente bem-dotada, surgiu na tela de projeção. Era a famosa (assim chamada) "Deusa Serpente" de Creta, uma criatura impressionante, de cintura de vespa e olhos furiosos pintados com rímel, cujos seios inflados e nus se erguiam acima do corpinho justo e das saias esvoaçantes com listras vistosas. Uma cobra gigantesca se enrolava em seus braços e pescoço. A imagem era fascinante. Considerada uma deusa, essa extraordinária vedete, de 3.500 anos de idade, me parecia de carne e osso. Mortal ou divina, era, evidentemente, um símbolo da potência e da fecundidade femininas. Resolvi conhecer a fundo sua história.

Meu palpite inicial a respeito daquela deusa revelou-se correto. A "divindade" de cerâmica tem quatro companheiros, dois dos quais existem apenas em pequenos fragmentos. Todas as cinco figuras foram encontradas no palácio de Cnossos, em Creta, por Arthur Evans e sua equipe, em 1903. Datando de cerca de 1600 a.C., em algum momento todas foram cuidadosamente quebradas e enterradas em um poço forrado de pedra junto com conchas marinhas e muitos outros objetos curiosos, sob o piso de um depósito. Os restos ficaram no que parece ter sido uma das partes mais sagradas do complexo de palácios. Evidentemente, aquelas mulheres tinham sido, por assim dizer, rebaixadas. Eram, porém, demasiado poderosas para que não fossem tratadas com respeito. As estatuetas foram deixadas com precisão e cuidado, como disse um colega, como se seus carrascos estivessem tratando com resíduos radioativos.

Os arqueólogos eduardianos divinizaram essas mulheres, presumindo que, como eram extremamente bem-feitas e pareciam tão poderosas, deveriam representar criaturas sobrenaturais. Hoje, acredita-se que as "Deusas Serpentes" eram, na verdade, devotas de carne e osso — as altas sacerdotisas de algum culto minoano de louvor à natureza ou de fertilidade.

Quem conseguir entrar no Museu Arqueológico de Heráclion suficientemente cedo para evitar as multidões (passando por pilares de concreto pintados da mesma cor vermelho-sangue das colunas do palácio de Cnossos, a pouca distância dali), poderá passar alguns minutos tranqüilos em companhia dessas famosas imagens femininas da Idade do Bronze. Delicadamente formadas em faiança, as ferozes mulheres de seios nus nos fitam de sua prisão de vidro. As três estão vestidas no fino da moda. As cinturas estão apertadas em uma cinta, abaixo das quais há aventais e saias amplas e pregueadas, que lembram anáguas.

Hoje em dia, a "Deusa Serpente" pode ser vista por toda parte em Creta. Reproduções baratas e clandestinas são vendidas nos becos. Numa das praias de nudistas no sul da ilha, uma versão gigantesca foi pintada nas paredes externas dos banheiros de concreto. Alguns estudiosos acham que, em certo sentido, a Deusa Serpente e suas sacerdotisas estariam também disseminadas na Creta da Idade do Bronze. Fosse ela divina *ou* mortal, denota uma época em que as mulheres eram totens. Os micenenses consolidaram seu interesse pelos minoanos e absorveram grande parte de sua cultura ao conquistarem Creta por volta de 1450 a.c. E uma das características culturais transpostas para a Grécia continental foi a predileção pela representação de mulheres.

Se procurarmos as origens da força de Helena, creio que a pista começa em Creta. A iconografia da ilha é repleta de imagens femininas, fazendo alguns estudiosos mais ousados sustentarem que a Creta minoana era um matriarcado. Isso pode ser um exagero, mas, sem dúvida, havia algo inusitado em Creta em matéria de mulheres e dos poderes e privilégios de que gozavam.

Os indícios materiais sobre religião na pré-história são limitados, e qualquer descrição genérica do culto terá de conter uma parte de análise e duas de especulação. Mas como o mundo de Helena, tanto no sentido material quanto no espiritual, era colorido e informado pelo de seus antecessores minoanos, e como os micenenses parecem haver dominado a ilha entre 1450 e 1200 a.C., vale a pena examinar as provas fornecidas por Creta. Estatuetas, pedras de sinete, tábuas de cerâmica e afrescos parecem proporcionar-nos pistas sobre as crenças e a vida das cerca de 500 mil pessoas que viveram e trabalharam em Creta.[2]

Numa era em que as questões espirituais eram parte inalienável do mundo real, vivo e contemporâneo, não é de admirar que as crenças religiosas se manifestassem em formas viscerais, vivazes e ardorosas. A religião parece haver sido composta de grande drama, circo, espetáculo, concertos de rock e festa popular, tudo misturado. E se os indícios de Creta servirem de guia, a classe mais elevada desempenhava papel ativo e de direção nessas robustas práticas religiosas. Alguns sugerem que as aristocracias da Idade do Bronze podem ter sido titulares de poderes não pelo berço nobre, mas por haver conquistado o direito de governar como mediadores especiais entre o povo e suas divindades.

Os rituais religiosos eram, com certeza, parte essencial em muitos dos complexos de palácios, como os de Cnossos, Mália e o belo conjunto de

Faistos, no sul da ilha. Para chegar ao palácio de Faistos é preciso dar as costas à Grécia continental e dirigir-se para o sul, caminhando até o mar da Líbia. Ali, o panorama é mais plano, mais estranho: a estrada passa por rochas gigantescas que parecem alheias ao ambiente — os habitantes locais as chamam de "bolos de queijo" (embora a sensação seja a de que essas pedras devem haver representado algo menos íntimo para os cretenses antigos) — e segue para a costa, serpenteando pela fértil planície de Messara até chegar ao palácio de Faistos propriamente dito, o qual, trepado em uma serra e hoje rodeado de pinheiros, só pode ser alcançado subindo-se uma ladeira íngreme. Ventos mornos e secos sopram em torno do sítio, mas o ambiente é equilibrado por uma presença imóvel e colossal a oeste, o contorno sagrado do monte Ida, com seus picos gêmeos característicos.

Eu tinha ido até lá para ver aquelas primeiras imagens de mulheres minoanas que influenciaram o mundo de Helena.[3] Uma mesa com pedestal e uma tigela de argila encontrados no palácio de Faistos, que datam de aproximadamente 1900 a 1700 a.C., foram projetadas e executadas com amor, e, até agora, não existem outras, o que sugere que tenham sido utilizadas em devoções religiosas. Talvez fossem trazidas em certas épocas do ano agrícola a fim de agradar aos deuses que enchiam os campos com trigo e cultivavam as oliveiras e as uvas dos vinhedos. Tanto a tigela quanto a mesa são decoradas com figuras femininas que parecem estar dançando — os braços estão arqueados e flutuantes, as saias são amplas e algumas das figuras parecem ter bicos como as aves. Uma, no centro, ergue uma planta florida.

Em pedras de sinete, miniaturas cuidadosamente talhadas registram procissões e desfiles. Moças levam cestas cheias de ramos de árvores frutíferas e se juntam em torno de plantas que parecem estar dentro de vasos em um plinto. A impressão imediata é que essas jovens, ao mesmo tempo enérgicas e voluptuosas, adoram e protegem a natureza,[4] domesticando animais e pássaros. Os arqueólogos lhes deram nomes como "Senhoras dos Animais", "Senhoras dos Pássaros", "Senhoras dos Cavalos".

Nas representações minoanas da natureza, as mulheres são presença constante e parecem ser dominantes. E, talvez, em conseqüência disso, em outros exemplos da iconografia minoana, elas são objeto de grande respeito.[5] Um afresco muito danificado de Cnossos, o Afresco da Procissão, que também está no Museu de Heráclion,[6] mostra uma figura feminina sentada — talvez uma deusa que tenha tomado forma humana como alta sacerdotisa —, escoltada e adorada por homens e mulheres. Os acólitos caminham recuando, em sinal de deferência àquele ser enfeitado de maneira sublime.

◌◌◌

As divindades femininas parecem ter sido adoradas com devoção frenética em pontos extremos do território. As populações de Creta na Idade do Bronze usavam os palácios e cidades como centros religiosos, mas também viajavam a locais que, para elas, tinham função predominantemente religiosa: picos de montanhas, margens de rios ou as profundezas da terra. Oratórios, santuários e altares, alguns dos quais ainda sobrevivem, foram construídos nesses lugares ermos, mas, em outras partes, a arquitetura da natureza era mais do que adequada para abrigar as devoções dos minoanos.

Nos lugares mais selvagens, a única pista de atividade humana de que dispomos são os pequenos ex-votos que ficaram para trás, objetos como um pequeno boi de argila cozida ou uma mulher que parece estar orando — em pé, com os braços apertados no peito ou com o punho cerrado junto à fronte, num ato de adoração. Foram encontrados escaravelhos de terracota e também doninhas, por estranho que pareça. Uma oferenda encontrada por Arthur Evans na caverna Psicro, próxima a Lasiti, em Creta, é um bebê gorducho engatinhando, de pouco menos de 5 centímetros de comprimento, com um traseiro maravilhosamente protuberante. A cabeça da criança está erguida, como se fizesse uma indagação. Os arqueólogos também desenterraram representações de pernas ou braços separados. Hoje em dia, nas igrejas católicas e ortodoxas, versões semelhantes, feitas de metal, são também oferecidas por pessoas que quebram o braço, têm úlceras nas pernas e câncer no seio, e assim por diante. Os gregos a chamam *tamata*. Parece extremamente provável que os modelos em argila da pré-história tenham servido ao mesmo objetivo de implorar a cura. Camadas de cinzas em diversos sítios dão a entender que os rituais eram acompanhados por grandes fogueiras.[7]

Em Creta, os curadores dos museus contam uma encantadora história de um menino que lhes chamou a atenção para um achado — e um sítio arqueológico — específico. Ao explorar a caverna de Scotino, a leste de Heráclion e a cerca de uma hora a pé na direção do interior, a criança encontrou uma pequena estatueta de bronze danificada, que parecia ser de um homem carregando um cabrito às costas. A figura tinha 3.500 anos de idade.

A caverna de Scotino tem 160 metros de profundidade. Caminhei às apalpadelas até bem fundo, sobre o piso rude, cujas pedras estão cobertas de uma mistura de lama (da consistência do chocolate derretido) e limo verde, a fim de observar lugares extremos onde mulheres eram adoradas e reverenciadas. Quanto mais o visitante se aprofunda, mais a luz parece colorida — em vez de estar atravessando o ar, a sensação é de estar debaixo d'água, de caminhar em meio a uma névoa aquática suave e esverdeada.

Há uma sonoridade permanente que vem de gotejamento e fios de água; as estalactites e estalagmites ainda estão crescendo. Alguns minerais formaram monstruosas massas em forma de glóbulos no centro da caverna. O visitante se sente um anão diante desses gigantes e do volume atormentado das rochas, cujas superfícies muitas vezes são realçadas pelo acúmulo de musgo verde e algas. Cada trecho de vegetação aguarda seu momento de glória: uma vez por dia, jatos de luz do sol caem sobre os pontos que não estão ocultos pelas formas do interior da gruta que parecem vir do romance *Gormenghast*.* Durante uma hora, mais ou menos, partes das paredes da caverna ficam banhadas em luz e a vida vegetal ali agarrada ganha uma breve e frenética janela para permanecer viva e produzir a clorofila vital. Em lugares como esses é que podemos tentar compreender o panorama espiritual da pré-história.

⊗⊙⊗⊙

---

*Romance fantástico de Mervyn Peake. (*N. do T.*)

Uma interpretação convincente das imagens femininas em sinetes, vasilhas e estatuetas da Idade do Bronze é que as mulheres fossem responsáveis pela saúde da natureza — pela germinação das sementes e pelo amadurecimento do milho. Uma sociedade que passou da caça e colheita de frutos à agricultura descobre que a natureza, em sua nova forma domesticada e artificial, depende tanto do camponês quanto este depende dela. Assim, quando a natureza se torna agronegócio, é preciso que as mulheres, dirigentes da natureza, estejam por perto. Os suprimentos de cereais ficavam armazenados nos complexos de palácios de Cnossos, na Creta, ou em Pilos, no continente, e talvez fossem vigiados por sacerdotisas, as *Klawiphoroi*, "guardiãs das chaves".

Cnossos foi identificada como a principal armazenadora de cereais.[8] Foram encontradas muitas centenas de *pithoi* ladeando seus depósitos labirínticos. Alguém deve ter caminhado por entre essas câmaras grávidas que cheiram a malte, organizando seu conteúdo, decidindo sobre o armazenamento de trigo, centeio e azeitonas, destinando certa quantidade aos deuses, cuidando da alimentação de toda uma civilização. Os afrescos da Arquibancada e do Templo em Cnossos dão a entender que grande número de mulheres estava presente no palácio. Essa legião de mulheres pintadas certamente não se coaduna com a identificação anterior como um coro de dançarinas ou um harém de esposas silenciosas e fiéis. A bela mulher do "Afresco do banquinho" apelidada "La Parisienne" pela equipe de escavadores de Evans por seus cabelos penteados de maneira urbana sem dúvida não tinha função simplesmente decorativa. É provável que essas mulheres recebessem o produto da colheita e o abençoassem, controlando também seu uso e sua distribuição.

Seria uma posição de muito poder. Imaginemos a fragilidade da produção de alimentos na Idade do Bronze. O pânico causado por sete anos de penúria no Egito está bem documentado, mas se calculou que bastariam dois anos de más colheitas para exaurir os depósitos subterrâneos de alimentos de Cnossos — semelhantes, ou mesmo maiores, do que os de Pilos e Micenas. O sexo que controlava a despensa da natureza precisava ser bem tratado para manter a lealdade. As mulheres eram importantes, talvez porque tivessem algum tipo de acesso privilegiado

aos mistérios da natureza e ao mundo dos espíritos; elas tinham destaque. E uma mulher como Helena, que se diferenciava das demais graças ao dom divino de uma beleza natural, sem dúvida teria sido muito
importante.

⊗⊙⊗

É útil recorrer aos dados mais completos e eloqüentes dos hititas a fim
de perceber os benefícios tangíveis de que as poderosas mulheres religiosas deveriam ter gozado no Mediterrâneo oriental. Fontes hititas da época
consideram as altas sacerdotisas adequadas para se casar com reis. Algumas das tábuas nos dão uma idéia das riquezas materiais que as mulheres na escala religiosa (e também na temporal) mais elevada poderiam
acumular.

Além da SAL SANGA, a sacerdotisa principal, também havia nos templos mulheres de certa influência chamadas SAL.SUHUR.LAL. Por volta
de 1400 a.C., existiu em um templo uma determinada mulher de nome
Kuvatalla, que recebeu inúmeras dádivas do rei e da rainha da época
(Arnuvanda e Asmunikal). Pode-se imaginar que essa generosidade da parte
dos monarcas tivesse o propósito de obter favores dos deuses e aumentar
os recursos do próprio templo; ao contrário, eram oferecidos a Kuvatalla
em caráter perpétuo e seriam herdados pelos filhos dela.

No Museu Arqueológico de Istambul, ainda sobrevive a tábua da be-
nemerência que imortalizou a herança de Kuvatalla, com pouco mais de
25 centímetros de altura e 17 de largura, agora de cor ocre escura, com
inscrições na caligrafia cuneiforme hitita. Embora haja rachaduras na tábua e faltem muitos trechos do texto, ainda é possível ler a maior parte da
lista de presentes:

> ... da casa de Pulliya, 2 machos (Pulliyani, Ašarta), 3 meninos
> (Aparkammi, Iriyatti, Hapilu), 4 mulheres (Tešmu, Zidandu,
> Ašakkummila, Huliyašuhani), 3 meninas (Kapašanni, Kapurti,
> Paškuva), 2 mulheres idosas (Arhuvaši, Tuttuvani), total 14 pessoas; 4
> cabeças de gado, 2 jumentos, 2 vacas, 1 vitela, 1 boi de arado... da casa
> de Hantapi em Antarla, 7,5 (iku) vinhedos, 13 casas, 30 homens, 18

meninos, 4 bebês do sexo masculino, 35 mulheres idosas... total 110 [pessoas]. Entre os servos, 2 artesãos, 2 cozinheiros, 1 tecelão, 1 alfaiate húrrio, 1 sapateiro, 1 pajem... 22 cabeças de gado, 158 carneiros, 2 cavalos, 3 mulas... O Grande Rei Arnuvanda, a Grande Rainha Ašmunikal e o honrado Príncipe Tuthalia tomaram [essas coisas] e as deram à sua serva, a sacerdotisa Kuvatalla, como presentes. No futuro, não exigirão que seus filhos e netos devolvam qualquer dessas coisas. A promessa do Soberano Rei, o Grande Rei Arnuvanda e sua esposa Asminukal, é de ferro. Não pode ser revogada nem quebrada. Quem tentar fazê-lo será decapitado.[9]

A alta sacerdotisa Kuvatalla deve ter tido um estilo de vida muito agradável.

MULHERES DE PEDRA, ARGILA E BRONZE

A Mãe de todos nós,
A mais idosa,
Dura,
Esplêndida como uma rocha

O que quer que pertença à terra
é ela
quem a nutre,
é a Terra
que eu canto

Quem quer que sejas,
como quer que venhas
através de seu solo sagrado
tu que vens do mar
tu que voas,
é ela
quem te nutre
ela,
de seus tesouros
Belas crianças
belas colheitas
vêm de ti
O próprio dom da vida,
e sua retirada
a qualquer homem
ou de qualquer homem
são teus...

Hino Homérico à Terra (Ge)[1]

Uma das mais antigas peças de escultura figurativa que nos vêm de Esparta é de uma mulher. Possivelmente, é alguma forma de Deusa Mãe, talhada em pedra por uma sociedade que mal descobrira como fazer vasilhas ou trabalhar o metal. É quase impossível aquilatar a clara importância social, política e cultural da mulher nesse passado distante. Mas os achados arqueológicos como esse — as que dão a vida, robustas, sérias, com formas arredondadas — certamente indicam o quanto as sociedades antigas *consideravam* as mulheres importantes.

Estátuas e estatuetas femininas aparecem em todas as camadas préhistóricas do Egeu. Muitas foram enterradas em fossos domésticos de lixo, outras são encontradas em tumbas, às vezes solitárias, outras vezes em grupos de uma dúzia ou mais. Algumas foram deliberadamente violadas — freqüentemente, o pescoço foi cortado e a figura enterrada. Um ato de agressão ou desrespeito? Possivelmente, não. Quebrar um objeto feito pelo homem, especialmente uma figura antropomórfica, pode haver sido na pré-história o reconhecimento de seu poder ou uma forma de assinalar a viagem para outro mundo: não um ato de vandalismo, mas de devoção. Algumas das figuras femininas foram levadas a lugares de grande significação religiosa — santuários, picos de montanhas, o interior de cavernas — a fim de serem ofertadas como dádivas a divindades há muito esquecidas.

Existem milhares e milhares dessas figuras femininas, de todas as formas e tamanhos. Algumas são gloriosamente obesas, com coxas elefantinas, outras atenuadas, angulosas e despojadas. Começaram a aparecer por volta de 29000 a.C. (embora alguns peritos, mais conservadores, prefiram a data de 25000 a.C.). São mais prolíficas na Grécia e no Mediterrâneo oriental a partir de 8000 a 3500 a.C. Sejam curvilíneas ou cubistas, feitas para estar em pé ou deitadas, somente uma fração mínima das figuras neolíticas é claramente masculina.[2] Nas Cíclades, até 2500 a.C., uma grande quantidade de figuras femininas continuou a ser produzida.[3] A análise ultravioleta da superfície de pedra mostra que muitas delas eram decoradas com pigmento vermelho de cinabre e com azurita; vermelho e azul desenhando cabelos, jóias, traços fisionômicos, tatuagens de vários tipos e, em um exemplo surpreendente, olhos espalhados pelo rosto e pelas coxas da efígie.[4]

A maioria dessas estatuetas, que observariam silenciosamente a vida quotidiana de seus fabricantes, são abertamente sexualizadas (especialmente as que provêm das ilhas Cíclades). Em algumas delas, a decoração predominante é um evidente triângulo púbico e dois seios simples. Essas marcas de gênero, de grande importância, foram simplesmente perfuradas na pedra ou terracota. Uma das mulheres vem de Scoura, na Lacônia, a terra de Helena. Tem mais ou menos o tamanho e a forma de um pão médio, uma criatura um tanto amorfa, corpulenta e inanimada, a não ser pelos dedos de uma das mãos, que estão abertos e apontam diretamente para o órgão sexual.[5]

Durante vários anos, essas figuras femininas, essas "deusas-mãe", foram negligenciadas. Os primeiros colecionadores as consideravam "bárbaras" e "repulsivamente feias". As formas simples e primitivas não podiam competir com a arte "clássica" grega, e no século XIX d.C. costumavam ser consideradas adequadas ao estudo acadêmico mais do que ao interesse público. Hoje em dia, nos museus da Sérvia, Croácia e Romênia essas estranhas figurinhas solitárias ainda estão confinadas a salas secundárias, misturadas com outros artefatos pré-históricos variados. Não há pistas sobre sua proveniência, nenhum rótulo que arrisque um palpite sobre o que poderiam representar; nesses lugares, são cidadãs de segunda classe. Muitas outras definham nos depósitos, sem serem estudadas e semiesquecidas.

Surpreendentemente, no entanto, em certos círculos, esses elegantes protótipos de Henry Moore estão na moda. Quando vou a Atenas, sempre faço um passeio aos museus Goulandris e Benaki, num bairro elegante e caro, o Kolonaki. O Museu Benaki, especialmente, possui um elegante conjunto de artefatos que vão desde a pré-história à guerra da independência da Grécia. Emanuel Benakis fez fortuna com o comércio de algodão egípcio, credencial adequada a uma coleção que deve haver começado como mercadoria comercial, cruzando o Mediterrâneo oriental em todas as direções.

Nos museus situados fora das luzes e burburinho da estrada movimentada, a Vasilissis Sofias, as figuras estão exibidas a uma respeitosa meia-luz. As crianças param de tagarelar e os turistas observam atentamente as mulheres de pedra, procurando compreendê-las. De fato, durante décadas, os estudiosos têm-se perguntando sobre a finalidade dessas estatuetas abertamente femininas. O problema é que quando o contexto arqueológico é relativamente escasso, os indícios podem ser manipulados para sustentar praticamente qualquer teoria. Essas efígies carismáticas não constituem exceção. Como representam mulheres — de uma época em que não podemos ouvir as vozes das pessoas e raramente encontramos seus ossos —, elas nos induzem a uma reação emocional, na esperança de que essas criaturas mudas, carinhosamente moldadas em pedra, argila, ossos ou marfim, nos ofereçam um contato direto com o passado distante.

Mas, na verdade, há tantas maneiras diferentes de interpretar as figuras quantas são as formas diversas de seus corpos. Embora esse erro tenha sido cometido no passado, seria demasiadamente simplista presumir que tenham um significado constante e uniforme. Existem milhares e milhares dessas viragos e é preciso levar em consideração os diversos contextos em que foram encontradas e de que forma atravessaram os milênios. Entre os arqueólogos, as idéias proliferam: talvez fossem usadas para o comércio como prova de um contrato fechado, como auxílio ao parto ou instrumentos educativos, símbolos de um rito de transição que imitava a transição mais extrema, o nascimento. Seriam talvez retratos pré-históricos, imagens de filhos há muito desejados, brinquedos para satisfazer os apetites sexuais e lúdicos dos mortos ou, simplesmente, arte visual que representa uma população aparentemente constituída não apenas de homens e mulheres, mas também de hermafroditas, seres humanos assexuados; seriam, como alguns aventuraram, artefatos pornográficos de estimação?[6]

Os arqueólogos raramente concordam entre si, mas, aos poucos, emergiu uma espécie de consenso. Qualquer que fosse sua função, essas formas possuem autoridade. São criações fecundas, férteis, cujo poder reside primordialmente em seu sexo. As figurinhas representam, em sua forma visual mais pura, o autoconhecimento. Cada uma procura articular alguma coisa sobre a identidade da raça humana. Com essas imagens, surgem, pela primeira vez, indícios físicos da maneira pela qual as populações utilizavam suas imaginações criadoras para procurar compreender o mundo a seu redor. E, ao que parece, compreendiam-no, primordialmente, em termos femininos.[7] Qualquer que fosse sua finalidade exata, as figuras nos dizem que os ancestrais diretos e indiretos de Helena achavam, por algum motivo, que as mulheres eram o sexo mais importante, e que era essencial criar imagens em seu louvor.

HELENA ELEMENTAR — MULHERES-DEUSAS E MULHERES-DEMÔNIOS

O Olimpo deixou morrerem outras mulheres;
Estarão tranqüilas ao final do dia
E amanhã não terão cuidados. Mas para mim
Não há repouso. Os deuses não são tão bondosos
Para quem, como eles, se tornou semi-imortal.

SARAH TEASDALE
Helen of Troy (Helena de Tróia) (1884-1933)

Em parte inspirada pela descoberta de figuras femininas pré-históricas, desenvolveu-se uma tese a respeito das sociedades humanas pré-históricas, segundo a qual Deus era uma mulher. Esse entendimento da forma como as populações de então viam e construíam seu mundo é bastante coerente e segue o seguinte raciocínio: uma única mãe sobrenatural — freqüentemente imaginada como a Mãe Terra ou a Mãe Natureza — era originalmente adorada no Mediterrâneo oriental e, segundo argumentam alguns, em todo o globo. Essa idéia era apaixonadamente apresentada por arqueólogos, historiadores e cientistas no final do século XIX e início do século XX. A teoria da Mãe Terra era carismática em sua época porque reforçava a idéia de que uma sociedade dirigida (espiritual ou politicamente) por mulheres era uma forma "primeva" de humanidade. Um mundo matriarcal e primitivo, sob a égide da Mãe Terra, era um ponto de partida lógico para uma raça destinada a façanhas maiores, mais progressistas, mais másculas.

O que se imaginava (e alguns ainda pensam assim) era que, em certo momento — talvez com a descoberta da tecnologia do bronze e o imenso salto de desenvolvimento que essa descoberta provocou, possivelmente com a invasão de nômades vindos do norte —, a autoridade feminina cedeu o passo ao ímpeto masculino. A Idade da Pedra chegou ao fim, a Idade do Bronze começou, e, no Egeu, as populações encetaram uma trilha espiritual que as afastou de suas Mães onipotentes e terminou com a criação do panteão olímpico, chefiado por um Zeus autoritário, "de sobrancelhas escuras".[1]

Não sem ironia, argumentação semelhante, embora com *rationale* diversa, foi também empregada pelas feministas dos séculos XX e XXI, que consideram a pré-história um domínio da Deusa-Mulher. Desse ponto de vista, a mãe divina presidia uma era dourada de superioridade feminina "na cama e no governo", nas ruas e nos santuários. Dessa forma (prossegue a argumentação), o mundo era de teocracia, ginarquia e matriarcado, e esse era o estado natural — as mulheres no controle — realizado e explicitado por seus habitantes iniciais, visionários e sensatos. Os homens não estavam ausentes, mas aquiesciam.

Há estudiosos que acreditam que a própria Helena fosse uma dessas mulheres-deusas, talvez a única Mulher-Deusa. Argumentam que uma Mãe-Deusa total, uma deusa intimamente ligada aos poderes da natureza, foi adorada até o momento em que os invasores do norte chegaram e perturbaram a vida dos habitantes nativos da Grécia continental. Muitos notaram que a ligação de Helena com o sexo e o estupro a torna candidata natural a ser a personificação desse espírito. Eu, no entanto, não me sinto inteiramente convencida. Quando vejo a amplitude das figuras femininas e a variedade dos contextos em que foram encontradas, o que me impressiona não são somente suas semelhanças, mas suas diferenças. Não vejo uma Mulher-Deusa onipotente, a equivalente pré-histórica de Alá ou Jeová, sua masculinidade e sua barba, como única titular da devoção da Idade da Pedra. Para mim, é um erro projetar ao passado distante nossa visão monoteísta do mundo. O que pode muito bem haver acontecido é que essa força maravilhosa, penetrante, efêmera e invisível — a vida — fosse imaginada em termos femininos pelos mundos pré-histórico e antigo, e que esse espírito feminino fosse reconhecido a cada momento. Tão logo surgiu a literatura,

passamos a ouvir falar desse espírito da vida, Géia — o poder feminino que insufla a vida nos humanos e nos imortais.[2]

⁕⁕⁕

Grande parte do mundo do Mediterrâneo oriental na Idade do Bronze era
animista; acreditava na existência de uma abundância de *animae*, de "forças vitais", em forma de espírito. Se aceitarmos a idéia de que o próprio
espírito da vida era feminino, nesse caso, a Idade do Bronze no Egeu, temos de imaginar que também é feminino o espírito que existe em uma
flor de trigo, no cacho da oliveira carregado de frutos e na uva em amadurecimento que passa de um verde elétrico para um vermelho sangüíneo.
Em anéis e sinetes da Idade do Bronze, há representações de mulheres co-
lhendo ramos e cestas de frutas e folhas durante algum tipo de intensa
cerimônia religiosa; talvez essas mulheres assistissem suas irmãs na agricultura, na terra, cuidassem de sua própria espécie.

Os indícios visuais e orais que possuímos a respeito da Idade do Bronze — estatuetas, vasos de armazenamento, histórias (inclusive a de Helena), sinetes, afrescos e hinos — sugerem que, durante grande parte da
pré-história, a maioria dos espíritos ligados aos aspectos fundamentais da
vida, aos alimentos, ao sol, aos ventos, à chuva e ao fogo era efetivamente
feminina. Podem haver sido mulheres "virtuais", mas, mesmo assim, eram
forças femininas das quais a vida dependia, seres venerados com paixão
constante.

No mundo antigo, a linguagem usada para designar a abundância da
natureza era altamente passional e abertamente sexualizada. Acreditava-
se que a agricultura fosse a filha do amor do *hieros gamos*, a sagrada união
entre o céu e a terra. O desejo de fertilidade e o desejo sexual estavam
intimamente ligados. Grande parte da adoração tributada a Helena é adequada ao culto de algum tipo de divindade da natureza. A iconografia
da Idade do Bronze sugere que a alta sacerdotisa e seus acólitos tinham o
dever de convocar todos os recursos a fim de manter a terra fecunda e
produtiva.

Não há dúvida de que Helena está sempre ligada à abundância natural e às forças da natureza. Ao contemplar do alto do Terapne, em Esparta, a cidade lá embaixo em abril e maio, seria possível vislumbrar de relance uma procissão exclusivamente feminina de adoração a Helena num culto pastoril: as jovens da cidade levavam botões de flor e ramos e teciam coroas com os *hyakinthos* — quase certamente a *orchis quadripunctata*[3] — delicada planta nativa que floresce no final da primavera. Um dos festivais era chamado *Heleneia* e outro, *Helenephoria* — neste último, "coisas sagradas, mais além das palavras" (talvez a flor de Helena, a helenium) eram transportadas em cestas.[4] Não se tem certeza de que esses dois rituais fossem separados, mas é quase certo que se destinavam a homenagear Helena e a comemorar a exuberância da primavera e das belezas naturais.[5]

Todo um arquipélago de ilhas que reivindicam uma ligação com Helena é testemunha da conexão entre ela e os elementos e as características da natureza. Há a ilha de Faros, ao largo da costa setentrional do Egito, próxima a Mênfis, também mencionada como "Ilha de Helena", onde se diz que ela plantou sementes de sua flor a fim de combater uma invasão de cobras.[6] Em sua *Vida de Sólon*,[7] Plutarco nos diz que, em Cós, ela lançou ao mar um tripé de ouro, que foi depois recolhido e disputado por pescadores, até que o Oráculo de Delfos (nada menos) interveio como árbitro. O escritor grego Pausânias sugere outras possibilidades — conta que Helena casou-se com Aquiles depois da morte de ambos[8] (Aquiles era conhecido em Creta como *pemptos*, "número 5", porque foi o quinto marido de Helena) e viveu com ele por toda a eternidade na lendária "Ilha Branca",[9] que fazia parte dos Campos Elísios. Para alguns, isso representava uma imagem de sublime união entre o herói perfeito e a mulher perfeita, mas, para outros, o tempo que Helena passou na ilha foi pretexto para travessuras indecentes.

Luciano de Samosata, que escreveu em meados do século II d.C., afirma em sua obra burlesca *História verdadeira* haver visto Helena fazendo amor com os mais belos habitantes da ilha, até ser voluntariamente raptada por Cíniras, filho de Cintarus — "*belo jovem alto, [que] há muito estava apaixonado por Helena e não era segredo para ninguém que ela própria se enamorara perdidamente pelo rapaz*". Menelau, que não desejava ser novamente passado para trás, esbravejou. O navio do amante de Helena foi abordado e amarrado com "um grosso cabo feito de rosas". Cíniras e seus cúmplices foram atados pelos pênis e depois mandados "*ao lugar dos perversos*".[10] Helena, chorando e abaixando envergonhada a cabeça, escapou com uma leve repreensão.

Pausânias, que se interessava pela etnografia, escreveu sobre a macabra e vegetativa conexão de Helena com a ilha de Rodes. Afirma que os habitantes da ilha lhe fizeram o seguinte relato a seu respeito: após a morte de Menelau, ela foi exilada por Nicóstrato e Megapentes.[11] Rejeitada e sem teto, a rainha buscou refúgio com aliados aristocráticos em Rodes. Ao que se comentou, a escolha foi triste. Polixo, rainha da ilha, viúva amargurada da Guerra de Tróia, culpava Helena pela morte de seu marido, Tlepólemo. Decidida a vingar-se, Polixo fingiu amizade e hospitalidade. Quando Helena se banhava no mar, a rainha viúva mandou suas servas se disfarçarem de Fúrias. As impostoras provocaram e aterrorizaram a idosa Helena e depois a enforcaram em uma árvore, observando-a e esperando que seu corpo deixasse de estrebuchar até o suspiro final da mulher responsável por toda uma geração de órfãos. A mais feminina de todas as mulheres acabou assassinada por alguém de seu próprio sexo.

Mas a história sempre irreprimível de Helena não termina aí. Pausânias prossegue relatando que esse macabro homicídio é, paradoxalmente, o motivo pelo qual os ilhéus de Rodes (felizes porque a Guerra de Tróia debilitara a energia e recursos de invasores orientais) passaram a reverenciá-la com o nome de Helena Dendritis, "Helena das Árvores", em seu próprio "Santuário das Árvores".

O fato de ter sido cultuada em Rodes como Helena Dendritis poderia provar que ela fosse, afinal, uma deusa da vegetação — uma divindade sem relação real com os acontecimentos políticos vividos na Idade do Bronze tardia. Na Grécia, costumava-se pendurar símbolos de fertilidade em árvores. Talvez *Eleni* tenha sido um desses símbolos. Mas os indícios vindos de Rodes têm uma particularidade. No pavimento de uma igreja cristã da ilha, havia uma inscrição em pedra, que por muito tempo passou despercebida, feita no século II a.C. Essa laje de pedra, hoje recuperada e conservada no Museu Nacional de Copenhague,[12] está densamente coberta de caracteres cuidadosamente aglomerados. Cada linha dá detalhes das oferendas feitas ao Templo de Atena, em Lindos. E ali, gravados na superfície, aparecem os nomes de Helena e Menelau. Este oferece o elmo que arrancara de Páris na planície de Tróia, e Helena um par de braceletes.[13] Em Rodes, Helena é lembrada tanto como espírito das árvores quanto como visitante ilustre — uma rainha suficientemente rica e devota para ofertar jóias aos deuses do Monte Olimpo.

Em Rodes, encontramos frente a frente a gloriosamente complexa Helena. Os habitantes do lugar com quem Pausânias conversou devem ter chamado o espírito das árvores com o nome de Helena Dendritis para diferenciá-la de Helena de Esparta; mas Helena de Esparta também deve ter visitado a ilha. Assim, em Rodes, temos duas Helenas distintas. Diferentes, porém complementares. O ciclo de vida de cada uma delas reflete o da outra. Ambas são forças da natureza que trazem a vida e a morte. Ambas são importantes, ambas são complexas e desejáveis. As duas são belas, as duas exigem louvor. Talvez homens e mulheres desejassem procurar compreender o poder da terra e o significado do sexo — e por meio das histórias dos interessantes e viajados habitantes da pré-história fossem capazes de explorar essas idéias. Na lista de personagens da Idade dos Heróis — a elite da Idade do Bronze tardia —, encontraram uma figura humana suficientemente importante para personificar algumas dessas indagações fundamentais.

O elo entre a divindade adorada em Rodes, o rico sítio de Terapne e o espírito que escorre pelos dedos de quem se lava nos Banhos de Helena, em companhia da brilhante rainha de Esparta dos poemas épicos, é um indubitável sentimento do poder da mulher. Trata-se de uma crença que deve ter estado presente durante grande parte da Idade do Bronze. Era uma idéia firmemente contestada pela hierarquia do panteão olímpico controlado por um Zeus inteiramente masculino. O poeta Hesíodo resume de forma clara a mudança dos tempos em seu poema mitológico revisionista *Teogonia* (que descreve a criação da mulher por parte de Zeus como punição a Prometeu por haver roubado o fogo dos deuses):

A raça e tribo fatal das mulheres que vivem entre os homens mortais para grande preocupação destes, que não colabora na odiosa pobreza, mas somente na riqueza... Zeus, que troveja nas alturas, fez a mulher, com sua natureza para causar o mal, para prejuízo dos homens mortais.[14]

∽◉∽

Para alguns, uma Helena primordial representa o maior de todos os fogos — o sol. Argumentam que Helena e seus irmãos gêmeos, os Dióscuros, poderiam representar uma coisa rara na mitologia grega — a mitologia indo-européia pré-helênica. O culto de uma irmã e dois irmãos gêmeos, relacionados com o todo-poderoso deus sol, remonta a um tempo anterior à chegada dos helenos à Grécia. Mitos paralelos aparecem no Rig Veda e na música folclórica da Letônia,[15] onde certo número de tradições populares parece haver sobrevivido sem terem sido suplantadas pelas idéias e sentimentos dos mundos clássico e cristão.[16]

Nessa ordem de idéias, o rapto de Helena por Páris foi equivalente ao rapto do verão pelo inverno — acontecimento que também acarreta, a cada ano, mortes e grandes dificuldades. Alguns gregos acreditavam que durante o inverno, quando as condições meteorológicas eram severas, o sol migrava para a África.[17] Raramente é perdoada a partida do sol — a partida de Helena.

∽◉∽

Assim, certo número de acadêmicos argumenta (às vezes, de maneira veemente, outras vezes persuasiva, mas sempre com grande erudição) que a própria Helena ou era somente um espírito feminino ou, até mesmo, a principal entre esses espíritos, uma rainha entre divindades que foi "reduzida a suas verdadeiras dimensões"[18] até se tornar uma mortal fabulosamente enérgica, capaz de se ajustar ao modelo homérico. Páris não se apaixonou por uma mulher, mas por uma deusa em declínio.

A cronologia dessa tese é um tanto estranha. Por que, poderíamos pensar, Homero se preocuparia em tornar Helena mortal e, ao mesmo tempo, imortalizá-la em versos? E por que populações posteriores resolveram transformá-la novamente em deusa, numa espécie de elogio espúrio a Homero e ao seu poder de imaginação? Sem dúvida, é mais provável que Helena tenha sido uma dessas pessoas reais, de carne e osso, que simplesmente parecem ser extraordinárias, e que a memória dessa mortal carismática e vibrante tenha sido mesclada com a memória de uma carismática e vibrante deusa da natureza. Embora eu não creia que a Helena de Homero haja iniciado a vida como deusa, é perfeitamente possível que uma rainha da Lacônia, extraordinariamente atraente, tivesse sido considerada capaz de ser transplantada para uma crença já existente em deusas do sexo. Talvez, até mesmo, nesse caso, ela fosse alguém cujo poder sexual fosse de tal maneira marcante que seus pares (gente que fazia pouca distinção entre o mundo físico e o espiritual) acreditassem que ela fosse alguma forma de encarnação do espírito da fecundidade.

Naturalmente, os que argumentam que Helena evidentemente era uma deusa ultrapassada esquecem-se da possibilidade de que uma mulher tão sensacional quanto ela — criatura central, inteligente, desejável — possa haver existido na Idade do Bronze. E isso, penso eu, é um erro. Por estarmos acostumados a viver em civilizações nas quais, tradicionalmente, as mulheres recebem pouco reconhecimento, é fácil presumir que quando as luzes da ribalta se voltam para o sexo feminino, as mulheres representadas tenham de ser extra-especiais, extraterrestres e, até mesmo, portanto, deusas. Mas talvez não. Imaginemos um mundo onde o mais poderoso mistério de todos — o da geração da vida — pertença, clara e visivelmente, ao domínio feminino, e, em seguida, imaginemos que, por conseqüência, as mulheres recebam imenso, verdadeiro e quotidiano respeito.

Conservemos na mente a imagem de um mundo no qual se acredite que a matéria da vida, a produção agrícola, emana de um espírito feminino. Imaginemos um panorama onde essa produção seja colhida e distribuída não por homens, mas por mulheres e moças. Repentinamente, as mulheres importantes e festejadas deixam de ser objetos extravagantes irreais, liminares, sobrenaturais e, em vez disso, passam a ser vistas como poderes conscientes colocados no centro da sociedade.

Assim, durante a vida, é perfeitamente possível que Helena tenha transitado por este mundo com passo leve. E, após sua morte, as lembranças e os contos sobre essa criatura incandescente mantiveram vivo seu espírito. No entanto, agora que ela está consolidada como imortal na imaginação popular, ela se transforma em muitas coisas na mente dos homens — uma princesa, uma rainha, uma esposa, uma amante, uma prostituta, uma heroína, uma estrela, uma deusa do sexo. E, qualquer que seja seu disfarce, há um que é constante: ela é para sempre Helena — "*Eleni*", a refulgente.

PÚRPURA REAL — COR DE SANGUE COAGULADO

... ondas sucessivas de púrpura, preciosa como a prata...

ÉSQUILO, *Agamêmnon* 959-60[1]

Matala[2] foi uma das escalas de Helena em terra na viagem de volta de Tróia ao lar. Matala seria uma etapa intermediária conveniente e, possivelmente, lucrativa para qualquer barco que atravessasse o Mediterrâneo oriental no século XIII a.C. Aninhada em sua própria enseada, voltada para o oeste na costa meridional de Creta, perfeitamente bem posicionada para a observação de belos pores-do-sol todas à tarde, Matala, hoje, abriga uma população um tanto alternativa e internacional — uma comunidade contestadora viveu em cavernas nesse local até ser expulsa na década de 1970.[3]

A cerca de 4 quilômetros de Matala, acompanhando o litoral, fica o sítio arqueológico de Kommos. Repeti a viagem de barco que poderia ter sido feita de Tróia até ali. Ao chegar, primeiro a vela e depois a remo, o navio teria passado pela formação rochosa extraordinária desse segmento específico da costa — enseadas que acenam como mãos em concha, onde camadas de areia pedregosa recordam suspiros de açúcar quando vistos do mar. Somente em 1976 foram iniciadas escavações em Kommos, mas, em breve, tornou-se evidente que se tratava de um porto de certa importância na Idade do Bronze, talvez para atender ao complexo de palácios de Faistos, a 6 quilômetros em direção ao interior.[4] A conexão entre Helena e essa parte do litoral de Creta é adequada. Comerciantes e diplomatas, aristocratas e marinheiros itinerantes, sem dúvida, teriam parado ali.

E, antes que chegassem a Kommos propriamente dita, o odor espalhado iria ao encontro deles, pois ali ficava um centro de produção da tintura púrpura — uma das mercadorias de maior luxo do mundo antigo. A fabricação desse corante que indica status é uma operação complexa. É preciso colher, desmembrar e depois ferver — às vezes, em urina — um caramujo marinho carnívoro chamado *murex*.

Em Kommos, foram encontrados muitos desses caramujos pré-históricos com pequenos furos regulares na casca, indício de que, durante a criação artificial destinada às fábricas de corante, eles se tenham transformado em canibais, atacando sua própria espécie para se alimentar. A produção em Kommos era substancial, fornecendo corantes para um mercado internacional.[5] Um recém-chegado seria recebido por homens e mulheres de braços azul-acinzentados, tingidos até os ombros com a dádiva do *murex* à humanidade. Plínio descreveu o corante do molusco como sendo da cor de sangue coagulado.

Durante minha pesquisa sobre o funcionamento dos sistemas de comércio da Idade do Bronze, mergulhei nas águas próximas a Kommos em busca desses caramujos marinhos. A melhor maneira é saltar das pedras até, aproximadamente, 3 metros de profundidade sem se deixar espetar pelos ouriços-do-mar. Hoje em dia, os caramujos são escassos, mas os pescadores locais dizem que, quarenta anos antes, quando eram meninos, os *murex* recobriam o fundo do mar junto à praia. Com esse rico recurso natural, Kommos estaria sempre nos cálculos de comerciantes e seus clientes, as grandes casas reais do Mediterrâneo oriental.[6] Na Idade do Bronze tardia, nas sociedades hititas, egípcias e micenenses, a púrpura era a cor da realeza. As tábuas em Linear B podem conter um dos primeiros registros da idéia de Púrpura Real, em uma descrição do que parecem ser tecidos denominados *porfíricos*, "de cor púrpura", e *vanacteros*, "digno de reis, majestoso".[7] Esse conceito não diminuiu ao longo de três mil e quinhentos anos.

Mesmo que nossa Helena da Idade do Bronze não tenha jamais visitado Kommos, sem dúvida saberia da existência desse lugar. Tanto na cultura micenense quanto na da Anatólia, esperava-se que as mulheres aristocratas se ocupassem de tecelagem, e os tecidos mais finos seriam os tingidos de púrpura. Homero conta que, em Tróia, Helena passava a maior parte do tempo em seus aposentos, tecendo um grande corte de pano. Considerando que seriam necessários 12 mil *murex* para produzir corante suficiente para a barra de um único vestido, a obra de dez anos de Helena — sua ampla tapeçaria porfírica "cor da morte" — bastaria para manter ocupados os entregadores de mercadorias dos centros de produção da tintura. Assim, Helena tecia. Em Tróia, foram encontradas muitas conchas de *murex* usadas para fazer tinturas púrpura,[8] sendo 10 quilos em uma única oficina.[9] Tábuas hititas mostram que a cidade era famosa por sua produção têxtil. Não há dúvida de que as mulheres aristocratas daquele mundo se ocupavam fabricando tecidos. As peças finas e delicadas acabariam servindo de presentes para diplomatas visitantes, ou seriam usadas em grandes cerimônias públicas ou, ainda, talvez oferecidas aos deuses para vestir ritualmente as estátuas dos cultos. Peças tecidas à mão como essas poderiam levar anos para ficar prontas. Somente a nobreza poderia dedicar tantas horas a uma atividade tão pouco disseminada. Homero a vislumbra:

> *Tecendo uma teia crescente, um manto vermelho escuro com dobras,*
> *Incrustando na trama as intermináveis batalhas sangrentas*
> *Troianos e Argivos a cavalo, com suas armaduras de bronze*
> *Muito haviam sofrido por ela nas mãos do deus da guerra".*[10]

Alguns vêem nesses versos uma metáfora poética, e, nesse caso, a própria Helena é o poeta, puxando os fios das vidas dos homens, criando sua própria história, construindo uma narrativa épica a ser transmitida às gerações futuras. Em certo sentido, ela (e não Homero) é o bardo, uma mulher que fabrica o mundo à sua volta.

É significativo o fato de que a grande tapeçaria de Helena seja de cor púrpura, cor ligada, no mundo antigo, ao poder e à morte. Em torno dela, homens sofrem indizíveis agonias, e Helena tece a narrativa de suas aflições. Talvez Homero também desejasse ligar Helena às principais mercadorias da sociedade pré-literária, rica imagem visual e uma história que permanece na memória popular. Na ausência da literatura, as figuras são eloqüentes. E a mulher mais bela do mundo é, ao mesmo tempo, filha e mãe de ambas.

MITOS, HISTÓRIA E *HISTORIA*

Meu nome pode estar em muitos lugares;
minha pessoa, somente em um.

EURÍPIDES, *Helena*[1]

Na introdução deste livro, esclareci que se trata de uma *historia* — uma mistura de pesquisa, observação, análise e mito. Espero que esse tenha sido um critério válido: a própria Helena é um conglomerado, uma justaposição de contos e histórias. Utilizei quatro tipos de fontes: arqueológicas, topográficas, históricas e mitológicas. Uni-as em uma tentativa de compreender Helena do ponto de vista físico ao percorrer o território anteriormente habitado por mulheres da Idade do Bronze e percebendo Helena na Antigüidade como teriam feito os antigos — explorando o culto de Helena, Helena no palco, Helena na arte e na política.

A base narrativa principal foi proporcionada por Homero, que, por sua vez, utilizou histórias míticas para sua inspiração.[2] Homero não era contemporâneo da Guerra de Tróia; em certo sentido, ele escreve sobre Helena como se ela fosse imaginária. Helena teria morrido pelo menos 500 anos antes da era de Homero, e as narrativas dele eram novas versões de antigas lembranças, antigas mitologias.[3] Homero compôs seus poemas numa época crítica. Ele viveu em um momento de transição no desenvolvimento da literatura européia, que havia crescido com as técnicas antigas da poesia oral e evoluía para as novas técnicas da palavra escrita.[4] Meu objetivo não foi simplesmente provar ou desmentir a exatidão histórica dessas sagas épicas. Procurar determinar a historicidade dos mitos palavra por palavra é um exercício divertido, porém complexo. Mitos e histórias são criações plásticas — palavras e imagens de um mundo que podem ser moldadas e usadas para colorir outro. O objetivo deste livro não foi confrontar o mito com a realidade, mas verificar por que ambos podem coabitar alegremente, por que alguns personagens vivem tão confiantemente em ambos os mundos. Todos riram de Schliemann quando ele partiu em busca da grande história bélica de Homero, mas ele encontrou Tróia, e, desde então, o mundo teve de pensar duas vezes antes de desprezar alguém.

Vale a pena olhar mais atentamente o significado de "mito". Para os gregos antigos, os mitos, "*muthoi*", não eram um gênero literário distinto e fantástico. Nós preferimos considerá-los assim, mas grande parte da mitologia grega emanava das verdadeiras crenças do mundo mediterrâneo, da verdadeira história e das verdadeiras experiências da vida. Num mundo anterior à escrita, os "*muthoi*", as tradições orais, significavam "coisas faladas — transferência de informação", e eram uma maneira importante de compartilhar o conhecimento.[5]

Ao mesmo tempo, o objetivo do mercador de mitos, do contador de histórias, era manter extasiada sua platéia e transmitir mensagens sociais e políticas, explorar a situação do homem no mundo, dissecar a condição humana. Helena encontrou em Homero o mais brilhante dos biógrafos. Ele era um homem que tratava com as exigências e os triunfos da natureza humana — um homem que nos diz verdades de diversos graus. Com tal registro inicial, a vida de Helena estava fadada, ao longo dos séculos, a tornar-se tão vendável quanto a dos ícones modernos — uma poderosa mistura de manchetes, fortes imagens visuais e anticlímaxes. Ela foi — e sempre será — um sucesso de bilheteria. Pode haver morrido há três mil e quinhentos anos, mas dificilmente perderá a importância.

ABREVIATURAS

As seguintes abreviaturas foram usadas no texto e nas notas:

BM Museu Britânico

CMS *Corpus der Minoischen und Mykenischen Siegel*

CTH *Catalogue des textes hitites* (Paris: E. Laroche, 1971)

EA *Cartas de El-Amarna*

EGF *Epicorum Graecorum Fragmenta* (Göttingen: M. Davies, 1988)

FrGrH *Fragmente Griechischen Historiker*, org. F. Jacoby

I. G. M. E. Instituto Grego de Geologia e Exploração Mineral

KBo *Keilschrifttexte aus Boghazköi* (Leipzig e Berlim)

KUB *Keilschrifturkunden aus Boghazköi* (Berlim)

LBA Idade do Bronze tardia

LCL Biblioteca Clássica Loeb

LH Heládico tardio

LIMC *Lexicon Iconographicum Mythologiae Classicae*

LM Minoano tardio

MM Minoano Médio ou Museu Arqueológico de Micenas

NMA Museu Nacional de Arqueologia, Atenas

PMG *Poetae Melici Graeci* (Oxford; D. Page, 1962)

PMGF   ***Poetarum Melicorum Graecorum Fragmenta*** (Oxford: M. Davies, 1991)

P.Oxy.   ***Papyri Oxyrhynhus***

PRU IV   ***Le Palais Royal d'Ugarit IV*** (***Mission de Ras Shamra Tome IX***) (Paris: J. Nougayrol, 1956)

   RS   Tábuas de Ras Shamra

   STC   Catálogo de Títulos Curtos

NOTAS

PREFÁCIO E AGRADECIMENTOS

1 Epíteto empregado entusiasticamente no século XIX d. C. por escritores como H. Rider Haggard, Andrew Lang e Oscar Wilde.

2 Noto que essa abordagem também foi adotada por Meagher (2002).

3 Os gregos somente foram chamados assim quando as populações da Itália encontraram uma tribo da península balcânica chamada "Graikoí". Os estrangeiros italianos deram a esse povo um nome coletivo, "Graeci". No período clássico os gregos davam a si próprios o nome de helenos.

4 Ver Latacz (2004), 133-4, para um útil resumo.

INTRODUÇÃO

1 Rótulos notados durante uma visita ao sítio em 2002.

2 As *stele* podem ser lidas de frente para trás, embora em ambas as leituras seja é o rosto de Helena que aplaca Menelau. Como o guerreiro parece mais alto e mais hirsuto de um lado, uma interpretação sensata é que se trata de Menelau após dez anos na planície troiana: ver Pomeroy (2002), 116-7.

3 Marlowe, *Tamburlaine*, 2ª. Parte, segundo ato, cena 4, versos 87-8.

4 Ver Fragmento I da *Cípria: "Em certa época as inúmeras tribos [de mortais aglomerados pesavam muito] sobre a superfície da terra de amplos seios. E Zeus, ao ver isso, apiedou-se e com sua mente astuta arquitetou um plano para aliviar o fardo causado pela humanidade na face da terra nutriz, deflagrando o grande conflito que foi a Guerra de Tróia, a fim de reduzir o peso sobre a terra por meio da morte de homens. Assim, os heróis foram mortos em batalha em Tróia e a vontade de Zeus se cumpriu."* Trad. M. Davies (1989), 33.

5 Hesíodo, *Os trabalhos e os dias* 159-65. Trad. H. G. Evelyn-White.

6 Safo, fragmento 16 e Hesíodo, *Catálogo das mulheres e Eoiae* 68.

7 West (1975), 2.

8 Itália meridional e Sicília.

9 A história é contada em Cícero, *Da Invenção* 2.1-3, e Plínio, o Velho, *História natural* 35.64-6. Cícero ambienta a história em Croton e Plínio, em Agrigento.

10 François-André Vincent, *Zeuxis et les filles de Crotone*. Paris, Louvre INV .8543. A data do quadro é contestada: 1789-91. Há duas versões pintadas por Vincent por volta da mesma época.

11 Para catálogos abrangentes de Helena na iconografia antiga, ver Ghali-Kahil (1955) e o *Lexicon Iconographicum Mythologiae Classicae*, vol. IV, n.ᵒˢ 1 e 2 (daqui em diante *LIMC*).

12 *Ilíada* 6.357-8. Essa tradução foi retirada de Austin (1994), 1. Todos os excertos subseqüentes da *Ilíada* e da *Odisséia* de Homero foram retirados das traduções de Robert Fagles, usando suas referências para os versos, exceto quando indicado. Também será dada a referência do verso grego constante das edições da Biblioteca Clássica Loeb (LCL). No caso em apreço a referência da LCL é [LCL 6.357-8].

13 Um *epos* (palavra da qual se deriva "épico") é um longo poema narrativo que conta histórias de heróis. O *epos* era composto originalmente para recitais orais.

14 Adaptação semita da escrita fenícia.

15 Ver Hesíodo, *Os trabalhos e os dias* 159.

16 Ver, por exemplo, Pausânias 3.22.9.

17 Acreditava-se que houve duas gerações de gigantes chamados Ciclopes. Os primeiros eram servidores leais dos deuses do Monte Olimpo, forjando, por exemplo, os raios de Zeus. Ulisses encontrou os sucessores na forma de Polifemo durante sua longa viagem de regresso de Tróia.

18 As descrições da relíquia indicam que o osso provavelmente era a omoplata de um mamute. Ver Mayor (2000), especialmente o capítulo 3, e *passim*.

19 Por exemplo, ver *Ilíada* 5.336-43 [LCL 5.302-8].

20 Também os de Hesíodo.

21 No momento da redação deste livro, o departamento de papirologia da universidade Oxford, usando tecnologia infravermelha com o auxílio da universidade Brigham Young, Provo, Utah, anunciava o potencial de busca de textos "perdidos" em pedaços de papiros egípcios.

22 Ver Davies (1989), 32. A tradição antiga creditava a Homero ou a um homem chamado Stasino a autoria da *Cípria*. Alguns chegam a dizer que Homero havia dado o poema épico a seu genro Stasino em lugar do dote de sua filha.

23 A outra é Cleópatra. Naturalmente, há paralelos entre a atração de ambas as mulheres. Ver, por exemplo, *Guerra Civil*, de Lucan, 10.59-62: "Cleópatra, vergonha do Egito, a Fúria fatal do Lácio, cuja falta de castidade custou caro a Roma. Assim como a perigosa beleza da rainha espartana derrubou Argos e a cidade de Tróia, igualmente Cleópatra instigou o furor da Itália." Trad. J. D. Duff. Tanto Cleópatra quanto Helena são descritas como *Erínias* — Fúrias — Helena, por exemplo, em Virgílio, *Eneida, 2.573*.

24 Suetônio, *Nero* 38; Tácito, *Anais*, 15.39.

25 Ver Foreville (1952), 198, 209.

26 Caxton *STC* (Catálogo de Títulos Curtos) 15375. "*The Recuyell*" pode ser aproximadamente traduzido como "Coleção de Histórias Troianas". Foi iniciado por Caxton em março de 1469 e na verdade impresso pela primeira vez em 1474 ou 1475 em Bruges. Era uma tradução de uma obra francesa de Raoul Lefevre, o *Recueil des histoires de Troie*. Um exemplar da obra de Caxton, hoje na Biblioteca Huntingdon em San Marino, Califórnia, pertenceu a Elizabeth Woodville, mulher do rei Eduardo IV. Para maiores detalhes, ver Blake (1976) e Painter (1976).

27 Eurípides, *Helena* 22. Trad. R. Lattimore.

28 Opinião formada diante dos indícios existentes. Papiros mais completos e eloqüentes podem haver sido escritos na Grécia da Idade do Bronze tardia e posteriormente perdidos (embora talvez temporariamente).

29 Agradeço a Silvan Kosak pelo aconselhamento nessa questão e por observar que como as peças são freqüentemente muito fragmentárias, a tarefa será por definição longa e laboriosa.

30 Sobre freiras medievais e o *Heroides* de Ovídio, ver M.W. Labarge (1986), *Women in Medieval Life* (Harmondsworth: Penguin), 220. Para exemplos existentes de poesia homoerótica dos convento, ver J. Boswell (1980), *Christianity, Social Tolerance and Homosexuality: Gay People in Western Europe from the Beginning of the Christian Era to the Fourteenth Century* (Chicago, IL: University of Chicago Press), 220-1.

31 Ver Maguire (a ser publicado em breve) *Shakespeare's Names*. Agradeço ao dr. Maguire a consulta antecipada.

32 Ver o ensaio de Jean-Louis Backé em Brunel (1992), 522.

33 *La Belle Hélène* estreou em 17 de dezembro de 1864, marcando, segundo Saint-Saëns, o "colapso do bom gosto".

34 J. W. von Goethe, *Máximas* e *reflexões*. Trad. E. Stopp (1998), 113-4 (Londres: Penguin). A correspondência pessoal de Goethe indica que ele passou muitos anos lutando com a noção de Helena. Em uma carta de 1831 ele escreve que levava consigo a história de Helena como uma "fábula íntima".

35 Agradeço a Roman Roth por este exemplo, de seu futuro artigo em "Mito e identidade feminina em enterros etruscos do norte no período helênico: uma olhada mais de perto na urna *velia cerinei*, de Castiglioncello", em *Proceedings of the Sixth Conference of Italian Archaeology* (Suplemento do *Bulletin Antieke Beschavingen*).

36 *Odisséia* 4.162 [LCL 4.145].

37 Eurípides, *Andrômaca* 628.

38 Licofronte, *Alexandra* 850-1. Trad. G.W. Mair. Esse tema — a prova da degenerescência de Helena por meio da falta de prole masculina — foi retomado por diversos escritores elizabetanos.

39 Shakespeare, *The Rape of Lucrece* 1471-7.

40 *Eidolon* nos deu a palavra "ídolo".

41 Conforme mencionado no Prefácio, Homero dá aos povos gregos os nomes de Aqueus, Dânaos e Argivos.

42 Para um debate sobre as possíveis datas do final de Tróia VI, ver Mountjoy (1999).

PRIMEIRA PARTE
NASCIMENTO DE HELENA NA PRÉ-HISTÓRIA

1 Um panorama perigoso

1 Homero, *Ilíada*, 13.20-4 [LCL 13.17-19].

2 Os gregos antigos descreviam a ilha como *kalliste* (a mais bela). O nome grego é Tira ou Tera. Foi rebatizada como Santorini por conquistadores venezianos no século XIII d.C.

3 A data da erupção de Tera vai de 1625 a 1550 a.c., dependendo da metodologia. Para um bom resumo dos debates sobre o assunto, ver Wiener (2003).

4 Forsyth (1997), 103. Para outro bom resumo geral da data da erupção de Tera, ver Manning (1999).

5 Forsyth (1997), 113 e segs.

6 Ver Minoura *et al.* (2000).

7 Ver Fitton (1995), 125 e segs.

8 Keftiu parece ter sido o nome dado aos cretenses da Idade do Bronze nas pinturas murais do túmulo de Rekhmire na Tebas egípcia.

9 Sobre o impacto da migração nas enfermidades em geral, ver Arnott (2005ª).

10 Há muitas maneiras de interpretar a interação entre minoanos e micenenses a partir do século XVI até o século XII a.c. Ver a Bibliografia para diversos artigos sobre o assunto.

11 Sobre os títulos do "Grande Rei", ver o tratado de Alaksandu (*CTH* 76); o tratado entre Hattusili III de Hatti e Ramsés II do Egito (*CTH* 91); a carta da rainha Naptera do Egito à rainha Puduhepa de Hatti (*CTH* 167); a carta de Ramsés II do Egito à rainha Puduhepa de Hatti (*CTH* 158); a carta de Hattusili III de Hatti a Kadashman-Enlil II da Babilônia (*CTH* 172); e a carta de Uhri-Teshshup (?) de Hatti a Adad-nirari I da Assíria (*CTH* 171). Todos os exemplos, com tradução, estão em Beckman (1996).

12 Ver Latacz (2004), 145.

13 Alguns desses terremotos, ao que se estima, devem ter chegado a 6.2 na escala Richter. Sobre as "tempestades" do século XIII a.C., ver Nur (1998), 140. Sobre o impacto de cometas, ver Masse (1998), 53.

14 Ver Sampson (1996), 114.

15 Na oficina de um fabricante de vasilhas de Gouves, próximo ao complexo de palácios de Cnossos em Creta, todas as ferramentas foram atiradas na mesma direção, e o chão ficou coberto de material sedimentar. Ver Vallianou (1996).

16 Papadopoulos (1996).

2 Um estupro e um nascimento

1 A *Cipria*, fragmento 8, afirma que Nêmesis era mãe de Helena.

2 Eurípides, *Helena* 212-18. Trad. R. Lattimore.

3 Esse mosaico está hoje no Museu Kuklia em Pafos, de onde foi roubado em 1980. Data do século II/III d.C.. Ver *LIMC*, n° 42.

4 A stela do Museu de Argos é uma cópia romana de um original grego do século VI ou V a.C. Esse desenho foi muito copiado; uma versão está exposta no Museu Britânico: GR 2199.

5 Pintado para o duque Alfonso d'Este de Ferrara e depois enviado à corte francesa — o original foi perdido.

6 Quando o quadro foi doado à Galeria Nacional pelo duque de Northumberland, em 1838, o duque escreveu uma carta afirmando que não deveria ser exibido em público. Hoje em dia pode ser visto: G1868.

7 Leonardo iniciou um quadro em 1505, mas embora tenham sido feitas muitas cópias, o original foi perdido.

8 Aproximadamente 1598-1600.

9 Viagem de pesquisa em 2003.

10 Nos poucos afrescos sobreviventes da Idade do Bronze tardia, pássaros, principalmente pombas e andorinhas, esvoaçam pela superfície do quadro junto com iconografia religiosa.

11 Sobre a tradição do nascimento de Helena de um "ovo", ver, por exemplo, Eurípides, *Helena* 257-9 e Pausânias 3.16.1; também Gantz (1993), 320-1. O Primeiro Mitógrafo Vaticano (VM I 204) introduz a noção de que dois ovos foram chocados, um contendo Castor e Pólux e o outro, Helena e Clitemnestra.

12 Os quais, apesar da paternidade mista, acabaram nascendo de ovos.

13 Fontes antigas apresentam toda classe de permutações possíveis de paternidade em relação a Clitemnestra, Castor, Helena e Pólux. Para um resumo, ver Deacy e Pierce (1997), 85.

14 Apolodoro, *A biblioteca*, 3.117.

15 Agradeço a Peter Warren pela ajuda com a identificação de plantas LBA.

16 Luciano, *Julgamento das deusas* 14 (século II d.C.), Trad. A. M. Harmon.

17 O epíteto típico de Hera é "a de alvos braços"; ver, por exemplo, Homero, *Ilíada* 24.66 [LCL 24.55]. No papiro do *partênion*, de Álcman, que está no Louvre (*PMGF* 1), o rosto de Hagesicora é descrito como "prateado"; sobre o uso desse termo para significar brancura, ver Hutchinson (2001), 89, n. 55.

18 Ver B. M. Thomas (2002) "Constraints and Contradictions: Whiteness and Femininity in Ancient Greece", em L. Llewellyn-Jones, org., *Women's Dress in the Ancient Greek World* (Duckworth and the Classical Press of Wales), 5, sobre os restos ressequidos de carbonato branco de chumbo encontrado em túmulos de mulheres. Xenofonte e Aristófanes, escrevendo no século IV a.C., também mencionam o uso de branco de chumbo, ou *psimythion*, como cosmético. Ver Aristófanes, *Ecclesiazusae* 878; Xenofonte, *Governo doméstico*, 10.2.

19 Escola alemã, 1704-1761.

20 J. G. Platzer, *The Rape of Helen*. The Wallace Collection: P634.

21 Joseph de Exeter, *Trojan War* 4.175-9. Traduzido pelo dr. Neil Wright e reproduzido por sua gentil permissão.

22 Pausânias viveu e trabalhou por volta de 120-180 d.C.

23 Pausânias 3.16.1. Trad. W. H. S. Jones e H. A. Ormerod.

24 J. Boardman (2002) *The Archaeology of Nostalgia* (Thames & Hudson).

25 Dez rolos de pergaminho ou papiro — em latim, um *volumen* significa um rolo.

26 Peter Brown, citado em Freeman (1999), 148.

27 West (1975), 13, sugere que a associação de Helena com ovos pode estar ligada ao nosso hábito de "presentear com ovos" na Páscoa.

28 Diz-se que Afrodite amaldiçoou as mulheres Tindareidas com encontros sexuais em série, "duas vezes e três vezes casadas e desertoras de seus maridos", porque o rei Tíndaro deixou de homenagear a deusa com sacrifícios. Ver Stesícoro 23 (*PMG*), e Gantz (1993), 321.

29 Os ovos de avestruz eram de fato característicos da Idade do Bronze tardia; com suas cascas surpreendentemente duradouras, eram usados como invólucros de luxo no comércio internacional. As mercadorias mais delicadas eram postas dentro dos ovos, e estes enviados em viagens perigosas em frágeis barcos a fim de tentar outros mercadores além dos mares. Também eram transformados em *ritons*, recipientes luxuosos usados em rituais religiosos. Ao todo treze *ritons* feitos de ovos de avestruz foram descobertos (há um em exposição no Museu de Micenas, MM 1684). Um exemplo particularmente delicado, vindo de uma tumba vertical de Micenas, iniciou sua vida na Núbia; é ricamente decorado, com aplicações de golfinhos em faiança (uma forma antiga de vidro); os olhos dos golfinhos e as curvas de seus corpos, que se arqueiam ao nadar, são esmaltadas em verde e marrom. Também há decorações em faiança em volta do gargalo do *riton*. Outros ovos foram enfeitados com prata ou bronze dourado. Na "Sala dos Artistas", em Micenas, um pedaço de matéria amarelada foi analisada, revelando ser uma mistura de resina e enxofre, a qual, ao ser aquecida, transforma-se em um adesivo marrom-negro. A criação dessas frágeis obras de arte — colando os pequenos detalhes preciosos — deve ter sido um ofício malcheiroso. Todos os detalhes foram retirados de Sakellarakis (1990); ver também Karo (1930-3), 238-9.

30 Para maior debate, ver capítulo II.

31 O consórcio de mulheres da cidade se intitula "Filhas de Penélope" (na *Odisséia*, de Homero, Penélope era a esposa fiel que amava Ulisses). Essas mulheres bem-sucedidas preferiram não ser conhecidas como filhas de Helena.

32 Ver Wright (2004), 123, 160 e *passim*.

3 A cidadela perdida

1 Homero, *Odisséia*, 4.79-85 [LCL 4.71-5].

2 Novas tábuas foram desenterradas em Tebas entre 1993 e 1995 por equipes italianas e francesas e publicadas por Vassilis L. Aravantinos, Louis Godart e Anna Sacconi.

3 Uma nova tábua Linear B vinda do arquivo real de Tebas faz a primeira e tentadora referência na Idade do Bronze a um "filho da Lacedemônia": Gp 227.2. Ver Aravantinos, Godart e Sacconi (2000) sobre a primeira publicação das tábuas; revisto por Palaima (2003).

4 Ver Catling (1977).

5 Ver Wright (2004), 123, 160 e *passim*.

6 Thompson (1908/9), 116.

7 A data provável da fundação de Menelaion é 700 a.c.: ver Cartledge (1992), 55.

8 Heródoto, 6.61.

9 Pausânias 13.9.9.: A *Nemean Ode* 10.56 e a *Pythian Ode* 11.62-3, de Píndaro, relatam que os Dióscuros, Castor e Pólux, também foram enterrados em Terapne; cf. Pomeroy (2002), 114.

10 O poeta Álcman evoca o "sagrado santuário da bem fortificada Terapnai". Ver Calame (1997), 201, n. 346, e Álcman, fragmento 14 (b).

11 Trifidorus, *A conquista de Tróia*, 520.

12 Ver Catling (1977), 37-8.

13 Ou *queagra*.

14 Isócrates, *Elogio de Helena* 10.63.

15 Catling (1976), 14.

16 Todas as inscrições estão sendo reestudadas pelo professor Tony Spawforth da Universidade de Newcastle, no momento da redação deste livro.

17 Ver Thompson (1908/9), 124.

18 Agradeço a Richard Catling por esta sugestão.

19 É possível que as virgens descessem, já preparadas, graças ao apoio de Helena, para relacionar-se com homens espartanos. Ver capítulo 11.

20 Ver *Odisséia* 4, *passim*, e capítulo 32, p. .... (colocar o número da página na edição em português)

21 Algarismos de French (2002), 62, e Wardle e Wardle (1997), 17. Como indica French, no entanto, Cnossos é muito maior do que todos os demais, cobrindo uma superfície de 11.150 metros quadrados.

22 No momento da redação deste livro, o relatório das escavações em Terapne ainda não havia sido publicado. Agradeço a Richard Catling e ao dr. Hector Catling pela ajuda com este material.

23 Catling (1977), 33, e correspondência particular.

24 *Ibid.*

25 *Odisséia* 4.80-1 [LCL 4.73-4].

4 *Os micenenses*

1 *Odisséia* 3.344 [LCL 3.305]; *Ilíada* 7.207 [LCL 7.180] e 11.52 [LCL 11.46].

2 Ésquilo, *Agamêmnon*, 909-11.

3 Agradeço a Nicola Wardle. Ver *Inscriptiones Graecae* iv.4.9.7.

4 De fato, Schliemann mandou um telegrama à imprensa grega dizendo: "Esse cadáver se parece muito com a imagem que minha imaginação formou há muito tempo do grande governante Agamêmnon."

5 O grupo de Bloomsbury permanece unido, Sartre rompe a convenção ao assinar em diagonal, e Ginsberg deixa um poema curto.

6 Escavações atuais em Tebas poderão mostrar que esse era de fato um dos mais importantes e poderosos territórios micenenses.

7 Montes Agios Elias, Zara e Aëtovouno ["Monte Águia"].

8 Há outras povoações micenenses no Peloponeso, em Argos, Esparta e Pilos, Tirinto, Agine, Kleonai, Midéia, Pellana, Orchomenos e Ephyra (Corinto).

9 Tábua 714.1-2.

10 Os assuntos militares, religiosos e seculares eram controlados das cidadelas. Alimentos e objetos de luxo eram trazidos para os centros onde havia palácios e em seguida redistribuídos, para subsistência ou lucro. Ali ficavam os registros, em escrita Linear B sobre tábuas de argila macia, contabilizando pessoas e propriedades até a última cabra, o último jarro de azeitonas, a última xícara de cereal e o último figo. A população nativa e os escravos importados produziam alimentos para o palácio e o entregavam em depósitos centralizados. Os participantes da economia dos palácios recebiam em troca seus suprimentos. Os habitantes de povoações poderiam ser submetidos a trabalhos forçados, um elevado imposto sobre os recursos humanos. Os contabilistas, os escribas em Linear B — elite capaz de ler e escrever, que alguns afirmam terem sido os próprios governantes —, controlavam a quantidade de alimentos de que dispunha cada família para enfrentar o inverno, ao exigir entregas extraordinárias de alimentos ou convocar os camponeses para o serviço militar.

11 Ver *Odisséia* 4, *passim.*

12 Os que estão em exibição em Micenas são réplicas; os originais estão no Museu Arqueológico de Atenas.

13 Encontrado no centro de culto em Micenas: MM 2084.

14 De túmulos verticais, achados datando de entre 1600 e 1300 a.C.

15 Fragmento de afresco mostrando uma dama de Micenas, da Casa do Sumo Sacerdote, no Museu Arqueológico Nacional de Atenas (NMA 11670).

16 Para um debate sobre a historicidade de Homero, ver Latacz (2004), 216-49.

17 Hesíodo, *Trabalhos e dias* 159.

18 Escavações feitas pelo Instituto Arqueológico Alemão.

19 Iakovidis e French (2003), 22, n. 45.

20 Tábuas Aa 701 e 515 vindas de Pilos; ver Chadwick (1988), 79. Chadwick identifica também um grupo de mulheres de outras partes da Ásia Menor, inclusive Milesianas, Knidianas, Quianas e Lemnianas (91).

21 Não podemos saber ao certo de que tipo de liberdades a população gozava, se é que esse era o caso. Algumas pessoas da camada mais baixa parecem haver vivido como servos da gleba medievais — livres, com seus próprios terrenos de cultivo, porém com severos

impostos devidos a seus senhores. No Oriente Próximo, na Idade do Bronze tardia, há registros de mulheres e crianças que prestavam serviços mediante contrato, trabalhando por obrigação para pagar dívidas familiares ou para levantar um dote.

22 *Laviaiai* em Pilos parecem ter sido "cativos" ou "mulheres tomadas como butim": Chadwick (1988), 83.

23 Aprox. 1352 a.C.

24 Sobre esta descoberta, ver A. B. Knapp (1992) "Bronze Age Mediterranean Island Cultures and the Near East, Part 1", *Biblical Archaeologist* 55.2 (junho de 1992), 52-72, esp. 65-7.

25 Um pequeno templo foi encontrado nesse sítio em 1955 quando o aeroporto estava em construção, a 4,8 quilômetros de Amã. Entre outros objetos, surgiu boa quantidade de vasilhas micenenses, e durante uma reescavação em 1966, feita pela Escola britânica de Arqueologia em Jerusalém, foram encontrados mais artefatos micenenses. Um exemplo, recuperado em 1955, está hoje no museu de Amã (Amã 6261). É um *crater*, restaurado a partir de cacos, em que aparece um cocheiro de carro de combate e datado LHIIIA2. Detalhes em Hankey (1967), 128 e 131 e segs.

26 Os detalhes sobre o horizonte comercial de Micenas foram retirados de Dickinson (1994); French (2002); Harding (1984) e Wardle (2001).

27 Os micenenses se apropriaram facilmente das inovações culturais minoanas — a escrita e a cerâmica entalhada. Ver Apêndice 1.

28 Por toda a Grécia micenense surgem afinidades surpreendentes. Burocracias rigidamente eficientes usavam os mesmos sistemas. Registros administrativos de Pilos, Tebas, Micenas e Tirinto, por exemplo, seguem padrão idêntico — os mesmos sistemas de pesos e medidas, os mesmos métodos de fechamento de barris de óleo de oliva e frascos de vinho, a mesma língua falada, os mesmos deuses para adoração. Os reis, rainhas e funcionários, sacerdotisas e sacerdotes recebiam honrarias semelhantes. Os poderosos caminhavam em corredores, arquivos, antecâmaras e depósitos cuja arquitetura é surpreendentemente isomórfica. Os afrescos que descrevem rituais religiosos e cerimônias oficiais se parecem muito entre si. Há oratórios e santuários do mesmo tipo e os aristocratas em toda a Grécia eram enterrados da mesma forma e com os mesmos ritos fúnebres. Semelhanças como essas deveriam permitir ligações culturais e políticas e, quando necessário, ação militar conjunta.

29 Enterrado no túmulo Círculo B em Micenas.

30 Todas as referências a "ferimentos de guerra" neste parágrafo vêm de Arnott (1999), 500-1.

31 Goodison (1989), 106-7.

32 A Deusa da Guerra micenense talvez tenha evoluído para transformar-se em Atená, a divindade protetora de Atenas. Para maior debate, ver Rehak (1999).

33 Tábuas em Linear B fornecem maiores detalhes das rígidas categorias sociais na sociedade micenense. O *vanax* era o rei ou grande senhor — às vezes *vanax* parece ser usado como título divino: French (2002), 127. O *basileu* era apenas um chefe de grupos de artesãos. Figura mais importante era o *lavagetas*. Seu título parece significar "líder das hostes", embora sua função exata seja pouco clara. O "prefeito" era o *coreter*, e seu imediato era o

procoreter, os seguidores eram *hequetai*, e também havia o *telestas*, cujo nome pode signi-ficar "aquele que traz a realização final" num contexto religioso. As mulheres também eram designadas de maneira funcional, especialmente na esfera religiosa. Havia uma hierar-quia estrita, e vale a pena recordar que essa palavra vem do grego antigo *hieros*, "sagra-do", e *arche* "governo". Os assuntos religiosos apareciam nos arquivos dos palácios — não havia distinção entre "Igreja" e "Estado". Talvez se acreditasse que o governo na ci-dadela — principalmente quando se tratava de mulheres — também conferia algum tipo de poder religioso. Agradeço a Lisa Bendall pela ajuda com a terminologia em Li-near B neste parágrafo.

5 A princesa pré-histórica

1 As amostras que produzem estas estatísticas são necessariamente pequenas. Mas para um bom resumo de algarismos recentes, ver Arnott (2005ª), 21-7.

2 As flores eram uma colheita tão importante que um dos meses do calendário micenense era chamado de *vordevios* — "mês das rosas" .

3 *Murex trunculus* parece ter sido a espécie mais comumente utilizada na Lacônia. Agrade-ço a Deborah Ruscillo pelo auxílio com as perguntas sobre *murex*.

4 Exemplos homéricos de referências a "panos brilhantes": ver *Ilíada* 3.170 [LCL 3.141] e 3.487 [LCL 3.419]; para referências em Linear B, ver tábua de Pilos Fr: 1225; Ventris e Chadwick (1973), 482. Clader (1976), 58-9. Ver também Shelmerdine (1998), 109.

5 As divindades também são freqüentemente descritas como brilhantes — ou radiosas. Há duas possibilidades: a primeira é que Helena esteja sendo recordada como "quase divina" porque foi ilustre em vida; a segunda é que fosse uma personalidade mortal usada como comparação com uma idéia de divindade. Repetidas vezes, na literatura sobre Helena, ela é mencionada como possuidora de um halo de luminosidade branca e brilhante. *"E He-lena, radiante entre as mulheres, respondeu a Príamo"*, diz Homero: *Ilíada* 3.207 [LCL 3.171]. Ela usava mantos que tremeluziam. Sugeriu-se que seu nome deriva de uma raiz indo-européia, *svaranā*, que significa "a estrelada" ou "a mulher brilhante", de onde vem a pa-lavra grega *elene*, que pode significar uma tocha ou uma luz. Ver Skutsch (1987), 188-93. Homero freqüentemente se refere a Helena como "Helena argiva". A interpretação óbvia é que ela fosse representante dos gregos (também conhecidos como argivos) ou uma mu-lher cuja influência ressoava na planície argiva, mas também há a possibilidade de que o bardo estivesse fazendo um jogo de palavras. Na língua grega, *arguros* aparece inicialmente como uma palavra na *Ilíada* de Homero, onde significa prata/argênteo. Para maior deba-te da natureza "brilhante" de Helena, ver Clader (1976), 56-64. O brilho interno era uma característica das deusas, mas também era a marca de quem fosse tocado pela divindade — um(a) mortal que tivesse passado, ou estivesse passando, por uma epifania.

6 *Odisséia* 19.56-63 [LCL 19.53-8].

7 Ver tábua de Cnossos, Sd 401 e tábua de Pilos Ta 707. Ventris e Chadwick (1973), 366 e 342, respectivamente.

8 Há um belo exemplo do século XIV a.c. no Museu de Heráclion.

9 Ver Rehak (2005), 7.

10 Sakellarakis e Sapouna-Sakellaraki (1997), vol. 2, 654 e segs.

11 Ver também Capítulo 14.

12 A palheta micenense derivava diretamente da terra — tons rosados e ricos amarelos, verdes, malva e ferrugem obtidos pela maceração de argilas e óxidos naturais. Havia uma exceção notável: o "azul egípcio". Esse valioso ingrediente do artista recebeu esse nome evocativo porque sua produção exigia uma técnica química descoberta pelos egípcios durante o Antigo reino (c. 2500-2100 A.C.). Mediante o aquecimento de um elemento semelhante ao vidro junto com minério que contivesse cobre, conseguiam-se blocos desse pigmento azul. Os azuis manufaturados eram um substituto barato para o lápis-lazúli, um truque que fazia o palácio parecer estar todo coberto com a preciosa pedra lápis que vinha do Afeganistão ou do Irã.

13 Ver Ventris e Chadwick. (1973), 131.

14 Linhas hipoplásticas no esmalte dentário, ver Arnott (2005a).

15 Todd Whitelaw estimou a população do povoado micenense de Pilos em cerca de 3 mil indivíduos, baseando-se no tamanho das casas e nas densidades em sítios micenenses mais profundamente investigados, em Voutsaki e Killen (2001). Agradeço a Todd Whitelaw por sua ajuda no debate sobre quantidades de populações na sociedade do Egeu na Idade do Bronze tardia.

16 A arquitetura das povoações micenenses no final do século XIII a.C. também se destinava a cuidar de aspectos militares. As cidadelas foram ficando mais fortificadas, cada vez mais rodeadas por aquelas monstruosas muralhas de imensos blocos de calcário bruto. No istmo de Corinto encontraram-se vestígios de uma muralha ciclópica que cobria um quilômetro inteiro a oeste do golfo de Saronica. E em Micenas e na vizinha Tirinto, cisternas sombrias e secretas — a de Micenas com mais de 18 metros de profundidade — foram escavadas na rocha a fim de armazenar água na eventualidade de um cerco.

17 Ver Latacz (2004), 120-40, para uma análise dessas denominações. O termo "micenense" é mais uma invenção do século XIX.

SEGUNDA PARTE

A TERRA DAS MULHERES BONITAS

6 A "Bela Helena" violada

1 Higino, *Fábulas*, 79.

2 Apolodoro, *Epítome*, 1.23.

3 Diodoro da Sicília, 4.63.1-4.

4 Helânico *FrGrH* 4. 323ª: F19 (168b). Helânico (*c.* 480-395 a.c.) foi um notável mitógrafo e cronógrafo, porém somente sobrevivem fragmentos de sua obra. Autores posteriores sem dúvida acharam excitante seu episódio de pedofilia. Um autor elizabetano, John Trussel, em seu *First Rape of Fair Hellen* (1595) —, sustenta que Helena tinha apenas 8 anos quando foi violentada. Descreve o ágil Teseu sem fôlego antes de repetir seus avanços. Outra tradição literária afirma que Teseu sodomizou Helena a fim de preservar a virgindade dela; ver Thornton (1997), 85 e n. 45.

5 Isócrates era um educador e panfletário ateniense de convicções conservadoras, que viveu entre 436 e 338 a.C.

6 Isócrates, *Encômio de Helena* 10.19. Trad. L. van Hook.

7 Visita ao sítio em maio de 2001.

8 Trad. W. Barnstone (1962), citado em Freeman (1999), 142.

9 A palavra "rape" [em inglês moderno, "estupro" ou "rapto", conforme a conotação — *N. do T.*], vem do latim *rapiere*, "agarrar". Na Antigüidade não significava necessariamente uma violação sexual, mas tinha a conotação de um rapto pela força.

10 Rose (1926), 401.

11 E provavelmente antes: ver Cartledge (2002), 310.

12 Thompson (1908/9), 124 e 127.

13 O açoite até a morte provavelmente é uma elaboração romana.

14 Plutarco, *Teseu* 26.

15 Vários mitos afirmam que Teseu engravidou Helena na época e ela deu à luz uma filha — Ifigênia, que deixou com a irmã Clitemnestra. Pausânias 2.22.6 resume a tradição literária que afirma que Ifigênia era filha de Teseu e Helena: por exemplo, Stesicoro (*PMGF* 191). Ifigênia cresceu e assumiu seu próprio lugar na lenda, como vítima de sacrifício humano. (Ver capítulo 27.) O destino da menina está no cerne de três das mais poderosas tragédias gregas: Eurípides, *Ifigênia em Áulis*, Eurípides, *Ifigênia em Táuris*, e Ésquilo, *Agamêmnon.*

16 Helânico, *FrGrH* 4, 323ª: F20 (134).

17 Plutarco, *Teseu* 32.3. Trad. B. Perrin. Ver também fragmento 11 da *Cípria* (comentador em Homero, *Ilíada* 3.242) de que "os Dióscuros, sem encontrar Teseu [em Afidna] saquearam Atenas". Trad. H. G. Evelyn-White.

18 Diodoro da Sicília faz um relato dessa história: 4.63.1-4. Faz parte de sua *Biblioteca*, de muitos volumes, uma história universal dos tempos mitológicos até 60 a.C., composta no Egito e em Roma em 60-30 a.C.

19 Em 432 a.C. os espartanos haviam declarado guerra a Atenas. O plano era incendiar os campos de cereais dos atenienses e forçá-los a engajar-se na batalha. Os espartanos imaginaram que para uma cidade-Estado de soldados profissionais a vitória seria rápida. Mas os atenienses eram astutos e não engoliram a isca. Com boas conexões para suprimentos externos de alimentos por meio do porto de Pireu, os atenienses não se apressaram em ir ao encontro dos espartanos. Em vez disso esperaram, preparando ações militares defen-

sivas de larga escala segundo seus próprios termos — o êxito de Esparta não seria fácil. Durante os 27 anos seguintes houve vitórias e derrotas enquanto cada potência experimentava a força e a fraqueza uma da outra. Somente depois que os espartanos conseguiram ouro da Pérsia e usaram sua nova riqueza para se tornar uma potência marítima tanto quanto terrestre é que o pêndulo passou a oscilar em sua direção. Os aliados de Atenas, com exceção de Samos, previram a derrota e a vulnerabilidade de seus senhores e desertaram em favor de Esparta, um por um. Para uma visão geral da história de Esparta, ver Cartledge (2002).

20 Heródoto 9.73 e Tucídides 7.19.1.

21 Os casos de violação parecem ter-se relacionado mais com afrontas à honra da cidade, ou *oikos*, do que com questões de consensualidade. Os estupros lendários sempre foram citados como catalisadores políticos; cf. O rapto de Lucrécia e o das mulheres sabinas. Ver R. Omitowju (1997) "Regulating rape: Soap operas and self-interest in the Athenian courts", em S. Deacy e K.F. Pierce, orgs. (1997) *Rape in Antiquity* (Londres: Duckworth) e R. Omitowoju (2002) *Rape and the Politics of Consent in Classical Athens* (Cambridge: Cambridge University Press).

22 O rapto de Helena por Páris foi citado por líderes militares no período clássico. Por exemplo, em seu discurso fúnebre de 322 a.C., o orador Hipérides diagnostica as ações do general grego Leóstenes no final do primeiro ano da Guerra Lâmica como meio de defender as mulheres gregas da afronta de *orgulho*. Afronta que Helena sofreu duas vezes.

23 Derivado do interior de Esparta, a Lacônia.

24 Os raros descendentes mestiços eram chamados de *mothaques*.

25 Como todos os cidadãos espartanos adultos somente eram autorizados a ter uma profissão — a de soldados — a força de Esparta era respeitável. Não admira que mantivessem uma política de pressão sobre a outra principal cidade-Estado da época, Atenas. Às vezes eram aliados próximos; outras vezes, acerbos inimigos. O conflito se tornou inevitável à medida que cada um mergulhou em seus ideais sociais e políticos; finalmente, após uma longa, amarga, sangrenta e insatisfatória guerra, Esparta triunfou sobre Atenas em 404 a.C. e os guerreiros espartanos demoliram as muralhas da *polis* ateniense. As moças atenienses flautistas (prostitutas que viviam fora dos muros da cidade) mudaram rapidamente de lado e comemoraram o fim de um império dançando entre as chamas sobre os corpos dos mortos de Atenas. Ver Xenofonte, *Helenica* 2.2.23. Esparta dominou a maior parte do mundo grego durante os 35 anos seguintes.

26 Tucídides 1.10.2.

27 Além da Acrópole, o teatro e o Menelaion, quase todas as escavações em Esparta estão hoje classificadas como "arqueologia de recuperação" — os trabalhos somente podem ser iniciados quando um terreno construído na cidade é demolido para renovação ou quando há algum desabamento que revele um passado remoto nos alicerces.

28 Os hoplitas formavam o grosso do exército espartano. Todos os cidadãos espartanos do sexo masculino que passavam pelo sistema *agoge* tinham de servir como hoplitas.

29 Pausânias 3.15.3.

30 Cartledge (2001), 150 e 161; ver também L.H. Jefferey (1961) *The Local Scripts of Archaic Greece: A study of the origins of the Greek alphabet and its development from the eighth to the fifth centuries B.C.* (Oxford) 200, n. 24; M. N. Tod e A. J. B. Wace (1906) *A Catalogue of the Sparta Museum* (Oxford: Clarendon Press), 178, nº 447.

31 O ornato ritual para a cabeça se chama *polos*; poderia talvez ter ligação com o *polos* usado em circunstâncias rituais pelas mulheres micenenses.

32 Para uma interpretação astrológica disso, ver Richer (1994).

33 Os cultos podem ter sido estabelecidos antes, mas nossa primeira prova existente é do período helênico.

34 É fácil entender o motivo de um culto tão veemente a Helena e seus irmãos em Esparta — afinal, Castor e Pólux eram considerados protetores da cidade, e Helena era o símbolo da perfeita feminilidade; mas é interessante que a popularidade do culto tenha se ampliado. Imagens de Helena e seus irmãos em moedas da Ásia Menor quase certamente testemunham que o culto se espalhou muito além da Grécia continental. Ver Larson (1995) *passim* e capítulo 36.

35 Para um debate mais amplo, ver Spawforth (1992), *passim.*

36 Helena também era conhecida como Helena Argiva.

7 Sparte Kalligynaika

1 Peleu descreve o problema de estar casado com Helena. Eurípides, *Andrômaca* 595-600 (século V a.C.). Trad. P. Vellacott.

2 *Odisséia* 4.341-2 [LCL 4.304-5]

3 Um panorama abrangente de fontes antigas mostra Helena mantendo relacionamento com os seguintes homens: Teseu, Menelau, Páris, Enarsforos, filho de Hipocoonte, Idas e Linceu, Córito, Deífobo, Aquiles e Teoclímeno. Ver Clader (1976), 71.

4 Desenterradas em Ártemis Órtia e datadas do mesmo século.

5 Carter (1988).

6 Ver Pomeroy (2002), 106, nº 2

7 Comentaristas posteriores chegam a sugerir que as jovens comiam bolos em forma de seios. Ver Pomeroy (2002), 106, nº. 3.

8 Ver Griffiths, (1972), *passim.*

9 Existem alguns indícios, um tanto questionáveis, de que Álcman iniciou a vida na Lídia.

10 *Partênion* 3 (P.Oxy. 2387) está na sala de Papirologia da Biblioteca Sackler em Oxford. *Partênion* 1 está no Louvre (P.Louvr. E3320). Sou muito grata a Nikolaos Gonis pela ajuda.

11 Álcman, *Partênion* 1 e 3. Trad. S. B. Pomeroy (2002), 6 e 7.

12 A reputação foi retomada no período romano; ver Plutarco, *Lycurgus* 18.4. As jovens espartanas sem dúvida estavam habituadas à companhia feminina; como todos os homens moravam juntos dos 7 aos 30 anos em acampamentos militares exclusivamente masculinos, os relacionamentos entre mulheres devem ter sido muito fortes.

13 Ver Larson (1995), 68, e 176, n. 53, citando C. M. Bowra, sobre uma sugestão de que Helena aparece em Álcman como a deusa da alvorada, Aotis.

14 Este também pode ter sido o caso na Idade do Bronze tardia. Tábuas em Linear B mostram que os deuses e deusas dos micenenses (e não somente seus representantes humanos na Terra) possuíam bens como rebanhos de carneiros e apareciam registrados como proprietários de terras. Sobre a Casa de Potnia, em Tebas, ver Chadwick (1976), 93, 99; Sobre proprietários, ver Chadwick (1976), 77, 114. Uma nova investigação em Pilos revelou uma "Lareira de Dioniso"; ver J. L. Melena (1996-7) "40 Joins and Quasi-Joins of Fragments in The Linear B Tablets from Pylos", e "13 Joins and Quasi-Joins of Fragments in the Linear B Tablets from Pylos", em *Minos* 31-2; 159-70; sobre rebanhos de carneiros, ver Chadwick (1976), 93, 129.

15 *Odisséia*, 13.469 [LCL13.412].

16 O Oráculo no sítio religioso de Delfos na Grécia central dava opiniões sobre assuntos correntes, fazia profecias para o futuro e oferecia conselhos sobre as histórias pessoais e estatais. Foi o Oráculo de Delfos que deu às jovens espartanas o qualificativo "*kallistas*", no século VII a.C. Parke e Wormell (1956), vol. 1, 82.

17 Ateneu, *Deipnosofistas* 13.566a-b.

18 Xenofonte, *Constituição dos lacedemônios* 1.3. Um vaso muito fragmentado encontrado em Esparta mostra homens e mulheres em uma orgia — não há indicação de que essas mulheres fossem *hetairai* (prostitutas). Atualmente está no Museu de Esparta. Pipili (1992), nº 196.

19 Platão, *Leis* 806A; cf *República* 5.452A.

20 Ver Cavanagh e Laxton (1984), 34-6.

21 Ateneu, *Deipnosofistas* 13.600f-601a.

22 Clearco de Soli, fragmento 73.

23 Ver Xenofonte, *Gerência do lar* 7.10. Trad. S. B. Pomeroy (2002), 9.

24 Pollux 4.102.

25 Ver Pomeroy (2002), 112 e segs., para um relato sobre a educação física das moças espartanas, com fontes.

26 Ver Bowra (1961), 53, sobre *poloi*; também Aristófanes, *Lisístrata*, 1308-15.

27 A própria Helena é comparada com um "*cavalo da Tessália enfeitando a carruagem*" em Teócrito, *Idílios* 18.31.

28 Sarah Pomeroy assinalou que, embora os longos cabelos das jovens espartanas fossem cortados em preparação para o casamento, em sua *História natural,* Plínio liga o corte da crina das éguas com a redução da libido. Plínio, *História natural* 8.164.

29 Os questionamentos das fontes existentes para estudos espartanos, especialmente as vidas das mulheres, são apresentados de maneira sucinta por Pomeroy (2002), 139-70.

30 Diz-se que Augusto fez essa visita em 21 a.C. Ver Cartledge e Spawforth (1989, reimpresso 1991, 2002), 199, citando Cassio Dio 54.7.2.

31 Escoliasto sobre Juvenal 4.53.

32 Ovídio, *Heroides* 16.149-52.

33 Propércio viveu sw *c.* 50 a.C. até *c.* 2 a.C.

34 Trad. A. Dalby; retirado de Dalby (2000), 146.

35 Xenofonte, *Constituição dos lacedemônios* 1.4 e ver Pomeroy (2002), 25, para maiores debates.

36 Museu Britânico GR 1876.5-10.1

37 Sobre outra descrição de construções no Menelaion, ver Tomlinson (1992).

38 Heródoto 6.61.

39 Pausânias 3.19.9.

40 Pausânias 3.7.7.

41 O fato de ser ela homenageada com rituais que envolviam plantas e flores poderia sugerir que sua memória estivesse sendo ligada à deusa primeva da vegetação que dá seu nome (p. 360) a juncos ou brotos e cestas trançadas na Grécia antiga. Alguns chegam a dizer que ela era nada menos do que uma deusa da natureza. Ver Clader (1976), 56-68. Ver também Apêndice 4.

8 Moças de olhos ternos

1 *O mito de Sísifo e outros ensaios* (2000). Trad. J. O'Brien.

2 Ver Hallager e McGeorge (1992), especialmente 43.

3 Sobre os ritos de amadurecimento de meninas, como a *arkteia*, na qual as jovens que ainda não tivessem atingido a idade para a menstruação serviam a Ártemis como "aprendizes" em seus santuários de Brauron e Mouniquia, ver C. Sourvinou-Inwood (1988), *Studies in Girls' Transitions: aspects of the arkteia and age representation in Attic iconography*. Atenas: Kardamitsa.

4 Ver, por exemplo, NMA 3180.

5 Ver Rehak (2005) para um bom resumo e um debate sobre os afrescos de Tera. Agradeço a John Younger por deixar-me ver uma cópia antecipada dessa obra.

6 A semelhança de roupagem, adornos e rituais das sociedades de Tera e de Micenas permite estreita comparação entre as duas.

7 Após pesquisas na década de 1930 e tentativas de escavações na década de 1960, sob a direção de Spyridon Marinatos.

8 Como há um macaco e um grifo próximos, essa deusa poderia ser uma Senhora dos Animais, uma *potnia theron*, deidade especialmente responsável pela natureza.

9 Ver Rehak (2005).

10 O "Molde da Casa da Cidadela" de Micenas mostra que jóias em forma de lua também eram feitas em Micenas.

11 Para um bom resumo de todos os afrescos desenterrados, ver Marinatos (1984).

12 Morgan (1988), 31.

13 Para maiores debates, ver Goodison e Morris (1998), 125.

14 Plínio, *História natural* 21.17.31-2.

15 Ellen Davis identificou seis diferentes estilos de penteado em Tera, que marcam seis está-gios de desenvolvimento sexual. Ver Davis (1986).

16 Também aqui, acima de uma porta, aparece um símbolo religioso que pode significar fecundidade, os "chifres da consagração" — chifres de touro que gotejam sangue. A ima-gem quase certamente representa ao mesmo tempo um sacrifício em um altar e uma mulher sangrando. Desde a era paleolítica os touros têm representado a fertilidade. Um útero de mulher é um órgão que seria facilmente visível num estripamento ou num ata-que com espada; ver D. O. Cameron (1981), *Symbols of Birth and of Death in the Neolithic Era* (Londres: Kenyon-Deane), 4-5. O útero se assemelha a uma cabeça de touro, especi-almente a raça de touro comum na pré-história, o *autoque*, animal grande, com cerca de 2 metros de altura na omoplata e chifres finos e longos com cerca de 30 centímetros e pegada do tamanho da cabeça de um homem. Os chifres sangrentos denotam fertilidade feminina. Os afrescos poderiam perfeitamente ser uma representação figurada de ativi-dades que realmente ocorriam na sala — ritos de transição, como os de iniciação.

17 Na área de "bacia lustral" situada abaixo do afresco das colhedeiras de açafrão.

18 No piso térreo de Xeste 3, Sala 3, Muro Norte.

19 Na altura dos períodos clássico e arcaico os cabelos das estátuas, especialmente deusas, aparecem pintados com tinta amarela ou dourada. A grande "Deusa de Berlim", do sécu-lo VI a.C., por exemplo, que está no Museu de Pérgamo, tem os espessos cachos pintados de amarelo, e acredita-se que a famosa escultura de Praxíteles, de Afrodite nua, tivesse cabelos entalhados em dourado. Ambas as deusas eram cultuadas por seu acentuado ero-tismo. Poderia tratar-se dos resquícios de uma associação pré-histórica entre os cabelos alourados e "poderes especiais" (sexuais).

20 Estima-se que sejam necessárias 250 mil flores de croco para produzir uma libra (0,45 quilos) de açafrão; ver a *Cambridge World History of Food*, vol. 2, orgs. K. F. Kiple e K. C. Ornelas (Cambridge: Cambridge University Press, 2000), 1846. Há ideogramas que re-presentam açafrão na série Np de tábuas Linear B de Cnossos, em Creta: ver Ventris e Chadwick (1973), 51.

21 Os homens aparecem retratados em outros contextos em Tera. Para um excelente exame, ver S. Sherratt (org.) (2000). *The Wall Paintings of Thera*. Atas do Primeiro Simpósio In-ternacional, Centro de Conferências Petros M. Nomikos, Tera, Hellas, 30 de agosto-4 de setembro de 1997, 2 vols., Atenas: Petros M. Nomikos e Fundação Tera.

22 Museu Britânico, E773.

23 Ver capítulo 14.

24 Antes da visita a Tera, aconselha-se aos visitantes verificar quais são as representações dos afrescos que estão sendo exibidas.

TERCEIRA PARTE
A DESEJADA DO MUNDO

9 Um troféu para heróis

1 Este episódio da história de Helena tem contrapartida em outras sagas que tratam de concursos para obter a mão da heroína: mulheres como Atalanta, que obrigava os pretendentes a competir com ela em corridas a pé; Jocasta, cujo filho Édipo decifrou o enigma da Esfinge e conquistou o direito de dormir com a mãe e controlar o reino de Tebas; Hipodâmia, cujo pai participava de corridas de carros de combate com os pretendentes da filha e sempre os vencia. Mas Hipodâmia amou Pélops e quis compartilhar com ele o reino de Élis. Quando ele aceitou o desafio, ela inseriu cunhas de cera nas rodas do carro do pai, e a cera derreteu durante a corrida, fazendo tombar o veículo e matando o pai. Essa traição acabou por provocar uma maldição sobre a Casa de Atreu. Ver Píndaro, *Ode olímpica* 1.25-96, e Apolodoro, *Epítome* 2.3-10. Houve competições pela mão de todas essas mulheres. Tal como Helena, elas também possuíam extensas propriedades a compartilhar com homens que se mostrassem dignos delas.

2 Hesíodo, *Catálogo das mulheres e Eoiae* 68.

3 Apolodoro, *A biblioteca* 3.10.8.

4 Eurípides, *As troianas*.

5 Hesíodo, *Catálogo das mulheres e Eoiae* 68.

6 Relatório de escavação: C. Tsountas (1889) "Ereuna en te Lakonike kai ho taphos tou Vapheiou", em *Archaiologike Ephemeris* 129-72.

7 No período clássico, uma estátua de Apolo de 9 metros de altura teria dominado o sítio. O fragmento 53 da poesia de Álcman descreve os alimentos em um festival: pães em forma de lua com sementes de sésamo, doces de mel e sementes de linhaça para as crianças. Embora não haja referência específica ao culto de Helena na Hiakintia, as semelhanças com a *heleneia* são muito grandes — ver Xenofonte, *Agesilau* 8.7 e Ateneu, *Deipnosofistas* 4.138 e-139b.

8 Hesíquio 1999. Hesíquio de Alexandria compilou seu léxico grego no século V d.C.; sobrevive em um único manuscrito do século XV.

9 Ateneu *Depinosofistas* 4.139 e segs.; Xenofonte, *Agesilau* 8.7, Plutarco, *Agesilau* 19.5-6.

10 O estupro de Helena por Teseu foi celebrado em um trono em Amyclai junto com outros episódios do ciclo da Guerra de Tróia. Pausânias 3.18.10-16.

11 Hesíodo, *Catálogos das mulheres e Eoiae* 68. Trad. H.G. Evelyn-White.

12 Ver Hesíodo, fragmentos 204.78 e segs., e 197.4 e segs., na edição Merkelbach e West (1967).

13 Hesíodo, *Catálogo das mulheres e Eoiae*, 68.102-5. Trad. H. G. Evelyn-White.

14 A cada passo, na sociedade micenense, o status (ou falta dele) de cada pessoa era reforçado pelos burocratas — tábuas em Linear B mostram, por exemplo, que somente certos homens tinham permissão para usar a lã da melhor qualidade em seus mantos.

15 *Ilíada* 2.56 [LCL 2.47].
16 *Ilíada* 2.539-43 [LCL 2.455-8].
17 *Ilíada* 10.306-10 [LCL 10.262-5].
18 Visita ao sítio Wildwood, Reino Unido, 2002.
19 Ver capítulo 17 para maiores detalhes.
20 O Livro dos Cavalos de Kikkuli dos Mitanni já era amplamente utilizado na Anatólia no século XIV. Há tábuas inscritas com métodos de treinamento no Museu Arqueológico de Istambul; por exemplo, Bo 10407 (KBo III 5, IBoT II 136).
21 Ver Hood (1953).
22 Ver Konsolaki-Yannopoulou (1999) e (2000).
23 *Ilíada* 2.26 [LCL 2.23].
24 Tróia também mereceu esse epíteto [LCL 2.287].
25 Os irmãos de Helena também eram famosos por suas façanhas eqüestres. Um *Hino homérico* fala deles como "cavalgando rápidos potros"; o poeta Álcman os menciona como "mestres de rápidos potros, cavaleiros habilidosos"; e Alceu fala de "Castor e Polideuce, que atravessam a ampla terra e oceanos em cavalos de rápidas patas".
26 Teria nossa Helena da Idade do Bronze ido encontrá-los a cavalo? Há imagens de mulheres cavalgando nessa época, mas todas aparecem num contexto religioso. Existe uma estatueta da Ática, do século XIII a.C., que representa uma figura feminina cavalgando à amazona. Da coleção Hélène Stathatos: ver *Collection Hélène Stathatos (1963) vol. III: Objets Antiques et Byzantins* (Estrasburgo), 23-4 (n° 6) e Placa II, n° 6. Imagens finamente pintadas em afrescos micenenses mostram mulheres manejando carros. Marcham de maneira solene, com complicados adornos na cabeça — provavelmente uma procissão religiosa. Nos afrescos de Tirinto, aparecem mulheres manejando carros de combate puxados por cavalos e atravessando muralhas, com elmos de dentes de javali que indicam, talvez, protótipos de deusas guerreiras.
27 Hesíodo, *Catálogo das mulheres e Eoiae* 68.1-6. Trad. H.G. Evelyn-White.
28 Hesíodo, *Catálogo das mulheres e Eoiae* 68; Eurípides, *Ifigênia em Áulis* 49-71; Apolodoro, *A biblioteca* 3.10.8; Higino, *Fábulas* 78.
29 Os cavalos enterrados com seus proprietários presumivelmente foram mortos por ocasião da morte dos donos (Maratona, Dendra). Pausânias 3.20.9 nos fala de um túmulo chamado "Tumba do Cavalo" na estrada entre Esparta e Arcádia, que continha o corpo do próprio cavalo sacrificado por Tíndaro.

10 A fazedora de reis

1 Eurípides, *Ifigênia em Áulis* 67-75. Trad. P. Vellacott.
2 É claro, a partir de textos hititas existentes, que as competições atléticas eram organizadas em honra aos deuses em grandes reuniões sociais. Hoffner (2003) enumera os torneios: boxe, luta livre, lançamento de pedras, corridas a pé, arco e flecha e corridas de carros de combate.

3 *Diethnes Politistiki Enosi Pammachon* — União Cultural Internacional Pammacon. Agradeço a Kostas Dervenis a coordenação desse evento.

4 Ver Dervenis e Lykiardopoulos (2005).

5 Ver Arnott (1999), 500.

6 Heródoto, 6.126 e segs.

7 Para um relato mais amplo sobre esses temas, ver Finkelberg (1991).

8 Pausânias 2.18.6.

9 *Odisséia* 4.12-14 [LCL 4.10-12].

10 É interessante que Megapentes não seja descrito como bastardo, embora sua mãe fosse escrava, o que talvez possa indicar um sistema aceito de partos de aluguel. Ver Finley (1954).

11 Povoações ao longo da costa da Turquia mostram indícios de fortes laços comerciais — cerâmica micenense foi encontrada em Clazomenae, Panaztepe, Colofon e Éfeso. Não era um território desconhecido.

12 Ver Neville (1977), 5 e n.13.

13 O código de leis Gortyn, de Creta, inscrito no século V a.c., mas que pode conter legislação com raízes na Idade do Bronze tardia, também dá detalhes sobre os direitos das mulheres sobre as propriedades.

14 As informações sobre Linear B neste parágrafo provêm de correspondência com o dr. Michael Lane, maio de 2004-abril de 2005. Ver também Ventris e Chadwick (1973), 232 e segs.

15 Num lugar chamado *pakijana*. Os escribas parecem reconhecer uma disputa não resolvida entre Erita e "titulares de concessões" que podem reivindicar melhoras na terra. Erita possui um terreno especial descrito como *etonijo*, que parece ser dedicado a algum "deus" e também deu a uma mulher chamada *uvamija a kera* uma "dádiva de honra" em forma de um lote de terra. Aos olhos dos escribas, a sacerdotisa Erita evidentemente tem direito à posse de sua propriedade fundiária e a dispor dela, inclusive transferir o título a outra mulher.

16 Em outra série, muitos proprietários de terra pagam "impostos" religiosos — talvez um décimo do produto da terra, como sugere outra série de tábuas de Pilos (série Es). Essas tábuas dão a entender que os "impostos" eram proporcionais aos "benefícios" do titular.

17 Higino, *Fábulas* 78 — ver nota do tradutor M. Grant, 74, que menciona uma história semelhante narrada por Aristóteles e citada no *Deipnosofistas* 576 de Ateneu, na qual a filha de um rei da Gália, Petta, escolhe o marido. Ver também Eurípides, *Ifigênia em Áulis* 68-75.

18 Esse hábito sem dúvida passou a algumas partes da Europa ocidental e ainda era praticado até recentemente em regiões rurais da Alemanha, onde moças eram leiloadas para se tornarem "esposas de maio". Essas jovens iniciavam a primavera como "esposas" obedientes e passivas, mas ao chegar o verão podiam escolher seus "parceiros de dança". Se alguma delas preferisse permanecer com o companheiro inicial, anunciava-o prendendo um ramo de flores no chapéu dele. Ver West (1975), 12.

19 *Ifigênia em Áulis* 68-75. Trad. P. Vellacott.
20 Hesíodo, *Catálogo das mulheres e Eoiae* 68.
21 Hesíodo, *Catálogo das mulheres e Eoiae* 68, 98-100.

11 Bodas reais

1 Também chamado *Idílio* 18. Trad. A. Verity.

2 *Os epitalamia* eram canções ou poemas representados tradicionalmente na véspera de um casamento, literalmente "*epi*" fora do *"tálamo",* a câmara nupcial.

3 O líder do coro que escreveu de forma tão expressiva no século VII a.C. a respeito dos rituais para jovens espartanas nas margens do Eurotas.

4 Teócrito também pode haver conseguido alguns detalhes em outro poema escrito sobre Helena no século VI a.C. pelo poeta siciliano Stesicoro. Somente pequeníssimos fragmentos de Stesicoro sobrevivem hoje em dia, mas parece que esse poema cobria a parte inicial da vida de Helena com pormenores.

5 Teócrito, *Idílio* 18.

6 Teócrito, *Idílio* 18.43.6. Trad. S.B. Pomeroy (2002), 115.

7 Dezoito anos já era uma idade avançada para o casamento, segundo os padrões gregos, peculiaridade da cidade-Estado de Esparta, aparentemente endossados a partir do final do Período Arcaico.

8 Plutarco, *Licurgo* 15.4.

9 Ver Hagnon de Tarso em Ateneu, *Deipnosofistas* 13.602d-e.

10 Ver debate em David (1992), 1.

11 Ver Griffiths (1972), 27.

12 Teócrito, *Idílio* 18.8.

13 V 659 (de Micenas) e Vn 851 (de Pilos) em tábuas.

14 Para uma análise detalhada de alimentos em diversos sítios, ver Tzedakis e Martlew (1999), *passim.*

15 Tradição também mencionada por Homero: p. ex., a festa de casamento de Hermíone em Esparta; uma festa em honra a Posídon em Pilos; e alguma coisa marcada pela ausência no comportamento rude e impróprio dos pretendentes de Penélope. Vale a pena notar que em tábuas em Linear B está registrada uma festa em homenagem a Posídon em Pilos. Ver Sherratt (2004), 315.

16 Há aqui uma comparação interessante com reuniões tribais britânicas da Idade do Ferro.

17 Tábua Cn 1287.

18 Un 138. Ver também Un 418, 718, 853 e Cn 418.

19 Outra tábua registra a entrega de 197 carneiros para uma festa. Uc 161, de Cnossos.

20 Alguns animais viajaram "sobre água" e atravessaram distâncias de 50 quilômetros para chegar à mesa; Palaima (2004), 226.

21 Un 2, de Pilos, em Ventris e Chadwick (1973), 221.

22 Pilos Ta 716.

23 Ver Isaakidou *et al* (2002). A carne foi cortada das mandíbulas — isso poderia, talvez, estar relacionado com a oferenda de línguas em sacrifício, descrita por Homero na *Odisséia* 3.373 (LCL 3.332).

24 Sarcófago Agia Triada: ver Fitton (2002), 192, e Immerwahr (1990), 100-2.

25 Alguns números deste parágrafo e do seguinte vêm de uma conferência feita por Lisa Bendall em 6 de maio de 2004, "Festividades micenenses em Pilos", no Instituto McDonald, Cambridge. Também conversações com John Killen e referências a Ventris e Chadwick (1973).

26 Uc 161, de Cnossos.

27 Análise da cerâmica em sítios de culto mostra que o vinho desempenhava papel substancial nos ritos sacros mais íntimos da Idade do Bronze tardia, assim como nas grandes festividades, quando grandes quantidades eram consumidas. Em outra sala (Sala 9) do palácio de Pilos, há mais 600 *kilikes*. Os traços de matéria orgânica encontrados nos centros de culto em Micenas denotam vinho misturado com resina, tanto produzido localmente quanto importado de produtores do litoral da Palestina em Ugarit e Ras Shamra, em grandes recipientes cananitas. Uma caneca de argila continha uma mistura de vinho e hidromel. Em outras vasilhas havia álcool com arruda e sálvia. Para nós, a arruda representa uma recordação, mas a erva também serve como sedativo; hoje em dia os farmacêuticos não aconselham seu uso porque os riscos podem ser maiores do que os benefícios. Portanto, embora os deuses possam haver se sentido muito próximos dos habitantes da Idade do Bronze tardia, aparentemente homens e mulheres costumavam utilizar drogas, além do álcool, para trazê-los ainda para mais perto.

28 *Ilíada* 4.401 [LCL 4.346]. Em um fecho selado aparece o registro de entrega de vinho com mel em Pilos. Experimentei essa bebida da Idade do Bronze com o arqueólogo Holley Martlew em outubro de 2004. É deliciosa e extremamente eficaz.

29 "Afresco do banquinho", de Cnossos.

30 Ver Bendall (2004), sobre a Sala 60 em Pilos.

31 Suficientemente importante para ser enterrado com os aristocratas — por exemplo, em Vafeio dois jarros de bronze, uma concha de bronze e outra de prata e um braseiro.

32 Para um debate mais completo sobre a questão das festas e da apresentação social, ver Bendall (2004).

33 Para uma excelente coleção de referências, ver Sherratt (2004) 316, n. 46.

34 *Odisséia* 9.3-11 [LCL 9.3-11].

35 *Odisséia* 17.270-1. Trad. E.V. Rieu. [LCL 17.270-1].

36 Também no campo de batalha, a música e a dança são quase sempre mencionadas quando os heróis falam dos verdadeiros prazeres da vida. Em meio a uma candente e apaixonada torrente de invectivas lançadas pelo vingativo Menelau contra os troianos, podemos ter uma idéia, sem dúvida, dos prazeres da Idade do Ferro, e muito provavelmente também dos da Idade do Bronze.

É possível fartar-se de coisas boas,
Até mesmo o sono, até mesmo o amor...
Canções inebriantes e o ritmo e balanço da dança
Os homens desejam fartar-se de todas essas alegrias
Antes de mergulhar na guerra. Mas não esses troianos
Ninguém é capaz de satisfazer seu gosto pela batalha!
Ilíada 13.733-8 [LCL 13.636-9]

37 Embora os etnomusicólogos tenham dificuldade para reconstruir os sons do passado muito distante porque muitos instrumentos musicais eram feitos inteiramente de matéria orgânica e simplesmente apodreceram, restam alguns exemplos. Poderia haver uma quantidade deles, apreciados pela sociedade da Idade do Bronze, especialmente instrumentos de percussão, que não podemos imaginar hoje em dia porque seus restos foram engolidos pelo tempo. Um sobrevivente é o chocalho (às vezes feito de bronze, outras de terracota) chamado *sistro.* O *sistro* existia em toda a Antiguidade. Estranha mistura de garfo, maracá e ábaco, o *sistro* produz um som ao mesmo tempo lúgubre e intruso. Címbalos de bronze, não muito diferentes dos que são hoje usados pelos devotos do Hare Krishna, provavelmente eram importados do Oriente para a Grécia. Foram encontrados em Creta e no naufrágio de Uluburun. Ver Bass (1987) e (1996). Outro objeto importado era um grande apito escavado num dente de hipopótamo e cascas de tartaruga não polidas, usadas como caixas de ressonância. Em 1981, H. Roberts reconstruiu uma lira de casca de tartaruga para o Museu Britânico. Ver Younger (1998), 17 e H. Roberts (1981), "Reconstrução da lira grega de casca de tartaruga", em *World Archaeology* 12: 303-12. No santuário micenense de Filacopi, em Melos, foram desenterradas cascas de tartaruga da Idade do Bronze com orifícios cuidadosamente perfurados dos lados para prender os braços da lira. Ver Renfrew (1985), 325-6. Os fragmentos de casca de tartaruga foram recuperados nos santuários do leste e do oeste durante escavações entre 1974 e 1977 feitas pela Escola Britânica de Arqueologia, em Atenas. Renfrew nota que ainda é possível encontrar tartarugas no campo em torno de Filacopi. Um *Hino homérico* descreve a criação desses instrumentos musicais (também chamados de quelis-lira) por Hermes.

38 Ver Younger (1998), 37, e Placa 24.3 (CMS II. 3.7).

39 Agios Nikolaos, Museu Arqueológico 11246.

40 Vem de Mália e foi encontrada em um prédio no ângulo noroeste do palácio. Data de LM1 (séculos XVI-XV a.C.). Ver C. Baurain e P. Darcque (1983), "Un triton en pierre à Mallia", em *Bulletin de Correspondance Hellénique* 107:3-73. Agradeço a Peter Warren pelos detalhes.

41 *Ilíada* 9.225 [LCL 9.189].

42 Ver Plutarco, sobre a *Vida de Alexandre,* (15) e Elian, *Miscelânea histórica,* 9.38.

43 *O julgamento de Páris,* ânfora com figuras em negro, da Ática, *c.* 575-550 a.C. Paris, Louvre F13.

44 Paris, Louvre, Département des Peintures INV. 3696.

45 Aparentemente as mulheres às vezes também tocavam. Em Palaikastro, em Creta, apareceu um grupo tosco em terracota que mostra uma mulher empunhando uma lira enquanto outras três dançam de mãos dadas em semicírculo diante dela.

46 Há um exemplo particularmente fino vindo de Amyclai, com 8 centímetros de altura.

47 Lang (1969).

48 *Odisséia* 17.287 [LCL 17.261].

49 Teócrito, *Idílios* 18.54-5. Trad. A. Verity.

50 Ver Pantelia (1995), 79 para debate mais completo. O autor mostra que o casamento de Ptolomeu com (sua irmã) Arsinoe também teria "fortalecido sua reivindicação ao trono do Egito e sua posição de figura de culto no Egito". Talvez haja aqui ecos da história de Helena.

QUARTA PARTE

KOUROTROPHOS

12 *Hermíone*

1 Ovídio *A arte de amar* 2.690f. Trad. R. Humphries.

2 Embora a maioria das fontes literárias diga que Helena teve apenas uma filha, um relato abrangente das referências a "Helena" produz uma lista de filhos: Ifigênia, de sua ligação com Teseu; Coritos, Boumonos, Idaio e Agano, da ligação com Páris, além de Aitiolas e Nicóstrato, aparentemente sem pai (sobre estes últimos ver Apolodoro, *A biblioteca* 2ii, 2i). Plístenes é mencionado no fragmento 12 da *Cípria* como outro filho de Helena e Menelau.

3 Hesíodo, *Catálogos das mulheres e Eoiae* 204.94-5, em Merkelbach e West (1967).

4 Poderia ele estar falando de um sistema de substituição, no qual os aristocratas usassem escravas para aumentar o número de seus descendentes? *Odisséia* 4.14-17 [LCL 4.12-14]. Tábuas hititas da época indicam que pelo menos na Anatólia a substituição era aceitável: ***"Se dentro de dois anos a esposa não produzir filhos, deverá comprar uma escrava para o marido, mas tão logo a escrava produza um filho [homem], a esposa poderá vendê-la, se desejar."***: Darga (1993), 34.

5 Ventris e Chadwick (1973), 127 e 310.

6 Material proveniente de uma visita ao sítio em 2002.

7 No século VII muitas estatuetas da deusa em terracota foram deixadas como oferendas votivas no santuário de Ártemis Órtia em Esparta. Ver Farrell (1908).

8 Gg 705.

9 *Odisséia* 19.213-17 [LCL 19.186-9].

10 A Caverna de Ilítia em Creta ainda tem uma reputação folclórica de provocar gravidez miraculosa. Análises químicas da água pura encontrada na caverna indicam que, se for bebida em grande quantidade, pode funcionar como laxativo. Ver Rutkowski (1986), 65.

11 Pausânias 2.21.8.

12 O fragmento 13 da obra do poeta Stesicoro afirma que após o rapto de Helena por Teseu, a rainha espartana fundou o santuário. Um grande teatro greco-romano é orgulho e alegria de Argos. Construído originalmente no século III a.c., ainda é capaz de comportar 20 mil espectadores. Hoje em dia crianças fazem excursões à amplas ruínas, mas quando uma peça é representada, o lugar recupera as platéias que deve ter abrigado no período clássico. Muitas das mulheres dentre aqueles turistas antigos também teriam visitado o oratório de Ilítia, para agradecer à deusa a dádiva de um filho ou pedir mais, e ao fazê-lo recordariam sua jovem fundadora, "a mais bela mulher do mundo". Hoje em dia, peritos acreditam haver descoberto o ponto onde ficava o altar de Ilítia, oculto sob uma das igrejas cristãs da cidade.

13 Angel (1977), 88-105. Esse método era criticado, mas, combinado com provas vindas de análise dentária, parece mostrar que as meninas estavam sexualmente maduras aos 12/13 anos. Não há motivo para imaginar que houvesse um intervalo antes que começassem a produzir filhos. A partir do século V a.C. acreditava-se que para as *gine* o intervalo entre a menstruação e o casamento devia ser o menor possível. É provável que a maioria das famílias da Idade do Bronze tardia considerasse que as moças deviam engravidar ainda muito jovens.

14 Ver provas vindas do Túmulo 11, tais como publicadas por Hallager e McGeorge (1992). Ver também a parte inicial do capítulo 8.

15 Ver Arnott (2005a).

16 Os registros micenenses nada dizem sobre os rituais relativos à gravidez e ao parto, mas as tábuas hititas contêm descrições detalhadas do *Papanikri*, o "Ritual do Nascimento". Francamente, parece ser muito desconfortável. As mulheres davam à luz sentadas em um banquinho de madeira diante do sacerdote. Se por algum motivo se partisse uma das pernas do banquinho, o sacerdote se encolerizava, procurando freneticamente afastar o mal que se manifestara com o acidente. A mãe tinha de fazer uma libação aos deuses. Carneiros e pássaros seriam sacrificados, um carneiro era amarrado com fios vermelhos e vestido de tecido da mesma cor, com chapéu na cabeça e anéis nos pés e pernas. No dia seguinte, a criança recém-nascida parece ter sido açoitada com paus pelos homens responsáveis pelo sacrifício. A procriação não era assunto íntimo, mas toda a comunidade participava. Ver Darga (1993), 105: A1 35 (Museu Arqueológico de Istambul Bo. 2001).

17 Ver Robertson (1990), esp. 24 e Riddle (1992), sobre métodos anticoncepcionais no mundo antigo.

18 Até o momento, objetos micenenses foram encontrados em vinte sítios no Egito. Ver Bryce (2005).

19 A mais antiga receita anticoncepcional parece estar no papiro Petrie, descoberto em Kahun em 1889 e escrito durante o reinado de Amenenhat III, da 12ª Dinastia. Muitas informações estão contidas em um grupo de documentos hoje denominados Papiros Ebers, escritos *c.* 1500 a.C. Papiros Ebers 716.

20 Um fragmento de papiro de cerca de 1400 a.C. descreve os estranhos murmúrios e palavrea-
    do que às vezes serviam de cuidado médico — uma invocação da ilha de Keftiu (Creta) es-
    crita na época em que os micenenses gregos controlavam a ilha: "... Exorcismo da doença
    asiática na língua de Keftiu... esta oração deve ser recitada sobre fermento, gás, fluido e urina."
21 Ver Latacz (2004), 131-2, citando W. Helck (1979) *Die Beziehungen Ägyptens und
    Vorderasiens zur Ägäis bis ins 7. Jahrhundert v. Chr.*, 2ª edição (Darmstadt), 97; e P. W.
    Haider (1988), *Griechenland-Nordafrika: Ihre Beziehungen zwischen 1600 und 600 v. Chr.*
    (Darmstadt), 139, 14, n. 48.
22 Plínio, *História natural* 24.38.59 — usado em trabalhos de junco trançado e perfumaria,
    além de finalidades médicas; detalhes em King (1998), 86 e seg.
23 Para debate mais completo deste assunto, ver King (1983).
24 Plutarco, *Licurgo e Numa* 3,4. Trad. B. Perrin.
25 A mulher poeta que provavelmente viveu no século VII/VI a.C. Ver 378, n. 2 para pergun-
    tas sobre a vida de Safo.
26 P. Oxy 1231, fragmento 14. Trad. D. A. Campbell.
27 Ela estava até mesmo no radar de Adhelm, um teólogo anglo-saxão que escreveu uma
    carta a um de seus discípulos, Wihtfrith, em algum momento entre 673 e 706 d.C.: "*Qual
    é, pergunto eu ansiosamente, o benefício para a santidade da fé ortodoxa gastar energia len-
    do e estudando a poluição da vil Proserpina, que hesito em mencionar em palavras claras, ou
    reverenciar, por meio da comemoração em estudo, Hermíone, a devassa filha de Menelau e
    Helena, a qual, como relatam os textos antigos, esteve prometida por algum tempo a Orestes
    pelo direito do dote, e em seguida, mudando de idéia, casou-se com Neoptólemo."* Carta III,
    "A Wihtfrith", em *Adhelm: Obras em prosa.* Trad. M. Lapidge e M. Herren (1979).
    (Cambridge: D.S. Brewer; Totowa, NJ: Rowman & Littlefield).
28 Eurípides, *Helena*, 282-3.
29 Andrômaca em Eurípides, *Andrômaca* 206.
30 Escrito por volta de 20 a.C.
31 Ovídio, *Heroides* 8.91. Trad. H. Isbell.

13 Um fardo bem-vindo

1 Túmulo 8C; ver Hallager e McGeorge (1992), 32.
2 Gates (1992) faz um exame extremamente interessante e útil de objetos encontrados em
   túmulos de crianças.
3 No Túmulo Xi, Círculo de Túmulos B.
4 Ver Mylonas (1966), 105.
5 Em Prosimna — nome que o cronista de viagens Pausânias dá à região em torno do templo
   de Hera, Argos 3.17.1 — cadáveres de crianças foram encontrados junto com animais de
   terracota em miniatura — talvez criaturas que pudessem fornecer ajuda em forma de leite
   durante a viagem da criança ao Além. Há até mesmo modelos de cavalos e carruagens (em-

bora alguns acadêmicos discordem veementemente dessa classificação) que também poderiam ter sido deixados para consolar as crianças em sua viagem. É clara a ausência de armas; essas crianças evidentemente não eram treinados como pequenos soldados.

6 Alega-se que a mulher de um arqueólogo e comerciante de esponjas da era vitoriana, chamada sra. Brown, cometeu o horrendo crime de perder valiosos artigos micenenses oriundos de um túmulo infantil. Uma boneca de ouro, encontrado em um sítio da Idade do Bronze tardia em Egina, foi entregue a ela em contrabando, para que pudesse sair da Grécia levando o ilícito butim. Mas ela morreu durante a viagem, seu cadáver foi atirado ao mar e a boneca de ouro desapareceu dos registros. Higgins (1979), 46-51; ampliado por Gates (1992).

7 NMA 28092 (EUM-331).

8 As escavações no cemitério começaram em 1969.

9 Todas as referências vêm de Tzedakis e Martlew (1999), 211-79.

10 NMA 2899.

11 Para uma descrição completa da estatueta, ver Wace (1939); ver também *American Journal of Archaeology* 45, n° 1: 91; e *American Journal of Archaeology 43:697* e Fig. 1.

12 Em agosto de 1989.

13 *Ilíada* 3.207-13 [LCL 3.171-5].

14 Às vezes também há homens, mas os rituais são predominantemente de um único sexo.

15 As tábuas em Linear B de Cnossos, Pilos, Tebas e Micenas mostram que diversas mulheres tinham habilidades pessoais e ofícios específicos. Existiam as *rapirai* ("mulheres costureiras") e *levotrokovoi* ("preparadoras de banho") entre muitos outros exemplos.

16 KN Ap 639.

17 MY V 659. Agradeço a Lisa Bendall pela ajuda com esta lista.

18 Olsen (1998) traz uma descrição muito clara das três categorias: 384 e segs.

19 Nenhuma das tábuas em Linear B até agora descobertas fala em parteiras e amas-de-leite — lacuna que quase certamente é resultado do acaso de sobrevivência ou decorrente da prática dos registros, mais do que um comentário sobre os hábitos micenenses. Portanto, é difícil saber se as mulheres aristocratas como Helena teriam amamentado seus próprios bebês. As histórias oriundas dos mitos parecem dar a entender que as mulheres nobres entregavam os filhos a outras pessoas para criá-los. Apolo, por exemplo, foi entregue a Têmis em vez de ser amamentado por sua própria mãe, Leto. E na *Ilíada*, quando Heitor corre ao encontro de sua mulher Andrômaca, parece haver indícios de afeição paternal e de amamentação por outrem:

> Ela *[Andrômaca] juntou-se a ele, e seguindo-a*
> *uma serva segurando junto ao seio a criança*
> *na primeira quadra da vida, somente um bebê,*
> *o filho de Heitor, o mais querido aos seus olhos*
> *e radioso como uma estrela...*
> *(Ilíada 6.471-5 [LCL 6.399-401])..*

NOTAS

20 Encontro com a dra. Elizabeth French, setembro de 2004. Mais uma vez, agradeço à dra. French por seu auxílio a este projeto.

21 Ver capítulo 14. Foram encontradas cinco estatuetas de metal do "deus destruidor" e uma pequena quantidade de figuras masculinas não-fálicas em Filacopi.

14 Helena, alta sacerdotisa

1 Tábua Ae 303 de Pilos. Ventris e Chadwick (1973), 166.

2 Ilíada 7.551-4 (LCL 7.476-9).

3 Hesíodo, Teogonia 47-9. Trad. H.G. Evelyn-White.

4 Existe também uma Zeus feminina, Divia, em tábuas em Linear B, p. ex., Tn 316. Lisa Bendall observou que ao ser homenageado Zeus não recebia presentes opulentos, como uma bacia de ouro e um homem (Hera recebeu uma bacia de ouro e uma mulher) em Pilos.

5 Ver Renfrew (1985), 302-10.

6 Ver Meagher (2002), 72.

7 Séculos mais tarde, ficamos sabendo que Agesilau (360/59 a.C.), rei de Esparta que morreu na África do Norte, foi embalsamado em mel a fim de ser trazido de volta a sua terra para o enterro. E diz-se que o corpo de Alexandre, o Grande, foi levado da Babilônia para Grécia em um casulo de cera e mel. Ver Diodoro da Sicília 18.26.3. Estudos da Universidade de Illinois mostraram que o mel puro é melhor para preservar a carne de peru do que os tradicionais hidroxitolueno butilado e tocoferol.

8 Meagher (2002), 56.

9 Ae 303.

10 A Sacerdotisa dos Ventos em Cnossos, em Creta, foi homenageada com um presente de 30 litros de óleo de oliva.

11 Outros possuidores de poderes hieráticos são os enigmáticos ki-ri-te-ui-ja. John Killen observou que são necessários mais dados para possibilitar certas conclusões sobre o papel das mulheres num contexto religioso.

12 Para comparação, ver CMS II.6 nº 74 (Placa 276) e CMS 1 nº 46 (Placa 505) em Krzyszkowska (2005). Agradeço a Olga Krzyszkowska por sua ajuda.

13 Visita ao sítio em outubro de 2004.

14 Museu Arqueológico de Micenas, MM 294.

15 NMA 4575.

16 Há pistas sobre os tipos de rituais que seriam realizados nesse centro de culto em honra daquela pequena deusa. Uma pequena banheira de argila era anteriormente enchida com água para purificação e três lareiras em volta do altar (que tinha apenas 60 centímetros de altura) estão prontas para receber oferendas em sacrifício. Ali foram encontradas vasilhas para vinho e guloseimas destinadas ao sustento da deusa. Presentes foram deixados para aplacar os espíritos da sala: vasilhas para cozinhar, uma bacia de pedra de Creta e os graciosos entalhes em marfim que demonstram o gênio artístico dos micenenses — um leão, a delicada cabeça de um jovem.

17 Micenas, Tesouro da Acrópole: NMA 942.

18 Em outra associação íntima da mulher com a natureza, em Tebas, mulheres caminham em procissão numa parede pintada levando lírios, papiros e rosas de rochas. Warren (1988), 26.

19 Para um exame recente de pedras de sinete, ver Krzyszkowska (2005).

20 Thomas (1938-9), 65-87.

15 La Belle Hélène

1 *Ilíada* 3.168-71 [LCL 3.139-42].

2 *Odisséia* 7.103-7. Trad. E.V. Rieu, revista D. C. H. Rieu [LCL 7.104-7].

3 *Ilíada* 18.697 [LCL 18.596].

4 Tábua de Pilos Fr 1225

5 Ver Shelmerdine (1985), *passim.*

6 Eurípides fala dos "cachos dourados" de Helena em *Helen*, 1224. Anteriormente, Safo, no fragmento 23, a descreve como *xanthe* "dourada", o que pode ser uma referência aos cabelos louros.

7 PY AN 656 e AN 218 podem trazer referências a tranças.

8 Conselho aos visitantes: verifiquem bem as horas de abertura do sítio de Pilos.

9 As áreas mais prováveis de produção nos sítios arqueológicos de Pilos são os Pátios 42 e 47.

10 A resina do terebinto é a base da terebintina e ainda é colhida em escala industrial na ilha de Quíos.

11 Agradeço a Cynthia Shelmerdine por sua ajuda com esse material e por observar que um bloco de resina de terebintina LBA que lhe deram ainda mantinha seu aroma característico.

12 Dayagi-Mendels (1998), 36.

13 Para maiores detalhes ver Manniche (1999). O Papiro Ebers (escrito em 1500 a.C., ver 370, n.19) continha detalhes de preparados médicos e cosméticos. Entre as receitas havia algumas contra rugas.

14 NMA 4575.

15 Agradeço a Diana Wardle por permitir que fizéssemos uma experiência prática baseada nos resultados da LBA.

16 Mais de mil anos depois que esses afrescos foram pintados, na peça de Eurípides *As troianas* a mãe de Páris acusa Helena de "ostentação impudente" (*As troianas* 1028, trad. J. Morwood), de fazer um esforço especial extraordinário para atrair Menelau. Mas Eurípides empresta a Hécuba uma fala clássica, mais do que da Idade do Bronze. Somente por volta do século V a.C. aparecem indícios escritos de que os cosméticos passaram a ser considerados meios de engano — a maior beleza estimulava a atividade sexual dos homens — e assim eles se transformaram em característica das prostitutas. A Helena da Idade do Bronze teria usado *make-up* pesado e colorido que acentuava seu físico e seu gênero, mas isso não a distinguia como prostituta.

17 Também havia outros estilos de vestimenta. Numa pintura de Micenas, uma figura fe-
    minina naturalista está envolta em um único manto. Em um anel anterior, feito de electro,
    uma mulher usa braceletes nos tornozelos ou volumosas calças "Ali Babá" por sob as
    saias. Nos afrescos, algumas mulheres vestem capuz. O uso de tintas em afrescos de
    Micenas e num túmulo de Creta indica que algumas mulheres usavam saias feitas de
    peles de animais.

18 Ver Rehak (2005) sobre exemplos em marfim; para um exemplo em anel de sinete de ouro,
    ver NMA 3180.

19 Eurípides, *As troianas* 1042.

20 Hughes-Brock (1998), 260.

21 Propércio 3.14.17-20. Trad. A. Dalby (2000), 146.

22 *Heroides* 16, carta de Páris a Helena. Trad. H. Isbell.

23 Plínio, *História natural* 33.23.81.

24 Museu Britânico B376.

25 Trad. P. Forbes (1967) 363, de "Le Sein d'Hélène", um ensaio de 1937; e parabéns a Vintage
    Direct por esse fascinante *website*.

26 *Ilíada* 3.273 [LCL 3.228].

27 Agradecimentos a Peter Millett.

QUINTA PARTE
JOGOS DE AMANTE

16 A maçã de ouro

1 Isócrates, *Elogio de Helena* 54. Trad. L. van Hook.

2 A imagem no espelho curvo estava levemente distorcida, o rosto diminuído, o mundo
   claramente visível no fundo.

3 Também era bastante comum que os artistas e autores clássicos juntassem Helena a um
   espelho. A imagem é poderosa; ela é tanto um *eidolon* (um fantasma, um reflexo) quanto
   uma mulher cuja imagem é enganadora. Ver Hawley (1998), 46-47 para um bom debate
   mais completo. Sobre Helena nos espelhos, ver "Elina" em *LIMC*.

4 Museu Fitzwilliam GR.19.1904.

5 Por exemplo, *LIMC* n°s 83 e 86.

6 Eurípides, *As troianas* 1107-8. Trad. J. Morwood.

7 Eurípides, *Orestes* 1112. Trad. P. Vellacott.

8 Por exemplo, *Ilíada* 3.146 [LCL 3.121].

9 Hesíodo, *Catálogo das mulheres e Eoiae* 68-45 e *passim*.

10 Safo, fragmento 23; Eurípides, *Helena* 1225. Ao longo dos séculos, desde então os heróis
    sempre têm sido louros. Os romanos, mestres de artifícios, chegavam a usar perucas lou-
    ras — tanto porque era moda como para afirmação de suas credenciais heróicas.

11 Quinto de Esmirna, *A queda de Tróia* 14.39-70. Trad. A. S. Way.

12 Ovídio, *Metamorfoses* 3.138-252.

13 Byron, *Don Juan*, Canto Quatorze.

14 Os egípcios tinham obsessão pela "beleza": ver Manniche (1999) para indícios de seus conhecimentos sobre cosméticos e outros ingredientes de beleza. Há também um poema de amor, do papiro Chester Beatty 1, datado de 1450-1500 a.c., que trata longamente dos componentes da beleza da mulher: ver trad. de M. Lichtheim (1976), *Ancient Egyptiarn Literature*, vol. 2, 182-5. Agradeço a Nicole Doueck por sua ajuda.

15 Há uma palavra híbrida do grego antigo, "*kalokagathia*", que pode ser traduzida diretamente como "bondade bela" ou "a nobreza conjunta da aparência e da conduta" — *kalos* significa beleza, e *agathos*, bondade. Muitos acreditavam que as duas coisas estavam inextrincavelmente ligadas. Os homens (os gregos se eximiam de aplicar a noção de *kalokagathia* às mulheres) eram bons porque eram belos — um rosto perfeito era simplesmente a cobertura de um espírito perfeito. No mundo de contos de fadas da Branca de Neve e Cinderela, igualmente, a beleza absoluta indica a virtude absoluta. *Kharis*, a beleza de Helena, demonstra também maturidade e potência sexuais. Heródoto nos fala de um visitante olímpico chamado Filipe de Croton que era venerado pelo povo de Egesta (não-grega) como herói, simplesmente por causa de sua perfeição física. A cidade ergueu um santuário ao herói em seu túmulo e seu culto heróico prosseguiu durante várias gerações (Heródoto 5.47). No *Banquete* de Platão, Alcibíades — o lúbrico renegado que durante algum tempo esteve do lado dos arqui-inimigos de Atenas, os espartanos — considera Sócrates (cuja feiúra era famosa) uma notável exceção à regra da *kalokagathia*. E embora o filósofo haja mudado de idéia durante a vida, em suas obras iniciais Platão parece considerar a beleza um sinal exterior de virtude. Outros pensadores mantiveram laboriosamente vivo o tema da "beleza é igual a bondade". Em 260 d.C., Plotino, homem de nome latino que parece ter nascido no Egito e escrevia em grego, concluiu em sua obra mais conhecida, *Da beleza*, que *to agathon* era a forma mais perfeita de *to kalon*. Mas Helena, "a mais bela mulher do mundo", o preocupava. Em outro tratado, *Da beleza inteligível*, ele pergunta: "*De que fonte, então, surgiu o brilho da beleza de Helena, por quem os homens lutaram, ou a de todas as mulheres semelhantes a Afrodite em beleza?*" Plotino, *Da beleza* (*Enéada* 1.6) e *Da beleza inteligível* (*Enéada* 5.8). Trad. A. H. Armstrong.

16 No pensamento neoplatônico, a partir do século V d. C., a beleza de Helena era interpretada como representando a beleza do cosmos — uma beleza que leva as almas a um mundo em guerra. Ver Proclo, *Comentário sobre a República*.

17 Tanto Heródoto quanto Aristóteles notaram com interesse que em várias culturas antigas a beleza ou a perfeição das formas justificava a autoridade política. Aristóteles, *Política*, 1290b5, trad. S. Everson: "Um governo em que as funções oficiais fossem distribuídas segundo a estatura, como se diz ser o caso na Etiópia, ou segundo a beleza, seria uma oligarquia; pois o número de homens altos ou belos é pequeno." Na *História etíope* de Bion lê-se que os etíopes escolhiam os homens de melhor aparência física para serem reis. Cf.

Ateneu, *Deipnosofistas* 13.566c. Ver também Heródoto: "Diz-se que esses etíopes... são os homens mais altos e mais belos... eles consideram digno de ser rei o cidadão que consideram mais alto e possuidor de força proporcional a sua estatura." Heródoto 3.20. Trad. A. D. Godley.

18 Górgias era considerado um dos melhores oradores de seu tempo e dizia-se que recebera elogios em Olímpia, nos Jogos Olímpicos, onde sua platéia teria sido próxima a 20 mil pessoas, assim como em sua terra natal na Sicília. Ver Platão, *Górgias* 458c, para uma indicação da popularidade do orador no mundo antigo.

19 Lembro-me de tiritar de frio do lado de fora do Instituto de Artes Contemporâneas em Londres, no Mall, numa fila de outras pessoas que esperavam receber bilhetes de desistentes para assistir ao debate "Que é a Beleza?" em 2004. Era um grupo misto, de artistas e acadêmicos, turistas e advogados, jovens que pareciam trabalhar na indústria de publicidade, jovens mães que pareciam cansadas. Numa era em que é possível manufaturar rápida e facilmente coisas belas e gente bonita, ainda parecemos desejar acreditar que a beleza em si mesma possua uma qualidade abstrata. O folheto do programa prometia uma vívida exploração do assunto. Por que motivo a beleza possui poder? É possível definir a essência da beleza? O que, na verdade, é a beleza? A questão parece ser eternamente fascinante.

20 Ateneu, escrevendo no século II ou III d.C., relata esses concursos em seu *Deipnosofistas* em 13.565 e segs. e 13.609 e segs., sendo este último um concurso de beleza masculina registrado por Teofrasto.

21 *Agones:* ver p. 73. (acrescentar o número da página na edição do livro em português)

22 Hawley (1998), 53, n. 7, enumera diversas fontes antigas sobre concursos de beleza realizados em Tênedos e Lesbos.

23 Ver Spivey (1996), 37, ilustração nº 16: Staatliche Museum zu Berlin, nº F4221.

24 Ao descrever a educação das moças atenienses, Aristófanes articula a beleza como qualidade definidora da moça *completa.* Ver Calame (1997), 197, sobre Aristófanes, *Lisístrata,* 641-7.

25 Comentário sobre os *Idílios* de Teócrito 18.22-5, 39-40.

26 Essa é uma tradição que naturalmente continua; no *Roman de la Rose,* de Jean de Meun, um poema do século XIII d.C., Helena é também citada como o padrão de toda a beleza.

27 Referência vinda de M. E. Waithe (1992), *History of Women Philosophers,* vol. 1: *Ancient Women Philosophers 600 BC-500 AD.* 198, citando Mozans, pseudônimo de J. A. Zahm (1913), *Women in Science,* 197-9 (Nova York: Appleton).

28 Ateneu, *Deipnosofistas,* 12.554c.

29 Ver Hawley (1998), 38; cf. Ateneu, *Deipnosofistas* 13.565.

30 Ver, por exemplo, *Cípria* fragmento 1; *Ilíada* 24.28-30 [LCL 24.29-30]; e Ovídio, *Heroides* 16.51-88. Ver Gantz (1993), 567-71 para fontes literárias e artísticas mais completas.

31 Assim como Páris, Helena seria "desumanizada" pelo desejo. A mãe de Páris, Hécuba, brada a Helena, na peça *As troianas,* de Eurípides: "*Meu filho era mais belo do que todos os outros homens. Tu olhaste para ele e sua sensatez se tornou cipriana ao ver-te.*" Eurípides, *As troianas* 991-2. Trad. M. Gumpert (2002), 79.

17 Portadores de presentes

1 Diógenes Laertius, *Vidas de eminentes filósofos*, 5.18: "Ele declarou que a beleza é melhor recomendação do que qualquer carta de apresentação." Trad. R. D. Hicks.

2 Uma escultura conhecida como "O Efebo de Antiquitera" — talvez obra de Cleonte de Sicion ou Eufranor.

3 Os preparativos de Páris para o combate ocupam vários versos, comparados com breves dois versos para a vestimenta militar de Menelau: "o magnífico Páris, consorte de Helena dos cabelos louros. *Primeiro ele envolveu as pernas com armaduras bem-feitas / presas atrás dos tornozelos por fechos de prata / em seguida amarrou um peitoral em torno do tórax, pertencente a seu irmão Licáon, e que servia muito bem para ele /depois, por sobre o ombro, Páris pendurou a espada / a fina lâmina de bronze de cabo cravejado de prata / e logo o cinturão do escudo e o grande e rude escudo e por sobre a poderosa cabeça colocou um elmo bem forjado / e a crina que havia sobre ele se agitava, arrepiada de terror...*" *Ilíada* 3.385-94 [LCL 3.239-37].

4 Os que conheciam ou compartilhavam as opiniões de autores como Heródoto, ver capítulo 23.

5 Ver Higino, *Fábulas*; também Píndaro, *Pavana* 8a. A história também serviu de base para a peça perdida de Sófocles, *Alexandros*.

6 *Ilíada* 3.16-18 [LCL 3.15-17].

7 Dares, *The Fall of Troy: a History*, 12. Trad. R. M. Frazer, Jr.

8 *O Polemos tis Troados*: uma Ilíada bizantina (c. século XIV d.C.). Trad. Myrto Hatzaki. Agradeço ao dr. Hatzaki o uso da tradução.

9 Por intermédio de um personagem chamado Nereu.

10 *Odes* 1.19-24, em T. Creech (1684) *The Odes, Satyrs, and Epistles of Horace: Done into English*. Londres.

11 Os deuses hititas aparecem com os cabelos em forma de rabo-de-cavalo e encimados por um grande chapéu cônico.

12 Ver Hoffner (2003) e Macqueen (1975), 101.

13 Sabemos por restos de fauna que os aristocratas da Idade do Bronze caçavam lobos, ursos, leopardos e panteras nas florestas do noroeste da Anatólia.

14 Latacz (2004), 28.

15 *Cípria*, fragmento 1.

16 *Ilíada* 3.44-5 [LCL 3.39].

17 Cujos descendentes Rômulo e Remo prosseguiram e fundaram Roma.

18 *Cípria*, fragmento 10.

19 Tábua de Cnossos Ld 573.

20 Ver, por exemplo, Boccaccio, *De mulheres famosas*, sobre "Helena, esposa de Menelau". Boccaccio prossegue descrevendo a história como de amor à primeira vista: "E ali ele se apaixonou por Helena tão logo a viu no resplendor da beleza celestial, no abandono de sua elegância real, e desejosa de ser admirada." Ver G. A. Guarino (1964), autor desta tradução.

21 *Cípria*, fragmento 1.

22 Para uma útil visão da história do relacionamento entre os hititas e Vilusa, ver o Tratado de Alaksandu (*CTH* 76: há numerosos fragmentos de tábuas).

23 Gênese 23:3 e II Reis 7:6. ver também Bryce (1998), 389-91.

24 Para uma vista geral do clima e geografia hitita, ver Hoffner (2003).

25 Alguns outros centros de poder hitita: Tabigga, na província de Tokat, Shapinuva, na província de Corum e Sarissa, na província de Sivas.

26 M. Riemschneider (1954), *Die Welt der Hethiter* (Stuttgart: Kilpper), 93 e seg.

27 A escrita chegou à Anatólia, em caracteres cuneiformes, no início do segundo milênio a.C.

28 Ver Bryce (2003).

29 *EA* 7:71-2 e *EA* 7:64-70; ver Moran (1992). Neste parágrafo e no anterior baseei-me principalmente em Bryce. Mais uma vez, devo-lhe muita gratidão por ajudar-me tanto com este projeto.

30 *Cipria* fragmento 1. Apolodoro relata na *Epítome* 3.3 que Menelau hospedou Páris durante nove dias, antes de partir para o enterro do pai no décimo dia.

31 Hesíodo, *Catálogo das mulheres e Eoiae* 67.7. Trad. H. G. Evelyn-White.

32 Heródoto 2.113-19.

33 Dio Crisóstomo. *The Eleventh* ou *Trojan Discourse.* Trad. J. W. Cohoon.

34 A história completa está narrada em Heródoto 2.112 e segs.

35 Por exemplo, *EA* 4:47-50, segundo Moran (1992).

36 No reino de Tudhaliya (IV).

37 Ver Bryce (1998), 345 (RS 17.159 [PRU IV 126] 1-10).

38 Ver Bryce (1998), 344-7.

39 Trad. A. M. Miller (1996), 45.

18 Alexander Helenam Rapuit

1 Duffy (2002). Reproduzido por amável permissão do autor.

2 Páris é também chamado de Alexandre por Homero e dali em diante passou a ser conhecido pelos dois nomes. Por que motivo Homero fez isso? Uma possibilidade é que estivesse conjugando a realidade histórica com os mitos locais da Anatólia ao dar ao seu príncipe troiano nomes de heróis vindos de ambas as fontes.

3 *Cípria*, fragmento 1.

4 Apolodoro, *Epítome* 3. Trad. J. G. Frazer.

5 Ovídio, *Heroides* 16 e 17. Trad. H. Isbell. Na "Argumentação introdutória" da tradução feita por Dryden da carta de Helena a Páris, ele opina: "Toda a carta mostra os extremos artifícios do gênero feminino." Dryden, *Poetical Works*, 514 (Oxford Standard Authors, citado em R. Trickett, "The *Heroides* and English Augustans", em Martindale (1988), 193.

6 Apolodoro, *Epítome* 3.3. Trad J. G. Frazer.

7 Visitas ao sítio em 1985-2005.

8 Paris, Louvre OA 1839.

9 Acredita-se que o artista seja Gubbio: Paris, Louvre OA 1849.

10 Limoges, datado do século XVI. Paris, Louvre OA 2044.

11 Paris, Louvre OA 7339.

12 Ver *Ilíada* 24.33 [LCL 24.28] sobre o "ate" de Páris, e *Odisséia* 4.293 [LCL 4.261] onde Helena se refere ao seu próprio "abandono". Ver também Lindsay (1974), 28.

13 Heródoto 2.120.

14 Croally (1994), 95.

15 *Ilíada* 14.209-25 [LCL14.170-83].

16 *Ilíada* 3.62 [LCL 3.53].

17 *Ilíada* 6.415 [LCL 6.350].

18 Termo às vezes utilizado para descrever o consorte de uma deusa.

19 Fui atraída por essa idéia devido à obra de Bella Vivante.

20 *Alexander Helenam Rapuit* é a anotação com que Isidoro de Sevilha explica a importância de Helena para sua teoria universal (compilada no século VII d.C.).

19 A fêmea da espécie é mais mortífera do que o macho

1 O fragmento foi encontrado no Egito em 1906 e publicado em 1914 por Grenfell e Hunt. A tradução usada aqui é de Josephine Balmer, de (1984) *Safo: Poemas e fragmentos* (Londres: Brilliance Books) republicado (1992) (Newcastle upon Tyne: Bloodaxe). Reproduzido mediante permissão. Aparece em Margaret Reynolds (2003) *The Sappho History* (Palgrave: Macmillan), 6-7.

2 O "debate sobre Safo" parece prosseguir indefinidamente. Alguns argumentam que ela era uma ficção, inventada a fim de criar um gênero de poesia "feminina". Para conhecer os argumentos de que ela possa ser fictícia, ver Prins (1999), 8.

3 Eliano, fragmento 190. Trad. N. G. Wilson.

4 Platão, *Fedro* 235bc.Trad. M. Williamson (1995), 12.

5 *Antologia palatina* 9.506; testemunho 60 em Safo, trad. D.A. Campbell em *Greek Lyric.*

6 Os papiros em apreço são de propriedade da Sociedade de Exploração do Egito e estão na Biblioteca Sackler, em Oxford, conservados em pastas de papel ou entre lâminas de vidro. Continuam a ser estudados e a cada ano novos exemplares são publicados, mas várias gerações se passarão até que o trabalho de processamento esteja terminado. O Fragmento 16 (conhecido por seu número de referência P.Oxy. 1233) está guardado na Biblioteca Bodleian, Oxford.

7 Williamson (1995), 55.

8 Ver Pomeroy (2002), 46-8 sobre poliandria e fontes antigas de sua prática pelos espartanos.

9 Plutarco, *Licurgo* 15.6-7.

10 A obra de Coluto foi escrita no reinado do imperador Anastasio I (491-518 d.C.).

11 Coluto, *Rapto de Helena* 314; 254; 393-4. Trad. A.W. Mair.

12 Ver Bate (1986), 19, para uma lista mais extensa.

13 Ilustração em *Consolo da filosofia,* de Boécio. Cambridge, Trinity Hall MS 12, fólio 69: ver Baswell e Taylor (1988), 297. Na página seguinte do mesmo manuscrito, Agamêmnon leva numa bandeja a cabeça de sua filha Ifigênia.

14 Ver o excelente "Heroic Hype, New Style: Hollywood Pitted Against Homer", em *Arion* 12.1 (primavera/verão 2004): 171-87.

SEXTA PARTE

EROS E ÉRIS

20 *A prostituta Helena*

1 Clemente de Alexandria, *Paidagogos — O Instrutor* 3.2: "Contra o embelezamento do corpo". Trad. W. Wilson. Anteriormente, numa seção intitulada "Contra o Excessivo Apreço por Jóias e Ornamentos de Ouro", o autor chama de "Helenas" as mulheres que se enfeitam ricamente sem serem realmente belas. Clemente era teólogo grego, um dos fundadores originais da literatura cristã.

2 O título completo é *Ylias Daretis Phrygii*; para facilidade de referência, será mencionado daqui em diante como *Trojan War.*

3 *Trojan War* 4.189. Joseph baseou seu relato em *A queda de Tróia,* de Dares. No capítulo 12, Dares também descreve a *cruribus optimis* dela. Agradeço a Neil Wright a ajuda neste e outros trechos.

4 No *Paidagogos* Clemente de Alexandria trata com certo detalhe do caso de Helena e sua desgraça: "Pois a mente se deixa levar pelo prazer; e o princípio não conspurcado da razão, quando não instruído pela Palavra, descamba para a licenciosidade e sofre uma queda como devida recompensa de sua transgressão. Exemplo disso são os anjos, que renunciaram à beleza de Deus por uma beleza que desmaia e por isso caíram do Céu para a terra." Capítulo 2. Trad. W. Wilson.

5 E Joseph vai mais além, dissecando Helena a fim de investigar seu coração, pulmões, baço e "concupiscente" fígado: "Mas a coceira em seu fígado sensível a atraiu com mais lascívia do que devia, destruindo o valor de sua merecida fama e pervertendo os louvores devidos a seu amor inato. Esse fígado é um monstro que não pode ser vencido por nenhum abutre voraz, pedra que rola, roda que gira ou água que reflui; quando seu desejo, lasso e frio, parece morto e enterrado, eis que os fogos antigos surgem novamente em seus férteis tecidos. Assim, um único órgão é a perdição total de Helena, e levanta o mundo inteiro para o desastre quando os reinos se chocam na guerra." *Trojan War* 4.193 e segs. Trad. Neil Wright.

6 Joseph de Exeter, *Trojan War* 3.330-8. Trad. A. K. Bate. A tradução depende efetivamente da interpretação da palavra *incumbens,* que tanto pode compreender a idéia de que Helena esteja "por cima" quanto que esteja cingida ao corpo de Páris.

7 De Lille nasceu em Lille, c. 1120 d.C.

8 Alan de Lille, *O lamento da natureza* 135 e 71. Trad. JJ. Sheridan. Ver também 217.

9 Payer (1984), 22.

10 Brundage (1993), 87.

11 Ver Baswell e Taylor (1988), 306.

12 De *A Gorgeous Gallery of Gallant Inventions*, de Thomas Proctor (1578), em Rollins (1926), 81.

13 Ross, *Mystagogus Poeticus* 161.

14 Acreditava-se que a beleza de Helena, por definição, a tornava impura. Como escreveria Thomas Heywood em sua *Troia Britannica*, de 1609: "Beleza e castidade são adversárias/ É difícil encontrar uma mulher casta e bonita..."

15 Ovídio, *A arte do amar* 359-72. Trad. J. H. Mozley.

21 As dores de Afrodite

1 Eurípides, *Ifigênia em Áulis* 544-51. Trad. R. E. Meagher (2002), 28 Eurípides descreve o fortíssimo calor do relacionamento com Afrodite, a deusa do amor.

2 *Cípria*, fragmento 4. Trad. M. Davies (1989).

3 Coluto, *O rapto de Helena* 155-8. Trad. A.W. Mair.

4 *Ilíada* 3.461-71 [LCL 3.400-7].

5 Ver a citação na epígrafe deste capítulo.

6 Ver B. Geoffroy-Schneiter (2003) *Greek Beauty* (Nova York: Assouline), 5.

7 Hesíodo, *Teogonia* 190-206.

8 Pausânias 1.23.1-3.

9 Ovídio *Heroides* 16.123-5. Trad. G. Showerman.

10 Ovídio, *Heroides* 16. (excertos) Trad. G. Showerman.

11 Propércio, *Elegias* 2.15.13-14. Trad. G. P. Goold.

12 Para uma lista completa de fontes antigas que tratam desse aspecto de *eros* ver Carson (1986), 148.

13 Também se imaginava que Eros amava a beleza: "*Pois é verdade universal que ninguém escapou ou escapará de Eros enquanto houver beleza e olhos para vê-la.*" Longus, *Pastorais de Daphne e Cloé* (século II-III d.C.).

14 Xenofonte, *Memorabilia* 1.3.12.

15 Hesíodo, *Teogonia* 121.911.

16 Vernant (1991), 101, traduzindo um fragmento de Álcman.

17 Afrodite é freqüentemente encontrada no panorama natural. Na peça de Ésquilo *Agamêmnon* 741, Helena é uma "flor de amor que devora os corações".

18 Marlowe, *The Tragical History of Dr. Faustus*, ver capítulo 43.

19 Górgias, *Elogio de Helena* 4. Trad. D. M. MacDowell.

22 Os espumantes caminhos do mar

1 *Ilíada* 3.54-7 [3.46-9].

2 Coluto, *Rapto de Helena* 328 e segs. Trad. A. W. Mair.

3 *Ilíada* 3.516-28 [LCL 3.441-50].

4 Helena aparece em moedas de Githion em forma de árvore entre os Dióscuros: Lindsay (1974), 221, e n. 16, citando Chapouthier (1935), 149.

5 Ver Roscher (1884), 1950-1, sobre Helena.

6 Apolodoro, *Epítome*, 3.3-4.

7 As câmaras mortuárias próximas, em Mavrovouni, foram usadas como *bunkers* pelos alemães durante a Segunda Guerra Mundial.

8 Paris, Louvre, Département des Arts Graphiques INV. 20268.

9 As peles de animais teriam sido parte integrante da moeda desde que os humanos começaram a comerciar entre si, e portanto não admira que o talento, precursor da cunhagem em metal, fosse feito de blocos de bronze em forma de couros de boi, alguns do tamanho de cães pequenos.

10 Latacz (2004), 45.

11 Em *Odisséia* 4.80 e segs. pode-se encontar uma lista completa de destinos.

12 Afirma-se que um comentarista posterior deu à estrela dela o nome de Urania — ver Lindsay (1974), 211, e o comentarista de Statius, *Tebaida* 7.92, sobre a idéia de Helena como estrela.

13 Ver, por exemplo, R. A. Goldtwaite (1993), *Wealth and the Demand for Art 1300-1600* (Baltimore).

14 Dares, *A queda de Tróia* 10.

15 Cf. Helena sobre túmulos etruscos; ver p. ...... (acrescentar o número da página na edição em português) (Introdução).

16 Galeria Nacional, L667.

17 Visita ao sítio em 2003.

18 Museu Britânico, ANE E29793 e E29785. Para maiores informações sobre as tábuas de Amarna, ver Moran (1992).

19 Descoberta próximo à costa mediterrânea da Turquia em frente à ilha grega de Megisti.

20 Um sistema alternativo de datação para a Idade do Bronze no Egeu está resumido em Warren e Hankey (1989).

21 Cline (1994), xviii. Michael Wedde esclareceu-me que a rota mais rápida para o Egito — aproveitando o vento do norte — poderia partir de Creta, diretamente para o sul com uma escala na Líbia, e depois seguir para o leste até o delta do Nilo. A rota de regresso poderia seguir a costa sírio-palestina utilizando os ventos leves que sopram da terra à primeira luz da tarde para viajar à vela em direção norte. Agradeço a ajuda nesse trecho.

22 Heródoto 2.117, citando fragmento de *Cípria*. Em seu comentário a este trecho, Lloyd (1988) nota que outros *testimonia* da *Cípria* contradizem o relato de Heródoto, afirmando em vez disso que Páris fez escala em Chipre e na Fenícia a caminho de Tróia; cf. Apolodoro, *Epítome* 3,1 e segs.

23 *Ilíada* 6.341-6 [LCL 6.289-92].

24 Sobre Linear B, ver, por exemplo, Ae 303: Ventris e Chadwick (1973), 166. Ver também Ventris e Chadwick (1973), 409-10 sobre o tema de mulheres estrangeiras cativas e escravas. Sobre fontes hititas, ver Bryce (2002), 51-5, referenciando, por exemplo, KUB XIII 4, sobre punições a escravos no mundo hitita.

25 Novamente, existem apenas fragmentos de Stesicoro. Suas idéias e sua poesia ressurgem nas obras de Platão e Eurípides, entre outros.

26 Isócrates. *Elogio de Helena* 64; Platão, *Fedro* 243 a; Pausânias 3.19.11.

27 Ver West (1975); 7 e n. 10.

28 Heródoto, 2.112.

29 Ver Visser (1938) para mais debate sobre o culto de Helena no Egito.

30 Um fragmento de Hekataios também diz que Helena esteve no Egito: FrGrH1, F308, 309.

31 Heródoto 2.113-20. Trad. de A. de Sélincourt.

32 Afrescos de estilo minoano foram recentemente identificados no Egito.

33 A hegemonia minoana permitira estreitas relações comerciais entre os estados do Mediterrâneo oriental, mas é no século XIII a.C. que encontramos laços de comércio fortes e regulares em toda uma ampla região dessa parte do Mediterrâneo.

SÉTIMA PARTE

TRÓIA CHAMA

23 O Leste é o Leste e o Oeste é o Oeste

1 Catulo 68.87 e segs. Trad. F.W. Cornish.

2 No período romano, um bloco de pedra foi plasmado para representar o *onfalos* e exibido em Delfos. Está ainda no Museu de Delfos.

3 Helena está presente em Delfos numa frisa que decora o tesouro Sifniano (esculpida talvez no século VI a.C.). No folclore grego, Menelau e Ulisses visitaram Delfos a fim de perguntar se deveriam viajar a Tróia. O oráculo aconselhou que primeiro oferecessem a Atená Prónoia um colar com que Afrodite anteriormente presenteara Helena. Parece ter havido efetivamente atividade de culto em Delfos na Idade do Bronze tardia — ali foram encontradas 175 estatuetas femininas de terracota, no santuário de Atená Prónoia.

4 Pausânias 10.12.2. Trad. W. H. S. Jones.

5 Agradeço a Phiroze Vasunia pela ajuda sobre este ponto.

6 Na introdução à sua edição da peça de Ésquilo *Os persas*, Hall (1996) relata de que forma a representação dessa peça foi usada para objetivos políticos em muitas outras ocasiões.

7 P.Oxy.3965.

8 Ver Erskine (2001), 61-92, sobre a mistura entre persas e troianos no pensamento ateniense do século V.

9 Heródoto 1.5 e 1.4. trad. A. D. Godley.

10 Heródoto 6.32 e 6.31.

11 Na área geográfica de Caria.

12 Ver McQueen (2000), vii.

13 Sem dúvida Heródoto possuía o instinto do espetáculo. Acredita-se que o historiador fez récitas públicas de suas obras — um bom desempenho mereceria uma doação. Ele foi um dos saltimbancos intelectuais do mundo antigo. Conta-se que Tucídides se emocionou até as lágrimas ao assistir a um de seus recitais em Olímpia. Mas se isso foi apenas um entusiasmo juvenil, certamente não durou muito, porque o mais jovem dos dois historiadores mais tarde denunciou o mais velho (por implicação) como mercador de contos fictícios.

14 O tratado de Hipócrates *Ares, águas, lugares*, do século V a.C., afirma, a respeito das condições amenas da Ásia Menor, que: "*A coragem, a persistência e o espírito elevado não poderiam surgir nessas condições, nem entre os nativos e nem entre os imigrantes*" (12).

15 Eurípides, *As troianas* 993-7. Trad. M. Hadas e J. H. Mc Lean.

16 Eurípides, *Helena* 926 e segs. Trad. R. Lattimore.

17 Ver Hall (1996), 10, e para uma opinião ligeiramente alternativa, Erskine (2001), 70-2 e 79-92, sobre troianos e persas na iconografia do século V.

18 Isócrates, *Elogio de Helena* 67-9. Trad. L. van Hook.

19 Sêneca, *Troade* 892-8. Trad. A. J. Boyle.

20 Ao descrever os carianos (ancestrais geográficos e talvez genéticos do historiador Heródoto), os comentaristas helênicos e bizantinos preferiam considerar "típicas" as passagens da *Ilíada* nas quais o "cérebro" grego vence o "músculo" troiano e por isso promoveram orgulhosamente Homero como chauvinista no sentido original da palavra, um partidário fanático dos interesses nacionais (neste caso, gregos).

21 A história de Tróia foi constantemente usada com objetivos políticos, escritores bizantinos a promoveram como demonstração da supremacia grega, e em 1580-1581 o poeta romântico Torquato Tasso publicou sua *Gerusalemme liberata* ("Jerusalém Libertada"), que descreve a invasão de Jerusalém pelos Cruzados. O estudioso clássico escocês Thomas Blackwell, em sua obra *An Inquiry Into the Life and Writings of Homer* (1735), considera a invasão de Tróia pelos gregos "*Um prodigioso encontro dos mais valentes habitantes e filhos das mais nobres famílias de uma nação livre, ampla e belicosa, empenhados em uma luta violenta de paixão e armas contra outra, de maneiras mais afeminadas*" (301): citado em Williams (1993), 93 e segs.

22 KUB XIV 3 (*CTH* 181): ver Bryce (1998): 321-4.

23 Para um debate amplo sobre a designação Ahhiyawa, ver Latacz (2004), 121-8.

24 Strabo, *Geografia*, 4.169.

25 Tábua KUB 26.91 (Bo 1485).

26 Este texto, descoberto em 1924, proporcionou, segundo alguns, certas informações; embora o autor provavelmente tenha sido, o rei de Ahhiyawa, que falava grego, pode ser interpretado como tendo sido escrito em caracteres cuneiformes hititas. Um rei da Grécia continental pode haver estado suficientemente envolvido em assuntos da Anatólia para ter de comunicar-se na mesma língua. Material inédito no momento da redação deste livro.

27 A mistura da história de Helena com um desastre natural, o efeito das nuvens de poeira de um asteróide, é uma das explicações aventadas para seu aspecto dramático. Alguns acadêmicos preferem um raciocínio mais prosaico — pode-se argumentar com base em pesquisas sólidas que a Guerra de Tróia tenha sido um conflito a respeito de direitos de pesca. Mas indícios dendrocronológicos provenientes de anéis de troncos de árvores fortalecem a teoria do desastre natural. É possível que um escândalo que envolveu as famílias reais micenenses e troianas tivesse sido um ato incandescente numa época de crescente instabilidade. Desde que existe registro do tempo, mudanças climáticas de origem sísmica e desastres ecológicos têm sido acompanhados por guerras humanas. Mudanças na quantidade e no abastecimento de alimentos, aniquilação ou criação de novos canais de comunicação e a destruição de povoações são fenômenos que freqüentemente impelem grupos humanos a estados de conflito. Não há muitas razões para pensar que esse período da pré-história tenha sido diferente. Os antigos preferiram pôr a culpa pela guerra não em tempestades e nuvens de poeira trazidas do céu, mas em Helena. Para um debate sobre a atividade cósmica da época, ver M. Baillie (2000) *Exodus to Arthur: Catastrophic Encounters with Comets*. Londres: Batsford.

28 Aristóteles, *História dos animais* 551a(24).

29 *Ilíada* 9.412.

24 A bela Tróada

1 Esta foi uma de suas últimas cartas enviadas pelo poeta Rupert Brooke a seu país, dirigida a Violet Asquith, durante a Grande Guerra de 1914-18. Keynes (1968), 662.

2 Visita ao sítio em 1988.

3 Margaret Adelaide Wilson, "Gervais (Morto em Dardanelos)", em Reilly (1981) 129.

4 Latacz (2004), 41.

5 Bryce (2005) observa que os três reinos de importância primordial na Anatólia ocidental eram Mira, a terra do rio Seha e depois Wilusa — a que hoje chamamos Tróia.

6 Provas textuais testemunham importações curiosas, como o culto de uma imagem de um deus mandada de Ahhiyawa a um dos reis dos hititas. KUB v. 6 (*CTH* 570) ii.57-64.

7 Bryce (2002), 5.

8 Os nomes e palavras gregas parecem ter sido absorvidos pela língua hitita, e o mesmo aconteceu com muitos da linguagem "lúvia", provavelmente o idioma falado em Tróada. Note-se, por exemplo, que a palavra lúvia composta *priiamuua* significa "excepcionalmente corajoso" —

seria essa a raiz do nome do rei Príamo? Um nome considerado adequado para grandes reis? Ver F. Starke (1997) "Troia im Kontext des historisch-politischen und sprachlichen Umfeldes Kleinasiens im 2. Jahrtausend", em *Studia Troica* 7:447-87, esp. 456-8.

9 Na *Ilíada* 6. 138-282 [LCL 6.119-238] conta-se a história do troiano Glauco e do grego Diomedes, que se encontram no campo de batalha. Glauco revela que seus antepassados tinham originalmente vindo de Corinto, na Grécia continental, mas depois foram exilados na Anatólia. O motivo dessa humilhante expulsão da terra natal fora o apetite sexual desmesurado e em seguida a ira de uma rainha lasciva chamada Antéia. Esta — originalmente da região da Lícia — se apaixonara por um belo príncipe de Corinto de nome Belerofonte, mas seus avanços foram rejeitados: '"...*louca por Belerofonte, a bela Antéia tinha o desejo de unir-se a ele, tudo em segredo... ela não conseguiu jamais seduzir a férrea vontade do homem, sua decisão firme e madura.*" *Ilíada* 6.188-90 [LCL 6.160-2]. Antéia, confusa devido à frustração, jurou que na verdade Belerofonte havia tentado seduzi-la, e o marido, furioso, arquitetou o exílio do príncipe, colocando em sua bagagem mensagens secretas que exigiam sua execução. A referência de Homero a tábuas escritas dobradas — que em seguida ficaram preservadas nas condições de ausência de ar no naufrágio de Uluburun — é mais uma indicação de que diversas histórias contadas por ele não provêm da "Idade das Trevas", que não conhecia a escrita, mas da Idade do Bronze tardia. Os exemplos de Uluburun eram feitos de madeira, e um deles ainda conserva traços de cera e dobradiças de marfim. Exilado na Lícia, no sudoeste da Anatólia, Belerofonte na verdade mostrou ser um verdadeiro herói, matando, entre outros, o monstro Quimera e fundando uma nova dinastia em solo anatólio. *Ilíada* 6.181-252 [LCL 6.154-211]. Sobre a "dinastia", ver *Ilíada* 6.244-52 [LCL 6.206-11] . Um dos descendentes de Belerofonte foi o herói da Lícia que lutava com Glauco. Ao descobrirem suas origens comuns, os dois guerreiros, lício e grego, resolveram não combater, mas homenagear-se mutuamente. Selaram seu novo relacionamento da forma tão apreciada na Idade do Bronze e na do Ferro, com uma troca de presentes: a *xenia* em ação. Os dois não eram irmãos em armas, mas descobriram ser irmãos de sangue. "*Ambos os guerreiros saltaram dos carros de combate, apertaram-se as mãos e trocaram juras de amizade.*" *Ilíada* 6.278-9 [LCL 6.232-3.] A pequena história de Glauco e Diomedes é útil. Reforça o estereótipo das mulheres como sendo perigosas e indignas de confiança. Mas celebra também o fato de que a "Idade dos Heróis" era uma época e lugar de mescla racial, na qual povos e indivíduos se movimentavam livremente em ambas as direções atravessando o Dardanelos e o Bósforo, época em que enseadas naturais como a baía de Besik receberiam regularmente gregos micenenses.

10 Alguns argumentam que o poema épico de Homero deriva, em parte, de fontes orientais devido a esse tipo de intercâmbio. Menestréis itinerantes de Tróada teriam recitado ciclos surpreendentemente semelhantes aos que surgiram mais de 500 anos depois em Homero. A própria história de Homero pode dever muito a fontes hititas, ou pelo menos a fontes babilônias ou húrrias por intermédio do mundo hitita. Uma obra literária, *A epopéia de Gilgamesh* (originalmente sumério), tem trechos nos quais, substituindo-se os

nomes homéricos pelos do poema de Gilgamesh, parecem ser ecos um do outro. Há mulheres tentadoras — muito semelhantes a Circe e às sereias — e Ishtar, que alguns igualam a Afrodite e até mesmo à própria Helena. O Ciclo Épico Kumarbi pode ser entendido como apresentando forte paralelo com Hesíodo.

11 102 foram escavados, 35 continham restos de esqueletos que representavam 95 indivíduos. Agradeço ao dr. Hans Jansen por sua ajuda neste assunto.

12 Uma década depois de saquear Constantinopla em 1453 d.C., o sultão Mehmet, o Conquistador, visitou Tróia. A viagem foi uma bem organizada operação de relações públicas. Ali o governante otomano declarou que ao derrotar os gregos ele havia vingado seus ancestrais troianos. Ver Rose (1998), 411.

13 Heródoto 7.43.

14 Cícero, *Pro Archia* 24. Trad. N. H. Watts.

15 Em 48 a.c., Júlio César viajou pelos arredores ao perseguir seu arqui-rival Pompeu, declarando que "Pérgamo (Tróia) se erguerá romana." Sua visita foi vividamente imortalizada pelo escritor romano Lucano: "Ele leva consigo um nome memorável — Tróia incendiada... hoje bosques ermos e troncos apodrecidos cobriram as casas de Assaracus e, com raízes já fatigadas, ocupam os templos dos deuses, e toda Pérgamo está velada por moitas; até mesmo as ruínas sofreram o esquecimento." Lucano, *Guerra civil* 9.964-99. Trad. S. M. Braund.

16 A distância entre o portão da cidade e o da fortaleza é de apenas cerca de 80 metros.

25 As torres sem topo de Ílion

1 H.D., *Helena no Egito* 2.6, em H. Gregory (1961), 242. Reproduzido por gentil permissão da Editora New Directions, Nova York. Note-se que se trata de Helena no Egito, e não Helena em Tróia.

2 Ver Latacz (2004), 216. n° 4, citando M. Korfmann (1997), "TROIA" — Ausgrabungen 1996, *Studia Troica,* 7; 1-71.

3 Os gregos arcaicos a chamavam *Ilion*; depois ficou conhecida como *Ilium Novum.*

4 Ver Fitton (1995), 48. Este grafitto foi registrado no final do século XVII.

5 A idéia de Clarke foi publicada em Londres por William Gell em 1804 em um volume intitulado *The Troad* ou *The Topography of Troy.*

6 Fitton (1995), 59.

7 Os métodos arqueológicos de Schliemann podem ter sido quase vandálicos, mas ele na verdade foi o último de uma longa lista de visitantes pouco cuidadosos do sítio. Outros, embora inadvertidamente, já tinham feito o possível para destruir os restos da Idade do Bronze sepultados em Hisarlik. Como Tróia (graças a Homero e ao Ciclo Épico) era um sítio estratégica, cultural e emocionalmente importante, havia sido repetidas vezes arrasado e depois reocupado ao longo dos séculos. Colonos gregos, helênicos, romanos e bizantinos canibalizaram os materiais de construção e destruíram a arqueologia sobrevivente ao organizarem suas próprias vidas.

8 Fitton (1995), 68.

9 Embora as conclusões de Schliemann (e sua técnica de escavação) fossem em parte equivocadas, as atuais escavações no sítio confirmam sua suposição básica de que o lugar de Tróia em Hisarlik é efetivamente tanto a *Ilios* de Homero quanto a *Wilusa* da Idade do Bronze tardia — uma cidade rica e entreposto comercial no centro de diversos conflitos do século XIII a.C. O desenvolvimento das atuais escavações pode ser acompanhado no *website Project Troia* ou no periódico *Studia Troica*.

10 Schliemann (1870) "Les fouilles de Troie", em *Levant Herald*, 3 de junho de 1870; e ver Allen (1999), 131.

11 Para um debate sobre as condições exatas da descoberta ver Easton (1981) e Traill (1984).

12 Para um relato da redescoberta desse tesouro do Museu Pushkin de Moscou, ver M. Siebler (1994) "Eine andere Odyssee: Vom Flak-Bunker zum Pushkin Museum" em *Troia-Geschichte-Grabungen-Kontroversen*. Mainz: Antike Welt. Ver também, Easton (1994).

13 Moorehead (1994), 229.

14 Moorehead (1994), 92-5. Os diários e cartas de Schliemann estão guardados na Biblioteca Gennadius, Atenas.

15 Moorehead (1994), 35.

16 H. Schmidt (1902) *Heinrich Schliemann's Sammlung Trojanischer Altertuemer* (Berlim), 232-3.

17 Achados como esse em Tróia atestam a contínua e excepcional riqueza da cidade — sem dúvida acumulada por meio do comércio internacional.

18 As obras no prédio foram iniciadas em 1878.

19 A própria *Iliou Melathron* é uma mistura de estilos ao longo da Antigüidade. Schliemann gastou muito de seus próprios recursos financeiros para realizar seus sonhos domésticos e o projeto custou 439.650 dracmas. Nas paredes há cópias de afrescos de Pompéia pintados por um artista esloveno, Yuri Subic. O pavimento de mosaico contém motivos de Tróia e Micenas e a casa é protegida por sólidos portões e grades que correm entre severas esfinges. Tudo é muito diferente da cabana construída em parte de troncos cobertos de musgo onde Schliemann começou a vida. Hoje em dia *Iliou Melathron* é o principal museu numismático da Grécia; é adequado que o homem que adorava Mamon tenha involuntariamente construído para o deus um de seus melhores santuários.

20 Houve escavações em 1932-8 sob a supervisão de Carl W. Blegen, da Universidade de Cincinnati, retomadas em 1981 em Besik Tepe por uma equipe internacional dirigida por Manfred Korfmann. Os trabalhos continuam ainda hoje, e os achados estão guardados no Museu Canakkale. Detalhes em *A Guide to Troia* (1999) do diretor e equipe das escavações (Istambul: Ege Press).

21 Wilusa se refere ao reino de Tróia e quase certamente seria o nome dado à cidade.

22 Em Latacz (2004) *passim*, pode-se encontrar argumentação detalhada sobre a questão da identificação de Wilusa com Tróia e do monte Hisarlik com elementos históricos no poema épico de Homero; sobre a designação Wilusa, ver especialmente 82-3.

23 Museu de Belas Artes, Boston, 13.186.

24 Madrid, Biblioteca Nacional n° 17805: Guido M S, fol. 46; (data, c. 1350).

25 *Chronique Universelle, dite la Bouquechardière* (Crônica Universal) de Jehan de Courcy. Nova York, Pierpoint Morgan Library, M214, fol. 84.

26 Scherer (1963), 37, Fig. 37.

27 Há um quadro de Helena, em maravilhosa pose, do artista Guido Reni. A grande tela de Reni, pintada no século XVII, está em um dos longos corredores do Louvre. O quadro possui seu próprio e complexo simbolismo (grande parte da composição parece ter sido planejada pensando na política européia), mas é um bom exemplo da apreciação da narrativa de Helena sem necessidade de estar baseado em um estupro. Ver Colantuono (1997).

28 Apesar do fato de Homero, entre outros, dizer-nos que a principal das ajudantes de Helena era a ama Etra (idosa mãe de Teseu, raptada por sua vez por Castor e Pólux quando resgataram Helena de Afidna, ainda menina).

29 Tema brilhantemente tratado por Ruth Bernard Yeazell (2000) *Harems of the Mind: Passages of Western Art and Literature* (New Haven, CT: Yale University Press).

30 "... que Filênis e Elefantine mais tarde imitaram, entregando-se a outros atos licenciosos". Trad. H. Parker (1992), 92. Filênis e Elefantine eram duas entre nove escritores cujos nomes conhecemos como autores de manuais sexuais. Acredita-se que Filênis viveu *c.* 370 a.C., e Elefantine c. século I a.C.: ver Parker (1992), 94.

31 S.V. *Astianassa*, 4.261, em *Suidae Lexicon,* org. A. Adler, Vol. 1, 393.

32 Ver Parker (1992) para mais amplo debate sobre antigos manuais sexuais.

33 Ésquilo, *Agamêmnon*, 403-8.

34 *LIMC,* n° 191.

35 Todos os detalhes do Manuscrito vêm de Baswell e Taylor (1988) com reforço de Buchthal (1971).

36 *Ilíada* 6.576 [LCL 6.483-5]

37 II Reis 7:6.

38 H. P. e M. Uerpmann (2001) *Leben in Troia — Pflanzen und Tierwelt*, em: Archiaölogisches Landesmuseum Baden-Württemberg *et al* (orgs.), *Troia — Traum und Wirklichkeit* (Stuttgart: Theiss), 315, especialmente Fig. 325.

39 *CTH* 284.

40 Para maior informação, ver S. Penner (1998) *Schliemanns Schachtgräberund und der europäische Nordosten Studien zur Herkunft der frühmykenischen Streitwagenausstattung* [*Saarbrücker Beiträge zur Altertumskunde 60*] (Bonn).

41 Por exemplo a estela tumular de pedra do Túmulo Vertical V Círculo de Túmulos A, Micenas, hoje no Museu Arqueológico Nacional em Atenas, NMA 1428.

42 Ver, por exemplo, os afrescos de Tirinto: *Krater* bacia profunda em Nauplion 14336; vaso pintado em *krater* anforóide, Londres BM C357.

43 Agradeço a Mike Loades pela pesquisa, guia e coordenação da operação, a Robert Hurford, construtor de carros e a Jonathan Warterer, treinador.

44 Ver Bryce (2005), capítulo 4: "Os vizinhos do Egeu."

45 Às vezes quatro; um condutor, um arqueiro e dois infantes móveis.
46 *Ilíada* 8.76-7 [LCL 8.64-5]
47 *Ilíada* 24.944 [LCL 24.804]
48 Houve graves epidemias de malária em todo o Mediterrâneo oriental durante a Idade do Bronze.

26 Mansões douradas do Oriente

1 *Ilíada* 2.912-14 [LCL 2.803-4].
2 O quadro que emerge das tábuas da civilização hitita é o de uma entidade poderosa, formada por diversos Estados ou reinos — a maioria governada por um rei ou uma rainha. Alguns eram controlados diretamente de Hattusa, outros tinham seus próprios governantes locais, outros ainda eram "zonas tampão", que separavam, por exemplo, o mundo hitita e o reino húrrio de Mitanni (que ocupava grande parte do norte da Mesopotâmia, norte da Síria e partes da Anatólia oriental).
3 Para esta parte apoiei-me muito em Bryce (2002) — ponto de partida essencial para o entendimento do mundo hitita.
4 Debatido longamente por A. Ünal (1994), "The Textual Illustration of the 'Jester Scene' nas Esculturas de Alaca Höyük", em *Anatolian Studies* 44:207-18.
5 Ver A. Goetze (1957) *Kulturgeschichte Kleinasiens* (Munique: Beck), 94.
6 Também há algumas mulheres da realeza mencionadas como SAL. LUGAL.GAL (Grande Rainha, rainha legal).
7 *CTH* 76.
8 Ver Latacz (2004), 118.
9 No mínimo não deveria deixar de ser notado que Homero usa nomes para seus personagens perfeitamente adaptados ao seu lugar e tempo. Em tábuas em Linear B foram encontrados 58 nomes que também aparecem em Homero, inclusive um Aquiles, cujo nome está inscrito em uma tábua vinda de Pilos numa lista de rações para operários em um festival (Fn 79), e um Heitor, que era "escravo do deus" nas tábuas relativas a propriedade de terras em Pilos (por exemplo, Eb 913 e En 74).
10 A "Carta de Milawata": *CTH* 182 (KUB 19.55 e KUB 48.90). A "Carta de Milawata" revela intrigas na corte de Tróia, falando de um rei troiano (Valmu) que havia sido deposto e depois foi restaurado graças à intervenção dos hititas.
11 Édito de Telipinu: *CTH* 19.
12 Apologia de Hattusili III.9.3.3 (*CTH* 81).
13 Afrodite não aparece em tábuas em Linear B — ausência que alguns estudiosos atribuem à noção de que Helena seja uma figura proto-Afrodite.
14 Hino húrrio a Ishtar, KUB XXIV (*CTH* 717) i.38-40, adaptado por G. Beckman (2000) em "Goddess Worship — Ancient and Modern", em *A Wise and Discerning Mind: Essays in Honor of Burke O. Long*, orgs. S.M. Olyan e R. C. Culley (Providence), 11, de uma tradu-

ção de H. Gütterbock (1983), "A Huro-Hittite Hymn to Ishtar", *Journal of the American Oriental Society* 103:156.

15 Os selos ainda sobrevivem: Selo da rainha hitita Puduhepa, no Museu de Corum 1.973.90.

16 RS 17.133.

17 Não há registro de datas para esse evento, que possivelmente ocorreu no reinado de Urhi-Teshub *c.*1272-1267 a.c. durante a guerra civil com Hattusili.

18 No outono de 1246, a filha de Puduhepa foi finalmente mandada ao Egito em uma viagem organizada e monitorada por sua mãe a fim de casar-se com Ramsés II. Mas nesse ponto a história desaparece: como muitas outras mulheres que faziam parte do tráfico humano entre as cortes aristocráticas, a vagarosa filha de Puduhepa parece ter-se tornado nada mais do que mais uma integrante do harém em Fayum. Ver Bryce (2002), 125.

19 Ver Bryce (2002), capítulo 2; "O povo e a lei".

20 Cláusula 28a, "As leis".

21 Cláusula 197, "As leis".

22 "Se ele os trouxer ao portão do palácio [o pátio real] e disser: ' Minha mulher não morrerá', poderá poupar a vida da esposa, mas também deverá poupar o amante. Em seguida poderá velá-la [a esposa]. Mas se disser; 'Ambos morrerão', e eles 'rolarem a roda', o rei poderá mandar matar os dois ou poderá poupá-los." (Cláusula 198, "As leis").

27 A frota zarpa

1 Ésquilo, *Agamêmnon* 414-19. Trad. A. Carson.

2 Ver *Cípria*, fragmento 1.

3 Na versão de Dictys da história, Menelau manda uma missão diplomática de Creta tão logo toma conhecimento da infidelidade de Helena em Esparta.

4 *Ilíada* 3.247-69 [LCL 3.205-24] e Apolodoro, *Epítome* 3.28-9. Segundo a *Cípria*, os gregos enviaram uma embaixada após uma tentativa inicial de desembarque e uma escaramuça na costa de Tróia. Segundo Heródoto 2.118, foram mandados emissários depois que o exército grego desembarcou em Tróia, mas receberam a informação de que Helena e o tesouro na verdade estavam no Egito, e não em Tróia.

5 *Ilíada*, 11.143-65 [LCL 11.122-42].

6 Trad. Beckman (1996), 91-2.

7 Extraído de KBo I 10 + KUB III 72 (*CTH* 172). Trad. A. L. Oppenheim (1967). *Cartas da Mesopotâmia* (Chicago e Londres), 139-40. Citação retirada de Bryce (1998), 293.

8 Ver parágrafo 1 da tábua de Alaksandu.

9 Ver Beal (1995), 547.

10 Ver Gantz (1993), 576-82.

11 Em algumas versões da história, a frota já zarpou e a embaixada diplomática é enviada logo que os gregos desembarcam em solo troiano. Essa pode ser a sugestão da *Ilíada*: ver *Ilíada* 3.247-69 [LCL 3.205-24].

12 *Ilíada* 2.265 [LCL 2.227].

13 *Ilíada* 8.331-2 [LCL 8.291-2].

14 Em geral presume-se que seja filha de Clitemnestra, embora em variações do mito surja como filha de Helena. Na imaginação de alguns foi a poderosa atração de Helena que deu vida a Ifigênia e a arrastou a uma morte prematura. Ver também Gantz (1993), 582-8, para um resumo de fontes antigas desta história.

15 É em *Ifigênia em Táuris*, de Eurípides, que pela primeira vez encontramos menção ao estratagema de Aquiles. Ver Gantz (1993) para variações euripideanas.

16 Ésquilo, *Agamêmnon* 259-78 [LCL 225-43]. Trad. A. Shapiro e P. Burian (2003).

17 Eurípides, *Ifigênia em Áulis* 1166-70. Trad. P. Vellacott. Produção apresentada em The Gate. J. W. von Goethe, *Sob a maldição*, uma nova versão de Dan Farrelly.

18 Eurípides, *Ifigênia em Áulis* 1264-5. Trad. R. E. Meagher.

19 Embora em Eurípides, *Ifigênia em Áulis*, Ifigênia aceite a morte como uma honra.

20 *Ilíada* 2.573 e segs. [LCL 2.484 e segs.]

21 Ver E. Visser (1997) *Homers Katalog der Schiffe* (Stuttgart e Leipzig: Teubner), 746.

22 Resumo da descoberta em Latacz (2004), 240 e segs.

23 Godart e Sacconi (2001), 542.

24 Latacz (2004), fig. 24.

25 Ver Latacz (2004), para um debate mais completo.

26 Latacz (2004), 154 e segs. e 260 e segs.

27 Carta do rei de Ugarit ao rei de Alashia (parte de Chipre); RS 20.238, linhas 27-31, do arquivo de Ugarit. Publicado em *Ugaritica* 5 como nº 24.

28 Agradeço a Michael Wedde pelo detalhado auxílio com este trecho e com a informação de que por volta de 1200 a.C. Ugarit possuía uma frota de 150 navios.

29 Para um panorama mais completo e competente, ver Morgan (1988), capítulos 9-10 e Placa colorida C.

30 Embora, como assinalei, Tróia na verdade seja bem próxima a Esparta por mar, na imaginação épica a distância se tornou grande, como diz Aquiles (*Ilíada* 1.184-5 [LCL 1.156-7] ao observar que não tinha diferenças pessoais com os troianos e que o ataque é preventivo. "*Vejam a infinita distância entre nós... sombrias cordilheiras, mares que se elevam e trovejam.*"

OITAVA PARTE

O CERCO DE TRÓIA

28 Helena, destruidora de cidades

1 *Ilíada* 2.420-3 [LCL 2.354-6].

2 FJL (, ω ter horror, afastar-se com repugnância) e Ò6DL ` , 41 (causar arrepio de medo) também são usados em relação a Helena: ver Clader (1976) para maior debate.

3 *Ilíada* 2, *passim*.

4 *Ilíada* 1.1-2 [LCL1.1-2].

5 *Ilíada* 1.33-6 [LCL 1.29-31].

6 *Ilíada* 13.830. Trad. J-P. Vernant (1991), 100.

7 *Ilíada* 13.959-60 [LCL 13.829-31].

8 Para um excelente resumo das encarnações agressivas/sexuais da deusa oriental Ishtar (equivalente a Afrodite) ver Bryce (2002), 147.

9 E assim como o desejo e a morte, o sexo e a violência eram para os gregos dois lados da mesma moeda, duas formas diferentes de exprimir a mesma ânsia primordial, uma coisa podia levar à outra. Como elegantemente resumiu Platão "não há outra causa para as batalhas, guerras e distúrbios civis senão os desejos do corpo". Platão, *Fedro*, 66c.

10 *Ilíada* 2.183-90 [LCL 2.157-62].

11 *Ilíada* 3.196 e segs. [LCL 3.162 e segs.].

12 *Ilíada* 3.179 e segs. [LCL 3.149 e segs.].

13 *Ilíada* 3.185-90 [LCL 3.145-8].

14 Ver R. Naumann (1971) *Architektur Kleinasiens von ihren Anfängen bis zum Ende des hethitischen Zeit* (Tübingen: Ernst Wasmuth), 252. Homero descreve Tróia orgulhosa de "*eudmetos purgos*" (uma torre bem construída).

15 Marlowe, *Dr. Faustus* (Texto B) V.i.95.

16 Ver Korfmann *et al.* (2004) "Was There a Trojan War?" Sobre a difamação das afirmações de Korfmann, ver D. Hertel e F. Kolb (2003) "Troy in Clearer Perspective", em *Anatolian Studies* 53: 71-88 e F. Kolb (2004) "Troy VI: A Trading Center and a Commercial City?", em *American Journal of Archaeology* 108: 577-614.

17 Korfmann (1993), 27 e segs.

18 *Ilíada* 16.816 e segs. [LCL16.698 e segs.]

19 Ver Latacz (2004), 40 e n. 47, e Korfmann (1998).

20 Visita ao sítio em 1995.

21 Museu de Manchester 1977.1048. Em muitas versões desse desenho popular de vaso, os homens estão tão absortos que Atená tem de aparecer para recordar-lhes que começou uma batalha feroz à sua volta.

22 A temporada típica de campanha ia de abril a setembro.

23 Tratado de Alaksandu, 20.

24 1997-8.

25 Latacz (2004), 83.

26 *Ilíada* 22.183 [LCL 22.153].

27 Para uma visão geral útil, ver Korfmann *et al.* (2004).

28 Para datas alternativas de Tróia VI, ver Mountjoy (1999).

29 O uso de uma "almofada" de terra acima da rocha ao reconstruir Tróia VII depois de Tróia VI pode sugerir que os troianos, havendo sofrido graves danos em terremotos, procuraram utilizar a arquitetura de forma a reduzir os efeitos de atividades sísmicas posteriores. Para maior debate ver Mountjoy (1999), 254-6, e Rapp e Gifford (1982) capítulo 2.

29 A sombra escura da morte

1 *Ilíada* 16.407-13 [LCL 16.344-50].
2 *Ilíada* 3.516.28 [LCL 3.441-50].
3 *Ilíada* 6.68-70 [LCL 3.58-60].
4 Como figura no capítulo 42, na época medieval o banho de sangue selvagem e enlameado de Homero se transforma em um conto de moralidade, prudência e atuação de estadista.
5 *Ilíada* 5.161-4 [LCL 5.145-7] e 5.321-5 [LCL 5.290-3].
6 Ver Korfmann (1996), 34.
7 *Ilíada* 2.650 [LCL 2.560].
8 Um esqueleto encontrado no Túmulo Gama em Micenas indica que outro guerreiro também passou por um exame craniano.
9 Todas as informações vêm de Arnott (1999). Agradeço a Robert Arnott pela ajuda para este projeto.
10 Ver Mayor (2003), 41-62 para um debate sobre a guerra biológica na Idade Heróica.
11 *Ilíada* 1.60 [LCL 1.52].
12 Bryce (2005). Texto de KBo IV 6 (*CTH* 380), obv. 10' — 15'. Trad. O. Gurney.

30 Uma linda morte — Kalos Thanatos

1 Sorley (1922), 82. Na mesma obra encontram-se estes versos: "*As histórias, depois que o vinho do Porto era servido! Os maravilhosos ardis do velho Ulisses, o velho Agamêmnon e os erros de sua autoridade, e aquele jovem e insolente Páris — que na verdade não gostava de Helena — somente para aborrecê-la é que ele realmente...*"
2 Idéias ampla e elegantemente debatidas em Vernant (1991).
3 Os espartanos aprendiam a receber de bom grado a morte no campo de batalha.
4 Num mundo em que a vida da comunidade se passava quase exclusivamente em uma série de espaços públicos, o reconhecimento público era uma *raison d'être*. Como elucida Vernant: "As mesmas palavras — *agathos, esthlos, areté* e *timé* — podem denotar berço nobre, riqueza, sucesso, coragem marcial e fama. Não existe distinção clara entre os conceitos." Vernant (1991), 56.
5 Para exemplos neolíticos vindos da Grã-Bretanha, ver R. Mercer e F. Healy, orgs. (a ser publicado). *Hambledon Hill, Dorset, England: Excavation and Survey of a Neolithic Monument Complex and Its Surrounding Landscape.* English Heritage Archaeological Reports.
6 Sorley (1922), 85.
7 Pelly (2002), 10.
8 Patrick Shaw-Stewart, "Untitled", em B. Gardner, org. (1986), *Up the Line to Death: The War Poets 1914-18* (Londres: Methuen), 59-60. Shaw-Stewart foi morto em ação em 1917. Ver também capítulo 37, n. 22.

9 *Ilíada* 18.623-6 [LCL 18.535-8].

10 J.-K. Huysmans escreveu, a respeito do quadro: "Ela se destaca contra um horizonte sinistro, encharcada de sangue, e vestida com um manto incrustado de gemas, como um oratório. Seus olhos estão muito abertos, com um olhar catatônico. A seus pés, uma pilha de cadáveres. Ela é como uma deusa perversa que envenena todos os que se aproximam dela."

11 Primeira visita ao sítio em fevereiro de 1995.

12 Em todos os quadros de Moreau a rainha de Esparta aparece forte e decidida. Conservados em prateleiras giratórias nas paredes de sua antiga casa há dezenas de esboços a lápis, pena e tinta e *crayon* de modelos vivos. Uma mulher, de pernas longas e bom físico, é o protótipo usado para Helena. Assim como as Helenas para as quais serviu de modelo, essa mulher não se parece com a maioria das demais figuras femininas da sala — flácidas, nuas e disponíveis — é uma mulher dura por dentro.

13 Em um quadro no terceiro andar, o rosto oval e vazio de Helena se repete no globo pálido da lua acima dela.

31 A queda de Tróia

1 Eurípides, *Helena* 256 e segs. Trad. D. Kovacs.

2 *Ilíada* 6.407 [LCL 6.344]

3 Ver *Ilíada* 3.218 [LCL 3.180]; 6.408 [LCL 6.344]; 6.421 [LCL 6.356]; e *Odisséia* 4.162.

4 *Ilíada* 6.415-16 [LCL 6.351-2].

5 Eis outro herói que morre por ela, e mesmo assim, ao morrer, atinge o *kleos*. Ver Clader (1976) para maior debate.

6 *Ilíada* 24.909-13 [LCL 24.773-5].

7 Quando Ulisses se disfarça de mendigo e entra furtivamente na cidade a fim de avaliar as fortificações de Tróia, Helena astuciosamente o reconhece mas não o denuncia a seus novos aliados. Em vez disso, banha o rei de Ítaca e o unge de óleo, jurando que mudou de idéia e deseja ardentemente regressar a sua terra. Anos mais tarde essa história é relatada no palácio de Esparta, mas fica prejudicada pela tentativa de traição de Helena a respeito do cavalo de Tróia.

8 Especialmente na versão de Virgílio da história, que aparece na *Eneida 6*.

9 Virgílio, *Eneida* 6.515-19.

10 Esta história é contada na *Odisséia* 4.310-24 [LCL 4.277-89].

11 Lesches, via Apolodoro, aparentemente sugeriu que fossem 3 mil, mas esse número é discutido pelos eruditos; ver Gantz (1993), 649 e n. 86.

12 *Pequena Ilíada*, fragmento 20.

13 BM 1899.2-19.1.

14 De KUB XIII 4, ver Bryce (2002), 52.

15 431-404 a.C.

16 Tucídides, 3.67.

17 Tucídides, 5.116.

18 Paráfrase da produção de Tyrone Guthrie em Nova York. Agradeço a Michael Wood pela ajuda.

19 Referência Tebas TH Gp 164: Godart e Sacconi (2001), 541.

20 Bryce (2002), 105.

21 Ovídio, *Metamorfoses* 12.607-8, mostra a repugnância de Aquiles ao ser derrubado por uma flecha — lançada pela "mão feminina" de Páris.

22 O caráter de Páris, no entanto, foi modificado para melhor pelas dinastias européias dos períodos medieval e renascentista, que pesquisavam seus ancestrais até os troianos. Assim, em sua *Gallery of Gallant Inventions* Proctor observa que "Se Helena não tivesse sido tão leviana, *Sir* Páris não morreria na luta"; ver Rollins, org. (1926).

23 Tanto os textos hititas quanto os judaicos se referem à prática dos casamentos de viúvas com os irmãos dos maridos, conhecida no Velho Testamento como levirato.

24 Higino, *Fábulas* 240, diz que a própria Helena matou Deífobo.

25 Virgílio, *Eneida* 6.494-512. Trad. D. West.

26 Stesícoro, 201 *PMG*. Ver Gantz (1993), 651.

27 *Pequena Ilíada*, fragmento 19, *EGF*.

28 Eurípides, *Orestes* 1286. Trad. M. L. West.

29 Os antigos não deixaram de perceber o duplo sentido; no período romano, o órgão genital feminino têm o nome da bainha de espada, "*vagina*".

30 Museu de Míconos 2240 (*c.* 675 A.C.). *LIMC* no. 225; ver E.C. Keuls (1985).

31 Para um debate mais completo de todos os exemplos ver Hedreen (1996).

32 Tradução baseada em Clemente (1958), 49.

33 Eurípides, *Andrômaca* 629-30. Trad. J. F. Nims em Grene e Lattimore (1958).

34 Museu Britânico, GR 1865.7-12.4.

35 Ver Pipili (1992), 179-84, esp. 183-4, sobre faixas de escudos do Peloponeso que parecem mostrar Helena recuperada por Menelau, ou talvez seu rapto por Páris.

36 Ver French (2002), 16.

37 *The Collected Poems of Rupert Brooke* (Nova York: John Lane, 1915).

NONA PARTE
HELENA IMORTAL

32 Esparta, sua terra

1 Gladstone (1858), vol. 2, 488.

2 *Odisséia* 4.631-41 [LCL 4.561-9].

3 Pela análise das tumbas micenenses analisadas até agora, a população parece ter dentes muito deteriorados a partir dos vinte anos de idade. Um tecelão de 40 anos (que em termos dentários pode ser considerada uma ocupação de risco), enterrado no cemitério de Armenoi em Creta em algum momento entre 1340 e 1190 a.C., perdeu 23 de seus 32 dentes.

4 Eurípides, *As troianas* (1046-50). Trad. K. McLeish.

5 Eurípides, *As troianas*. Trad. K. McLeish.

6 As referências ao assassinato de Agamêmnon aparecem a partir do século VII a.c. A primeira afirmação de que ocorreu no banho está em Ésquilo, *Oréstia*. Ésquilo foi quem colocou a faca na mão de Clitemnestra.

7 *Odisséia* 4.234 [LCL 4.210].

8 *Odisséia* 4.141 [LCL 4.127].

9 *Odisséia* 4.90-5 [LCL 4.81-5].

10 Ver também Eurípides, *Helena, passim.*

11 Heródoto 2.119.3.

12 Em 360 a.c., Agesilau, famoso rei de Esparta, morreu na Líbia, num lugar chamado "enseada de Menelau". A enseada é mencionada em Strabo, *Geografia*, 17.3.22.

13 Aristodemo, *FrGrH* 22 F (1a).

14 Ver Hughes (1989), um bom estudo geral. Uma tábua em Linear B (tábua Tn 316 vinda de Pilos) foi tentativamente interpretada como uma relação de vítimas de um sacrifício humano oferecido aos deuses junto com ouro. Na Grécia continental, foram escavados túmulos que contêm esqueletos em posições ou configurações atípicas. No modesto sítio de Kazarma, uma tumba *tolos* foi escavada na década de 1960; segundo o relato, foram encontrados dois esqueletos ajoelhados junto à entrada, do lado de dentro. Eram visivelmente homens pobres; não tinham objetos enterrados junto a si, simplesmente um colar feito de caroços de oliva e abricó. Poderiam ter sido escravos ou servos favoritos, mortos na pilha de pedras da entrada do túmulo? Assassinados a fim de viajarem com seu senhor ou senhora em direção ao Além? Quem seguir de carro durante vinte minutos saindo de Micenas encontrará o sítio de Prosimna, no alto de um monte. Ali, no túmulo VII, também há outra curiosa figura da Idade do Bronze tardia, um esqueleto deitado numa pilha de pedras, com uma grande laje de calcário pressionando os ossos. Na cidade baixa de Micenas, no Túmulo n° 15, seis indivíduos que parecem ter morrido, ou sido assassinados no mesmo momento, foram colocados uns sobre os outros. Todos os dados desta nota vêm de Hughes (1989).

15 Visita ao sítio em 2001.

16 Ver Sakellarakis e Sapouna-Sakellaraki (1997) para uma introdução aos achados em torno de Arcanes.

17 Possuímos esses indícios excepcionais para essa terrível cena somente porque no mesmo momento o ritual estava em curso. Creta foi abalada por um terremoto. As paredes do santuário desabaram, esmagando os que ainda estavam vivos no interior. Talvez os minoanos acreditassem que Posídon, o que faz tremer a terra, já tivesse enviado tremores de advertência pelo território. Talvez a vítima do sacrifício, um homem na flor da idade, estivesse sendo oferecido numa tentativa desesperada de aplacar os terríveis e volúveis deuses? Posídon aparece nas tábuas Linear B: ver Ventris e Chadwick (1973), 126, com exemplos atestados em Cnossos e Pilos, p. ex. Un 718.

18 *Odisséia* 4.146-7 [LCL 4.130-2].

19 Barber (1994).

20 Páris foi enterrado ao lado de sua primeira mulher Enone, segundo Strabo, *Geografia* 13.1.33, escrita em algum momento durante os reinados de Augusto e Tibério. A datação estimada da *Geografia* varia de *c.* VII a.C. a *c.* XVIII d.C.

21 Uma águia passa voando com um ganso nas garras prenunciando o triunfal regresso de Ulisses para retomar sua mulher Penélope e seu palácio em Ítaca.

22 Eurípides, *Orestes* 62-6. Trad. D. Kovacs.

23 Ver *Odisséia* 4 para uma descrição do palácio de Helena e Menelau em Esparta.

24 Ver Bergen (1981) para um debate do uso de drogas por Helena, definindo a dualidade de seu caráter.

25 *Odisséia* 4.220-6 [LCL 4.220-6]. Trad. E. V. Rieu.

26 Agradeço ao professor Bradley C. Lenz pela informação de que, dadas as conexões de Helena e os micenenses com o Egito, essa droga poderia ter sido a mandrágora, que produz um estado de transe quando misturada ao vinho.

27 Hughes-Brock (1998), 251. Também havia contas imitando escudos em forma de 8.

28 Uma pedra de sinete vinda de Ipsopata está inscrita com a imagem de uma mulher que parece estar se erguendo da terra, ajudada por um jovem — uma epifania provocada pelo uso de narcótico? Thomas (1938-9).

29 Há referência ao ópio em um papiro tebano de 1552 a.C.

30 Ver Arnott (2005b).

31 Até a *Papaver rhoeas* L., a papoula vermelha, que deveria ser mais comum no continente (e em Creta), tem uma leve ação sedativa.

32 *Odisséia* 4.341-342.

33 Morte de uma rainha

1 *Eurípides*, Orestes 1130-1310. Trad. P. Vellacott. A história de Micenas foi transposta para Argos por dramaturgos atenienses após a aliança entre Atenas e Argos no século V a.C.

2 Eurípides, *Orestes* 1639-43. Trad. P. Vellacott.

3 Eurípides, *Orestes* 1683-90. Trad. P. Vellacott. O coro faz uma declaração final de três versos, mas além disso essas são as palavras finais da peça. Vellacott sugere na introdução que talvez Eurípides na "última vez em que se dirige pessoalmente a seus concidadãos" (1972: 68), antes de partir de Atenas para a Macedônia no final de sua carreira, tenha feito questão de esclarecer a ambigüidade que sempre conferiu às suas representações de Helena, pintando-a como personagem inteiramente simpático e finalmente divinizada por decisão de seu pai, Zeus.

4 Ovídio, *Metamorfoses* 15.232. Trad F.J. Miller.

5 Pausânias 3.19.9, sobre a história do enforcamento de Helena pelo vingativo Polixo.

6 Durante cerca de 300 anos antes das guerras de Tróia, a elite da Grécia continental costumava enterrar seus mortos com ostentação ainda maior. Muitos túmulos *tolos* eram inicialmente preparados de maneira complexa e depois abandonados, enquanto que as câmaras mortuárias mostram ricas oferendas. Começava a tornar-se obrigatório dar a parentes ou governantes uma despedida fabulosa, para que a transição desta vida para a outra fosse a mais aparatosa possível. Por volta do final do século XIV parece que os tempos foram ficando um tanto difíceis; os objetos eram destinados aos vivos mais do que aos mortos. Agradeço a Sofia Voutsaki a ajuda com este trecho.

7 Ambos assim chamados; não sabemos os nomes dos reis e rainhas que foram de fato enterrados aí.

8 Por exemplo, o governador turco Veli Pasha saqueou a Tumba de Clitemnestra, ato que produziu para ele uma fabulosa riqueza da noite para o dia. Wace (1964) assinala que o túmulo provavelmente havia sido roubado antes que Veli lá chegasse, mas que foi este, quase certamente, quem destruiu a cúpula.

9 E embora tivesse sido descoberto rico material de esqueletos, freqüentemente a determinação do sexo tem sido incorreta, ou não houve. Saber quais são os artefatos que pertencem a cada indivíduo pode ser tarefa difícil.

10 Ver Persson (1931), 16, sobre a descoberta de um sinete de cornalina encontrado junto ao pulso direito de uma rainha.

11 *Tolo* D. Arcanes, Creta, datado de LHIIIA2 (*c.* 1350 a.C.). Ver relato em Sakellerakis e Sapouna-Sakellaraki (1997) sobre a referência ao diadema de ouro: 186. Há *tolos* em Fourni (ver Apêndice 1).

12 Como na nota anterior.

13 Cavanagh e Mee (1998), 109.

14 Os *larnakes* de terracota que mostram essas cenas estão guardados no Museu de Tebas; ver também Cavanagh e Mee (1995), 45-61; e Immerwahr (1995), 109-21.

15 Aqui poderia haver crianças, por vários motivos. Seriam filhos ou filhas? Estariam ali para afastar os maus espíritos? Poderiam estar de certa forma aprendendo experiências com o cadáver antes que fosse enterrado ou cremado? Seriam as crianças símbolos de continuidade e renovação?

16 O "Túmulo de Clitemnestra" foi escavado por Sophia Schliemann.

17 Wace (1921-3).

18 *Tolo* D em Arcanes.

19 Sakellarakis e Sapouna-Sakellaraki (1997), 186.

20 Visita em maio de 2004.

21 Agradeço ao dr. Freisenbruch. Relatório da escavação de Persson (1931), 13-14.

22 Ver Demakopoulou (1990), 122. A tumba data de LHIIB-LHIIIA1.

23 Eram *quiliques*.

24 Ver o músico de lira em um dos lados longos do sarcófago de Agia Triada (também conhecido como Ayia Triada e Hagia Tríada). Ilustrações disponíveis em Immerwahr (1990), Placas 50-3.

25 Em um túmulo em Asine, um casal, ambos de 40 anos de idade, estavam aninhados um junto ao outro. O crânio da mulher estava parcialmente sobre o do homem; ver Hughes (1989), 43. Poderia ser um homicídio ritual ou um suicídio? Uma esposa fiel (ou mesmo um marido leal) que seguisse o(a) companheiro(a) na morte?

34 O fim da Idade dos Heróis

1 Barkan (2000), 106, traduzindo Boccaccio, *De mulheres famosas.*
2 Ver Forsdyke (1956) 62 e segs.: Heródoto estimou a data em *c.* 1250: com exceção da "presunção extravagante" de Douris de 1334 a.c., a média de cálculos antigos para a data da Guerra de Tróia era 1203 a.C.
3 Agradeço ao dr. Spyros B. Pavlides pela ajuda com dados sismológicos instrumentais a respeito do Egeu; ver também Ambraseys (1996) sobre a sismologia na Grécia entre o século V a.C. e o século XVIII d.C.
4 Ver Nur (1998), 144, sobre o efeito dos métodos de construção nos casos fatais em um terremoto; compare-se o terremoto da Armênia de 1993, de magnitude 6.8, que matou 10 mil pessoas, com o da Califórnia em 1989, de magnitude 7.0, que acarretou a morte de 50 pessoas.
5 Ver Papadopoulos (1996).
6 Agradeço a Tim Kirby.
7 Agradeço a Ken Wardle, Diana Wardle e Elizabeth French.
8 As figuras de "deuses destruidores" e "deuses das tempestades" possuem claras características orientais e tanto individualmente quanto em matéria de influência iconográfica poderiam ter sido importados, por exemplo, da Síria. Ver Houston-Smith (1962); também D. Collon (1972), "The Smiting God: A Study of a Bronze in the Pomerance Collection in Nova York", em *Levant* 4:III-34; J.V. Canby (1969), "Some Hittite Figurines in the Aegean", em *Hesperia* 38: 141-9.
9 *Ilíada* 2.661 [LCL 2.570].

35 "Tesouros perfumados"

1 H.D., *Helen in Egypt*, 1.8 (Palinode), em Gregory (1961), 16: Aquiles a Helena.
2 Pausânias 2.32.7-8.
3 Notas tomadas durante uma primeira visita ao sítio em 1988.
4 Pausânias 2.35.
5 *Ilíada* 2.650 [LCL 2.650]
6 Pausânias, 2.35.5-8 e 2.34.2
7 Isócrates, *Elogio de Helena*, 10.63.
8 Notas tomadas em novembro de 2003 numa conferência organizada pela Comissão de Arqueologia Grega (Reino Unido) feita pelo condutor da escavação, professor Alexander Mazarakis-Ainian, no Grande Salão, King's College, Londres.

9 Ver *Archaeological Reports* 2002-3: 75-6 sobre provas publicadas existentes. Haverá uma próxima publicação com o título "Inside the Adyton of a Greek Temple: Excavations on Kythnos (Cyclades)" em *Architecture and Archaeology in the Cyclades: Colloquium in honour of J.J. Coulton, Oxford Univesity, Lincoln College.* Agradeço ao professor Mazarakis-Ainian pela informação sobre este ponto.

10 Píndaro, *Ode Olímpica* 7.32. Agradeço a Simon Hornblower.

11 As incursões espartano-acadianas prosseguiram durante o século IV a.c. Ver Wide (1893) e Cartledge (1987), 328-9 sobre a campanha de Agesilau no Egito na década de 360.

12 Entre os admiradores da Helena egípcia estava a influente dinastia ptolomaica (grega).

13 Heródoto 2.212.

14 F. T. Griffiths (1979), 88, diz que o culto de Helena, especialmente a Helena casta, era popular no Egito e cita Heródoto 2.112 como referência, com sua identificação do santuário da "Afrodite Estrangeira" como sendo de Helena; mas também há Plutarco, *Moralia* 857b, que disse serem Helena e Menelau muito reverenciados entre os egípcios. No *Pannychis* (fragmento 227 Pf), Calímaco (poeta helênico que era o bibliotecário real em Alexandria no século III a.c.) a comemora como deusa, junto com os irmãos Dióscuros (*Diegesis* 10.7). Ver também Hunter (1996): Visser (1938), 19-20 e Wide (1893), 345.

15 O prato de outro foi trazido para o museu em 1908. A proveniência não é clara.

16 A inscrição foi feita em 9 de janeiro no ano 58 d.C. (quinto ano do reinado de Nero) por um certo Ploutas. Perdrizet (1936), 5-10 e Placa 1.

17 Chapouthier (1935).

18 Rosivach (1994), 28.

19 Licofronte, *Alexandra* 852-5.

20 "A Plea for Christians": W. R. Schoedel, org. e trad. (1972) *Atenágoras: Legatio* e *De Resurrectione* (Oxford: Clarendon Press).

21 Outubro de 2004.

22 No grego antigo, quando antecedida pelo C duro (que denota respiração ofegante) esta letra se transforma em "He" [com som de H aspirado — *N. do T.*].

36 A filha do oceano

1 Eurípides, *Orestes* 1629-43, 1673-4. Trad. P. Vellacott.

2 Os ídolos antropomórficos dos ritos de fertilidade eram regularmente retirados dos oratórios e santuários por funcionários dos templos a fim de serem lavados e renovados em riachos e fontes; acreditava-se que a água recuperava sua pureza e virgindade.

3 Hesíodo, fragmento 24 em Merkelbach e West (1967). Também Nêmesis — outra candidata material — iniciara a vida mitológica como ninfa.

4 Pausânias 2.2.3.

5 Pausânias 2.2.3.

6 Os romanos destruíram a cidade em 146 a.C., mas a reconstruíram em 44 a.C.

7   Ver Williams (1986), 21, sobre a sugestão de que não ocorriam relações sexuais no santuário
    do templo propriamente dito.

8   Píndaro, fragmento 107, 11.18 e segs.

9   Strabo, *Geografia* 8.6.20.

10 Ver Williams (1986), 18.

11 Os cristãos percebiam claramente o domínio de Afrodite sobre a imaginação dos homens
    e se dedicavam ativamente a uma luta para dirigir o foco dos fiéis, do amor carnal para o
    espiritual. Ao contrário da opinião pública, os cristãos não negavam o poder de Eros;
    consideravam-no um "matador", como Sófocles, Eurípides e outros dramaturgos. Em sua
    Epístola aos Coríntios, Paulo, que passara dois anos em Corinto à sombra do elevado tem-
    plo de Afrodite, não falava do fogo do inferno ao declarar: "É melhor casar-se a arder de
    desejo vão." (I Coríntios 7.9). Estava utilizando simbolismo e imagens gregas.

12 Para um interessante debate sobre a raiz do nome de Helena como atestado em dois *craters*
    do início do século VI, ver Skutsch (1987), 190; também R. Arena (1967), *Le inscrizione*
    Corinzie su vasi. Accad. Dei Lincei, série 8 xiii 2 (Roma); n°s 15 e 29.

13 Alguns gregos modernos ainda fazem imprecações a 'α (4α '+8, <Ol (e ocasionalmente
    em Lesbos esse é o nome dado a um arco-íris), embora possa haver aqui uma mistura
    com Santa Helena, mãe de Constantino. Ver Skutsch (1987), 92.

14 Stefano de Bizâncio, *Ethnika* 265.5. Gramático que na época vivia em Constantinopla,
    Stefano de Bizâncio foi provavelmente contemporâneo do imperador romano Justiniano.

15 Chamado Messeis: Pausânias 3.19.9.

16 Pausânias 2.32.7.

17 Embora Helena fosse homenageada em diversos lugares pelos romanos, tanto imperiais
    quanto republicanos, para eles ela era uma figura contestada de feminilidade. Ao con-
    trário de Lucrécia, que cometeu honroso suicídio após ser estuprada por Sextus
    Tarquinius, a Helena pós-Tróia permaneceu sem se arrepender nem ser punida. Certa-
    mente não era um modelo de jovem romana bem comportada. Assim como outras
    personagens femininas do cânone romano — Medéia e Cleópatra — Helena mudou o
    conceito romano de *virtus*.

18 Trajano foi imperador de Roma de 98 a 117 d.C. Para uma ilustração do altar, ver *LIMC*
    n° 19.

19 Plínio, *História natural* 19.92. Trad. H. Rackham. Cf. Dalby (2003), 131.

20 Plínio, *História natural* 21.59.4.

21 Strabo, *Geografia* 9.1.22.

22 A Guerra Civil grega durou de 1946 a 1949.

23 Também conhecido como Fogo de Santo Erasmo.

24 Conhecemos muito pouco a respeito de Sosibio, a não ser que era espartano e provavel-
    mente escreveu no século III a.C.

25 Statio, *Tebaida* 792-3. Trad. O. Skutsch (1987), 192. Ver também *Silvae* 3.2.8-12; e Sosibio
    FrGrH 595.

DÉCIMA PARTE
O ROSTO QUE FEZ ZARPAREM MIL NAVIOS

37 Helena em Atenas

1 Joseph de Exeter, *Trojan War* 6, 953-8. Traduzido por Neil Wright e reproduzido por sua gentil permissão.

2 Quando os dórios afirmaram descender de Hércules durante a tomada de Esparta, era importante enfatizar sua conexão com heróis e heroínas locais — um dos motivos para a promoção do culto de Helena. Eles precisavam provar que eram autóctones. Nesse sentido, Helena já gozava de influência política.

3 Cartledge (1997), 6.

4 Eurípides viveu *c.* 485-406 a.C.

5 Os argumentos são simples, porém inteligentes: "Bem então dê à luz Páris", diz Helena em certo ponto. Para um bom estudo geral sobre *As troianas* de Eurípides, ver Croally (1994).

6 Cartledge (1997), 17.

7 Ver Goldhill (1997), 57-8. A estimativa apresentada é de cerca de 14 mil espectadores na platéia do teatro.

8 Para um poderoso relato sobre a Grande Dionisíaca, ver Goldhill (1990), "The Great Dionysia and Civic Ideology", em J. J. Winkler e F. Zeitlin, orgs., *Nothing to Do with Dionysos? Athenian Drama in Social Context* (Princeton, N.J: Princeton University Press).

9 Ver Isager e Skydsgaard (1992), 44-66, sobre implementos agrícolas.

10 Ver Taylor (1999), 21-2 sobre a excitação da atmosfera do festival. O fundo Teórico foi estabelecido (provavelmente na época de Péricles) para que até mesmo o cidadão mais pobre no registro da *deme* pudesse receber o preço de um bilhete (c. 2 óbolos). As mulheres não eram admitidas para essa regalia. Ver Goldhill (1997), 67.

11 Alguns ainda sobrevivem no Museu Ágora em Atenas, embora haja um aceso debate sobre a questão de saber se esses exemplos são bilhetes ou fichas de jogo de azar.

12 Ver Pickard-Cambridge (1988), 272 que relata de que forma na "Dionisia Rural" as frutas frescas, nozes e balas podiam servir de projéteis caso a atuação dos atores fosse aborrecida ou incompetente. Ver também Demóstenes, *Da coroa*, 262.

13 Ao visitar o sítio hoje em dia, percebe-se que a Acrópole também constituía um pano de fundo adequado. Grandes massas de mármore com veios vermelhos surgem por cima da cabeça do visitante. A rocha de aparência estranha provava, para muitos gregos, que os deuses também eram capazes de um *coup de théâtre* terreno.

14 Boardman (1985), 234: *metopes* 24 e 25.

15 Também prováveis no Coliseu de Roma. Sobre mulheres no teatro, ver Cartledge (1997), 8 e Goldhill (1997), 62 e segs.

16 Sobre mulheres nos dramas gregos, ver Foley (1981).

17 Ver Taylor (1999), 18, sobre máscaras e características dos atores.

18 Plutarco, *Vida de Pelópidas* 29. 4-6.

19 Ateneu, *Deipnosofistas* 12.537d.

20 Os autores trágicos romanos, como Sêneca e Ennius, tentaram produzir suas próprias ver-
    sões de *As troianas*. Foi uma das tragédias euripidianas escolhidas para estudo nas escolas
    do mundo antigo nos séculos I e II d.C. Apesar da popularidade posterior de Sófocles,
    quando Erasmo traduziu para o latim *Hécuba*, de Eurípides, em 1524, a peça se transfor-
    mou numa das mais populares peças antigas do Renascimento, e os estudos sobre Eurípides
    foram retomados. Orientada por seu tutor Roger Ascham, a futura Elizabeth I traduziu
    Eurípides como parte de sua instrução de grego antigo. No século XX, *As troianas* foi
    encenada mais freqüentemente do que qualquer outra peça de Eurípides, inclusive por
    ocasião da fundação da Liga das Nações, em 1919 e 1920. Todos os detalhes provêm da
    introdução à tradução de J. Morwood (2000), exceto o grego de Elizabeth I, para o qual
    ver Rice (1951), 47.

21 Ver Goldhill (1986), 20.

22 Ver Goldhill (1986), 19-20. O poema sem título que se acredita tenha sido escrito por
    Patrick Shaw-Stewart em Gallipoli na Primeira Guerra Mundial (ver pág. 219), alude à
    peça de Ésquilo sobre o nome de Helena: "Ó inferno de navios e cidades/ Inferno de ho-
    mens como eu/ Fatal segunda Helena/por que tenho de seguir-te?"

23 Os melhores exemplos do rapto e regresso de Helena podem ser encontrados no esplên-
    dido *Les Enlèvements et le retour d'Hélène dans les textes et les documents figurés* (1955), de
    L. B. Ghali-Kahil.

24 Eurípides, *Electra* 1018-34 (1997); Eurípides: *Medéia, Hipólito, Electra, Helena*. Trad. J.
    Morwood. Intro. Edith Hall (Oxford: Clarendon Press).

25 Tucídides 2.46. Trad. Rex Warner.

26 Xenofonte, *Governo Doméstico* 7.30.

27 Para um bom estudo sobre a *Helena* de Eurípides, ver Foley (2001).

28 *Cíclope*, de Eurípides, 179 e segs. Trad. W. Arrowsmith. Foi aventada a opinião de que a
    frase "*peri meson ton aukhena*" teria sido sugestiva para uma platéia grega, pois a palavra
    para "pescoço" ou "meio" teria um duplo sentido com "pênis" e a palavra para "colar" pode
    significar um grilhão de pescoço ou uma coleira de cachorro.

29 Ver Coles (1996). 123. Helena também surge no palco de comédia em *Nêmesis* (431 a.C.)
    e no *Dionysalexandros* de Kratino (430 a.C.).

30 Fragmentos 70-6 em R. Kassel e C. Austin, orgs. (1983) *Poetae Comici Graeci*, vol. 2 (Berlim:
    de Gruyter). Alexis viveu *c.* 372-270 a.C.

31 No museu de Bari há um vaso grego da Apulia que mostra o nascimento de Helena e
    provavelmente é a representação visual de uma peça satírica, zombando da prostituta de
    Tróia. O pai adotivo de Helena, Tíndaro, parece estar abrindo o ovo de Leda com um
    machado. As figuras são caricaturas zombeteiras. Bari, Museu Arqueológico, 3899.

32 Aristófanes, *Lisístrata* 1302-16. Trad. A. H. Sommerstein.

38 Helena, perdida e encontrada

1 Trad. W. H. Parker (1988), 175 (no. 68).

2 Para uma descrição do manuscrito, ver Bianchi Bandinelli (1955), 37-9.

3 Talvez, também, o leão de São Marcos, hoje em dia em uma coluna na Piazzetta: ver Brown (1996), 17. Os cavalos originais podem ser vistos hoje em dia no Museu Marciano.

4 Nicetas Choniates. *Historia* 10.652. Trad. H. J. Magoulias.

5 *ibid.*

39 Helena, Homero e as possibilidades de sobrevivência

1 Trad. P. H. Young (2003), 59.

2 Museu Britânico *GR* 1906. 10-20.2.

3 Petrie (1889), 24.

4 Oxford, Biblioteca Bodleian, MS. Gr. class. a. 1 (P) /1-10.

5 Agradeço ao dr. Bruce Barker-Benfield por localizar esses exemplos. A robusta "Helena" germânica pode ser encontrada em um danificado fragmento de uma cópia em manuscrito da *Historia troiana* de Guido delle Colonne, feita no sul da Alemanha *c.* 1440; MS. Germ. D.1, fol. 5r. Entre outros exemplos da Bodleian, em que Helena aparece, há um manuscrito da *Histoire de Troye*, de 1461, tradução para o francês de Jacques Milet de Orléans: MS. Douce 336, fol. 167r; e um primeiro volume do *Miroir du Monde*, uma história universal desde a Criação até o nascimento de Cristo, em francês, que data provavelmente de antes de 1463: MS. Douce 336, fol. 32. Este último contém uma única miniatura do rapto de Helena por mar.

6 Todos os dados desses dois parágrafos foram coligidos da exaustiva obra de P. H. Young *The Printed Homer: A 3.000 Year Publishing and Translation History of the Iliad and the Odyssey* (2003).

7 Os poemas épicos homéricos não parecem ter sido registrados por escrito até o século VII a.C. Durante os 150 anos seguintes, somente os super-ricos poderiam possuir os preciosos exemplares escritos dos poemas, mas o importante é que as palavras de Homero (e, portanto, o caráter de Helena) estavam também na consciência popular, transmitidas de uma geração a outra por bardos itinerantes profissionais. Essa tradição prosseguiu até o século XIX: Schliemann afirmava que quando era criança um moleiro embriagado entrou na mercearia onde o proto-arqueólogo vendia arenques e varria o chão e começou a recitar os épicos em troca de um par de copos de uísque. Ver Schliemann (1880); ver também Traill (1995) 17-18.

8 Plínio, na *História natural*, 13.68-89, descreve sua produção e faz uma lista de outras utilidades dessa maravilhosa planta: "*As raízes da planta do papiro são usadas como madeira pela população local, não apenas para lenha, mas também para fabricar vários utensílios e vasilhas. Também trançam o papiro para fazer barcos e tecem velas e esteiras com a casca, e também pano, cobertores e cordas. Mascam-no cru e cozido, mas somente engolem o suco.*" Trad. J. F. Healy.

9 Plutarco, *Vida de Alexandre* 8.2 e Strabo, *Geografia* 13.594.

10 Ver Casson (2001), capítulo 3, sobre a história da Biblioteca de Alexandria.

11 Enquanto escrevo, os arqueólogos estão fazendo escavações em Alexandria, procurando um melhor entendimento da maneira pela qual a biblioteca e o museu funcionavam em conjunto.

12 *Ilíada*, 3.492.7 [LCL 3.423-6].

13 Harley MS 2472f.19b.

14 Virgílio, *Eneida* 6.494-512. Trad. D. West.

15 Ver Reynolds e Wilson (1991) para um estudo competente e autorizado da transmissão de textos antigos.

16 O manuscrito era conhecido como "L" e a cópia como "P": ver edição e comentário de Dale (1967), xxix-xxxi para um breve relato da história do texto. Não temos provas sobre a maneira pela qual o manuscrito chegou a pertencer a Demetrius Triclinius, mas parece que possa provir pelo menos de uma edição-mãe feita para a Biblioteca de Alexandria por volta de 200 a.C.

40 Fábulas vãs

1 John Lydgate, *Troye Book* (1412-20), Prólogo, 265-6.

2 Heródoto, 2.113-20.

3 Tucídides, 1.9-11. Trad. Rex Warner.

4 *"[Homero] mentiu / fingindo sua poesia / e favoreceu os gregos".* Chaucer, *House of Fame* *3.386-8.* Ver Myrick (1993), 8-9, n. 5, para mais exemplos.

5 Vejamos John Lydgate, por exemplo. Era monge e foi contratado por Henrique V, quando era ainda príncipe de Gales, para escrever *The Troye Book.* Esse novo poema épico foi redigido nas suntuosas instalações da Abadia em Bury St. Edmunds, cujo esqueleto arruinado ainda permanece. A versão de Lydgate é considerada mais "moderna", mais "verdadeira". Assim como outros autores e cronistas medievais, em vez de usar Homero como fonte, Lydgate escolheu homens que ele considerava testemunhas oculares da verdadeira Guerra de Tróia; homens como Dictis e Dares.

6 Ver Myrick (1993), 9 e n. 7.

7 A datação de Dictis e Dares é assunto controvertido: para um resumo dos argumentos, ver Frazer (1966), Myrick (1993) e Merkle (1994). Frazer (1966) observa que foi somente por volta do século XX que foi encontrada prova de um original grego da tradução latina sobrevivente — em um fragmento de papiro grego, o verso de uma declaração de imposto de renda do ano 206 d.C.

8 *Ilíada* 2.747 [LCL 2.652].

9 Merkle (1994) faz a interessante observação de que embora o conto comece de forma bastante idílica, a terrível notícia do rapto de Helena inaugura uma lenta degeneração moral dos grandes gregos. Merkle sugere que Dictis poderia na verdade estar escrevendo a fim de revelar os desastrosos efeitos da guerra sobre o caráter humano.

10 Dictis, 1.7. Trad. R. M. Frazer Jr.

11 Dares, 10. Trad. R. M. Frazer Jr.

12 Dares, 12. Trad. R. M. Frazer Jr. A *Trojan War,* de Joseph de Exeter, o relato do conto feito por Chaucer e a história irlandesa de Tróia, *Togail Troi,* parecem ter-se baseado em Dares.

41 Helena de Tróia e o mau samaritano

1 *The Collected Poems of Dorothy Parker* (1936), 94. (Nova York: The Modern Library). Agradecimentos calorosos ao rev. Peter Watkins pela citação.

2 Todas as descrições vêm de Crowfoot *et al.*(1957).

3 Virgílio, *Eneida,* 6.515-28.

4 Ver Vincent (1936), 221 e n. 1, citando J. W. Crowfoot.

5 Apelido derivado do artigo de Edwards "Simon Magus, the Bad Samaritan" (1997). Agradeço a Mark Edwards por sua ajuda neste capítulo.

6 Samaria havia sido anteriormente a capital de Israel, mas foi recolonizada pelos babilônios, aramaicos e vários grupos israelitas depois da invasão dos assírios no século VIII a.C. A região era fértil, e a cidade ficava em boa posição defensiva, acima da rota norte/sul que atravessava a Palestina.

7 Filipe prosseguiu na direção de Gaza (convertendo no caminho um eunuco etíope) e Simão ficou na Samaria como novo acólito de uma religião incipiente.

8 É matéria de controvérsia que um único autor de nome Hipólito tenha sido responsável pela autoria do corpus Hipolitano. Ver, por exemplo, J.A. Cerrato (2002) *Hippolytus between East and West: The Commentaries and the Provenance of the Corpus* (Oxford: Oxford University Press) e A. Brent (1995) *Hippolytus and the Roman Church in the Third Century: Communities in Tension before the Emergence of a Monarch-Bishop.* (Leiden: Brill).

9 Helene era uma grafia comum do nome nessa época.

10 Hipólito, *Refutação de Todas as Heresias* 6.19. Trad. F. Legge.

11 Ver Hoffman (1995), 16, n. 30.

12 Justino Mártir, em sua *Primeira apologia* (*c.* 160 d.C.), registra o culto de Simão e Helena em Roma, e refere-se até mesmo a uma estátua erguida em honra de Simão, embora a crença geral seja de que ele se equivocou quanto à identidade da estátua.

13 Alguns argumentam que essa Sabedoria feminina, referida como a Idéia do Deus Principal ou Mãe de Tudo, surge no Livro dos Provérbios do Velho Testamento: por exemplo, Provérbios 9.1 e 8.19.

14 Ver a nota seguinte sobre as principais fontes a respeito de Simão Mago e sua consorte Helene.

15 Hipólito, *Refutação de todas as heresias* 6.19; também Justino Mártir, *Apologia* 1.26.3.

16 Tiro pode ser importante, porque ali e em outras partes da Fenícia havia um culto ostensivo da "deusa-mãe" Astarte/Selene. Ver Haar (2003), 264.

17 O Cavalo de Tróia foi usado como alegoria da ignorância dos não-crentes: *"Assim como os frígios, ao aceitá-lo, provocaram sua própria destruição, também os gentios — as pessoas fora do círculo de meu conhecimento — atraem para si a destruição devido à ignorância."* Epifanius, *Panarion* 21.3.3. Trad. F. Williams. E a história de Helena em Tróia realmente se presta a ser utilizada para esse ramo específico da heresia. Para os gnósticos, o sofrimento de Helena resumia a "epopéia trágica da condição feminina... na qual uma divindade feminina surge como criativa e boa, porém sujeita a perda, dor, humilhação e limites". Mortley (1981), 55.

18 Hipólito, *Refutação de todas as heresias* 6.19. Trad. F. Legge.

19 Os devotos de Simão e Helene tinham de lembrar-se de render aos líderes do culto o respeito que mereciam, chamando suas imagens pelos nomes de Senhor e Senhora, e não de Simão e Helene, do contrário "será expulso como sendo ignorante de seus mistérios". Ver Hipólito, *Refutação de todas as heresias* 6.20. Trad. F. Legge. Até o século III d.C. a estátua de Simão continuou a ser feita imitando Zeus, e Helena, tendo deixado Afrodite para trás de uma vez por todas, novamente adotou a acuidade mental, em forma de Atená. Ver Irineu, *Contra as heresias*, 1.23.4.

20 Sobre a noção de "Sofia" no pensamento gnóstico ver S. Petrement (1990) *A Separate God: The Christian Origins of Gnosticism* (São Francisco: Harper), ou E. Pagels (1978) *The Gnostic Gospels* (Nova York: Random House).

21 Epifânio afirmava que, cerca de mil anos antes, Homero também havia reconhecido Helena não apenas como uma grega transviada, mas como manifestação do único e verdadeiro Deus. *"Pois esta é Ennoia, a quem Homero chama Helena. E é por isso que Homero tinha de descrevê-la como estando de pé em uma torre, denunciando com uma lâmpada seu ardil contra os frígios. Mas com seu brilho, como eu disse, ele indicava a luz que vinha do alto."* Falando de sua companheira prostituta, supõe-se que o próprio Simão Mago tenha concordado com esse argumento: *"Essa mulher, portanto, era aquela que por meio de seus poderes invisíveis fez cópias de si mesma nos tempos dos gregos e dos troianos e imemorialmente, antes e depois do mundo. Ela é aquela que agora está comigo, e por ela eu desci à Terra."* Epifânio, *Panarion* 21.3.1. Trad. F. Williams.

22 *Homilias Clementinas* 2.25. Trad. A. Roberts e J. Donaldson (1870). Esta obra nos diz que tanto Simão quanto Helene eram discípulos de João Batista.

23 A história dela foi usada como modelo conveniente pelo movimento gnóstico. Como disse uma autoridade dos gnósticos: "... a história de Helena e Simão simboliza a história da alma caída neste mundo de trevas e ignorância, uma prostituta, porém, pronta a ser convertida e receber seu esposo celestial, seu libertador e Salvador. Os encantos da fêmea eterna e as artes mágicas do contraparte masculino se combinam de maneira inteligente para produzir um modelo e uma lenda destinados a durar séculos." Filoramo (1990), 149-50. Simão liberta Helene da escravidão sexual em Tiro, assim como Páris libertou Helena da escravidão no leito de um marido que não a inspirava. Nesse caso de amor muito carnal existe uma alegoria da jornada da alma. Essa é a Helena que — num novo ambiente herético, porém cristianizado — sofre tormentos, mas acaba redimida, celestial.

24 Epifânio, *Panarion* 21.3.5.

25 *"Que pensais? Se um homem tiver cem carneiros, e um se desgarrar, não deve ele deixar os noventa e nove e subir a montanha em busca daquele que se desgarrou? E se o encontrar, em verdade vos digo, que ele se alegra mais por esse carneiro do que pelos noventa e nove que não se desgarraram."* Mateus 18:12-13.

26 Ver Crowfoot *et al.* (1957), 8.

27 Mark Edwards observou a mim que Simão Mago é, às vezes, considerado representante de uma antiga tradição da Samaria na qual algumas presunções "gnósticas" (como o contraste entre o deus que cria e o deus mais alto) já se encontravam ocultas antes do advento do gnosticismo cristão.

28 Ver Quispel (1975), 300. Ver também *Reallexikon für Antike und Christentum* (1988), vol. 14: 343.

29 No sentido original da palavra grega, quando um *categoros* era acusado na Assembléia.

42 "Perpulchra" — mais do que bela

1 Lord Dunsany, "An Interview", em *Mirage Water* (1938), 61 (Londres; Putnam).

2 A *Eneida* de Virgílio é um tributo a este engenhoso herói.

3 I. N. Hume (1956) *Treasure in the Thames*, 49-51 e Placa V. Londres: Frederick Muller.

4 Essa é a linhagem real inglesa da forma descrita por Geoffrey de Monmouth; muitas versões diferentes foram produzidas por outros autores e outras nacionalidades.

5 Para um debate mais completo sobre esses temas, ver Waswo (1995). Para uma excelente vista d'olhos nos usos e abusos da história de Tróia na Inglaterra medieval, ver Benson (1980).

6 Robert III, 1390-1406.

7 Nicholson (1974), 220.

8 *STC* 5579.

9 Simon (1961).

10 Jean Bonnard (1884) *Les traductions de la Bible en vers français au moyen âge.*

11 Gervase de Canterbury, que escreveu depois de 1160.

12 O'Callaghan (2003), 311-13.

13 Giraldus Cambrensis. *De Principis Instructione Liber* 8.300.

14 Benoît de Sainte-Maure, *Roman de Troie* 4769-71. Trad. T.F. O'Callaghan (2003), 307.

15 O grau desse florescimento cultural é objeto de debate. Às vezes é mencionado como Renascimento carolíngio.

16 Mathieu de Vendôme, *L'art de la versification* 56.23-57.8. Trad. A. E. Galyon (1980).

17 Joseph de Exeter, *Trojan War* 3.329 e segs. Trad. A. K. Wright.

18 *Trojan War* 4.180-92. Trad. N. Bate.

19 As sutilezas desses argumentos estão longamente debatidas em O'Callaghan (2003).

20 Agradeço a Alison Weir por pesquisar a origem dessa citação.

21 Ver A. Weir (1999) *Eleanor of Aquitaine* (Londres: Jonathan Cape).

22 Codex 4660, Bayerische Staatsbibliothek, Munique. Hécuba, Páris e talvez Helena são também mencionados nas canções.

23 Ezra Pound mescla as duas mulheres — Helena e Eleanor — no Canto II. Ver também C. F. Terrell (1993). *A Companion to the Cantos of Ezra Pound* Berkeley, Los Angeles e Londres: University of California Press), 5-6.

24 Benoît de Sainte-Maure, *Roman de Troie* 4741-8. Trad. T. F. O'Callaghan (2003), 306.

25 Ver Highet (1949), 580, 46.

43 Dançando com o demônio

1 A primeira representação registrada do *Dr. Fausto* de Marlowe foi em 30 de setembro de 1594 no Teatro Rose em Bankside, Londres. Ver Bevington e Rasmussen (1993), 48. Possivelmente houve produções anteriores no Teatro em Shoreditch.

2 Henslowe era um empreendedor consumado, que comerciava com pele de cabra e cunhagem de moedas além de talentos teatrais.

3 Hall (1998), 114.

4 Na "temporada" de 1594-5 o *Admiral's Men* (que encenou inicialmente o *Dr. Fausto* de Marlowe) produziu 38 peças, das quais 21 eram novas.

5 Números de Hall (1998), 114-59.

6 Para um bom resumo, ver Emerson (2002).

7 O *Dr. Fausto* de Marlowe somente foi publicado após a morte do autor. Há duas versões iniciais da peça, o texto A (1604) e o texto B (1616), que diferem bastante um do outro. A entrada de Helena entre cupidos ocorre somente no texto B, 5º ato, cena 1.

8 A interpretação desta cena é muito discutida. Embora o consenso seja de que Helena é realmente um demônio feminino, e que, em conseqüência de relações sexuais com ela, Fausto sofra a condenação eterna, há leituras alternativas. Ver, por exemplo, Ormerod e Wortam (1985), Allen (1968) e Greg (1946).

9 O auge da atividade de curtumes e fábricas de amido ocorreu especialmente no século XVII. Sobre o contexto de Bankside e do Teatro Rose, ver Bowsher (1998), *passim.*

10 Bowsher (a ser publicado).

11 Visita ao sítio, julho de 2003.

12 Shakespeare fez o rei Lear lamentar a propensão à tagarelice (chamada "estridência" (*jangling*) desde o período medieval), "Como se fôssemos espiões de Deus, falando de quem está na moda ou não".

13 Agradeço a Jonathan Bate por sua ajuda neste ponto. Ver Bate (1997), 113-15, sobre a adaptação do verso em *Ricardo II* feita por Shakespeare.

14 Ver Bowsher (1998), 67.

15 Ver Sir John Melton, *Astrologaster, or the Figure-Caster.*

16 Quispel (1975), 301; *Fausto,* capítulo 55, versão inglesa: "A Vida Condenável e a Morte Merecida do Dr. John Fausto" (Londres: 1592). Trad. P. F. Gent. (Nova York, Da Capo Press; Amsterdam, Theatrum Orbis Terrarum, 1969) Marlowe usou a tradução de Gent como base para o *Dr. Faustus.*

17 Ver Hattaway (1982), 181.

18 Riggs (2004), 234.

19 Sobre casos famosos dessa neurose ver Chambers (1923), vol. 3, 423. Agradeço a Julian Bowsher pela ajuda com este trecho.

20 Especialmente nas tragédias de Eurípides e Ésquilo.

21 A própria Elizabeth I foi considerada uma "bela segunda rainha de Tróia": ver James (1997), 18.

22 Thomas Nashe, "Summer's Last Will and Testament" (1590-6).

23 Quando Shakespeare fala de Helena, costuma colocá-la a par com a morte: *"Para cada gota falsa em suas libidinosas veias / perdeu-se uma vida grega; para cada partícula / de seu peso contaminado de carniça / um troiano foi morto" (Troilus and Cressida* 4.1.70-73) e "*Mostra-me a meretriz que deu início a essa agitação / para que eu rasgue sua beleza com minhas unhas; / O olho fez crepitar o fogo que arde aqui / e aqui em Tróia, pela prevaricação de teu olho / O rei, a dama, o filho e a filha morrem.*" (*O rapto de Lucrécia* 1.471-7).

24 Ecos dessa fala podem ser também encontrados em Sêneca, *Troades* 26-7: "*Saqueadores tomam os despojos de Dardan; mil navios não são suficiente para levar o butim.*" Trad. A. J. Boyle; ver também Tertuliano, *De anima* 34. E um livro escolar muito difundido na época foi o de Baptista Spagnuoli, também conhecido como Baptista Mantuanus. Continha 10 Éclogas Latinas. Interessante é que na Quarta Écloga, o verso 154 diz: "Tyndaris Aegeas onerauit nauibus undas." "Helena, de Tíndaro, fez pesar navios sobre o mar Egeu." Conheceria Marlowe essa Helena que fazia lançar navios ao mar? Ver Baldwin (1944).

25 Luciano, *Diálogos dos mortos* 18. Trad. F. G. e H. W. Fowler.

26 Helena também possui alguns apologistas elizabetanos. John Ogle, por exemplo, em sua *Lamentation of Troy*, escrita em 1594, culpa os deuses da guerra pelo conflito e chega a santificar Helena.

27 Possivelmente escrita por volta de 1595.

28 Ver Bevington e Rasmussen (1993) na introdução da edição do *Dr. Faustus*. 53-6.

44 A Nêmesis de Helena

1 Ovídio, *Heroides* 16.141-4. Trad. G. Showerman.

2 *Ilíada* 5.492-3 [LCL 5.428-9].

3 Heimarmene Painter, Berlim, Staatliche Antikensammlungen 30036.

4 Luciano, *O julgamento das deusas* 15. Trad. A. M. Harmon.

5 Ver Platão, *O banquete* (200e): ("Eros é para sempre o desejo de alguma coisa, e essa coisa é aquilo que falta." Ver Caldwell (1987) para maior debate dessas idéias. Caldwell afirma (p. 89) que "Tártaros tem de anteceder Eros".

6 Ao contrário de Afrodite, Helena raramente é retratada nua. Enquanto a deusa está disponível de maneira devassa, Helena, tipicamente coberta, parece estar-se poupando para alguém. Ela é opaca. Os olhos de Menelau a procuram, mas temem o que possam encontrar. Quando Páris a vê, o mundo muda; o fragmento 1 da *Cípria* nos diz que Aquiles somente concorda em lutar depois de ver Helena; um olhar de relance para Helena transforma o ódio de Menelau novamente em amor. Os antigos encontraram em Helena o instrumento perfeito para explorar a idéia de que as origens do desejo estão naquilo que se vê. Álcman descreve "o facho líquido do olhar humano como fonte dos desejos eróticos". M. S. Cyrino (1995) *In Pandora's Jar: Lovesickness in Early Greek Poetry* (Lanham, MD), 83, citando o fragmento 3.61 de Álcman, como citado em Worman (1997), 167 n. 53.

7 Fragmento 8 da *Cípria* [Ateneu 8.334b].

8 Mas, curiosamente, os nazistas preferiam Penélope como *hausfrau* (fiel e loura): ver, por exemplo, H. Bengl (1941) "Die Antike und die Erziehung zum politischen Deutschen", em *Die Alten Sprachen* 6:5. Agradeço a Katie Fleming pela ajuda sobre este ponto.

9 Há uma sugestão de que o culto de Helena Dendritis em Rodes tenha origem no ato de pendurar imagens femininas em árvores como parte de um rito. Helena é freqüentemente retratada com fios pendentes dos braços, como se pudesse ser pendurada em uma árvore. Ver West (1975), 13.

10 Goethe, *Faust*, vol 2. Trad. D. Luke.

11 Doniger (1999), 42.

12 Somente podemos esperar que a Helena mais bem remunerada do início do século XXI, a supermodelo alemã do épico hollywoodiano *Tróia*, de Wolfgang Peterson, não represente nosso *Zeitgeist*. Helena aparece ali como uma criatura oca e choraminguenta, uma mulher sem personalidade nem poder, um belo rosto ameno, maleável e decorativo, um mingau — a antítese do que qualquer Helena viva e real poderia ser, ou teria sido. Sua essência foi captada de certa forma pelas produções em Cinemascope dos anos 50 e 60, do tipo histórias em quadrinhos: ver o romance de John Erskine *The Private Life of Helen of Troy*, originalmente publicado em 1925, mas reimpresso em 1952 com uma controvertida capa de Earle Bergey mostrando uma Helena de seios opulentos. "Seus desejos causaram a Guerra de Tróia", bradava essa edição da Popular Library, igualmente anunciando na capa que era COMPLETA E SEM CORTES.

13 H.D. (1957) *Selected Poems (Nova York: Grove Press).*

APÊNDICES

1 A ilha do Minotauro

1 *Odisséia* 19.194-6 [LCL 19.172-3].

2 Visita ao sítio em 2003.

3 Ainda não podemos afirmar que a transformação da cultura minoana em micenense tenha sido gradual ou um episódio violento, se houve a absorção de nativos, integração mútua ou aniquilação. O que é claro é que a transição foi irreversível. Em lugares como o Egito, a Síria ou Chipre, por volta de 1450-1400 a.c., a cerâmica micenense simplesmente substitui a dos minoanos.

4 Agradeço a Tim Kirby essa observação imaginosa.

5 Ver achados vindos de Pellana, relatados em Spyropoulos (1998).

6 *Ilíada* 3.277-8 [LCL 3.232-3].

7 *Ilíada* 2.747 [LCL 2.652].

8 Detalhes provenientes de "The Education of Michael Ventris", ensaio apresentado por Thomas G. Palaima no Instituto de Estudos Clássicos, Universidade de Londres, março de 2004.

9 "The Decipherment of Linear B and the Ventris-Chadwick Correspondence": exposição no Museu Fitzwilliam, Cambridge, 2003. The Mycenaean Epigraphy Group e o Fundo Chadwick, Faculty of Classics, Cambridge. Catálogo da exposição por Lisa Bendall: 39.

10 Há tábuas em que parecem nomes de bois, vindas de Cnossos, entre os quais, na ordem de nomes dada acima, Ch 896 (*Kelainos*); Ch 896 (*Aivolos*); Ch 897 (*Stomargos*), Ch 899, 1029 (*Podargos*). Ver J. Killen (1992-3). Os nomes de bois nas tábuas Ch de Cnossos, em *Minos* 27-8; 101-7.

11 Uma boa apreciação geral sobre este tópico pode ser encontrada em K.A. e D. Wardle (1997).

2 La Parisienne

1 (*Eneadas* 5.8). Trad. A. H. Armstrong.

2 Agradeço a Lesley Fitton por sua ajuda com este trecho.

3 Visita ao sítio em 1989.

4 Curiosamente, os sinetes minoanos nunca perderam seu poder totêmico. Muitos apareceram no início do século XX em casas de camponeses, onde eram chamados *galopetres* (pedras de leite) e ainda eram usados pelas mães que amamentavam, colocando as frias pedrinhas junto ao seio a fim de assegurar um bom suprimento de leite. Fitton (1995), 123. Mesmo durante o "desaparecimento" da civilização minoana, da fragmentação do domínio otomano e da invasão alemã, num período de 3.500 anos, os habitantes locais devem ter passado de geração em geração a noção de que quando a fertilidade e a nutrição eram importantes, aqueles pequenos blocos de arte possuíam uma verdadeira potência.

5 O Anel de Minos — coisa fabulosa, do tamanho de uma azeitona calamata, tem a super-fície coberta de imagens de algum tipo de ritual arbóreo. O anel passou de mão em mão até que recentemente chegou às autoridades gregas. Os funcionários devem estar aliviados por finalmente poderem guardar a sete chaves este tesouro perambulante.

6 Ver Immerwahr (1990), 174-5, para maiores detalhes.

7 Ver Fitton (2002), 58-9.

8 Ver Fitton (2002), 70-72 e 134, sobre os depósitos de Cnossos.

9 Ver Darga (1993), 103; A131 (Museu Arqueológico de Istambul, Bo. 2004).

3 Mulheres de pedra, argila e bronze

1 *Hinos homéricos* (1980), 1. Trad. C. Boer. Reproduzido por gentil permissão de Spring Publications, Texas.

2 Alguns argumentam que as figuras podem ser assexuais ou hermafroditas.

3 A partir de cerca de 2500 a.c. passaram a ser produzidas algumas estatuetas de cobre, chumbo e bronze. De 6000 a.c. em diante, a terracota é o material mais utilizado nas estatuetas. Agradeço ao professor Colin Renfrew por sua ajuda neste trecho.

4 Ver Broodbank (2002), 63-4. A tatuagem parece ser representativa — foram encontradas agulhas de cobre e osso com vestígios de pigmentos.

5 Museu Goulandris Inv. 828 *c.* 7000-3000 a.C.

6 Ver *Cambridge Archaeological Journal* 6:2 (1996), 281-307 *passim.*

7 Pelos indícios que hoje possuímos, parece que o Período Paleolítico Superior (*c.* 35000-9000 a.C.) é a época em que pela primeira vez os humanos fizeram imagens e símbolos destinados a durar.

4 Helena elementar — mulheres-deusas e mulheres-demônios

1 *Ilíada* 1.633 [LCL 1.528].

2 Notar o *Hino Homérico à Terra* (Ge) no início do Apêndice 3.

3 West (1975), n. 5, citando Gow em 10.8.

4 Pollux 10.191.

5 Teócrito, *Idílios* 18. Ver capítulo 11.

6 Helena ficou presa na ilha a fim de escapar das atenções do rei Thonis do Egito. A mulher de Thonis, Polidamna, foi quem a mandou para lá "receando que aquela estrangeira fosse mais bonita do que ela" — ver Eliano, *Das características dos animais* 9.21. Trad. A. F. Scholfield.

7 Plutarco, *Vida de Sólon*, 4.

8 Filostrato, *Heroicus* 20.32 e segs. diz que existia de fato um templo de Helena e Aquiles.

9 Pausânias 3.19.11-13.

10 Luciano, *História verdadeira* 2. 25-7. Trad. A. M. Harmon.

11 Pausânias 2.18.6 diz que eram filhos de Helena e Menelau.

12 Museu Nacional de Copenhague 7125, descoberto em escavações no início do século XX: ver nota 13.

13 B.11.: ver C. Blinkenberg (1941) *Lindos II: Fouilles de l'Acropole 1902-14.* Inscrições, Vol. I, 148-99, esp. 166, (Berlim: de Gruyter; Copenhague G. E. C. Gad).

14 Hesíodo, *Teogonia* 591-602. Trad. H.G. Evelyn-White.

15 Ver West (1975) e Skutsch (1987).

16 Ver West (1975).

17 Hesíodo, *Os trabalhos e os dias* 527 e segs. e Heródoto 2.24-6.

18 Ver Clader (1976) e Meagher (2002) *passim.* Debatido, por exemplo, em Austin (1994) p. 86.

5 Púrpura real — cor de sangue coagulado

1 Ésquilo, *Agamêmnon,* 959-60. Trad. A. Shapiro e P. Burian.

2 Dictis 6.4 relata a escala de Helena e Menelau em Creta: "Quando os cretenses souberam da chegada de Helena, muitos homens e mulheres da ilha se reuniram, desejando ver aquela por cuja causa quase todo o mundo tinha entrado em guerra." Trad. R. M. Frazer.

3 "O último verdadeiro *hippie*" ainda vagava pela cidade quando a visitei pela primeira vez em 2003, cigarro enrolado na mão, e de cabeça fresca.

4 Os relatórios das escavações em Kommos podem ser encontrados na série de publicações dos escavadores J. W. e M. C. Shaw orgs. (1995-2000) *Kommos: an excavation on the south coast of Crete by the University of Toronto and the Royal Ontario Museum under the auspices of the American School of Classical Studies at Athens.*

5 Alguns desses viajantes internacionais ficaram para trás. Na Idade do Bronze tardia, quando um barco sírio-palestino esperava na enseada, a âncora se desprendeu do cabo (provavelmente feito de cânhamo ou fibras), e ficou esquecida no leito do mar durante os 3.000 anos seguintes. É um objeto simples, com forma de queijo suíço e apenas três orifícios que atravessam o bloco. Mas denota um porto cheio da algazarra de vozes estrangeiras, um lugar de trocas e comunicação, de visitantes, de vítimas dos ventos hostis do oceano, de um comércio internacional crescente.

6 As tábuas em Linear B parecem referir-se a *po-pu-re-ja* — corantes púrpura femininos. Ver D. Ruscillo (a ser publicado) *To Dye for: Murex dye production in the Aegean and its social and economic impact in the Greek Bronze Age.* Agradeço a Deborah Ruscillo por sua ajuda nesse aspecto e por permitir-me consultar um exemplar de sua obra antes da publicação. Também deveria haver produção local de púrpura no Peloponeso.

7 Agradeço a Lisa Bendall sobre este ponto.

8 *Murex brandaris* é a espécie mais comum na região. Agradeço mais uma vez a Deborah Ruscillo.

9 Ver Latacz (2004), 43 e n. 52, citando P. Jablonka.

10 *Ilíada* 3.151-4 [LCL 3.125-8].

Epílogo — Mito, História e Historia

1 Eurípides, *Helena* 588.

2 A autoria da *Ilíada* e da *Odisséia* é um tema que exigirá a atenção dos estudiosos ainda durante muito tempo, mas o consenso atual é de que Homero foi uma pessoa só, que viveu nos séculos VIII e VII a.C. nas ilhas do Egeu oriental (p. ex., Quíos) na costa da Ásia Menor.

3 Na mitologia grega — transmitida da boca de um bardo masculino para outro — houve quatro períodos da criação humana. O primeiro se inicia com os filhos da deusa da Terra Ge, ou Géia, o espírito feminino que instilou o sopro da vida tanto aos imortais quanto aos humanos. Esses primogênitos viveram numa época dourada de paz e prosperidade e eram conhecidos da humanidade como uma raça de ouro. Em seguida, veio a raça de prata — uma sociedade extremamente matriarcal que ignorava o panteão olímpico e vivia em miséria abjeta. Esse grupo turbulento foi substituído pela raça de bronze, que na primeira fase acreditava nos deuses, mas eram aguerrida e lastimável; na segunda fase produziu os heróis que acreditavam nos deuses, tinham almas nobres, lutaram na Guerra de Tróia e, em seguida (desde que preenchessem os requisitos necessários), foram viver eternamente nos Campos Elísios. A Grécia arcaica e clássica era povoada pela raça de ferro, injusta, cruel e *atormentada*. Helena é um elo entre o bronze e a prata. Cada uma das fases terminou de maneira abrupta e violenta. A pesquisa científica atual, que observa o crescimento atenuado de muitas árvores durante a Idade do Bronze — sugere que essa foi uma época de muita atividade cósmica. Alguns cientistas aventam que um cometa catastrófico para todo o globo atingiu a Terra por volta de 2807 a.C. — um cometa cujo impacto foi estimado em 10^5 a 10^6 megatons. Os contos sobre a criação, que falavam de homens de pedra e abismos gigantescos, de dilúvios e destruição divina, provavelmente eram versões monstruosas das terríveis mudanças climáticas de cerca de 2350 a.C., quando diversas civilizações da Idade do Bronze desapareceram. Poderiam ser lembranças longínquas do impacto de uma queda de poeira vulcânica nas comunidades do Egeu de 1800 a.C. — resultado de novas atividades vulcânicas. Sobre o impacto do cometa, ver Masse (1998), 53; sobre a mudança de clima e a queda de poeira, ver Verschur (1998), 51. Homero parece celebrar tanto a atividade cósmica quanto a sísmica, neste caso, a chegada de um meteorito — nos campos de batalha de Tróia. "*Um estrondo de trovão! Zeus soltou um terrível raio/ e com luz branca nos cascos dos cavalos de Diomedes / rasgou a Terra, um corisco fumegante que cegava — enxofre derretido explodindo no ar / potros empacando, encolhendo-se nos carros de combate — e as rédeas brilhantes escaparam dos punhos de Nestor". Ilíada*, 8.152-7 [LCL 8.133-7].

4 Latacz (2004), 151.

5 Um grupo de aborígines australianos tem lembranças nítidas de histórias de um lugar distante e real, que foi inundado 8 mil anos atrás. Mergulhadores que exploraram o leito do mar no Golfo Pérsico encontraram, a 305 metros de profundidade, características que concordavam precisa e detalhadamente com as descrições dos aborígenes. Ver C. Tudge (1988) *Neanderthals, Bandits and Farmers: how agriculture really began* (Londres: Weidenfeld & Nicolson).

EDIÇÕES DE TEXTOS ANTIGOS
E TRADUÇÕES

A lista de edições que se segue contém somente os títulos dos quais foram retiradas traduções específicas. Todas as referências gregas e latinas citadas sem tradução foram retiradas das edições da Biblioteca Clássica Loeb.

AELIAN, *Historical Miscellany*
N. G. Wilson (1997) 3 vols. Loeb Classical Library. Cambridge, MA: Harvard University Press.

AELIAN, *On the Characteristics of Animals*
A. F. Scholfield, trad. (1959) 3 vols. Loeb Classical Library. Cambridge, MA: Harvard University Press.

ALCEU
A. M. Miller, trad. (1996) em *Greek Lyric: an anthology in translation.* Indianapolis and Cambridge: Hackett Publishing.

APOLODORO, *Epitome; The Library*
J. G. Frazer, trad. (1921) 2 vols. Loeb Classical Library. Nova York e Londres: Heinemann.

ARISTÓFANES, *Lysistrata*
A. H. Sommerstein, trad. (1990) Warminster: Aris & Phillips.

ARISTÓTELES, *Politics*
S. Everson, trad. (1996) em *The Politics and the Constitution of Athens.* Cambridge: Cambridge University Press.

Carmina Priapea
W. H. Parker, trad. (1988) em *Priapea: Poems for a Phallic God.* Londres e Sydney: Croom Helm.

CATULO
F. W. Cornish, trad. (1988) Loeb Classical Library. Londres: Heinemann; Cambridge, MA: Harvard University Press.

CÍCERO, *Pro Archia*
N. H. Watts. trad. (1923) Loeb Classical Library. Londres: Heinemann; Cambridge. MA: Harvard University Press.

CLEMENTE DE ALEXANDRIA, *The Instructor*
W. Wilson. trad. (1867-8) Ante-Nicene Christian Library 12. Edimburgo.

Clementine Homilies and Recognitions
   A. Roberts e J. Donaldson, trad. (1870) Ante-Nicene Christian Library 17. Edimburgo.
COLUTO, *The Rape of Helen*
   A.W. Mair, trad. (1963) em *Oppian, Colluthus, Tryphiodorus.*
   Loeb Classical Library. Londres: Heinemann.
Cypria
1) M. Davies, trad. (1989) em *The Epic Cycle.* Bristol: Bristol Classical Press.
2) H. G. Evelyn-White, trad. (1974) em *Hesiod: The Homeric Hymns and Homerica.* Loeb
   Classical Library. Londres: Heinemann; Cambridge, MA: Harvard University Press.
DARES, ver item seguinte
DICTYS e DARES
   R. M. Frazer. Jr. trad. (1966) em *The Trojan War: The Chronicles of Dictys of Crete and
   Dares the Phrygian.* Bloomington e Londres: Indiana University Press.
DIO CRISÓSTOMO, *the Eleventh or Trojan Discourse*
   J.W. Cohoon, trad. (1932) 5 vols. Loeb Classical Library. Londres: Heinemann:
   Cambridge, MA: Harvard University Press.
DIODORO da SICÍLIA
   C. H. Oldfather, trad. (1933) 12 vols. Loeb Classical Library. Londres: Heinemann:
   Cambridge, MA: Harvard University Press.
DIÓGENES LAERTIUS, *Lives of Eminent Philosophers*
   R. D. Hicks, trad. (1925) 2 vols. Loeb Classical Library. Londres: Heinemann: Cambridge,
   MA: Harvard University Press.
EPIFÂNIO, *Panarion*
   F. Williams, trad. (1987) 2 vols. Leiden e Nova York: Brill.
ÉSQUILO, *Agamêmnon*
   A. Shapiro e P. Burian, trad. (2003) em *The Oresteia.* Oxford: Oxford University Press.
EURÍPIDES, *Andromache*
1) P. Vellacott, trad. (1972) em *Euripides' Orestes and o'her plays.*
   Harmondsworth: Penguin.
2) J. F. Nims, trad. (1953) em R. Lattimore e D. Grene (orgs.), *Eurípides,* vol. III, *The Comple
   te Greek Tragedies.* Chicago e Londres: University of Chicago Press.
EURÍPIDES, *Cyclops*
   W. Arrowsmith, trad. (1956) em R. Lattimore e D. Grene (orgs.), *Euripides.* vol. II, *The
   Complete Greek Tragedies.* Chicago e Londres: University of Chicago Press.
EURÍPIDES, *Helen*
1) R. Lattimore trad. (1956) em R. Lattimore e D. Grene (orgs.), *Euripides,* vol. II, *The Com
   plete Greek Tragedies.* Chicago e Londres: University of Chicago Press.
2) D. Kovacs. trad. (2002) Loeb Classical Library. Cambridge, MA e Londres: Harvard
   University Press.

EURÍPIDES, *Iphigeneia in Aulis*
P. Vellacott, trad. (1972) em *Euripides' Orestes and other plays.* Harmondsworth: Penguin.

EURÍPIDES, *Orestes*
1) P. Vellacott, trad. (1972) em *Euripides' Orestes and other plays.* Harmondsworth: Penguin.
2) D. Kovacs, trad. (2002) Loeb Classical Library. Cambridge, MA e Londres: Harvard Uni versity Press.
3) M.L. West, org. com trad. e comentário (1987). Warminster: Aris & Phillips.

EURÍPIDES, *The Trojan Women*
1) J. Morwood, trad. (2000) em *The Trojan Women and other plays.* Oxford World's Classics. Oxford: Oxford University Press.
2) M. Hadas e J.H. McLean. trad. (1936) *The Plays of Euripides.* Nova York: Dial Press.
3) K. McLeish, trad. (1995) em *After the Trojan War.* Reading: Absolute Books.

GÓRGIAS, *Encomium of Helen*
D. M. MacDowell, trad. (1982) Bristol: Bristol Classical Press.

HERÓDOTO, *Histories*
1) A.D. Godley, trad. (1982) 4 vols. Loeb Classical Library. Londres: Heinemann; Cambridge, MA: Harvard University Press.
2) A. de Sélincourt. trad. (1954) Harmondsworth: Penguin.

HESÍODO, *Catalogues of Women and Eoiae; Theogony; Works and Days*
H.G. Evelyn-White, trad. (1974) em Hesíodo: *The Homeric Hymns and Homerica.* Loeb Classical Library. Londres: Heinemann; Cambridge, MA: Harvard University Press.

HESÍODO, *Fragments*
R. Merkelbach e M.L West (orgs.) (1967) Oxford: Clarendon Press.

HIPÓLITO, *Refutation of All Heresies*
F. Legge, trad. (1921) 2 vols. Londres: Society for Promoting Christian Knowledge; Nova York: Macmillan.

HOMERO. *The Iliad*
R. Fagles, trad. (1998) Londres: Penguin.

HOMERO, *The Odyssey*
1) R. Fagles, trad. (1996) Nova York: Viking.
2) E. V. Rieu, trad. (1991) revisto D.C.H. Rieu. Londres: Penguin.

Homeric Hymns
C. Boer, trad. (1980) edição revista. Irving, TX: Spring Publications.

HIGINO, *Fables*
M. Grant, trad. (1960) em *The Myths of Hyginus.* Lawrence: University of Kansas Publications.

ISÓCRATES, *Encomium of Helen*
L. van Hook, trad. (1928) Vol. 3. Loeb Classical Library. Londres: Heinemann.

LUCAN, *Civil War*
1) S.M. Braund, trad. (1992) Oxford: Clarendon Press.
2) J. D. Duff, trad. (1928) Loeb Classical Library. Londres: Heinemann.
LUCIANO, *Dialogues of the Dead*
   F. G. e H.W. Fowler, trad. (1905) em *The Works of Lucian of Samosata.*
   Oxford: Clarendon Press.
LUCIANO, *The Judgement of the Goddesses*
   A. M. Harmon, trad. (1913) 8 vols. Loeb Classical Library. Londres: Heinemann.
LICOFRONTE, *Alexandra*
   A.W. Mair, trad. (1921) Loeb Classical Library. Cambridge, MA e Londres: Harvard
   University Press.
OVÍDIO, *The Art of Love*
1) R. Humphries, trad. (1958) Londres: John Calder.
2) J. H Mozley, trad. (1979) revisto G. P. Goold. Loeb Classical Library.
   Londres: Heinemann; Cambridge, MA: Harvard University Press.
OVÍDIO, *Heroides*
1) H. Isbell, trad. (1990) Londres: Penguin.
2) G. Showerman, trad. (1977) revisto G.P. Goold. Loeb Classical Library.
   Londres: Heinemann; Cambridge, MA: Harvard University Press.
OVÍDIO, *Metamorphoses*
F. J. Miller, trad. (1977) 2 vols., revisto G. P. Goold. Loeb Classical Library. Londres: Heinemann;
   Cambridge, MA: Harvard University Press.
PAUSÂNIAS, *Description of Greece*
   W. H. S. Jones e H.A. Ormerod, trad. (1918 1-171) 5 vols. Loeb Classical Library. Lon-
   dres: Heinemann.
PLÍNIO, *Natural History*
1) J. F. Healy, trad. (1991) Harmondsworth: Penguin.
2) H. Rackham, trad. (1938) 10 vols. Loeb Classical Library. Londres: Heinemann; Cambridge,
   MA: Harvard University Press.
PLOTINO, *On Beauty; On the Intelligible Beauty*
   A. H. Armstrong, trad. (1966) em *Enneads*, vols. 1 e 5. Loeb Classical Library. Londres:
   Heinemann; Cambridge, MA; Harvard University Press.
PLUTARCO, *Lives: Lycurgus and Numa; Theseus*
   B. Perrin, trad. (1914) vol. I. Loeb Classical Library. Londres: Heinemann; Cambridge,
   MA: Harvard University Press.
PLUTARCO, *On Sparta*
   R. Talbert, trad. (2005 edição revista). Harmondsworth: Penguin.
PROPÉRCIO, *Elegies*
   G. P. Goold, org. e trad. (1990) Loeb Classical Library. Londres: Heinemann; Cambridge,
   MA: Harvard University Press.

QUINTO DE ESMIRNA, *The Fall of Troy*

A. S. Way, trad. (1913) Loeb Classical Library. Londres: Heinemann.

SAFO

D.A. Campbell, trad. (1990) em *Greek Lyric*, vol. I. Loeb Classical Library. Cambridge, MA: Harvard University Press.

SÊNECA, *Trojan Women*

A. J. Boyle, trad. (1994) em *Troades*. Leeds: Francis Cairns.

TEÓCRITO, *Idylls*

A. Verity, trad. (2002) Oxford: Oxford University Press.

TUCÍDIDES, *History of the Peloponnesian War*

R. Warner, trad. (1972) Harmondsworth: Penguin.

VIRGÍLIO, *The Aeneid*

D. West. trad. (1990) Londres: Penguin.

OUTRAS OBRAS

A Guide to Troia: by the Director and Staff of the Excavations (1999). Trad. K. Gay e D. F. Easton. Istambul: University of Tübingen: Troia Project.

Adler, A. (org.) (1928) *Suidae Lexicon*, vol. 1. Leipzig: Teubner.

Allen, D. C. (1968) *Image and Meaning: Metaphoric traditions in Renaissance poetry.* Baltimore, MD: Johns Hopkins University Press.

Allen, S. H. (1999) *Finding the Walls of Troy. Frank Calvert and Heinrich Schliemann at Hisarlik.* Londres e Berkeley: University of California Press.

Ambraseys, N. N. (1996) 'Material for the Investigation of Seismicity of Central Greece', in S. Stiros and R. E. Jones (orgs.), *Archaeoseismology.* Atenas: IGME e the British School at Athens.

Angel, J. L. (1977) 'Ecology and Population in the Eastern Mediterranean', in *World Archaeology* 4.1: 88-105.

Angel, J. L. e Bisel, S. C. (1985) 'Health and Nutrition in Mycenaean Greece', in N. C. Wilkie and W. D. E. Coulson (orgs.), *Contributions to Aegean Archaeology: Studies in honor of William A. McDonald.* Dubuque, IA: Kendall/Hunt.

Aravantinos, V.L., Godart, L., Sacconi, A. (orgs.) (2000) *Les Tablettes en linéaire B de la Odos Pelopidou. Édition et Commentaire* (Thébes Fouilles de la Cadmée 1). Pisa: Istituti editoriali e poligrafici internazionali.

Arkins, B. (1990) *Builders of My Soul: Greek and Roman themes in Yeats.* Gerrards Cross, Bucks: Colin Smythe.

Arnott, R. (1999) 'War Wounds and their Treatment in the Aegean Bronze Age', in R. Laffineur (org.), *POLEMOS: Le contexte guerrier en Egée à 1'Âge du Bronze* vol. 2. Liège: Université de Liège; Austin: University of Texas.

Arnott, R. (2005a) 'Disease and the Prehistory of the Aegean', in H. King (org.), *Health in Antiquity.* Londres: Routledge.

Arnott, R. (2005b) Disease, Healing and Medicine in the Aegean' Bronze Age. Leiden: Brill

Aström, P. e Demakopoulou, K. (1996) 'Signs of an Earthquake at Midea', in S. Stiros e R. E. Jones (orgs.), *Archaeoseismology.* Atenas: IGME e the British School at Athens.

546   HELENA DE TRÓIA

Austin, N. (1994) *Helen of Troy and her Shameless Phantom*. Ithaca, NY: Cornell University Press.

Austin, R. G. (1964) *Virgil: Aeneidos liber secundus*. Texto e comentário. Oxford: Clarendon Press.

Baldwin, T. (1944) *William Shakespeare's Small Latine and Lesse Greeke*. Urbana: University of Illinois Press.

Barber, E. W. (1994) *Women's Work: The First 20,000 Years*. Nova York e Londres: W. W. Norton.

Barber, R. L. N. (1992) 'The Origins of the Mycenaean Palace', in J. M. Sanders (org.), *Philolakon: Lakonian studies in honour of Hector Catling*. Londres: British School at Athens.

Barkan, L. (2000) 'The Heritage of Zeuxis: Painting, rhetoric and history', in A. Payne, A. Kuttner e R. Smick (orgs.), *Antiquity and Its Interpreters*. Cambridge: Cambridge University Press.

Bass, G. F. (1987) 'Oldest Known Shipwreck Reveals Splendour of the Bronze Age', in *National Geographic Magazine* 172.6: 692-733.

Bass, G. F. (1996) *Shipwrecks in the Bodrum Museum of Underwater Archaeology*. Museum of Underwater Archaeology Publications.

Bassi, K. (1993) 'Helen and the Discourse of Denial in Stesichorus' Palinode', in *Arethusa* 26: 51-75.

Baswell, C. (1995) *Virgil in Medieval England: Figuring the Aeneid from the twelfth century to Chaucer*. Cambridge: Cambridge University Press.

Baswell, C. e Taylor, P. B. (1988) 'The Fair Queene Eleyne in Chaucer's *Troilus*', in *Speculum* 63: 293-311.

Bate, A. K. (1986) Joseph of Exeter: *Trojan War: I-III*. Organizado com tradução e notas. Warminster: Bolchazy-Carducci Publishers; Atlantic Highlands, NJ: Aris & Phillips.

Bate, J. (1994) *Shakespeare and Ovid*. Oxford: Clarendon Press.

Bate, J. (1997) *The Genius of Shakespeare*. Londres: Picador.

Beal, R. H. (1995) 'Hittite Military Organisation', in J. M. Sasson (org.), *Civilisations of the Ancient Near East*. Nova York: Scribner; Londres: Simon & Schuster e Prentice Hall International.

Beckman, G. (1996) *Hittite Diplomatic Texts*. Org. H.A. Hoffner. Atlanta, GA: Scholars Press.

Bendall, L. (2004) ' Fit for a King Exclusion, hierarchy, aspiration and desire in the social structure of Mycenaean banqueting', in P. Halstead e J.C. Barrett (orgs.) *Food, Cuisine and Society in Pre-Historic Greece*.

Proceedings of the 10th Aegean Round Table. University of Sheffield, 19-21 de janeiro de 2001. *Sheffield Studies in Aegean Archaeology* 5. Oxford: Oxbow Books.

Benson, C. D. (1980) *The History of Troy in Middle English Literature: Guido delle Colonne's* Historia destructionis *Troiae in medieval England*. Woodbridge: D. S. Brewer; Totowa, NJ: Rowman & Littlefield.

Bergen, A.T. (1981) 'Helen's "Good Drug": Odyssey IV 1-305' in S. Kresic (org.) *Contemporary Literary Hermeneutics and Interpretation of Classical Texts*. Ottawa: Ottawa University Press.

Bergen, H. (1906) *Lydgate's Troy Book: AD 1412-20. Edited from the best manuscripts, with introduction, notes and glossary.* Londres: publicado para a Early English Text Society por Kegan Paul, Trench, Trubner.

Bettini, M. e Brillante, C. (2002) *Il Mito di Elena: immagini e racconti dalla Grecia a oggi.* Torino: G. Einaudi.

Bevington, D. e Rasmussen, E. (orgs.) (1993) *Doctor Faustus, A- and B-texts (1604, 1616).* The Revel Plays. Manchester: Manchester University Press.

Bianchi Bandinelli, R. (1955) *Hellenistic-Byzantine Miniatures of the Iliad* (IIias Ambrosiana). Olten: U. Graf.

Billigmeier, J.-C. e Turner, J. A. (1981) 'The Socio-Economic Roles of Women in Mycenaean Greece: A brief survey from evidence of the Linear B tablets', in H. P. Foley (org.), *Reflections of Women in Antiquity.* Nova York, Londres e Paris: Gordon & Breach Science.

Birns, N. (1993) 'The Trojan Myth: Postmodern reverberations', in *Exemplaria* 5.1 (Spring): 45-78.

Blake, N. F. (1976*) Caxton: England's first publisher.* Londres: Osprey.

Blegen, C.W. (1963) *Troy and the Trojans.* Londres: Thames & Hudson.

Boardman, J. (1985) *The Parthenon and its Sculptures.* Londres: Thames & Hudson.

Boedeker, D. (org.) (1997) *The World of Troy: Homer, Schliemann and the Treasures of Priam.* Washington, DC: Society for the Preservation of the Greek Heritage.

Bowra, C. M. (1961) *Greek Lyric Poetry: from Alcman to Simonides.* Oxford: Clarendon Press.

Bowsher, J. (1998) *The Rose Theatre: An archaeological discovery.* Londres: Museum of London.

Bowsher, J. M. C. (a ser editado) 'Encounters between Actors, Audience and Archaeologists at the Rose Theatre. 1587-1989'. CHAT 2003: Encounters between Past and Present: Archaeology and Popular Culture. Museum of London Archaeological Service.

Branigan, K. (org.) (1998) *Cemetery and Society in the Aegean Bronze Age.* Sheffield: Sheffield Academic Press.

Brewster, H. (1997) *The River Gods of Greece: Myths and mountain waters in the Hellenic world.* Londres: I. B. Tauris.

Bridges-Adams, W. (1961) *The Irresistible Theatre.* Londres: Secker & Warburg.

Broodbank, C. (2002) *An Island Archaeology of the Early Cyclades.* Cambridge: Cambridge University Press.

Brown, P. F. (1996) *Venice and Antiquity: The Venetian sense of the past.* New Haven, CT e Londres: Yale University Press.

Brumble, H. D. (1998) *Classical Myths and Legends in the Middle Ages and Renaissance: A dictionary of allegorical meanings.* Londres e Chicago, IL: Fitzroy Dearborn.

Brundage J. A. (1993) "'Let Me Count the Ways': Canonists and theologians contemplate coital positions", in J. A. Brundage (org.), *Sex, Law and Marriage in the Middle Ages.* Aldershot, Hants: Variorum.

Brunel, P. (org.) (1992) *Companion to Literary Myths, Heroes and Archetypes.* Trad. do francês por W. Allatson, J. Hayward, T. Selous. Londres: Routledge.

Bryce, T. (1998) *The Kingdom of the Hittites.* Oxford: Clarendon Press.

Bryce, T. (2002) *Life and Society in the Hittite World.* Oxford: Oxford University Press.

Bryce, T. (2003) *Letters of the Great Kings of the Ancient Near East: The royal correspondence of the Late Bronze Age.* Londres: Routledge.

Bryce, T. (2005) *The Trojans.* Londres: Routledge.

Buchthal, H. (1971) *Historia Troiana: Studies in the history of medieval secular illustration.* Londres: Warburg Institute, University of London.

Calame, C. (1997) *Choruses of Young Women in Ancient Greece: Their morphology, religious role and social function.* Trad. D. Collins e J. Orion. Originalmente publicado em francês em 1977. Lanham, MD e Oxford: Rowman & Littlefield.

Caldwell, R. S. (1987) *Hesiod's Theogony:* trad. com introdução, comentário e ensaio interpretativo. Focus Classical Library. Newburyport, MA: R. Pullins.

Calnan, K. A. (1992) 'The Health Status of Bronze Age Greek Women'. PhD dissertation (no prelo). University of Cincinnati.

Camus, A. (2000) 'L'exil d'Hélène', in *The Myth of Sisyphus.* Trad. Justin O'Brien. Londres: Penguin.

Canfora, L. (1989) *The Vanished Library.* Trad. M. Ryle. Londres: Hutchinson Radius.

Carson, A. (1986) *Eros the Bittersweet: An essay.* Princeton, NJ: Princeton University Press.

Carter, J. B. (1988) 'Masks and Poetry in Early Sparta', in R. Hägg, N. Marinatos e G. Nordquist (orgs.), *Early Greek Cult Practice.* Proceedings of the Fifth International Symposium of the Swedish Institute in Athens, 26-9 de junho de 1986. Estocolmo: Swedish Institute in Athens.

Cartledge, P. (1987) *Agesilaos and the Crisis of Sparta.* Londres: Duckworth.

Cartledge, P. (1992) 'Early Lakedaimon: The making of a conquest-state'; in J. M. Sanders (org.), *Philolakon: Lakonian studies in Honour oj Hector Catling.* Oxford: British School at Athens.

Cartledge, P. (1993 2ª ed., 2002) *The Greeks: A portrait of self and others.* Oxford: Oxford University Press.

Cartledge, P. (1997) '"Deep Plays': Theatre in process in Greek civic life", in P. E. Easterling (org.), *The Cambridge Companion to Greek Tragedy.* Cambridge: Cambridge University Press.

Cartledge, P. (2001) *Spartan Reflections.* Londres: Duckworth.

Cartledge, P. (2002a) *Sparta and Lakonia: A regional history 1300-362 BC.* Segunda edição. Londres: Routledge.

Cartledge, P. (2002 ed. revista) *The Spartans: An epic history.* Londres: Channel 4 Books.

Cartledge, P. and Spawforth, A. (1989) *Hellenistic and Roman Sparta: A tale of two cities.* Londres: Routledge.

Casson, L. (2001) *Libraries in the Ancient World.* New Haven, CT e Londres: Yale University Press.

Catling, H.W. (1975) 'Excavations of the British School at Athens at the Menelaion, Sparta 1973-5', in *Lakonikai Spoudai* 2: 258-69.

Catling, H. W. (1976) Archaeology of Greece, in *Archaeological Reports* 22: 3-33. Publicado por The Council of the Society for the Promotion of Hellenic Studies and the Managing Committee of the British School at Athens.

Catling, H. W. (1977) 'Excavations at the Menelaion, Sparta, 1973-6', in *Archaeological Reports* 23: 24-42. Publicado por The Council of the Society for the Promotion of Hellenic Studies and the Managing Committee of the British School at Athens.

Catling, H. W. e Cavanagh, H. (1976) 'Two Inscribed Bronzes from the Menelaion, Sparta', in *Kadmos* 15: 145-57.

Cavanagh, W. G. e Laxton, R. R. (1984) 'Lead Figurines from the Menelaion and Seriation', in *Annual of the British School at Athens 79*: 23-36.

Cavanagh, W. G. e Mee, C. (1995) 'Mourning before and after the Dark Age', in C. Morris (org.), *Klados: Essays in honour of J. N. Coldstream*. Londres: Institute of Classical Studies.

Cavanagh, W.G. e Mee, C. (1998) *A Private Place: Death in pre-historic Greece*. Jonsered: Paul Aströms Förlag.

Chadwick, J. (1976) *The Mycenaean World*. Cambridge: Cambridge University Press.

Chadwick, J. (1988) 'The Women of Pylos', in J. P. Olivier e T. G. Palaima (orgs.), *Texts, Tablets and Scribes: Studies in Mycenaean epigraphy and economy offered to Emmett L. Bennett Jr. Minos Supplement 10*. Salamanca: University of Salamanca.

Chambers, E. K. (1923) *The Elizabethan Stage*, vol. III. Oxford: Clarendon Press.

Chapouthier, F. (1935) *Les Dioscures au service d'une déesse: étude d'iconographie religieuse*. Paris: E. de Boccard.

Clader, L. L. (1976) *Helen: The evolution from divine to heroic in Greek epic tradition*. Leiden: Brill.

Clarke, H. (1981) *Homer's Readers: A historical introduction to the Iliad and the Odyssey*. Newark: University of Delaware Press.

Clement, P. A. (1958) 'The Recovery of Helen', in *Hesperia* 27: 47-73.

Cline, E. H. (1994) *Sailing the Wine-Dark Sea: International trade and the Late Bronze Age Aegean*. Oxford: Tempus Reparatum.

Colantuono, A. (1997) *Guido Reni's Abduction of Helen: The politics and rhetoric of painting in seventeenth-century Europe*. Cambridge: Cambridge University Press.

Coles, L. H. (1996) 'Thinking with Helen: A reading of Euripides' *Helen*'. Tese de doutorado (inédita). University of Cambridge.

Croally, N. T. (1994) *Euripidian Polemic: The Trojan Women and the function of tragedy*. Cambridge e Nova York: Cambridge University Press.

Crowfoot, J. W., Crowfoot, G. M., Kenyon, K. M. (1957) *The Objects from Samaria*. Londres: Palestine Exploration Fund.

Crowley, J. L. e Laffineur, R. (orgs.) (1992) *Eikon: Aegean Bronze Age Iconography: Shaping a methodology*. Proceedings of the 4th International Aegean Conference, University of Tasmania, Hobart, Australia, 6-9 de abril de 1992. Liège: Université de Liège.

Currie, S. (1998) 'Poisonous Women in Roman Culture', in M. Wyke (org.), *Parchments of Gender: Deciphering the body in antiquity*. Oxford: Clarendon Press.

Dakoronia, P. (1996) 'Earthquakes of the Late Helladic III Period (12th Century BC) at Kynos (Livanates, Central Greece)', in S. Stiros e R.E. Jones (orgs.), *Archaeoseismology*. Atenas: IGME e the British School at Athens.

Dalby, A. (2000) *Empire of Pleasures: Luxury and indulgence in the Roman world*. Londres: Routledge.

Dalby, A. (2003) *Food in the Ancient World from A-Z*. Londres: Routledge.

Dale, A. M. (1967) *Euripides'*Helen. Editado com introdução e comentário. Oxford: Clarendon Press.

Darga, M. (1993) 'Women in the Historical Ages', in *Woman in Anatolia: 9000 years of the Anatolian Woman*. República da Turquia, Ministério da Cultura: General Directorate of Monuments e Museums.

Dassmann, E. e Klauser, T. (orgs.) (1988) *Reallexikon für Antike und Christentum*, vol. 14. Stuttgart: Anton Hiersemann.

David, E. (1992) 'Sparta's Social Hair', in *Eranos* 90: 11-21.

Davies, M. (1989) *The Epic Cycle*. Bristol: Bristol Classical Press. .

Davis, E. N. (1986) 'Youth and Age in the Thera Frescoes', in *American Journal of Archaeology* 90: 399-406.

Dayagi-Mendels, M. (1989) *Perfumes and Cosmetics in the Ancient World*. Jerusalem: Museu de Israel.

Deacy, S. e Pierce, K. F. (orgs.) (1997) *Rape in Antiquity*. Londres: Duckworth and the Classical Press of Wales.

Demakopoulou, K. (org.) (1988) *The Mycenaean World: Five centuries of early Greek culture 1600-1100 BC*. Atenas: Ministério da Cultura.

Demakopoulou, K. (1990) 'The Burial Ritual in the Tholos Tomb at Kokla, Argolis', in R. Hägg e G. C. Nordquist (orgs.), *Celebrations of Death and Divinity in the Bronze Age Argolid*. Proceedings of the Sixth International Symposium at the Swedish Institute in Athens, 11-13 junho 1988. Estocolmo: Swedish Institute in Athens.

Demakopoulou, K. (org.) (1996) *The Aidonia Treasure: Seals and jewellery of the Aegean Late Bronze Age*. Atenas: Ministério da Cultura.

Dervenis, K. e Lykiardopoulos, N. (2005) *Martial Arts of Ancient Greece and the Mediterranean*. Esoptron, Athens.

Dickinson, O. T. P. K (1994) *The Aegean Bronze Age*. Cambridge: Cambridge University Press.

Doniger, W. (1999) *Splitting the Difference: Gender and myth in ancient Greece and India*. Chicago, IL: University of Chicago Press.

duBois, P. (1984) 'Sappho and Helen', in J. Peradotto e J. P. Sullivan (orgs.), *Women in the Ancient World: The Arethusa papers*. Albany, NY: State University of New York.

Duby, G. e Perot, M. (1992) *Power and Beauty: Images of women in art*. Londres: Tauris Park.

Duffy, C.-A. (2002) *Feminine Gospels*. Londres: Picador.

Easton, D. F. (1981) 'Schliemann's Discovery of "Priam's Treasure": Two enigmas', in *Antiquity* 55: 179-83.

Easton, D. F. (1994) 'Priam's Gold: The Full Story', in *Anatolian Studies* 44: 221-43.

Edwards, M. (1997) 'Simon Magus, the Bad Samaritan', in S. Swain e M. Edwards (orgs.), *Portraits: Biographical representation in the Greek and Latin literature oj the Roman Empire.* Oxford: Clarendon Press.

Ehrenberg, M. (1989) *Women in Prehistory.* Londres: British Museum Publications.

Ehrhart, M. J. (1987) *The Judgment of the Trojan Prince Paris in Medieval Literature.* Philadelphia: University of Pennsylvania Press.

El-Abbadi, M. (1990) *The Life and Fate of the Ancient Library of Alexandria.* Unesco.

Emerson, G. (2002*) Sin City: London in pursuit of pleasure.* Londres: Granada.

Engels, D. (1980) 'The Problem of Female Infanticide in the Greco-Roman World', in *Classical Philology* 75: 112-20.

Erickson, C. (1999) *The First Elizabeth.* Londres: Robson.

Erskine, A. (2001) *Troy Between Greece and Rome: Local tradition and imperial power.* Oxford: Oxford University Press.

Faris, A. (1980) *Jacques Offenbach.* Londres: Faber.

Farnell, L. R. (1921) *Greek Hero Cults and Ideas of Immortality.* Oxford: Clarendon Press.

Farrell, J. (1908) 'Excavations at Sparta, 1908: Archaic terracottas from the sanctuary of Orthia', in *Annual of the British School at Athens* 14: 48-73.

Fields, N. (2004) *Troy c. 1700-1250 BC.* (Fortress 17) Londres: Osprey.

Filoramo, G. (1990) *A History of Gnosticism.* Trad. A. Alcock. Oxford: Blackwell.

Finkelberg, M. (1991) 'Royal Succession in Heroic Greece', in *Classical Quarterly* 41.ii: 303-16.

Finley, M. I. (1954) 'Marriage, Sale, and Gift in the Homeric World'. Reimpresso de *Seminar*, número anual extraordinário de *Jurist* 12: 7-33. Washington, DC: School of Canon Law, the Catholic University of America.

Fitton, J. L. (1995) *The Discovery of the Greek Bronze Age.* Londres: British Museum Press.

Fitton, J. L. (2002) *Minoans.* Série "Peoples of the Past" series. Londres: British Museum Press.

Foley, H. P. (1981) 'The Conception of Women in Athenian Drama', in H. Foley (org.), *Reflections of Women in Antiquity.* Nova York: Gordon & Breach.

Foley, H. P. (2001) '*Anodos* Dramas: Euripides' *Alcestis* e *Helen*', in H. P. Foley (org.), *Female Acts in Greek Tragedy.* Princeton, NJ: Princeton University Press.

Forbes, P. (1967) *Champagne: The wine, the land and the people.* Londres: Victor Gollancz.

Foreville, R. (org.) (1952) *Guillaume de Poitiers: Histoire de Guillaume le Conquérant.* Editado com tradução. Paris: Les Belles Lettres.

Forsdyke, J. (1956) *Greece Before Homer: Ancient Chronology and Mythology.* Londres: Max Parrish.

Forsyth, P. Y. (1997) *Thera in the Bronze Age.* Série "American University Studies". Nova York: P. Lang.

Frazer, J. G. (1898) *Pausanias's Description of Greece.* Traduzido com comentário. 6 vols. Londres.

Frazer, R. M., Jr (1966) *The Trojan War: The chronicles of Dictys of Crete and Dares the Phrygian.* Traduzido com introdução e notas. Bloomington e Londres: Indiana University Press.

Freeman, C. (1999) *The Greek Achievement: The foundation of the western world.* Londres: Allen Lane, Penguin Press.

French, E. (2002) *Mycenae: Agamemnon's Capital.* Stroud, Glos: Tempus.

French, E. B. (1981) 'Mycenaean Figures and Figurines: Their Typology and Function', in R. Hägg and N. Marinatos (orgs.), *Sanctuaries and Cults in the Aegean Bronze Age.* Proceedings of the First International Symposium of the Swedish Institute in Athens, 12-13 maio de 1980. Estocolmo: Swedish Institute in Athens.

Galaty, M. L. e Parkinson, W.A. (orgs.) (1999) *Rethinking Mycenaean Palaces: New interpretations of an old idea.* Los Angeles: Institute of Archaeology, University of California.

Galyon, A. E. (1980) *The Art of Versification: Matthew of Vendôme.* Traduzido com introdução. Ames: Iowa State University Press.

Gammond, P. (1980) *Offenbach: His life and times.* Speldhurst: Midas.

Gantz, T. (1993) *Early Greek Myth: A guide to literary and artistic sources.* Baltimore, MD e Londres: Johns Hopkins University Press.

Gardner, B. (1964) *Up the Line to Death: The war poets 1914-18.* Londres: Methuen.

Gates, C. (1992) 'Art for Children in Mycenaean Greece', in J. L. Crowley e R. Laffineur (orgs.), *Eikon: Aegean Bronze Age iconography: Shaping a methodology.* Proceedings of the 4th International Aegean Conference, University of Tasmania, Hobart, Australia. Liège: Université de Liège.

Ghali-Kahil, L. (1955) *Les Enlèvements et le retour d'Hélène dans les textes et les documents figurés.* 2 vols. Paris: E. de Boccard.

Gimbutas, M. (1999) *The Living Goddesses.* Berkeley, CA e Londres: University of California Press.

Gladstone, W. E. (1858) *Studies on Homer and the Homeric Age*, vol. 2. Oxford: Oxford University Press.

Glenn, J. R. (org.) (1987) *A Critical Edition of Alexander Ross's 1647* Mystagogus Poeticus, or The Muses' Interpreter. Nova York: Garland.

Godart, L. e Sacconi, A. (2001) 'La Geographie des États myceniens'. *Académie des Inscriptions et Belles-Lettres. Comptes Rendus des Séances de l'Année*, abril-junho de 1999, Paris.

Goldhill, S. D. (1986) *Reading Greek Tragedy.* Cambridge: Cambridge University Press.

Goldhill, S. D. (1997) 'The Audience of Athenian Tragedy', in P. E. Easterling (org.), *The Cambridge Companion to Greek Tragedy.* Cambridge: Cambridge University Press.

Goldhill, S. D. (2003) *Who Needs Greek?: Contests in the cultural history of Hellenism.* Cambridge: Cambridge University Press.

Goodison, L. (1989) *Death, Women and the Sun: Symbolism of regeneration in early Aegean religion. Bulletin of the Institute of Classical Studies*, Supplement 53. Londres: Institute of Classical Studies.

Goodison, L. e Morris, C. (orgs.) (1998) *Ancient Goddesses: The myths and the evidence.* Londres: British Museum Press.

Goold, G. P. (1990) 'Servius and the Helen Episode', in S.J. Harrison (org.), *Oxford Readings in Virgil's Aeneid*. Oxford: Clarendon Press.

Graziosi, B. (2002) *Inventing Homer: The early reception of epic*. Cambridge: Cambridge University Press.

Green, P. (2004) 'Heroic Hype, New Style: Hollywood pitted against Homer', in *Arion* 12.1 (2004): 171-87.

Greene, E. (org.) (1996) *Reading Sappho: Contemporary approaches*. Berkeley: University of California Press.

Greene, E. (org.) (1996) *Re-reading Sappho: Reception and transmission*. Berkeley: University of California Press.

Greg, W. G. (1946) 'The Damnation of Faustus', in *Modern Language Review* 41: 97-107.

Gregory, E. (1997) *H. D. and Hellenism: Classical lines*. Cambridge: Cambridge University Press.

Gregory, H. (org.) (1961) Helen in Egypt, *by HD*. Nova York: New Directions.

Griffin, J. (2001) 'East is East and West is West', in *The Spectator*, outubro 2001.

Griffiths, A. (1972) 'Alcman's Partheneion: The morning after the night before', em *Quaderni Urbinati Di Cultura Classica* 14: 7-30.

Griffiths, F. T. (1979) *Theocritus at Court*. Leiden: Brill.

Guarino, G. A. (1964) *Boccaccio: Concerning Famous Women*. Traduzido com introdução e notas. Londres: Allen & Unwin.

Güterbock, H.G. (1984) 'Troy in Hittite Texts? Wilusa, Ahhiyawa and Hittite History', in M.J. Mellink (org.), *Troy and the Trojan War*. Simpósio realizado no Bryn Mawr College, outubro de 1984. Bryn Mawr, PA: Bryn Mawr College.

Gumpert, M. (2001) *Grafting Helen: The abduction of the classical past*. Madison: University of Wisconsin Press.

Gurney, O. (1975) *The Hittites*. Londres: Allen Lane.

Guterl, F. e Hastings, M. *et al* (2003) 'The Global Makeover', in *Newsweek*, 10 de novembro de 2003: edição atlântica.

H. D. (Hilda Doolittle) (1957) *Selected Poems*. Nova York: Grove Press.

Haar, S. C. (2003) *Simon Magus: The first Gnostic?* Berlim: Walter de Gruyter.

Hägg, R. e Marinatos, N. (orgs.) (1981) *Sanctuaries and Cults in the Aegean Bronze Age*. Proceedings of the First International Symposium of the Swedish Institute in Athens, 12-13 maio de 1980. Estocolmo: Swedish Institute in Athens.

Hägg, R. e Nordquist, G. C. (1990) *Celebrations of Death and Divinity in the Bronze Age Argolid*. Proceedings of the Sixth International Symposium at the Swedish Institute in Athens, 11-13 junho 1988. Estocolmo: Swedish Institute in Athens.

Hall, E. (1989) *Inventing the Barbarian: Greek self-definition through tragedy*. Oxford: Clarendon Press.

Hall, E. (org.) (1996) *Aeschylus: Persians*. Traduzido com introdução e comentário. Warminster: Aris & Phillips.

Hall, E. (2000) 'Introduction' to *Euripides: Selections*. Org. e trad. J. Morwood para Oxford World Classics. Oxford: Clarendon Press.

Hall, P. (1998) *Cities in Civilisation: Culture, innovation and urban order.* Londres: Weidenfeld & Nicolson.

Hallager, B. P. e McGeorge, P. J. P. (1992) *Late Minoan III Burials at Khania: The tombs, finds and deceased in Odos Palama.* Gotemburgo: Paul Aströms Förlag.

Hamilton, N. (1996) 'The Personal is Political', in *Viewpoint — Can We Interpret Figurines?,* in *Cambridge Archaeological Journal* 6.2: 281-307.

Hankey, V. (1967) 'Mycenaean Pottery in the Middle East: Notes on finds since 1951', in *Annual of the British School at Athens* 62: 104-47.

Hanson, A. E. (1990) 'The Medical Writers' Woman', in D. Halperin, J. Winkler, F. Zeitlin (org.), *Before Sexuality. The construction of erotic experience in the ancient world.* Princeton, NJ: Princeton University Press.

Harding, A. F. (1984) *The Mycenaeans and Europe.* Londres: Academic.

Harding, J. (1980) *Jacques Offenbach: A biography.* Londres: Calder.

Hartog, F. (1988) *The Mirror of Herodotus: The representation of the other in the writing of history.* Traduzido do francês por J. Lloyd. Berkeley e Londres: University of California Press.

Hattaway, M. (1982) *Elizabethan Popular Theatre: Plays in performance.* Londres: Routledge & Kegan Paul.

Hawley, R. (1998) 'The Dynamics of Beauty in Classical Greece', in D. Montserrat (org.), *Changing Bodies, Changing Meanings: Studies on the human body in antiquity.* Londres e Nova York: Routledge.

Hedreen, G. (1996) 'Image, Text, and Story in the Recovery of Helen', in *Classical Antiquity* 15.1: 152-84.

Hedreen, G. (2001) *Capturing Troy: The narrative functions of landscape in archaic and early Greek classical art.* Ann Arbor: University of Michigan Press.

Higgins, R. A. (1979) *Minoan and Mycenaean Art.* Edição revista. Londres: Thames & Hudson.

Highet, G. (1949) *The Classical Tradition: Greek and Roman influences on western literature.* Oxford: Clarendon Press.

Hoffman, D. L. (1995) *The Status of Women and Gnosticism in Irenaeus and Tertullian.* Lewiston and Lampeter: Edwin Mellen Press.

Hoffner, H. A. (2003) 'Daily Life Among the Hittites', in R. E. Averbeck, M.W. Chavalas, D.B. Weisberg (orgs.), *Life and Culture in the Ancient Near East.* Potomac, MD: CDL Press.

Hood, S. (1953) 'A Mycenaean Cavalryman', in *Annual of the British School at Athens* 48: 84-93.

Hood, S. (1978) *The Arts in Pre-historic Greece.* Harmondsworth: Penguin.

Hopkins, D. C. (2002) *Across the Anatolian Plateau: Readings in the archaeology of ancient Turkey.* Boston, MA: American Schools of Oriental Research.

Houston-Smith, D. (1962) 'Near Eastern Forerunners of the Striding Zeus', in *Archaeology* 15.2: 176-83.

Hughes, D. D. (1989) *Human Sacrifice in Ancient Greece.* Londres e Nova York: Routledge.

Hughes-Brock, H. (1998) 'Greek Beads of the Mycenaean Period (ca.1650-1100 BC): The age of the heroines of mythology', in L. D. Sciama e J. B. Eicher (orgs.), *Beads and Bead-Makers: Gender, material culture and meaning.* Oxford: Berg.

Hunter, R. (1996) *Theocritus and the Archaeology of Hellenistic Poetry.* Cambridge: Cambridge University Press.

Hunter, R. (org.) (2002) *Theocritus'* Idylls. Com introdução e notas explicativas, e traduzido por A. Verity. Oxford: Oxford University Press.

Hutchinson, G. (2001) *Greek Lyric Poetry: A commentary on selected larger pieces (Alcman, Stesichorus, Sappho, Alcaeus, Ibycus, Anacreon, Simonides, Bacchylides, Pindar, Sophocles, Euripides).* Oxford: Oxford University Press.

Iakovidis, S. E. e French, E. B. (2003) *Archaeological Atlas of Mycenae.* Atenas: Sociedade Arqueológica de Atenas.

Immerwahr, S. A. (1971) *The Athenian Agora: Results of Excavations Conducted by the American School of Classical Studies at Athens,* vol. XIII: *The Neolithic and Bronze Ages.* The American School of Classical Studies at Athens: Princeton, NJ.

Immerwahr, S. A. (1990) *Aegean Painting in the Bronze Age.* University Park, PA e Londres: Pennsylvania State University Press.

Immerwahr, S. A. (1995) 'Death and the Tanagra larnakes', in J.B. Carter and S.P. Morris (orgs.), *The Ages of Homer: A tribute to Emily Townsend Vermeule.* Austin: University of Texas Press.

Ingram, A. J. C. (1978) "Changing Attitudes to 'Bad' Women in Elizabethan and Jacobean Drama". Tese de doutorado (inédita). University of Cambridge.

Isaakidou, V., Halstead, P., Davis, J. e Stocker, S. (2002) "Burnt Animal Sacrifice at the Mycenaean 'Palace of Nestor', Pylos", in *Antiquity* 76: 86-92.

Isager, S. e Skydsgaard, J.E. (1992) *Ancient Greek Agriculture: An introduction.* Londres: Routledge.

James, H. (1997) *Shakespeare's Troy: Drama, politics and the translation of empire.* Cambridge: Cambridge University Press.

Jones, N. (1999) *Rupert Brooke: Life, death and myth.* Londres: Richard Cohen.

Jordan, R. H (1999) *Virgil:* Aeneid II. Editado com introdução, notas, bibliografia e vocabulário. Bristol: Bristol Classical Press.

Kallendorf, C. (1999) *Virgil and the Myth of Venice: Books and readers in the Italian Renaissance.* Oxford: Clarendon Press.

Kallet, L. (2000) 'The Fifth Century: Political and military narrative', in R. Osborne (org.), *Classical Greece: 500-323 BC.* Oxford: Oxford University Press.

Karo, G. H. (1930-3) *Die Schachtgräber von Mykenai.* Munique: F. Bruckmann.

Kaster, R. (1990) *The Tradition of the Text of the Aeneid in the Ninth Century.* Nova York e Londres: Garland Publishing.

Kennedy, D. (org.) (2002) *The Oxford Encyclopedia of Theatre and Performance,* vol. 2 (M-Z). Oxford: Oxford University Press.

Keynes, G. (org.) (1968) *The Letters of Rupert Brooke.* Londres: Faber.

Kilian, K. (1996) "Earthquakes and Archaeological Context at 13th century BC Tiryns", in S. Stiros e R. E. Jones (orgs.), *Archaeoseismology.* Atenas: IGME e the British School at Athens.

King, H. (1983, ed. rev. 1993) 'Bound to Bleed: Artemis and Greek women', in A. Cameron e A. Kuhrt (orgs.), *Images of Women in Antiquity.* Londres e Canberra: Croom Helm.

King, H. (1998) *Hippocrates' Woman: Reading the female body in ancient Greece.* Londres e Nova York: Routledge.

Koloski-Ostrow, A.O. e Lyons, C.L. (1997) *Naked Truths: Women, sexuality and gender in classical art and archaeology.* Londres: Routledge.

Konsolaki-Yannopoulou, E. (1999) 'A Group of New Mycenaean Horsemen from Methana', in P. Betancourt, V. Karageorghis, R. Laffineur e W.-D. Niemeier (orgs.), *Meletemata II: Studies in Aegean archaeology presented to Malcolm H. Wiener as he enters his 65th year.* Liège: Université de Liège; Austin: University of Texas.

Konsolaki-Yannopoulou, E. (2002) 'A Mycenaean Sanctuary on Methana', in R. Hägg (org.), *Peloponnesian Sanctuaries and Cults.* Proceedings of the Ninth International Symposium at the Swedish Institute in Athens, 11-13 de junho de 1994. Estocolmo: Swedish Institute in Athens.

Korfmann, M. (1993) 'Troia — Ausgrabungen 1992', in *Studia Troica* 3: 1-37.

Korfmann, M. (1996) 'Troia — Ausgrabungen 1995', in *Studia Troica* 6: 1-63.

Korfmann, M. (1998) 'Troia: An ancient Anatolian palatial and trading center: Archaeological evidence for the period of Troia VI/VII', in *Classical World* 91: 369-85.

Korfmann, M., Hawkins, J. D., Latacz, J. (2004) 'Was There a Trojan War?', in *Archaeology* 57.3 (maio/junho): 36-41.

Kracauer, S. (2002) *Jacques Offenbach and the Paris of His Time.* Trad. G. David e E. Mosbacher. Prefácio de G. Koch. Nova York: Zone; Londres: MIT Press.

Krzyszkowska, O. (2005) *Aegean Seals: An introduction.* Bulletin of the Institute of Classical Studies Supplement 85. Londres: Institute of Classical Studies.

Laffineur, R. e Niemeier, W.-D. (orgs.) (1995) *Politeia: Society and state in the Aegean Bronze Age.* Liège: Université de Liège.

Lang, M (1969) *The Palace of Nestor at Pylos in Western Messenia,* vol 2: *The Frescoes.* Princeton, NJ: Princeton University Press.

Larson, J. (1995) *Greek Heroine Cults.* Madison: University of Wisconsin Press.

Latacz, J. (2004) *Troy and Homer: Towards a solution of an old mystery.* Traduzido do alemão por Kevin Windle e Ross Ireland. Oxford: Oxford University Press.

Lewartowski, K. (2000) *Late Helladic Simple Graves: A study of Mycenaean burial customs.* BAR International Series 878. Oxford: Archaeopress.

Lexicon Iconographicum Mythologiae Classicae (1988), vol. IV, n⁰ˢ 1 e 2 (Eros-Héracles). Zurique e Munique: Artemis.

Licht, H. (1932) *Sexual Life in Ancient Greece,* org. L. H. Dawson e trad. J. H. Freese. Londres: Routledge.

Lichtheim, M. (1976) *Ancient Egyptian Literature,* vol. 2. Berkeley: University of California Press.

Lindsay, J. (1974) *Helen of Troy: Woman and goddess.* Londres: Constable.

Lloyd, A. B. (1988) *Commentary on Herodotus Book II,* vol. 3. Leiden e Nova York: Brill.

Luce, J. V. (1999) *Celebrating Homer's Landscapes: Troy and Ithaca Revisited.* New Haven, CT e Londres: Yale University Press.

Luke, D. (1994) *Goethe*: Faust Part Two. Traduzido com introdução e notas. Oxford: Oxford University Press.

Lyons, D. (1997) *Gender and Immortality: Heroines in ancient Greek myth and cult*. Princeton, NJ: Princeton University Press.

MacDonald, D. R. (1994) *Christianizing Homer: The Odyssey, Plato and the Acts of Andrew*. Nova York e Oxford: Oxford University Press.

MacLeod, R. (2001) *The Library of Alexandria: Centre of learning in the ancient world*. Londres: I. B. Tauris.

McQueen, E. I. (org.) (2000) *Herodotus VI*. Com introdução, comentários e bibliografia. Londres: Bristol Classical Press.

Macqueen, J. G. (1975) *The Hittites and Their Contemporaries in Asia Minor*. Londres: Thames & Hudson.

Magoulias, H. J. (org.) (1984) *O City of Byzantium: Annals of Nicetas Choniates*. Trad. H.J. Magoulias. Detroit: Wayne State University Press.

Mandel, C. (1980) 'Garbo/Helen: The self-projection of beauty by H.D.', in *Women's Studies* 7: 127-35.

Manniche, L. (1999) *Sacred Luxuries: Fragrance, aromatherapy and cosmetics in ancient Egypt*. Londres: Opus.

Manning, S.W. (1999) *A Test of Time: The volcano of Thera and the chronology and history of the Aegean and east Mediterranean in the mid second millennium B.C.* Oxford: Oxbow.

Marchand, S. L. (1996) *Down from Olympus: Archaeology and philhellenism in Germany, 1750-1970*. Princeton, NJ: Princeton University Press.

Marinatos, N. (1984) *Art and Religion in Thera: reconstructing a Bronze Age society*. Atenas: Mathioulakis.

Marinatos, N. (1993) *Minoan Religion: Ritual, image and symbol*. University of Columbia, SC: University of South Carolina Press.

Marinatos, N. (2000) *The Goddess and the Warrior: The naked goddess and mistress of animals in early Greek religion*. Londres e Nova York: Routledge.

Marrou, H. (1956) *A History of Education in Antiquity*. Trad. George Lamb. Londres: Sheed & Ward.

Marsh, J. (org.) (1999) *Dante Gabriel Rossetti: Collected writings*. Londres: J. M. Dent.

Martindale, C. (org.) (1988) *Ovid Renewed: Ovidian influences on literature and art from the Middle Ages to the twentieth century*. Cambridge: Cambridge University Press.

Martindale, C. e Martindale, M. (1990) *Shakespeare and the Uses of Antiquity: An introductory essay*. Londres: Routledge.

Masse, W. B. (1998) 'Earth, Air, Fire and Water: The archaeology of Bronze Age cosmic catastrophes', in B. J. Peiser, T. Palmer e M. E. Bailey (orgs.), *Natural Catastrophes During Bronze Age Civilisations: Archaeological, geological, astronomical and Cultural perspectives*. BAR International Series 728. Oxford: Archaeopress.

Mayer, K. (1996) 'Helen and the Dios Boule', in *American Journal of Philology* 117: 1-15.

Mayor, A. (2000) *The First Fossil Hunters. Palaeontology in Greek and Roman Times.* Princeton, NJ: Princeton University Press.

Mayor, A. (2003) *Greek Fire, Poison Arrows and Scorpion Bombs: Biological and chemical warfare in the ancient world.* Londres: Duckworth.

Meagher, R. E. (2002) *The Meaning of Helen: In search of an ancient icon.* Wauconda, IL: Bolchazy-Carducci.

Mee, C. (1998) 'Gender Bias in Mycenaean Mortuary Practices', in K. Branigan (org.), *Cemetery and society in the Aegean Bronze Age.* Sheffield: Sheffield Academic Press.

Merkle, S. (1994) 'Telling the True Story of the Trojan War: The eyewitness account of Dictys of Crete', in J. Tatum (org.), *The Search for the Ancient Novel.* Baltimore, MD: Johns Hopkins University Press.

Meskell, L. (1995) "Goddesses, Gimbutas and 'New Age' archaeology", in *Antiquity*, 69: 74-86.

Minoura, K., Imamura, F., Kuran, U., Nakamura, T., Papadopoulos, G.A., Takahashi, T., Yalciner, A. C. (2000) 'Discovery of Minoan Tsunami Deposits', in *Geology* 28.1: 59-62.

Moorehead, C. (1994) *The Lost Treasures of Troy.* Londres: Weidenfeld & Nicolson.

Moran, W. L. (1992) *The Armana Letters.* Editado com tradução. Baltimore MD: Johns Hopkins University Press.

Morgan, L. (1988) *The Miniature Wall Paintings of Thera: A study in Aegean culture and iconography.* Cambridge: Cambridge University Press.

Mortley, R. (1981) *Womanhood: The feminine in ancient Hellenism, Gnosticism, Christianity and Islam.* Rozelle: Delacroix Press.

Mountjoy, P. (1999) 'The Destruction of Troy VIh', in *Studia Troica* 9: 253-93.

Murgia, C. E. e Rodgers, R. H. (1984) 'A Tale of Two Manuscripts', in *Classical Philology* 70: 145-53.

Mylonas, G. E. (1966) *Mycenae and the Mycenaean Age.* Princeton, NJ: Princeton University Press.

Mylonas, G. E. (1983) *Mycenae Rich in Gold.* Atenas: Ekdotike Athenon Publishers.

Myrick, L. D. (1993) *From the* De Excidio Troiae Historia *to the* Togail Troí: *Literary-cultural synthesis in a medieval Irish adaptation of Dares'* Troy Tale. Heidelberg: C. Winter.

Neville, J. W. (1977) 'Herodotus on the Trojan War', in *Greece and Rome* 24: 3-12.

Nicholson, R. (1974) *Scotland: The later Middle Ages.* Edimburgo: Oliver & Boyd.

Nikolaidou, M. e Kokkinidou, D. (1997) 'The Symbolism of Violence in Late Bronze Age Palatial Societies of the Aegean: A gender approach', in J. Carman (org.), *Material Harm: Archaeological studies of war and violence.* Glasgow: Cruithne Press.

Nilsson, M. P. (1932) *The Mycenaean Origin of Greek Mythology.* Cambridge: Cambridge University Press.

Nilsson, M. P. (1950) *The Minoan-Mycenaean Religion and Its Survival in Greek Religion.* Lund: C.W.K. Gleerup.

Nixon, L. (1981) 'Changing Views of Minoan Society', in O. Krzyszkowska e L. Nixon (orgs.), *Minoan Society.* Proceedings of the Cambridge Colloquium 1981. Bristol: Bristol Classical Press.

Nixon, L. (1994) 'Gender Bias in Archaeology', in L. J. Archer, S. Fischler e M. Wyke (orgs.), *Women in Ancient Societies: An illusion of the night.* Basingstoke, Hants: Macmillan.

Nixon, L. (1999) 'Women, Children and Weaving', in P. Betancourt, V. Karageorghis, R. Laffineur e W.-D. Niemeier (orgs.), *Meletemata II: Studies in Aegean archaeology presented to Malcolm H. Wiener as he enters his 65th year.* Liège: Université de Liège; Austin: University of Texas.

Norgaard, L. e Smith, O. L. (orgs.) (1975) *A Byzantine* Iliad. Copenhagen: Museum Tusculanum.

Nur, A. (1998) 'The End of the Bronze Age by Large Earthquakes?', in B.J. Peiser, T. Palmer e M.E. Bailey (orgs.), *Natural Catastrophes During Bronze Age Civilisations: Archaeological, geological, astronomical and cultural perspectives.* BAR International Series 728. Oxford: Archaeopress.

O'Callaghan, T. F. (2003) 'Tempering Scandal: Eleanor of Aquitaine and Benoît de Sainte-Maure's *Roman de Troie*' in B. Wheeler e J. C. Parsons (orgs.), *Eleanor of Aquitaine: Lord and Lady.* Nova York e Basingstoke, Hants: Palgrave Macmillan.

Olsen, B. A. (1998) 'Women, Children and the Family in Late Aegean Bronze Age: Differences in Minoan and Mycenaean constructions of gender', in *World Archaeology* 29.3: 380-92.

Ormerod, D. e Wortam, C. (orgs.) (1985) Christopher Marlowe, Dr Faustus: *The A-Text.* Nedlands: University of Western Australia Press.

Oswald, E. (1905) *The Legend of Fair Helen as told by Homer, Goethe and others: A study.* Londres: John Murray.

Painter, G. D. (1976) *William Caxton: A quincentenary biography of England's first printer.* Londres: Chatto & Windus.

Palaima, T. G. (2003) Review of V.L. Aravantinos, L. Godart e A. Sacconi (orgs.), *Les Tablettes en linéaire B de la Odos Pelopidou. Édition et Commentaire* (Thèbes Fouilles de la Cadmée 1), in *American Journal of Archaeology* 107.1: 113-15.

Palaima, T. G. (2004) 'Sacrificial Feasting in the Linear B Tablets', in J.C. Wright (org.), *The Mycenaean Feast. Hesperia* 73.2: 217-46.

Pantelia, M. C. (1995) 'Theocritus at Sparta: Homeric allusions in Theocritus' Idyll 18', in *Hermes* 123: 76-81.

Papadopoulos, G. (1996) "An Earthquake Engineering Approach to the Collapse of the Mycenaean Palace Civilisation of the Greek Mainland", in S. Stiros e R.E. Jones (orgs.), *Archaeoseismology.* Atenas: IGME e the British School at Athens.

Parke, H. W. e Wormell, D.E.W. (orgs.) (1956) *The Delphic Oracle.* 2 vols. Oxford: Blackwell.

Parker, H. N. (1992) 'Love's Body Anatomized: The ancient erotic handbooks and the rhetoric of sexuality', in A. Richlin (org.), *Pornography and Representation in Greece and Rome.* Nova York e Oxford: Oxford University Press.

Payer, P. J. (1984) *Sex and the Penitentials: The development of a sexual code 550-1150.* Toronto e Londres: University of Toronto Press.

Peiser, B. J., Palmer, T. e Bailey, M. E. (orgs.) (1998) *Natural Catastrophes During Bronze Age Civilisations: Archaeological, geological, astronomical and cultural perspectives.* BAR International Series 728. Oxford: Archaeopress.

Pelly, K. (2002) 'Trojan Themes and the Classical Ethos in British Poetry of the First World War'. Tese de mestrado (inédita). Faculty of Classics, University of Cambridge.

Perdrizet, P. (1936) 'Objects d'Or de la Période Impériale au Musée Égyptien du Caire: Hélène, soeur d' Aphrodite', in *Annales du Service des Antiquités de l'Égypte* 36: 5-10.

Persson, A. W. (1931) *The Royal Tombs at Dendra near Midea*. Lund: C. W. K. Gleerup.

Petrie, W. M. F. (1889) *Hawara, Biahmu and Arsinoe*. Org. A. H Sayce. Londres.

Pickard-Cambridge, A. W. (1968) *The Dramatic Festivals of Athens*. Segunda edição. Revista por J. Gould e D. M. Lewis. Oxford: Clarendon Press.

Pipili, M. (1992) 'A Lakonian Ivory Reconsidered', in J. M. Sanders (org.), *Philolakon: Lakonian studies in honour of Hector Catling*. Oxford: British School at Athens.

Pomeroy. S. B. (2002) *Spartan Women*. Nova York e Oxford: Oxford University Press.

Posluszny. P. (org.) (1989) *Thomas Nashe*, Summer's Last Will and Testament: *a critical modern-spelling edition*. Nova York: Peter Lang.

Postle, M. e Vaughan. W. (1999) *The Artist's Model from Etty to Spencer*. Londres: Merrell Holberton.

Prag, J. e Neave, R. (1997) *Making Faces: Using forensic and archaeological evidence*. Londres: British Museum Press.

Price, T. H. (1978) *Kourotrophos: Cults and representations of the Greek nursing deities*. Leiden: Brill.

Prins, Y. (1999) *Victorian Sappho*. Princeton, NJ; Princeton University Press.

Quispel, G. (1975) 'Faust, Symbol of Western Man', in *Gnostic Studies* II (Istanbul): 288-307.

Raaflaub, K. A. (1998) 'Homer, the Trojan War and History', in *Classical World* 91.5: 405-13.

Rapp, G. e Gifford, J. A. (1982) *Troy: The archaeological geology*. Supplementary Monograph 4. University of Cincinnati for Princeton University Press.

Reckford, K. J. (1981) 'Helen in Aeneid 2 and 6', in *Arethusa* 14: 85-99.

Rehak, P. (1999) 'The Mycenaean Warrior Goddess Revisited', in R. Laffineur (org.), *POLEMOS: Le contexte guerrier en Égée à l'Âge du Bronze*. Liège: Université de Liège; Austin: University of Texas.

Rehak, P. (2002) 'Imag(in)ing a Woman's World in Bronze Age Greece: The frescoes from Xeste 3 at Akrotiri, Thera', in N. Rabinowitz e L. Auanger (orgs.), *Among Women: From the homosocial to the homoerotic in the ancient world*. Austin: University of Texas Press.

Rehak, P. (2005) 'Children's Work: Girls as acolytes in Aegean ritual and cult' (org. J.G. Younger), in J. Rutter e A. Cohen (orgs.), *Coming of Age: Constructions of childhood in the ancient world*. Princeton, NJ: American School of Classical Studies, Atenas.

Rehm, R. (1992) *Greek Tragic Theatre*. Londres: Routledge.

Reilly, C. (org.) (1981) *Scars Upon My Heart: Women's poetry and verse of the First World War*. Londres: Virago.

Renfrew, C. (1985) *The Archaeology of Cult: The sanctuary at Phylakopi*. Londres: British School of Archaeology at Athens. Thames & Hudson.

Reynolds, L. D. e Wilson, N. G. (1974, 3ª ed. 1991) *Scribes and Scholars: A guide to the transmission of Greek and Latin literature*. Segunda edição. Oxford: Clarendon Press.

Rice, G. P., Jr (1951) *The Public Speaking of Queen Elizabeth: Selections from her official addresses*. Nova York: Columbia University Press.

Richer, J. (1994) *Sacred Geography of the Ancient Greeks: Astrological symbolism in art, architecture and landscape*. Trad. C. Rhone. Albany: State University of New York Press.

Riddle, J. M. (1992) *Contraception and Abortion from the Ancient World to the Renaissance*. Cambridge, MA: Londres: Harvard University Press.

Riggs. D. (2004) *The World of Christopher Marlowe*. Londres: Faber.

Robertson, W.H. (1990) *An Illustrated History of Contraception*. Carnforth, Lancs: Parthenon.

Rollins, H. E. (org.) (1926) *A Gorgeous Gallery of Gallant Inventions* (1578). Cambridge, MA: Harvard University Press.

Roscher, W. H. (1884) *Ausführliches Lexikon der griechischen und römischen Mythologie*. 6 vols. Leipzig: Teubner.

Rose, C. B. (1998) 'Troy and the Historical Imagination', in *Classical World* 91.5:386-403.

Rose, H. J. (1929) 'The Cult of Artemis Orthia', in R.M. Dawkins (org.), *The Sanctuary of Artemis Orthia at Sparta: excavated and described by members of the British School at Athens*, 1906-1910. Londres: Society for the Promotion of Hellenic Studies.

Rosivach, V. J. (1994) *The System of Public Sacrifice in Fourth-Century Athens*. Atlanta, GA: Scholars Press.

Rühfel, H. (1984) *Das Kind in der Griechischen Kunst: van der minoisch-mykenischen, Zeit bis zum Hellenismus*. Kulturgeschichte der Antiken Welt 18. Mainz am Rhein: Verlag von Philipp von Zabern.

Rutkowski, B. (1986) *The Cult Places of the Aegean*. New Haven, CT: Yale University Press.

Rutter, J. (2003) 'Children in Aegean Prehistory', in J. Neils and J.H. Oakley (orgs.), *Coming of Age in Ancient Greece:. Images of childhood from the classical past*. New Haven, CT e Londres: Yale University Press.

Said, E. W. (1978) *Orientalism*. Londres: Routledge & Kegan Paul.

Sakellarakis, J. A. (1990) 'The Fashioning of Ostrich-Egg Rhyta in the Creto-Mycenaean Aegean', in D.A. Hardy (org.), *Thera and the Aegean World* III. Proceedings of the Third International Congress, Santorini, Greece, 3-9 de setembro de 1989, vol. 1: *Archaeology*. Londres: Thera Foundation.

Sakellarakis, Y. e Sapouna-Sakellaraki, E. (1997) *Archanes: Minoan Crete in a new light*. 2 vols. Atenas: Ammos Publications/Eleni Nakou Foundation.

Sampson, A. (1996) 'Cases of Earthquakes at Mycenaean and Pre-Mycenaean Thebes', in S. Stiros e R. E. Jones (orgs.), *Archaeoseismology*. Atenas: IGME e the British School at Athens.

Saunders, C. (2001) *Rape and Ravishment in the Literature of Medieval England*. Cambridge: D.S. Brewer.

Schama, S. (1995) *Landscape and Memory*. Londres: HarperCollins.

Scherer, M. (1963) *The Legends of Troy in Art and Literature*. Nova York e Londres: Phaidon Press para o Metropolitan Museum of Art.

Schliemann, H. (1880) *Ilios: The city and country of the Trojans*. Londres: John Murray.

Schmitz, G. (1990) *The Fall of Women in Early English Narrative Verse.* Cambridge: Cambridge University Press.

Scranton, R., Shaw, J. W. e Ibrahim, L. (1978) *Kenchreai: Eastern port of Corinth,* vol. 1: *Topography and Architecture.* Leiden: Brill.

Sewter, E. R. A. (1953) *Fourteen Byzantine Rulers. The* Chronographia *of Michael Psellus.* Traduzido com introdução. Londres: Routledge & Kegan Paul.

Shapiro, H. A. (1999) 'Cult Warfare: The Dioskouroi between Sparta and Athens', in R. Hägg (org.), *Ancient Greek Hero Cult.* Proceedings of the Fifth International Seminar on Ancient Greek Hero Cult, organizado pelo Department of Classical Archaeology and Ancient History, Göteborg University, 21-3 de abril de 1995. Stockholm: Swedish Institute in Athens.

Shawcross, T. (2003) 'Reinventing the Homeland in the Historiography of Frankish Greece: The Fourth Crusade and the legend of the Trojan War', in *Byzantine and Modern Greek Studies* 27: 120-52.

Shelmerdine, C. W. (1985) *The Perfume Industry of Mycenaean Pylos.* Göteborg: Paul Aströms Forlag.

Shelmerdine, C. W. (1998) 'The perfumed oil industry' in J.L. Davis (org.), *Sandy Pylos: An Archaelogical History from Nestor to Navarino.* Austin: University of Texas.

Shelmerdine, C. W. e Palaima, T. G. (orgs.) (1984) *Pylos Comes Alive: Industry & administration in a Mycenaean palace.* Documentos de um simpósio patrocinado pelo fundo de simpósios regionais do Archaeological Institute of America. Nova York: Fordham University.

Sheridan, J. J. (org.) (1980) *The Plaint of Nature: Alan of Lille.* Tradução e comentário. Toronto: Pontifical Institute of Medieval Studies.

Sherratt, S. (2004) 'Feasting in Homeric Epic', in J.C. Wright (org.), *The Mycenaean Feast. Hesperia* 73.2: 301-37.

Simon, R. (1961) *Nicolas Fréret, académicien, 1678-1749.* Genebra: Institut et Musée Voltaire.

Skutsch, O. (1987) 'Helen, Her Name and Nature', in *Journal of Hellenic Studies* 107: 188-93.

Snodgrass, A. M. (1967) *Arms and Armour of the Greeks.* Londres: Thames & Hudson; Ithaca, NY: Cornell University Press.

Sorley, C. H. (1922) *Marlborough: And other poems.* Cambridge: Cambridge University Press.

Sourvinou-Inwood, C. (1995) *'Reading' Greek Death: To the end of the classical period.* Oxford: Clarendon Press.

Spawforth, A. J. S. (1992) 'Spartan Cults under the Roman Empire' in J.M. Sanders (org.), *Philolakon: Lakonian Studies in Honour of Hector Catling.* Oxford: British School at Athens.

Spencer, T. (1952) 'Turks and Trojans in the Renaissance', in *Modern Language Review* 47: 330-3.

Spivey, N. J. (1996) *Understanding Greek Sculpture: Ancient meanings, modern readings.* Londres: Thames & Hudson.

Spivey, N. J. (2004) *Ancient Olympics.* Oxford: Oxford University Press.

Spyropoulos, T. G. (1998) 'Pellana: The administrative centre of pre-historic Lakonia', in W.G. Cavanagh e S. E. C. Walker (orgs.), *Sparta in Lakonia.* Proceedings of the 19th British Museum Classical Colloquium realizado com a British School em Atenas e King's e University Colleges, Londres, 6-8 de dezembro de 1995. Londres: British School at Athens.

Stiros, S. e Jones, R. E. (1996) *Archaeoseismology.* Atenas: IGME e a British School em Atenas.

Suzuki, M. (1989) *Metamorphoses of Helen: Authority, difference and the epic.* Ithaca, NY e Londres: Cornell University Press.

Taplin, O. (1992) *Comic Angels: And other approaches to Greek drama through vase-paintings.* Oxford: Clarendon Press; Nova York: Oxford University Press.

Taylor, D. (1999) *The Greek and Roman Stage.* Bristol: Bristol Classical Press.

Taylour, Lord W. (1983) *The Mycenaeans.* Edição revista. Londres: Thames & Hudson.

Thomas, H. (1938-9)'The Acropolis Treasure from Mycenae', in *Annual of the British School at Athens* 39: 65-87.

Thompson, D. P. (2003) *The Trojan War: Literature and legends from the Bronze Age to the present.* Jefferson, NC: McFarland.

Thompson, M. S. (1908-9) 'Terracotta Figurines: Lakonia I. — Excavations at Sparta 1909' in *Annual of the British School at Athens* 15: 116-26.

Thornton, B. (1997) *Eros: The Myth of Greek Sexuality.* Boulder, CO: Westview Press.

Tomlinson, R.A. (1992) 'The Menelaion and Spartan Architecture', in J.M. Sanders (org.), *Philolakon: Lakonian studies in Honour of Hector Catling.* Oxford: British School at Athens.

Traill, D. (1995) *Schliemann of Troy: Treasure and deceit.* Londres: John Murray Traill, D.A. (1984) "Schliemann's 'Discovery' of 'Priam's Treasure': A re-examination of the evidence", in *Journal of Hellenic Studies* 104: 96-115.

Tringham, R. e Conkey, M. (1998) 'Rethinking Figurines: A critical view from the archaeology of Gimbutas', in L. Goodison e C. Morris (orgs.), *Ancient Goddesses: The myths and the evidence.* Londres: British Museum Press.

Tzedakis, Y. e Martlew, H. (orgs.) (1999) *Minoans and Mycenaeans: Flavours of their time.* National Archaeological Museum 12 de julho-27 de novembro de 1999. Atenas: Kapon.

Vallianou, D. (1996) 'New Evidence of Earthquake Destructions in Late Minoan Crete', in S. Stiros e R. E. Jones (orgs.), *Archaeoseismology.* Atenas: IGME e a British School em Atenas.

Vandiver, E. (1999) 'Millions of the Mouthless Dead': Charles Hamilton Sorley e Wilfred Owen in Homer's 'Hades', in *International Journal of the Classical Tradition* 5.3 (Winter): 432-55.

Ventris, M. e Chadwick, J. (1973) *Documents in Mycenaean Greek.* Segunda edição. Cambridge: Cambridge University Press.

Vernant, J.-P. (1991) *Mortals and Immortals: Collected Essays.* Org. F.I. Zeitlin. Princeton, NJ: Princeton University Press.

Verschur, G. L. (1998) 'Our Place in Space', in B.J. Peiser, T. Palmer e M.E. Bailey (orgs.), *Natural Catastrophes During Bronze Age Civilisations: Archaeological, geological, astronomical and cultural perspectives.* BAR International Series 728. Oxford: Archaeopress.

Vincent, L. H. (1936) 'Le Culte d'Hélène à Samarie', in *Revue Biblique* 45: 221-32.

Visser, E. (1938) *Götter und Kulte im ptolemäischen Alexandrien.* Amsterdam: NV Noord-Hollandsche Uitgevers-Mij.

Voutsaki, S. (1992) 'Society and Culture in the Mycenaean World: An analysis of mortuary practices in the Argolid, Thessaly and the Dodecanese'. Tese de doutorado (inédita). University of Cambridge.

Voutsaki, S. (1998) 'Mortuary Evidence, Symbolic Meanings and Social Change: A comparison between Messenia and the Argolid in the Mycenaean period', in K. Branigan (org.), *Cemetery and Society in the Aegean Bronze Age*. Sheffield: Sheffield Academic Press.

Voutsaki, S. e Killen, J. (orgs.) (2001) *Economy and Politics in the Mycenaean Palace States*. Proceedings of a conference held on 1-3 de julho de 1999 in the Faculty of Classics, Cambridge. Cambridge Philological Society, Supplementary Volume 27.

Wace, A. J. B. (1921-3) 'Excavations at Mycenae: IX — the tholos tombs', in *Annual of the British School at Athens* 25: 283-402.

Wace, A. J. B. (1964) *Mycenae: An archaeological history and guide*. Reprinted edition. Londres: Hafner.

Wace, A. J. B. e Stubbings, F.H. (orgs.) (1962) *A Companion to Homer*. Londres: Macmillan.

Wace, H. (1939) 'The Ivory Trio: The ladies and boy from Mycenae'. Pamphlet.

Walton, J. M. (1987) *Living Greek Theatre: A handbook of classical performance and modern production*. Nova York: Greenwood Press.

Wardle, D. (1988) 'Does Reconstruction Help? A Mycenaean dress and the Dendra suit of armour', in E.B. French e K.A. Wardle (orgs.), *Problems in Greek Prehistory*. Papers presented at the Centenary Conference of the British School of Archaeology at Athens, Manchester, abril de 1986. Bristol: Bristol Classical Press.

Wardle, K. A. e Wardle, D. (1997) *Cities of Legend: The Mycenaean world*. Londres: Bristol Classical Press.

Wardle, K. A. (2001) 'The Palace Civilisations of Minoan Crete and Mycenaean Greece 2000-1200 BC', in *The Oxford Illustrated History of Pre-historic Europe*. Oxford: Oxford University Press.

Warren, P. (1988) *Minoan Religion as Ritual Action*. Göteborg: Gothenburg University.

Warren, P. e Hankey, V. (1989) *Aegean Bronze Age Chronology*. Bristol: Bristol Classical Press.

Waswo, R. (1995) 'Our Ancestors, the Trojans: Inventing cultural identity in the Middle Ages', in *Exemplaria* 7.22: 269-90.

Weir, A. (2000) *Eleanor of Aquitaine: By the wrath of God, Queen of England*. Londres: Pimlico.

West, M. L. (1975) *Immortal Helen*. Conferência inaugural no Bedford College, University of London.

Wide, S. (1893) *Lakonische Kulte*. Leipzig: B.G. Teubner.

Wiener, M. (2003) 'Time Out: The current impasse in Bronze Age archaeological dating', in K. P. Foster e R. Laffineur (orgs.), *METRON: Measuring the Aegean Bronze Age*. Proceedings of the 9th International Aegean Conference, Yale University, 18-21 de abril de 2002. Liège: Université de Liège; Austin: University of Texas.

Williams, C. B. (1993) *Pope, Homer and Manliness: Some aspects of eighteenth-century classical learning*. Londres: Routledge.

Williams, C. K., II (1986) 'Corinth and the Cult of Aphrodite', in M. A. Del Chiaro e W. R. Biers (orgs.), *Corinthiaca: Studies in honour of Darrel A. Amyx*. Columbia: University of Missouri Press.

Williamson, M. (1995) *Sappho's Immortal Daughters.* Cambridge, MA: Harvard University Press.

Winkler, J. J. e Zeitlin, F. (orgs.) (1990) *Nothing to do with Dionysos? Athenian drama in its social context.* Princeton, NJ: Princeton University Press.

Wood, M. (1985) *In Search of the Trojan War.* Londres: BBC Books.

Woodford, S. (1993) *The Trojan War in Ancient Art.* Londres: Duckworth.

Worman, N. (1997) 'The Body as Argument: Helen in four Greek texts', in *Classical Antiquity* 16.1: 151-203.

Wright, J. C. (org.) (2004) *The Mycenaean Feast. Hesperia* 73.2. Princeton, NJ: American School of Classical Studies at Athens.

Wright, W. A. (org.) (1904) *English Works of Roger Ascham.* Cambridge: Cambridge University Press.

Yates, F. *Astraea: The imperial theme in the sixteenth century.* Londres e Boston: Routledge e Kegan Paul.

Yener, K. A. e Hoffner, H. A. (orgs.) (2002) *Recent Developments in Hittite Archaeology and History: Papers in memory of Hans G. Güterbock.* Org. com ajuda de S. Dhesi. Winona Lake, IN: Eisenbrauns.

Young, P. H. (2003). *The Printed Homer: a 3000 Year Publishing and Translation History of the* Iliad *and the* Odyssey. Jefferson, NC e Londres: McFarland.

Younger, J. G. (1998) *Music in the Aegean Bronze Age.* Studies in Mediterranean Archaeology and Literature, Pocket Book 144. Jonsered: Paul Aströms Förlag.

Zeitlin, F. (1981) "'Travesties of Gender and Genre in Aristophanes' *Thesmophoriazousae*", in H. P. Foley (org.), *Reflections of Women in Antiquity.* Nova York: Gordon & Breach.

Zeitlin, F. (1996) *Playing the Other: Gender and society in classical Greek civilisation.* Chicago, IL.: Chicago University Press.

Zweig, B. (1993a) "The Only Women Who Give Birth to Men: a Gynocentric, Cross-Cultural View of Women in Ancient Sparta". In Mary DeForest, org., *Woman's Power, Man's Game: Essays on Classical Antiquity in Honor of Joy King*, pp. 32-53. Wanconda, IL: Bolchazy-Carducci.

Zweig, B. (1993b). "The Primal Mind: Using Native-American models to study women in ancient Greece", in N.S. Rabinowitz e A. Richlin (orgs.) *Feminist Theory and the Classics.* Nova York e Londres: Routledge.

ÍNDICE REMISSIVO

Este livro foi composto na tipografia Minion,
em corpo 11,5/15, e impresso em
papel off-set no Sistema Digital Instant Duplex
da Divisão Gráfica da Distribuidora Record.